Schwerpunkte Band 25
Kuhlmann/Ahnis · Konzern- und Umwandlungsrecht

Schwerpunkte

Eine systematische Darstellung der wichtigsten Rechtsgebiete anhand von Fällen
Begründet von Professor Dr. Harry Westermann †

Konzern- und Umwandlungsrecht

von

Dr. Jens Kuhlmann

Rechtsanwalt in Berlin

und

Dr. Erik Ahnis

Rechtsanwalt in Berlin

2., völlig neu bearbeitete und erweiterte Auflage

CFM

C. F. Müller Verlag
Heidelberg

Dr. Jens Kuhlmann hat bearbeitet: Konzernrecht – § 1 Grundlagen, § 3 Faktischer Konzern, § 6 Eingliederung, SE, Personengesellschaften; Grundzüge des Umwandlungsrechts.

Dr. Erik Ahnis hat bearbeitet: Konzernrecht – § 4 Qualifizierte Eingriffe im faktischen Konzern, § 5 Vertragskonzern.

Dr. Jens Kuhlman und *Dr. Erik Ahnis* haben gemeinsam bearbeitet: Konzernrecht – § 2 Konzernbegriff.

Bibliografische Information der Deutschen Nationalbibliothek
Die Deutsche Nationalbibliothek verzeichnet diese Publikation in der Deutschen Nationalbibliografie; detaillierte bibliografische Daten sind im Internet über http://dnb.d-nb.de abrufbar.

ISBN 978-3-8114-8037-7

© 2007 C.F. Müller, Verlagsgruppe Hüthig Jehle Rehm GmbH,
Heidelberg, München, Landsberg, Berlin

www.cfmueller-verlag.de

Satz: Textservice Zink, Schwarzach
Druck und Bindung: Gulde-Druck, Tübingen

Printed in Germany

Vorwort

Das Buch behandelt das Konzernrecht der GmbH und der AG. Es ist gegenüber der ersten Auflage von 2001 durchgehend neu bearbeitet. Nach Einleitung und Darstellung der grundlegenden Begriffe folgen die einzelnen Konzerntypen (faktischer Konzern, Vertragskonzern, jeweils für GmbH und AG). Da entsprechende Ausführungen in der übrigen Lehrbuchliteratur nicht zufrieden stellen, haben wir wieder besonderen Wert auf eine erschöpfende Darstellung der einzelnen Ansprüche aller Beteiligten gegeneinander gelegt. Zahlreiche Beispiele und Übersichten machen den Stoff lebendig. Ausführlich gelöste Musterfälle sollen dazu ebenfalls beitragen. Das Buch richtet sich vor allem an Studierende und Referendare. Aber auch Praktikern wollen wir einen lesbaren Leitfaden durch die vielfältigen Haftungsebenen im Konzern geben.

Nach Erscheinen der ersten Auflage ist im Jahr 2001 der qualifiziert faktische Konzern durch die Bremer-Vulkan-Entscheidung des BGH weggefallen. Die Nachwirkungen dieser Entscheidung deckt das Buch ab, auch wenn die konzernrechtliche Erfassung des Problems entfallen ist. Wir sind damit dem Konzept der ersten Auflage treu geblieben, Kenntnisse über Schnittbereiche mit dem allgemeinen Gesellschaftsrecht nicht vorauszusetzen, sondern in die Darstellung zu integrieren. Das betrifft neben den „qualifizierten Eingriffen im faktischen Konzern" weiterhin die Treuepflicht, die actio pro socio und verstärkt das Rechtsschutzsystem im Kapitalgesellschaftsrecht.

In der zweiten Auflage hinzugekommen sind die Grundzüge des Umwandlungsrechts. Die Standardfragen aus dem allgemeinen Umwandlungsrecht sowie dem Recht der Verschmelzung und Spaltung (einschließlich verschmelzungsbedingter Kapitalerhöhung, Verschmelzungsverlust und nicht verhältniswahrender Spaltung) sind erfasst. Das MoMiG, das Anfang 2008 in Kraft treten soll, ist ebenso berücksichtigt wie die Entwürfe zur Umsetzung der Verschmelzungsrichtlinie.

Wir danken dem Verlag C.F. Müller für die Aufnahme des Lehrbuches in die Schwerpunkte-Reihe. Hinweise und Kritik erbitten wir an erik_ahnis@hotmail.com oder jens_kuhlmann@hotmail.com. Das Buch ist auf dem Stand von Ende Dezember 2006.

Berlin, Februar 2007

Jens Kuhlmann
Erik Ahnis

Inhaltsverzeichnis

Abkürzungsverzeichnis

aA	andere/r Ansicht
abh.	abhängig
Abk	Abkürzung
ABl. EU	Amtsblatt der Europäischen Union
AcP	Archiv für die civilistische Praxis (Zeitschrift)
aF	alte Fassung
AG	Aktiengesellschaft/Die Aktiengesellschaft (Zeitschrift)
AktG	Aktiengesetz
Alt	Alternative
AnfG	Anfechtungsgesetz
Anh.	Anhang
Anm	Anmerkung
aE	am Ende
Aufl	Auflage
BAG	Bundesarbeitsgericht
BAGE	Entscheidungen des Bundesarbeitsgerichts
BB	Betriebsberater (Zeitschrift)
Begr	Begründung
BetrAVG	Gesetz zur Verbesserung der betrieblichen Altersvorsorge
BFHE	Entscheidungen des Bundesfinanzhofes
BGB	Bürgerliches Gesetzbuch
BGH	Bundesgerichtshof
BGHSt	Entscheidungen des Bundesgerichtshofes in Strafsachen
BGHZ	Entscheidungen des Bundesgerichtshofes in Zivilsachen
BT-Drs	Bundestags-Drucksache
BVerfG	Bundesverfassungsgericht
bzgl	bezüglich
bzw	beziehungsweise
cic	culpa in contrahendo
DB	Der Betrieb (Zeitschrift)
dh	das heißt
Diss	Dissertation
DStR	Deutsches Steuerrecht (Zeitschrift)
EGAktG	Einführungsgesetz zum Aktiengesetz
EK	Eigenkapital
EWiR	Entscheidungen zum Wirtschaftsrecht (Zeitschrift)
EWR	Europäischer Wirtschaftsraum
EU	Europäische Union
EuGH	Europäischer Gerichtshof
etc	et cetera, und so weiter

FGG	Gesetz über die Angelegenheiten der freiwilligen Gerichtsbarkeit (Freiwillige-Gerichtsbarkeit-Gesetz)
Fn	Fußnote
GbR	Gesellschaft bürgerlichen Rechts
gem.	gemäß
GesR	Gesellschaftsrecht (bei abgekürzt zitierter Literatur)
ggf	gegebenenfalls
GmbHG	Gesetz betreffend die Gesellschaften mit beschränkter Haftung
GmbHR	GmbH-Rundschau (Zeitschrift)
GuV	Gewinn- und Verlustrechnung
GWB	Gesetz gegen Wettbewerbsbeschränkungen
Hdb	Handbuch
HGB	Handelsgesetzbuch
hL	herrschende Lehre
hM	herrschende Meinung
HR	Handelsregister
Hs	Halbsatz
InsO	Insolvenzordnung
IPRax	Praxis des Internationalen Privat- und Verfahrensrechts (Zeitschrift)
iS, iSv	im Sinne, im Sinne von
iVm	in Verbindung mit
Jura	Juristische Ausbildung (Zeitschrift)
JuS	Juristische Schulung (Zeitschrift)
JZ	Juristen Zeitung
KapGesR	Kapitalgesellschaftsrecht (bei abgekürzt zitierter Literatur)
KG	Kommanditgesellschaft
KGaA	Kommanditgesellschaft auf Aktien
Komm.	Kommentar
krit	kritisch
KStG	Körperschaftsteuergesetz
Lb.	Lehrbuch
LG	Landgericht
Lit.	Literatur
Mio.	Million
MitbestG	Mitbestimmungsgesetz
mN	mit Nachweisen
MoMiG	Gesetz zur Modernisierung des GmbH-Rechts und zur Bekämpfung von Missbräuchen
Münch	Münchener
mwN	mit weiteren Nachweisen
NJW	Neue Juristische Wochenschrift
Nw	Nachweise
NZG	Neue Zeitschrift für Gesellschaftsrecht

öOGH	Oberster Gerichtshof (Österreich)
og	oben genannte (r,s)
OHG	Offene Handelsgesellschaft
OLG	Oberlandesgericht
pVV	positive Vertragsverletzung
Reg	Regierungsentwurf
Rn	Randnummer
Rspr	Rechtsprechung
S.	siehe, Satz
sa	siehe auch
SE	Societas Europaea
SE-AG	Ausführungsgesetz zur Einführung der Societas Europaea
SEEG	Gesetz zur Einführung der Societas Europaea
SE-VO	SE-Verordnung
s.o.	siehe oben
sog.	so genannte/s/r/n
SpruchG	Spruchverfahrensgesetz
StGB	Strafgesetzbuch
s.u.	siehe unten
ua	unter anderen, unter anderem
UMAG	Gesetz zur Unternehmensintegrität und Modernisierung des Anfechtungsrechts
UmwG	Umwandlungsgesetz
usw	und so weiter
Var	Variante
vgl	vergleiche
WM	Wertpapiermitteilungen (Zeitschrift)
zB	zum Beispiel
ZGR	Zeitschrift für Unternehmens- und Gesellschaftsrecht
ZHR	Zeitschrift für das gesamte Handels- und Wirtschaftsrecht
ZIP	Zeitschrift für Wirtschaftsrecht
zit	zitiert
ZPO	Zivilprozeßordnung
zzgl	zuzüglich

Literaturverzeichnis

Altmeppen, Holger: Die Haftung des Managers im Konzern, München: 1998 (zit: *Altmeppen,* Managerhaftung)

Baumbach, Adolf: HGB (Kommentar), bearbeitet von *Klaus Hopt und Hanno Merckt,* 32. Aufl, München: 2006 (zit: Baumbach/*Hopt*)

Baumbach, Adolf/Hueck, Alfred: GmbHG (Kommentar), bearbeitet von *Lorenz Fastrich* ua, 18. Aufl., München: 2006 (zit: Baumbach/Hueck/*Bearbeiter*)

Braun, Eberhard: Insolvenzordnung (Kommentar), 2. Aufl., München: 2004 (zit: Braun/*Bearbeiter*)

Emmerich, Volker/Habersack, Mathias: Aktien- und GmbH-Konzernrecht (Kommentar), 4. Aufl., München: 2005 (zit: *E/H* Komm)

Emmerich, Volker/Habersack, Mathias: Konzernrecht, 8. Aufl., München: 2005 (zit: *E/H* Lb.)

Eschenbruch, Klaus: Konzernhaftung, Haftung der Unternehmen und Manager, Düsseldorf: 1996 (zit: *Eschenbruch*)

Flume, Werner: Allgemeiner Teil des Bürgerlichen Rechts Band I, Teilband 1, Die Personengesellschaft, Berlin: 1977; Teilband 2, Die juristische Person, Berlin: 1983 (zit: *Flume* AT I/1 oder 2)

Goutier, Klaus/Knopf, Rüdiger/Tulloch, Anthony: Kommentar zum Umwandlungsrecht, bearbeitet von *Arno Bermel* ua, Heidelberg: 1995 (zit: Goutier/Knopf/Tulloch/*Bearbeiter*)

Großkommentar Aktiengesetz: Aktiengesetz (Kommentar), Band 4 §§ 291–410 mit EGAktG: 3. Aufl., Berlin/New York: 1975, im Übrigen 4. Aufl, Berlin/New York: 1993 ff (zit: Großkomm.AktG/*Bearbeiter*)

Hachenburg, Max: GmbHG (Kommentar), bearbeitet von *Peter Behrens* ua, der 2. Band §§ 13–52 wird zitiert nach 7. Aufl., Berlin: 1979, im Übrigen wird zitiert nach 8. Aufl., Berlin: 1992 ff (zit: Hachenburg/*Bearbeiter*)

Hüffer, Uwe: Aktiengesetz (Kommentar), 7. Aufl., München: 2006 (zit: *Hüffer*)

Jannott, Dirk/Frodermann, Jürgen: Handbuch der Europäischen Aktiengesellschaft, Heidelberg: 2005 (zit: *Bearbeiter,* in: HdbSE)

Kallmeyer, Harald/Dirksen, Dirk/Meister, Burkhard W./Klöcker, Ingo: Umwandlungsgesetz (Kommentar), bearbeitet von *Dirk Dirksen* ua, 3. Aufl., Köln: 2006 (zit: Kallmeyer/*Bearbeiter*)

Kölner Kommentar zum Aktiengesetz: Aktiengesetz (Kommentar), Band 2 §§ 76–117, bearbeitet von *Hans-Joachim Matens,* 2. Aufl 1996; Band 6 §§ 15–22, 291–328, bearbeitet von *Hans-Georg Koppensteiner,* 3. Aufl., Köln: 2004 (zit: KölnKomm.AktG/*Bearbeiter*)

Kropff, Bruno: Aktiengesetz Textausgabe des Aktiengesetzes vom 6.9.1965 mit Begründung des Regierungsentwurfs und Bericht des Rechtsausschusses des Deutschen Bundestags, Düsseldorf: 1965 (zit: Reg Begr *Kropff*)

Kuhlmann, Jens/Ahnis, Erik: Konzernrecht, München: 2001 (zit.: *Kuhlmann/Ahnis,* 1. Aufl)

Limmer, Peter: Die Haftungsverfassung des faktischen GmbH-Konzerns (Diss), Köln: 1992 (zit: *Limmer* Haftungsverfassung)

Lübking, Johannes: Ein einheitliches Konzernrecht für Europa, Baden-Baden: 2000

Lutter, Marcus/Hommelhoff, Peter: Die Europäische Gesellschaft, Köln: 2005

Lutter, Marcus/Hommelhoff, Peter: GmbHG (Kommentar), 16. Aufl., Köln: 2004 (zit: *Lutter/Hommelhoff*)

Lutter, Marcus/Winter, Martin (Hrsg.): Umwandlungsgesetz (Kommentar), bearbeitet von *Walter Bayer* ua, 3. Aufl., Köln: 2004 (zit: Lutter/*Bearbeiter*)

Münchener Handbuch des Gesellschaftsrechts – Aktiengesellschaft; bearbeitet von *Michael Hoffmann-Becking* ua, 2. Aufl., München: 1999 (zit: MünchHdb.GesR-AG/*Bearbeiter*)

Münchener Handbuch des Gesellschaftsrechts – GmbH; bearbeitet von *Stephan Busch* ua, 2. Aufl., München: 2003 (zit: MünchHdb.GesR-GmbH/*Bearbeiter*)

Münchener Kommentar zum AktG, 2. Aufl., München: 2000 ff (zit: MünchKomm.AktG/*Bearbeiter*)

Münchener Kommentar zum BGB, 4. Aufl., München: 2000 ff (zit: MünchKomm.BGB/*Bearbeiter*)

Münchener Kommentar zum HGB, Band 3: §§ 161–237, Konzernrecht der Personengesellschaften, München: 2002 (zit.: MünchKomm.HGB/*Bearbeiter*)

Palandt, Otto: BGB (Kommentar), bearbeitet von *Peter Bassenge* ua, 65. Aufl., München: 2006 (zit: Palandt/*Bearbeiter*)

Raiser, Thomas: Mitbestimmungsgesetz (Kommentar), 4. Aufl., Berlin: 2002 (zit: *Raiser* MitbestG)

Raiser, Thomas/Veil, Rüdiger: Recht der Kapitalgesellschaften, 4. Aufl., München: 2006 (zit.: *Raiser/Veil* KapGesR)

Roth, Günter H./Altmeppen, Holger: GmbHG (Kommentar), 5. Aufl., München: 2005 (zit: *Roth/Altmeppen*)

Sagasser, Bernd/Bula, Thomas/Brünger, Thomas R.: Umwandlungen, bearbeitet von *Bernd Sagasser* ua, 3. Aufl., München: 2002 (zit: Sagasser/Bula/Brünger/*Bearbeiter*)

Semler, Johannes/Stengel, Arndt (Hrsg.): Umwandlungsgesetz (Kommentar), bearbeitet von *Michael Arnold* ua, München: 2003 (zit: Semler/Stengel/*Bearbeiter*)

Scholz, Franz: GmbHG (Kommentar), bearbeitet von *Georg Crezelius* ua, Band I, 9. Aufl., Köln: 2000 (zit.: Scholz/*Bearbeiter*)

Schmidt, Karsten: Gesellschaftsrecht, 4. Aufl., Berlin: 2002 (zit: *K. Schmidt* GesR)

Schmitt, Joachim/Hörtnagl, Robert/Stratz, Rolf-Christian: Umwandlungsgesetz, Umwandlungssteuergesetz (Kommentar), 4. Aufl., München: 2006 (zit: Schmitt/Hörtnagl/Stratz/*Bearbeiter*)

Staub, Hermann: HGB (Kommentar), bearbeitet von *Dieter Brüggemann* ua, 4. Aufl., Berlin: 1983 ff (zit: Staub/*Bearbeiter*)

Steding, Rolf: Gesellschaftsrecht, Baden-Baden: 1997 (zit.: *Steding* GesR)

Thomas, Heinz/Putzo, Hans: Zivilprozessordnung, bearbeitet von *Klaus Reichold* ua, 27. Aufl., München: 2005 (zit: *Thomas/Putzo* ZPO)

Timm, Wolfram: Handels- und Wirtschaftsrecht Bd II: Wahlfachstoff, München: 1994

Tröndle, Herbert/Fischer, Thomas: Strafgesetzbuch (Kommentar), 53. Aufl., München: 2006 (zit: *Tröndle/Fischer*)

Wazlawik, Thomas: Die Konzernhaftung der deutschen Muttergesellschaft für die Schulden ihrer US-amerikanischen Tochtergesellschaft (Diss), Tübingen: 2004 (zit: *Wazlawik*)

Wiedemann, Herbert: Gesellschaftsrecht Band I: Grundlagen, München: 1980, Gesellschaftsrecht II: Recht der Personengesellschaften, München: 2004 (zit: *Wiedemann* GesR I/II)

Wiedemann, Herbert: Die Unternehmensgruppe im Privatrecht, Tübingen: 1988 (zit: *Wiedemann* Unternehmensgruppe)

Wilhelm, Jan: Kapitalgesellschaftsrecht, 2. Aufl., Berlin: 2005 (zit: *Wilhelm* KapGesR)

Zentrum für Europäisches Wirtschaftsrecht (Hrsg.): Ein Konzernrecht für Europa, Bonn: 1999

Teil 1

Konzernrecht

§ 1 Grundlagen

Literatur: Baumbach/Hueck/*Zöllner*, SchlAnhKonzernR Rn 1–10, 29 f, 33–48; *Emmerich/Habersack*, Lb. § 1, S. 1–20; *K. Schmidt*, GesR § 17, S. 486–512; *K. Schmidt*, Was ist, was will, was kann das Konzernrecht des Aktiengesetzes?, FS Druey (2002), S. 551–567; *Timm*, Grundfälle zum Konzernrecht, JuS 1999, 553–557; *Wackerbarth*, Die Abschaffung des Konzernrechts, Konzern 2005, 562–576; *Wiedemann*, Unternehmensgruppe, S. 1–18; *Zöllner*, Einführung in das Konzernrecht, JuS 1968, 297–304.

I. Ziel und Gegenstand des Konzernrechts

Beispiel 1: Meier und Schmitt sind an zwei GmbH beteiligt, GmbH T befasst sich mit Trockenbau, GmbH Z betreibt einen Zeitungskiosk. Meier ist in beiden Gesellschaften Geschäftsführer und je mit 80 % beteiligt, Schmitt hält je 20 %. Das Zeitungsgeschäft läuft gut. Der Trockenbau bewegt sich am Rande der Überschuldung. Nun müsste das Ladengeschäft des Zeitungskiosks renoviert werden. Meier beabsichtigt, dies von der Trockenbau-GmbH T erledigen zu lassen, allerdings zu einem Tiefstpreis. Es ist abzusehen, dass die GmbH T nach der von Meier geplanten Durchführung des Geschäfts überschuldet sein würde. Müssen sich die GmbH T und Schmitt dem (Mehrheits-)Willen von Meier beugen? – Nein, ein entsprechendes Verhalten von Meier als **Geschäftsführer** der Trockenbau-GmbH T ist zum einen gemessen an § 43 I, II GmbHG rechtswidrig und macht ihn schadensersatzpflichtig. Zum anderen verletzt er damit wegen seiner gleichzeitigen Eigenschaft als **Gesellschafter** seine Treuepflicht gegenüber der GmbH T und gegenüber dem Mitgesellschafter Schmitt.

1. Das Konzernrecht soll Interessenkonflikte lösen (= **Ziel**), die sich aus der unternehmerischen Betätigung einer natürlichen oder juristischen Person (im Beispiel 1: Meier) in mehreren Unternehmensträgern (im Beispiel 1: GmbH T und Z) entwickeln (= **Gegenstand**). Es geht um Sachverhalte, in denen ein Unternehmen in den Dienst eines anderen Unternehmens gestellt wird und in denen das unterworfene Unternehmen Nachteile erleiden kann[1]. (im Beispiel 1: Gefahr von Nachteilen für GmbH T).

2. Sachlich und sprachlich ist es wichtig, gleich zu Beginn über Folgendes Klarheit zu haben: Entgegen dem allgemeinen Sprachgebrauch kann ein Konzern keine Arbeitnehmer, Schulden, Forderungen oder sonstige Rechtspositionen haben. Denn der Konzern besteht aus **juristisch nach wie vor selbstständigen Unternehmen**, die sich lediglich innerhalb eines einheitlichen wirtschaftlichen Konzeptes (Konzerninteres-

1

2

3

---

1 *Hüffer* § 15 Rn 3; *E/H*, Lb. § 1 I, S. 1.

ses) bewegen. Der Konzern selbst ist **keine** juristische Person. Also: Rechtliche Vielfalt bei wirtschaftlicher Einheit[2]. Dies ist nachzulesen in § 15 AktG.

4 **3.** Das **klassische Gesellschaftsrecht** (§§ 705 ff BGB [von 1896], §§ 105 ff HGB [1897], GmbHG [1892], AktG [1965]) geht von der unabhängigen Gesellschaft aus, in der die Interessen der Gesellschafter, der Geschäftsleitung und der Gläubiger letztlich im Einklang stehen: Die **gemeinsame Orientierung am Wohl der Gesellschaft** verbindet[3]. Die Interessen der **Gesellschafter** gehen auf Erwirtschaftung einer angemessenen Rendite des investierten Kapitals durch Sicherung und Ausbau der Existenz der Gesellschaft. Der **Geschäftsleitung** geht es um die Sicherung der eigenen Lebensgrundlage durch wirtschaftlichen Erfolg der Gesellschaft. Den **Gläubigern** schließlich ist daran gelegen, ihre Forderungen beglichen zu sehen, was wiederum nur von einem prosperierenden Unternehmen als Schuldner zu erwarten ist. Im **Konzern** kündigt der **Gesellschafter** diesen **Grundkonsens**[4].

5 **Beispiel 2:** Ist die Berta-AG mit jeweils 75 % an drei GmbH beteiligt, kann es ihrem Interesse als Obergesellschaft entsprechen, Unter-GmbH X als bloße Produktentwicklungsabteilung zugunsten der beiden anderen GmbH zu führen, etwa um allein in GmbH X die Risiken zu bündeln. Sind nun die GmbH Y und Z am Markt platziert und werden die Entwicklungsdienste der GmbH X nicht mehr benötigt, kann Berta-AG GmbH X ausbluten lassen, und zwar eben durch Wegfall der einzigen beiden Kunden, nämlich Y und Z. Folge: Geschäftsleitung und Gläubiger der GmbH X befinden sich nun in einem Interessengegensatz zur Berta-AG, diese hat den bisher bestehenden Konsens gekündigt.

Wie das Beispiel zeigt, bewirkt die Konzernierung, dass ein Unternehmen (die GmbH X) in die **Zielvorgaben** eines anderen Unternehmens (der Berta-AG) **integriert** wird, ohne dass diese Zielvorgaben auch nur zweitrangig auf die Sicherung des Bestandes der Untergesellschaft ausgerichtet sein müssten[5]. Hier will das Konzernrecht für **Abhilfe** sorgen.

6 **4.** Das **Spektrum konzernrechtlicher Probleme** reicht von Haftungsfragen, um die es vorliegend umfassend für GmbH und AG gehen wird, über Arbeitsrechts- zu Steuer- und Bilanzfragen. Arbeitsrechtlich geht es vor allem um die Rechte von Arbeitnehmern, außerhalb ihres Arbeitgebers (der rechtlich selbstständigen Untergesellschaft) in der Konzernobergesellschaft Mitbestimmungsbefugnisse zu haben und wahrzunehmen[6]. Steuerrechtlich sticht die körperschaftsteuerliche Organschaft ins Auge (§§ 14–17 KStG). Bei ihr kommt es kraft steuerrechtlich definierter „Eingliederung" (nicht zu verwechseln mit der Eingliederung gem. §§ 319 ff AktG!) der Organgesellschaft, also der Untergesellschaft, in den Organträger, also die Obergesellschaft, zu einer Verrechnung von Gewinnen und Verlusten, wodurch die Entwicklung der

---

2   *K. Schmidt*, GesR § 17 I 2 b), S. 490 f; *E/H*, Lb. § 4 II 1, S. 50 f.
3   *Zöllner*, JuS 1968, 297, 299; *E/H*, Lb. § 1 III 3, S. 9 f.
4   *E/H*, Komm. Anh. § 318 Rn 4; *Timm*, JuS 1999, 553, 556; *Zöllner*, JuS 1968, 297, 299; *Seydel*, Konzernbildungskontrolle, S. 37 f.
5   *Timm*, JuS 1999, 553, 556.
6   Dazu *E/H*, Komm. Einl. Rn 38 f; *E/H*, Lb. § 4 V, S. 61 ff.

Steuerschuld einzelner Konzernteile effektiv geregelt werden kann[7]. Damit behandelt das Steuerrecht – anders als das Gesellschaftsrecht – teilweise den Konzern als Einheit. Bilanzrechtlich finden sich in den §§ 290–315 HGB Sondervorschriften für Konzerne. Ein einheitliches „**Privatrecht für die Unternehmensgruppe**" hat sich indessen nicht herausgebildet[8].

5. Charakteristisch für das hier interessierende **Konzerngesellschaftsrecht** ist sein Versuch, auf die schon entstandenen Interessenkollisionen (nur) zu reagieren, kaum sie vorbeugend zu kontrollieren oder zu verhindern. Demgemäß stellt die Konzerneingangskontrolle zwar ein wichtiges, in der gesetzlichen Konzeption aber kaum abgedecktes Problem dar[9]. In diesem Zusammenhang ist aber zu beachten, dass es sich bei Konzernen nicht notwendig um etwas Negatives handelt[10]. Vielmehr kann es auch aus Sicht beider Partner etwa eines Beherrschungsvertrages sinnvoll sein, sich zusammenzuschließen: Insbesondere die Untergesellschaft kann zB von den günstigeren Konzerneinkaufspreisen profitieren oder von dem Anschluss an die Konzern-EDV.

7

6. Zweifel an der Treffgenauigkeit des Konzernrechts bestehen, wenn man Folgendes bedenkt. Zu Lasten der Gesellschaft, der anderen Gesellschafter und der Gläubiger gehende Einflussnahmen auf die Gesellschaft können auch dann vorkommen und kommen vor, wenn der Einfluss nehmende Gesellschafter kein anderes Unternehmen betreibt, sondern schlicht seine Privatinteressen durchsetzt. Lässt ein Rentner, der Mehrheitsgesellschafter einer GmbH ist und nur noch seinen Lebensabend gestaltet, sein Haus unentgeltlich durch die Gesellschaft herrichten, ist die Schädigung der Gesellschaft und der Minderheitsgesellschafter aus deren Sicht nicht anders, als wenn der Rentner noch eine anderes Unternehmen betriebe oder an einer anderen Gesellschaft beteiligt wäre. Rechtfertigt die Schädigung der Gesellschaft im Interesse eines anderen Unternehmens eine andere rechtliche Erfassung als die Schädigung der Gesellschaft im Privatinteresse[11]? → *KonzernR → Unt muß in den Dienst eines anderen Unt gestellt werden?*

8

Leitsätze	**9**
(1) Konzernrecht behandelt Interessenkollisionen aufgrund wirtschaftlicher Betätigung einer Person in mehreren Unternehmensträgern.	
(2) Der Konzern ist keine juristische Person. Die ihn bildenden Unternehmen bleiben selbstständig.	

---

7 Näher *E/H*, Lb. § 1 IV 1, S. 11 ff.
8 Baumbach/Hueck/*Zöllner*, SchlAnhKonzernR Rn 29 f; *Wiedemann*, Unternehmensgruppe, S. 4 mN.
9 Baumbach/Hueck/*Zöllner*, SchlAnhKonzernR Rn 48.
10 MünchHdbGesR.GmbH/*Decher*, § 67 Rn 2.
11 S. *Wackerbarth*, Konzern 2005, 562 ff – Ausbau des Minderheitsschutzes statt wirkungslosen Konzernrechts; s.a. *K. Schmidt*, GesR § 31 II 1 a), S. 937, *Wiedemann*, GesR I § 8 I 3 a), S. 417 f, und *Zöllner*, ZHR 162 (1998), 235, 241 f.

II. Darstellung im vorliegenden Buch

10 Im vorliegenden Buch geht es um das **Gesellschaftsrecht der Unterordnungskonzerne mit Beteiligung von AG und GmbH und – in §§ 7 ff – um die Grundzüge des Umwandlungsgesellschaftsrecht der AG und der GmbH.** Grund dafür ist die auf diese beiden Gesellschaftsformen konzentrierte Klausurpraxis sowie das Auftauchen der rechtspraktischen Probleme ganz überwiegend in diesem Bereich. In Examina werden regelmäßig Anspruchsklausuren gestellt, bei denen zu prüfen ist, wer was von wem verlangen kann. Daran orientiert sich dieses Buch.

Auf das Konzernrecht der Personengesellschaften, die Eingliederung und das Konzernrecht im europäischen Kontext gehen wir nur kurz ein. Personengesellschaften und Eingliederung sind für die Klausur kaum relevant, das rudimentäre Konzernrecht in Europa höchstens für die mündliche Prüfung.

III. Erscheinungsformen des Konzerns

11 Konzerne (Unternehmensverbindungen) treten je nach Rechtsform der beteiligten Unternehmen und der Art ihrer Verbindung in unterschiedlicher Form auf.

1. Überblick

12

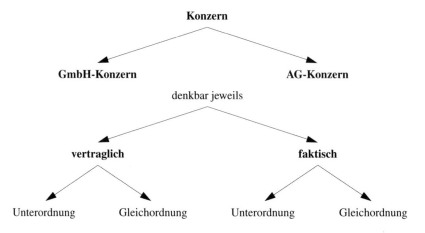

2. Vertragskonzern – faktischer Konzern

13 **a)** Bei einem **Vertragskonzern** findet die Verbindung zwischen den beteiligten Unternehmen Ausdruck in einem besonderen Vertrag. Es ist ein „besonderer" Vertrag, weil beispielsweise ein Liefervertrag oder Kooperationsvertrag nicht genügt. Vielmehr muss es sich um einen Beherrschungsvertrag gem. § 291 I 1 Alt. 1 AktG handeln. Er verschafft der Obergesellschaft ein Weisungsrecht (§ 308 I AktG) und begründet die unwiderlegliche Vermutung, dass ein Konzern vorliegt, § 18 I 2 AktG. Ihm steht darin, dass ein Weisungsrecht besteht und es sich unwiderleglich um einen Konzern handelt, die Eingliederung gleich (vgl § 18 I 2 iVm §§ 319 ff AktG).

Hinweis: Beachten Sie, dass nur der Beherrschungsvertrag zum (Unterordnungs-) Vertragskon-   **14**
zern führt. Denn nur an ihn knüpft § 18 I 2 AktG die unwiderlegliche Konzernvermutung. Dagegen tritt diese Wirkung bei Abschluss eines anderen der in §§ 291 ff AktG genannten Unternehmensverträge nicht ein, auch nicht bei Abschluss eines isolierten Gewinnabführungsvertrages.

Ein „Vertragskonzern" im nicht gesetzestechnischen Sinn wird auch durch den Vertrag begründet, den die beteiligten Unternehmen im Rahmen eines Gleichordnungskonzerns zur Koordinierung der gemeinsamen Leitung schließen (§ 18 II AktG).

b) Ein **faktischer Konzern** liegt vor, wenn ohne Beherrschungsvertrag und ohne   **15**
Eingliederung ein oder mehrere Unternehmen sich einem – meist aufgrund Mehrheitsbeteiligung – herrschenden Unternehmen gegenüber sehen, das unter Umständen
auch tatsächlich Leitungsmacht ausübt und dann die Untergesellschaften im Sinne
von § 18 I 1 AktG unter einheitlicher Leitung zusammenfasst. An dieser Stelle mag
verwundern, dass eben nur von einer „unter Umständen" ausgeübten Leistungsmacht
die Rede war, obwohl doch der Begriff „Konzern" kraft Legaldefinition in § 18 I 1
AktG genau diese Zusammenfassung unter einheitlicher Leitung verlangt. Zu beachten ist eine übliche sprachliche Ungenauigkeit: Allgemein spricht man auch dann von
einem „Konzern", wenn die betrachteten Unternehmen nur voneinander abhängig
sind im Sinne des § 17 AktG, also gerade keine einheitliche Leitung gegeben ist (vgl
demgegenüber den Text der §§ 311 ff AktG, in denen der Begriff „Konzern" nicht
fällt, weil die in diesen Vorschriften behandelten Unternehmen nur voneinander abhängig sind). Daraus folgt, dass es sich bei einem „faktischen Konzern" tatsächlich
um ein bloßes Abhängigkeitsverhältnis zwischen den Beteiligten handeln kann, „unter Umständen" aber auch um einen echten Konzern mit einheitlicher Leitung, wobei
nach der gesetzlichen Terminologie nur das Letztere mit „Konzern" richtig bezeichnet
ist.

c) Bis zur Entscheidung „Bremer Vulkan" des BGH[12] aus dem Jahr 2001 hat die   **16**
Rechtsprechung einen als **„qualifizierter faktischer Konzern"** bezeichneten Fall im
GmbH-Recht konzernrechtlich erfasst, der durch Folgendes gekennzeichnet ist: Der
Alleingesellschafter nimmt in einer Weise schädigenden Einfluss auf seine GmbH,
dass die Einflussnahmen nicht im Einzelnen nachzuvollziehen sind und daher Schädigungen der GmbH keiner einzelnen Einflussnahme zugeordnet werden können. Dann
– so die frühere Rechtsprechung – gleiche der Zustand in dieser faktischen Unternehmensverbindung demjenigen Zustand, der nur unter einem Beherrschungsvertrag zulässig ist. Die für einen Beherrschungsvertrag angeordneten Rechtsfolgen, insbesondere die Verlustausgleichspflicht zugunsten der geschädigten Gesellschaft gem. § 302
AktG, müssten durch analoge Anwendung auch für den qualifizierten faktischen Kon-

---

12   BGHZ 149, 10, 16 – Bremer Vulkan; s. zudem BGHZ 151, 181 ff – KBV.

zern gelten. Das setze ua voraus, dass es sich bei dem Gesellschafter um ein „Unternehmen" im konzernrechtlichen Sinn handele. Seit der Entscheidung „Bremer Vulkan" ist die Erfassung dieser Fälle als konzernrechtliche Problematik aufgegeben. Nunmehr löst die Rechtsprechung sie mit Hilfe einer Durchgriffshaftung aufgrund **existenzgefährdenden Eingriffs**. Welche Auswirkungen die Absage der Rechtsprechung an den „qualifizierten faktischen GmbH-Konzern" für Konzerne mit abhängigen Gesellschaften anderer Rechtsform hat, wird unter Rn 355 ff erläutert.

3. Unterordnungskonzern – Gleichordnungskonzern

17 Beim Unterordnungskonzern ist das wesentliche Merkmal, dass ein herrschendes Unternehmen ein abhängiges Unternehmen oder mehrere abhängige Unternehmen unter seiner einheitlichen Leitung zusammenfasst, § 18 I 1 AktG[13]. Das herrschende Unternehmen „ordnet" sich die abhängige Gesellschaft „unter". Beim Gleichordnungskonzern dagegen unterstellen sich mehrere Unternehmen einer einheitlichen Leitung, ohne dass eines der beteiligten Unternehmen von einem der anderen abhängig ist (§ 18 II AktG). Die Beteiligten sind „gleichgeordnet"[14].

IV. Rechtsgrundlagen

Für den vorliegenden Zusammenhang lassen sich zwei Regelungskomplexe unterscheiden.

1. „Allgemeiner Teil"

18 Der „Allgemeine Teil" des Konzerngesellschaftsrechts befindet sich in den §§ 15–19 AktG mit den hier vor allem interessierenden **Legaldefinitionen** von verbundenen Unternehmen (§ 15 AktG), Mehrheitsbeteiligung (§ 16 AktG), Abhängigkeit (§ 17 AktG) und Konzern (§ 18 AktG). Diese Vorschriften sind „allgemein", weil sie rechtsformneutral („Unternehmen") formuliert sind (Ausnahme: § 19 AktG, der sich nur auf Kapitalgesellschaften bezieht, aber hinsichtlich der Rechtsform bei diesen, dh AG oder GmbH, auch neutral ist). Folglich finden diese Normen des Aktiengesetzes auch Anwendung auf konzernrechtliche Fragen bei Personengesellschaften, Genossenschaften oder Vereinen[15].

19 **Beispiel:** Frau Andres ist Gesellschafterin einer GbR, die einen Waschsalon betreibt. Zugleich ist die GbR Kommanditist der Wash&Go-KG, in der das Einstimmigkeitsprinzip (§§ 119 I, 161 II HGB) abbedungen ist und nach Kapitalanteilen abgestimmt wird (§§ 119 II, 161 II HGB iVm § 241 I BGB), wobei die GbR 53 % der Anteile vertritt.

---

13 *Timm*, Handels- und Wirtschaftsrecht II, § 3 Leitsätze zum Konzernrecht 24, 25 (S. 71).
14 Näher zum Gleichordnungskonzern *E/H*, Komm. § 18 Rn 25 ff.
15 *Hüffer* § 15 Rn 4.

Will Frau Andres nun wissen, ob eventuell eine konzernrechtliche Haftung droht, wird sie zunächst anhand der §§ 15–18 AktG prüfen, ob Abhängigkeit oder Konzern vorliegt: Da die GbR 53% der Anteile hält, liegt eine Mehrheitsbeteiligung im Sinne des § 16 I, II AktG der GbR an der KG vor, so dass Abhängigkeit gem. § 17 I AktG gegeben ist.

Dagegen dürfte es angesichts der offenbar von einer anderen Person besetzten Position des persönlich haftenden Gesellschafters in der KG (der Geschäftsführer und Vertreter ist, §§ 115, 125, 161 II HGB) an einer einheitlichen Leitung gem. § 18 I 1 fehlen, so dass die Konzernvermutung des § 18 I 3 AktG widerlegt werden kann, wenn die GbR rechtlich gehindert ist, kraft ihrer Mehrheitsbeteiligung den (geschäftsführenden) Komplementär zu bestimmen.

2. „Besonderer Teil"

a) Da das allgemeine Gesellschaftsrecht verschiedene Gesellschaftsformen kennt **20** und in verschiedenen Gesetzen regelt (BGB, HGB, GmbHG, AktG, SE-VO und SEAG ua), muss auch das Konzernrecht auf die danach gegebenen **rechtsformspezifischen Besonderheiten** reagieren. Diesem Gebot kommt das kodifizierte Recht jedoch nur in ganz begrenztem Umfang nach, nämlich mit den §§ 20–22 AktG, die bestimmte Mitteilungspflichten über Beteiligungen regeln, und den §§ 291–328 AktG, die das Konzernrecht der AG umfassend zu regeln suchen. Die danach bestehenden „Lücken" im „Besonderen Teil" für die übrigen Gesellschaftsformen sind von Rechtsprechung und Literatur zu ergänzen. Das gilt uneingeschränkt auch für die GmbH.

b) Das **Dritte Buch des Aktiengesetzes**, die eben genannten **§§ 291–328 AktG**, ist **21** als einzige Konzernrechtskodifikation von großer Bedeutung. Es ist wie folgt strukturiert:

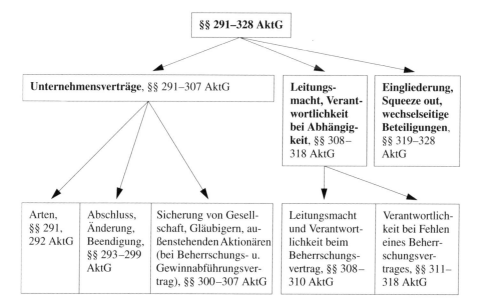

Hinweis: Beachten Sie, dass die Regelungen zum Squeeze out (§§ 327a-f AktG) konzernrechts-
neutral sind. Anders als das Ausschlussverfahren im Rahmen einer Mehrheitseingliederung
(§§ 320, 320a AktG), das ebenso die Alleingesellschafterstellung des Hauptaktionärs bewirkt, begründet das Squeeze-out-Verfahren keine Konzernvermutung im Sinne des § 18 I 2 AktG. Deshalb besteht auch kein Gläubigerschutz nach Art der §§ 303, 321, 322 AktG, allerdings auch
keine Leitungsmacht wie nach §§ 308, 323 AktG[16].

3. Zusammenfassung

22 Für das Konzerngesellschaftsrecht ergibt sich damit folgendes Bild:

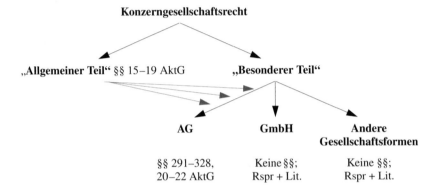

23 **Leitsätze**

(1) Konzerne treten als **faktische** und **vertragliche Konzerne** auf. Bei faktischen besteht Abhängigkeit ohne Beherrschungsvertrag, bei vertraglichen besteht ein Beherrschungsvertrag.

(2) Weiter ist zwischen **Gleichordnungs-** und **Unterordnungskonzernen** zu unterscheiden.
Bei Gleichordnung besteht einheitliche Leitung ohne Abhängigkeit. Bei Unterordnung besteht
Abhängigkeit mit Über-/Unterordnungsverhältnis.

(3) „**Allgemeiner Teil**" des Konzerngesellschaftsrechts sind die §§ 15–19 AktG. Sie sind
rechtsformneutral und gelten deshalb für alle Gesellschaftsformen.

(4) Der „**Besondere Teil**" des Konzerngesellschaftsrechts ist für die AG in §§ 291–328 AktG
geregelt, für die GmbH fehlt eine Kodifikation, Rspr und Lit. ersetzen die fehlenden Bestimmungen.

---

16 *Hüffer* § 327a Rn 3.

§ 2 Konzernbegriff

Literatur: *Emmerich/Habersack*, Lb. §§ 2–4, S. 21–65; *Hüffer*, Kommentierung zu §§ 15–18 AktG (S. 63–89); *K. Schmidt*, GesR § 31 II 1.–3., S. 935–947.

Der Konzern ist keine juristische Person und demzufolge nicht rechtsfähig. Gem. **24** §§ 15, 18 I AktG ist er ein Zusammenschluss mehrerer selbstständiger Unternehmen unter einer einheitlichen Leitung. Die (Konzern-)Leitung führt dazu, dass die Unternehmen wie eine **wirtschaftliche Einheit** agieren. Zwischen der Anerkennung der fortbestehenden juristischen Selbstständigkeit der beteiligten Unternehmen einerseits und der wirtschaftlichen Einheit andererseits soll das Konzernrecht vermitteln.

Obwohl lediglich § 18 AktG vom Konzern spricht und viele „konzernrechtliche" Vorschriften gar nicht an § 18 AktG, sondern an §§ 17, 16 AktG und damit an die Abhängigkeit anknüpfen, haben abweichend von der Terminologie des Gesetzes Literatur und Rechtsprechung das Wort „Konzern" für alle Formen der Abhängigkeiten im Sinne der §§ 17, 16 AktG übernommen.

I. Vermutungen: §§ 18 I, 17, 16 AktG

1. Nach § 18 I AktG wird ein Konzern gebildet durch ein oder mehrere abhängige **25** Unternehmen, die unter der einheitlichen Leitung eines herrschenden Unternehmens zusammengefasst sind, § 18 I 1 AktG. Die Legaldefinition des Konzerns in § 18 I AktG ist nach einem Verschachtelungsprinzip aufgebaut: Sie führt die Tatbestände der §§ 16 und 17 AktG zusammen. Vorliegen müssen also **Unternehmen** (§ 15), **Abhängigkeit** (§§ 17, 16) und **einheitliche Leitung** (§ 18 I AktG).

Sind Beherrschungsvertrag oder Eingliederung gegeben, kommt man vom Unterneh- **26** men sogleich zur einheitlichen Leitung und damit zum Konzern, weil die einheitliche Leitung dann unwiderleglich unterstellt wird (§ 18 I 2 AktG) und sie zugleich die Abhängigkeit mitbegründet[1]. Sind die Unternehmen nur kraft Beteiligung miteinander verbunden, ist die Abhängigkeit bei Mehrheitsbeteiligung zu vermuten (§ 17 II AktG), im Übrigen gesondert zu prüfen (§ 17 I AktG). An die vermutete oder gesondert geprüfte Abhängigkeit knüpft dann die widerlegbare Vermutung der einheitlichen Leitung an (§ 18 I 3 AktG).

---

1 *E/H*, Komm. § 17 Rn 22, § 291 Rn 10a.

27 **2.** Im Einzelnen ergibt sich folgender **Prüfungsaufbau:**

Unternehmen
im Sinne des Konzernrechts (§§ 15, 18 I AktG)

Abhängigkeit
zwischen den betrachteten Unternehmen gem. § 17 AktG

Gemeinsame Voraussetzung aller Unterordnungskonzerne (faktischer, Vertrags- und Eingliederungskonzern) ist die Abhängigkeit. Bei Vertrags- und Eingliederungskonzern besteht Abhängigkeit ohne weiteres. Beim Gleichordnungskonzern kommt es nach § 18 II AktG nicht auf Abhängigkeit an. Wann ein Unternehmen abhängig ist, bestimmt § 17 AktG:

---

§ 17 I AktG	**§ 17 II AktG**
Kann ein Unternehmen auf ein anderes beherrschenden Einfluss ausüben, so ist das andere Unternehmen abhängig. Dies muss **festgestellt** werden.	Dagegen wird die Abhängigkeit **widerlegbar vermutet,** wenn das eine Unternehmen eine Mehrheitsbeteiligung an dem anderen unterhält. Wann eine Mehrheitsbeteiligung gegeben ist, bestimmt (ohne Vermutung) § 16 AktG.

---

unter
einheitlicher Leitung
zusammengefasst, § 18 I 1 AktG

Hierfür stellt § 18 I AktG zwei Vermutungen für Unterordnungskonzerne auf. Dagegen muss beim Gleichordnungskonzern ausdrücklich festgestellt werden, dass einheitliche Leitung vorliegt; die Vermutungen greifen dann also nicht, § 18 II AktG. Für den **Unterordnungskonzern** gilt gem. **§ 18 I AktG:**

Die einheitliche Leitung – und somit ein Konzern – wird **widerlegbar** gem. § 18 I 3 **vermutet,** wenn Abhängigkeit gem. § 17 AktG besteht. Insofern kann eine widerlegbare **Doppelvermutung** bestehen: § 18 I 3 AktG vermutet einheitliche Leitung, wenn zwischen den beteiligten Unternehmen Abhängigkeit besteht. Abhängigkeit wird vermutet bei Mehrheitsbeteiligung gem. § 16 AktG, § 17 II AktG. Also gilt folgende Prüfungsfolge: § 18 – § 17 – § 16 AktG.	Dagegen wird eine einheitliche Leitung **unwiderleglich vermutet,** wenn Beherrschungsvertrag oder Eingliederung vorliegen, § 18 I 2 AktG.

---

unter einheitlicher Leitung
zusammengefasst,
§ 18 I 1 AktG

Diesem Merkmal kommt keine eigenständige Bedeutung zu, weil es einheitliche Leitung ohne Zusammenfassung von herrschendem und abhängigem Unternehmen nicht geben kann[2].

---

2 HM, *Hüffer* § 18 Rn 7 mwN.

Hinweis zum Vorgehen in einer Klausur: 28

Es könnte ein Konzern vorliegen. Ob dem so ist, richtet sich nach § 18 I 1 AktG.

- (faktischer Unterordnungskonzern:) Es müssen ein oder mehrere abhängige Unternehmen und ein herrschendes Unternehmen unter einheitlicher Leitung zusammengefasst sein. Zunächst ist daher der *Unternehmensbegriff* zu klären … Das eine Unternehmen ist von dem anderen *abhängig*, wenn die Voraussetzungen des § 17 I oder II AktG erfüllt sind. Nach § 17 II AktG wird die Abhängigkeit vermutet, wenn eine Mehrheitsbeteiligung vorliegt. Das richtet sich nach § 16 AktG … Nach § 17 I AktG muss das eine Unternehmen auf das andere beherrschenden Einfluss ausüben können … Die Zusammenfassung unter *einheitlicher Leitung* wird nach § 18 I 3 AktG im Falle der eben festgestellten Abhängigkeit vermutet. Dass die Vermutung hier widerlegt wäre, ist nicht zu erkennen. Daher liegt ein Konzern vor … (Beachten Sie noch einmal, dass es für den faktischen Konzern in der Falllösung auf die einheitliche Leitung und die Vermutungsregel des § 18 I 3 AktG nicht ankommt. Die einschlägigen Rechtsfolgen knüpfen sämtlich bereits an die Abhängigkeit an. Die Vermutung in § 18 I 3 AktG könnte Ihnen aber zB bei der Frage nach der Art eines Unternehmensverbundes begegnen).

- (Vertragskonzern:) Es müssen ein oder mehrere abhängige Unternehmen und ein herrschendes Unternehmen unter einheitlicher Leitung zusammengefasst sein. Das wird nach § 18 I 2 AktG unwiderleglich vermutet, wenn ein Beherrschungsvertrag zwischen Unternehmen besteht. Zunächst ist daher der *Unternehmensbegriff* zu klären … Hier wurde ein wirksamer Beherrschungsvertrag abgeschlossen. Damit wird das Vorliegen *einheitlicher Leitung* unwiderleglich vermutet. Die beteiligten Unternehmen bilden einen Konzern … (Bei der Prüfung des Vertragskonzerns darf auf die Feststellung der Abhängigkeit verzichtet werden. Spätestens durch den Vertragsschluss wird sie begründet.)

II. Begriff des „Unternehmens"

Die Definition dieses Begriffes, den das AktG rechtsformneutral versteht und der in §§ 15 ff AktG vorausgesetzt ist, entscheidet über die Anwendbarkeit und Reichweite des Konzernrechts[3]. Für das herrschende und das abhängige Unternehmen sind unterschiedliche Maßstäbe anzulegen. 29

1. Herrschendes Unternehmen

a) Definition

Ausgehend von dem Sinn und Zweck des Konzernrechts, auf das gestörte Interessengleichgewicht zwischen Gesellschaftern, Geschäftsleitung und Gläubigern zu reagieren, hat sich die heute hM auf einen **weiten Unternehmensbegriff** verständigt. Danach ist **herrschendes Unternehmen** 30

- **jeder Gesellschafter gleich welcher Rechtsform** (also auch eine natürliche Person, eine GbR, ein Verein, eine Stiftung oder die öffentliche Hand),
- der neben dem Interesse an der beteiligten Gesellschaft noch **gesellschaftsfremde Interessen wirtschaftlicher Art hat, die**

---

3 *Hüffer* § 15 Rn 6.

- **stark genug** sind, die **Gefahr** zu begründen, dass diese Interessen **vorrangig zu Lasten** der Gesellschaft verfolgt werden[4].

Vor dieser besonderen Gefahrensituation will das Konzernrecht schützen. Resultat des weiten Begriffsverständnisses ist, dass viele Gesellschafter, ohne es zu wissen, „Unternehmen" iS des Konzernrechts sind.

31 **Beispiel:** Gläubiger Gierig hat Forderungen gegen die GmbH Autokran 1, deren Geschäftsführer und Alleingesellschafter Clever noch acht weitere GmbH im selben Wirtschaftszweig betreibt und je nach Geschäftslage Gesellschaftsvermögen zwischen den GmbH verschiebt. Gierig hat nun Angst, im drohenden Insolvenzverfahren der GmbH Autokran 1 auszufallen, und fragt sich, ob ihm nicht das Konzernrecht haftungsrechtlich gegen den sich sicher wähnenden Clever behilflich sein könnte (grundsätzlich haftet in einer GmbH der Gesellschafter nur der Gesellschaft gegenüber auf seine noch nicht erbrachte Einlage, im Übrigen aber nicht: § 13 II GmbHG). Die Rechtsprechung bejahte dies im so genannten Autokranurteil[5], indem sie durch die Erweiterung des Unternehmensbegriffs auf **natürliche Personen** vorliegenden Sachverhalt zu einem faktischen Unterordnungskonzern mit der Haftung des Alleingesellschafters als herrschendes Unternehmen erklärt hat.

b) Einzelheiten

32 **aa) Maßgebliche anderweitige Beteiligung.** Ausgehend von der Unternehmensdefinition ist insbesondere bei natürlichen Personen unklar, woran das Vorliegen des gesellschaftsfremden Interesses wirtschaftlicher Art zu messen ist. Soll auch der Kleinaktionär erfasst sein, der zur Rentenvorsorge Anteile verschiedener AG erworben hat und somit einer zusätzlichen wirtschaftlichen Interessenverbindung außerhalb der Gesellschaft unterliegt? Nein. Ein Interessenkonflikt kann sich hier in keiner der Gesellschaften auswirken. Um solche Fälle (Privatgesellschafter) von denen eines „Unternehmens"-Gesellschafters abzugrenzen, zieht man zur Eingruppierung Letzterer das Kriterium der **gesellschaftsfremden maßgeblichen Beteiligung** heran[6]. Erst jene eröffnet die **Möglichkeit** (und allein darauf kommt es an) der **Einflussnahme** in der gesellschaftsfremden Interessensphäre mit der Folge, dass der Gesellschafter wegen der dort umsetzbaren wirtschaftlichen Interessen die Interessen an der betroffenen Gesellschaft vernachlässigen könnte. *[handschriftlich: re an andrer Gesellschaft?]*

33 Von einer maßgeblichen anderweitigen Beteiligung spricht man, wenn
- eine unmittelbare Mehrheitsbeteiligung an einer anderen Gesellschaft existiert[7] oder
- eine zwar geringere Beteiligung vorliegt, jedoch durch traditionell niedrige Präsenz der Gesellschafter auf den Gesellschafter- bzw Hauptversammlungen die

---

4 BGHZ 148, 123, 125 – MLP; *Hüffer* § 15 Rn 8 mwN; *E/H*, Komm. § 15 Rn 10 mwN; anderer Ansatz bei *Mülbert*, ZHR 163 (1999), 1 ff.
5 BGHZ 95, 330 ff – Autokran.
6 BGHZ 148, 123, 125 – MLP; *Hüffer* § 15 Rn 9 mwN.
7 BGHZ 148, 123, 125 – MLP; instruktive Besprechung durch *Bayer*, ZGR 2002, 933.

Möglichkeit der dauerhaften Mehrheit besteht[8] oder durch Stimmverträge die Möglichkeit eröffnet ist, die Leitungsorgane der Gesellschaft zu beeinflussen,
- kurzum eine unternehmerische Betätigung in einer anderen Gesellschaft – gesellschaftsrechtlich vermittelt – möglich ist.

Im Umkehrschluss heißt das, dass derjenige Gesellschafter nicht Unternehmen iS des **34** Konzernrechts ist,
- der außerhalb seiner Beteiligung an der betreffenden Gesellschaft nicht anderweitig unternehmerisch tätig ist, insbesondere nicht an einer weiteren Gesellschaft beteiligt ist. Denn dann besteht im Regelfall nicht die besondere Gefahr eines Interessenkonflikts zwischen ihm und seiner Gesellschaft. Auf seine Stellung als Mehrheits- oder Minderheitsgesellschafter kommt es nicht an. Gleichwohl vorkommendes missbräuchliches Verhalten sanktioniert das allgemeine Gesellschaftsrecht (Schadensersatz aus Treuepflichtverletzung, Beschlusskontrollklage etc)[9].
- der zwar an einem weiteren oder mehreren anderen Unternehmen beteiligt ist (multipler Beteiligungsbesitz), nicht aber maßgeblich (Privatgesellschafter).

Die maßgebliche Beteiligung muss nicht an einer bestimmten anderen Unternehmens- **35** form (wie zB an einer anderen Gesellschaft) bestehen! Eine anderweitige maßgebliche Beteiligung hat daher auch der Gesellschafter, der Einzelkaufmann ist. Die „maßgebliche Beteiligung" besteht dann an seinem eigenen Einzelgeschäft[10].

Beispiel: Die altehrwürdige und rentable Buchhandlung GmbH hat den Tod des Firmengrün- **36** ders und Mehrheitsgesellschafters Salomon zu beklagen. Dessen Alleinerbe Stürmisch wird neuer Geschäftsführer, hat aber mit Büchern „nichts am Hut" und macht viel lieber in Sachen Internet. Im Laufe der Zeit beschäftigt er sich eher mit seiner neu gegründeten Einzelunternehmung „Surfin' " und entzieht der GmbH wegen seiner hohen Anlaufkosten Geld. Der Minderheitsgesellschafter Bücherwurm ist empört und wittert konzernrechtliche Konflikte: Stürmisch könnte herrschendes Unternehmen der Buchhandlung GmbH sein und danach unter Umständen einer konzernrechtlichen Haftung unterliegen. Dazu müsste bei ihm eine anderweitige wirtschaftliche Interessenbindung in Form einer anderweitigen maßgeblichen Beteiligung vorliegen. Dies ist der Fall, weil er neben dem Halten der Anteile an der GmbH noch das Einzelgeschäft betreibt.

Die maßgebliche Beteiligung an einer anderen Gesellschaft macht den Gesellschafter **37** in der betroffenen Gesellschaft zum Unternehmen. Ob die betroffene Gesellschaft von ihm abhängig ist, ist eine andere Frage. Bei der Feststellung der Abhängigkeit sind die in §§ 17, 16 AktG aufgestellten Tatbestandsmerkmale heranzuziehen. Da §§ 17, 16 AktG ihrerseits das Kriterium der (Mehrheits-)Beteiligung heranziehen, deren Vorliegen allerdings in Bezug auf die Gesellschaft zu prüfen ist, zu deren oder zu deren Gesellschafter Schutz das Konzernrecht eingreifen soll, besteht hier eine gewisse Verwechslungsgefahr.

---

8 BGHZ 148, 123, 125 f – MLP; BGHZ 135, 107, 114 – VW/Niedersachsen.
9 *Bayer*, ZGR 2002, 933, 938; kritisch *Wackerbarth*, Konzern 2005, 562 ff.
10 BGHZ 115, 187, 189 – Video.

38 **bb) Holdinggesellschaften.** Fraglich ist, ob die Unternehmenseigenschaft des Gesellschafters endet, wenn er seinen Anteilsbesitz in einer Holding parkt. Unter Holding ist eine Gesellschaft zu verstehen, deren Zweck es ist, den Anteilsbesitz eines oder mehrerer ihrer Gesellschafter an anderen Gesellschaften zu verwalten. Interessieren sollen zwei Konstellationen:

Holding I	**Holding II**
Verwalten weiterhin die **Gesellschafter der Holding** rechtlich (Stimmrechtsvollmacht) oder faktisch (Leitungsfunktion in der Holding) die Beteiligung, die die Holding hält, indem sie die Entscheidungen treffen, etwa in einer GbR (vgl §§ 709, 714 BGB), bleiben die Gesellschafter der Holding neben der Holding **auch** selbst Unternehmen hinsichtlich der Gesellschaften, an der die Holding Anteile hält. Denn die Gesellschafter, die bis dahin als herrschendes Unternehmen zu qualifizieren waren, sollen sich nicht allein durch die Zwischenschaltung einer Holding der Konzernhaftung entziehen können[11].	Verwaltet dagegen die **Holding** allein die Beteiligungen, ist sie als Unternehmen im Sinne des Konzernrechts anzusehen und nicht mehr die Gesellschafter[12]. Denn dann hält allein die Holding aus Sicht jeder der einzelnen Töchter weitere maßgebliche Beteiligungen, zugunsten deren sie möglicherweise Interessen der jeweiligen Gesellschaft vernachlässigt.

39 **cc) Öffentliche Hand.** Auch die öffentliche Hand kann Unternehmen sein. Dies hat die Rechtsprechung erstmals in dem Urteil BGHZ 69, 334 (Veba/Gelsenberg) festgestellt (der Bund war Mehrheitsaktionär der Veba AG) und folglich eine Sonderstellung der öffentlichen Hand im Konzernrecht verneint. Weil danach auch die Treuhandanstalt (jetzt Bundesanstalt für vereinigungsbedingte Sonderaufgaben, BvS) aufgrund ihrer zahlreichen Beteiligungen Unternehmen ist, hat sie der Gesetzgeber zur Vermeidung konzernhaftungsrechtlicher Konsequenzen von den Vorschriften über herrschende Unternehmen freigestellt (§ 28a Satz 1 EGAktG)[13].

Wissenswert ist, dass die öffentliche Hand auch dann Unternehmen ist, wenn sie neben dem Interesse an der fraglichen Gesellschaft keine anderen Interessen wirtschaftlicher Art hat. Vielmehr bergen auch **andere öffentliche Interessen**, die die öffentliche Hand regelmäßig verfolgt (zB sozialpolitische Interessen bei Arbeitsmarktfragen), das gleiche Konfliktpotential wie fremde wirtschaftliche Interessen.

40 **Beispiel:** Das Land Berlin hat sich im Rahmen eines Förderprogramms für Existenzgründer an einer Internet GmbH mehrheitlich beteiligt und damit erstmals alte Grundsätze aufgegeben, sich nicht privatwirtschaftlich zu betätigen. Die Internet GmbH bereitet Schulwissen grafisch

---

11 MünchKomm.AktG/*Bayer* § 15 Rn 31.
12 *Hüffer* § 15 Rn 10.
13 Weitergehend BGH ZIP 2002, 436, dazu *Kort*, EWiR 2002, 517.

auf und stellt es im Internet gegen Entgelt zur Verfügung. Wegen der überragenden Akzeptanz auf Seiten der Eltern und Schüler plant das Land, in der kommenden Gesellschafterversammlung die Kostenfreiheit zu beschließen, um allen Schülern den „Zugang zum Wissen" zu ermöglichen. Der Minderheitsgesellschafter und die Kreditgeber fürchten um die Existenz der GmbH.

Wie dieses Beispiel zeigt, können allein öffentliche Interessen so stark sein, dass die öffentliche Hand die Interessen der Gesellschaft hintan stellt. Daher „ist eine Körperschaft öffentlichen Rechts bereits dann als Unternehmen anzusehen, wenn sie lediglich **ein** in privater Rechtsform organisiertes Unternehmen beherrscht"[14], nämlich dasjenige, für das geprüft wird, ob Abhängigkeit gegeben ist. Die Körperschaft öffentlichen Rechts muss also kein weiteres wirtschaftliches Unternehmen betreiben.   **41**

Leitsätze   **42**

(1) Für das herrschende Unternehmen gilt der weite Unternehmensbegriff. Dh jeder Gesellschafter gleich welcher Rechtsform kann Unternehmen im Sinne des Konzernrechts sein, soweit er gesellschaftsfremde Interessen hat, die die Gefahr begründen, er könnte die Interessen der betroffenen Gesellschaft gegenüber diesen gesellschaftsfremden Belangen zurückstellen.

(2) Kontrollfrage ist, ob die Gefahr von Interessenkonflikten besteht, die das Konzernrecht auflösen will.

---

2. Abhängiges Unternehmen

Der Unternehmensbegriff für das abhängige Unternehmen ist in der Regel schnell erläutert. Da die konzernrechtlichen Vorschriften vorrangig dem Schutz der Interessen derjenigen Einheit dienen, die sich dem beherrschenden Einfluss eines anderen ausgesetzt sieht, ist diese zu schützende Einheit denkbar weit zu definieren[15]. Es genügt jede **rechtlich besonders organisierte (selbstständige) Vermögenseinheit ohne Rücksicht auf Rechtsform oder Geschäftsbetrieb,** auch Verein oder Stiftung, bei atypischer stiller Beteiligung des herrschenden Unternehmens auch Einzelunternehmer[16].   **43**

Hinweis: Spricht das AktG von der „abhängigen AG" oder von der „Gesellschaft", legt es selbst fest, was unter einem abhängigen Unternehmen zu verstehen ist, und Sie brauchen darüber kein Wort zu verlieren (zB §§ 308 I 1, 311 I AktG). Nur in anderen Vorschriften wie § 20 VII (Mitteilungspflichten), § 89 II 2 (Kreditgewährung der herrschenden Gesellschaft an das „abhängige Unternehmen"), § 136 II 1 AktG (Nichtigkeit von Stimmbindungen gegenüber einem „abhängigen Unternehmen") müssen Sie erläutern, was ein abhängiges Unternehmen ausmacht. Dabei erfordert der Begriff „Abhängigkeit" den eigentlichen Begründungsaufwand.   **44**

---

14 Folgerichtig ging der BGH in BGHZ 135, 107 ff – VW/Niedersachsen gar nicht erst auf andere Mehrheitsbeteiligungen des Landes Niedersachsen ein; s. auch OLG Celle ZIP 2000, 1981, 1984 für eine Gemeinde.
15 *E/H*, Komm. § 15 Rn 25 mwN.
16 *Hüffer* § 15 Rn 14.

III. Abhängigkeit nach § 17 AktG

1. Systematik

45 § 17 I AktG definiert die Abhängigkeit dahin, dass die Möglichkeit zu beherrschendem Einfluss des einen Unternehmens (herrschendes) auf das andere (abhängiges Unternehmen) gegeben sein muss. § 17 II AktG erläutert dies durch Einführung der Mehrheitsbeteiligung als Beispiel für eine Situation, in der Abhängigkeit im Sinne des § 17 I AktG als gegeben widerleglich vermutet wird. Abhängigkeit ist der **zentrale Begriff** im Konzernrecht, denn fast alle Normen des Konzernrechts knüpfen schon an die Abhängigkeit an und nicht erst an den Konzern gem. § 18 I AktG.

2. Mehrfache und mehrstufige Abhängigkeit

46 Noch bevor auf den Begriff „Möglichkeit zu beherrschendem Einfluss" aus § 17 I AktG näher eingegangen wird, muss klar sein, dass sich die Frage nach der Bedeutung dieses Begriffs in zwei Grundfällen der Positionierung der beteiligten Gesellschaften zueinander stellt.

Grundkonstellation I: **M – T – E**	Grundkonstellation II: **M – T – M**
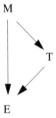	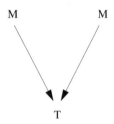
Hier hält die Konzernobergesellschaft Mutter (M) (allein) die Fäden in der Hand und ist immer an der Tochter (T) mehrheitlich beteiligt, unter Umständen aber auch zusätzlich an der Enkelin (E). T ist (nicht notwendig mehrheitlich) an E beteiligt. Varianten dieser Konstellation sind Fälle, in denen T etwa an mehreren E beteiligt ist, über M sich noch eine höhere Konzernstufe befindet oder E ihrerseits Beteiligungen hält.	Hier sind zwei Mütter (M) in der Regel je zur Hälfte an der Tochter (T) beteiligt (Gemeinschaftsunternehmen) und haben entweder zusammen die Fäden der Unternehmensverbindung in der Hand, oder eine der M übernimmt die unternehmerische Führung. Die M sind einander gleichrangig und in der Regel nicht aneinander beteiligt. Varianten hierzu sind Fälle, in denen etwa drei M an T beteiligt sind oder T ihrerseits andere Beteiligungen hält.

a) Abhängigkeit in der Grundkonstellation I: Mutter – Tochter – Enkelin

In der Grundkonstellation I: M–T–E ist M mehrheitlich an T beteiligt und kann daher **47** auf T beherrschenden Einfluss ausüben (vgl § 17 II AktG). Dann ist T von M abhängig. T ist zugleich an E beteiligt.

- Ist diese Beteiligung der **T an E eine Mehrheitsbeteiligung**, ist E von T abhängig. Der M wird über § 16 IV AktG die von T gehaltene Beteiligung zugerechnet, so dass M angesehen wird, als halte sie selbst die Mehrheitsbeteiligung an E. Daher ist E dann auch von M abhängig. E ist also in mehreren Stufen (T – M), **mehrstufig** abhängig. T ist ebenfalls, aber nur einstufig abhängig, nämlich von M. Zugleich ist E **mehrfach** abhängig, weil sowohl T kraft ihrer unmittelbaren Beteiligung als auch M kraft der Zurechnung der von T gehaltenen Beteiligung auf E beherrschenden Einfluss ausüben können. T ist nur einfach von M abhängig. Diese Situation der Mehrheitsbeteiligung der T an E ist der Regelfall.

- Ist die Beteiligung der **T an E keine Mehrheitsbeteiligung**, hält aber M noch eine unmittelbare Beteiligung an E, wird aufgrund der Abhängigkeit der T von M die von T an E gehaltene Beteiligung der M über § 16 IV AktG zugerechnet, so dass sich (erst) dann eine Mehrheitsbeteiligung der M an E ergeben kann, wenn nicht schon die von M an E gehaltene Beteiligung für sich eine Mehrheitsbeteiligung ist. In diesem Falle ist E nicht abhängig von T. E ist nur abhängig von M. T bleibt abhängig von M. Damit ist E in dieser Variante nur einstufig abhängig von M und auch nur einfach abhängig von M. Dasselbe gilt für T: Auch sie ist einstufig abhängig von M und einfach abhängig von M.

b) Abhängigkeit in der Grundkonstellation II: Mutter – Tochter – Mutter

In der Grundkonstellation II: M–T–M sind die M je zur Hälfte an T beteiligt. Damit **48** verfügt kein Gesellschafter über eine Mehrheit, und die Abhängigkeit kann folglich nicht nach § 17 II AktG vermutet werden. Es fehlen in der Regel auch andere Hinweise (s. § 17 I AktG) auf die Möglichkeit des beherrschenden Einflusses durch **einen** Gesellschafter M allein. Dann würde keine Abhängigkeit vorliegen, weil die Voraussetzungen des § 17 AktG nicht erfüllt sind. Nach allgemeiner Meinung kann jedoch ein herrschender Unternehmerwille auch von **zwei oder mehr** Unternehmen gebildet werden. Dann gibt es zwei oder mehr herrschende Unternehmen, zwei oder mehr Mütter[17]. Voraussetzung hierfür ist, dass der herrschende Unternehmerwille **einheitlich** gebildet und ausgeübt wird (zB durch mündliche oder schriftliche Abreden; sogar tatsächliche Verhältnisse wie beispielsweise Familienbande können eine Interessenkoordination ergeben[18]). Nur im Fall des koordinierten Verhaltens können nämlich die einzelnen, jeweils keine Mehrheitsbeteiligung haltenden Unternehmen aus Sicht der betroffenen Gesellschaft tatsächlich beherrschenden Einfluss iS von § 17 I AktG ausüben. Beispiele für Gesellschaften mit mehreren Müttern sind Joint Venture, also Gemeinschaftsunternehmen mit 50/50-Beteiligung der Gründer, oder Fälle, in denen

---

17 BGHZ 62, 193 ff – Seitz; BGHZ 74, 359 ff – WAZ.
18 BGHZ 62, 193 ff – Seitz.

mehrere Familienstämme durch Tod des Allein- oder Mehrheitsgesellschafters einer Gesellschaft entstehen, die nun gemeinsam die unternehmerische Führung übernehmen.

---

49   **Hinweis:** Koordinieren mehrere Gesellschafter eines Joint Venture ihr Vorgehen beispielsweise im Rahmen eines Gesellschaftsvertrages, so ist die entstehende GbR selbst nicht das herrschende Unternehmen (anders möglicherweise bei Einbringung auch der Gesellschaftsanteile in die GbR, die dadurch zu Holding würde, s.o. Rn 38)[19]. Hat ein Gesellschafter dieser GbR die Führung übernommen, so ist die Tochter (nur) von **diesem** abhängig, also ist dieser Gesellschafter auch herrschendes Unternehmen. Anderenfalls ist die Tochter **von allen Müttern** (Gesellschaftern der GbR) abhängig im Sinne von § 17 I AktG. Jeder einzelne Gesellschafter ist dann herrschendes Unternehmen.

Erfüllen die M diese Voraussetzungen für eine gemeinsame Beherrschung, ist T (doch) abhängig. Die Abhängigkeit ist dann **mehrfach,** nämlich sowohl von M1 als auch von M2, aber nur **einstufig,** da sich T nur aus einer Ebene über ihr einem beherrschenden Einfluss ausgesetzt sieht.

50   Mehrmütterschaft ist nicht nur im **faktischen,** sondern auch im **Vertragskonzern** möglich. Bei Letzterem sind einige Besonderheiten zu beachten. So muss jede einzelne Hauptversammlung dem Beherrschungsvertrag zustimmen. Auch hat jedes einzelne herrschende Unternehmen ein Weisungsrecht nach § 308 I AktG gegenüber der Tochter[20]. Zur Vermeidung widersprechender Anweisungen geht mit der Begründung eines Weisungsrechts regelmäßig eine Weisungskoordinierung der Mütter einher. Die Koordinierungsvereinbarung begründet wiederum keine gesonderte Abhängigkeit der Tochter; jede der Mütter hat die einheitliche Leitung inne und ist herrschendes Unternehmen[21].

3. Abhängigkeitsvermutung gem. § 17 II AktG

a) Tatbestand und Folgen

51   Will man die Abhängigkeit feststellen, fängt man zunächst mit dem leichteren Tatbestand an. Dies ist wegen der Vermutung § 17 II AktG. Befindet sich eine Tochter im Mehrheitsbesitz eines Unternehmens gleich welcher Rechtsform, so wird die Abhängigkeit von diesem Unternehmen vermutet[22]. Als mittelbare Folge tritt die Konzernvermutung des § 18 I 3 AktG ein („Doppelvermutung"). Will das herrschende Unternehmen die Vermutung **widerlegen,** muss es darlegen und bei Bestreiten des Prozessgegners beweisen, dass es nicht herrschendes Unternehmen ist.

---

19   BGHZ 62, 193, 196 – Seitz; *Hüffer* § 17 Rn 14 mwN.
20   *E/H*, Komm. § 17 Rn 32.
21   KölnKomm.AktG/*Koppensteiner* § 18 Rn 34.
22   Vgl BGHZ 80, 69, 73 – Süssen.

Hinweis: Bei dem Sonderfall **wechselseitig** beteiligten Unternehmen führt der Mehrheitsbesitz zu einer **unwiderlegbaren** Vermutung gem. § 19 II, III AktG.   52

Kommt als abhängiges Unternehmen eine **Personengesellschaft** in Betracht (Anwendung der §§ 15 AktG auch auf Personengesellschaften!), greift die Vermutung nicht ein, weil wegen des dort herrschenden Einstimmigkeitsprinzips (zB § 119 I HGB) und der Abstimmung nach Köpfen nichts vermutet werden kann, sofern nicht anderweitige gesellschaftsvertragliche Regelungen getroffen wurden, etwa Abstimmung nach Kapitalanteilen[23]. Im Falle einer nach dem gesetzlichen Leitbild (Einstimmigkeit, Abstimmung nach Köpfen) organisierten Personengesellschaft bestimmt sich die Abhängigkeit folglich allein nach § 17 I AktG[24].

b)   Mehrheitsbeteiligung § 16 I–III AktG

Das Hauptmerkmal der Abhängigkeitsvermutung – der Mehrheitsbesitz im Sinne des § 16 AktG – ist gegeben, **wenn ein Unternehmen** innehat   53

die Mehrheit der **Stimmen** (§ 16 I, III AktG)	oder	die Mehrheit der **Anteile** (§ 16 I, II AktG) am anderen Unternehmen.
Die Stimmrechte können bei nichtbörsennotierten Unternehmen auf eine bestimmte Anzahl beschränkt werden gem. § 134 I 2 AktG (Höchststimmrecht). Auch ein völliger Ausschluss des Stimmrechts ist denkbar gem. § 12 I 2 AktG (Vorzugsaktien).		Problematisch ist, was gilt, wenn das Unternehmen zwar die Mehrheit der Anteile hat, diese aber ausschließlich stimmrechtlose Vorzugsaktien sind. Entsprechend dem Wortlaut des § 16 I, II AktG bleibt das Unternehmen herrschendes Unternehmen. Für die Vermutung des § 17 II AktG spielt es keine Rolle, dass das Unternehmen auf der Hauptversammlung mangels Stimme keinen Einfluss hat. Die Abhängigkeitsvermutung kann – in diesem Fall sehr leicht – widerlegt werden. Die resultierende Stimmenmehrheit eines anderen Gesellschafters führt dazu, dass zwei Unternehmen mehrheitsbeteiligt sind. Sofern die Vermutung nicht widerlegt wird, hat das dann mehrfache Abhängigkeit zur Folge[25].

c)   Umgehungsschutz § 16 IV AktG, mittelbare Beteiligung

aa) Weil auch die von einer durch das herrschende Unternehmen zwischengeschalteten Tochtergesellschaft gehaltene Beteiligung an einer Enkelgesellschaft die Gefahr begründet, dass das Mutterunternehmen seine anderweitigen Interessen über die Interessen der Enkelgesellschaft stellt, hat der Gesetzgeber mit § 16 IV AktG die Einbeziehung auch dieser mittelbaren Beteiligungen in das Konzernrecht vorgesehen. Nach § 16 IV AktG werden in drei Fällen Beteiligungen bei der Anteilsfeststellung (§ 16 I, II AktG) dem betrachteten herrschenden Unternehmen zugerechnet (**Anteilskumulation**), nämlich die Anteile,   54

---

23   *Hüffer* § 17 Rn 17.
24   Baumbach/*Hopt* § 105 Rn 101.
25   *E/H*, Komm. § 16 Rn 3a.

- die einem von dem herrschenden Mutterunternehmen abhängigen Unternehmen (also einer Tochter) gehören oder
- die einem anderen für Rechnung des Mutterunternehmens Handelnden (also einem Treuhänder, der nicht „Unternehmen" sein muss) oder einem für Rechnung eines von dem Mutterunternehmen abhängigen Unternehmens Handelnden (also einem Treuhänder der Tochter) gehören oder
- die ein Einzelkaufmann, wenn er ein Unternehmen im Sinne des Konzernrechts ist, im Privatbesitz hält[26].

---

55 **Hinweis:** Nicht zugerechnet werden unmittelbare andere Beteiligungen des herrschenden Unternehmens. Diese Beteiligungen spielen allein für den Unternehmensbegriff als Vorfrage eine Rolle.

---

bb) Wichtig ist, zwei Konstellationen für die Anteilszusammenrechnung bei Zwischenschaltung einer Tochtergesellschaft auseinander zu halten:

56 **Beispiel 1:** Die **Muttergesellschaft** ist sowohl an der Tochter als **auch an der Enkelgesellschaft** bereits unabhängig von der Anteilszusammenrechnung **unmittelbar beteiligt:**

Besitzt das Unternehmen M AG 25% der Anteile direkt an der E AG und 70% der Anteile an der T AG und T wiederum 55% an E, so hält M insgesamt **80%** an E. Denn dem von M abhängigen Unternehmen T (erste Fallgruppe des § 16 IV AktG) gehören 55% der Anteile an E, und diese 55% werden der M nach § 16 IV AktG (vgl: „auch") zugerechnet. Dann ist M im Ergebnis herrschendes Unternehmen gegenüber T wegen der unmittelbaren Mehrheitsbeteiligung nach § 16 I, II AktG und herrschendes Unternehmen gegenüber E wegen der Hinzurechnung der von T gehaltenen Beteiligung zu der direkt von M gehaltenen Beteiligung nach § 16 I, IV AktG.

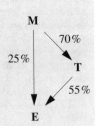

Beachten Sie, dass **keine Absorption** hinsichtlich der Beteiligung der T an E stattfindet. Folglich bleibt neben M auch T herrschendes Unternehmen gegenüber E. Die E ist in diesem Beispiel somit mehrfach und mehrstufig abhängig.

57 **Beispiel 2:** Die Mutter ist **von vornherein nur an der Tochtergesellschaft unmittelbar beteiligt.** Zur Annahme einer Beteiligung an der Enkelgesellschaft kommt es nur über § 16 IV AktG: Die Mutter AG ist mit 60% Großaktionär der im selben Geschäftszweig tätigen Tochter AG (erste Fallgruppe des § 16 IV AktG). Diese wiederum hält eine Mehrheitsbeteiligung von 77% an der die Produkte der Tochter AG vertreibenden Enkel GmbH.

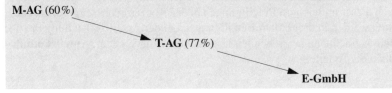

---

26 *Hüffer* § 16 Rn 12.

Dann ist die Mutter AG nur über ihre Beteiligung an der Tochter AG an der E-GmbH mehrheitlich beteiligt, § 16 I, IV AktG (**mittelbare** Beteiligung an E), und zwar mit 77 %. Wiederum ist E mehrfach gestuft abhängig.

Beide Beispiele zeigen, dass für die Zurechnung der Beteiligung der T an E im Verhältnis M-E allein entscheidend die Abhängigkeit der T von M ist.

cc) § 16 AktG ist wie §§ 15 ff AktG **rechtsformneutral** gehalten. Allerdings sind die 58
Vorschriften an die jeweilige Rechtsform anzupassen. Wo Anteilsmehrheit nicht relevant sein kann, etwa beim Einzelkaufmann als abhängiges Unternehmen, oder es Stimmenmehrheit nicht geben kann, beispielsweise bei Personengesellschaften, in denen das gesetzliche Einstimmigkeitsprinzip nicht vertraglich abgeändert wurde, finden die jeweiligen Absätze naturgemäß keine Verwendung[27]. Im Übrigen setzt § 16 AktG (wie §§ 15 ff AktG insgesamt) den Unternehmensbegriff voraus, vermag ihn also nicht zu ersetzen oder zu begründen[28]. Das heißt, die Errechnung einer bestimmten Beteiligungsquote durch Anwendung des § 16 AktG macht den Inhaber dieser Quote nicht zum Unternehmen im konzernrechtlichen Sinn.

Beispiel 3: Die MPL AG ist ein anerkanntes Beratungsunternehmen, das verschiedene Mehr-   59
heitsbeteiligungen, ua an der X AG und der Y GmbH, unterhält. Ihr Mehrheitsaktionär und
Vorstandsvorsitzender L ist mit 9 % und 12 % an beiden Tochtergesellschaften beteiligt. Minderheitsaktionär Sparfuchs der MPL AG vermutet Tricksereien des L und rügt einen fehlenden
Abhängigkeitsbericht nach § 312 AktG, in dem alles über die Beziehung der MPL AG als abhängiger Gesellschaft und L als herrschendem Unternehmen hätte schwarz auf weiß „drin stehen" müssen. Hat er Recht?

Der Vorstand einer abhängigen Aktiengesellschaft ist gem. § 312 I 1 AktG verpflichtet, einen
Bericht über die Beziehungen der Gesellschaft zu verbundenen Unternehmen aufzustellen,
wenn kein Beherrschungsvertrag besteht. Zwischen MPL und L besteht kein Beherrschungsvertrag. Fraglich ist, ob MPL von ihrem Mehrheitsaktionär L abhängig ist.

I. Abhängigkeit der MPL AG von L gem. § 17 AktG: § 17 I AktG definiert die Abhängigkeit als Gefahr, beherrschendem Einfluss ausgeliefert zu sein. L ist Mehrheitsaktionär, so dass
gem. § 17 II AktG die Vermutung besteht, MPL sei von ihm abhängig. Allerdings verlangt
§ 17 AktG auch die Unternehmenseigenschaft des L. Privataktionäre sind anders als Unternehmensgesellschafter nicht Normadressaten des Konzernrechts, selbst wenn sie zB als Mehrheitsaktionär und Vorstandsvorsitzender maßgeblichen Einfluss ausüben können. Für diese
Fälle genügen die Instrumentarien des allgemeinen Gesellschaftsrechts.

1. L als herrschendes Unternehmen wegen seiner Anteile an X und Y: (Herrschendes) Unternehmen im konzernrechtlichen Sinne ist L gegenüber MPL, wenn er neben der Beteiligung
an der MPL noch anderweitige gesellschaftsfremde Interessen hat, die nach Art und Intensität
die ernsthafte Sorge begründen, er könne wegen dieser Interessen seinen Einfluss auf die MPL
zu deren Nachteil ausüben[29]. Liegen die gesellschaftsfremden Interessen in der Beteiligung an
einer anderen Gesellschaft, ist diese Sorge begründet, wenn die Beteiligung maßgeblich ist,
weil dann die Möglichkeit einer unternehmerischen Betätigung durch Ausübung von Lei-

27 *Hüffer* § 16 Rn 4 f.
28 BGHZ 148, 123, 126 – MLP; *K. Schmidt*, GesR § 31 II 3, S. 941.
29 Vgl BGHZ 69, 334, 346 – VEBA/Gelsenberg; BGHZ 135, 107, 113 – VW.

tungsmacht auch in den anderen Gesellschaften besteht. Maßgeblich ist eine Mehrheitsbeteiligung; bei traditionell geringen Präsenzen auf Haupt- bzw Gesellschafterversammlungen genügt auch eine geringere Beteiligung. Die Beteiligungen des L an den anderen Gesellschaften X und Y mit 9% bzw 12% reichen mangels weiterer Anhaltspunkte nicht aus, eine maßgebliche Beteiligung an diesen Gesellschaften anzunehmen. Über andere gesellschaftsrechtlich vermittelte Einflussmöglichkeiten in X und Y, wie zB Stimmbindungsverträge, verrät der Sachverhalt nichts.

2. L als herrschendes Unternehmen wegen Zurechnung der MPL-Anteile an X und Y über § 16 IV AktG: Fraglich ist allerdings, ob sich L zu seinen unmittelbaren Beteiligungen an X und Y die Beteiligungen der MPL an X und Y gem. § 16 IV AktG zurechnen lassen muss, weil MPL ihrerseits im Mehrheitsbesitz des L steht. Folge wäre, dass L aufgrund der Zusammenrechnung letztlich an X und Y doch maßgebliche Beteiligungen hielte, was ihn gegenüber der MPL AG zum Unternehmen machte. Der BGH hat in seiner MLP-Entscheidung, an die sich vorliegendes Beispiel anlehnt, jedoch ausgeführt, dass § 16 IV AktG die Unternehmenseigenschaft des herrschenden Unternehmens voraussetzt[30]. Dh die Zurechnung dient zur Begründung der Abhängigkeit von einem Unternehmen, kann aber nicht die Unternehmenseigenschaft iS des Konzernrechts begründen. Diese muss von vornherein vorliegen, ehe man sich der Frage der Abhängigkeit kraft Zurechnung zuwendet. Folglich ist L nicht herrschendes Unternehmen der MPL, weshalb diese auch keinen Abhängigkeitsbericht aufstellen musste.

II. Abhängigkeit der X und der Y von L gem. § 17 AktG Anders liegt der Fall aus Sicht von X und Y[31]. Hier muss man die anderweitige wirtschaftliche Interessenbindung des L bejahen. Sie besteht in Form seiner maßgeblichen Beteiligung an MPL, so dass L als Unternehmen im Hinblick auf X und Y zu qualifizieren ist[32]. Auch sind X und Y von ihm abhängig; zwar nicht kraft Mehrheitsbeteiligung gem. § 17 II AktG. Denn L hält nur Minderbeteiligungen an X und Y. Die Anteile der MPL an X und Y können L gerade nicht nach § 16 IV AktG zugerechnet werden, weil die hier einschlägige erste Fallgruppe des § 16 IV AktG die Zurechnung nur von Anteilen eines von ihm abhängigen Unternehmens erlaubt (s.o.). MPL ist aber kein von L abhängiges Unternehmen[33]. X und Y sehen sich jedoch mittelbar beherrschendem Einfluss durch L ausgesetzt gem. § 17 I AktG. L ist aus ihrer Sicht herrschendes Unternehmen und kann kraft der Mehrheitsbeteiligung an MPL und seines Vorstandsvorsitzes die Personalpolitik in X und Y entscheidend beeinflussen. Daneben sind sie von ihrer Mehrheitsgesellschafterin MPL abhängig iS des § 17 II AktG. Hier liegt somit ein Fall wie in Rn 47 geschildert vor (M–T–E). Zumindest die X-AG müsste demnach einen Abhängigkeitsbericht wegen ihrer Abhängigkeit sowohl von L als auch von MPL aufstellen. Auf die Y-GmbH ist § 312 AktG nicht anwendbar; sie braucht daher keinen Abhängigkeitsbericht aufzustellen.

d) Widerlegung   *← o Wortlaut?*

60   **aa) Grundsätzliches.** Um die Vermutung des § 17 II AktG zu widerlegen, muss das herrschende Unternehmen (oder auch das abhängige Unternehmen, falls dieses nicht unter das Konzernrecht fallen möchte, zB wenn es einen Abhängigkeitsbericht nicht aufstellen zu müssen meint) darlegen und bei Bestreiten der anderen Partei beweisen, dass **trotz Mehrheitsbeteiligung** die

---

30 BGHZ 148, 123, 126 – MLP.
31 Der BGH äußert sich in seiner MLP-Entscheidung zu dieser Frage nicht.
32 Dazu *Bayer*, ZGR 2002, 933, 947 f.
33 Vgl *Bayer*, ZGR 2002, 933, 948.

- **Ausübung beherrschenden Einflusses**
- **aus Rechtsgründen**
- **nicht möglich** ist[34].

knüpft an herrschenden Einfluss an ?

Dann ist zugleich klar, dass auch eine Abhängigkeit gem. § 17 I AktG nicht besteht. Der (freiwillige) Nichtgebrauch einer tatsächlich vorhandenen Einflussmöglichkeit ist kein taugliches Widerlegungsmittel[35].

bb) Taugliche Widerlegungsmittel. Um die Abhängigkeitsvermutung zu widerlegen, kommen in den verschiedenen denkbaren Konstellationen verschiedene Beweismittel in Betracht:

(1) Bei **bloßer Kapitalmehrheit** (§ 16 II AktG) stehen dem herrschenden Unternehmen nur Anteile, nicht aber Stimmrechte zu (zB Vorzugsaktien ohne Stimmrechte (§ 12 I 2 AktG), Stimmrechtsbeschränkungen (§ 134 I 2 AktG, etwa „ab 1000 Aktien gewähren nur noch 50 eine Stimme")). Da verbandsrechtlich zulässiger Einfluss in der Gesellschaft nur mittels des Stimmrechts ausgeübt werden darf, sollte die fehlende Stimmenmehrheit eigentlich ausreichen, die Annahme beherrschenden Einflusses zu widerlegen[36]. Gleichwohl muss nach überwiegender Meinung zusätzlich bewiesen werden, dass **sonstige Beherrschungsmittel**, die mittelbar gleichfalls die Möglichkeit zur Einflussnahme begründen, fehlen[37]. Dem ist beizutreten, weil das Gesetz in §§ 17 II, 16 I, II AktG die Abhängigkeitsvermutung ausdrücklich auch an eine bloße Kapitalmehrheit knüpft[38]. Zudem liegt es nahe, dass jemand, der die Mittel zum Erreichen der Kapitalmehrheit aufgewendet hat, damit aber keine Stimmenmehrheit erreicht, anderweitige Einfluss sichernde Möglichkeiten hat, zB Konsortialführer in einem Konsortialvertrag mit anderen Aktionären ist, der ihm letztlich doch eine Stimmenmehrheit sichert („kombinierte Beherrschung")[39]. **61**

(2) Bei reiner **Stimmrechtsmehrheit** (§ 16 I, III AktG) muss bewiesen werden, dass trotz der formalen Mehrheit kein Einfluss kraft Stimme entfaltet werden kann. Denkbar ist das Fehlen von Einfluss trotz Stimmrechtsmehrheit in folgenden Konstellationen[40]: **62**

Regelungen in der Satzung des abhängigen Unternehmens, wie zB • Stimmrechtsbeschränkungen gem. § 134 I 2 AktG (Höchststimmrecht) • Festlegung qualifizierter Beschlussmehrheiten gem. § 133 II AktG für Aufsichtsratswahl	**Entherr-schungs-verträge**	**Stimm-bindungs-verträge**

---

34 *Hüffer* § 17 Rn 19.
35 *Hüffer* § 17 Rn 19.
36 So KölnKomm.AktG/*Koppensteiner* § 17 Rn 102.
37 *Hüffer* § 17 Rn 20; *E/H*, Komm. § 17 Rn 36 f.
38 *E/H*, Komm. § 17 Rn 36.
39 MünchKomm.AktG/*Bayer* § 17 Rn 95.
40 *Hüffer* § 17 Rn 21 f.

63 Durch **Entherrschungsverträge** wird klargestellt, dass der Mehrheitsbesitz nicht mit dem Ziel der Abhängigkeitsbegründung gehalten wird. Sie sind schuldrechtliche Verträge zwischen dem mehrheitlich beteiligten Unternehmen und der Gesellschaft mit dem Zweck, die Stimmrechtsausübung zu begrenzen. Dieselbe Funktion, nur andere Vertragspartner, hat ein **Stimmbindungsvertrag**, mit dem sich das Unternehmen, das über die Stimmenmehrheit verfügt, gegenüber einem oder mehreren Mitgesellschaftern oder Dritten verpflichtet, sein Stimmrecht in einem bestimmten Sinne auszuüben. Solche Verträge sind grundsätzlich zulässig (s. aber § 136 II AktG)[41]. Einseitige Erklärungen des herrschenden Unternehmens, die Stimmrechtsmehrheit nicht ausüben zu wollen, reichen dagegen nicht. Entherrschungs- und Stimmbindungsverträge müssen die Regelung aufweisen, dass das in seiner Stimmrechtsausübung beschränkte Unternehmen soweit auf die Ausübung der Stimmrechte verzichtet, dass die eigene Stimmabgabe **stets weniger als die Hälfte** der in der jeweiligen Hauptversammlung vertretenen Stimmrechte ausmacht. Diese Regelung muss sich stets auf die Wahlen zum Aufsichtsrat und damit auf mittelbaren Einfluss auf die Geschäftsleitung beziehen. Da der Aufsichtsrat auf fünf Jahre gewählt wird, beträgt auch die Laufzeit von Entherrschungsverträgen mindestens fünf Jahre entsprechend § 102 AktG[42].

64 (3) Bei **mehrstufiger Abhängigkeit** (Grundkonstellation I: M–T–E (s.o. Rn 46 f)) gilt: Mehrstufige Abhängigkeit liegt vor, wenn sowohl M (mittelbar) als auch T (unmittelbar) jeweils allein die Möglichkeit beherrschenden Einflusses auf E haben. Es ist also E auch von M (mittelbar) abhängig, und zwar ohne Rücksicht darauf, ob M daneben an E direkt beteiligt ist oder nicht. Die Abhängigkeit ist mehr „stufig", weil aus Sicht der E zwei Stufen zu erklimmen sind, bis die herrschende Muttergesellschaft erreicht ist; sie ist zudem mehrfach, weil E von T sowie von M abhängig ist.

Will M die vermutete Möglichkeit ihres beherrschenden Einflusses auf E widerlegen, ist es ausreichend, dass M darlegen kann, T sei gar nicht von ihr abhängig (zB wegen eines Stimmbindungsvertrages). Denn dann läge keine Abhängigkeit der T von M nach § 17 II AktG vor, so dass die von der T an E gehaltenen Anteile der M nicht gem. § 16 IV AktG zugerechnet werden können. Gleiches gilt, wenn zwischen T und E ein Beherrschungsvertrag gem. §§ 18 I 2, 291 I 1 Alt. 1 geschlossen wurde, M jedoch die Abhängigkeitsvermutung des § 17 II AktG im Verhältnis zu T widerlegen könnte. Dann ist E zwar von T, nicht aber von M abhängig.

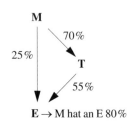

65 **Leitsätze**

(1) Abhängigkeit ist der zentrale Begriff im Konzernrecht. Abhängigkeit wird bei Mehrheitsbeteiligungen widerlegbar vermutet, § 17 II AktG.

(2) Zwischengeschaltete Personen können Abhängigkeit nicht vermeiden (Umgehungsschutz gem. § 16 IV AktG).

---

41 *Hüffer* § 17 Rn 22, § 133 Rn 27 mwN.

4. Abhängigkeit gem. § 17 I AktG

a) Tatbestand des § 17 I AktG

Abhängigkeit wird in § 17 I AktG definiert. Danach liegt Abhängigkeit vor, **66**
- wenn ein (potentiell herrschendes) **Unternehmen** im konzernrechtlichen Sinne
- **aus Sicht der Untergesellschaft**
- über **Mittel** verfügt, die ihm die **Möglichkeit** verschaffen,
- **bei ihr,** dh der Untergesellschaft (potentiell abhängiges Unternehmen),
- unmittelbar oder mittelbar **beherrschenden Einfluss auszuüben.**

Eine Vermutung besteht anders als bei § 17 II AktG nicht. Es gelten die normalen Regeln der Darlegungs- und Beweislast.

b) Möglichkeit

Nicht entscheidend für den Abhängigkeitstatbestand ist, ob beherrschender Einfluss **67** auch tatsächlich ausgeübt wird oder worden ist. Die **bloße Möglichkeit** dazu **ist ausreichend**[43]. Allerdings ist Möglichkeit nicht als bloße Chance zu verstehen. Sie muss sich vielmehr schon in gewisser Weise verdichtet haben. Die **Möglichkeit** muss sein

beständig[44] und nicht nur zufällig.	**umfassend**[45] und nicht nur punktuell.
Die Einflussnahmemöglichkeit muss also kraft Absprachen, Stimmbindungsverträgen etc sichergestellt sein. Zufällige Einflussnahmen zB wegen freundschaftlicher Verbundenheit genügen dagegen nicht[46]. Beständigkeit ist nicht zu verwechseln mit Dauerhaftigkeit. Eine nur vorübergehende Einflussnahmemöglichkeit, beispielsweise wegen einer nur befristeten Stimmbindung oder überhaupt nur zeitweiligen Beteiligung, reicht also aus.	Es genügt zB nicht, wenn bloß die drucktechnische Gestaltung des Jahresabschlusses beeinflusst werden kann. Beherrschender Einfluss versteht sich als Eingriff in die Unabhängigkeit der geschäftspolitischen und organschaftlichen Entscheidungen, wobei Einfluss auf zentrale unternehmerische Teilfunktionen und Teilbereiche des abhängigen Unternehmens, wie etwa die Finanzpolitik, genügt.

---

42 Ausführlich MünchKomm.AktG/*Bayer* § 17 Rn 99 ff.
43 BGHZ 148, 123, 125 – MLP; *Hüffer* § 17 Rn 4.
44 KG AG 2005, 398, 399 f – Brau und Brunnen/HypoVereinsbank, wo ein Minderheitsgesellschafter durch Beteiligung an einem anderen Mitgesellschafter auf dessen Abstimmungsverhalten zählen konnte und auf diese Weise über beherrschenden Einfluss in der Hauptversammlung der abhängigen Gesellschaft verfügte.
45 HM, vgl *Hüffer* § 17 Rn 6.
46 BGHZ 80, 69, 73 – Süssen.

c) Beherrschender Einfluss

68 Fraglich ist, wann – abstrakt – Einfluss beherrschend ist. Hierfür hilft ein Rückgriff auf § 17 II AktG: Ist gem. § 17 II AktG beherrschender Einfluss zu vermuten, wenn eine Mehrheitsbeteiligung vorliegt, muss es bei § 17 I AktG genügen, wenn eine Einflussmöglichkeit von solchem Gewicht gegeben ist, dass sie dem **Potential einer Mehrheitsbeteiligung** entspricht[47]. Das bedeutet, dass auf die personelle **Besetzung der Verwaltungsorgane** unmittelbar (AG: Aufsichtsrat, GmbH: Geschäftsführer) oder mittelbar (AG: Vorstand) maßgeblicher Einfluss ausgeübt werden kann. Die daraus folgende Wahrscheinlichkeit **einflusskonformen Verhaltens** der Organmitglieder (Interesse an Wiederbestellung) hinsichtlich der vom Gesellschafter gewünschten Geschäftspolitik ist für die Bejahung beherrschenden Einflusses erforderlich, aber auch ausreichend[48].

69 Die Mittel, die eine Personalentscheidungsgewalt oder vergleichbaren Einfluss auf die abhängige Gesellschaft ermöglichen, müssen **gesellschaftsrechtlich begründet** sein. Anderweitige, insbesondere rein wirtschaftliche Abhängigkeiten scheiden aus. Zwar verfügen so genannte Hausbanken (Kreditverträge) oder Hauptlieferanten (Lieferverträge) gerade aufgrund der langfristigen Geschäftsverbindung über ein beträchtliches Arsenal an Druckmitteln. Diese sind jedoch wirtschaftlicher Art und Folge äußerer Marktmechanismen. Sie berühren nicht das innere Interessengleichgewicht eines potentiell abhängigen Unternehmens. Das gilt prinzipiell auch dann, wenn eine Minderheitsbeteiligung, beispielsweise der Hausbank, hinzutritt[49]. Gleichwohl kann ein bestehender gesellschaftsrechtlicher Einfluss, der für sich genommen noch keine Abhängigkeit begründet, sich durch das Hinzutreten außergesellschaftsrechlicher Druckmittel zu einem beherrschenden Einfluss verstärken[50].

70 **Beispiel:** Die altehrwürdige Privatbank Raffke & Co. ist langjährige Hausbank der mittelständischen Kfz-Reifenfabrik Gummiwerke AG. Sämtliche zu finanzierende Investitionen werden ohne große Formalitäten bei der Privatbank beantragt und kurzfristig genehmigt. Als sich die Gummiwerke AG wegen Absatzproblemen in einer Schieflage befindet, drängt das Bankhaus auf eine veränderte Absatzpolitik. Um ihrer Ansicht Nachdruck zu verleihen, droht sie auf der jährlichen Hauptversammlung der AG als Anteilseigner (die Bank ist mit 5 % an der AG beteiligt) offen damit, die Kredite zu kündigen, falls nicht der Bankenvertreter Maulwurf in den Aufsichtsrat gewählt würde. Die „verständigen Aktionäre" wählen daraufhin Herrn Maulwurf.

Obwohl die Bank großen wirtschaftlichen Druck ausüben kann, ist sie nicht herrschendes Unternehmen der AG, weil sich ihre Möglichkeiten ganz wesentlich aus ihrer Gläubigerstellung, dagegen kaum aus der nur 5 %-igen Beteiligung ergeben[51].

---

47 OLG Düsseldorf AG 2003, 688, 689 – *Veba; Hüffer* § 17 Rn 5.
48 OLG Düsseldorf AG 2003, 688, 689 – *Veba; Hüffer* § 17 Rn 5; *E/H,* Komm. § 17 Rn 5 ff.
49 BGHZ 90, 381, 395 – BuM/WestLB.
50 Vgl BGHZ 90, 381, 397 – BuM/WestLB: OLG Düsseldorf AG 2003, 688 ff – *Veba;* MünchKomm.AktG/*Bayer* § 17 Rn 32 mwN.
51 Vgl BGHZ 90, 381, 397 – BuM/WestLB, wo 20,5 % Aktienbesitz nicht ausreichten, um beherrschenden Einfluss anzunehmen.

Als gesellschaftsrechtlich begründete Mittel für beherrschenden Einfluss kommen im Einzelnen in Betracht:

aa) Einfluss kraft Mitgliedschaft. Der Einfluss kraft **Mitgliedschaft** (Beteiligung, Stimmrecht) ist gesellschaftsrechtlich vermittelt. **71**

- Eine **Sperrminorität** (25 % plus eine Stimme) reicht noch nicht aus, um beherrschenden Einfluss ausüben zu können. Sie kann zwar Entscheidungen blockieren und unangenehm für die Geschäftsführung werden, sie kann jedoch nicht agieren, also die Gesellschaft zu von dem die Sperrminorität Haltenden gewollten Handeln veranlassen[52]. **72**

> **Hinweis:** Dieser Grundsatz gilt vor allem im Idealfall der Anwesenheit von 100 % Anteilseignern in der Hauptversammlung. Sonst kann eine **Minderheitsbeteiligung**, folglich auch eine Sperrminorität, ausreichen, Abhängigkeit gem. § 17 I AktG zu begründen, nämlich wenn sie aufgrund der Zusammensetzung des Aktionärskreises (Streubesitz) und dauerhaft niedriger Hauptversammlungspräsenz tatsächlich wie eine Mehrheit wirkt[53].

- Ähnliches gilt für das **Depotstimmrecht.** Geregelt in § 135 AktG, nehmen hier Depotbanken die Stimmrechte der in der Hauptversammlung der abhängigen Gesellschaft abwesenden Aktionäre kraft Vollmacht wahr. Wegen der Weisungsabhängigkeit der Depotbank vom Vollmachtgeber (Aktionär) und der jederzeitigen Widerrufsmöglichkeit des Vollmachtgebers fehlt es – mangels Beständigkeit – an der Möglichkeit des beherrschenden Einflusses[54]. **73**

- Bezüglich der **Arbeitnehmermitbestimmung** im Aufsichtsrat mit der Folge der Verringerung des Einflusses der Anteilseigner hat diese, soweit es sich um das Mitbestimmungsgesetz 1976 handelt, keine Auswirkungen auf die Möglichkeit beherrschenden Einflusses. Die Anteilseignervertreter können sich im Aufsichtsrat aufgrund der bei Pattsituationen ausschlaggebenden Zweitstimme (§§ 29 II, 31 IV MitbestG, s. auch § 32 I MitbestG) des in aller Regel von ihnen bestimmten Aufsichtsratsvorsitzenden (§ 27 I, II MitbestG) gegenüber den Arbeitnehmervertretern durchsetzen[55]. **74**

- Solange das Einstimmigkeitsprinzip in der **Personengesellschaft** gilt (§ 119 I HGB), der Gesellschaftsvertrag also nichts anderes bestimmt, kommt es auf Mehrheiten nicht an. Eine Abhängigkeit gem. § 17 I, II AktG scheidet dann aus. **75**

- Als **Zeitpunkt** des Beginns der Mitgliedschaft ist der **dingliche Anteilserwerb** anzusehen, nicht der schuldrechtliche. Etwas anderes gilt, wenn mit dem Verkäufer der Anteile bereits schuldrechtliche Absprachen (wie Stimmbindungsverträge) getroffen werden, nach denen bis zum dinglichen Erwerb bereits im Interesse des **76**

---

52 *Hüffer* § 17 Rn 10.
53 BGHZ 135, 107 ff – VW/Niedersachsen: 20 % Beteiligung bei bloß 37 % durchschnittlicher Hauptversammlungspräsenz genügen; s. auch BGHZ 69, 334, 337 – Veba/Gelsenberg: 43,74 % Beteiligung bei 80 % Präsenz genügen.
54 *Hüffer* § 17 Rn 10 mwN.
55 *Hüffer* § 17 Rn 11.

Käufers abzustimmen ist. In diesem Fall ist die Möglichkeit beherrschenden Einflusses schon vor dem dinglichen Rechtserwerb gegeben (vorwirkende Abhängigkeit)[56].

77 bb) Einfluss kraft Organisationsvertrages. Der Einfluss kraft **Organisationsvertrag** ist ebenfalls gesellschaftsrechtlich vermittelt.

78 • Ein Organisationsvertrag ist ein Vertrag, der die innere Struktur, die innere Ausrichtung der abhängigen Gesellschaft ändert und nicht nur Austauschbeziehungen wie in einem normalen schuldrechtlichen Vertrag schafft[57]. Im Konzernrecht hat diese Wirkung ein **Beherrschungsvertrag** gem. §§ 18 I 1 und 2, 291 I 1 AktG, weil das Weisungsrecht (§ 308 I AktG) und die Orientierung der Geschäftsleitung der Untergesellschaft auf das Konzerninteresse die Ausrichtung der Untergesellschaft ändern. Liegt ein Beherrschungsvertrag vor – und damit ein Konzern zwischen den beteiligten Unternehmen (§ 18 I 1, 2 AktG) –, so besteht wegen des Weisungsrechts des herrschenden Unternehmens aus § 308 I AktG auch Abhängigkeit gem. § 17 I AktG unabhängig davon, ob das herrschende Unternehmen an der beherrschten Gesellschaft beteiligt ist[58].

> **Hinweis:** Haben die Unternehmen lediglich einen **isolierten Gewinnabführungsvertrag**, dh ohne zeitgleichen Beherrschungsvertrag, geschlossen, ist der Tatbestand des Vertragskonzerns gem. § 18 I 1, 2 AktG nicht erfüllt. Das bedeutet aber nicht, dass keine Abhängigkeit gem. § 17 I AktG vorliegen kann. Vielmehr wird die Abhängigkeit wegen der umfassenden Einflussnahme auf die finanzielle und organisatorische Struktur der abhängigen Gesellschaft bejaht[59]. Auch dürfte in der Regel eine entsprechende Mehrheit eines Anteilseigners bei dem abhängigen Unternehmen vorhanden sein (§ 17 II AktG), denn
> • welche Gesellschaft würde sich schon freiwillig in solch eine vertragliche Situation begeben?
> • § 14 I Nr 1 KStG verlangt zur steuerlichen Anerkennung eines Gewinnabführungsvertrages eine finanzielle Eingliederung – gemeint ist die Stimmrechtsmehrheit des Organträgers in der abführenden Gesellschaft (Organgesellschaft).

79 • Die **anderen Unternehmensverträge** gem. **§ 292 I AktG** sind im Unterschied zu denen des § 291 I 1 AktG **keine** organisationsrechtlichen, sondern rein schuldrechtliche Verträge, die keine so weitreichenden Eingriffe in die Struktur der Gesellschaft darstellen[60]. Folglich knüpft sich an sie auch keine Abhängigkeit, geschweige denn ein Konzern (beachte dazu den Wortlaut des § 18 I 2 AktG, der – neben der Eingliederung – nur den Beherrschungsvertrag nennt). Nach § 293 I AktG bedürfen die anderen Unternehmensverträge für ihre Wirksamkeit allerdings einer 3/4-Mehrheit in der Hauptversammlung, die sich regelmäßig aufgrund entsprechender Mehrheitsbeteiligung des anderen Vertragsteils an der Untergesell-

---

56 *Hüffer* § 17 Rn 9.
57 *Hüffer* § 291 Rn 17.
58 *Hüffer* § 17 Rn 12.
59 *Hüffer* § 17 Rn 12; *E/H*, Komm. § 17 Rn 23; aA MünchKomm.AktG/*Bayer* § 17 Rn 65.
60 *Hüffer* § 292 Rn 2.

schaft ergeben wird. **Dies** hat dann eine Abhängigkeitsvermutung im Sinne des § 17 II AktG zur Folge, aber nicht der Vertrag selbst.

Leitsätze 80

(1) Liegt keine Mehrheitsbeteiligung vor, so muss die Abhängigkeit festgestellt werden, § 17 I AktG.

(2) Abhängigkeit ist festgestellt, wenn das herrschende Unternehmen die Möglichkeit hat, kraft gesellschaftsrechtlicher Mittel beherrschenden Einfluss auf das abhängige Unternehmen auszuüben.

IV. Einheitliche Leitung

Nachdem der Unternehmensbegriff und die Abhängigkeit erläutert sind, geht es nun 81 um die dritte Konzernvoraussetzung des § 18 I AktG, die **einheitliche Leitung.**

1. Begriff

a) Definition

Was unter **einheitlicher Leitung** zu verstehen ist, ist umstritten. Das hängt mit der 82 dieser Definition vorgelagerten Frage zusammen, was man unter einem Konzern bei Berücksichtigung auch der wirtschaftlichen Komponente des Problems versteht. Vereinfacht dargestellt, kann man die Positionen in zwei Lager teilen:

enger Konzernbegriff[61]	**weiter Konzernbegriff**[62]	83
Danach wird der Konzern vor allem als **wirtschaftliche Einheit** betrachtet. Einheitliche Leitung setzt demnach Durchsetzung von Zielvorstellungen in **allen** wesentlichen Unternehmensbereichen voraus.	Der weite Konzernbegriff will darüber hinausgehen. Demnach reicht es bereits aus, in **einem** wichtigen Unternehmensbereich (zB Produktion, Verkauf) die einheitliche Leitung (Planung, Durchführung, Kontrolle) auszuüben.	

Einigkeit besteht darüber, dass jedenfalls eine verbundweite Finanzkoordination den Erfordernissen einer einheitlichen Leitung genügt[63], nur ist dies für den engen Konzernbegriff unverzichtbar, während der weite Konzernbegriff auch bei bloßer Koordination von Einkauf und Absatz zu dem Ergebnis kommt, dass einheitliche Leitung gegeben sei.

---

61 Dafür *Hüffer* § 18 Rn 10 f mwN.
62 Dafür *E/H*, Komm. § 18 Rn 14 mwN.
63 *E/H*, Komm. § 18 Rn 10 f.

84 Unserer Ansicht nach ist auf den engen Konzernbegriff abzustellen. Der Konzern ist als wirtschaftliche Einheit (bei rechtlicher Vielfalt) zu verstehen. Dafür geben §§ 290 ff HGB einen gesetzlichen Anhaltspunkt. Denn ein Konzernabschluss (Darstellung des Jahresabschlusses der einbezogenen Unternehmen wie bei einem Einheitsunternehmen) ohne Bestehen einer funktionalen Wirtschaftseinheit macht schwerlich Sinn[64]. Folglich muss einheitliche Leitung alle relevanten Unternehmensbereiche erfassen, nicht bloß Teilbereiche, und soll sich am Gesamtinteresse aller Konzernunternehmen orientieren.

85 **Einheitliche Leitung** liegt demzufolge vor, wenn
- unter Ausrichtung auf das vom herrschenden Unternehmen definierte Gesamtinteresse des Konzerns
- Konzernplanung, ihr Vollzug sowie die anschließende Kontrolle
- konzernweit sichergestellt werden.

Als Leitung genügt **jede Form der Einflussnahme** (zB durch personelle Verflechtung der Vorstände, Zielvorgaben an das Management der abhängigen Töchter etc). Direkte Anweisungen sind nicht erforderlich.

b) Mehrstufige und mehrfache Konzernierung

86 Besondere Probleme entstehen, wenn die angetroffene Konstellation drei Gesellschaften betrifft, die miteinander verbunden sind. Hier ist zu überlegen, ob es in dem fraglichen Dreieck zu einer
- mehrstufigen, aber einfachen Konzernbindung kommt oder zu einer
- einstufigen, aber mehrfachen Konzernbindung.

87 **aa)** Die **mehrstufige Konzernierung** entspricht im Grundsatz der mehrstufigen Abhängigkeit (Grundkonstellation I: M–T–E (s.o. Rn 46 f), in der E von T und M abhängig ist). Während bei der mehrstufigen Abhängigkeit zugleich aber eine mehrfache Abhängigkeit anzunehmen ist, kann es hier nur eine einfache Konzernierung geben, nämlich durch die den gesamten Konzern umfassende einheitliche Leitung der Mutter: Besteht zwischen Mutter und Tochter ein Konzern im Sinne des § 18 I AktG, so wird die Tochter unmittelbar und die Enkelin mittelbar allein von der Mutter einheitlich geleitet. Dass nicht auch die Tochter trotz ihrer Mehrheitsbeteiligung an der Enkelin diese leitet und somit einen weiteren Konzern innerhalb des durch M, T und E gebildeten Konzerns führt (sog. **Konzern im Konzern**), liegt daran, dass nach Maßgabe des hier vertretenen engen Konzernbegriffs die Tochter als ihrerseits der Mutter untergeordnete Gesellschaft der Enkelin gegenüber keinen eigenen Entscheidungsspielraum mehr hat. Die Mutter hat die Leitung der Tochter und damit auch die Verwaltung der Beteiligung der Tochter an der Enkelin übernommen. Es gibt keinen Leitungsbereich, den ausschließlich die Tochter kontrolliert[65]. Somit ist auch die Enkelin

---

64 *Hüffer* § 18 Rn 10.
65 HM, *Hüffer* § 18 Rn 14 mwN.

Konzernunternehmen nur der Mutter, und E ist nur **einfach konzerniert**. Es besteht nur **ein** Konzern, der sich über zwei oder **mehr** Stufen erstreckt.

Beispiel: Die Mutter AG hält 66% der Anteile an der Tochter AG und ist mit ihr durch einen Beherrschungsvertrag verbunden. Die Tochter AG wiederum hat 55% der Anteile der Enkel GmbH. Nun weist der Vorstand der Mutter AG den Vorstand der Tochter AG an (§ 308 I AktG), auf der kommenden Gesellschafterversammlung der Enkel GmbH zu beschließen, den bisherigen Geschäftsführer gegen eine Vertrauensperson der Mutter AG auszutauschen. Gegenüber dieser Weisung hat der Tochtervorstand keinen Spielraum. T übt gegenüber E keine eigenständige einheitliche Leitung aus.

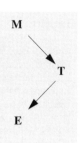

88

bb) Bei der **einstufigen, aber mehrfachen Konzernierung** geht es um die Frage, ob eine Untergesellschaft, die mehreren Unternehmen unmittelbar gehört, mit diesen jeweils einen Konzern bilden kann. Im Unterschied zur problemlos möglichen mehrfachen Abhängigkeit würde eine mehrfache Konzernbindung bedeuten, dass gegenüber der Untergesellschaft mehrere Unternehmen je selbstständig einheitliche Leitung ausüben.

89

- Entsprechend dem oben Gesagten scheidet zunächst eine mehrfache Konzernierung innerhalb eines mehrstufigen Konzerns aus.
- Mehrfach konzernzugehörig ist eine Tochtergesellschaft auch dann nicht, wenn ihre Mutter (als bisherige Obergesellschaft des Unterordnungskonzerns) mit einem Drittunternehmen einen **Gleichordnungskonzern** gem. § 18 II AktG bildet. Denn alle Konzerntöchter gehören nunmehr dem **einen** Gleichordnungskonzern an, der von den Partnern des Gleichordnungsvertrages einheitlich geleitet wird, so dass für eine (weitere) einheitliche (Unterordnungs-)Leitung der bisherigen Obergesellschaft hinsichtlich des Unterordnungskonzerns kein Raum ist. Das bisherige Über-/Unterordnungsverhältnis der Mutter M zu den bisher allein ihr nachgeordneten Untergesellschaft geht in der Gleichordnungsleitung auf[66].

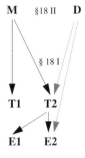

- **Anders** ist es hingegen bei **Gemeinschaftsunternehmen** (Grundkonstellation II: M–T–M (s.o. Rn 48); Joint Venture). Sie sind nicht nur mehrfach abhängig, sondern auch mehrfach konzernzugehörig. Da sich die Gesellschafter aber gleichberechtigt gegenüberstehen, also auf gleicher Augenhöhe miteinander sind, kommt es zu einer einstufigen, mehrfachen Konzernierung. Dies lässt sich begründen mit der Integration des Gemeinschaftsunternehmens in die Konzerninteressen der

---

66 *E/H*, Komm. § 18 Rn 7; *Hüffer* § 18 Rn 15.

verschiedenen Mütter. Bilanzrechtlich passt dazu die anteilmäßige Konsolidierung des § 310 I HGB[67].

90 **Beispiel:** Die Müller-Einkaufsgenossenschaft e.G. und die Pflug & Pferd AG gründen gemeinsam mit je 50% Beteiligung die Korn-GmbH, deren satzungsmäßiger Zweck es ist, Getreide zu kaufen. Den Müllern der Genossenschaft geht es darum, durch geschlossenes Auftreten über die neue Gesellschaft zu günstigen Preisen Getreide für ihre Mühlen erwerben und zu Mehl verarbeiten zu können. Die Pflug & Pferd AG dagegen möchte günstig Getreide zur Verfütterung an ihre umfangreichen Viehbestände erhalten. Da nun die Korn-GmbH zwar nur ein Geschäft betreibt, dabei aber zwei unterschiedlich interessierten Gesellschaftern dient, ist es gerechtfertigt zu sagen, dass die Annahme mehrfacher Konzernzugehörigkeit angesichts der unterschiedlichen Zielkoordinaten der Gesellschafter nicht zu begrifflichen Widersprüchen führt: Beide Gesellschafter müssen zwar zusammen leiten (einheitliche Koordination), das so erreichte Verhalten der Korn-GmbH passt aber in die beiden ganz verschiedenen unternehmerischen Konzepte der Gesellschafter. Jeder der Gesellschafter kann seine Zielkonzeption entwickeln, durchführen und kontrollieren. Damit liegt zweifach, aber deckungsgleich einheitliche Leitung vor.

91 **Hinweis:** Die meist gegebene Innen-GbR, in der die verschiedenen Interessen koordiniert werden, ist nicht das leitende Unternehmen, sondern die Mütter als Gesellschafter der GbR[68]; anders im Fall einer Holding, die selbst leitet[69].

2. Widerlegung der Konzernvermutung aus § 18 I 3 AktG

92 Die Vermutung der einheitlichen Leitung nach **§ 18 I 2 AktG** bei Vorliegen eines Beherrschungsvertrages oder einer Eingliederung ist unwiderleglich. Die beteiligten Unternehmen bilden einen Konzern.

Besteht kein Beherrschungsvertrag und auch keine Eingliederung, jedoch Abhängigkeit nach § 17 II oder I AktG, knüpft sich hieran die widerlegliche Konzernvermutung des **§ 18 I 3 AktG**. Ergibt sich die Abhängigkeit gem. der widerleglichen Vermutung aus § 17 II AktG wegen Mehrheitsbeteiligung, kommt es zu einer Doppelvermutung: An die vermutete Abhängigkeit (§ 17 II AktG) knüpft sich die vermutete einheitliche Leitung (§ 18 I 3 AktG). Es gibt aber eben auch die einfache Vermutung, nämlich wenn sich die Abhängigkeit aus § 17 I AktG ergibt: Dann wird allein die einheitliche Leitung nach vorheriger Feststellung der Abhängigkeit vermutet, § 18 I 3 AktG. Bei der einfachen und der Doppelvermutung kann die Vermutung der einheitlichen Leitung ("Konzernvermutung") aus § 18 I 3 AktG widerlegt werden:

---

67 Instruktiv KölnKomm.AktG/*Koppensteiner* § 18 Rn 34; *Hüffer* § 18 Rn 16.
68 KölnKomm.AktG/*Koppensteiner* § 18 Rn 34.
69 S.o. Rn 38.

Widerlegung der Konzernvermutung, § 18 I 3 AktG   93

als

Doppelvermutung, §§ 18 I 3, 17 II AktG   **Einfache Vermutung, §§ 18 I 3, 17 I AktG**

bestehend aus

Vermutung der Abhängigkeit,   **Vermutung der einheitlichen Leitung**
§ 17 II AktG   **§ 18 I 3 AktG**

Widerlegbarkeit
(Beweislastumkehr zu Lasten des herrschenden Unternehmens)

- **Abhängigkeitsvermutung**
  (Entherrschung, Stimmbindung?),
  wenn nicht zu widerlegen:
- **Leitungsvermutung** (keine konzernweite Finanzkoordination oder
  Gesamtkonzeption (Planung, Durchführung, Kontrolle?))

Leitungsvermutung
- vorgelagert: keine Abhängigkeit gem.
  § 17 I AktG?
- keine konzernweite Finanzkoordination oder Gesamtkonzeption
  (Planung, Durchführung, Kontrolle?)

Leitsätze   94

(1) **Einheitliche Leitung** ist eine alle verbundenen Unternehmen erfassende **konzernweite Zielsetzung, Durchführung und Kontrolle.**

(2) Folgerichtig kann sie in einem mehrstufigen Konzern nur die Konzernspitze ausüben. Einen „Konzern im Konzern" gibt es nicht.

(3) Einheitliche Leitung durch das herrschende Unternehmen und damit ein Konzern sind gem. § 18 I 1, 2 AktG zwingend bei Beherrschungsvertrag und Eingliederung anzunehmen.

(4) Dagegen greift lediglich eine widerlegbare Vermutung der einheitlichen Leitung und damit der Konzernierung ein bei Vorliegen bloßer Abhängigkeit gem. § 17 AktG: § 18 I 3 AktG.

V. Gleichordnungskonzern gem. § 18 II AktG

Während die bisher behandelten Unterordnungskonzerne auf Abhängigkeit und Be-   95
herrschung fußen, spricht § 18 II AktG davon, dass sich in einem Gleichordnungskonzern mehrere rechtlich selbstständige Unternehmen, **ohne** voneinander **abhängig**
oder **beherrscht** zu sein[70], unter eine einheitliche Leitung stellen. In der Praxis gibt es
– wie im Unterordnungskonzern auch – zwei Erscheinungsformen:

---

70 AA *K. Schmidt*, ZHR 155 (1991), 417 ff.

1. Vertraglicher Gleichordnungskonzern

96 Der vertragliche Gleichordnungskonzern ist ein Konzern per Gleichordnungsvertrag. Die Vertragspartner (Unternehmen) einigen sich darauf, den Weisungen der zu installierenden Leitung Folge zu leisten. Die Organisation dieser Interessengemeinschaft ist beliebig, gesellschaftsrechtlich gesehen regelmäßig eine GbR (bestehend aus den Partnern) mit eigener Geschäftsführung. Diese Geschäftsführung stellt die einheitliche Leitung sicher. Eine Abhängigkeit von dieser GbR selbst besteht nicht, solange die gleichgeordneten Unternehmen an der einheitlichen Leitung gleichberechtigt beteiligt sind, also das eine dem anderen Unternehmen seinen Willen nicht aufdrängen kann[71]. Solange die GbR selbst nicht Unternehmen im konzernrechtlichen Sinn ist, also vor allem keine Beteiligungen an Teilen des Gleichordnungskonzerns hält, scheitert der Gleichordnungskonzern nicht daran, dass die einander gleichgestellten Obergesellschaften von der GbR (untechnisch) „abhängen"[72].

2. Faktischer Gleichordnungskonzern

97 Der faktische Gleichordnungskonzern ist dadurch gekennzeichnet, dass ohne vertragliche Grundlage und ohne Abhängigkeiten mehrere Unternehmen sich **faktisch einheitlich** leiten. Da dies im Falle fehlender personeller Verflechtungen nicht ohne entsprechenden Willen und Absprachen vonstatten geht, ist die Grenze zum konkludenten Vertrag fließend[73].

3. Rechtsfolgen

98 Die gemeinsame Rechtsfolge beider Formen des Gleichordnungskonzerns besteht darin, dass all jene Vorschriften, die an die Abhängigkeit anknüpfen, nicht gelten. Auch ist der Gleichordnungsvertrag gem. § 291 II AktG **kein Beherrschungsvertrag** und nach hM auch kein sonstiger Unternehmensvertrag[74]. Demzufolge scheiden sowohl die §§ 293 ff AktG als auch die Konzernrechnungslegungsregeln der §§ 290 ff HGB aus. Anwendung finden dagegen beispielsweise § 134 I 4 AktG (Hinzurechnung von durch Konzernunternehmen gehaltenen Aktien bei der Ermittlung des Erreichens der Schwelle für Höchststimmrechte) und § 145 III AktG (Rechte der Sonderprüfer gegenüber Konzernunternehmen). Insgesamt relevant bleibt das Kartellrecht. In diesem Bereich dürfte die Mehrzahl der Gleichordnungskonzernfälle eine praktische Rolle spielen[75].

---

71 *Hüffer* § 18 Rn 20.
72 *E/H*, Komm. § 18 Rn 32.
73 *Hüffer* § 18 Rn 21.
74 *Hüffer* § 18 Rn 21.
75 *E/H*, Komm. § 18 Rn 26; zu weiteren Beispielen aus der Praxis s. MünchHdb.GesR-GmbH/*Decher* § 67 Rn 33.

VI. Rechtsprechung

▶ **Lesen!** 99

BGHZ 69, 334 – Veba/Gelsenberg (Unternehmenseigenschaft der Bundesrepublik; Abhängigkeit: Zusammenhang zwischen Beteiligungshöhe und Hauptversammlungspräsenz)

BGHZ 135, 107 – VW/Niedersachsen (Unternehmenseigenschaft des Landes Niedersachsen; Abhängigkeit: Zusammenhang zwischen Beteiligungshöhe und Hauptversammlungspräsenz)

BGHZ 148, 123 – MLP (Unternehmenseigenschaft und § 16 IV AktG)

BGHZ 62, 193 – Seitz (Abhängigkeit: Interessenkoordination unter Aktionären)

BGHZ 90, 381 – BuM/WestLB (Abhängigkeit: notwendige Anteilshöhe)

KG AG 2005, 398 – **Brau und Brunnen/HypoVereinsbank** (Abhängigkeit bei Einfluss des Minderheitsgesellschafters auf anderen Minderheitsgesellschafter)

BAGE 22, 390 – BKB (mehrfache Abhängigkeit)

VII. Examensklausur: „Die unerhörte Entlastung"

1. Sachverhalt

Herr Alfons ist Aktionär (Beteiligungshöhe: 1,3 %) der Flugzeugmotoren-AG (F-AG). Außer Herrn Alfons sind noch das Bundesland X sowie die Alpha-Industriebeteiligung AG (Alpha-AG) mit je 40 % am Grundkapital der F-AG beteiligt. Die restlichen 18,7 % befinden sich im Vermögen weiterer 247 Aktionäre. Die Beteiligungsverhältnisse hinsichtlich der Aktionäre Land X und Alpha-AG kamen zustande, als das Land 1997 aufgrund einer Haushaltslücke gezwungen war, seine einzige an einer privatwirtschaftlichen Unternehmung gehaltene Beteiligung von bis dahin 74 % am Grundkapital der F-AG zu verringern und ein Paket von 34 % des Grundkapitals an die Alpha-AG zu verkaufen. Teil dieses Geschäfts war auch die Abrede, dass künftig das Land und die Alpha-AG ihre Stimmen nur einheitlich abgeben sollten. Daran haben sich die Beteiligten in den seither stattfindenden Hauptversammlungen gehalten. Die Alpha-AG ist außer an der F-AG noch an der Schokoladenfabrik Braun-GmbH mit 12 % und an der Luft- und Raumfahrt-AG mit 62 % beteiligt, wobei F-AG wiederum 75 % an der Braun GmbH hält. Seit dem Jahr 1997 sind immer alle Aktionäre auf den Hauptversammlungen erschienen. 100

Am 10.6.2006 findet die jährliche Hauptversammlung der F-AG statt, auf der auch dem Vorstand Entlastung für das am 31.12.2005 abgelaufene Geschäftsjahr erteilt wird. Im Geschäftsjahr modernisierte das Land X seine Polizei-Hubschrauberstaffel von rund 50 Maschinen. Die notwendigen neuen Motoren bezog es von der F-AG. Herr Alfons mutmaßt, dass die allgemein am Markt begehrten Motoren nicht zum Listen-, sondern zu einem seiner Ansicht nach ungerechtfertigt günstigen Preis dem Land überlassen wurden. Er findet es unerhört, dass der Vorstand zum einen keinen Abhängigkeitsbericht erstellt hat, er demgemäß sich auch nicht mit dem fraglichen Geschäft in der gesetzlich vorgeschriebenen Weise auseinandergesetzt habe, und ihm zum anderen dennoch Entlastung mit Hilfe der Stimmen des Landes X und der Alpha-AG erteilt wurde.

Herr Alfons erklärt daher Widerspruch zur Niederschrift und erhebt am 5.7.2006 Klage auf Aufhebung des Entlastungsbeschlusses. Der Vorstand hält die Klage für abweisungsreif, denn er habe keinen Abhängigkeitsbericht zu erstellen gehabt, weil man nicht von einer Gebietskörperschaft abhängig sein könne, die zudem nur 40 % der Anteile halte und sich mit dem anderen Großaktionär in seinem Verhalten abstimme, weswegen auch von diesem (also der Alpha-AG) keine Abhängigkeit vorliegen könne, was ja alles ohnehin auf der Hand liege.

Wie wird das Gericht entscheiden?

2. Lösung

101   A. Sachentscheidungsvoraussetzungen

I. Klageart

Fraglich ist, ob Alfons die richtige Klageart gewählt hat, wenn er die Aufhebung des Entlastungsbeschlusses beantragt und somit eine Gestaltungsklage erhoben hat. In Betracht kommt eine **Anfechtungsklage** gem. § 243 I AktG, die auf Aufhebung eines Hauptversammlungsbeschlusses gerichtet ist[76]. Alfons geht es um die gerichtliche Aufhebung des Entlastungsbeschlusses, somit hat er zurecht Anfechtungsklage erhoben, mit der übrigens auch Nichtigkeitsgründe gerügt werden können[77].

II. Zuständiges Gericht

Das für die Verhandlung der Anfechtungsklage zuständige Gericht ist gem. **§ 246 III 1, 2 AktG** das Landgericht, Kammer für Handelssachen, in dessen Bezirk die beklagte AG ihren Sitz hat. Es kann davon ausgegangen werden, dass Alfons das richtige Gericht angerufen hat.

III. Richtiger Beklagter

Die Klage ist zu richten gegen die **AG,** deren in ihrer Hauptversammlung gefasster Beschluss angefochten wird, vertreten durch den Vorstand, § 246 II 1, 2 AktG. Dass Alfons die Klage gegen die F-AG, vertreten durch ihren Vorstand, gerichtet hat, kann unterstellt werden.

Somit liegen die Sachentscheidungsvoraussetzungen vor.

B. Begründetheit

Das Landgericht erklärt den Entlastungsbeschluss für nichtig, wenn Alfons anfechtungsbefugt ist, er die Klagefrist eingehalten hat und der Beschluss an einem formellen oder materiellen Fehler leidet.

I. Anfechtungsbefugnis

Alfons müsste zunächst anfechtungsbefugt sein. Fehlte es daran, wäre die Klage als unbegründet abzuweisen[78]. Die Anfechtungsbefugnis ergibt sich hier aus **§ 245 Nr 1 AktG,** da Alfons weit vor Bekanntmachung der Tagesordnung die Aktien erworben hatte und als zur Hauptversammlung erschienener Aktionär Widerspruch zur Niederschrift erklärt hat.

II. Klagefrist

Weiter müsste Alfons die einmonatige Klagefrist des **§ 246 I AktG** eingehalten haben. Hätte er dies nicht, wäre die Klage ebenfalls als unbegründet abzuweisen[79]. Am 5.7.2006 war noch nicht mehr als ein Monat seit dem Tag der Hauptversammlung vergangen. Die Frist ist eingehalten.

---

76   Die aktienrechtliche Anfechtungsklage ist eine Gestaltungsklage, *Hüffer* § 246 Rn 8.
77   *Hüffer* § 246 Rn 13 f; BGH NJW 1999, 1638; zum richtigen Streitgegenstand BGHZ 152, 1.
78   Die Anfechtungsbefugnis ist ein Teil der Begründetheitsprüfung, s. *Hüffer* § 245 Rn 2.
79   Auch die Klagefrist ist bei der aktienrechtlichen Anfechtungsklage ein Punkt der Begründetheitsprüfung, s. *Hüffer* § 246 Rn 20.

III. Formelle Rechtmäßigkeit

Der Entlastungsbeschluss könnte gem. § 241 Nr 1, 2 AktG **nichtig** oder wegen Verstößen gegen andere formell-rechtliche Gesetzes- oder Satzungsvorschriften gem. § 243 I AktG **anfechtbar** sein. Unter formellen Fehlern sind alle Verfahrensfehler beim Zustandekommen des Hauptversammlungsbeschlusses zu verstehen, insbesondere Informationsmängel[80]. Hier könnte ein Verfahrensverstoß gegen die **§§ 120 III 2, 312 III 3 iVm § 243 I AktG** gegeben sein, weil in dem dem Entlastungsbeschluss zugrunde liegenden Lagebericht die **Schlusserklärung** zu einem **Abhängigkeitsbericht** fehlte. Das Fehlen einer notwendigen Schlusserklärung macht den Entlastungsbeschluss anfechtbar[81].

Die Schlusserklärung ist notwendig, wenn ein Abhängigkeitsbericht zu erstellen ist. Dies wiederum ist der Fall, wenn die F-AG vom Land X und/oder der Alpha-AG abhängig ist, es sei denn, es liegt ein Beherrschungsvertrag vor, § 312 I 1 AktG. Ein Beherrschungsvertrag bestand nicht. Daher kommt es darauf an, ob sich die F-AG in einem **Abhängigkeitsverhältnis** zum Land X und/oder zur Alpha-AG befindet.

1. Unternehmenseigenschaft

Abhängigkeit kann nur vorliegen, wenn alle Beteiligten Unternehmen im konzernrechtlichen Sinne sind, s. die Definitionen in §§ 17 I und 15 AktG.

a) Unternehmenseigenschaft der F-AG. Die F-AG müsste demgemäß Unternehmen sein. **Abhängiges Unternehmen**, als das allein die F-AG hier in Betracht kommt, kann jede rechtlich besonders organisierte Vermögenseinheit sein, der Begriff ist **denkbar weit** zu verstehen. Die F-AG als juristische Person (§ 1 I 1 AktG) und somit Trägerin auch von Vermögensrechten fällt hierunter, was sich auch aus § 312 I 1 AktG ergibt, der als Adressat der Pflicht zur Aufstellung eines Abhängigkeitsberichtes gerade die AG nennt.

b) Unternehmenseigenschaft der Alpha-AG und des Landes X. Das Land X und die Alpha-AG müssten ebenfalls „Unternehmen" sein. Da sie als herrschendes Unternehmen in Betracht kommen, ist für sie auch auf die dafür geltende Definition zurückzugreifen. **Herrschendes Unternehmen** ist ein Gesellschafter, der wirtschaftliche Interessenbindungen in einer weiteren Unternehmung hat, die nach Art und Intensität die ernsthafte Sorge begründen, er könne wegen dieser Interessen seinen gesellschaftsrechtlich vermittelten Einfluss auf die Untergesellschaft zu deren Nachteil wahrnehmen[82].

aa) Für die **Alpha-AG** bedürfte es demgemäß einer derartigen anderweitigen wirtschaftlichen Interessenbindung. Diese liegt vor bei einer anderweitigen maßgeblichen Beteiligung. Wann genau eine solche wiederum gegeben ist, ist zweifelhaft. Man kann insoweit entweder genügen lassen, dass die bloße **Möglichkeit** zur Leitung in dem anderen Unternehmen, an dem die maßgebliche Beteiligung vorliegen könnte, besteht, oder man kann verlangen, dass es tatsächlich zur **Ausübung** von Leitungsmacht in dem anderen Unternehmen kommt[83].

(1) Betrachtet man die **unmittelbare Beteiligung** der Alpha-AG an der Schokoladenfabrik **Braun-GmbH** in Höhe von **12 %**, fehlt es bereits an der Möglichkeit, Leitungsmacht auszuüben. Denn diese Beteiligungshöhe verschafft der Alpha-AG keine Mehrheit in der Gesellschafterversammlung, die allein es ihr ermöglichte, die Bestellung von Geschäftsführern oder Weisungen an die Geschäftsführer durchzusetzen (§ 46 Nr 5 bzw Nr 6 GmbHG jeweils iVm § 47 I GmbHG). Diesbezüglich kommt es also auf eine Stellungnahme zu dem angerissenen Problem nicht an.

---

80 Vgl *Hüffer* § 243 Rn 11, 17.
81 *Hüffer* § 120 Rn 15, § 243 Rn 11; BGHZ 62, 193, 194 – Seitz.
82 BGHZ 148, 123, 125 – MLP; *Hüffer* § 15 Rn 8.
83 *E/H*, Lb. § 2 II 2, S. 25.

Fraglich ist, ob sich etwas anderes daraus ergibt, dass die F-AG ihrerseits zu 75 % an der Braun-GmbH beteiligt ist, an der ja die Alpha-AG 40 % hält. Müsste sich Alpha-AG für die Ermittlung der Höhe ihrer Beteiligung an der Braun-GmbH den Anteil, den die F-AG an der Braun-GmbH hält, als **mittelbare Beteiligung** zurechnen lassen, käme Alpha-AG auf eine Beteiligung an der Braun-GmbH von 87 % und damit auf eine maßgebliche Beteiligung. Die Zurechnung der 75 %-Beteiligung der F-AG an der Braun-GmbH zur Alpha-AG – und damit deren Unternehmenseigenschaft – setzt gem. § 16 IV AktG voraus, dass die F-AG eine von der Alpha-AG als Unternehmen im konzernrechtlichen Sinn abhängige Gesellschaft ist. Das heißt, Alpha-AG ist Unternehmen, wenn sie Unternehmen ist. Das ergibt keinen Sinn. Deshalb ist § 16 IV AktG so zu verstehen, dass er die Unternehmenseigenschaft voraussetzt, also nur jemandem Beteiligungen zugerechnet werden können, der bereits Unternehmen ist. Eine Zurechnung gem. § 16 IV AktG kann dagegen die Unternehmenseigenschaft nicht herbeiführen[84]. Da Alpha-AG im Hinblick auf ihre unmittelbare Beteiligung an der Braun-GmbH kein Unternehmen ist, ändert daran die Beteiligung der F-AG an der Braun-GmbH nichts.

(2) Bezüglich der **Beteiligung** der Alpha-AG an der **Luft- und Raumfahrt-AG** in Höhe **von 62 %** hingegen ist jedenfalls die Möglichkeit leitenden Einflusses gegeben. Denn obwohl die Alpha-AG dem Vorstand der Luft- und Raumfahrt-AG keine Weisungen zu erteilen vermag (§ 76 AktG), kann sie aufgrund ihrer Mehrheit der Stimmrechte die Aufsichtsratsmitglieder, die von der Hauptversammlung der Luft- und Raumfahrt-AG gewählt werden (§§ 101 I 1, 133 AktG), bestimmen. Das wiederum hat Einfluss auf die personelle Zusammensetzung des Vorstandes der Luft- und Raumfahrt-AG, weil die Vorstandsmitglieder vom Aufsichtsrat bestellt werden, § 84 I 1 AktG. Somit ist zu erwarten, dass Aufsichtsrat und Vorstand, um wiederbestellt zu werden, den Wünschen der Alpha-AG folgen. Dem Sachverhalt lässt sich nicht entnehmen, ob die Alpha-AG in der Luft- und Raumfahrt-AG ihr Einflusspotential tatsächlich nutzt. Daher kommt es nach dem oben Gesagten darauf an, ob schon die Möglichkeit, anderweitig leitenden Einfluss auszuüben, genügt[85]. Dies ist im Interesse des Schutzes der fraglichen Gesellschaft, ihrer Minderheitsgesellschafter und ihrer Gläubiger zu bejahen. Die Alpha-AG ist herrschendes „Unternehmen".

bb) Zweifelhaft ist auch die Unternehmenseigenschaft des **Landes X**, denn es ist zum einen eine öffentlich-rechtliche Gebietskörperschaft, und zum anderen ist die Beteiligung an der F-AG das einzige Engagement des Landes im privatwirtschaftlichen Bereich.

Da das Land eine **öffentlich-rechtliche Gebietskörperschaft** ist, könnte man die Unternehmenseigenschaft deshalb verneinen, weil die öffentliche Hand auch bei Beteiligung an privatwirtschaftlichen Unternehmungen öffentliche Interessen verfolge und auf die Erfassung solcher Interessen das Konzernrecht nicht zugeschnitten sei[86]. Dagegen spricht aber, dass sich auch der Staat an das von ihm gesetzte Recht halten muss (Art. 20 III GG), sofern er sich nicht deutlich vom Anwendungsbereich der Normen ausnimmt, wie es im Bereich des Aktienrechts in den §§ 394 f AktG geschehen ist. Darüber hinaus ist zu bedenken, dass Gebietskörperschaften regelmäßig an einer Vielzahl von (weiteren) privatrechtlichen Gesellschaften beteiligt sind, so dass dieselbe Konfliktlage entsteht, wie wenn es sich statt um eine juristische Person des öffentlichen Rechts um eine solche des Privatrechts oder eine natürliche Person handelte[87]. Somit steht der Charakter als Gebietskörperschaft der Unternehmenseigenschaft des Landes X nicht entgegen.

Dass das Land X zum anderen **nur an der F-AG beteiligt** ist, führt jedoch zu Problemen, weil die og Definition klar eine anderweitige Beteiligung an einer anderen Unternehmung verlangt. Möglicherweise ist jedoch der Unternehmensbegriff für den Bereich juristischer Personen des öffentlichen Rechts insoweit zu modifizieren, als auch das Verfolgen (nur) öffentlicher Interessen genügen kann. Im vorliegenden Fall wird zunächst deutlich, dass eine Gebietskörperschaft auch ohne

---

84   BGHZ 148, 123, 126 f – MLP.
85   Bejahend BGHZ 148, 123, 125 f – MLP.
86   S. BGHZ 69, 334, 339, 343 – Veba/Gelsenberg und *E/H*, Komm. § 15 Rn 27 ff.
87   BGHZ 69, 334, 338, 340 f – Veba/Gelsenberg.

anderweitige Beteiligungen an privatwirtschaftlichen Unternehmungen wirtschaftliche (wenn auch zugleich öffentliche) Interessen verfolgen kann, nämlich hier die kostengünstige Modernisierung der Polizei-Hubschrauberstaffel. Zudem gilt es zu bedenken, dass zB auch arbeitsmarktpolitischer Druck auf Unternehmensführungen ausgeübt werden kann, betriebswirtschaftlich notwendigen Personalabbau zu unterlassen. Daher ist der Unternehmensbegriff zu modifizieren, und es genügt bei einer öffentlich-rechtlichen Gebietskörperschaft die Beteiligung an nur einer privaten Unternehmung[88]. Somit ist auch das Land X Unternehmen.

2. Abhängigkeit

Für die Pflicht zur Aufstellung eines Abhängigkeitsberichtes ist nach § 312 I 1, 2 AktG weiter notwendig, dass die F-AG von den Aktionären Alpha-AG und/oder X abhängig ist. Das richtet sich nach § 17 AktG. Die Vermutung nach § 17 II AktG kommt vorliegend nicht zur Anwendung, weil bei einer Beteiligung von jeweils 40 % weder das Land X noch die Alpha-AG über eine Mehrheit im Sinne von § 16 I–III AktG verfügt.

Folglich ist gem. **§ 17 I AktG positiv festzustellen,** ob Abhängigkeit gegeben ist. Abhängigkeit setzt danach voraus, dass beherrschender Einfluss in der F-AG ausgeübt werden kann. Dies ist der Fall, wenn sich ein rechtlich selbstständiges Unternehmen aus seiner Sicht in einer Lage befindet, in der ein anderes Unternehmen seinen Willen mit gesellschaftsrechtlich fundierten Mitteln in einer dem Einflusspotential einer Mehrheitsbeteiligung entsprechenden Weise durchsetzen kann. Demgemäß ist erforderlich, aber auch genügend, dass die personelle Besetzung der Verwaltungsorgane bestimmt werden kann und daraus folgend die Wahrscheinlichkeit gegeben ist, dass es zu einem einflusskonformen Verhalten der Organmitglieder kommt.

a) Beherrschender Einfluss des Landes X. Gemessen an diesen Maßstäben müsste das Land X über beherrschenden Einfluss in der F-AG verfügen. Die Wahl der Mitglieder des Aufsichtsrats der F-AG setzt gem. §§ 101 I 1, 133 AktG voraus, dass die Mehrheit der in der Hauptversammlung abgegebenen Stimmen für einen Kandidaten votiert. Da das Land nur über 40 % der Stimmen verfügt, kann es einen bestimmten Kandidaten nicht durchsetzen. Demnach kann das Land X auch nicht auf die personelle Zusammensetzung des zweiten Verwaltungsorgans Vorstand entscheidenden Einfluss nehmen, dessen Mitglieder gem. §§ 84 I, 108 I AktG durch mit Mehrheit zu fassenden Beschluss des Aufsichtsrats bestellt werden. Folglich ist die F-AG nicht vom Land X abhängig.

b) Beherrschender Einfluss der Alpha-AG. Die gleiche Überlegung gilt für die ebenfalls mit nur 40 % beteiligte Alpha-AG. Auch von ihr ist die F-AG nicht abhängig.

c) Gemeinsamer beherrschender Einfluss von Land X und Alpha-AG. Etwas anderes könnte sich jedoch daraus ergeben, dass die beiden Großaktionäre gem. ihrer Vereinbarung von 1997 immer einheitlich abstimmen und so über 80 % der Stimmkraft verfügen. Sollte man die Anteile des Landes X und der Alpha-AG **zusammenrechnen** können, könnte das zu einer **mehrfachen Abhängigkeit** der F-AG, nämlich zugleich vom Land X und der Alpha-AG, führen.

Zweifel bestehen daran in zweierlei Hinsicht: So ist zum einen fraglich, ob mittels eines Stimmbindungsvertrags die für eine Zusammenrechnung der Anteile notwendige **Interessenkoordination** unter den fraglichen Aktionären begründet werden kann. Dafür spricht, dass es nach der Rspr zur Bejahung ausreichender Koordination bereits genügt, wenn es aufgrund tatsächlicher Verhältnisse zu einer Abstimmung hinsichtlich des Stimmverhaltens kommt, etwa wenn die Anteile von verschiedenen Gesellschaften gehalten werden, deren Gesellschafter und Geschäftsführer Repräsentanten zweier an allem paritätisch mitwirkender Familienstämme sind: Dann müssen sich die Beteiligten rein tatsächlich auf das Stimmverhalten einigen[89]. Vorliegend ist sogar ein **Vertrag**

---

88   BGHZ 135, 107, 113 f – VW/Niedersachsen.
89   BGHZ 62, 193, 199 – Seitz.

über die einheitliche Stimmabgabe geschlossen worden, was bei gegebener Zulässigkeit solcher Stimmbindungsverträge erst recht den notwendigen Grad an Koordination erreicht[90].

Zum anderen könnten sich Zweifel an der Möglichkeit mehrfacher Abhängigkeit ergeben, weil **§ 17 I AktG** deutlich von **nur einem herrschenden Unternehmen spricht**, während es bei Annahme mehrfacher Abhängigkeit zu zwei herrschenden Unternehmen käme. Insoweit ist zu überlegen, ob nicht vielmehr eine zwischen den Aktionären (Land X und Alpha-AG) bestehende GbR als herrschendes Unternehmen anzusehen ist. Der Wortlaut des § 17 I AktG steht der Annahme mehrfacher Abhängigkeit jedoch nicht entgegen, weil sich der Gesetzgeber des AktG 1965 des Problems nicht bewusst war, er also dazu auch nicht Stellung genommen hat[91]. Auch ist im Kartellrecht in § 36 II 2 GWB die Mehrmütterschaft ausdrücklich anerkannt. Im Konzernrecht kann dann nichts anderes gelten[92]: Wegen der Einheit der Rechtsordnung müssen auch im Konzernrecht die „eigentlich" Beteiligten, nämlich hier die Aktionäre der F-AG, die ja ihre Beteiligung auch nicht in die zwischen ihnen bestehende GbR einbringen, als herrschende Unternehmen angesehen werden.

Damit spricht nichts gegen die Zusammenrechnung der Anteile des Landes X und der Alpha-AG. Beide üben gemeinsam beherrschenden Einfluss aus, die F-AG ist mehrfach abhängig.

3. Zwischenergebnis

Die F-AG ist abhängiges, das Land X und die Alpha-AG sind herrschende Unternehmen. Damit war gem. § 312 I 1, 2 AktG ein Abhängigkeitsbericht zu erstellen. Dessen Schlusserklärung hätte in den Lagebericht als Grundlage für den Entlastungsbeschluss aufgenommen werden müssen. Dies ist nicht geschehen. Daher leidet der dennoch gefasste Beschluss an einem formellen Fehler im Sinne von § 243 I AktG.

4. Relevanz

Soweit eine Anfechtung auf einen formellen Fehler gestützt wird, muss ein rechtlicher Zusammenhang zwischen dem Mangel und dem Beschlussergebnis vorliegen, dh der soeben festgestellte Mangel des Entlastungsbeschlusses muss sich auf das Beschlussergebnis ausgewirkt haben. Während früher dieser Zusammenhang mittels einer potentiellen Kausalität hergestellt wurde[93], prüft die heute hM[94] ihn anhand des Schutzzwecks der verletzten Norm: Wozu dient die Verfahrensbestimmung und wie tief greift ein Verstoß in die mitgliedschaftlichen Verwaltungsrechte ein (Relevanztheorie)? § 120 III 2 AktG verlangt für den Entlastungsbeschluss die Vorlage des Lageberichts in der Hauptversammlung. Ist der Lagebericht unvollständig, weil die Schlusserklärung des Vorstands aus dem Abhängigkeitsbericht mangels seiner – notwendig gewesenen – Aufstellung fehlt, dann ist der Lagebericht und damit auch die zur Entscheidungsfindung der Aktionäre „Entlastung des Vorstandes – ja oder nein?" erforderliche Information unvollständig[95]. Da die umfängliche Information aber grundlegende Voraussetzung für die ordnungsgemäße Ausübung des Stimmrechts ist, greift der Verstoß in relevanter Weise in die Mitgliedschaft ein.

Anderweitige Mängel des Beschlusses sind nicht ersichtlich.

C. Ergebnis

Das LG erklärt den Entlastungsbeschluss vom 10.6.2006 für nichtig.

---

90 Zu Stimmbindungsverträgen als ausreichende Interessenkoordination BAGE 22, 390, 395 – BKB; *E/H*, Komm. § 17 Rn 17.
91 KölnKomm.AktG/*Koppensteiner* § 17 Rn 84.
92 *E/H*, Komm. § 17 Rn 28 f.
93 S. die Nw bei *Hüffer* § 243 Rn 12.
94 *Hüffer* § 243 Rn 13 mwN.
95 *Bayer*, ZGR 2002, 933, 953.

§ 3 Faktischer Konzern

I. Faktischer Aktienkonzern

Literatur: *Cahn*, Zur Anwendbarkeit der §§ 311 ff AktG im mehrstufigen Vertragskonzern, BB 2000, 1477–1483; *Emmerich/Habersack*, Lb. §§ 24–28, S. 362–412; *Habersack*, Die UMTS-Auktion – ein Lehrstück des Aktienkonzernrechts, ZIP 2006, 1327–1331; *Lutter*, Vermögensveräußerungen einer abhängigen Aktiengesellschaft, FS Steindorff (1990), S. 125–150; *K. Schmidt*, GesR § 31 IV 1–3, S. 958–966

1. Überblick

Besteht zwischen **102**

- einem **Unternehmen** als herrschendem Unternehmen **und** einer **AG** oder KGaA (§ 311 I AktG)
- **Abhängigkeit** (§ 17 AktG),
- **ohne** dass ein **Beherrschungsvertrag** oder eine Eingliederung (§ 323 I 3 AktG) vorliegen,

gelten für das konzernrechtliche Verhältnis zwischen ihnen die **§§ 311–318 AktG.**

a) Bei Vorliegen eines Beherrschungsvertrages verliert das abhängige Unternehmen **103** seine unternehmerische Selbstständigkeit, s. die Weisungsbefugnis des herrschenden Unternehmens in § 308 I AktG. Anders beim faktischen Konzern: Das herrschende Unternehmen muss hier das **wirtschaftliche Eigeninteresse des abhängigen Unternehmens** beachten. Das abhängige Unternehmen ist so zu stellen, als ob es weiter unabhängig wäre. Das steht der Sache nach in § 311 I AktG, wenn es dort heißt, dass kein Nachteil zugefügt werden darf, der nicht ausgeglichen wird.

b) Ein Regelungsschwerpunkt der §§ 311 ff AktG ist der **Nachteilsausgleich**: Veran- **104** lasst das herrschende Unternehmen die abhängige AG zu einem nachteiligen Rechtsgeschäft oder einer nachteiligen Maßnahme, muss es den Nachteil spätestens zum Jahresende ausgleichen, § 311 AktG. Unterlässt das herrschende Unternehmen dies, macht es sich schadensersatzpflichtig, § 317 I 1 AktG.

c) Die §§ 312–316 AktG regeln eine Berichtspflicht des abhängigen Unternehmens, **105** die die Beziehungen zum herrschenden Unternehmen betrifft. Dem **Abhängigkeitsbericht** ist vom Gesetzgeber eine zentrale Funktion zugedacht worden: Mittels der durch ihn zu schaffenden Transparenz über die Erfüllung der Ausgleichspflichten (§§ 311 II, 317 I 1 AktG) sollen die Unternehmensorgane angehalten werden, sich der Konzerngefahren für Unternehmen und Gesellschafter bewusst zu werden und demgemäß unter Androhung zivilrechtlicher Haftung und strafrechtlicher Sanktionen (§§ 318, 400 I Nr 1, 403, 407 I AktG) zu handeln[1]. Demgegenüber dürfen die Aktionäre, die zur Kontrolle der Einhaltung der Schutzvorschriften berufen erscheinen, den

---

1 *Altmeppen*, Managerhaftung C I 3, S. 60 f.

Bericht in keinem Falle einsehen. Sie erhalten nur Bestätigungen von Unternehmens-
organen oder von vom Unternehmen bezahlten externen Prüfern, dass alles in Ordnung sei. An die Geheimhaltung des Abhängigkeitsberichts knüpft grundlegende Kritik an den §§ 311 ff AktG[2]. Immerhin hat der Gesetzgeber aber die Voraussetzungen
für die Bestellung eines Sonderprüfers zur Überprüfung der Beziehungen der Gesellschaft zu seinem herrschenden Unternehmen zugunsten der Minderheitsaktionäre gelockert (§ 315 Satz 2 AktG).

106 **Hinweis:** Beachten Sie, wann genau **kein** Abhängigkeitsbericht aufzustellen ist und ob dennoch
die übrigen Vorschriften der §§ 311 ff AktG anzuwenden sind:

Der isolierte Gewinnabführungsvertrag befreit nach § 316 AktG von der Pflicht zur Aufstellung
des Abhängigkeitsberichtes. Im Übrigen sind aber die §§ 311, 317, 318 AktG anzuwenden.

Im Falle eines Beherrschungsvertrages oder eines kombinierten Beherrschungs- und Gewinnabführungsvertrages ist ebenfalls kein Abhängigkeitsbericht aufzustellen. Dies folgt aus § 312 I 1
AktG, der für die Anwendbarkeit der §§ 312–315 AktG voraussetzt, dass kein Beherrschungsvertrag besteht, auch wenn mit einem Gewinnabführungsvertrag kombinierter. Dass beim Beherr-
schungs- und kombinierten Beherrschungs- und Gewinnabführungsvertrag dagegen nicht wie
beim isolierten Gewinnabführungsvertrag die §§ 311, 317, 318 AktG anzuwenden sind, folgt aus
§ 311 I AktG („kein Beherrschungsvertrag") und der tatbestandlichen Anbindung des § 317 AktG
(s. § 317 I 1 AktG: „veranlasst, Nachteil, Ausgleich") an § 311 AktG sowie des § 318 AktG an
§ 317 AktG und damit an § 311 AktG (s. § 318 I 1, II AktG: „haften neben … § 317").

Im Falle „anderer Unternehmensverträge" (§ 292 AktG) kommen die §§ 311 ff AktG uneingeschränkt zur Anwendung. Die Eingliederung schließt dagegen die §§ 311 ff AktG ganz aus:
§ 323 I 3 AktG.

107 • Kern der Bestimmungen ist **§ 312 AktG,** der die Aufstellung des Abhängigkeitsberichtes verlangt, in dem über die auf Veranlassung des herrschenden Unternehmens vorgenommenen Rechtsgeschäfte und sonstigen Maßnahmen zu berichten
ist (§ 312 I 2 AktG)[3]. Bei den Rechtsgeschäften sind Leistung und Gegenleistung,
bei den Maßnahmen die Gründe der Maßnahme und deren Vorteile und Nachteile
für die Gesellschaft anzugeben (§ 312 I 3 AktG). Bei einem Ausgleich von Nachteilen ist im Einzelnen anzugeben, wie der Ausgleich während des Geschäftsjahrs
tatsächlich erfolgt ist oder auf welche Vorteile der Gesellschaft ein Rechtsanspruch
gewährt worden ist (§ 312 I 4 AktG). Der Bericht ist mit einer Schlusserklärung
des Vorstandes zu versehen, in zur Situation der Gesellschaft Stellung genommen wird und die in den Lagebericht aufzunehmen und mit diesem bekannt zu machen ist (§§ 312 III AktG, 264 I HGB). Zwar wird der Abhängigkeitsbericht nicht
veröffentlicht, weil er Konzerninterna enthält. Aber fehlt er ganz und unterbleibt
daher die Aufnahme der Schlusserklärung gem. § 312 III 3 AktG in den Lagebericht, kann der Aktionär den **Entlastungsbeschluss** anfechten. Denn für den Entlastungsbeschluss ist nach § 120 III 2 AktG unverzichtbar, dass der (vollständige)
Lagebericht der Hauptversammlung vorgelegt wird[4].

---

2 *Wackerbarth,* Konzern 2005, 562, 564 ff.
3 Krit. für den Fall 100 %-iger Tochtergesellschaften *Götz,* AG 2000, 498 ff.
4 Vgl die Examensklausur Rn 100 f.

- Die dem § 312 AktG folgenden Bestimmungen befassen sich mit **Prüfungspflich-** 108
  ten für den Aufsichtsrat und externe Prüfer: Nach § 313 AktG prüft der Abschlussprüfer (außer bei kleinen Gesellschaften im Sinne von § 267 I HGB, s. § 316 I
  HGB), dann der Aufsichtsrat nach § 314 II AktG, der dann wieder über das Ergebnis seiner Prüfung der Hauptversammlung zu berichten hat, § 171 II AktG. Unterlässt der Aufsichtsrat dies, weil entweder schon kein Abhängigkeitsbericht erstellt
  und damit auch dem Aufsichtsrat nicht zur Prüfung vorgelegt wurde oder der Bericht vom Aufsichtsrat nicht ordnungsgemäß geprüft wurde, kann ein Aktionär
  auch den Entlastungsbeschluss bezüglich der Aufsichtsratsmitglieder **anfechten.**
  Denn § 120 III 2 AktG verlangt die Vorlage des vollständigen Berichts des Aufsichtsrats an die Hauptversammlung, in den nach §§ 171 II, 314 II AktG auch das
  Ergebnis der Prüfung des Abhängigkeitsberichts aufzunehmen ist. Außerhalb der
  Anfechtung des Entlastungsbeschlusses, die nur Erfolg hat, wenn die Berichte von
  Vorstand und Aufsichtsrat die Frage des Abhängigkeitsberichtes ganz ausklam-
  mern, kommt zugunsten der Aktionäre noch eine **Sonderprüfung** nach § 315
  AktG in Betracht. Danach kann ein Sonderprüfer bei Verdacht auf inhaltliche
  Mängel des Abhängigkeitsberichtes oder auf pflichtwidrige Nachteilszufügung
  bestellt werden. Auch dann bekommen aber die Aktionäre den Bericht nicht zu se-
  hen.

d) Die §§ 317 und 318 AktG sehen eine Reihe von **Schadensersatzansprüchen** vor, 109
die dem abhängigen Unternehmen und auch seinen Aktionären gegen das herrschende
Unternehmen, gegen dessen Geschäftsleiter sowie gegen die Vorstände und Aufsichtsratsmitglieder der abhängigen Gesellschaft zustehen können.

2. Anwendungsbereich der §§ 311 ff AktG

a) Grundsatz

Die Anwendbarkeit der §§ 311–318 AktG setzt voraus: 110

- **Unternehmen** als herrschendes Unternehmen und inländische **AG** oder KGaA
  (§ 311 I AktG) als abhängige Gesellschaft,
- **Abhängigkeit (§ 17 AktG),**
- kein Beherrschungsvertrag, keine Eingliederung.

b) Einzelheiten

Hinsichtlich der **Abhängigkeit** einer AG oder KGaA von einem Unternehmen ist 111
noch einmal die sprachliche Ungenauigkeit zu beachten: Man spricht bei den
§§ 311 ff AktG zwar vom faktischen Aktien-„Konzern", tatsächlich muss es sich aber
nicht um einen Konzern nach § 18 I AktG handeln. Es genügt Abhängigkeit gem. § 17
AktG.

„Kein Beherrschungsvertrag": Die Bestimmungen über den Beherrschungsvertrag 112
(Vertragskonzern) bzw die Bestimmungen der Eingliederung und die Regelungen
zum faktischen Konzern stehen in einem **Exklusivitätsverhältnis.** Es kann nur ent-

weder ein Weisungsrecht nach § 308 I AktG mit Verlustausgleichspflicht gemäß § 302 I AktG (Beherrschungsvertrag) bzw ein Weisungsrecht gemäß § 323 I 1 AktG (Eingliederung, s. § 323 I 3 AktG) geben oder das System des Nachteilsausgleiches in §§ 311, 317 I 1 AktG. Bei **Unternehmensverträgen** außer dem Beherrschungsvertrag dagegen bleibt es mangels Geltung der §§ 300 ff AktG bei den §§ 311 ff AktG. Der isolierte Gewinnabführungsvertrag nimmt jedoch eine Sonderstellung ein, weil bei ihm – wie beim Beherrschungsvertrag – die §§ 312 ff AktG über den Abhängigkeitsbericht nicht anzuwenden sind (§ 316 AktG), andererseits aber – wie bei den anderen Unternehmensverträgen – die §§ 311, 317 f AktG über Nachteilsausgleich und Schadensersatzpflichten gelten. Beim isolierten Gewinnabführungsvertrag kommen also zwischen herrschendem Unternehmen und abhängigem Unternehmen sowohl die §§ 300 ff AktG als auch die §§ 311, 317 f AktG zur Anwendung[5].

113 **Beispiel:** Die Good Service AG schließt mit der Lean Back AG einen Betriebsführungsvertrag (Fall von § 292 I Nr 3 Alt. 2 AktG), wonach sie das Sägewerk der Lean Back führt. Zugleich hält Good Service 62 % der Anteile an der Lean Back.

- Lean Back muss gem. §§ 312 I 1, 17 II, 16 I, II AktG einen Abhängigkeitsbericht aufstellen, und
- Good Service obliegt es gem. § 311 AktG, etwaige Nachteile ausgleichen.

Beide Rechtsfolgen träten nicht ein, wenn ein Beherrschungsvertrag zwischen Good Service und Lean Back bestünde (vgl § 311 I AktG). Für Good Service träte allerdings an Stelle der Nachteilsausgleichsobliegenheit gem. §§ 311, 317 I 1 AktG die Verlustausgleichspflicht nach § 302 I AktG.

Lediglich der Abhängigkeitsbericht entfiele, wenn beide einen isolierten Gewinnabführungsvertrag geschlossen hätten, § 316 AktG. In diesem Fall bliebe es bei der Nachteilsausgleichspflicht für Good Service.

114 Nach der Absage der Rechtsprechung an den qualifiziert faktischen GmbH-Konzern[6] ist offen, ob nun auch bei der AG statt dessen nachrangig auf eine Durchgriffshaftung (existenzvernichtender Eingriff) zurückzugreifen ist. Ein Teil der Literatur hält am „qualifiziert faktischen AG-Konzern" fest[7]. Unabhängig davon, welcher Auffassung zu folgen ist, dienen beide Instrumentarien (existenzvernichtender Eingriff, qualifiziert faktischer Konzern) der Reaktion auf Situationen, in denen das Nachteilsausgleichssystem wegen Intransparenz der Veranlassungs- und Nachteilslage versagt. Dann ist die abhängige AG anderweitig zu schützen. Die §§ 311 ff AktG sind insoweit nicht verdrängt, sondern werden ergänzt.

c) Sonderfall mehrstufige Unternehmensverbindungen

115 **aa) Problem.** Im Falle mehrstufiger Abhängigkeiten (§ 16 IV AktG) kommen die §§ 311 ff AktG zwischen all den Unternehmen zur Anwendung, zwischen denen Abhängigkeit ohne Beherrschungsvertrag besteht.

---

5 *Cahn*, BB 2000, 1477, 1479.
6 BGHZ 151, 181 ff – KBV; BGHZ 149, 10 ff – Bremer Vulkan.
7 *E/H*, Komm. Anh § 317 Rn 5 mwN auch zur Gegenauffassung.

Vorausgesetzt M ist "Unt." §

Hält also T 55% der Anteile an E, ist E von T gem. § 17 II iVm § 16 I, II AktG abhängig, und die §§ 311 ff AktG sind anzuwenden. Hat M an E 23% der Anteile, an T 75% und T wiederum 55% an E, hält M gem. § 16 I, II, IV AktG 23% + 55% = 78% an E. Daher ist E dann sowohl von T als auch von M abhängig. Folglich gelten die §§ 311 ff AktG im Verhältnis zwischen E und T, zwischen E und M sowie zwischen T und M. D.h., dass E einen Abhängigkeitsbericht über ihre Beziehungen zu T und M nach § 312 I 2 AktG aufstellen muss und T einen Abhängigkeitsbericht über ihre Beziehungen zu M.

M (gegenüber E und T) und T (gegenüber E) unterliegen dann der Nachteilsausgleichsobliegenheit aus § 311 II AktG.

Fraglich ist nun, welche Auswirkungen der Abschluss von Beherrschungsverträgen auf die Anwendbarkeit der §§ 311 ff AktG hat. Hier sind **sechs Fälle** denkbar:
1) Beherrschungsvertrag nur zwischen M und T
2) Beherrschungsvertrag zwischen M und T sowie T und E („durchgehende Kette")
3) Beherrschungsvertrag nur zwischen T und E
4) Beherrschungsvertrag zwischen T und E sowie E und M
5) Beherrschungsvertrag nur zwischen E und M
6) Beherrschungsvertrag zwischen E und M sowie zwischen M und T

bb) Lösung nach den sechs denkbaren Fällen.   Im Grundsatz verdrängt der Beherr-   **116**
schungsvertrag wegen des genannten Exklusivitätsverhältnisses zwischen Beherrschungsvertrag und faktischem Konzern die §§ 311 ff AktG immer in dem Verhältnis, in dem der Beherrschungsvertrag besteht, also zB zwischen M und T. Nahezu **unumstritten** ist für **Fall 2)**, dass in Abweichung hiervon auch in einem vertragslosen Verhältnis (hier M-E) die §§ 311 ff AktG nicht zur Anwendung kommen, wenn von M über T zu E eine durchgehende Kette von Beherrschungsverträgen besteht[8]. Dann gelten also die §§ 311 ff AktG zwischen M und E nicht.

Teilweise umstritten ist, was gilt, wenn keine durchgehende Kette von Beherr-   **117**
schungsverträgen besteht, sondern zB nur T und E einen Beherrschungsvertrag abgeschlossen haben. Werden dann die §§ 311 ff AktG auch im Verhältnis zwischen M und E sowie M und T verdrängt? Die Antwort hängt von einer **Schutzlückenbetrachtung** ab[9]: Die §§ 311 ff AktG dienen in erster Linie dem Schutz des abhängigen Unternehmens; daher kann ihre Anwendbarkeit nur verneint werden, wenn das abhängige Unternehmen bei ihrer Nichtanwendung nicht schutzlos gestellt wird.

• Besteht in **Fall 1)** zwischen **M und T** ein Beherrschungsvertrag, bliebe E bei unterstellter Verdrängung der §§ 311 ff AktG im Verhältnis E zu T und E zu M konzernrechtlich schutzlos. Daher ist in diesem Fall keine Verdrängung anzunehmen,

---

8   OLG Frankfurt ZIP 2000, 926, 927; *E/H*, Komm. § 311 Rn 18; aA für direkte Veranlassungen M gegenüber E *Cahn*, BB 2000, 1477, 1481 f.
9   OLG Frankfurt ZIP 2000, 926, 927; *E/H*, Komm. § 311 Rn 17.

vielmehr bleibt es bei der **Grundregel,** dass nur auf der von einem Beherrschungsvertrag erfassten Stufe die §§ 311 ff AktG verdrängt sind. M und T unterliegen dann gegenüber E der Nachteilsausgleichsobliegenheit[10].

- Schließen im **Fall 3)** nur **T und E** einen Beherrschungsvertrag, sollen nach **einer Ansicht** die §§ 311 ff AktG im Verhältnis zwischen E und M auch nicht mehr gelten[11]. Dafür spricht, dass E durch die Vermögenssicherungspflichten der T gegenüber E geschützt ist. Zudem könnte man meinen, dass die Anwendung der §§ 311 ff AktG (E–M) und der §§ 300 ff AktG (E–T) der E ein Zuviel an Schutz gewähre. Andererseits ist nicht gewährleistet, dass T als ihrerseits von M abhängiges Unternehmen auch tatsächlich über die Mittel verfügt, E's Vermögen zu sichern. Zudem ist nicht einzusehen, warum sich M von ihren Pflichten gegenüber E soll freizeichnen können, indem eine andere Gesellschaft, nämlich T, einen Beherrschungsvertrag mit E abschließt. Wegen der daher gegebenen Schutzlücke sollte man mit der **anderen Ansicht** die Anwendbarkeit der §§ 311 ff AktG bejahen[12]. Das AktG sieht in § 316 AktG für den Fall eines isolierten Gewinnabführungsvertrages selbst vor, dass zwischen einem herrschenden Unternehmen und einem abhängigen Unternehmen die §§ 300 ff AktG und die §§ 311, 317 AktG parallel zur Anwendung kommen. Nicht umstritten ist in dieser Fallgruppe, dass es zwischen M und T bei der Geltung der §§ 311 ff AktG bleibt.

- Im **Fall 4)** mit Beherrschungsverträgen zwischen **T und E** sowie **E und M** bleibt aus Sicht der E wegen der Exklusivität der beiden Beherrschungsverträge kein Raum mehr für die Anwendung der §§ 311 ff AktG in ihrem Verhältnis zu T und M. T dagegen bedarf weiter des Schutzes der §§ 311 ff AktG in ihrem Verhältnis zu M. Sie bleiben daher zwischen T und M anwendbar[13].

- Besteht im **Fall 5)** der Beherrschungsvertrag nur zwischen **M und E,** kommen zwischen E und T die §§ 311 ff AktG nicht zur Anwendung[14]. Denn E ist ja durch die strengeren Vermögensschutzvorschriften (§ 302 I AktG) nach gesetzlicher Konzeption ausreichend geschützt, wenn Schuldner der Schutzansprüche die regelmäßig liquide Obergesellschaft M ist. Und der Anspruch aus § 302 I AktG gegen die liquide Konzernspitze erfasst jeden Jahresfehlbetrag, auch wenn T ihn durch ihre Veranlassungen verursacht hat. Andererseits bleibt es bei den §§ 311 ff AktG für das Verhältnis zwischen M und T, denn T bedarf weiter des Schutzes.

- Im **Fall 6)** kommt zu dem Beherrschungsvertrag zwischen **M und E** (Fall 5)) ein Beherrschungsvertrag zwischen **M und T** hinzu. Auch in diesem Fall sind die §§ 311 ff AktG zwischen E und T nicht anzuwenden[15].

---

10 *E/H*, Lb. § 24 V 3 b, S. 371.
11 LG Frankfurt AG 1999, 238, 239; *Hüffer* § 311 Rn 15 mwN.
12 *E/H*, Komm. § 311 Rn 19 mwN; *Cahn*, BB 2000, 1477, 1479 f.
13 *E/H*, Komm. § 311 Rn 18.
14 *Hüffer* § 311 Rn 15; *E/H*, Komm. § 311 Rn 18.
15 *E/H*, Komm. § 311 Rn 18.

> **Leitsätze** **118**
>
> (1) Die §§ 311 ff AktG sind **anwendbar**, wenn vorliegen:
> * Unternehmen
> * Abhängigkeit
> * kein Beherrschungsvertrag, keine Eingliederung.
>
> (2) Andere Unternehmensverträge als der Beherrschungsvertrag verdrängen die §§ 311 ff AktG nicht. Der isolierte Gewinnabführungsvertrag nimmt aber eine Sonderstellung ein: Bei ihm entfällt – wie beim Beherrschungsvertrag – die Aufstellung des Abhängigkeitsberichts, die §§ 311, 317, 318 AktG bleiben dagegen – wie bei den übrigen Unternehmensverträgen – anwendbar; zugleich gelten bei ihm die §§ 300 ff AktG.
>
> (3) Sonderkonstellationen sind Fälle **mehrstufiger Unternehmensverbindungen.**
> * Bei ihnen kann der Abschluss von Beherrschungsverträgen auf einer oder mehreren Stufen unterschiedliche Auswirkungen auf die Anwendbarkeit der §§ 311 ff AktG haben. Sechs Fälle sind auseinander zu halten.
> * Entscheidend ist eine Schutzlückenbetrachtung auf der jeweiligen Konzernstufe.
> * Jedenfalls bei durchgehenden Ketten von Beherrschungsverträgen sind die §§ 311 ff AktG nicht anzuwenden.

3. Grundbegriffe

a) Nachteil

Die Nachteilsausgleichsobliegenheit gem. § 311 AktG und die Schadensersatzansprü- **119** che aus §§ 317 I, 318 I 1, II AktG setzen die Veranlassung zu einer nachteiligen Maßnahme oder einem nachteiligen Rechtsgeschäft voraus. Das herrschende Unternehmen schuldet Ausgleich oder bei Vorliegen weiterer Voraussetzungen Schadensersatz, wenn es die abhängige Gesellschaft zu nachteiligen Rechtsgeschäften oder Maßnahmen veranlasst.

aa) Nachteilsbegriff. Eine der wesentlichen Fragen innerhalb der §§ 311 ff AktG ist **120** daher, wann ein Nachteil gegeben ist. Ziel der §§ 311–318 AktG ist es, das abhängige Unternehmen vermögensmäßig im Ergebnis so zu stellen, wie es stünde, wenn es ein unabhängiges Unternehmen wäre[16].

(1) Differenzbetrachtung. Wegen dieser Zielsetzung der §§ 311 ff AktG ist eine **121** Differenzbetrachtung vorzunehmen: Mit Blick auf die Veranlassung zu einem konkreten Rechtsgeschäft oder einer konkreten Maßnahme ist zu fragen, wie sich die Vermögenslage infolge dieses Rechtsgeschäfts bzw dieser Maßnahme entwickelt hat. Im Vergleich dazu ist zu prüfen, wie sich die Vermögenslage entwickelt hätte, wenn das abhängige Unternehmen unabhängig wäre und ihre Geschäftsleiter sich daher nur an der Marktsituation orientiert hätten (hypothetisches Verhalten einer unabhängigen Gesellschaft). Dieser Maßstab liegt auch § 317 II AktG über die Schadensersatzhaftung bei nachteiligen Maßnahmen oder Rechtsgeschäften zugrunde. Dabei ist zu be-

---

16 BGHZ 141, 79, 84, 88 – Metallgesellschaft; *E/H,* Lb. § 25 II 1., S. 377; *Hüffer* § 311 Rn 27.

achten, dass es den §§ 311 ff AktG nicht darum geht, das abhängige Unternehmen vor unternehmerischem Risiko zu bewahren, indem etwa schon jedes Auftreten von Verlusten hinreichender Nachweis für das Vorliegen eines „Nachteils" im Sinne des § 311 AktG wäre. Auch unabhängige Gesellschaften machen Verluste.

122 **Nachteil** ist folglich die Differenz zwischen der hypothetischen Vermögenslage bei unterstellter Unabhängigkeit und der tatsächlichen Vermögenslage infolge abhängigkeitsbedingter Entwicklungen. Das lässt sich folgendermaßen veranschaulichen:

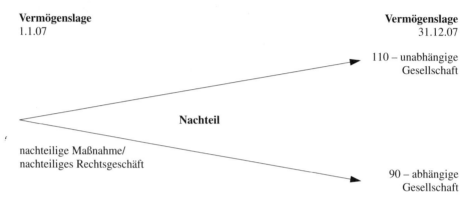

Vermögenslage 1.1.07

Vermögenslage 31.12.07

110 – unabhängige Gesellschaft

Nachteil

nachteilige Maßnahme/ nachteiliges Rechtsgeschäft

90 – abhängige Gesellschaft

Nicht jeder Nachteil lässt sich jedoch in Geld erfassen. Allein die Einbindung in die Gruppe, also die Veranlassung, auf das Konzerninteresse allgemein Rücksicht zu nehmen, kann für die abhängige Gesellschaft bereits nachteilig, weil nicht dem Verhalten einer unabhängigen Gesellschaft entsprechend, sein. Solche Nachteile kann man entweder unberücksichtigt lassen, weil die §§ 311 ff AktG als Sonderregelung auf sie nicht zugeschnitten sind[17]. Oder man kann insoweit auf die allgemeine Treuepflicht des Aktionärs gegenüber seinen Mitaktionären und der Gesellschaft zurückgreifen, die man dann nicht als durch die §§ 311 ff AktG verdrängt ansehen darf[18].

123 **(2) Beurteilungsgrundlage.** Ist damit als Vergleichsmaßstab die gedachte unabhängige Gesellschaft identifiziert, muss geprüft werden, **wie sich** der Vorstand einer **unabhängigen Gesellschaft verhalten hätte** und wie sich dieses Verhalten dann konkret auf die Vermögenslage ausgewirkt hätte[19]. Dies kann nur auf den Zeitpunkt bezogen beurteilt werden, in dem das Rechtsgeschäft oder die Maßnahme vorgenommen wird, denn auch der beste Vorstand einer unabhängigen Gesellschaft kann nicht in die Zukunft blicken. Da es auf den **Vornahmezeitpunkt** ankommt, bleiben nachträgliche glückliche, unglückliche oder ganz unwahrscheinliche Entwicklungen für die Feststellung, ob es sich um ein nachteiliges Geschäft handelt, außer Betracht[20].

---

17 *Hüffer* § 311 Rn 26.
18 *Zöllner*, ZHR 162 (1998), 235, 242 f, 244 f.
19 OLG Köln ZIP 2006, 997, 1000 – Telekom/UMTS; KölnKomm.AktG/*Koppensteiner*, § 311 Rn 40; *Habersack*, ZIP 2006, 1327, 1329 f.
20 *E/H*, Lb. § 25 II 1 c), S. 378; *Hüffer* § 311 Rn 28.

Das stellt einen nur scheinbaren Widerspruch zu der eben entwickelten Differenzbetrachtung dar, bei der nur auf einen späteren als den Vornahmezeitpunkt bezogen die tatsächliche und die hypothetische Vermögenslage verglichen werden können. Entscheidend ist, dass die zu vergleichenden Vermögenslagen ermittelt werden aufgrund des zum Vornahmezeitpunkt vorhandenen Wissens und vernünftigerweise Vorsehbaren. Daraus folgt, dass, wenn ein auf den Vornahmezeitpunkt bezogen als nachteilig erscheinendes Rechtsgeschäft oder eine entsprechende Maßnahme sich später als nicht nachteilig oder gar vorteilhaft erweisen, das herrschende Unternehmen den „Nachteil" dennoch auszugleichen hat, obwohl er sich gar nicht realisiert hat[21].

bb) Nachteilige Rechtsgeschäfte und Maßnahmen.

Hinweis: Ob ein Geschehen als nachteiliges Rechtsgeschäft oder als nachteilige Maßnahme zu erfassen ist, ist nicht immer leicht zu beantworten. Häufig wird ein Geschehenskomplex rechtsgeschäftliche Elemente entweder am Rande (Einstellen der Forschung unter unterpreisiger Veräußerung einer von vielen Anlagen) oder zentral (Grundstücksverkauf unter Marktpreis) enthalten. Dann muss man den Schwerpunkt des Geschehens ermitteln, um ein Rechtsgeschäft oder eine Maßnahme anzunehmen. Zwar behandelt § 311 AktG nachteilige Rechtsgeschäfte und nachteilige Maßnahmen gleich. Deshalb könnte man die Zuordnung offen lassen[22]. Jedenfalls in der Klausur sollten Sie sich aber unter kurzer Benennung der Zuordnungsschwierigkeiten und der Gleichbehandlung in § 311 AktG für eine Variante entscheiden. Das macht es leichter, im weiteren Klausurverlauf Bezug zu nehmen, nämlich auf „die Maßnahme" oder „das Rechtsgeschäft" statt einer ständig wiederholenden Umschreibung des Geschehens. **124**

Sie könnten etwa so formulieren: „Es müsste sich um die Veranlassung zu einem nachteiligen Rechtsgeschäft oder einer nachteiligen Maßnahme handeln. Maßstab für die Ermittlung der Nachteiligkeit ist … Danach handelt es sich hier um ein für die abhängige Gesellschaft nachteiliges Geschehen. Fraglich ist, ob es sich um ein nachteiliges Rechtsgeschäft oder um eine nachteile Maßnahme handelt. § 311 AktG behandelt beide gleich. Angesichts des Schwerpunkts des genannten Geschehens handelt es sich (bei der Forschungseinstellung) um eine nachteilige Maßnahme/(bei der Grundstücksveräußerung) um ein nachteiliges Rechtsgeschäft."

(1) Für die Beurteilung, wann ein **nachteiliges Rechtsgeschäft** vorliegt[23], muss man bedenken, dass es auch für eine unabhängige Gesellschaft sinnvoll sein kann, ein nachteiliges Geschäft etwa der langfristigen Geschäftsentwicklung wegen abzuschließen. Zum anderen ist die Orientierung an einem Marktpreis als Maßstab oft willkürlich, weil sich dieser nur rechnerisch aus vielen um den Durchschnittswert schwankenden Preisen ergibt. Es kann auch ganz an einem Marktpreis fehlen, wenn die Untergesellschaft zum Beispiel nur nicht marktgängige Vorprodukte für andere Konzernunternehmen produziert. **125**

(2) Noch schwieriger wird die Situation bei **sonstigen Maßnahmen**[24]. Denn unternehmerische Entscheidungen können so komplex sein, dass sich hypothetisch nicht **126**

21 *E/H*, Lb. § 25 II 1 c), S. 378.
22 So gehen etwa BGHZ 141, 79, 83 f – Metallgesellschaft, und *E/H*, Lb. § 25 II 2, S. 378 ff, vor.
23 *E/H*, Lb. § 25 II 3 a), S. 382 f.
24 *E/S/H* § 25 II 3 b), S. 412 f.

mit einiger Sicherheit sagen lässt, wie die fragliche abhängige Gesellschaft gehandelt hätte, wenn sie unabhängig gewesen wäre. Denn diese vorgestellte unabhängige Gesellschaft wäre vor allem dann, wenn die Abhängigkeit der betrachteten Gesellschaft schon lange besteht, eine tatsächlich andere Gesellschaft, die sich im Laufe der Jahre inzwischen ganz anders positioniert hätte oder – mit anderen Worten – die in der Situation, in der sich die abhängige Gesellschaft jetzt befindet, gar nicht mehr existieren könnte[25].

127   **Beispiel – Metallgesellschaft**[26]: Zwischen der herrschenden Metallgesellschaft (MG) und der faktisch abhängigen Buderus AG bestand eine gewerbesteuerliche Organschaft. Diese Organschaft führt dazu, dass die Organgesellschaft (hier Buderus) gewerbesteuerrechtlich behandelt wird, als sei sie eine Betriebsstätte des Organträgers (hier MG). Organträger und Organgesellschaft(en) heißen zusammen „Organkreis". MG veranlasste Buderus, eine Gewerbesteuerumlage zu zahlen. Für ein solche Umlage gibt es zwei Modelle: Entweder verteilt der Organträger den ihn tatsächlich treffenden Steueraufwand anteilig auf seine Organgesellschaften, die den auf sie entfallenden Betrag an den Organträger abführen müssen („Verteilungsmodell"), oder die Organgesellschaften müssen an den Organträger abführen, was sie zu zahlen hätten, wenn keine Organschaft bestünde („Belastungs- oder „stand-alone-Modell"). MG wählte das Belastungsmodell. Ein Ausgleich für den Fall, dass MG letztlich weniger oder gar keine Steuern zu zahlen haben würde, war nicht vorgesehen. Buderus war vor der Zugehörigkeit zum MG-Konzern Teil des „F.N.-Konzerns" und dort an einer Gewerbesteuerumlage in Form des Verteilungsmodells beteiligt gewesen. Buderus zahlte in zwei Jahren rund € 22 Mio. (also wie wenn sie nicht Teil der Gewerbesteuerorganschaft gewesen wäre) an MG. MG erhielt die gesamte von ihr abzuführende Gewerbesteuer wegen später bekannt gewordener eigener Verluste erstattet, reichte den auf Buderus entfallenden Betrag aber nicht weiter. Buderus klagte auf Erstattung der € 22 Mio.

I. Anspruch aus § 311 II AktG – Nein, da keine Anspruchsgrundlage (s. § 194 BGB), sondern Obliegenheit des herrschenden Unternehmens.

II. Anspruch aus § 317 I 1 AktG

1. Unternehmen oben, AG unten, Abhängigkeit, kein Beherrschungsvertrag/keine Eingliederung – Ja.

2. Nachteil: a) Maßstab ist normalerweise das Verhalten einer unabhängigen Gesellschaft unter ansonsten identischen Umständen. Für eine unabhängige Gesellschaft stellt sich aber die Auswahl „Durchführung der Gewerbesteuerumlage nach dem Verteilungsmodell statt nach dem Belastungsmodell oder gar keine Gewerbesteuerumlage" nicht, da sie als unabhängige Gesellschaft nicht Organgesellschaft sein kann. Deshalb ist die Nachteiligkeit nicht aus Sicht einer unabhängigen Gesellschaft ermittelbar, sondern aus der Situation als abhängige Gesellschaft. Dafür sind die Vorschriften über die Gewerbesteuerorganschaft heranzuziehen. Danach ist nur die Umlage eines wirklich eingetretenen steuerlichen Aufwands zulässig, der hier aber wegen schließlich erfolgter Erstattung der Gewerbesteuer an MG gar nicht angefallen war. Was nicht steuerlicher Aufwand ist, ist steuerrechtlich verdeckte Gewinnausschüttung der Organgesellschaft (Buderus) an den Organträger (MG) und deshalb auch gesellschaftsrechtlich eine unzulässige Sonderleistung, die MG ausgleichen muss.

---

25   *Wiedemann*, Unternehmensgruppe, S. 46 f mwN.
26   BGHZ 141, 79 ff – Metallgesellschaft.

Unter Heranziehung der Kontrollüberlegung, wie sich der Vorstand einer unabhängigen AG verhalten hätte, führt der BGH aus: „Ein gewissenhafter und ordentlicher Geschäftsleiter einer […] nicht abhängigen [Gesellschaft] hätte unter sonst gleichen Bedingungen […] – dh hier also ohne die Weisung der [MG] – den Wechsel von der in jeder Hinsicht steuer- und aktienrechtlich einwandfreien Verteilungsmethode aus der Zeit der früheren Konzernierung bei F.N. auf die nachteilige Belastungsmethode nicht vollzogen."[27] Diese Ausführungen wecken Zweifel, wenn die Buderus AG zwischen ihrer Zugehörigkeit zum F.N.-Konzern und zum MG-Konzern nicht unabhängig war – der mitgeteilte Sachverhalt ergibt insoweit nichts – und, unabhängig davon, weil sich dem Vorstand einer unabhängigen AG diese Frage gar nicht gestellt hätte, er sie deshalb auch nicht hätte beantworten können.

b) Die Gerichte haben nicht Beweis darüber erhoben, ob sich das Umlage-Geschehen als nachteilige Maßnahme (bloße „Weisung" zur Umlageleistung durch MG) oder als nachteiliges Rechtsgeschäft (Umlagevereinbarung) darstellte.

3. Veranlassung: war anzunehmen, da entsprechende Aktennotizen darauf hindeuteten, dass Buderus nicht aus freien Stücken ein solches ihr ungünstiges Modell akzeptiert hatte. Im Übrigen deutet schon die Konzernierung durch die gewerbesteuerliche Organschaft auf eine Veranlassung durch MG.

4. Ausgleich (tatsächlich oder Rechtsanspruch): – nein.

5. Schaden: Er lag im Ausbleiben der Rückerstattungen, wie sie nach dem Verteilungsmodell und angesichts der Erstattungen an MG geboten waren.

III. Anspruch aus §§ 57 I, 62 I 1 AktG (vom BGH nicht geprüft) – Die §§ 57, 62 AktG sehen vor, dass ein Aktionär, der unzulässige Sonderleistungen (steuerrechtlich: „unzulässige Gewinnausschüttung") erhält, diese an die Gesellschaft zurückzugewähren hat, da es sich in der Sache um die Rückgewähr des Grundkapitals außerhalb der dafür vorgesehenen Anlässe (Gewinnausschüttung, Kapitalherabsetzung) handelt. Hier stellte die Gewerbesteuerumlage eine unzulässige Sonderleistung dar. §§ 57 I, 62 I 1 AktG sind erfüllt. § 62 I 1 AktG ordnet die sofortige Rückgewähr an. Das steht im Konflikt mit §§ 311, 317 I 1 AktG, die dem herrschenden Unternehmen bis Jahresende Zeit geben, den Nachteil auszugleichen, dh die Sonderleistung zurückzugewähren. §§ 311, 317 I 1 AktG gehen vor, dh § 62 I 1 AktG ist bis Jahresende suspendiert[28]. Danach leben §§ 57 I, 62 I 1 AktG wieder auf[29]. Buderus kann die Rückforderung auch hierauf stützen.

IV. Anspruch aus § 812 I 1 Alt. 1 BGB (vom BGH nicht geprüft) – Ein bereicherungsrechtlicher Rückgewähranspruch von Buderus gegen MG besteht nicht. Denn die §§ 812 ff BGB sind durch § 62 AktG endgültig verdrängt[30].

Weitere Beispiele: 128

Nachteilige Rechtsgeschäfte sind anzunehmen, wenn
- die Untergesellschaft zu einem vom Marktpreis abweichenden Preis abschließt[31];
- die abhängige Gesellschaft in ein zentrales *Cash Management* eingebunden ist, sofern das der abhängigen Gesellschaft die ihr zustehende Liquidität entzieht und/oder das herr-

---

27 BGHZ 141, 79, 88 f – Metallgesellschaft, der BGH macht diese Ausführungen zu § 317 II AktG, dazu, ob das richtig ist, s. unten Rn 173 ff.
28 *E/H*, Komm. § 311 Rn 83 mwN.
29 *E/H*, Komm. § 311 Rn 83 mwN.
30 *Hüffer* § 62 Rn 10.
31 OLG Frankfurt/M. WM 1973, 348, 350 f.

schende Unternehmen die abhängige Gesellschaft nicht an Synergien (etwa geringeren Zinsen bei zentraler Kreditaufnahme durch die Mutter) teilhaben lässt[32] (Schwerpunkt: Vertragsgeflecht).

Nachteilige sonstige Maßnahmen sind gegeben, wenn

* dringende Erneuerungsinvestitionen unterlassen werden[33];
* die Absatzorganisation aufgegeben, wichtige Forschungs- und Entwicklungsarbeiten eingestellt oder wichtige Fertigungen an andere Konzernunternehmen abgegeben werden[34] (Schwerpunkt jeweils: Nichtvornahme bestimmter Handlungen);
* das herrschende Unternehmen ein von der Untergesellschaft benötigtes Grundstück selbst unter öffentlicher Förderung kauft, um es dann an die Untergesellschaft zu vermieten, ohne diese an den günstigen Erwerbsbedingungen etwa durch reduzierte Miete teilhaben zu lassen[35] (Schwerpunkt: Vorenthalten besserer Vertragsbedingungen)
* die abhängige Gesellschaft ungerechtfertigt mit Konzernkosten belastet wird (Konzernverrechnungspreise)[36] (Schwerpunkt: Zwang, die Umlagen zu leisten, ob mit Vertrag oder ohne),
* ein Vorstandsmitglied der abhängigen Gesellschaft in den Vorstand der Obergesellschaft abgeordnet wird (Doppelmandat)[37] (Schwerpunkt: Entzug von Personalkapazität),
* der Beteiligungsbesitz auf Weisung der Obergesellschaft weit unter Wert veräußert wird[38] (Schwerpunkt: Weisung zu nachteiligem Abschluss mit Drittem)

129 **cc) Quantifizierbarkeit des Nachteils.** Für das Funktionieren der §§ 311, 317, 318 AktG unerlässlich ist die Quantifizierbarkeit des Nachteils[39]. An § 311 II 2 Alt. 2 AktG („durch welche Vorteile der Nachteil ausgeglichen werden soll") zeigt sich, dass das Gesetz davon ausgeht, dass sich der von der Untergesellschaft erlittene Nachteil beziffern lassen muss.

130 **Hinweis:** Hier ist auf eine feine Differenzierung zu achten: Auf Quantifizierbarkeit kommt es zur Feststellung der Nachteiligkeit nicht an. An dieser Stelle reicht es, dass die Vermögensentwicklung auseinander geht[40]. Beziffern können müssen die Beteiligten den Nachteil erst, wenn das herrschende Unternehmen ihn gem. § 311 II AktG ausgleichen soll. Die Schwelle zum Unzulässigen wird erreicht, wenn auch noch nicht notwendig überschritten, sobald der Ausgleich des Nachteils mangels Quantifizierbarkeit fehlschlägt.

131 Daher muss das Recht eine andere Lösung anbieten, wenn der Nachteil nicht quantifizierbar ist, also das abhängige Unternehmen so beeinträchtigt wird, dass nicht mehr nachvollzogen werden kann, welcher Nachteil überhaupt genau entstanden ist. Worin diese andere Lösung besteht, ist nicht abschließend geklärt. Der früher von der Rechtsprechung angenommene qualifiziert faktische Konzern ist jedenfalls für die GmbH aufgegeben[41]. Dazu, ob er auch für die AG aufzugeben und durch eine Haftung wegen

---

32 MünchKomm.AktG/*Kropff* § 311 Rn 184 ff; *E/H*, Komm. § 311 Rn 48 f.
33 *E/H*, Lb. § 25 II 3 b), S. 384.
34 *E/H*, Lb. § 25 II 3 b), S. 384.
35 BGH BB 1977, 465 (zur GmbH).
36 BGHZ 124, 111, 118 f; BGHZ 61, 15, 18 ff – ITT.
37 OLG Stuttgart AG 1979, 200, 202.
38 *Lutter*, FS Steindorff (1990), S. 125, 135 ff.
39 *E/H*, Lb. § 24 IV 2 b), S. 369, § 25 II 1 b), S. 378.
40 BGHZ 141, 79, 84 – Metallgesellschaft; *Hüffer* § 311 Rn 25.

existenzgefährdenden Eingriffs zu ersetzen oder insoweit der qualifiziert faktische Konzern weiterhin die geeignete Figur ist, ausführlich unten Rn 430 ff.

dd) Nachteil und Schaden

132

(1) Unterschiedliche Blickwinkel. Aus der genannten Differenzbetrachtung über das Vorliegen eines **Nachteils** folgt, dass das Urteil, ob es sich um eine nachteilige Maßnahme handelt, sich nicht dadurch ändert, dass sich der weitere Verlauf als glücklich oder unglücklich herausstellt. Denn glückliche oder glückliche Entwicklungen kann auch der Geschäftsleiter einer unabhängigen Gesellschaft im Zeitpunkt der Vornahme der Maßnahme nicht voraussehen. Das einmal gefällte Urteil über die Nachteiligkeit bleibt. Gleicht das herrschende Unternehmen den Nachteil nicht bis zum Jahresende aus (tatsächlich oder durch Einräumung eines Rechtsanspruches, § 311 II AktG), macht es sich gegenüber dem abhängigen Unternehmen schadensersatzpflichtig nach § 317 I 1 AktG, §§ 249 ff BGB.

Der Nachteilsbegriff ist aber nicht identisch mit dem des **Schadens** der §§ 249 ff BGB: Während für den Nachteil der Vornahmezeitpunkt entscheidet, kommt es für den Umfang des Schadensersatzes auf Tatsachenkenntnis am Ende des Kausalverlaufs an[42]. Das heißt, dass innerhalb der §§ 311, 317 AktG die Perspektive wechselt vom „vorausschauenden" § 311 AktG zum „rückschauenden" § 317 I 1 AktG.

133

Beispiel: Die Energie-AG veranlasst ihre 60%-Tochter Windkraft-AG, eine Reparatur einer Windkraftanlage bei der weiteren Tochter der Energie-AG, der Ingenieur-GmbH, in Auftrag zu geben, obwohl die Windkraft-AG lieber die um € 10 000 günstigere Luftloch-OHG ausgewählt hätte. Bei der Reparatur durch die Ingenieur-GmbH zeigt sich, dass sich wegen einer Grippewelle bei der Ingenieur-GmbH und dadurch bedingten Ausfalls von Arbeitskräften der Abschluss der Arbeiten um Wochen verzögert und der Windkraft-AG deshalb € 7500,– Stromeinspeisungsvergütung durch verspätete Wiederaufnahme des Betriebes entgehen. Teil der Reparatur war es auch, das Getriebeöl der Windkraftanlage zu wechseln. Die Ingenieur-GmbH bestellte das Öl bei einem Händler in Norddeutschland. Diese Nachfrage bewirkte, dass die Organisation Erdöl exportierender Staaten (OPEC) gem. ihrer Beschlusslage die Ölproduktion schlagartig um 8,5 Mio. Barrel pro Tag drosselte, um an der gestiegenen Nachfrage durch Angebotsverknappung und damit Preiserhöhung teilzuhaben. Daher muss sich die Windkraft-AG sich jetzt für längere Zeit auf den doppelten Preis für ihre häufigen Öl-Wechsel einstellen. Die Luftloch-OHG hätte das Öl in Süddeutschland bestellt, was für die OPEC kein Grund zur Produktionsdrosselung gewesen wäre.

Der Vorstand der Windkraft-AG ist empört. Er überlegt, wie er zu Geld kommen kann. Die Energie-AG ist sich keiner Schuld bewusst.

Hier liegt kein Beherrschungsvertrag vor. Daher sind die §§ 311 ff AktG anwendbar. Der Abschluss mit der Ingenieur-GmbH war in Höhe von € 10 000 nachteilig, weil ein unabhängiger Vorstand die Ingenieur-GmbH nicht beauftragt hätte. Daher muss die Energie-AG zum Jahresende € 10 000 in das Vermögen der Windkraft-AG leisten (§ 311 AktG). Tut die Energie-AG das, bleibt es dabei, weil zur Zeit der Vornahme des Rechtsgeschäftes mit der Ingenieur-GmbH nicht abzusehen war, dass bei dieser übermäßig viel Personal ausfallen würde. Versäumt die

134

---

41 BGHZ 151, 181 ff – KBV; BGHZ 149, 10 ff – Bremer Vulkan.
42 *Hüffer* § 311 Rn 28; *E/H*, Lb. § 25 II 1 c), S. 378.

Energie-AG aber den Ausgleich zum Jahresende, hat die GmbH (nun) den Anspruch aus § 317 I 1 AktG, der wegen der Rückschau auf den tatsächlichen Verlauf auch die € 7500 Ausfall an Stromeinspeisungsvergütung umfasst. Dann erhält die Windkraft-AG € 17 500 Schadensersatz. Sie muss aber jedenfalls den höheren Preis für die kommenden Ölwechsel selbst tragen. Denn auch der Schadensersatzanspruch aus § 317 I 1 AktG deckt nur das nach allgemeiner Lebenserfahrung Wahrscheinliche ab, nicht das, was auf ganz abwegigen Kausalverläufen beruht wie die Entscheidung der OPEC, im Falle einer Minimalbestellung nur in Norddeutschland die Produktion in derartigem Umfang zu drosseln.

135 (2) Kein Schadensersatz wegen fehlender Nachteiligkeit?

Weil der Rückblick unter § 317 I 1 AktG nur stattfindet, wenn zuvor unter § 311 AktG vorausschauend ein Nachteil bejaht wurde, kommt es zur Abhängigkeit der auf den tatsächlichen Ablauf gerichteten schadensersatzrechtlichen Betrachtung von der spekulativen Vorausschau, also zu einer Abhängigkeit des § 317 I 1 AktG von § 311 AktG: Im eben gebrachten Beispiel konnte die Stromeinspeisungsvergütung nur deshalb nach § 317 I 1 AktG ersetzt verlangt werden, weil zuvor die Nachteiligkeit der Auftragsvergabe an die Ingenieur-GmbH unter § 311 AktG gegeben war. Hier kann man fragen, ob diese vorgelagerte Vorausschau nicht dazu führen kann, dass das abhängige Unternehmen auf einem auf unabsehbaren Folgen (Grippewelle) beruhenden **Schaden sitzen bleibt**, wenn zuvor die Nachteiligkeit der Maßnahme mangels vorhersehbarer Nachteile verneint wurde. Könnte also die Windkraft-AG die Stromeinspeisungsvergütung nicht ersetzt verlangen, wenn der Auftrag an die Ingenieur-GmbH nicht um € 10 000 nachteilig gewesen wäre? Diese Frage ist zu **bejahen**. Weil § 317 I 1 AktG klar an den Nachteilsbegriff des § 311 AktG anknüpft, sind die Voraussetzungen des § 317 I 1 AktG nicht erfüllt, wenn es schon am Nachteil fehlt. Deshalb bliebe die Windkraft-AG auf der ausgefallenen Stromeinspeisungsvergütung sitzen.

136 Hier ist wichtig zu verstehen, dass auch bei Erfüllung der Voraussetzungen des Schadensersatzanspruches aus § 317 I 1 AktG wegen Vorliegens eines Nachteils nach § 311 AktG die abhängige Gesellschaft nicht für alle möglichen Folgen Ersatz verlangen könnte, nämlich nicht für die abwegigen Folgen, hier die höheren Ölpreise. Insoweit schneidet ihr das Nichtvorliegen der Voraussetzungen des Schadensersatzanspruches aus § 317 I 1 AktG nur den Ausgleich für einen Teil der Folgen ab, die sie im Übrigen ohnehin selbst tragen muss. Denn man muss hinsichtlich der von §§ 311, 317 I 1 AktG erfassten Folgen **drei Kategorien** unterscheiden:

- das zum Vornahmezeitpunkt vernünftigerweise Vorhersehbare („das Vorhersehbare", hier € 10 000 Preisunterschied),
- die nicht abzusehenden, aber auch nicht auszuschließenden Folgen („das Unabsehbare", hier Personalausfall) und
- die abwegigen, außerhalb der allgemeinen Lebenserfahrung liegenden Folgen („das Abwegige", hier die OPEC-Produktionsdrosselung).

137 Für diese Kategorien **gilt:**

- § 311 AktG (Nachteil) erfasst nur das Vorhersehbare.
- § 317 I 1 AktG (Schaden) erfasst das Vorhersehbare und das Unabsehbare.

- Weder § 311 AktG (Nachteil) noch § 317 I 1 AktG (Schaden) erfassen das Abwegige. Auf dem Abwegigen bleibt das abhängige Unternehmen also immer sitzen, weil es weder Nachteil noch Schaden ist, sondern allgemeines Risiko, das es selbst tragen muss.

Aus dem Gesagten folgt **zusammengefasst:** 138

Wird die Nachteiligkeit einer Maßnahme verneint, entstehen aus ihr aber dennoch unabsehbare und evtl. abwegige Folgen, erwächst der abhängigen Gesellschaft unter den §§ 311 ff AktG kein Schadensersatzanspruch aus § 317 I 1 AktG. Dann muss sie die unabsehbaren („Schaden") und die evtl. abwegigen Folgen selbst tragen. Die abwegigen Folgen müsste sie aber auch tragen, wenn der Schadensersatzanspruch aus § 317 I 1 AktG nicht bestünde, weil zuvor der Nachteil ausgeglichen worden ist, oder wenn der Schadensersatzanspruch aus § 317 I 1 AktG doch bestünde, weil der Nachteil nicht ausgeglichen worden ist.

Leitsatz 139

Der **Nachteil** im Sinne des § 311 I AktG
- wird ermittelt über einen Vergleich der Vermögenslage der abhängigen Gesellschaft mit der hypothetischen Vermögenslage einer unabhängigen Gesellschaft in derselben Situation. Zeitpunkt der Betrachtung ist der Zeitpunkt der Durchführung der nachteiligen Maßnahme. Die zu Lasten der abhängigen Gesellschaft verbleibende Differenz ist „Nachteil".
- muss, damit das Nachteilsausgleichssystem des § 311 AktG funktionieren kann, quantifizierbar sein.
- ist nicht identisch mit dem Schadensbegriff der §§ 317 f AktG, §§ 249 ff BGB. Bestand kein Nachteil, kommt auch Schadensersatz unter den §§ 311 ff, 317 I 1 AktG nicht in Frage.

---

b) Veranlassung durch das herrschende Unternehmen

Ein weiterer wichtiger Begriff der §§ 311 ff AktG ist der der Veranlassung. Nur wenn 140 die abhängige Gesellschaft zu einer nachteiligen Maßnahme veranlasst worden ist, kommt der Ausgleichsmechanismus der §§ 311 II, 317 f AktG zur Anwendung.

aa) Gegenstand der Veranlassung sowie Art und Weise der Einwirkung. Gegen- 141 stand der Veranlassung ist die **Leitung** der Gesellschaft im Sinne von § 76 I AktG. „Weisung" im Beherrschungsvertrag (§ 308 I AktG) und „Veranlassung" decken sich begrifflich. Im faktischen Konzern besteht allerdings kein Recht, sondern allein die faktische Möglichkeit, Weisungen zu erteilen. Die abhängige Gesellschaft muss sich **aus ihrer Sicht** zu einem einflusskonformen Verhalten veranlasst sehen. Wodurch Einfluss ausgeübt wird, ist gleichgültig: Es kann sich um Ratschlag, Anregung, Weisung oder Sonstiges, Einzelfälle oder Richtlinien handeln[43]. Das herrschende Unternehmen kann sich vom abhängigen auch Vollmacht erteilen lassen und dann als

---

43 Zum Ganzen *Hüffer* § 311 Rn 16.

Vertreter des abhängigen Unternehmens dieses bindende – und stets als vom herrschenden Unternehmen veranlasst zu betrachtende – Rechtsgeschäfte vornehmen[44].

142   **Beispiel:** Schlaumeier ist Vorstandsmitglied der Hans-AG. Er betreut die Beteiligungen der Hans-AG und verfasst „Beteiligungs-Rundbriefe". Sie weisen ua auf den Wunsch der Hans-AG hin, dass sich alle Konzerngesellschaften so positionieren sollten, dass sie nur mit der ihnen vor- bzw nachgelagerten Konzernstufe Geschäfte abzuschließen hätten. Die zu erwartenden Synergieeffekte seien enorm.

Daraufhin hat die Ja-AG Anfang des laufenden Jahres ihre eigene Forschungs- und Entwicklungsabteilung und ihre Absatzorganisation auf zwei weitere Konzerngesellschaften ausgegliedert. Nunmehr befindet Schlaumeier, dass sich die Konzerngesellschaften doch mehr selbst um ihre Angelegenheiten kümmern sollten, und überlässt ihnen nun den Absatz ihrer Produkte. Jetzt sucht jede Konzerngesellschaft ihr Heil allein.

Versucht die daraufhin in Schwierigkeiten geratene Ja-AG von der Hans-AG gem. §§ 311, 317 I 1 AktG Ausgleich zu erlangen, ist die Veranlassung zu einer nachteiligen Maßnahme zweifellos gegeben. Denn die Ja-AG sah sich offenbar trotz des empfehlenden Charakters durch die Hans-AG gedrängt, deren Wünschen nachzukommen.

143   **bb) Veranlassender**

(1) Veranlassung durch das herrschende Unternehmen.   Die Veranlassung muss vom herrschenden Unternehmen ausgehen. Da das herrschende Unternehmen oft eine juristische Person ist, kann es nicht selbst handeln, sondern es müssen natürliche Personen aktiv werden. Insoweit kommen vor allem die gesetzlichen Vertreter in Betracht, im Falle einer AG als herrschendes Unternehmen also deren Vorstandsmitglieder, im Falle einer GmbH deren Geschäftsführer. Weil es aber maßgeblich auf die Sicht des abhängigen Unternehmens ankommt (s.o. Rn 141), können aus seinem Blickwinkel heraus auch Angestellte des herrschenden Unternehmens als veranlassende Personen auftreten, sofern es den Eindruck hat, diese Angestellten repräsentierten den Unternehmenswillen[45].

144   **(2) Besonderheiten bei mehrfacher und mehrstufiger Abhängigkeit.**   Wer als Veranlassender anzusehen ist, bedarf bei mehrfacher und mehrstufiger Abhängigkeit besonderer Betrachtung.

Zur Erinnerung: (Nur) **mehrfache** Abhängigkeit ohne gleichzeitige Mehrstufigkeit liegt vor bei Gemeinschaftsunternehmen (Grundkonstellation II: M–T–M, s.o. Rn 46, 48).

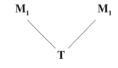

Hier kommen als Veranlassende die Vertreter (gesetzliche Vertreter, Angestellte) beider Muttergesellschaften in Betracht.

Mehrstufige und zugleich **mehrfache** Abhängigkeit besteht, wenn Mutter – Tochter – Enkel betrachtet werden (Grundkonstellation I: M–T–E, s.o. Rn 46 f) und T eine Mehrheitsbeteiligung an E hält.

---

44 *Hüffer* § 311 Rn 17.
45 *Hüffer* § 311 Rn 17.

Hier kommt es klar an der allgemeinen Regel orientiert darauf an, wer aus Sicht der abhängigen Gesellschaft als Veranlassender erscheint: Veranlasst T die E zu einer nachteiligen Maßnahme, rechtfertigt allein das Bestehen des Konzernverhältnisses zwischen T und M es noch nicht, diese Veranlassung M zuzurechnen. Das könnte man zwar vertreten, weil M den ganzen Unternehmensverbund einheitlich leitet (§ 18 I 1 Hs 1 AktG) und T daher keine Veranlassungen vornehmen wird, die nicht letztlich auf M zurückgehen. Diese Betrachtung übersieht aber zum einen vor allem im Falle großer Unternehmensverbindungen, dass M nicht um jede noch so unwichtige nachteilige Veranlassung gegenüber E wissen muss, es vielmehr T innerhalb der von M gesetzten Zielkoordinaten in der Hand haben kann, selbstständig Veranlassungen zu geben. Und zum anderen kommt es eben auf die Sicht der schutzbedürftigen Untergesellschaft an, die nicht mit möglicherweise außerhalb ihrer Kenntnis liegenden Umständen (E muss von M's Beteiligung an T nicht wissen) vermengt werden sollte.

Wegen der maßgeblichen Sicht der Untergesellschaft kann sich ein Fall aber so darstellen, dass ihr **beide, T und M, als Veranlassende** erscheinen[46].

(3) Sonstiges. Ein **Veranlassungsbewusstsein** bei den Vertretern des herrschenden Unternehmens ist nicht erforderlich. Denn um eine Willenserklärung handelt es sich bei der Veranlassung nicht, weil sie nur auf tatsächliches Verhalten der Untergesellschaft abzielt, aber keine rechtliche Bindungswirkung zwischen herrschendem Unternehmen und abhängigem Unternehmen herbeiführen soll[47]. Die Einflussnahme muss für das fragliche Verhalten der abhängigen Gesellschaft zumindest **mitursächlich** geworden sein („Anlass geben")[48]. **145**

cc) Veranlassungsadressat. Dass sich die abhängige Gesellschaft gem. der Veranlassung der Obergesellschaft verhält, muss nicht dadurch bewirkt werden, dass das herrschende Unternehmen den **Vorstand** der abhängigen Gesellschaft als Veranlassungsadressat ausgewählt hat. Vielmehr genügt es, wenn das herrschende Unternehmen auf **Angestellte** der abhängigen Gesellschaft einwirkt, deren Willen sich dann im Unternehmenshandeln der abhängigen Gesellschaft niederschlägt. **146**

dd) Veranlassungsvermutung. Die Untergesellschaft kann auf Nachteilsausgleich nur drängen (§ 311 II AktG) und ihren Schadensersatzanspruch (§ 317 I 1 AktG) nur durchsetzen, wenn sie das Vorliegen aller Voraussetzungen beweisen kann. Da sich nun die Veranlassung im Bereich des herrschenden Unternehmens anbahnt und aus ihr heraus ausgeübt wird und da sich eine Veranlassung nicht in Schriftstücken oder sonst in besonderer Weise manifestieren muss, sondern auch bloß faktische, unterschwellige Beeinflussungen genügen, steht die Untergesellschaft vor einem **Beweisprob-** **147**

---

46 Zum Ganzen *Hüffer* § 311 Rn 18.
47 *Hüffer* § 311 Rn 16.
48 *Hüffer* § 311 Rn 16.

lem[49]. Dasselbe gilt für Aktionäre, die ihren Anspruch aus § 317 I 2 AktG geltend machen wollen. Abhilfe bringt eine **Beweislasterleichterung**. **Umstritten** sind ihre Voraussetzungen.

(1) Art der Beweiserleichterung. In Betracht kommen der Beweis des ersten Anscheins und eine Veranlassungsvermutung.

148 • Vom **Beweis des ersten Anscheins** spricht man, wenn nach der allgemeinen Lebenserfahrung ein bestimmtes Ergebnis regelmäßig aufgrund einer bestimmten Ursachenreihe entsteht[50]. Der einfache Gegenbeweis ist immer möglich.

Hinweis: Der Kläger muss grundsätzlich alle Tatsachen darlegen und – bei Bestreiten durch den Beklagten – beweisen, die die Voraussetzungen des von ihm verfolgten Anspruchs ergeben. Den Beweis führt der Kläger durch den „Hauptbeweis". Der Beklagte kann etwas gegen diesen Beweis tun, er kann den „Gegenbeweis" führen. Darum geht es hier.

Nichts mit dem Gegenbeweis zu tun hat der „Beweis des Gegenteils". Er ist vielmehr ein Unterfall des – allerdings vom Beklagten zu führenden – Hauptbeweises und dient der Widerlegung einer widerlegbaren Vermutung. Das steht in § 292 ZPO und bedeutet zB für den Fall der Eigentumsvermutung gem. § 1006 I 1 BGB Folgendes: Der Kläger aus § 985 BGB muss gegenüber dem Besitzer nur die Ausgangstatsache darlegen – und notfalls beweisen –, dass er Besitz erlangt hatte. Die daran geknüpfte Vermutung des § 1006 I 1 BGB, dass er dabei auch Eigentum erlangt hat (Anspruchsvoraussetzung des § 985 BGB) muss der Beklagte widerlegen. Er muss das „Gegenteil beweisen".

Anscheinsbeweis bedeutet bei § 311 I AktG, dass ein Nachteil nach allgemeiner Lebenserfahrung nur durch eine nachteilige Veranlassung durch das herrschende Unternehmen entstanden sein kann. Zum Teil wird noch verlangt, dass dem herrschenden Unternehmen oder einem anderen mit diesem verbundenen Unternehmen auch ein Vorteil entstanden sein muss[51].

Gegen die Annahme eines Anscheinsbeweises spricht jedoch: Angesichts des **Fehlens gefestigter Judikatur** und anderweitiger Quellen zu dieser Frage kann man nicht von allgemeiner Lebenserfahrung sprechen[52]. Zudem kann das bloße Eintreten des Nachteils kein tragfähiges Kriterium sein, denn auch unabhängige Unternehmen treffen unternehmerisch falsche Entscheidungen und machen Verluste. Es kann auch nicht auf den Eintritt eines Vorteils bei dem herrschenden Unternehmen oder einem mit diesem verbundenen Unternehmen ankommen, denn es geht bei den §§ 311 ff AktG eben nicht um die Vorteilhaftigkeit einer Maßnahme für jemand anderes. Daher ist eine Vermutungslösung vorzuziehen[53].

---

49 *E/H*, Komm. § 311 Rn 32; s. auch BGH NJW 1980, 231, 232 – Gervais-Danone.
50 *Thomas/Putzo*, ZPO § 286 Rn 12 ff.
51 *E/H*, Komm. § 311 Rn 33.
52 *Hüffer* § 311 Rn 21; das zeigt auch die geringe Sensibilität der Praxis für die §§ 311 ff AktG, s. *Ekkenga/Weinbrenner/Schütz*, Konzern 2005, 261 ff.
53 BGHZ 141, 78, 83 – Metallgesellschaft; *Hüffer* § 311 Rn 21 mwN.

- Innerhalb der **Vermutungslösung** der hM[54] ist umstritten, woran die Vermutung zu **149** knüpfen ist. Die bloße Abhängigkeit der betroffenen Gesellschaft genügen zu lassen, ginge zu weit, weil die Möglichkeit beherrschenden Einflusses (§ 17 I AktG) noch nicht bedeutet, dass er auch tatsächlich ausgeübt wurde, was aber für das Vorliegen der Veranlassung zu einer nachteiligen Maßnahme unerlässlich ist. Als ausreichende Grundlage erscheint nur der Konzerntatbestand gem. § 18 I 1 AktG: „Nur die dafür konstitutive **einheitliche Leitung trägt die Annahme,** dass Nachteile der abhängigen Gesellschaft auf Maßnahmen des herrschenden Unternehmens zurückgehen."[55] Hierin liegt der Unterschied zum Beweis des ersten Anscheins, bei dem schon allein der Eintritt des Nachteils als ausreichend tragfähig angesehen würde.

Hinweis: Beachten Sie, dass hinsichtlich der Veranlassungsvermutung nicht die Konzernvermutung gem. § 18 I 3 AktG genügen kann. Das herrschende Unternehmen muss hier vielmehr tatsächlich leiten.

Beachten Sie auch, dass diese Vermutung eine sog. tatsächliche Vermutung ist. Das bedeutet, dass sie nicht in den Anwendungsbereich des § 292 ZPO fällt (s. vorigen Hinweis), der nur gesetzliche Vermutungen erfasst[56]. Daraus folgt, dass, um diese Vermutung zu widerlegen, der Beklagte nicht den „Beweis des Gegenteils" erbringen muss, sondern den einfachen Gegenbeweis.

---

(2) Gegenbeweis. Hinsichtlich der Frage der Entlastungsmöglichkeit besteht bei **150** Zugrundelegung der Vermutungslösung ebenfalls **Streit,** ob die Vermutung **unwiderleglich** ist. Je intensiver die tatsächliche einheitliche Leitung des Konzerns ausgestaltet ist, desto weniger wird man dem herrschenden Unternehmen einen Entlastungsbeweis zugestehen dürfen.

Folglich kommt bei Entsendung eines gesetzlichen Vertreters des herrschenden Unternehmens in den Vorstand des abhängigen Unternehmens oder umgekehrt (sog. **151** **Vorstandsdoppelmandat**) nur eine **unwiderlegliche Vermutung** in Betracht. Denn in dieser Situation mögliche Einflussnahmen sind gewissermaßen „von innen kommende Veranlassungen"[57], bei denen sich aus Sicht des anspruchstellenden abhängigen Unternehmens oder seiner Aktionäre nicht feststellen lässt, inwieweit der Doppelvorstand selbstständig als Vorstand des abhängigen Unternehmens für dieses gehandelt hat. Wollte man hier den Entlastungsbeweis zulassen, stünden die Anspruchsteller ähnlich hilflos, wie wenn es keine Vermutung zu ihren Gunsten gäbe[58].

Anders ist es hingegen bei allen anderen Fällen einschließlich von Mandaten des **152** herrschenden Unternehmens im Aufsichtsrat der abhängigen Gesellschaft[59]. Hier stehen die fraglichen Personen außerhalb des zur Geschäftsführung berufenen Organs

---

54 S. vorige Fn.
55 *Hüffer* § 311 Rn 21 mwN; aA *Kiethe*, WM 2000, 1182, 1188.
56 Musielak/*Huber*, ZPO § 292 Rn 1.
57 So treffend *E/H*, Lb. § 25 I 2 b), S. 375.
58 *Hüffer* § 311 Rn 22.
59 LG Bonn AG 2005, 542, 543 f – Telekom/UMTS.

und müssen zur Veranlassung eine gewisse Aktivität entfalten und so auf die Geschäftsführung Einfluss nehmen. Damit steht ein Ansatzpunkt zur Verfügung, über den sich Beweisaufnahmen sinnvoll durchführen lassen. Daher ist hier nur von einer **widerleglichen Vermutung** auszugehen.

153 **Beispiel:** Harry Hurtig ist im Vorstand der Push AG und in dem der Push Computers AG. Harry ist mit der Fülle der von beiden Gesellschaften verfassten Papiere überfordert. Daher vermag er nicht mehr zu sagen, warum der Vorstand der Push Computers AG beschlossen hat, deren Forschungs- und Entwicklungsabteilung auf die Push Chemical AG auszugliedern: aufgrund der dies vorsehenden Beschlusslage in der Push AG oder autonom. Da die Push Chemical AG ganz andere Ziele verfolgt, verkümmert die Forschungsarbeit für die Push Computers AG gänzlich. Die Konkurrenz zieht davon. Nun fragt sich auch Mitvorstand der Push Computers AG Hans Heimlich, wie es zu allem gekommen ist. Nach reiflicher Überlegung schreibt er an den Vorstand der Push AG und drängt auf Ausgleich zum Jahresende.

Für § 311 II AktG ist erforderlich, dass das herrschende Unternehmen die abhängige Gesellschaft zu einer nachteiligen Maßnahme veranlasst hat. Müsste Push Computers AG beweisen, dass Harry den entsprechenden Beschluss des Vorstandes der Push Computers AG aufgrund der Beschlusslage in der Push AG angestoßen hat, würde sie scheitern. Denn niemand vermag den Ablauf zu rekonstruieren und in den Kopf von Harry zu sehen. Daher muss Push Computers AG geholfen werden. Für einen Beweis des ersten Anscheins fehlt es hier an ausreichender Lebenserfahrung. Daher muss eine Vermutungslösung herangezogen werden. Diese ist bei der intensivsten denkbaren Verflechtung zwischen Tochter und Mutter durch Doppelmandate als unwiderleglich anzusehen. Heimlich hat somit Recht.

154 **ee) Verhältnis der §§ 311 II, 317 I 1 AktG zu § 243 II AktG.** Wird das abhängige Unternehmen durch **Ausübung des Stimmrechts** in der Hauptversammlung zu einer nachteiligen Maßnahme veranlasst, kann das zustimmende herrschende Unternehmen einen Sondervorteil nach § 243 II 1 AktG zu erlangen versuchen. Die Frage lautet dann: Kann ein Minderheitsaktionär gem. § 243 I 1 AktG den Beschluss anfechten? Oder gehen die §§ 311 II, 317 I 1 AktG derart vor, dass das herrschende Unternehmen erst zum Jahresende für Ausgleich sorgen muss statt nach § 243 II 2 AktG sofort und dass der Minderheitsaktionär nicht anfechten darf? Zu denken ist an Holzmüller/Gelatine-Fälle[60], in denen der Vorstand verpflichtet ist, die Aktionäre über die Vornahme von tief in die Mitgliedschaft des einzelnen eingreifenden Geschäftsführungsmaßnahmen abstimmen zu lassen, etwa wenn der wesentliche Teil des Geschäftsbetriebes auf eine Tochtergesellschaft ausgegliedert werden soll. Nach hM bleibt die Anfechtung wegen Verfolgung eines Sondervorteils nach **§ 243 II AktG von §§ 311 II, 317 I 1 AktG unberührt** und möglich[61]: Die fraglichen Maßnahmen sind, weil die Hauptversammlung sich mit ihnen zu befassen hat, immer mitgliedschaftsrechtlich besonders relevante Eingriffe. Zur Abwehr dieser Eingriffe sieht das AktG die Anfechtungsklage vor. Diese Abwehrmöglichkeit des Aktionärs kann nicht dadurch verdrängt werden, dass die abhängige Gesellschaft am Jahresende gegenüber dem herrschenden Unter-

---

60 BGHZ 159, 30 ff – Gelatine; BGHZ 83, 122 ff – Holzmüller.
61 *Hüffer* § 243 Rn 43 mwN; KölnKomm.AktG/*Koppensteiner* § 311 Rn 165 f; aA *Eschenbruch*, Rn 3322: Vorrang des § 243 II AktG.

nehmen auf Ausgleich drängen kann. Würde § 243 II 2 AktG verdrängt und gliche dann das herrschende Unternehmen den Nachteil nicht zum Jahresende aus, wäre die Anfechtungsfrist (ein Monat, § 246 I AktG) regelmäßig bereits verstrichen, und der Aktionär wäre auf den gegenüber der Anfechtung beschwerlicheren Weg verwiesen, gem. §§ 317 I 1, IV, 309 IV 1 AktG den Schadensersatzanspruch der abhängigen Gesellschaft gegen das herrschende Unternehmen wegen unterlassenen Nachteilsausgleichs auf Leistung an die abhängige Gesellschaft geltend zu machen. Zudem ist die Änderung des § 117 VII AktG seit 1. November 2005 zu beachten: Während zuvor die Haftung gem. § 117 I AktG für schädigende Einflussnahmen auf Organe der Gesellschaft ausgeschlossen war, wenn die Einflussnahme aufgrund Stimmrechtsausübung in der Hauptversammlung erfolgte (§ 117 VII Nr 1 AktG aF), ist dieser Ausschlusstatbestand nunmehr ersatzlos weggefallen. Das zeigt, dass derjenige, der Vorteile aufgrund Stimmrechtsausübung erreichen will, nicht privilegiert werden soll. Daher ist auch seine Privilegierung durch den zeitlich gestreckten Nachteilsausgleich nicht gerechtfertigt. § 243 II AktG bleibt anwendbar.

Leitsatz   155

Die **Veranlassung**
- ist das Glied, über das festgestellt wird, ob der erlittene Nachteil Folge der Abhängigkeit ist;
- ist gegeben, wenn aus Sicht der abhängigen Gesellschaft das herrschende Unternehmen ein bestimmtes Tun oder Unterlassen bei der abhängigen Gesellschaft verursacht;
- wird zur Überwindung der Beweisschwierigkeiten seitens der abhängigen Gesellschaft und ihrer Aktionäre bei einheitlicher Leitung nach § 18 I 1 AktG vermutet; die Vermutung ist unwiderleglich, wenn ein Vorstandsdoppelmandat vorliegt.

---

c) Nachteilsausgleich, § 311 II AktG

§ 311 II AktG gibt dem herrschenden Unternehmen auf, den Nachteil, den es durch   156
Veranlassung zu einer nachteiligen Maßnahme verursacht hat, auszugleichen. Dies kann geschehen durch Leistung von Vermögensgegenständen an das abhängige Unternehmen oder durch Einräumung eines Rechtsanspruches auf eine zum Ausgleich geeignete Vorteilsleistung. Wie ausgeglichen wird, muss zur Vermeidung des Schadensersatzanspruches aus § 317 I 1 AktG bis Jahresende feststehen.

aa) Rechtsnatur. Über die Rechtsnatur des § 311 II AktG besteht Unklarheit. An-   157
ders als sich zunächst bei erstem Lesen annehmen ließe, gewährt § 311 II AktG dem abhängigen Unternehmen jedenfalls keinen Anspruch auf Ausgleich. Denn dem § 311 II AktG lässt sich nicht entnehmen, dass das abhängige Unternehmen vom herrschenden Unternehmen ein Tun oder Unterlassen verlangen kann, wie es § 194 I BGB in der Legaldefinition des Anspruchs vorschreibt. In der Literatur spricht man von der „Ausgleichspflicht" als „Kompensationsleistung sui generis" und von einer „Rechtspflicht minderer Zwangsintensität"[62]. Das herrschende Unternehmen sollte zur Wah-

---

62 *E/H*, Komm. § 311 Rn 61; *Hüffer* § 311 Rn 37 f.

(Handwritten annotation at top:) ℗ Nachteilsausgleich ⊕, aber auch im nächsten G Jahr noch Nachteile → Neuer Nachteilsausgleich oder neue Veranlassg?

rung seiner eigenen Interessen, nämlich zur Vermeidung des Schadensersatzanspruches aus § 317 I AktG bzw (mit Blick auf § 311 II AktG) um den Verlust des Rechts zu verhindern, (nur) den Nachteil auszugleichen, den Ausgleich herbeiführen. Damit handelt es sich letztlich um eine Art **Obliegenheit**[63]. Das abhängige Unternehmen kann demnach auch nicht den Ausgleich verlangen. Es kann nur auf den Ausgleich drängen und muss im Übrigen das Entstehen des Schadensersatzanspruches aus § 317 I AktG abwarten.

158 **bb) Person des Leistenden.** Den Vorteil muss nicht das herrschende Unternehmen selbst gewähren. Es können auch Dritte leisten (vgl den Gedanken in § 267 I 1 BGB).

159 **cc) Wirkungen des Vorteils.** Der dem abhängigen Unternehmen nach § 311 II AktG zu gewährende Vorteil in Form von Vermögensübertragungen oder Anspruchsbegründung muss geeignet sein, den Vermögensnachteil des abhängigen Unternehmens zum Jahresende **tatsächlich** auszugleichen. Bilanzierungsfähigkeit ist nicht erforderlich. Wegen der Funktion des Vorteils, einen bezifferbaren Nachteil zu kompensieren, muss der Vorteil aber bewertbar sein. Daher genügen allein positive Konzerneffekte nicht[64].

160 **dd) Höhe der Ausgleichsleistung.** Die Frage nach der Höhe der Ausgleichsleistung leitet hin zu einem weiteren Maßstab, an dem eine Differenzbetrachtung vorzunehmen ist. Damit ergeben sich drei eng beieinander liegende Betrachtungsweisen:

NACHTEIL	SCHADENSERSATZ
Ob überhaupt ein Nachteil vorliegt, ermittelt man durch Vergleich der Vermögenslagen, die sich aufgrund des zur Zeit der Vornahme der nachteiligen Maßnahme vorhandenen Informationsstandes ergeben. Hier findet eine **VORAUSSCHAU** statt.	Versäumt das herrschende Unternehmen den Nachteilsausgleich zum Jahresende, wechselt die Perspektive zur schadensersatzrechtlichen Betrachtung, § 317 I 1 AktG iVm §§ 249 ff BGB, bei der das tatsächlich Geschehene einbezogen wird. Hier findet also eine **RÜCKSCHAU** statt.

AUSGLEICHSHÖHE

Gewissermaßen dazwischen liegt die Bestimmung der Höhe der nötigen Vorteilsleistung: Sie bemisst sich nach der realisierten Höhe des Nachteils zur Zeit der Vorteilsgewährung, Zwischenentwicklungen sind also zu berücksichtigen[65]. Grund dafür ist zum einen, dass sich ein gewissenhafter Geschäftsleiter nur dann auf die nachteilige Maßnahme zum Zeitpunkt ihrer

---

63 So auch KölnKomm.AktG/*Koppensteiner* § 311 Rn 154.
64 *Hüffer* § 311 Rn 39.
65 *Hüffer* § 311 Rn 40.

Vornahme einlassen würde, wenn er für die Zukunft vollen Ausgleich verlangen könnte[66]. Deutlicher noch wird das aber aus dem Wortlaut des § 3 11 II AktG selbst, wenn es dort heißt, der „zugefügte" Nachteil, also der bis zum Geschäftsjahresende realisierte Nachteil sei auszugleichen. Somit kommt es hier zu einer

JETZTBETRACHTUNG

Es ist nicht zu übersehen, dass hier mehrere unterschiedliche Betrachtungsweisen auf engstem Raum zusammentreffen. Misslich ist vor allem, dass Rechtsprechung fehlt.

ee) Art und Weise des Ausgleichs. § 311 II AktG räumt zwei Möglichkeiten ein, **161** den Nachteil auszugleichen: Vorrangig soll das herrschende Unternehmen (oder ein Dritter, vgl § 267 I BGB) den Nachteil tatsächlich, dh durch Übertragung von Vermögensgegenständen, ausgleichen. Gestattet ist aber auch, stattdessen einen Rechtsanspruch auf Ausgleich einzuräumen. Probleme birgt eher die tatsächliche Übertragung von Vermögensgegenständen.

(1) Begründung eines Rechtsanspruches (§ 311 II Alt. 2 AktG). Die Parteien müs- **162** sen sich **vertraglich einigen**, welchen Inhaltes der zu begründende Rechtsanspruch sein soll. Aufgrund dieser Vertragsbestimmungen lässt sich der Anspruch bewerten und damit seine Eignung, den Nachteil auszugleichen, feststellen.

Beispiel: Alfons stellt der Berta KGaA nach §§ 780 f BGB ein Schuldanerkenntnis in Höhe **163** von € 578 aus. Zu diesem Preis hätte die Berta KGaA, die eine Schuhreparaturwerkstatt betreibt, sich die Reparaturen von einem Dritten bezahlen lassen können. Alfons als Mehrheitskommanditaktionär dagegen hatte nichts bezahlen wollen, weil er Liquiditätsprobleme hatte.

(2) Tatsächlicher Ausgleich (§ 311 II Alt. 1 AktG). Für den Fall tatsächlichen Aus- **164** gleichs ist in Abweichung von der bei Einräumung eines Rechtsanspruches klar gegebenen Notwendigkeit einer **Einigung strittig**, ob das herrschende Unternehmen einseitig die Art und Weise festlegen kann, wie der tatsächliche Ausgleich zu geschehen habe (so die hM[67]), oder ob auch hierüber Einvernehmen herzustellen ist.

Teile der **hM** führen an, dass das herrschende Unternehmen im Rahmen der §§ 311 ff **165** AktG privilegiert sei und dadurch auch gegen den unternehmerischen Eigenwillen der abhängigen Gesellschaft seine Vorstellungen durchsetzen könne, solange es die Vermögensinteressen der abhängigen Gesellschaft wahre[68]. Daher könne sie auch in Fortsetzung dieser Privilegierung, also beim Nachteilsausgleich, einseitig bestimmen, wie der Ausgleich zu vollziehen sei. Es ist allerdings die **vorgelagerte Frage** umstritten, ob das herrschende Unternehmen durch die § 311 AktG tatsächlich privilegiert ist, dh eine Benachteiligung des abhängigen Unternehmens (mit Ausgleich bis Jahresende,

---

66 *Hüffer* § 311 Rn 40.
67 *E/H*, Komm. § 311 Rn 71, *Hüffer* § 311 Rn 41, je mwN.
68 *E/H*, Komm. § 311 Rn 71.

§ 311 II AktG, oder Schadensersatzpflicht, § 317 AktG) nicht nur geduldet[69], sondern gebilligt[70] ist[71]. Und auch innerhalb der die gesetzliche Billigung des faktischen Konzerns annehmenden hM zu dieser vorgelagerten Frage ist umstritten, ob sodann das herrschende Unternehmen den tatsächlichen Ausgleich einseitig festlegen darf[72].

166 Hält man die nachteilige Einflussnahme für an sich unzulässig, liegt es nahe, bei der Frage der Vorteilsgewährung ein Einvernehmen zwischen den Beteiligten auch für den tatsächlichen Ausgleich (§ 311 II Alt. 1 AktG) zu verlangen. Anders aber, wenn man nachteilige Einflussnahmen für durch § 311 AktG gestattet hält. Dann gesteht man dem herrschenden Unternehmen nicht zu viel zu, wenn man es den tatsächlichen Ausgleich einseitig bestimmen lässt. Letztlich wird man zu berücksichtigen haben: Zum einen ist nach der gesetzlichen Konzeption die Nachteilszufügung nicht gegen den Willen des Vorstands der abhängigen Gesellschaft zulässig, denn § 76 AktG über die eigenverantwortliche Leitung der Gesellschaft ist durch § 311 AktG nicht suspendiert (anders beim Weisungsrecht im Beherrschungsvertrag: § 308 I AktG). Zum anderen geht es den §§ 311, 317 AktG darum, das Vermögen der abhängigen Gesellschaft zu schützen, sie also so zu stellen, wie wenn sie unabhängig wäre. Dabei wird es nicht genügen, nur einen rein wertmäßigen Ausgleich herbei zu führen. Vielmehr muss der Ausgleich für die abhängige Gesellschaft auch sinnvoll sein. Deswegen kann das herrschende Unternehmen den Ausgleich nicht einseitig festlegen. Zur Veranschaulichung diene das folgende

167 **Beispiel:** Das herrschende Unternehmen veranlasst die abhängige Gesellschaft zur Veräußerung von zwei Baumaschinen zu einem Preis von € 50 000,– an eine weitere Tochter, obwohl der am Markt durchsetzbare Preis für die Maschinen € 75 000,– betragen würde. Das herrschende Unternehmen ist bereit, seiner Nachteilsausgleichsobliegenheit aus § 311 II AktG nachzukommen. Wegen seiner vielfältigen Handelsaktivitäten hat es gerade mehrere Tausend Exemplare eines Gedichtbandes zur Verfügung, die sie der abhängigen Gesellschaft überlassen will. Dem Wert nach würde dadurch der Mindererlös von € 25 000,– tatsächlich ausgeglichen. Nur kann die abhängige Gesellschaft als Produzent von Baumaschinen mit den Büchern gar nichts anfangen und müsste sie wegen der fehlenden eigenen Branchenkenntnis vermutlich unter Preis verkaufen.

Würde man der hM folgen und die Werthaltigkeit des überlassenen Vermögensgegenstandes genügen lassen, entstünde für die Tochter, die doch zu schützen ist, eine ganz unbefriedigende Situation. Daher erscheint es richtig, auch beim tatsächlichen Ausgleich den Vorstand der abhängigen Gesellschaft einzubinden.

168 **ff) Grenzen des Ausgleichsmodells.** Fraglich ist, was gilt, wenn der Regelungsrahmen der §§ 311 ff AktG faktisch verlassen wird. Das Problem der fehlenden Quantifizierbarkeit der Nachteile ist bereits oben beim Nachteilsbegriff besprochen worden (s.o. Rn 129 ff). Aber es gibt noch **mehr Probleme.**

---

69 So KölnKomm.AktG/*Koppensteiner*, Vor § 311 Rn 8 ff.
70 So *E/H*, Komm. § 311 Rn 2, 5, 8; MünchKomm.AktG/*Kropff* § 311 Rn 30 f; *Habersack*, ZIP 2006, 1327, 1328.
71 Offen gelassen von BGHZ 124, 111, 118 f; weitergehende grundsätzliche Kritik bei *Wackerbarth*, Konzern 2005, 562, 564 ff.
72 Dagegen etwa MünchKomm.AktG/*Kropff* § 311 Rn 250 ff.

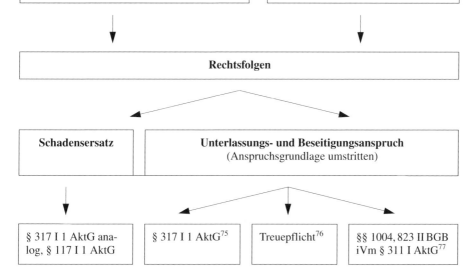

Veranlassungen zu Maßnahmen jenseits des Unternehmensgegenstands oder außerhalb des Gesellschaftszwecks

Da es Ziel der §§ 311 ff AktG ist, das abhängige Unternehmen so zu stellen, wie wenn es unabhängig wäre, ist die Veranlassung zu einem Verhalten, das außerhalb des satzungsgemäßen Unternehmensgegenstands liegt (Bsp.: Bau von Sportstätten statt Unternehmensberatung) oder das den regelmäßigen Gesellschaftszweck der Gewinnerzielung ausschaltet (Veranlassung eines Reisebüros zur nur kostendeckenden Übernahme der Organisation von Geschäftsreisen für Mitarbeiter der Obergesellschaft) unzulässig[73]. Zum einen kann man hier § 317 I 1 AktG erst recht analog anwenden, denn nach § 311 AktG nicht legalisierbare Nachteile müssen dieselben Rechtsfolgen auslösen wie legalisierbare Veranlassungen. Zum anderen kann man einen Unterlassungsanspruch gewähren. Die Rechtsgrundlage des Unterlassungsanspruches ist umstritten (s.u.).

Veranlassungen zu Gunsten fremder Dritter

Im Beherrschungsvertrag dürfen Weisungen nur im Konzerninteresse erteilt werden (§ 308 I 2 AktG). Dann darf auch beim schwächeren faktischen Konzern das herrschende Unternehmen nur zu nachteiligen Maßnahmen veranlassen, die im Interesse zumindest der mit dem herrschenden Unternehmen verbundenen Unternehmen liegen, vgl § 312 I 2 AktG[74]. Wird vom herrschenden Unternehmen Einfluss zugunsten eines außerhalb des Konzerns stehenden Dritten ausgeübt, ist das unzulässig. Das abhängige Unternehmen hat einen Schadensersatzanspruch (§ 317 I 1 AktG analog, bei Vorsatz der handelnden Person auch § 117 I 1 AktG). Zudem bestehen Unterlassungsansprüche.

Rechtsfolgen

Schadensersatz

Unterlassungs- und Beseitigungsanspruch
(Anspruchsgrundlage umstritten)

§ 317 I 1 AktG analog, § 117 I 1 AktG

§ 317 I 1 AktG[75]

Treuepflicht[76]

§§ 1004, 823 II BGB iVm § 311 I AktG[77]

---

73 *E/H*, Komm. § 311 Rn 9, 41, 43.
74 *Hüffer* § 311 Rn 43.
75 *E/H*, Komm. § 317 Rn 17.
76 *Hüffer* § 317 Rn 10.
77 MünchHdbGesR.AG/*Krieger* § 69 Rn 104; offen lassend KölnKomm.AktG/*Koppensteiner* § 317 Rn 27.

169 | **Leitsatz**

Der **Nachteilsausgleich** gemäß § 311 II AktG

- dient dem Ausgleich der erlittenen Nachteile der abhängigen Gesellschaft und ist zum Jahresende durchzuführen;
- gewährt der abhängigen Gesellschaft keinen Anspruch auf Ausgleich, sondern ist eine Obliegenheit des herrschenden Unternehmens zur Vermeidung der Schadensersatzpflicht aus § 317 I 1 AktG;
- richtet sich in der Höhe nach dem zum Zeitpunkt der Vorteilsgewährung realisierten Umfang des Nachteils („Jetztbetrachtung");
- kann nach hM im Falle des **tatsächlichen Ausgleichs** (§ 311 II Alt. 1 AktG) einseitig vom herrschenden Unternehmen bestimmt werden, richtigerweise bedarf es auch hier der Abstimmung;
- erreicht seine Grenzen bei nicht-quantifizierbaren Nachteilen, bei Veranlassungen zu Verstößen gegen den Unternehmensgegenstand oder zur Aufgabe des Gesellschaftszwecks sowie bei Veranlassungen zu Rechtsgeschäften oder Maßnahmen außerhalb des Konzerninteresses (dann jeweils Schadensersatz und Unterlassen).

4. Haftungsfolgen

170 Die Haftungsfolgen im faktischen AG-Konzern sind wie folgt strukturiert:

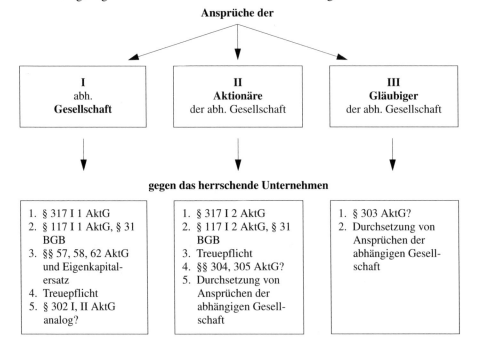

Ansprüche der

| **I** | **II** | **III** |
| abh. **Gesellschaft** | **Aktionäre** der abh. Gesellschaft | **Gläubiger** der abh. Gesellschaft |

gegen das herrschende Unternehmen

1. § 317 I 1 AktG 2. § 117 I 1 AktG, § 31 BGB 3. §§ 57, 58, 62 AktG und Eigenkapitalersatz 4. Treuepflicht 5. § 302 I, II AktG analog?	1. § 317 I 2 AktG 2. § 117 I 2 AktG, § 31 BGB 3. Treuepflicht 4. §§ 304, 305 AktG? 5. Durchsetzung von Ansprüchen der abhängigen Gesellschaft	1. § 303 AktG? 2. Durchsetzung von Ansprüchen der abhängigen Gesellschaft

gegen die Vertreter des herrschenden Unternehmens

1. § 317 III AktG 2. § 117 I 1 AktG	1. § 317 III, I 2 AktG 2. § 117 I 2 AktG 3. Durchsetzung von Ansprüchen der abhängigen Gesellschaft?	1. Durchsetzung von Ansprüchen der abhängigen Gesellschaft

gegen die Vertreter der abhängigen Gesellschaft

1. § 318 I 1, II AktG 2. §§ 93 II 1, 116 AktG 3. § 117 II 1, I 1 AktG	1. § 318 I 1, II iVm § 317 I 2 AktG 2. § 117 II 1, I 2 AktG 3. Durchsetzung von Ansprüchen der abhängigen Gesellschaft	1. Durchsetzung von Ansprüchen der abhängigen Gesellschaft

↓ ↓ ↓

IV **Haftung aus sonstigen Gründen: §§ 280 I, 311 II, 823, 826 BGB**

V **Ansprüche des herrschenden Unternehmens gegen die Vertreter** **des herrschenden Unternehmens und der abhängigen Gesellschaft**

a) Ansprüche der abhängigen Gesellschaft gegen das herrschende Unternehmen

**aa) Anspruch der abhängigen Gesellschaft gegen das herrschende Unternehmen   171
aus § 317 I 1 AktG**

(1) Allgemeines. Der Anspruch der abhängigen Gesellschaft gegen das herrschende Unternehmen aus § 317 I 1 AktG ist der **zentrale Schadensersatzanspruch** der §§ 311 ff AktG. Wie gesagt, hat die abhängige Gesellschaft keinen Anspruch auf Nachteilsausgleich aus § 311 AktG. Der Vorstand kann nur bis zum Jahresende das herrschende Unternehmen auf Ausgleich drängen und muss dann bei Unterbleiben des Ausgleichs zur Vermeidung einer eigenen Haftung nach § 93 II 1 AktG den Schadensersatzanspruch aus § 317 I AktG geltend machen[78].

(2) Voraussetzungen. Der Anspruch aus **§ 317 I 1 AktG** hat folgende **Voraussetzungen:**   172

- **Abhängigkeit**, § 17 AktG

---

78 Zu den Pflichten des Vorstandes s. unten zu § 93 AktG, Rn 207 ff.

- **Kein Beherrschungsvertrag**, § 311 I AktG, keine Eingliederung, § 323 I 3 AktG
- **Nachteil** beim abhängigen Unternehmen, § 311 AktG
- **Veranlassung** durch das herrschende Unternehmen, § 311 AktG
- **Kein Nachteilsausgleich** bis zum Jahresende, §§ 311 II, 317 I 1 AktG
- **Schadenseintritt**, §§ 249 ff BGB

(3) Verschuldenserfordernis und § 317 II AktG. Für § 317 I 1 AktG ist **kein Verschulden** erforderlich.[79] Gegen diesen Befund könnte aber § 317 II AktG sprechen. Seine Funktion ist nicht ganz klar.

173   **(a)** Zum einen ist der darin genannte Maßstab eines gewissenhaften Geschäftsleiters einer unabhängigen Gesellschaft schon relevant gewesen für die Frage, ob es sich überhaupt um einen Nachteil handelt[80]. Daher könnte man vertreten, dass § 317 II AktG bereits **bei der Prüfung des Nachteils** abschließend zu berücksichtigen sei. Dagegen spricht, dass die Funktion der §§ 311 ff AktG, die abhängige Gesellschaft vor abhängigkeitsbedingten vermögensmäßigen Nachteilen zu schützen, aus sich selbst heraus schon dazu führt, dass ein Nachteil im Sinne des § 311 AktG zu verneinen ist, wenn sich auch eine unabhängige Gesellschaft hinsichtlich der fraglichen Maßnahme genauso hätte verhalten dürfen. Wenn man sodann § 317 II AktG als eigenständiges Tatbestandsmerkmal der Haftung gem. § 317 I 1 AktG behandeln will, kann aber seine Prüfung zu keinem anderen Ergebnis führen als die Beantwortung der Frage, ob ein Nachteil vorliegt. Denn mag auch aus der Funktion der §§ 311 ff AktG bereits folgen, dass man prüfen muss, ob auch eine unabhängige Gesellschaft das fragliche Rechtsgeschäft oder die fragliche Maßnahme vorgenommen oder unterlassen hätte, so ist doch genau dieselbe Frage bei § 317 II AktG zu stellen. Deswegen hat die Norm bei dieser Sicht keinen rechten Sinn, weil mit der Annahme des Nachteils auch § 317 II AktG nicht vorliegen könnte.

Das gilt auch, wenn man darauf abstellt, dass der Wortlaut klar anordnet, die „Ersatzpflicht (trete) nicht ein", wenn auch eine unabhängige Gesellschaft sich ebenso verhalten hätte, und man § 317 AktG daher als objektiven Haftungsausschluss deutet, wenn sich der Vorstand der abhängigen AG pflichtgemäß verhalten hat[81]. Auch dann ist stets mit Bejahung des Nachteils der Haftungsausschluss gem. § 317 II AktG versperrt.

174   **(b)** Zum zweiten könnte aus § 317 II AktG doch folgen, dass **Verschulden** des herrschenden Unternehmens erforderlich ist und vermutet wird, dem herrschenden Unternehmen aber der **Entlastungsbeweis** offen stünde, der dadurch zu führen wäre, dass es davon ausging, dass sich auch der Vorstand einer unabhängigen Gesellschaft rechtmäßig zu einem dem fraglichen Rechtsgeschäft oder der fraglichen Maßnahme entsprechenden Verhalten hätte entschließen können. Der Schutz der abhängigen Gesell-

---

79   *Hüffer* § 317 Rn 5; *E/H*, Komm. § 317 Rn 5, 7; so wohl auch BGHZ 141, 79, 88 – Metallgesellschaft.
80   S.o. Rn 121 ff.
81   BGHZ 141, 79, 88 f – Metallgesellschaft; LG Bonn AG 2005, 542, 543 – Telekom/UMTS; *Hüffer* § 317 Rn 11 mwN.

schaft gebietet es aber, die Haftung des herrschenden Unternehmens nicht davon abhängig zu machen, ob das herrschende Unternehmen hätte erkennen können, dass der Vorstand der abhängigen AG im Falle der Unabhängigkeit seiner AG nicht so wie aufgrund der Veranlassung hätte handeln dürfen[82]. Deshalb kann man auch dieser Auslegungsvariante nicht folgen.

(c) Daher bleibt nur, § 317 II AktG zwar keine Beweislastregel im Hinblick auf ein Verschulden des herrschenden Unternehmens zu entnehmen, wohl aber eine Beweislastregel im Hinblick auf die Nachteiligkeit des fraglichen Rechtsgeschäfts oder der fraglichen Maßnahme[83]. Wenn das herrschende Unternehmen also nachweist, dass sich auch der Vorstand einer unabhängigen AG rechtmäßig verhalten hätte, falls er ein entsprechendes Rechtsgeschäft oder eine entsprechende Maßnahme vorgenommen oder unterlassen hätte, entfällt damit die Nachteiligkeit des Rechtsgeschäfts oder der Maßnahme, zu dessen bzw deren Vornahme oder Unterlassen das herrschende Unternehmen die abhängige Gesellschaft veranlasst hat. **175**

Hinweis: Wir empfehlen, § 317 II AktG im Rahmen des Anspruchs gegen das herrschende Unternehmen gem. § 317 I 1 AktG und/oder gegen seine gesetzlichen Vertreter gem. § 317 III AktG als separate (negative) Voraussetzung anzuprüfen, dann aber unter Hinweis auf die Überschneidung mit dem Nachteilsbegriff auszuführen, dass es sich um eine Darlegungs- und Beweislastregelung zu Lasten des herrschenden Unternehmens und seiner gesetzlichen Vertreter handelt. **176**

Aufbautechnisch problematisch ist allerdings, das man im Rahmen der Ansprüche aus §§ 317 I 1, III AktG ja bereits auf das Vorliegen eines Nachteils eingehen muss, bevor man zu § 317 II AktG kommt (s. das Aufbauschema bei Rn 180). Wenn der Fall dazu Anlass gibt (erstes Examen: der Sachverhalt sagt zur Nachteiligkeit gar nichts, zweites Examen: der Beklagte legt nicht entsprechend dar oder eine Beweisaufnahme gestattet keine klare Beweiswürdigung), muss man also schon an dieser Stelle die Darlegungs- und Beweislast zu Lasten des herrschenden Unternehmens aus § 317 II AktG herleiten und braucht dann bei der direkten Besprechung des § 317 II AktG nur noch zu verweisen.

(4) Reichweite des § 317 I 1 AktG. Hintergrund für § 317 I 1 AktG ist das Rechtswidrigkeitsurteil, das mit Versäumen der Frist zum Nachteilsausgleich gem. § 311 II AktG gefällt wird. Rechtswidriges Verhalten wird allgemein nicht nur durch Schadensersatzansprüche sanktioniert, sondern auch durch **Unterlassungsansprüche** zur Abwehr gegenwärtigen und künftigen rechtswidrigen Handelns und **Beseitigungsansprüche** gegen die bereits realisierten Folgen rechtswidrigen Handelns. Als Rechtsgrundlage des Unterlassungsanspruches werden neben § 317 I 1 AktG selbst[84] noch die Treuepflicht des herrschenden Unternehmens gegenüber der abhängigen Gesellschaft[85] oder §§ 1004, 823 II BGB iVm § 311 AktG als Schutzgesetz[86] genannt. **177**

---

82 KölnKomm.AktG/*Koppensteiner* § 317 Rn 11 iVm § 311 Rn 5.
83 Vgl *E/H*, Komm. § 317 Rn 7 f, 21 und *Hüffer* § 317 Rn 12.
84 So *E/H*, Komm. § 317 Rn 19.
85 So *Hüffer* § 317 Rn 10.
86 MünchHdbGesR.AG/*Krieger* § 69 Rn 104.

178 Der **Unterlassungs- und Beseitigungsanspruch** auf der Grundlage einer der genannten Anspruchsgrundlagen **besteht, wenn**[87]

- der Nachteilsausgleich mangels Quantifizierbarkeit der Nachteile nicht möglich ist oder

- das herrschende Unternehmen nicht willens oder in der Lage ist, den Ausgleich zu leisten, oder

- Weisungen auf einen Verstoß gegen den Unternehmensgegenstand (Veranlassung zur Milchabfüllung statt Blütenmalerei) oder die Aufgabe des Gesellschaftszwecks zielen (Veranlassung zur Aufgabe der Gewinnerzielungsabsicht) oder sie Interessen konzernfremder Dritter fördern sollen.

179 **Beispiel:** Mehrheitsgesellschafter der Jolle AG ist die Haben AG. Jolle-Vorstand Barsch wird vom Haben-Vorstand Hecht anlässlich eines Strategiegespräches darauf hingewiesen, dass es der Bestätigung von Barsch im Vorstand förderlich sei, wenn Jolle AG im Preis für den Absatz des Fischfangs zugunsten der Haben AG ein wenig nachlasse. Barsch ist zunächst nicht dazu bereit, weil seine Gesellschaft ohnehin schon am Rande der Zahlungsunfähigkeit operiert. Aber da ihm Hecht eine Erhöhung seiner Bezüge verspricht, beugt sich Barsch und reduziert die Preise um 10 %. Minderheitsgesellschafter der Jolle AG ist Prof. Bissig. Er hat vom Inhalt des Strategiegespräches Wind bekommen und findet die Preissenkung skandalös. Da Barsch trotz vorsichtiger Aufforderung durch Bissig auch keinerlei Anstalten macht, zum Jahresende eine Erstattung des Differenzbetrages von Haben AG zu erhalten, beschließt Bissig, dass nun gehandelt werden müsse, und will erst mal die Rechtslage klären.

I. Jolle AG könnte einen Schadensersatzanspruch aus **§ 317 I 1 AktG** gegen die Haben AG haben. **1.** Jolle AG ist gem. § 17 II AktG von Haben AG **abhängig**. **2.** Es besteht **kein Beherrschungsvertrag**. **3.** Jolle AG hat einen **Nachteil** erlitten, weil eine unabhängige Gesellschaft nicht bei weiterhin möglichem Absatz zu den bisher verlangten Preisen diese um 10 % gesenkt hätte. Tatsachen für eine gegenteilige Beurteilung müsste Haben AG darlegen und ggf beweisen; das folgt aus § 317 II AktG, der wegen wiederholenden Aufgreifens der Kriterien für die Prüfung der Nachteiligkeit nur als Darlegungs- und Beweislastregelung zu Lasten des herrschenden Unternehmens zu verstehen ist. Vor solchen Nachteilen wollen die §§ 311 ff AktG die abhängige Gesellschaft schützen. **4.** Die Haben AG hat Jolle AG über ihren Vorstand Hecht zur Preissenkung **veranlasst**. **5.** Es ist bis zum Jahresende **kein Nachteilsausgleich** erfolgt. **6.** Aus **§ 317 II AktG** folgt nicht, dass erneut zu prüfen wäre, ob sich eine gedachte unabhängige Gesellschaft auch zu einer Preissenkung entschlossen hätte. Denn das ist schon im Rahmen der Nachteils-Prüfung erfolgt; § 317 II AktG ist eine Bestimmung über die Darlegungs- und Beweislast, s.o. **7.** Im **Ergebnis** besteht daher der Anspruch. Ihn muss Barsch geltend machen, anderenfalls macht er sich nach § 93 II 1 AktG selbst schadensersatzpflichtig.

II. Jolle AG könnte berechtigt sein, die Haben AG auf **Unterlassen** des fortgesetzten Verlangens nach einem um 10 % reduzierten Preis in Anspruch nehmen. **1. Anspruchsgrundlage** ist die Treuepflicht oder § 317 I 1, IV AktG analog oder §§ 1004 I, 823 II BGB, § 311 I AktG. **2.** Der gem. § 311 II AktG mögliche verzögerte Nachteilsausgleich gebietet es, einen **Unterlassungsanspruch vor Ablauf der Frist zum Nachteilsausgleich** (Jahresende) nur zuzulassen, wenn sich die Veranlassung zu einem nachteiligen Rechtsgeschäft oder eine nachteiligen Maßnahme auch bei Abwarten der Frist zum Nachteilsausgleich nicht legalisieren lässt, etwa wenn die abhängige Gesellschaft veranlasst wird, ihren Unternehmensgegenstand faktisch zu ändern oder sich die Nachteile nicht quantifizieren lassen. Ein solcher Fall liegt hier nicht vor.

---

87 *E/H*, Komm. § 317 Rn 19 iVm § 311 Rn 9, 41, 43.

Die Preissenkung ist insbesondere quantifizierbar und ausgleichbar. **3.** Jedoch muss man einen **Unterlassungsanspruch** dann anerkennen, wenn das herrschende Unternehmen die Gelegenheit zum **Nachteilsausgleich** und damit zur Legalisierung seiner Einflussnahme **versäumt** und die Nachteile sich weiter realisieren und dadurch den Schaden der abhängigen Gesellschaft vertiefen. Hier hat die Haben AG den Nachteil trotz Aufforderung nicht ausgeglichen. Die Preissenkung ist weiter wirksam, der Schaden der Jolle AG vertieft sich ständig. Da die Haben AG erkennen muss, dass sie von der Jolle AG eine dieser nachteiliges Verhalten verlangt, handelt die Haben AG auch schuldhaft. **4.** Im **Ergebnis** ist Haben zur Unterlassung verpflichtet.

III. Bissig kann zudem seinerseits von Haben AG als Mitgesellschafter **Unterlassen** der Beeinträchtigung verlangen. Strittig ist nur der genaue Ansatz: Entweder stellt man auf eine Treuepflicht zwischen den Gesellschaftern ab, oder Bissig hat aus §§ 317 I 1, IV, 309 IV AktG analog oder aus §§ 1004 I 2, 823 II BGB iVm § 311 AktG einen Unterlassungsanspruch.

IV. Zugleich besteht der Anspruch der Jolle AG aus **§ 117 I 1 AktG** gegen Hecht, da Hecht vorsätzlich auf das Jolle-Vorstandsmitglied Barsch eingewirkt hat. Über § 31 BGB muss sich Haben AG das Verhalten von Hecht zurechnen lassen und haftet daher der Jolle AG ebenfalls aus **§ 117 I 1 AktG iVm § 31 BGB**.

V. Auch aus **§ 317 III AktG** kann Jolle AG Hecht als gesetzlichen Vertreter der Haben AG in Anspruch nehmen. Den Anspruch aus § 317 III AktG kann Bissig nach **§ 317 IV** iVm § 309 IV 1, 2 AktG selbst geltend machen.

VI. Ebenso sind **§§ 117 II 1, 318 I 1 AktG** gegen Barsch als Vorstandsmitglied der Jolle AG erfüllt.

180

Schema: Schadensersatzanspruch der abhängigen Gesellschaft gegen das herrschende Unternehmen nach § 317 I 1 AktG	
Anspruch entstanden? § 317 I 1 AktG	• Unternehmen, Abhängigkeit, kein Beherrschungsvertrag, keine Eingliederung • Nachteil (Beweislastverteilung ergibt sich aus § 317 II AktG) • Veranlassung durch das herrschende Unternehmen • Kein Ausgleich zum Jahresende nach § 311 II AktG • § 317 II AktG kein Verschuldensmaßstab, kein objektiver Haftungsausschluss, sondern Beweislastregel • Schaden (haftungsbegründende Kausalität)
Anspruch untergegangen?	• Erfüllung (§ 362 I BGB) • Verzicht oder Vergleich drei Jahre nach Entstehung des Anspruchs (§ 317 IV iVm § 309 III AktG)
Anspruch durchsetzbar?	• Verjährung nach fünf Jahren (§ 317 IV iVm § 309 V AktG)
Rechtsfolge	• Schadensersatzanspruch der abhängigen Gesellschaft gegen das herrschende Unternehmen. Der Umfang richtet sich nach §§ 249 ff BGB (haftungsausfüllende Kausalität).

181 **bb) Anspruch der abhängigen Gesellschaft gegen das herrschende Unternehmen aus § 117 AktG**

(1) Hintergrund: Struktur des § 117 AktG. § 117 AktG soll jegliche Fremdbeeinflussung zu Lasten der AG erfassen, enthält aber recht strenge Voraussetzungen und konzernspezifische Ausschlusstatbestände. § 117 AktG ist eine allgemeine Vorschrift des Aktienrechts, eine spezielle Deliktsrechtsbestimmung und **keine konzernrechtliche Norm.** Daher knüpft § 117 I-VI AktG auch nicht an konzernrechtliche Begriffe an. Erst in § 117 VII AktG (Ausschlusstatbestände) tauchen Konzernfragen auf.

182 **Hinweis:** Gläubiger der Gesellschaft, gegenüber der der Einfluss ausgeübt wurde, können den Ersatzanspruch der Gesellschaft, also nur den aus I 1 (nicht: I 2), unter Umständen iVm II 1, III selbst geltend machen (§ 117 V AktG), wenn sie mit ihrem Anspruch gegen die Gesellschaft ausgefallen sind. Beachten Sie, dass Aktionären dieses Recht zur Geltendmachung des Gesellschaftsanspruches anders als zB bei § 317 IV iVm § 309 IV 1 AktG nicht ohne Weiteres zusteht. Allerdings ist es ihnen seit 1. November 2005 möglich, sich über das Klagezulassungsverfahren gem. § 148 AktG zur Geltendmachung des Gesellschaftsanspruchs im eigenen Namen auf Leistung an die Gesellschaft gerichtlich ermächtigen zu lassen.

Alle Ansprüche bestehen nicht, wenn die Beeinflussung aufgrund des Weisungsrechts im Beherrschungsvertrag (§ 308 I AktG) oder im Falle der Eingliederung durch die Hauptgesellschaft erfolgt ist (§ 117 VII AktG). Seit dem 1. November 2005 ist es kein Ausschlusstatbestand mehr, wenn die Beeinflussung durch Ausübung des Stimmrechts in der Hauptversammlung erfolgt ist (so noch § 117 VII Nr 1 AktG aF). In diesem Fall steht also nicht mehr nur das Recht zur Anfechtung des entsprechenden Beschlusses zur Verfügung, sondern auch die Inanspruchnahme auf Schadensersatz.

183 Die Vorschrift enthält für den vorliegenden Zusammenhang zwei Richtungen von **Ansprüchen der abhängigen Gesellschaft:**
- gegen den Einflussnehmenden, **§ 117 I 1 AktG,** sowie
- gegen die Verwaltungsmitglieder (Vorstand und Aufsichtsrat) der abhängigen Gesellschaft selbst, **§ 117 II 1 AktG** (dazu unten C Rn •••).

Der Frage nach der Haftung der Vertreter der abhängigen Gesellschaft (§ 117 II 1 AktG) vorgelagert ist die Frage der Haftung des Einflussnehmenden nach § 117 I 1 (vgl § 117 II 1 AktG: „Neben").

184 § 117 AktG gewährt immer **nur Ansprüche gegen natürliche Personen,** denn nur diese können vorsätzlich handeln (§ 117 I, III AktG) oder ihre Sorgfaltspflichten verletzen (§ 117 II 1 AktG). Bei § 117 AktG ist also zunächst immer die handelnde Person zu identifizieren. Sie muss nichts mit einem herrschenden Unternehmen oder überhaupt mit einem Gesellschafter zu tun haben, sondern kann jeder beliebige Dritte sein. Will dann einer der aus § 117 I-V AktG Anspruchsberechtigten gegen ein Unternehmen vorgehen, für das der vorsätzlich Handelnde tätig war, bedarf es der Zurechnung der zum Schadensersatz nach § 117 I 1 AktG verpflichtenden Handlung zu dem Unternehmen über **§ 31 BGB** (analog). Über § 117 I 1 AktG kann das herrschende Unternehmen also nur in Anspruch genommen werden, wenn der Einflussnehmende verfassungsmäßiger Vertreter (im Folgenden auch „Repräsentant") des herrschenden Unternehmens ist (§ 31 BGB). In erweiternder Auslegung des § 31 BGB sind hierunter all diejenigen Personen zu verstehen, die „wesensmäßige Funktionen" des herrschenden Unternehmens wahrnehmen[88].

(2) Anwendungsbereich des § 117 AktG. Im Anwendungsbereich des § 311 AktG   **185**
wird § 117 AktG **suspendiert**. Daher kommt es überhaupt nicht zu einer Haftung aus § 117 AktG, falls der Nachteil gem. § 311 II AktG ausgeglichen wird. Findet ein ordnungsgemäßer Ausgleich nicht statt, stehen die Ansprüche aus § 117 AktG und § 317 AktG nebeneinander. Es verzögert sich aber auch in diesem Fall die Anwendbarkeit des § 117 AktG, denn auch er kommt dann erst nach Jahresende zur Anwendung[89].

Besonderheiten weist das Verhältnis zwischen § 317 I 1, III AktG und § 117 AktG   **186**
auf, wenn **Angestellte des herrschenden Unternehmens** das abhängige Unternehmen zu einer nachteiligen Maßnahme veranlasst haben. Dann trifft das herrschende Unternehmen zwar die Ausgleichsobliegenheit nach § 311 AktG und bei unterbliebenem Ausgleich die Schadensersatzpflicht aus § 317 I 1 AktG, weil es bei §§ 311 ff AktG genügt, wenn aus Sicht der abhängigen Gesellschaft das herrschende Unternehmen als Veranlasser erscheint, um die Aktivität einer natürlichen Person dem herrschenden Unternehmen zuzurechnen. Jedoch richtet sich der Schadensersatzanspruch aus § 317 III AktG klar nur gegen die gesetzlichen Vertreter des herrschenden Unternehmens, nicht gegen dessen Angestellte. Will nun die abhängige Gesellschaft gegen diese Angestellten persönlich vorgehen, muss sie sich auf § 117 I 1 AktG stützen. Auch dieser Anspruch gegen die Angestellten ist aber bis zum Ausfall des Ausgleichs suspendiert.

Allein auf § 117 AktG zurückgegriffen werden kann, wenn die Veranlassung von einem **Repräsentanten** eines **weiteren verbundenen Unternehmens** (dh eines mit dem herrschenden Unternehmen verbundenen Unternehmens) ausging, ohne dass aus Sicht der abhängigen Gesellschaft ein Repräsentant des herrschenden Unternehmens als Veranlasser erscheint. Das wird man nur annehmen können, wenn die abhängige Gesellschaft nichts von der Verbindung zwischen dem sie beherrschenden Unternehmen und dem Unternehmen weiß, von dessen Repräsentant der Einfluss ausging. In diesem Fall der Einflussnahme durch einen unerkannt Konzernzugehörigen ist der Ausgleichsmechanismus aus §§ 311, 317 AktG nicht ausgelöst. Das abhängige Unternehmen kann sogleich gegen den Einflussnehmenden vorgehen, da mangels Vorliegens der Voraussetzungen des § 311 AktG die Suspensivwirkung bis zum Jahresende nicht gegeben sein kann. Will das abhängige Unternehmen gegen das verbundene Unternehmen selbst vorgehen, bedarf es wiederum der Zurechnung des Repräsentantenhandelns zu dem verbundenen Unternehmen über § 31 BGB analog.

(3) Voraussetzungen. Ist danach der Anwendungsbereich des § 117 AktG einmal eröffnet, sind die Voraussetzungen zu prüfen.

---

88   Zu § 31 BGB s. die Kommentierung von Palandt/*Heinrichs*.
89   *Hüffer* § 311 Rn 50; KölnKomm.AktG/*Koppensteiner* § 311 Rn 164; krit. *Altmeppen*, Managerhaftung C I 2, S. 57–60.

188   **(a)** Zunächst bedarf es für § 117 I 1 AktG, an dessen Erfüllung sich die anderen Ansprüche (§ 117 I 2, II 1, III AktG) und das Gläubigerverfolgungsrecht (§ 117 V AktG) anlehnen, des **Einflusses** des Einflussnehmenden. Einfluss hat jemand, wenn er Mittel hat, die Führungskräfte zu einem schädigenden Verhalten zu bestimmen. Die Einflussmöglichkeit muss anders als bei § 17 AktG nicht gesellschaftsrechtlich vermittelt sein. In Betracht kommen Aktienbesitz (Stimmrechte), Kredit- oder Lieferbeziehungen, Mitgliedschaft in Gesellschaftsorganen oder in Arbeitnehmervertretungen[90]. Die **Benutzung** des Einflusses erfolgt durch jeden für das Verhalten der fraglichen Führungskraft (mit-)ursächlich werdenden Beitrag (Weisungen, Wünsche, Anregungen, Hinweise, Drohungen). Der Einfluss muss **vorsätzlich** gegenüber bestimmten Führungskräften als **Adressaten** benutzt werden (Vorstände, Aufsichtsratsmitglieder, Prokuristen, Handlungsbevollmächtigte)

189   **(b)** Wie jeder deliktische Schadensersatzanspruch setzt auch ein Anspruch aus **§ 117 I AktG** voraus, dass **Rechtswidrigkeit** des haftungsbegründenden Handelns, also der Benutzung des Einflusses auf Führungskräfte vorliegt. Während man bei § 823 I BGB ganz überwiegend annimmt, dass die Tatbestandsmäßigkeit die Rechtswidrigkeit indiziert, ist die Bestimmung der Rechtswidrigkeit bei § 117 I AktG schwieriger. Im Kern geht es um die Frage, in welcher Weise man bei dem Urteil über die Rechtswidrigkeit des Verhaltens des Einflussnehmenden, um dessen Verhalten es bei der Frage nach der Rechtswidrigkeit in § 117 I 1 AktG ja allein geht, berücksichtigen muss, wie das Handeln der beeinflussten Führungskraft zu bewerten ist.

190   Eine gewisse Parallele besteht im Strafrecht: Die Anstiftung zu einem nicht strafbaren Verhalten ist nicht strafbar; es fehlt die Haupttat, zu der die Anstiftung akzessorisch ist. Wenn also der Einflussnehmer vorsätzlich eine Führungskraft beeinflusst und deren Verhalten zu einem Schaden der Gesellschaft führt, ist dann die Benutzung des Einflusses rechtswidrig, auch wenn das Verhalten der Führungskraft objektiv rechtmäßig ist, dh keine „Haupttat" besteht?

191   Ein schädigendes Verhalten der beeinflussten Führungskraft kann etwa im Rahmen der „business judgement rule" gem. §§ 93 I 2, 116 Satz 1 AktG pflichtgemäß und deshalb rechtmäßig sein. Regt zum Beispiel ein Lieferant gegenüber dem Vorstand an, dass die Gesellschaft dem Lieferanten dessen gesamten Bestand an Vorprodukten für die Produktion der Gesellschaft abnehme, weil mit einer gesetzlichen Untersagung der Herstellung dieses Vorprodukts zu rechnen sei, und kommt der Vorstand nach intensiver Prüfung der Sachlage dieser Anregung nach, kann sich für die Gesellschaft ein Schaden ergeben, weil sie höhere Lagerkosten hat. Hat der Lieferant gelogen, konnte der Vorstand dies aber nicht erkennen, weil er anders als der Lieferant keinen näheren Einblick in die Gesetzgebungspläne der Regierungsfraktionen nehmen konnte, ist das Verhalten des Lieferanten als Betrug strafbar, das Verhalten des Vorstands aber rechtmäßig[91].

---

90   *Hüffer* § 117 Rn 3.
91   Vgl Großkomm.AktG/*Kort* § 117 Rn 153.

Nach überwiegender Ansicht kommt es darauf an, ob der Einfluss auf ein objektiv **192** pflichtwidriges Verhalten der beeinflussten Führungskraft zielt; dazu wird **§ 317 II AktG** herangezogen[92]. Nach anderer Ansicht ist eine **Interessenabwägung** ohne Berücksichtigung der Rechtmäßigkeit oder Rechtswidrigkeit des Verhaltens der beeinflussten Führungskraft vorzunehmen, um die Rechtswidrigkeit positiv festzustellen. Die erstgenannte Auffassung vermenge demgegenüber den an die Rechtswidrigkeit des Verhaltens der Führungskraft anknüpfenden Tatbestand in § 117 II AktG mit § 117 I 1 AktG[93].

Die beiden Auffassungen unterscheiden sich letztlich kaum. Auch in die Interessenab- **193** wägung der letztgenannten Ansicht, deren Details allerdings offen bleiben, wird die Frage einzugehen haben, ob das veranlasste Verhalten zwar schädigend war, aber doch im Unternehmensinteresse lag. Die Prüfung, ob das Verhalten der beeinflussten Führungskraft rechtmäßig war, bietet einen griffigen Anhaltspunkt und trägt dem Umstand Rechnung, dass nach § 117 I 1 AktG der Gesamttatbestand, der zur Haftung führen soll, nun einmal aus dem Benutzen des Einflusses und dem darauf folgenden gesellschaftsschädigenden Verhalten des Beeinflussten besteht. Wegen dieser Vorgaben der Normstruktur bestehen auch keine Bedenken dagegen, die rechtliche Bewertung des Verhaltens der beeinflussten Führungskraft bereits in die Prüfung des § 117 I 1 AktG einfließen zu lassen, während dieselbe Frage dann auch im Rahmen des § 117 II AktG zu prüfen ist. Wichtig ist nur, dass man an das Ergebnis, das Verhalten der beeinflussten Führungskraft sei rechtmäßig, nicht automatisch die Folge knüpft, die Einflussnahme sei dann nicht rechtswidrig.

Richtig erscheint, die Rechtmäßigkeit des Verhaltens der beeinflussten Führungskraft **194** lediglich als (gewichtiges) Indiz gegen die Rechtswidrigkeit der Einflussnahme zu werten[94]. Denn der betrügerische Lieferant soll in dem Beispiel nicht von seiner Haftung gegenüber der Gesellschaft und unter Umständen gegenüber den Aktionären und den Gesellschaftsgläubigern, die nach anderen Anspruchsgrundlagen möglicherweise keinen Anspruch hätten, befreit werden.

(c) Was die Ansprüche aus **§ 117 I 2, II 1, III AktG** betrifft, findet keine vergleich- **195** bare Diskussion der Anforderungen an die Feststellung der **Rechtswidrigkeit** statt. Insoweit wird man annehmen müssen:

Beim Anspruch der Aktionäre (**§ 117 I 2 AktG**) gelten die Überlegungen zu § 117 I 1 AktG, denn es handelt sich hierbei lediglich um eine Erweiterung des Kreises der Ersatzberechtigten, nicht der Ersatzpflichtigen.

Bei der Haftung der beeinflussten Vorstände und Aufsichtsratsmitglieder (nicht: Prokuristen, Handlungsbevollmächtigte, die aber als Einflussadressaten bei § 117 I 1 AktG genügen; **§ 117 II 1 AktG**) ergibt sich das Rechtswidrigkeitsurteil nach der Prüfung, ob sie sich pflichtgemäß verhalten haben.

---

92 So oder ähnlich Großkomm.AktG/*Kort* § 117 Rn 149 ff; MünchKomm.AktG/*Kropff* § 117 Rn 27 ff; MünchHdbGesR.AG/*Wiesner* § 27 Rn 5.
93 *Hüffer* § 117 Rn 6; in diese Richtung wohl auch KölnKomm.AktG/*Mertens* § 117 Rn 22, 10.
94 So auch Großkomm.AktG/*Kort* § 117 Rn 149 ff.

Bei der Haftung des Nutznießers (**§ 117 III AktG**), der den Einflussnehmenden bei § 117 I 1 AktG vorsätzlich zu dessen Einflussbenutzung veranlasst haben muss („Kettenanstifter"), sind die Überlegungen zu § 117 I 1 AktG heranzuziehen.

196

Schema: Schadensersatzanspruch der abhängigen Gesellschaft nach § 117 I, II, III AktG	
Anspruch entstanden?	**§ 117 I 1 AktG** (Anspruch der Gesellschaft, Gegner: Einflussnehmender) • Einfluss auf die Gesellschaft • Benutzung des Einflusses gegenüber besonderen Führungskräften der Gesellschaft • Vorsatz bei Einflussnahme • Schaden der Gesellschaft (haftungsbegründende Kausalität) • Rechtswidrigkeit (Relevanz des Beeinflusstenverhaltens?) • Schaden (haftungsbegründende Kausalität) **§ 117 I 2 AktG** (Anspruch des Aktionärs, Gegner: Einflussnehmender) • wie § 117 I 1 AktG, zusätzlich: • Individualschaden des Aktionärs **§ 117 II 1 AktG** (Anspruch der Gesellschaft oder des Aktionärs, Gegner: Vorstände und Aufsichtsräte, nicht: Prokuristen, Handlungsbevollmächtigte!) • wie § 117 I 1 AktG, zusätzlich: • objektive und subjektive Pflichtverletzung der Vorstände und Aufsichtsräte **§ 117 III AktG** (Anspruch der Gesellschaft oder des Aktionärs, Gegner: dritter Nutznießer) • wie § 117 I 1 AktG, zusätzlich: • Vorteil für einen von dem Einflussnehmenden Verschiedenen • vorsätzliche Veranlassung der Einflussnahme durch den Nutznießer • Rechtswidrigkeit des Nutznießerverhaltens (Relevanz des Beeinflusstenverhaltens?) **Alle:** • kein Ausschluss nach § 117 VII AktG
Anspruch untergegangen?	• alle: Erfüllung (§ 362 I BGB) • Ansprüche der Gesellschaft: Verzicht oder Vergleich (§ 117 IV iVm § 93 IV 3 und 4 AktG)
Anspruchsverfolgung	• durch AG als Anspruchsinhaber • durch Aktionär als Anspruchsinhaber bei eigenem Schaden (§ 117 I 2 AktG) • durch Aktionär nach Ermächtigung gem. § 148 AktG • durch Gläubiger der AG gem. § 117 V AktG
Anspruch durchsetzbar?	• Verjährung nach fünf Jahren (§ 117 VI AktG)

Rechtsfolge	Schadensersatzansprüche: • gegen den Einflussnehmenden (§ 117 I 1 und 2 AktG), • unter Umständen gesamtschuldnerisch „neben ihm" pflichtverletzende Vorstände und Aufsichtsräte (§ 117 II AktG), dritter Nutznießer (§ 117 III AktG) Der Umfang des Anspruches richtet sich nach §§ 249 ff BGB (haftungsausfüllende Kausalität). Schadensersatzanspruch gegen das herrschende Unternehmen nur iVm § 31 BGB analog!

cc) Ansprüche der abhängigen Gesellschaft gegen das herrschende Unternehmen **197** **aus §§ 57, 58, 62 AktG und wegen eigenkapitalersetzender Aktionärsdarlehen.**
(1) Der Vermögensschutz der Aktiengesellschaft ist **strenger** als bei der GmbH. Können bei der GmbH Auszahlungen aus dem Gesellschaftsvermögen solange vorgenommen werden, wie das Vermögen noch das Stammkapital deckt (§ 30 I GmbHG), ist bei der AG jede Rückgewährung von Gesellschaftsvermögen außerhalb von Gewinnausschüttungen und Kapitalherabsetzungen verboten und löst einen **Rückgewährsanspruch** der Gesellschaft aus (§ 62 I 1, 57 I AktG)[95]. Führt nun die Veranlassung des herrschenden Unternehmens im Rahmen des § 311 AktG zu einem Nachteil der Untergesellschaft in Gestalt einer Vermögensrückgewähr an das herrschende Unternehmen als Aktionär, löst das an sich einen sofort zu erfüllenden Rückgewähranspruch nach §§ 62 I 1, 57 I 1 AktG aus. Das passt aber mit der auf das Jahresende hinausgeschobenen Nachteilsausgleichsmöglichkeit des § 311 II AktG nicht zusammen. Daher geht die hM davon aus, dass auch der Rückgewähranspruch wegen Einlagenrückgewähr durch §§ 311, 317 I 1 AktG verdrängt wird[96]. Mit Ausbleiben des Nachteilsausgleichs nach § 311 II AktG zum Jahresende lebt der Rückgewähranspruch wieder auf[97]. Denn nach § 291 III AktG sind nur für den Fall eines Beherrschungs- oder Gewinnabführungsvertrages Vermögensleistungen an das herrschende Unternehmen endgültig vom Anwendungsbereich der §§ 57, 58 AktG ausgenommen.

Beispiel: Die Klamm OHG ist Gesellschafter der Flüssig AG, und zwar mit 82 % Beteiligung. **198** Klamm OHG ist in finanziellen Nöten und bittet Flüssig-Vorstand Bereit um die Veräußerung der von der Flüssig AG gehaltenen Beteiligung an Prosperus AG, deren Wert tatsächlich € 10,2 Mio. beträgt, für € 7,8 Mio. Die Klamm OHG hat bereits einen Interessenten, der bereit wäre, die € 10,2 Mio. für die Beteiligung zu zahlen. Bereit ist zur Übertragung an Klamm OHG nur bereit, weil es sich bei Klamm um den wesentlichen Gesellschafter handelt. Der Verkauf und die Abtretung der Beteiligung finden statt. Bereits Vorstandskollege Grübel findet das unerträglich und fordert von Klamm OHG die Rückabwicklung.

---

95 Siehe zB *Kiethe*, WM 2000, 1182, 1185 ff.
96 OLG Stuttgart AG 1994, 411, 412; KölnKomm.AktG/*Koppensteiner* § 311 Rn 161 f mwN auch zur Gegenansicht; *Hüffer* § 311 Rn 49; *Habersack*, ZIP 2006, 1327, 1328.
97 *Hüffer* § 317 Rn 17; *E/H*, Komm. § 311 Rn 83.

I. Die Flüssig AG hat einen Anspruch aus **§ 62 I 1 AktG,** weil Klamm OHG eine Leistung gewährt wurde, nämlich € 2,4 Mio. Vorteil in Gestalt des zu geringen Preises[98], die ihre Ursache allein in der Mitgliedschaft der Klamm OHG in der Flüssig AG hat und gegen § 57 I 1 AktG verstößt. Der Anspruch geht nicht nur auf Erstattung der Wertdifferenz zwischen € 7,8 Mio. und € 10,2 Mio., sondern auf gegenständliche Rückgewähr der Aktien an der Prosperus AG, weil das Gesellschaftsvermögen in seiner gegenständlichen Zusammensetzung geschützt werden soll, nicht bloß in seiner wertmäßigen Summe[99]. Da ein Verstoß gegen § 57 I 1 AktG auch das Verfügungsgeschäft wegen Verstoßes gegen § 134 BGB nichtig macht[100], geht die Rückabwicklung nicht auf Rückübereignung, sondern auf Rückgabe der Aktien.

II. Ein gleichfalls denkbarer Anspruch aus **§ 812 I 1 Var. 1 BGB** ist wegen des Vorrangs des § 62 I 1 AktG ausgeschlossen[101].

III. Es besteht aber ein Anspruch aus **§ 985 BGB** auf körperliche Herausgabe der (verkörperten) Aktien, denn dingliche Herausgabeansprüche sind nicht verdrängt[102].

IV. Jedoch sind die Rückgewähransprüche gegen Klamm OHG **suspendiert,** bis zum Jahresende feststeht, ob Klamm OHG den von ihr durch Veranlassung der Beteiligungsveräußerung unter dem Wert verursachten Nachteil bei der Flüssig AG nach § 311 II AktG ausgleicht.

199 (2) Gleichermaßen ist das herrschende Unternehmen als Aktionär verpflichtet, auf ein Darlehen geleistete Zins- oder Tilgungszahlungen der abhängigen Gesellschaft oder auf mietweise überlassene Anlagen gezahlte Zinsen an die abhängige Gesellschaft zurückzugewähren, wenn Darlehen oder Nutzungsüberlassung **eigenkapitalersetzenden Charakter** hatten. Das ist der Fall, wenn sich die abhängige Gesellschaft in der Krise befindet (vgl § 32a I GmbHG), ihr Darlehen oder Nutzungsüberlassungen durch das herrschende Unternehmen gewährt werden und das herrschende Unternehmen eine maßgebliche Beteiligung an der Gesellschaft hält, was regelmäßig erst ab 25 % Beteiligung der Fall ist[103], von dem herrschenden Unternehmen aber in der Regel erreicht wird. **Rechtsgrundlage** für den Rückgewähranspruch sind die Regeln über den Eigenkapitalersatz selbst iVm § 62 I AktG, nicht eine analoge Anwendung der §§ 30 ff GmbHG[104].

199a **Hinweis:** Das Recht des eigenkapitalorientierten Schutzes des Vermögens von GmbH und AG will der Gesetzgeber durch das **MoMiG** ändern, das Anfang 2008 in Kraft treten soll (zum MoMiG lehrreich *K. Schmidt,* ZIP 2006, 1925 ff).

Macht eine GmbH Verluste, weil die Geschäfte schlecht laufen, sinkt das Vermögen der Gesellschaft unter das ausgewiesene Stammkapital. Dagegen unternimmt der Gesetzgeber nichts, denn das ist Folge des Marktgeschehens. Treten Überschuldung oder Zahlungsunfähigkeit ein, wird das verbliebene Gesellschaftsvermögen im Insolvenzverfahren verteilt. Das gilt entsprechend für die

---

98   Vgl für einen Fall offensichtlich zu geringer Preise für die Errichtung eines Hauses: BGH NJW 1987, 1194.
99   *Hüffer* § 62 Rn 9 mwN.
100   *Hüffer* § 57 Rn 23, § 62 Rn 9 mwN.
101   *Hüffer* § 62 Rn 2, 9, 10.
102   *Hüffer* § 62 Rn 10.
103   BGHZ 90, 381 Leitsatz b), 388 ff – BuM; *Hüffer* § 57 Rn 17 mwN.
104   *Hüffer* § 57 Rn 16 f mwN.

AG und ihr Grundkapital. Das Vermögen einer GmbH kann außer durch Verluste auch dadurch unter das ausgewiesene Stammkapital sinken, dass die Gesellschafter sich Geld oder andere Vermögensgegenstände ohne Gegenleistung aus der Gesellschaft nehmen. Das verbietet § 30 I GmbHG. Bei der AG ist der Schutz des Gesellschaftsvermögens nicht nur auf das Vermögen beschränkt, das zur Deckung des ausgewiesenen Grundkapitals dient. Vielmehr ist das gesamte AG-Vermögen gegen Entnahmen durch die Aktionäre geschützt, die nicht aufgrund Gewinnausschüttungen und Kapitalherabsetzungen erfolgen, § 57 I AktG. Dieser „**Entnahmeschutz**" ist die erste Seite des eigenkapitalorientierten Schutzes bei GmbH und AG. Daran ändert das MoMiG wenig: In BGHZ 157, 72 ff hat der BGH entschieden, dass, wenn kein freies Eigenkapital vorhanden ist, Auszahlungen einer Gesellschaft an ihren Gesellschafter im Rahmen eines Cashpools mit dem Gesellschafter auch dann gegen § 30 I GmbHG verstoßen, wenn der Rückzahlungsanspruch gegen den Gesellschafter vollwertig ist (also bilanziell ein reiner Aktivtausch vorliegt, der keine Auswirkungen auf das Stammkapital hat). Cashpools können für die beteiligten Gesellschaften aber auch vorteilhaft sein (zB durch Senkung der externen Refinanzierungskosten, Unabhängigkeit von externen Fremdkapitalgebern). Deshalb sieht das MoMiG vor, dass Leistungen in einem Cashpool und andere Leistungen an einen Gesellschafter nicht unter das Verbot der Auszahlung des Stammkapitals (GmbH) oder jeglichen Vermögens (AG) fallen, wenn sie im Interesse der Gesellschaft liegen. Dazu wird in § 30 I GmbHG und § 57 I AktG jeweils ein zweiter Satz angefügt, der allgemein die Zulässigkeit von Vorleistungen der Gesellschaft auf Verträge mit einem Gesellschafter regelt, solange diese Leistungen **im Interesse der Gesellschaft** erfolgen.

Neben dem Entnahmeschutz ist eine Art „**Hereingabeschutz**" die zweite Seite des eigenkapitalorientierten Vermögensschutzes bei GmbH und AG: Geht die Gesellschaft auf die Insolvenz zu, brauchen die Gesellschafter nichts zur Erhaltung der Gesellschaft zu unternehmen. Sie können sie liquidieren oder ordnungsgemäß in das Insolvenzverfahren überführen. Wenn die Gesellschafter aber die Gesellschaft weiterführen wollen und dazu neues Vermögen in die Gesellschaft geben, müssen sie das mit formellem Eigenkapital für die Gesellschaft tun. Geben sie ihr stattdessen Darlehen oder vermieten sie ihr Anlagen, werden die Gesellschafter behandelt, als hätten sie formelles Eigenkapital gegeben. Das heißt, dass sie ihre Darlehen usw nicht wie ein normaler Darlehensgeber zurück erhalten, sondern mit der Befriedigung ihrer Forderungen warten müssen, bis die anderen, normalen Gläubiger befriedigt sind. Die Regeln für diese **eigenkapitalersetzenden Gesellschafterleistungen** stehen in § 135 InsO, § 6 AnfG und §§ 32a f GmbHG, §§ 129a, 172a HGB. Nicht geschäftsführende Gesellschafter, die mit weniger als 10 % am Stammkapital beteiligt sind, unterliegen aber nicht dem Eigenkapitalersatzrecht (§ 32b III 2 GmbHG). Die genannten Regeln gelten im Prinzip auch für die AG, sofern der Aktionär eine 25%-Beteiligung hält. Wann und wie lange ein Darlehen oder eine ihm entsprechende Handlung eigenkapitalersetzend sind, lässt sich nicht genau sagen, weil die Kriterien und Ausnahmen im Gesetz recht ungenau sind und die sehr umfangreiche Rechtsprechung zu diesem Thema uneinheitlich ist. Das schafft Rechtsunsicherheit und Kosten. Deshalb wird das MoMiG das Konzept des Eigenkapitalersatzes aufgeben und die zugehörigen Vorschriften aufheben. Es wird also nicht mehr zu fragen sein, ob ein Gesellschafter in der Krise der Gesellschaft Vermögen in die Gesellschaft gegeben hat und deshalb seine Forderung nicht durchsetzen kann oder die darauf erhaltene Leistung der Gesellschaft an diese zurückgewähren muss. Vielmehr werden **alle** Darlehen und wirtschaftlich gleichwertigen Vermögenszuführungen **insolvenzrechtlich rückgestuft**, §§ 39 I Nr. 5, IV, V, 44a InsO-E (egal ob eigenkapitalersetzend oder nicht), und unterliegen, sofern innerhalb bestimmter Fristen die Ansprüche der Gesellschafter befriedigt oder sie durch Rückzahlung der von ihnen besicherten Darlehen befreit worden sind, der Insolvenzanfechtung (§ 135 InsO-E) oder – außerhalb der Insolvenz – der Anfechtung nach dem AnfG (§§ 6 f AnfG-E). Das gilt für GmbH und AG und allgemein alle Gesellschaften, bei denen kein persönlich haftender Gesellschafter eine natürliche Person ist und bei denen auch keine natürliche Person als Gesellschafter-Gesellschafter persönlich haftet (§ 39 IV 1 InsO-E). Während nach gegenwärtigem Recht eigenkapitalersetzende Leistungen eines Aktionärs aber nur als solche behandelt werden, wenn er mit mindestens 25 % an der AG beteiligt ist, unterliegen künftig Aktionäre der erweiterten Anfechtung bei Darlehen und wirtschaftlich vergleichbaren Handlungen schon, wenn sie mit mehr als 10 % an der AG beteiligt sind. Insoweit wird das bisher für die GmbH geregelte Kleinstbeteiligungsprivileg (§ 32a III 2 GmbHG) ausgedehnt (§ 39 V InsO-E).

Das Recht der eigenkapitalersetzenden Gesellschafterleistungen hatte der BGH bereits entwickelt, bevor 1980 die §§ 32a f GmbHG, §§ 129a, 179a HGB eingeführt wurden. Diese Vorschriften sollten die **Rechtsprechungsregeln** ablösen. Der BGH hat aber seine Rechtsprechung fortgesetzt und erfasste und erfasst Konstellationen, die eigentlich nicht unter die genannten Vorschriften fallen, durch Analogie zu §§ 30 f GmbHG. Vor allem sind das Fälle außerhalb der Insolvenz, zB ist ein Geschäftsführer nicht durch §§ 32a f GmbHG gehindert, ein eigenkapitalersetzendes Darlehen zurück zu zahlen. Das ist ihm erst aufgrund § 30 I GmbHG analog verboten. Das MoMiG untersagt der Rechtsprechung in einem neuen § 30 I 3 GmbHG, diese Rechtsprechungsregeln auch nach dem MoMiG weiter anzuwenden.

---

200 **dd) Anspruch der abhängigen Gesellschaft gegen das herrschende Unternehmen wegen Treuepflichtverletzung.** Das herrschende Unternehmen trifft als Aktionär gegenüber der abhängigen Gesellschaft eine Treuepflicht[105]. Diese verbietet es ihm, der abhängigen Gesellschaft schuldhaft Schaden zuzufügen. Wegen des weiten Anwendungsbereiches der §§ 311, 317, 117 AktG zum Schutze des abhängigen Unternehmens kann man auf die Treuepflicht zur Begründung eines Schadensersatzanspruches aber nur ausnahmsweise zurückgreifen, nämlich wenn die §§ 311 ff AktG nicht zur Anwendung kommen[106]. Kann man einen Anspruch auf Schadensersatz wegen Treuepflichtverletzung dennoch bejahen, wird sich der Fall außerhalb der §§ 311, 317 I 1 AktG bewegen, sonst gingen sie ja vor. Folglich wird der Anspruch aus der Treuepflichtverletzung nicht durch §§ 311, 317 I 1 AktG bis zum Jahresende suspendiert.

201 **Beispiel** ist die nicht durch das Konzerninteresse gedeckte Veranlassung zu einer nachteiligen Maßnahme. In diesem Fall ist der Schutzmechanismus der §§ 311, 317 AktG an sich nicht ausgelöst, weil die §§ 311 ff AktG wie die Vorschriften über den Beherrschungsvertrag voraussetzen, dass die Veranlassung (§ 312 I 2 AktG) bzw die Weisung beim Beherrschungsvertrag (§ 308 I 1 AktG) dem Konzerninteresse dient, denn die genannten Vorschriften wollen nicht das abhängige Unternehmen beliebigen Drittinteressen öffnen, sondern nur (in begrenztem Umfang) Konzernsachverhalte zulassen[107].

Nun könnte man in einem Fall der Beeinflussung zugunsten eines Dritten § 317 I 1 AktG analog anwenden („erst recht")[108] oder auf die Treuepflicht zurückgreifen[109]. Die analoge Anwendung von § 317 I 1 AktG kommt allerdings nur in Betracht, wenn man eine Regelungslücke bejahen kann. Das ist im vorliegenden Zusammenhang aber wohl nicht der Fall, weil eben die Treuepflicht das Problem erfasst. Daneben sind wieder Unterlassungs- und Beseitigungsansprüche zu bedenken.

202 **ee) Anspruch der abhängigen Gesellschaft gegen das herrschende Unternehmen aus § 302 I AktG?** Der Anspruch auf Verlustausgleich aus § 302 I AktG kommt im faktischen Aktienkonzern zur Anwendung, wenn zwischen herrschendem Unterneh-

---

105 Überblick zur Treuepflicht in der AG unten Rn 247 ff.
106 *Eschenbruch*, Rn 3343 f.
107 *Hüffer* § 311 Rn 43.
108 So wohl *K. Schmidt*, GesR (3. Aufl. 1997) § 31 IV 2 b), S. 963 f.

men und abhängigem Unternehmen (lediglich) ein **isolierter Gewinnabführungs-**
vertrag besteht. Ein Gewinnabführungsvertrag ist zB aus steuerlichen Gründen erforderlich, wenn gem. § 14 KStG eine körperschaftsteuerliche Organschaft zwischen
herrschendem Unternehmen und abhängigem Unternehmen herbeigeführt werden
soll, aufgrund deren Gewinne und Verluste für die Berechnung der Steuerschuld sal-
diert werden können.

Besteht zwischen herrschendem Unternehmen und abhängigem Unternehmen gar   **203**
kein Unternehmensvertrag, kommt die analoge Anwendung von § 302 I AktG nur bei
einem faktischen Konzern in Betracht, der aufgrund seiner Leitungsdichte einen Zustand schafft, der nach der Konzeption des Gesetzes nur durch den Abschluss eines
Beherrschungsvertrages legalisierbar ist. Dieser bisher „qualifiziert faktischer Konzern" genannte Zustand hat eigene Tatbestandsvoraussetzungen und Rechtsfolgen. Ob
und ggf in welchem Umfang sich die Regeln zum qualifiziert faktischen Konzern seit
der Bremer-Vulkan-Entscheidung geändert haben, wird nicht einheitlich beurteilt (zu
den Einzelheiten s.u. Rn 355 ff). Im einfach faktischen Konzern kommt die genannte
Vorschrift jedenfalls nicht zur Anwendung[110].

b) Ansprüche der abhängigen Gesellschaft gegen die Vertreter des herrschenden Unternehmens

aa) Anspruch der abhängigen Gesellschaft gegen die Vertreter des herrschenden   **204**
Unternehmens aus § 317 III AktG. Nach § 317 III AktG haften die gesetzlichen
Vertreter des herrschenden Unternehmens als Gesamtschuldner zusammen mit dem
herrschenden Unternehmen (§§ 421 ff BGB), die in ihrer Person die abhängige Gesellschaft zu der nachteiligen Maßnahme veranlasst haben. Gesetzliche Vertreter einer
AG als herrschendes Unternehmen sind die Mitglieder des Vorstandes (§ 78 I AktG),
nicht die Mitglieder des Aufsichtsrats, im Falle einer GmbH sind gesetzliche Vertreter
die Geschäftsführer (§ 35 I GmbHG). Nicht veranlassende Organmitglieder des herrschenden Unternehmens bleiben haftungsfrei. Auch ein Unterlassen kann eine Haftung begründen, wenn nämlich das fragliche Organmitglied Veranlassungen durch
Angestellte des herrschenden Unternehmens nicht verhindert hat[111]. Handeln oder unterlassen ausschließlich andere als die gesetzlichen Vertreter des herrschenden Unternehmens, zB leitende Angestellte, kommt § 317 III AktG wegen seines klar auf gesetzliche Vertreter beschränkten Wortlautes nicht zur Anwendung[112].

bb) Anspruch der abhängigen Gesellschaft gegen die Vertreter des herrschenden   **205**
Unternehmens aus § 117 I 1 AktG. Nimmt ein Vertreter des herrschenden Unternehmens vorsätzlich Einfluss auf die Gesellschaft, um ihr oder ihren Aktionären zu schaden, schuldet er als natürliche Person der geschädigten Gesellschaft Ersatz. Hier ist
aber zu beachten, dass § 117 AktG im Anwendungsbereich der §§ 311, 317 AktG sus-

---

109 So *Eschenbruch*, Rn 3343.
110 *Eschenbruch*, Rn 3345.
111 *Altmeppen*, Managerhaftung C II 3, S. 65 f.
112 *Hüffer* § 317 Rn 13 mwN; aA *Altmeppen*, Managerhaftung C II 2, S. 64.

pendiert ist, bis am Jahresende feststeht, ob das herrschende Unternehmen den Nachteil ausgeglichen hat. Nur wenn dem nicht so ist, endet die Suspendierung des § 117 AktG, und er kann neben § 317 I 1, III AktG verfolgt werden. Einzelheiten zu § 117 sind oben zu Rn 181 ff ausgeführt.

c) Ansprüche der abhängigen Gesellschaft gegen die Vertreter der abhängigen Gesellschaft

206 **aa) Ansprüche der abhängigen Gesellschaft gegen die Vertreter der abhängigen Gesellschaft aus § 318 I 1, II AktG.** Unterlassen es Vorstände und/oder Aufsichtsräte schuldhaft, den Abhängigkeitsbericht nach § 312 AktG ordnungsgemäß aufzustellen (Vorstand) und zu prüfen (Aufsichtsrat), haften auch sie der abhängigen Gesellschaft „neben" den nach § 317 AktG Haftenden, also neben dem herrschenden Unternehmen (§ 317 I 1 AktG) und seinen gesetzlichen Vertretern (§ 317 III AktG). Für diese Haftung nach § 318 I, II AktG müssen auch sämtliche Voraussetzungen aus § 317 I 1, II, III AktG gegeben sein[113]. § 318 I 1, II AktG ist in seiner Beschränkung auf Pflichtverletzungen der Verwaltung im Zusammenhang mit der Aufstellung des Abhängigkeitsberichts eng und praktisch unbedeutend. Daher müssen die allgemeinen Vorschriften §§ 93, 116 AktG im faktischen AG-Konzern anwendbar bleiben[114].

207 **bb) Ansprüche der abhängigen Gesellschaft gegen die Vertreter der abhängigen Gesellschaft aus §§ 93 II 1, 116 AktG**

(1) Anspruch aus § 93 II 1, 2 AktG. Die **Vorstandsmitglieder** der abhängigen Gesellschaft trifft dieser gegenüber eine Schadensersatzpflicht gem. § 93 II 1, 2 AktG, wenn sie im Rahmen der §§ 311 ff AktG ihre Pflichten verletzen. Bei jeder vom herrschenden Unternehmen ausgehenden Veranlassung trifft den Vorstand die Pflicht, gewissenhaft die Zulässigkeit der Veranlassung, ihre möglichen Auswirkungen auf die Vermögens- und Ertragslage sowie die Ausgleichsfähigkeit zu prüfen. Im Einzelnen gilt[115]:

208 Ist die fragliche Maßnahme **ergebnisneutral** oder gar **vorteilhaft**, kann der Vorstand sie ergreifen.

209 Wird die fragliche Maßnahme **nachteilige Auswirkungen** haben, muss der Vorstand weiter prüfen:
- Soll er zu gesetzwidrigen Maßnahmen veranlasst werden, darf die Maßnahme nicht ergriffen werden.
- Ebenso wenig einflusskonform reagieren darf der Vorstand, wenn die Veranlassung nicht im Konzerninteresse liegt (vgl §§ 312 I 2, 308 I 2 AktG) oder für die Gesellschaft existenzbedrohend ist.

---

113 *E/H*, Lb. § 27 III 1, S. 402.
114 *Altmeppen*, Managerhaftung C III 1, S. 68; *E/H*, Lb. § 27 III 2, S. 403.
115 Zum Folgenden *E/H*, Lb. § 25 III, S. 384 ff; strenger *Altmeppen*, Managerhaftung C I 3, S. 61 f, C III 1–2, S. 68–70.

- Sind die ermittelten Nachteile quantifizierbar, kann sich der Vorstand auf das Funktionieren des Mechanismus in §§ 311 II, § 317 I 2 AktG verlassen oder auch das Umsetzen der Veranlassung verweigern.
- Sind die ermittelten Nachteile nicht quantifizierbar, darf der Vorstand die Maßnahmen nicht ergreifen.
- Sind die Nachteile bei langfristig wirkenden Maßnahmen noch nicht im Einzelnen abzusehen, ihrer Art nach aber ausgleichsfähig, weil später absehbar quantifizierbar, darf der Vorstand die Maßnahme nur ergreifen, wenn das herrschende Unternehmen sich **zugleich** mit der Durchführung der Maßnahme verbindlich verpflichtet, die Nachteile der von ihm veranlassten Maßnahme künftig auszugleichen. In einem solchen Fall genügt der Vorstand also seiner Sorgfaltspflicht nicht, wenn er sich auf das Wirksamwerden der §§ 311 II, § 317 I 1 AktG verlässt.

(2) Anwendung des § 318 AktG auf § 93 II 1 AktG. Für den Anspruch aus § 93 II 1 **210** AktG gelten die Sonderregeln des § 318 AktG[116], dh:

- nach § 93 II 1 AktG Haftende sind gem. § 318 I AktG **Gesamtschuldner** neben den nach § 317 I 1, III AktG Verantwortlichen;
- Aktionäre können ihren **Individualschaden** analog §§ 317 I 2, 318 I 1 AktG auch unter Berufung auf § 93 II 1 AktG geltend machen, also unter Berufung auf die Verletzung von Pflichten, die nicht mit der Pflicht zur vollständigen und ordnungsgemäßen Aufstellung des Abhängigkeitsberichts aus § 312 AktG zusammenhängen, auf die allein § 318 I, II AktG abstellen;
- über die Verweisung in § 318 IV AktG kommt auch **§ 309 III-V AktG** auf § 93 II 1 AktG zur Anwendung, so dass Aktionäre den Anspruch der Gesellschaft auf diesem Wege geltend machen können (Gläubiger der abhängigen Gesellschaft können dies schon nach § 93 V AktG). Fraglich ist, ob diese Ausdehnung des Verfolgungsrechts der Aktionäre in § 309 IV AktG auf § 93 II 1 AktG nicht mehr zu vertreten ist, nachdem § 148 AktG seit 1. November 2005 vorsieht, dass Aktionäre sich gerichtlich ermächtigen lassen können, Ansprüche ua aus § 93 II 1 AktG selbst geltend zu machen. Indessen wird man annehmen müssen, dass der Gesetzgeber die Minderheitenrechte durch § 148 AktG stärken wollte und mit dem darin geregelten Verfahren, das für die das Verfahren betreibenden Aktionäre beschwerlicher ist als die voraussetzungslose Verfolgung des Gesellschaftsanspruchs gem. § 309 IV AktG, den Aktionäre nicht den leichteren Weg über § 309 IV AktG verschließen wollte. Deshalb kommt § 309 IV AktG weiterhin auf § 93 II 1 AktG zur Anwendung, soweit § 93 II 1 AktG wegen Pflichtverletzungen im Rahmen der §§ 311 ff AktG erfüllt ist.

(3) Anspruch aus § 116 Satz 1 AktG. Auch die Haftung der **Aufsichtsratsmitglie- 211 der** der abhängigen Gesellschaft nach §§ 116 Satz 1, 93 AktG ist immer mit zu prüfen. Kommen die Mitglieder des Aufsichtsrats ihrer Überwachungspflicht gegenüber dem Vorstand hinsichtlich einer Schädigung der abhängigen Gesellschaft nicht nach, etwa indem sie die Vorstände nicht von der Umsetzung einer unzulässigen nachteili-

---

116 *Hüffer* § 318 Rn 10; *E/H*, Komm. § 318 Rn 11 ff.

gen Maßnahme abhalten, machen auch sie sich der abhängigen Gesellschaft gegenüber haftbar. Auch für diesen Anspruch gelten die Sonderregeln des § 318 AktG.

212 **cc) Anspruch der abhängigen Gesellschaft gegen die Vertreter der abhängigen Gesellschaft aus § 117 II 1 AktG.** Wenn im Zusammenhang mit einer vorsätzlichen schädigenden Einflussnahme (§ 117 I 1 AktG, näher oben Rn 181 ff) sich auch Mitglieder des Vorstandes oder des Aufsichtsrats der abhängigen Gesellschaft sorgfaltspflichtwidrig verhalten, haften sie gesamtschuldnerisch neben dem nach § 117 I 1 AktG Verpflichteten der Gesellschaft auf Ersatz gem. § 117 II 1 AktG.

d) Ansprüche der Aktionäre der abhängigen Gesellschaft gegen das herrschende Unternehmen

213 **aa) Ansprüche der Aktionäre der abhängigen Gesellschaft gegen das herrschende Unternehmen aus § 317 I 2 AktG und § 117 I 2 AktG, § 31 BGB.** Der Aktionär hat einen eigenen Anspruch gegen das herrschende Unternehmen (§ 317 I 2 AktG) bzw den Einflussnehmenden (§ 117 I 2 AktG), wenn er infolge der Veranlassung zu einer nachteiligen Maßnahme bzw infolge des Einflusses einen über den bloßen Reflexschaden hinaus gehenden persönlichen Schaden erlitten hat (**Individualschaden**). **Reflexschaden** ist der Schaden, den der Aktionär in Gestalt des Wertverlustes der von ihm gehaltenen Aktien erleidet, der wiederum durch eine Schädigung der Gesellschaft entsteht. Der Individualschaden geht darüber hinaus (näher im Beispiel Rn 215).

214 Während § 317 I 2 AktG unmittelbar einen Ersatzanspruch gegen das herrschende Unternehmen gewährt, räumt § 117 I 2 AktG zunächst nur einen Ersatzanspruch gegen die natürliche Person ein, die die schädigende Einflussnahme durchgeführt hat. Will der Aktionär bei **§ 117 I 2 AktG** auf das herrschende Unternehmen zugreifen, muss diesem das zum Schadensersatz verpflichtende Verhalten eines seiner verfassungsmäßigen Vertreter erst noch zugerechnet werden nach **§ 31 BGB (analog)**. Verfassungsmäßiger Vertreter ist, wer „wesensmäßige Funktionen" des fraglichen Unternehmens wahrnimmt.

215 **Beispiel:** Die Clever AG hält 55 % der Anteile an der Smart AG. Aufsichtsratsvorsitzender in der Smart AG ist der Vorstandsvorsitzende der Clever AG. Smart-Aktionär Schussel hat seiner Gesellschaft ein Darlehen gewährt, mit dem sie ihren Liquiditätsengpass überwinden soll. Dennoch fällt die Smart AG in Insolvenz und Schussel mit seinem Darlehen aus. Smart AG konnte Schussels Raten nicht mehr bedienen, weil ihr Aufsichtsratsvorsitzender den Vorstand veranlasst hat, vorrangig die Forderungen der Clever AG zu bedienen und die Forderungen der Smart AG gegen die Clever AG nicht weiter zu verfolgen.

I. Die Smart AG kann von Clever AG nach **§ 317 I 1 AktG** Schadensersatz verlangen. Denn die Veranlassung durch den Aufsichtsratsvorsitzenden, Forderungen gegen die Clever AG nicht mehr zu verfolgen, stellt die Veranlassung zu einer nachteiligen Maßnahme dar. Der Vorstand einer unabhängigen Gesellschaft hätte auch die Forderungen gegen Clever AG verfolgt.

II. In diesem Falle stellt der Ausfall des persönlich gewährten Darlehens einen über den Verlust der Werthaltigkeit der Aktien hinausgehenden Schaden dar, den Schussel nach **§ 317 I 2 AktG** von der Clever AG und nach **§ 117 I 2 AktG**, hier aber nur **iVm § 31 BGB**, ebenfalls von der Clever AG ersetzt verlangen kann[117]: Die Veranlassung durch den Aufsichtsratsvorsitzenden hat zwar zunächst nur das Vermögen der Smart AG vermindert, und diese Minderung wirkt sich nur auf den Wert der Aktien aus. Aber Schussels auf derselben Veranlassung beruhender Ausfall des Darlehens ist ein nur ihn treffender Individualschaden.

bb) Anspruch der Aktionäre der abhängigen Gesellschaft gegen das herrschende Unternehmen wegen Treuepflichtverletzung. Die gesellschaftsrechtliche Treuepflicht verpflichtet auch die Gesellschafter untereinander, keinen schädigenden Einfluss auf die Gesellschaft auszuüben. Bei Verletzung dieser Pflicht steht den Betroffenen ein eigener Anspruch gegen den Schädiger der Gesellschaft auf Unterlassen zu. Hinsichtlich eines Schadensersatzanspruches ist oben Rn 200 f festgestellt worden, dass diese im Anwendungsbereich der §§ 311, 317 AktG von diesen Vorschriften als Spezialnormen verdrängt wird. Dagegen erfassen die §§ 311, 317 AktG Unterlassungsansprüche nicht. Jedoch muss auch insoweit die Suspensivwirkung der §§ 311, 317 AktG greifen, so dass die Mitgesellschafter erst nach Ausbleiben des Nachteilsausgleichs den Anspruch haben[118]. **216**

cc) Ansprüche der Aktionäre der abhängigen Gesellschaft gegen das herrschende Unternehmen aus §§ 304, 305 AktG. Die Ansprüche auf Ausgleich und Abfindung aus §§ 304, 305 AktG kommen im faktischen Aktienkonzern zur Anwendung, wenn zwischen herrschendem Unternehmen und abhängigem Unternehmen (lediglich) ein **isolierter Gewinnabführungsvertrag** besteht. **217**

Bei Fehlen jeglichen Unternehmensvertrages kommt allenfalls die Wertung des § 305 II Nr 3 AktG in Betracht, wenn sich der schädigende Einfluss als qualifizierter Eingriff darstellt. Zu den Einzelheiten s. Rn 454 ff.

dd) Durchsetzung von Ansprüchen der abhängigen Gesellschaft gegen das herrschende Unternehmen durch die Aktionäre der abhängigen Gesellschaft. Für die Durchsetzung von Ansprüchen der Gesellschaft durch die Aktionäre gilt im Einzelnen Folgendes: **218**
- **§ 317 I 1 AktG** iVm §§ 317 IV, 309 IV 1 und 2 AktG sieht ausdrücklich ein Recht zur Geltendmachung des Schadensersatzanspruches und damit auch des Unterlassungsanspruches durch die Aktionäre vor[119];
- **§§ 117 I 1 AktG, 31 BGB:** Hier ist keine § 317 I 1, IV AktG entsprechende Regelung vorgesehen, daher kann der Aktionär diesen Anspruch der Gesellschaft nicht geltend machen. Er kann aber versuchen zu erreichen, dass die Hauptversammlung die Geltendmachung des Anspruchs durch den Vorstand der abhängigen Gesellschaft beschließt (§ 147 I 1 AktG). Er kann auch versuchen zu erreichen, dass die Hauptversammlung oder das Gericht einen **besonderen Vertreter** zur Geltendma-

---

117   Vgl BGHZ 94, 55, 58 f.
118   Vgl BGHZ 94, 55, 58 f.
119   Einziges bisher bekannt gewordenes Beispiel bei OLG Köln ZIP 2006, 997 und LG Bonn AG 2005, 542 – beide Telekom/UMTS.

chung des Anspruchs bestellt (§ 147 II AktG). Möglich ist seit 1. November 2005 aber auch, dass sich ein Aktionär, allein oder zusammen mit anderen, im Rahmen des **Klagezulassungsverfahrens** gem. § 148 AktG gerichtlich zur Geltendmachung des Anspruchs im eigenen Namen ermächtigen lässt (§ 148 AktG);

- **§§ 62 I, 57 I 1 AktG:** § 62 II 1 AktG sieht nur ein Verfolgungsrecht für die Gläubiger der Gesellschaft vor. Nach hM ist diese Vorschrift nicht analog auf die Aktionäre anzuwenden[120];

- **Treuepflichtverletzung:** Soweit Ansprüche aus Treuepflichtverletzung der abhängigen Gesellschaft gegen das herrschende Unternehmen trotz des weiten Anwendungsbereiches der §§ 317, 117 AktG zu bejahen sind, lassen sich zugunsten eines Klagerechts der Aktionäre weder § 309 IV 1 und 2 AktG analog anwenden noch kann die actio pro socio helfen[121]. Denn §§ 309 IV 1 und 2, 317 IV, 318 IV sowie § 148 IV 2 AktG sind gerade Ausdruck dessen, dass in der AG den Aktionären nur in den ausdrücklich angeordneten Fällen ein eigenes Recht zur Klage auf Leistung an die Gesellschaft zugestanden werden soll, die actio pro socio als Recht des Klägers zur Klage im eigenen Namen auf Leistung an die Gesellschaft also in der AG nicht zur Anwendung kommt[122].

e) **Ansprüche der Aktionäre der abhängigen Gesellschaft gegen die Vertreter des herrschenden Unternehmens**

219 **aa) Anspruch der Aktionäre der abhängigen Gesellschaft gegen die Vertreter des herrschenden Unternehmens aus § 317 III, I 2 AktG.** Die Aktionäre können ihren Individualschaden, etwa ausgefallene Darlehen, nach § 317 III, I 2 AktG auch gegenüber den gesetzlichen Vertretern des herrschenden Unternehmens geltend machen, die das abhängige Unternehmen zu der nachteiligen Maßnahme veranlasst haben.

220 **bb) Anspruch der Aktionäre der abhängigen Gesellschaft gegen die Vertreter des herrschenden Unternehmens aus § 117 I 2 AktG.** Erleidet infolge der schädigenden Einflussnahme ein Aktionär einen über den Schaden aufgrund des Wertverlustes der Beteiligung hinausgehenden Individualschaden (zB ein in der Krise der Gesellschaft aufgrund falscher Auskünfte des Mehrheitsaktionärs gewährtes, nun verlorenes Darlehen), muss ihm dafür der Einflussnehmende als natürliche Person Ersatz leisten[123]. Der Einflussnehmende kann, muss aber nicht zugleich der gesetzliche Vertreter des herrschenden Unternehmens sein.

221 **cc) Durchsetzung von Ansprüchen der abhängigen Gesellschaft gegen die Vertreter des herrschenden Unternehmens durch die Aktionäre der abhängigen Gesellschaft.** Die Aktionäre der abhängigen Gesellschaft können folgende Ansprüche der abhängigen Gesellschaft gegen die Vertreter des herrschenden Unternehmens durchsetzen:

---

120 *Hüffer* § 62 Rn 13 mwN.
121 So aber *Eschenbruch*, Rn 3352.
122 Einzelheiten zur actio pro socio in der AG unten Rn 262 ff, 303 ff.
123 S. BGHZ 94, 55, 58 f und dazu das Beispiel oben „Clever AG und Smart AG", Rn 215.

- **§ 317 III AktG** iVm §§ 317 IV, 309 IV 1, 2 AktG gestattet den Aktionären, den Anspruch der abhängigen Gesellschaft gegen die gesetzlichen Vertreter des herrschenden Unternehmens selbst geltend zu machen. Die Zahlung erfolgt an die Gesellschaft.
- **§ 117 I 1 AktG** können dagegen die Aktionäre nicht selbst geltend machen, § 117 V AktG gestattet dies nur den Gläubigern. Allerdings folgt aus §§ 147 f AktG, dass die Aktionäre besondere Vertreter zur Anspruchsverfolgung bestellen lassen und sich auch selbst gerichtlich zur Anspruchsverfolgung ermächtigen lassen können.

f) Ansprüche der Aktionäre der abhängigen Gesellschaft gegen die Vertreter der abhängigen Gesellschaft

aa) Ansprüche der Aktionäre der abhängigen Gesellschaft gegen die Vertreter der **222** **abhängigen Gesellschaft aus § 318 I 1, II iVm § 317 I 2 AktG.** Unterlassen es Vorstände und/oder Aufsichtsräte schuldhaft, den Abhängigkeitsbericht nach § 312 AktG ordnungsgemäß aufzustellen (Vorstand) und zu prüfen (Aufsichtsrat), haften auch sie den Aktionären, die einen Individualschaden nach § 317 I 2 AktG erlitten haben, „neben" den nach § 317 AktG Haftenden, also neben dem herrschenden Unternehmen (§ 317 I 1 AktG) und seinen gesetzlichen Vertretern (§ 317 III AktG). Dass die Mitglieder der Verwaltung der abhängigen Gesellschaft nach § 318 I 1, II AktG auch gegenüber den Aktionären direkt haften, ergibt sich neben der Formulierung „haften neben den nach § 317 Ersatzpflichtigen" vor allem aus § 318 III AktG, wenn es dort heißt, die Ersatzpflicht trete „auch den Aktionären gegenüber" nicht ein, wenn die Handlung auf einem rechtmäßigen Beschluss der Hauptversammlung beruhe[124]. Für diese Haftung nach § 318 I, II AktG müssen auch sämtliche Voraussetzungen aus § 317 AktG gegeben sein[125].

bb) Anspruch der Aktionäre der abhängigen Gesellschaft gegen die Vertreter der **223** **abhängigen Gesellschaft aus § 117 II 1 iVm § 117 I 2 AktG.** Im Falle eines Individualschadens für einen Aktionär (etwa ein ausgefallenes Darlehen) hat der Aktionär einen Ersatzanspruch gegen den Einflussnehmenden aus § 117 I 2 AktG. Dann haften ihm auch die Mitglieder der Verwaltung des abhängigen Unternehmens nach § 117 II 1 AktG, wenn sie ihre Sorgfaltspflichten verletzt haben.

cc) Durchsetzung von Ansprüchen der abhängigen Gesellschaft gegen die Vertreter **224** **der abhängigen Gesellschaft durch die Aktionäre der abhängigen Gesellschaft.** Die Aktionäre können folgende Ansprüche der abhängigen Gesellschaft gegen die Vertreter der abhängigen Gesellschaft selbst geltend machen:
- **§ 318 I 1, II AktG** iVm §§ 318 IV, 309 IV 1, 2 AktG gestattet den Aktionären, den Anspruch der Gesellschaft geltend zu machen. Das ist trotz eines möglichen eigenen Anspruchs aus § 318 I 1, II iVm § 317 I 2 AktG sinnvoll, weil der Aktionär nur

---

124 *Hüffer* § 318 Rn 2.
125 *E/H*, Lb. § 27 III 1, S. 436.

ausnahmsweise einen Individualschaden erleiden wird. Dann muss sichergestellt sein, dass er (wenigstens) den Anspruch der abhängigen Gesellschaft auf Zahlung an die Gesellschaft verfolgen kann.

- **§§ 93 II 1, 116 AktG** iVm **§§ 318 IV, 309 IV 1, 2 AktG:** Wegen der Anwendung der Sonderregeln des § 318 AktG auf die Ansprüche aus § 93, 116 AktG im Falle faktischer Konzerne[126] können die Aktionäre auch diese selbst geltend machen. Eines Rückgriffs auf das Klagezulassungsverfahren gem. § 148 AktG bedarf es nicht.

g) Ansprüche der Gläubiger der abhängigen Gesellschaft gegen das herrschende Unternehmen

225   **aa) Anspruch der Gläubiger der abhängigen Gesellschaft gegen das herrschende Unternehmen aus § 303 I AktG?**   § 303 I AktG gewährt den Gläubigern einer Gesellschaft, deren Leitung einem anderen Unternehmen im Rahmen eines Beherrschungsvertrages (§ 308 I AktG) unterstellt ist und/oder die einen Gewinnabführungsvertrag geschlossen hat, einen Anspruch auf Sicherheitsleistung gegen das andere Unternehmen. Auch diese Vorschrift zugunsten der Gläubiger kann im faktischen AG-Konzern nur dann zur Anwendung kommen, wenn lediglich ein isolierter Gewinnabführungsvertrag besteht.

226   **bb) Durchsetzung von Ansprüchen der abhängigen Gesellschaft gegen das herrschende Unternehmen durch die Gläubiger der abhängigen Gesellschaft.**   Die Gläubiger der abhängigen Gesellschaft können folgende Ansprüche der abhängigen Gesellschaft gegen das herrschende Unternehmen selbst durchsetzen:

- **§ 317 I 1 AktG** iVm **§§ 317 IV, 309 IV 3 AktG** sieht ausdrücklich ein Recht zur Geltendmachung des Schadensersatz- und damit auch des Unterlassungsanspruches vor.
- **§ 117 I 1 AktG, § 31 BGB** iVm § 117 V AktG räumen nur den Gläubigern der Gesellschaft ein Verfolgungsrecht ein, nicht den Aktionären. Der Einflussnehmende muss – damit der Gläubiger auf das herrschende Unternehmen zugreifen kann – ein verfassungsmäßiger Vertreter des herrschenden Unternehmens gewesen sein, wie zB Vorstand oder Geschäftsführer, oder andere wesensmäßige Funktionen wahrgenommen haben (§ 31 BGB analog). Wie bei § 309 IV 3 AktG auch müssen zuvor jedoch die Gläubiger erfolglos die Befriedigung bei der geschädigten Gesellschaft versucht haben. Hierfür genügt es, wenn die geschädigte Gesellschaft nicht zahlen kann. Ein fruchtloser Vollstreckungsversuch ist nicht erforderlich, bloße Zahlungsunwilligkeit reicht aber nicht[127]. Der Gläubiger muss auf Leistung an sich klagen[128].
- **§§ 62 I 1, 57 I 1 AktG** iVm 62 II 1 AktG sehen in § 62 II 1 AktG ausdrücklich ein Verfolgungsrecht für die Gläubiger vor, das nicht analog auf Aktionäre anwendbar ist.

---

126   Vgl schon oben Rn 210 und *Hüffer* § 318 Rn 10.
127   *Hüffer* § 117 Rn 12 iVm § 93 Rn 33.
128   *Hüffer* § 93 Rn 34 mit weiteren Einzelheiten.

h) Durchsetzung von Ansprüchen der abhängigen Gesellschaft gegen die Vertreter des herrschenden Unternehmens durch die Gläubiger der abhängigen Gesellschaft

Die Gläubiger der abhängigen Gesellschaft können folgende Ansprüche der abhängigen Gesellschaft gegen die Vertreter des herrschenden Unternehmens selbst geltend machen:

227

- **§ 317 III AktG** iVm §§ 317 IV, 309 IV 3 AktG.
- **§ 117 I 1 AktG** iVm § 117 V AktG.

i) Durchsetzung von Ansprüchen der abhängigen Gesellschaft gegen die Vertreter der abhängigen Gesellschaft durch die Gläubiger der abhängigen Gesellschaft

Die Gläubiger der abhängigen Gesellschaft können folgende Ansprüche der abhängigen Gesellschaft gegen die Vertreter der abhängigen Gesellschaft selbst geltend machen:

228

- **§ 318 I 1, II AktG** iVm §§ 318 IV, 309 IV 3 AktG gestattet den Gläubigern die Verfolgung des Gesellschaftsanspruchs gegen Verwaltungsmitglieder, die ihre Pflichten im Zusammenhang mit Aufstellung und Prüfung des Abhängigkeitsberichtes nicht erfüllen.
- **§ 117 II 1, I 1 AktG** iVm § 117 V AktG: Kommt es zu schädigender Einflussnahme auf die abhängige Gesellschaft und verhalten sich in diesem Zusammenhang die Verwaltungsmitglieder der abhängigen Gesellschaft sorgfaltswidrig, haften auch sie der abhängigen Gesellschaft auf Ersatz. Diesen Anspruch können dann die Gläubiger der geschädigten Gesellschaft verfolgen nach § 117 V AktG.
- **§§ 93 II 1, 116** iVm § 93 V AktG: § 93 V AktG gestattet den Gläubigern die Verfolgung der Ansprüche gegen die Verwaltungsmitglieder der abhängigen Gesellschaft. Hier bedarf es also keiner analogen Anwendung des § 318 IV AktG, wie es bei den Aktionären erforderlich ist, die in § 93 V AktG nicht erwähnt werden[129]. Auch hier muss zunächst ein erfolgloser Befriedigungsversuch gegenüber der Gesellschaft unternommen worden sein.

j) Außenhaftung des herrschenden Unternehmens aus sonstigen Rechtsgründen

Darüber hinaus können allen Ersatzsuchenden auch Schadensersatzansprüche gegen das herrschende Unternehmen zustehen

229

- wegen Vertragsverletzung (**§§ 280, 311 II BGB**),
- wegen **Durchgriffshaftung** (Unterkapitalisierung, ggf existenzvernichtender Eingriff)[130] sowie

---

129 Vgl oben Rn 210.
130 S. dazu Rn 355 ff.

- gemäß den **§§ 823, 826 BGB** (insbesondere wegen Konkursverschleppung, § 92 II AktG bzw § 64 I GmbHG iVm §§ 823 II, 830 BGB, und Untreue, § 266 I StGB iVm §§ 823 II, 830 BGB)[131].

k) Ansprüche des herrschenden Unternehmens

230 **aa) Ansprüche des herrschenden Unternehmens sowie dessen Gesellschafter und Gläubiger gegen die Geschäftsleiter des herrschenden Unternehmens.** Verstoßen die Geschäftsleiter des herrschenden Unternehmens gegen § 311 AktG und entstehen daraus Ersatzansprüche der abhängigen Gesellschaft oder der Gesellschafter der abhängigen Gesellschaft gegen das herrschende Unternehmen, so wird das herrschende Unternehmen mit Schadensersatzansprüchen belastet, für deren Erfüllung das herrschende Unternehmen bei seinen Geschäftsleitern **Rückgriff** nehmen kann. Als Anspruchsgrundlage für den Rückgriff gegen die Geschäftsleiter kommen rechtsformabhängig im Falle einer AG § 93 II 1 AktG in Betracht, im Falle einer GmbH § 43 II GmbHG; außerdem in beiden Fällen wegen der gesamtschuldnerischen Haftung des herrschenden Unternehmens mit seinen Geschäftsleitern (§ 317 I 1, III AktG) § 426 I 1 und § 426 II BGB[132]. Inwieweit dann die Gesellschafter und Gläubiger des herrschenden Unternehmens ihrerseits Ansprüche geltend machen können, ist wiederum rechtsformspezifisch und weithin eine Frage des allgemeinen Gesellschaftsrechts. Als Richtschnur gilt:

- Für die **AG** sieht das AktG zB in § 93 V vor, dass Gläubiger den Anspruch der Gesellschaft gegen die Vorstandsmitglieder aus § 93 II 1 AktG und/oder die Aufsichtsratsmitglieder aus §§ 116 Satz 1, 93 II 1 AktG selbst geltend machen können, wenn sie mit ihrem eigenen Anspruch gegen die Gesellschaft bei der Gesellschaft ausgefallen sind. Aktionäre können die Möglichkeiten der §§ 147 f AktG (Bestellung besonderer Vertreter, Ermächtigung zur Anspruchsverfolgung im eigenen Namen) wahrnehmen. Daneben bleiben die allgemeinen Ansprüche etwa aus § 826 BGB.
- In der **GmbH** können die Gläubiger keine eigenen Klagerechte aus dem Gesetz herleiten. Ihnen bleibt nur ein etwaiger Anspruch aus § 826 BGB sowie die Pfändung und Überweisung der Gesellschaftsansprüche. Die Gesellschafter dagegen können nach § 46 Nr 8 GmbHG besondere Vertreter bestellen, die Ansprüche der Gesellschaft gegen die Geschäftsführer geltend machen sollen. Im Übrigen sind auch sie auf die allgemeinen Ansprüche verwiesen.

231 **bb) Ansprüche des herrschenden Unternehmens gegen die Geschäftsführer der abhängigen Gesellschaft.** Im einfach faktischen AG-Konzern steht dem herrschenden Unternehmen keine Weisungsbefugnis gegenüber den Geschäftsführern der abhängigen Gesellschaft zu. Daher kann es bei Nichtbefolgen einer Weisung des herrschenden Unternehmens auch keine Schadensersatzansprüche des herrschenden Unternehmens insoweit geben. Es besteht auch kein sonstiges vertragliches oder gesetzliches

---

131 Zu § 266 StGB iVm §§ 823 II, 830 BGB s. *Kiethe*, WM 2000, 1182, 1187.
132 *E/H*, Lb. § 27 II 1, S. 400 f.

Schuldverhältnis, das die Geschäftsführer der abhängigen Gesellschaft im Falle von Pflichtverletzungen dem herrschenden Unternehmen gegenüber schadensersatzpflichtig machen könnte. Eine Haftung der Geschäftsführer der abhängigen Gesellschaft gegenüber dem herrschenden Unternehmen findet also nicht statt[133].

II. Faktischer GmbH-Konzern

Literatur: Baumbach/Hueck/*Zöllner*, SchlAnhKonzernR Rn 76–93; *Limmer*, Haftungsverfassung, S. 47–63; MünchHdbGesR.GmbH/*Decher* §§ 67–69; *Roth/Altmeppen*, Anh § 13 Rn 115–143; *K. Schmidt*, GesR § 39 III 1,–2., S. 1216–1220.

1. Einführung

a) Die **Voraussetzungen** des faktischen GmbH-Konzerns sind ähnlich denen des faktischen Aktienkonzerns: **232**

- GmbH als abhängiges Unternehmen;
- Unternehmen im konzernrechtlichen Sinne als herrschendes Unternehmen;
- Abhängigkeit der GmbH, § 17 AktG;
- Kein Beherrschungsvertrag.

Hinsichtlich der Begriffe Unternehmen (§ 15 AktG) und Abhängigkeit (§ 17 AktG) gilt das oben im Einzelnen Ausgeführte[134]. Zum Beherrschungsvertrag s. § 291 I 1 Alt. 1 AktG und unten Rn 476 ff.

b) In der GmbH ist die Herrschaft der Gesellschafter „nahezu total". Denn anders als **233** in der AG dürfen die Gesellschafter einer GmbH der Geschäftsführung auch bis ins Kleinste gehende Weisungen erteilen (vgl §§ 37 I, 45 I, 46 Nr 6 GmbHG). Die GmbH ist deswegen und wegen ihrer Satzungsfreiheit (s. dagegen § 23 V AktG: Satzungsstrenge) als Konzerngesellschaft besonders geeignet[135]. Dagegen gibt es Weisungen mit grundsätzlicher Folgepflicht für den Vorstand im Aktienrecht nur aufgrund eines Beherrschungsvertrages (§ 308 I 1 AktG) und bei der Eingliederung (§ 323 I AktG). Daher braucht ein GmbH-Gesellschafter zur Legitimierung seiner Einflussnahme keinen Beherrschungsvertrag, die faktische Konzernierung genügt.

Trotz des Fehlens einer Kodifizierung muss das Recht auf die Interessenkonflikte in **234** GmbH-Konzernen reagieren. Grundlage für die Erfassung der GmbH im Konzern ist eine alle Gesellschafter bindende **Treuepflicht** gegenüber der Gesellschaft und gegenüber den anderen Gesellschaftern. Es gibt also **kein kodifiziertes Konzernrecht der GmbH.** Insbesondere ist dem herrschenden Unternehmen durch die Treuepflicht untersagt, die beherrschte GmbH zu schädigen. Verletzt der herrschende Gesellschafter seine Treuepflicht, macht er sich der GmbH gegenüber schadensersatzpflichtig und ist Unterlassungsansprüchen ausgesetzt. Hinzu kommen Anfechtungsrechte für

---

133 *Eschenbruch*, Rn 4208, 4225.
134 S. Rn 29 ff (zum Unternehmensbegriff), Rn 45 ff (zur Abhängigkeit).
135 *E/H*, Lb. § 29 II, S. 414; *E/H*, Komm. Anh. § 318 Rn 4.

die Minderheitsgesellschafter, wenn der herrschende Gesellschafter bei Beschlüssen der Gesellschafterversammlung treuwidrig abstimmt.

235 **c)** Die **§§ 311 ff AktG** werden **nicht analog** auf den faktischen GmbH-Konzern angewendet. Zwar stehen mit ihnen differenzierte Regelungen zur Verfügung. Das Aktienrecht legt den §§ 311 ff AktG aber sein AG-Modell zugrunde, wonach der Vorstand der AG gem. § 76 I AktG die Gesellschaft in eigener Verantwortung leitet. Nur vor diesem Hintergrund ist zu verstehen, dass § 311 AktG dem Vorstand der abhängigen Gesellschaft einen Entscheidungsspielraum für die Frage einräumt, ob er einer Veranlassung durch das herrschende Unternehmen Folge leistet. Dagegen können in der GmbH die Gesellschafter gem. § 46 Nr 6 GmbHG den Geschäftsführer detaillierte Weisungen erteilen, die die Geschäftsführer nur innerhalb enger Grenzen (ua §§ 30 ff GmbHG) nicht befolgen dürfen, im Übrigen aber umsetzen müssen. Wegen dieses Strukturunterschiedes zwischen AG und GmbH können die §§ 311 ff nicht zur Anwendung kommen[136].

236 | **Leitsätze**
>
> (1) Der faktische GmbH-Konzern setzt – ähnlich dem faktischen AG-Konzern – voraus:
> * GmbH unten, Unternehmen oben,
> * Abhängigkeit der GmbH vom herrschenden Unternehmen,
> * kein Beherrschungsvertrag.
>
> (2) Es gibt kein kodifiziertes GmbH-Konzernrecht. Die hM erfasst die Konflikte im faktischen GmbH-Konzern über die Treuepflicht.
>
> (3) Die §§ 311 ff AktG über den faktischen AG-Konzern sind auf den faktischen GmbH-Konzern nicht analog anzuwenden.

2. Treuepflicht

Literatur: *Lutter*, AcP 180 (1980), 84, 102–130; *Lutter*, ZHR 162 (1998), 164–185; *K. Schmidt*, GesR § 19 III 1., S. 552–555, § 20 IV, S. 587–595; *Steding*, GesR Rn 572–579; *Wiedemann*, GesR I § 8 I-III, S. 404–453

237 Das GmbH-Konzernrecht fußt auf der Treuepflicht[137]. Die Treuepflicht ist ihrem Ursprung nach keine konzernrechtliche Größe, sondern das Vorliegen einer Unternehmensverbindung beeinflusst die Intensität der (ohnehin gegebenen) Treuepflicht[138]. Für das Verständnis der konzernrechtlichen Fragen ist es wichtig, die gesamte Treuepflicht-Problematik vor Augen zu haben.

---

136 Ganz herrschende Meinung, s. etwa BGHZ 149, 10 ff – Bremer Vulkan; *E/H*, Komm. Anh. § 318 Rn 6; s. auch *Ulmer*, NJW 1976, 192.
137 BGHZ 65, 15, 18 f – ITT; *E/H*, Komm. Anh. § 318 Rn 5, 24 ff; MünchHdbGesR.GmbH/*Decher* § 67 Rn 6, § 68 Rn 17.
138 *K. Schmidt*, GesR § 39 III 2. b), S. 1220.

a) Grundlagen

aa) Gläubiger und Schuldner. Gläubiger und Schuldner der Treuepflicht sind **Ge-**   238
sellschafter und **Gesellschaft**. Jeder Gesellschafter ist gegenüber seinen Mitgesellschaftern und gegenüber der Gesellschaft „zur Treue verpflichtet"[139]. Umgekehrt trifft
auch die Gesellschaft eine Treuepflicht gegenüber ihren Gesellschaftern, die sie zB
verletzt, wenn sie einem der Gesellschafter verdeckt unberechtigte Vorteile zum
Nachteil der Mitgesellschafter gewährt[140]. Die beteiligte Gesellschaft kann **rechts-**
formübergreifend eine GmbH, AG und Personengesellschaft sein[141].

bb) Innere Berechtigung der Anerkennung von Treuepflichten. Allgemeiner Aus-   239
gangspunkt für die innere Berechtigung der Anerkennung von Treuepflichten ist nicht
mehr die Vorstellung von einem von gegenseitigem Vertrauen getragenen Gemein-
schaftsverhältnis. Früher wurde angenommen, dass im personenbezogenen Zusammenwirken der Gesellschafter das entscheidende Fundament für den Bestand und
Erfolg der Gesellschaft liegt und dass dies gegenseitiges Vertrauen und gesellschaft-
streues Verhalten voraussetzt. Diese Vorstellung ließ sich in der Wirklichkeit nur bei
den Personengesellschaften (vgl § 705 BGB: „verpflichten sich die Gesellschafter ge-
genseitig", §§ 105 III, 161 II HGB) bestätigen, dagegen kaum in den mit zunehmend
strikter Zuständigkeitsbinnenordnung versehenen Gesellschaftsformen GmbH und
AG, bei denen es auf vertrauensvolle Zusammenarbeit mit der Zunahme der Zahl der
Gesellschafter dem gesetzlichen Leitbild nach immer weniger ankommt. Daher wurde
in der Rechtsprechung die Existenz von Treuepflichten in GmbH und AG lange Zeit
verneint[142]. Dann setzte sich die Erkenntnis durch, dass in jeder Gesellschaft gleich
welcher Rechtsform das **gemeinsame Mitgliedsein** ein Band zwischen den Gesellschaftern schafft, das lediglich in seiner Intensität und seinen einzelnen Anforderungen abhängig ist von der konkreten Ausgestaltung („Realstruktur") der Gesellschaft[143].

Im **Konzern** ist Ausgangspunkt für die innere Berechtigung der Anerkennung von   240
Treuepflichten die Erkenntnis, dass der Möglichkeit der Mehrheit, die Interessen der
Mitgesellschafter zu beeinträchtigen, als Gegengewicht die Pflicht zu Lasten der
Mehrheit gegenüberzustellen ist, auf diese Interessen der Minderheit Rücksicht zu-
nehmen[144]. Die Umsetzung dieser Erkenntnis erfolgt durch die als Einwirkungs-
kontrolle zu verstehende Treuepflicht. Sie gibt der Gesellschaftermehrheit eine Art
treuhänderische Verwaltung des gesamten Eigen- und Fremdkapitals auf. Die Treuepflicht verpflichtet dann die Mehrheit, bei der Verfolgung der Gesellschaftsange-
legenheiten angemessen Rücksicht auf die Interessen der Minderheit zu nehmen

---

139 *Roth/Altmeppen* § 13 Rn 31; MünchKomm.BGB/*Ulmer* § 705 Rn 223, 226 ff.
140 BGHZ 65, 15, 18 – ITT; *Henze*, ZHR 162 (1998), 186, 187.
141 *Wiedemann*, GesR I, § 8 II 3 a), S. 433 f; *K. Schmidt*, GesR § 20 IV 2 d), S. 592 und hM; aA für Ka-
    pitalgesellschaften *Flume*, AT I/2, S. 258 f, 269 f.
142 Zur Entwicklung der Treuepflicht in GmbH und AG sogleich.
143 *K. Schmidt*, GesR § 19 III 1 a), S. 553 f; *Hüffer* § 53a Rn 15; *Lutter*, AcP 180 (1980), 84, 105 ff; s.
    auch *Höfler*, JuS 1992, 388.
144 BGHZ 65, 15, 19 – ITT (GmbH); BGHZ 103, 184, 194 f – Linotype (AG).

(**Machtkontrolle**)[145]. Im Konzern bedeutet die Verpflichtung zur Treue für den Mehrheitsgesellschafter im Kern ein **umfassendes Schädigungsverbot**.

241 **cc) Äußerer Ansatzpunkt für Treuepflichten.** Äußerer Ansatzpunkt für die Treuepflicht ist der jeweilige **Gesellschaftsvertrag** als Vertrag zwischen den Gesellschaftern „über die Gesellschaft". **Besonderheiten** weist die Verankerung der Treuepflicht in den **Körperschaften** auf. Denn hier ist die Gesellschaft selbst Person, und der Gesellschafter tritt vornehmlich zu ihr in ein Rechtsverhältnis und weniger zu den anderen Gesellschaftern. Der strukturelle Unterschied wird sprachlich gelegentlich daran deutlich, dass man im Falle von Gesellschaften ohne eigene Rechtspersönlichkeit davon spricht, man sei Gesellschafter „in" einer GbR usw, während man bei Körperschaften sagt, man sei „an" einer GmbH usw „beteiligt"[146]. Dennoch ist auch bei den Körperschaften Grundlage der Treuepflicht die Satzung (AG)[147] bzw der Gesellschaftsvertrag (GmbH). Verallgemeinernd geht die hM daher von der einheitlichen Struktur der Mitgliedschaft[148] in Personen- und Kapitalgesellschaften aus. Es ergeben sich nur Unterschiede in der Intensität der den jeweils fraglichen Gesellschafter treffenden Treuepflichten[149], dh nur Ausmaß und Tragweite der Treuepflicht sind von der „Realstruktur" der Gesellschaft abhängig, also ihren praktisch bestehenden Verhältnissen. So unterliegt ein ADAC-Mitglied anderen Anforderungen im Hinblick auf die Rücksichtnahme auf die anderen Vereinsmitglieder und den Verein als der Sohn als Mitgesellschafter der von seinem Vater, seiner Mutter und ihm betriebenen Bäckerei-GmbH oder -OHG im Hinblick auf die anderen Gesellschafter und die Gesellschaft.

242 **dd) Ursprünge.** Die Treuepflicht hat ihre Ursprünge im Recht der **Personengesellschaften,** bei denen die gegenseitige Bindung der Gesellschafter aufgrund des Gesellschaftsvertrages (§ 705 BGB ggf iVm §§ 105 III, 109, 161 II HGB) augenfällig ist[150]. Im Bereich der Personengesellschaften hat die Treuepflicht sich nahezu gewohnheitsrechtlich verfestigt[151].

243 Bei den Körperschaften GmbH und AG fehlt es dagegen vor allem im Aktienrecht an einer ähnlich weitgehenden Vertragsfreiheit (s. § 23 V AktG), und die Gesellschafter versprechen der juristischen Person und nicht den Mitgesellschaftern zB die Erbringung von Leistungen. Daher ist bei den Körperschaften erst relativ spät die Treuepflicht anerkannt worden, in der GmbH endgültig durch ITT[152] 1975, in der AG abschließend durch Girmes[153] 1995. Wegen der Erkenntnis, dass sich die Mitgliedschaft

---

145 Anschaulich *Wiedemann*, GesR I § 8 I 1, S. 405 ff.
146 *Flume*, AT I/2, S. 258 f.
147 MünchHdbGesR.AG/*Wiesner* § 17 Rn 14; *Hüffer* § 53a Rn 15.
148 *Lutter*, AcP 180 (1980), 84, 97 ff; *K. Schmidt*, GesR § 19 III 1 b), S. 554 f.
149 *K. Schmidt*, GesR § 19 III 1 b), S. 554 f mwN.
150 *K. Schmidt*, GesR § 20 IV 2 a), S. 589 f.
151 Staub/*Ulmer* § 105 Rn 233 aE; für die Kapitalgesellschaften MünchHdbGesR.AG/*Wiesner* § 17 Rn 14; allgemein zur Treuepflicht in der GbR grundlegend MünchKomm.BGB/*Ulmer* § 705 Rn 221–243.
152 BGHZ 65, 15 – ITT.
153 BGHZ 129, 136 – Girmes; Einzelheiten sogleich.

in den einzelnen Gesellschaftsformen zwar dem rechtlichen Rahmen nach, aber letztlich nicht in der Sache unterscheidet, sind damit auch in GmbH und AG Treuepflichten anerkannt.

b) Treuepflicht und ihre Verletzung

Allgemein lassen sich nur sehr abstrakte Aussagen über den **Inhalt** der Treuepflicht   **244** treffen: Die Treuepflicht ist eine allgemeine Charakterisierung der Gesellschafterstellung ohne spezifischen Aussagegehalt, eine bloß orientierende Aussage, zu der sich konkrete Pflichten nur aufgrund einer speziellen und argumentativ belegten Interessenbewertung ableiten lassen[154]. Die nach Rechtsfolgen geordneten Fallgruppen, zB Schadensersatzansprüche oder Anfechtungsrechte gegen Beschlüsse[155], eröffnen den Zugang zum Verständnis des genaueren Inhalts der Treuepflicht (näher unten Rn 251 ff).

Die **Rechtsfolgen** einer Verletzung der Treuepflicht hängen allgemein von folgenden Voraussetzungen ab:
- **Bestehen** der Treuepflicht (Entwicklung, Rechtsformunabhängigkeit, Mitgliedschaft)
- **Verletzung** (Nichterfüllung des durch die Treuepflicht gem. der Realstruktur der fraglichen Gesellschaft aufgestellten Maßstabes, zB Ablenken von Geschäftschancen, Verstoß gegen ein Wettbewerbsverbot, unzulässige Sonderleistungen/Entnahmen an einen Gesellschafter)
- **Verschulden** (§ 276 I BGB)

c) Treuepflicht in der GmbH

Mit dem **ITT**-Urteil[156] erfolgte 1975 nach einer Reihe von Vorläuferentscheidungen[157]   **245** die endgültige Anerkennung der Treuepflicht auch im Recht der GmbH. Die Entscheidung betrifft eine Konzernsituation und zeigt, dass die Treuepflicht für das herrschende Unternehmen ein **umfassendes Verbot jeglicher schädigenden Einflussnahme** auf die abhängige Gesellschaft bedeutet. Auf die Art der Beeinflussung kommt es dabei nicht an. Es kann sich um Weisungen an die Geschäftsführer im Rahmen der gesetzlichen Zuständigkeitsordnung, aber auch außerhalb ihrer handeln. Es kann sich auch um Treuepflichtverletzungen bei Beschlüssen handeln, etwa Beschlüsse, Einlageforderungen nicht geltend zu machen oder Ersatzansprüche gegen Geschäftsführer oder Gesellschafter nicht zu verfolgen.

---

154 *Roth/Altmeppen* § 13 Rn 30; OLG Stuttgart AG 2000, 369, 372; *K. Schmidt*, GesR § 20 IV 1 b), S. 588; *Limmer*, Haftungsverfassung, S. 52.
155 Näher unten Rn 254 ff.
156 BGHZ 65, 15 – ITT.
157 Ua BGHZ 9, 157, 163; BGHZ 14, 25, 38.

246 **Beispiel:**

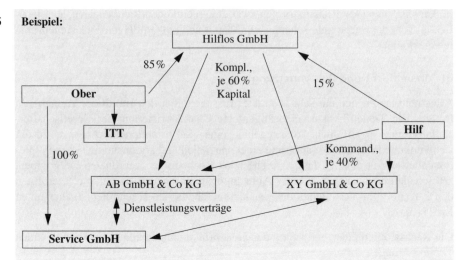

Ober ist Spitzengesellschaft einer international operierenden Gruppe (**ITT**) und mit 85 % an der Hilflos-GmbH beteiligt. Hilflos-GmbH ist Komplementärin (Kompl.) zweier KGn und kapitalmäßig an diesen zugleich mit je 60 % beteiligt. Minderheitsgesellschafter Hilf der Hilflos-GmbH hält 15 % an dieser und ist gleichzeitig Kommanditist (Kommand.) in den beiden KGn mit einer Kapitalbeteiligung von je 40 %. Ober hat unter ihren zahlreichen Beteiligungsgesellschaften auch die 100 %-ige Tochter „Service GmbH", die auch mit den beiden KGn je einen Dienstleistungsvertrag schließt, in dessen Rahmen die KGn 1 % ihres Jahresumsatzes als Entgelt zu leisten haben, obwohl die Service GmbH kaum Dienste erbringt. Hilf ist empört und verlangt von Ober Rückzahlung des von den KGn gezahlten Entgeltes von € 1,5 Mio. an die KGn.

I. Anspruchsgrundlage könnte zunächst die **Treuepflicht** innerhalb der beiden **GmbH & Co. KGn** sein (vom BGH nicht geprüft). Gesellschafter einer KG schulden einander Rücksicht. Hilf als Kommanditist hätte daher die Komplementär-GmbH Hilflos-GmbH jeweils auf Ausgleich des Schadens in Anspruch nehmen können, der den beiden KGn durch die Zahlungen an die Service GmbH entstanden ist. Wäre die Hilflos-GmbH danach zum Schadensausgleich verpflichtet, würde sich aber deren Vermögen verringern, und Hilf hätte einen Wertverlust seiner Beteiligung an Hilflos-GmbH hinzunehmen (während der Wert seiner Kommanditisten-Beteiligungen an den beiden KGn wieder hergestellt wäre). Daher bliebe in einem solchen Fall der Saldo zu Lasten der Hilflos-GmbH und der beiden KGn gleich; der Abfluss des Service-Entgelts würde wirtschaftlich nur von der Ebene der KGn auf die Ebene der Hilflos-GmbH verlagert. Der eigentliche Schadensverursacher, Ober, müsste nichts von dem durch ihn aus den beiden KGn abgezogenen Vermögen ausgleichen. Vermutlich hat Hilf deswegen im Prozess sogleich so vorgetragen, dass es allein auf Ober selbst als Schädiger ankam, dh dass sich sogleich nur die Frage nach den Verhältnissen in der Hilflos-GmbH stellte, an der auch Ober direkt beteiligt war.

Als zweites kommt als Anspruchsgrundlage die **Treuepflicht in der GmbH** in Betracht. Es ist anzuerkennen, dass nicht nur zwischen der Gesellschaft und ihren Gesellschaftern Rücksichtnahmepflichten bestehen, sondern auch zwischen den Gesellschaftern der GmbH. Fraglich ist, wie es sich auswirkt, dass es sich hier um eine mehrstufige Unternehmensverbindung handelt, in der der fragliche Vermögensabfluss auf der Stufe der KGn erfolgte, also nicht unmittelbar bei der Hilflos-GmbH. Insoweit ist zu beachten, dass die Treuepflicht zwar stets Inhalt eines bestimmten einzelnen Gesellschaftsverhältnisses und deshalb grundsätzlich nur auf Rechte, Pflichten und Interessen innerhalb dieser Gesellschaft (Hilflos-GmbH) bezogen ist. Im Konzern reicht aber die Treuepflicht über die Obergesellschaft (Hilflos-GmbH) hinaus. Dass Hilflos-GmbH mehrere rechtlich selbstständige Untergesellschaften nachgeschaltet sind, kann nicht zu einer Verneinung der Treuepflicht in der Hilflos-GmbH auch in Bezug auf diese nachgeschalteten Gesellschaften führen und so Ober und Hilf von den Pflichten freizeichnen, die sie träfen, wenn die Geschäftsbetriebe der AB GmbH & Co. KG und der XY GmbH & Co. KG nicht auf diese beiden Gesellschaften verlagert, sondern bei der Hilflos-GmbH als Betriebsabteilungen verblieben wären (konzernweites Verständnis der Treuepflicht)[158].

II. Anspruchsvoraussetzung ist zunächst, dass die **Treuepflicht verletzt** ist. Ober konnte kraft ihrer Mehrheitsbeteiligung an der Hilflos-GmbH auf deren Geschäftsführer Einfluss nehmen (s. § 46 Nr 6 GmbHG). Da die Hilflos-GmbH ihrerseits Komplementärin und damit Geschäftsführer der KGn war (s. §§ 164, 161 II, 114 HGB), bedeutet der Einfluss auf die GmbH-Geschäftsführung zugleich die Beeinflussung der KG-Geschäftsführung. Indem Ober auf diesem Wege die KGn veranlasste, Zahlungen an die Service GmbH zu leisten, ohne dass diesen Zahlungen adäquate Dienste der Service GmbH gegenüberstanden, und indem er damit Vermögen an Hilf vorbei an sich umleitete, verletzte er seine Treuepflicht gegenüber Hilf in der GmbH. Dass dieses Verhalten Obers rechtswidrig war, konnte diese auch erkennen. Sie handelte daher auch **schuldhaft**.

III. Zweifelhaft ist, ob Hilf die Treuepflichtverletzung überhaupt geltend machen darf, ob er also im weiteren Sinne **Anspruchsinhaber** ist. Denn das treuepflichtwidrige Verhalten der Ober in der Hilflos-GmbH verletzte auch die Treuepflicht der Ober gegenüber der Hilflos-GmbH. Deswegen könnte gegenüber Hilfs Geltendmachung seines eigenen Anspruchs gegen Ober vorrangig die Hilflos-GmbH berufen sein, ihren, mit dem Anspruch Hilfs inhaltlich deckungsgleichen Anspruch gegen Ober geltend zu machen. Allerdings ist es unökonomisch, wenn Hilf erst versuchen müsste, die Hilflos-GmbH zu veranlassen, gegen Ober zu klagen. Deshalb kann Hilf sogleich selbst vorgehen (actio pro socio)[159].

IV. Anspruchsinhalt ist, dass Ober den **Schaden** dort zu **ersetzen** hat, wo er entstanden ist, also in den KGn selbst, deren Vermögen durch die ohne Gegenleistung erfolgten Zahlungen auf die Dienstleistungsverträge geschmälert ist. In Bezug auf Hilf selbst ist zu beachten, dass ja nur der Wert seiner Beteiligungen an der Hilflos-GmbH und an den KGn verringert ist. Er hat keinen darüber hinausgehenden, nur ihn treffenden Schaden erlitten (vgl den Rechtsgedanken in §§ 117 I 2, 317 I 2 AktG). Daher ist der Ersatz an die KGn zu erbringen[160]. **Zahlen muss Ober** und nicht die Service-GmbH, weil Ober Schädiger ist. Ob er etwas von den Zahlungen an die Service-GmbH hat, ist unerheblich. Es geht hier nicht um die Abschöpfung einer ungerechtfertigten Bereicherung.

Da die KGn aber nicht sowohl von Ober und der Service GmbH, also doppelt, ihre Zahlungen zurückerhalten können, ist anzunehmen, dass mit der Zahlung durch Ober auch der Ersatzanspruch der KGn gegen die Service-GmbH aus Vertragsverletzung gem. § 422 BGB erlischt und sich Ober und Service-GmbH untereinander über die Verteilung der Belastung aus der Rückzahlung der Dienstleistungsentgelte auseinandersetzen müssen (§ 426 BGB).

---

158 BGHZ 65, 15, 18, 20 f – ITT.
159 BGHZ 65, 15, 21 – ITT; *Ulmer*, NJW 1976, 192, 193; *Wilhelm*, KapGesR Rn 806 ff.
160 *Ulmer*, NJW 1976, 192, 193.

d) Treuepflicht in der AG

247 Viel länger als in der GmbH dauerte die Durchsetzung der Anerkennung von Treupflichten im Recht der AG[161]. Noch 1975 in der Entscheidung **Audi NSU** wurde die Existenz von Treupflichten durch den BGH verneint[162]. 1988 (**Linotype**) erfolgte die Kehrtwendung, indem zunächst dem Mehrheitsaktionär eine Treuepflicht gegenüber seinem Minderheitsmitgesellschafter aufgegeben wurde[163], 1995 (**Girmes**) entschied der BGH dann, dass auch dem Minderheitsaktionär gegenüber der Mehrheit Treuepflichten auferlegt seien[164].

248 **Beispiele:**

1. Audi NSU: Nach Abschluss eines Beherrschungs- und Gewinnabführungsvertrages zwischen der VW AG und der börsennotierten Audi NSU AG bot VW den Aktionären den Umtausch von Audi-Aktien in VW-Aktien im (die damals aktuellen Börsenwerte nicht abbildenden) Verhältnis 2,5 : 1 an (vgl § 305 II Nr 1 AktG). Die Israel-British Bank als Aktionärin der Audi NSU AG erhob darauf Anfechtungsklage gegen den Zustimmungsbeschluss zum Beherrschungs- und Gewinnabführungsvertrag. VW wollte den sich abzeichnenden Jahresfehlbetrag von Audi noch in sein Jahresergebnis steuerwirksam einbeziehen und musste daher handeln. VW bot der Bank die Übernahme deren Pakets über die Börse zu einem Preis an, der dem Vierfachen des bisherigen Umtauschangebots entsprach, nämlich zu einem Stückpreis von € 113. Der Kläger hatte zuvor seine Audi-Aktien an der Börse für € 73 verkauft. In der Folgezeit kam es nicht zuletzt wegen der Nachrichten über den Preis, den VW an die Bank gezahlt hatte, zu einem Anstieg des Preises der verbliebenen börsennotierten Audi-Aktien auf € 110. Diesen Wert der Audi-Aktien repräsentierte das ursprüngliche Umtauschverhältnis von 2,5 : 1 erst recht nicht mehr. Dann bot VW allen verbliebenen Audi-Aktionären die Übernahme ihrer Anteile für € 113 pro Stück an. Der Kläger verlangte Ersatz für die ihm entgangene Preissteigerung. Er argumentierte, dass VW ihn davor hätte warnen müssen, seine Aktien zu früh zu verkaufen, weil VW noch mit einem Großaktionär verhandele, dessen Preisvorstellungen auch Auswirkungen auf die übrigen Aktionäre haben könnten. Der BGH entschied: „Die gemeinsame Zugehörigkeit zu einer AG begründet für sich allein keine gegenseitigen Rechtsbeziehungen, aus denen sich eine solche Haftung (aus der Treuepflicht) herleiten ließe."[165]

249 **2. Linotype:** Die A-GmbH war zu 96 % an der B-AG beteiligt, die Schriftträger, ua unter dem Namen „Linotype", vertrieb. A wollte den Geschäftsbetrieb der B-AG in ihr Unternehmen integrieren, erreichte die (damals) für eine zunächst angestrebte Verschmelzung der B auf die A erforderliche 100 %-Mehrheit in der Hauptversammlung der B aber nicht. Daraufhin betrieb A die Auflösung der B, wofür nach der Satzung bereits 80 % der Stimmen genügten. Bereits vor Beschlussfassung über die Auflösung hatte A mit dem Vorstand der B die Übernahme der Aktiva der B verhandelt und vereinbart. Minderheitsaktionär X der B erhob Anfechtungsklage gegen den Auflösungsbeschluss. Der BGH befand, dass zwar an sich ein Auflösungsbeschluss seine Rechtfertigung in sich trage und eine ausufernde Beschlusskontrolle nicht angezeigt sei. Aber: Zwar unterliege der Minderheitsaktionär „in der Regel" keinen Treuebindungen gegenüber der Mehrheit, wohl jedoch sei der Mehrheitsaktionär der Minderheit gegenüber zur Rück-

---

161 Überblick bei *Hüffer* § 53a Rn 13–22.
162 BGH WM 1976, 449 – Audi NSU.
163 BGHZ 103, 184 – Linotype.
164 BGHZ 129, 136 – Girmes; kritisch zum Ganzen *Flume*, ZIP 1996, 161.
165 BGH WM 1976, 449; zustimmend *Wilhelm*, KapGesR Rn 809–820.

sichtnahme verpflichtet und dürfe nicht hinter dem Rücken des seine legitimen Interessen verfolgenden Minderheitsaktionärs schon weitreichende Verhandlungen über das weitere Schicksal der Vermögensteile des aufgelösten Unternehmens führen[166].

3. Girmes: Bolko Hoffmann warb in seinem Börsenfachblatt „Effecten-Spiegel" dafür, dass **250** ihm die Minderheitsaktionäre der notleidenden Girmes AG Stimmrechtsvollmacht erteilen sollten, damit er für sie gegen die zur Sanierung erforderliche Kapitalherabsetzung bei der Girmes AG im Verhältnis 5 (alte Girmes-Aktien) : 2 (neue Girmes-Aktien) – unter Verzicht der Girmes-Gläubiger auf ca. € 39 Mio. Forderungen – stimmen und statt dessen auf eine Herabsetzung 5 : 3 – und einen höheren Forderungsverzicht – drängen könne. Hoffmann bekam die für eine Blockade erforderliche Stimmrechtszahl zusammen. Die Sanierung scheiterte, weil sich die Großaktionäre nicht zu einem Kapitalschnitt 5 : 3 und die Gläubiger nicht zu einem höheren Forderungsverzicht entschließen konnten. Daraufhin verloren die Aktien infolge des anschließenden Insolvenzverfahrens weitgehend an Wert. Nun verklagte einer der Minderheitsaktionäre, die Hoffmann keine Stimmrechtsvollmacht erteilt hatten, Hoffmann auf Schadensersatz wegen Verhinderung einer Sanierung der Gesellschaft und dadurch bedingten Wertverlusts der Aktien. Der BGH ließ Hoffmann haften, und zwar nach § 179 I BGB analog. Der Vorschrift sei folgender Gedanke zu entnehmen: Im Falle des Einschaltens eines Dritten auf der einen Seite einer Rechtsbeziehung (hier Hoffmann als Dritter auf Seiten jedes der ihm Stimmrechtsvollmacht erteilenden Minderheitsaktionäre) hat der andere Partner der Rechtsbeziehung (also der Kläger, der Hoffmann keine Stimmrechtsvollmacht erteilt hat) Anspruch auf Aufdeckung der Identität des anderen Partners, also hätte Hoffmann die Namen der Minderheitsaktionäre nennen müssen, die ihm Stimmrechtsvollmacht erteilt haben. Dann hätte der Kläger gegen diese vorgehen können. Im Falle der Verweigerung dieser Namensnennung besteht auch Anspruch auf Erfüllung des zugrunde liegenden Rechtsverhältnisses gegenüber dem verdeckt auftretenden Stimmrechtsvertreter. Dieses zugrunde liegende Rechtsverhältnis war nun die Treuepflicht zwischen Minderheitsaktionären. Der BGH hatte in Linotype noch davon gesprochen, dass den Minderheitsaktionär „in der Regel" keine Treuepflicht treffe. Jetzt hatte er einen Ausnahmefall ausgemacht, in dem dies doch der Fall sei. Zugleich stellte er die neue Regel auf, dass Minderheitsaktionäre generell eine Treuepflicht treffe[167]. „Erfüllung" der Treuepflicht hätte bedeutet, dass die von Hoffmann vertretenen Aktionäre der vorgeschlagenen Sanierung 5 : 2 hätten zustimmen müssen. Da sie, vertreten durch Hoffmann, aber dagegen gestimmt hatten, lag eine Art „Leistungsstörung", nämlich die Verletzung der Treuepflicht vor. Es blieb nur Schadensersatz. Dieser wäre aber nicht an den Kläger, sondern an die Girmes AG zu leisten. Zur Verurteilung zum Schadensersatz kam es aber nicht, weil der BGH für den Fall der Treuepflichtverletzung durch Stimmrechtsausübung der Aktionäre Schädigungsvorsatz verlangte, der Fall daraufhin zur weiteren Aufklärung an das OLG Düsseldorf zurückverwiesen wurde, dieses aber (den zuvor von ihm im Rahmen des § 826 BGB bereits geprüften und verneinten) Vorsatz nicht feststellen konnte[168]. Vorsatz, so der BGH, sei erforderlich, weil das Stimmrechtsvollmachtsystem des AktG zugunsten der Banken nicht mehr funktioniere, wenn Kleinaktionäre befürchten müssten, schon wegen fahrlässig treuepflichtwidriger Abstimmung belangt zu werden. Zudem treibe das Genügenlassen von Fahrlässigkeit die Teilnahmezahlen in der Hauptversammlung unerwünscht weiter nach unten[169].

---

166 BGHZ 103, 184, 189 ff – Linotype.
167 BGHZ 129, 136, 142 ff – Girmes; krit. *Flume*, ZIP 1996, 161 ff; zur Anknüpfung des BGH in Girmes an den Vorläufer Linotype s. *Wilhelm*, KapGesR Rn 821.
168 OLG Düsseldorf ZIP 1996, 1211, 1212 ff.
169 BGHZ 129, 136 – Girmes; zum Ganzen kritisch *Wilhelm*, KapGesR Rn 821–835.

e) Rechtsfolgen

251 Den bisher gebrachten Beispielen zur Entwicklung der Treuepflicht in GmbH und AG war zu entnehmen, dass Schadensersatzpflichten Folge von Treuepflichtverletzungen sind. Die Rechtsfolgen von Treuepflichtverletzungen sind aber vielgestaltiger. Sie machen zB eine Stimmabgabe und damit einen Beschluss oder zB eine Weisung außerhalb des gesetzlich vorgeschriebenen Weges (§ 46 Nr 6 GmbHG) rechtswidrig. Und an rechtswidriges Verhalten können sich verschiedene Folgen knüpfen. Im Einzelnen ist eine Orientierung an der Art des möglicherweise treuepflichtwidrig wahrgenommenen Rechts erforderlich, so dass **eigennützige Gesellschafterrechte** (zB Recht auf Anteil am Gewinn der Gesellschaft) eher Raum für die Verfolgung individueller Interessen lassen als **uneigennützige, gesellschaftsbezogene Rechte** (zB Stimmrecht bei der Frage der Sitzverlegung der Gesellschaft in die Nähe ihrer wichtigsten Kunden)[170]. Als Rechtsfolgen von Treuepflichtverletzungen sind ua zu nennen: Schadensersatzpflichten, Unterlassungspflichten, Wettbewerbsverbote, in schweren Fällen Recht zum Ausschluss, Begründetheit einer Auflösungsklage, Berechtigung zur Abberufung eines Gesellschaftergeschäftsführers, Rechtswidrigkeit eines unter treuwidriger Stimmabgabe zustande gekommenen Beschlusses[171]. Nachstehende Übersicht vermittelt eine Orientierung über die wichtigsten Rechtsfolgen[172]:

252 • **Unterlassungsansprüche**
Derjenige, dem gegenüber ein bestimmtes Verhalten rechtswidrig ist, kann sich dagegen mit Unterlassungsverlangen wehren, solange das rechtswidrige Tun andauert. Der beherrschende Gesellschafter darf zB zur Gesellschaft grundsätzlich nicht in Wettbewerb treten[173], tut er es dennoch, treffen ihn Unterlassungspflichten.

253 **Beispiel (T-Shirt I):** Die T-Shirt GmbH betreibt zwei Einzelhandelsgeschäfte in Münchhausen. Eines der Geschäfte befindet sich in einem X gehörenden Haus, in dem noch ein anderes Ladengeschäft eines Versandhauses betrieben wird. Die monatliche Miete beträgt € 15 000, das ist viel für die GmbH, aber angesichts der exklusiven Lage des Ladengeschäfts nicht unangemessen. Geschäftsführender Gesellschafter der GmbH ist Schulz. Ihm persönlich bietet X den Erwerb des Grundstückes an, auf dem sich das Haus befindet, in dem die GmbH ihr Geschäft betreibt. Der Kaufpreis ist fair und eröffnet Schulz die Möglichkeit, auch aus dem Ladengeschäft des Versandhauses höhere Mieteinnahmen zu erzielen. GmbH-Mitgesellschafter Müller findet es unfein, dass Schulz diese Chance nicht auf die GmbH „umlenkt", sondern selbst zum Zuge kommen will, um dann offenbar seinerseits an die GmbH zu vermieten. Müller will verhindern, dass es zum Abschluss zwischen Schulz und X kommt.

Einen Unterlassungsanspruch kann er auf § 1004 I 2 BGB analog iVm der Treuepflicht stützen[174]. Der von einem rechtswidrigen Verhalten Bedrohte kann den anderen auf Unterlassen in Anspruch nehmen. Schulz verletzt seine Treuepflicht. Die ihm anvertraute Geschäftsführung verpflichtet ihn, auch die Interessen des Mitgesellschafters Müller zu wah-

---

170 S. MünchHdbGesR.AG/*Wiesner* § 17 Rn 15; MünchKomm.BGB/*Ulmer* § 705 Rn 224.
171 Näher *Henze*, GmbH-Hdb. Rn 828–858.
172 Vgl *K. Schmidt*, GesR § 20 IV 4, S. 595.
173 *Roth/Altmeppen* § 13 Rn 45 f.
174 S. Baumbach/*Hopt* § 109 Rn 26, 28.

ren und sich uneigennützig für das gemeinsame Ziel einzusetzen. Es genügt auch nicht, dass sich die Situation der GmbH nicht verschlechtern würde, wenn Schulz den Mietvertrag zu denselben Bedingungen wie X mit der Gesellschaft fortführte. Hier liegt die Chance zu langfristiger Besserstellung der Gesellschaft vor. Diese muss Schulz ausschließlich zugunsten der Gesellschaft nutzen[175]. Müller kann Schulz auf Unterlassung in Anspruch nehmen.

- **Schadensersatzansprüche**   **254**
  Aus der Verletzung der Treuepflicht folgt eine Schadensersatzpflicht gem. § 280 I BGB[176]:

Beispiel (T-Shirt II): Gelingt Müller nicht die rechtzeitige Inanspruchnahme des Schulz   **255** auf Unterlassen des Erwerbs des Grundstückes von X, etwa weil er von den im Verborgenen laufenden Gesprächen zwischen Schulz und X nichts weiß und nur den Vollzug des Eigentumswechsels am Grundstück erfährt, kann er unter Beachtung der vorrangigen Zuständigkeiten der Gesellschaftsorgane mit der actio pro socio (als Klage im eigenen Namen auf Leistung an die Gesellschaft) von Schulz als Gesellschafter wegen der Treuepflichtverletzung Schadensersatz verlangen, und zwar wegen der entgangenen Möglichkeit für die T-Shirt-GmbH, selbst Mietzinseinnahmen aus dem anderen Ladengeschäft zu erzielen sowie selbst keine Mietzinszahlungen mehr leisten zu müssen. Denn das Ausnutzen wirtschaftlicher Möglichkeiten der Gesellschaft durch Gesellschafter zu ihrem eigenen Vorteil ist verboten[177]. Daneben ist Schulz noch im Rahmen des § 43 I, II GmbHG verantwortlich[178].

- **Anfechtungsrechte bezüglich treuwidrig gefasster Beschlüsse**   **256**
  In der GmbH finden die Vorschriften des AktG (§§ 241 ff AktG) zu Anfechtungs- und Nichtigkeitsklagen grundsätzlich analoge Anwendung. Rechtswidrig ist ein Beschluss, der gegen Gesetz oder Gesellschaftsvertrag verstößt, § 243 I AktG analog. Anforderung des Rechts ist es, sich den gesellschaftsvertraglichen Bindungen der Treuepflicht gemäß zu verhalten. Wer dies bei der Abstimmung über Beschlussvorlagen nicht tut, macht den Beschluss rechtswidrig, und dieser kann angefochten werden[179].

Beispiel: GmbH-Gesellschaftergeschäftsführer Dr. Hippenstiel-Imhausen hat den Monta-   **257** gebereich der Imhausen-GmbH an eine von ihm gegründete Gesellschaft zu einem auffallend niedrigen Preis veräußert. Der veräußerte Montagebereich machte den wesentlichen Teil des Unternehmens aus. Dadurch wurde bei der Imhausen-GmbH eine nicht von einer Änderung des Gesellschaftsvertrages gedeckte Änderung des Unternehmensgegenstandes bewirkt. Nunmehr arbeitet die neue Gesellschaft mit dem materiellen und personellen Bestand der alten Montageabteilung und macht der Imhausen-GmbH erfolgreich Konkurrenz. Die Imhausen-GmbH ist daraufhin in Insolvenzgefahr. Mehrheitsgesellschafter der Imhausen-GmbH ist die Imhausen-Chemie GmbH, an der die Frau von Dr. Hippenstiel-Imhausen

---

175   S. BGH NJW 1986, 584, 585; BGH NJW 1986, 585, 586; OLG Düsseldorf NZG 2000, 475 f.
176   Vgl OLG Düsseldorf ZIP 1994, 619, 623 ff; *Raiser*, ZHR 153 (1989), 1, 20.
177   *Roth/Altmeppen* § 13 Rn 44.
178   Vgl BGH NJW 1986, 585; BGH WM 1978, 1205, 1206 f.
179   *Roth/Altmeppen* § 47 Rn 43, 48 ff.

und andere Familienangehörige 49% der Anteile halten. Dr. Hippenstiel-Imhausen wird Entlastung für das abgelaufene Geschäftsjahr erteilt. Gegen den Entlastungsbeschluss erhebt Minderheitsgesellschafter M Anfechtungsklage.

Mit Erfolg: Da die Entlastung in der GmbH im Ergebnis der Verzicht der Gesellschaft auf etwaige, erkennbare Ersatzansprüche ist[180], sind die Grenzen der Treuepflicht überschritten, wenn der Verzicht den Interessen der Gesellschaft offenbar zuwiderläuft. Die Interessen der Gesellschaft sind berührt, wenn zur Zeit der Beschlussfassung Tatsachen bekannt sind, die einen Schadensersatzanspruch als möglich erscheinen lassen. In Insolvenznähe auf Ersatzansprüche gegen die Person zu verzichten, die durch ihr nicht von einem wirksamen Gesellschafterbeschluss gedecktes Verhalten die Insolvenzgefahr bewirkt hat, ist treuwidrig. Daher ist der Entlastungsbeschluss für nichtig zu erklären[181].

258 • **Positive Stimmpflichten**[182]

Man muss zwischen Beschlüssen unterscheiden, die ihrem Inhalt nach auf eine Treuepflichtverletzung hinauslaufen, wie die treuwidrige Entlastung des Geschäftsführers, gegen die offenbar Schadensersatzansprüche bestehen, und solchen Beschlüssen, die ihrem Inhalt nach auf ein treuepflichtgebotenes Verhalten gehen. In dem zweiten Fall können Gesellschafter ihre Zustimmung verweigern und damit einen der Treuepflicht nach gebotenen Beschluss verhindern. Ficht nun ein zustimmungswilliger Gesellschafter den Beschluss an, ist zwar die Ablehnung weg, aber der zustimmende („positive") Beschluss nicht da. Steht wegen der Aufhebung des Beschlusses aufgrund der Anfechtung fest, dass der nicht zustimmende Gesellschafter hätte zustimmen müssen, also einer „positiven Stimmpflicht" unterlag, ist es sinnvoll, ihn auch gleich so zu behandeln, als hätte er zugestimmt, und den dann gefassten Beschluss gerichtlich „positiv festzustellen". Anderenfalls müsste erneut eine Gesellschafterversammlung durchgeführt werden, in der die unterlegenen Gesellschafter unter Umständen erneut ihre Zustimmung verweigern würden. Die auf diese Feststellung des Beschlusses gerichtete Klage nennt man „positive Beschlussfeststellungsklage". Dabei ist es wichtig zu beachten, dass sie entgegen dem Wortlaut den Beschluss nicht bloß „feststellt", sondern ihn herbeiführt. Sie ist daher Gestaltungsklage.

259 Die positive Beschlussfeststellungsklage ist in der Regel mit der die Aufhebung des ablehnenden Beschlusses erstrebenden Anfechtungsklage verbunden. Zwingend erforderlich ist das nicht. Wird in der Hauptversammlung einer AG nicht festgestellt, dass und mit welchem Ergebnis ein Beschluss zustande gekommen sei, existiert überhaupt kein Beschluss. Denn § 130 AktG schreibt für das Zustandekommen eines Beschlusses zwingend eine Beurkundung vor (durch notarielle Beurkundung, § 130 I 1 und 2 AktG, oder durch privatschriftliche Niederschrift durch den Aufsichtsratsvorsitzenden bei nicht börsennotierten Gesellschaften und dort bei Beschlüssen, die keine 3/4-Mehrheit verlangen, § 130 I 3 AktG). Diese

---

180 *Roth/Altmeppen* § 46 Rn 25; anders in der AG: § 120 II 2 AktG.
181 Vgl OLG Hamm ZIP 1993, 119, 121 ff.
182 Hierzu BGHZ 97, 28; BGH NZG 2005, 129; *Roth/Altmeppen* § 47 Rn 155 f, § 13 Rn 52; *Hüffer* § 246 Rn 42 f; *K. Schmidt*, GesR § 15 I 3 b), S. 438 f, § 15 II 1 b), S. 441 ff.

Beurkundung ergibt zusammen mit der Feststellung des Beschlussergebnisses gem. § 130 II AktG den Hauptversammlungsbeschluss[183]. Fehlt eine Element, ist der Beschluss wegen Beurkundungsmangels nichtig gem. § 241 Nr 2 AktG[184]. Es kann dann nur eine Klage auf Feststellung[185] der Nichtigkeit erhoben werden (§ 249 I AktG); dies muss ggf auch geschehen, um eine Heilung nach § 242 AktG zu verhindern. In diesem Falle kann man also eine Nichtigkeitsfeststellungsklage mit einer positiven Beschlussfeststellungsklage verbinden. Demgegenüber bedarf es in der GmbH keiner förmlichen Feststellung des Beschlusses, sofern nicht Gesetz (§ 53 II GmbHG) oder Gesellschaftsvertrag etwas anderes bestimmen. Er kommt bei der GmbH mit Abgabe der letzten Stimme zustande[186] und ist dann auch der Anfechtungsklage ausgesetzt („Zustandekommen unstrittig, Inhalt strittig"). Lediglich wenn bei unterbliebener förmlicher (wegen Gesetz oder Gesellschaftsvertrag erforderlicher) Feststellung strittig ist, ob überhaupt ein Beschluss zustande gekommen ist, muss man auf die allgemeine Feststellungsklage nach § 256 ZPO zurückgreifen („unklarer und nicht förmlich festgestellter Beschluss"). Ist aber förmlich festgestellt, gilt der Beschluss als zustande gekommen und kann nur noch mit der Anfechtungsklage angegriffen werden[187].

Beispiel: Die Schneider GmbH betreibt Maßschneidereien und hat in den letzten Jahren **260**
große Verluste gemacht. Das bilanzielle Eigenkapital von € 250 000 ist bereits zu mehr als
50 % verbraucht. Die Gesellschaft steckt in einer tiefen Krise. Da meldet sich zum Glück
M Messer, er will in die Gesellschaft als neuer Gesellschafter einsteigen und Kapital in
Höhe von € 500 000 einbringen. Das wird er aber nur tun, wenn der Kapitalerhöhung eine
Kapitalherabsetzung auf den tatsächlich noch vorhandenen Eigenkapitalstock vorausgeht,
damit allein die Altgesellschafter den in ihrer Zeit aufgelaufenen Verlust tragen[188]. Altgesellschafter Scharf verweigert die Zustimmung zu diesem Kapitalschnitt, vordergründig
weil er meine, Messer müsse angesichts der blendenden Geschäftsaussichten für die nächsten Jahre die wertmäßige Teilhabe der Altgesellschafter an der von Messer allein finanzierten Kapitalerhöhung hinnehmen. Tatsächlich aber ist Scharf daran interessiert, die Schneider GmbH in die Insolvenz zu treiben, um so mit dem von seinem Bruder betriebenen,
bisher kleingewerblichen Schneiderbetrieb groß einsteigen zu können. Am Tag der Gesellschafterversammlung verweigert Scharf die erforderliche Zustimmung zur Kapitalherabsetzung, die daraufhin scheitert. Die anderen Altgesellschafter überlegen, was sie tun
können.

Der Gesellschaft in ihrer tiefen Krise die von einem Dritten angebotene Hilfe aus eigensüchtigen Gründen zu vereiteln, ist grob treuwidrig. Scharf hätte zustimmen müssen. Die
anderen Gesellschafter können den die Kapitalherabsetzung ablehnenden Beschluss anfechten und zugleich den Antrag stellen, dass der positive Beschluss unter Hinzuzählung
der treuwidrig verweigerten Stimme des Scharf festgestellt werde („positive Beschlussfeststellungsklage").

---

183 *Hüffer* § 130 Rn 22.
184 *Hüffer* § 130 Rn 30, § 241 Rn 13.
185 *Hüffer* § 249 Rn 10; aA insbesondere *K. Schmidt*, GesR § 15 II 2, S. 445 ff, § 28 IV 5 c), S. 859: Gestaltungsklage.
186 *Roth/Altmeppen* § 47 Rn 4, § 48 Rn 14.
187 *Roth/Altmeppen* § 47 Rn 132.
188 Näher hierzu *Wilhelm*, KapGesR Rn 582–595.

261 | **Leitsätze**

(1) Die **Treuepflicht** ist ein das **gesamte Gesellschaftsrecht,** insbesondere alle Rechtsformen, durchziehendes Rechtsinstitut.

(2) Allgemein ist sie das Mittel zur **Bewältigung von Interessenkonflikten** zwischen Eigeninteressen eines Gesellschafters und den gegenläufigen Interessen der anderen Gesellschafter bzw der Gesellschaft.

(3) **Im Konzernrecht** dient die Treuepflicht zur Erfassung der Konflikte, die ein beherrschender Gesellschafter durch seine außergesellschaftlichen Interessenbindungen verursachen kann.

(4) Die Verletzung der Treuepflicht hat vor allem Unterlassungsansprüche, Schadensersatzansprüche, Anfechtungsrechte und positive Stimmpflichten zur Folge.

3. Actio pro socio

Literatur: *Altmeppen,* FS Musielak (2004), S. 1–25; *Höfler,* JuS 1992, 388–392; *Lutter,* ZHR 162 (1998), 164, 176–183; *Raiser,* ZHR 153 (1989), 1–34; *Wiedemann,* GesR II § 3 III 6, S. 279–289

262 Die Treuepflicht-Problematik ist mit der Frage nach Wesen und Anwendungsbereich der actio pro socio verbunden. Die obigen Beispiele zeigen, dass Treuepflicht-Fälle immer Konfliktfälle sind, in denen sich ein Mitglied der Gesellschaft irgendwie zur Wehr setzt. Es hat dann Interesse daran, Ansprüche aus der Konfliktsituation selbst zu verfolgen und nicht auf die Zusammenarbeit mit dem Konfliktpartner (Mitgesellschafter, Gesellschaft) angewiesen zu sein. Dazu ist die actio pro socio das richtige Mittel, auch im Konzern. Allerdings ist die actio pro socio kein Kind der Treuepflicht. Nicht alle Ansprüche in einer Gesellschaft, die man mit der actio pro socio verfolgen kann, entspringen der Treuepflicht.

a) Grundlagen

263 **aa) Begriff.** Begrifflich geht es bei der actio pro socio um die Verfolgung von Rechten durch Gesellschafter in ihrer Eigenschaft als Gesellschafter. Ein Gesellschafter klagt im eigenen Namen auf Leistung an die Gesellschaft. Deshalb kann man sie auch „Gesellschafterklage" nennen.

264 Unter dem Stichwort „Gesellschafterklage" kann man aber nicht nur die actio pro socio diskutieren, sondern das gesamte Recht der Möglichkeiten eines Verbandsmitglieds (in GbR, OHG, KG, Verein, GmbH, AG, Genossenschaft ua), sich gegen rechtswidrige Maßnahmen der Gesellschaftsorgane oder Mitgesellschafter zu wehren. Das betrifft insbesondere Anfechtungs- und Nichtigkeitsklage, die in §§ 241 ff AktG geregelt sind, aber auch auf die GmbH angewendet werden. Details gingen hier zu weit[189].

---

189   Als Einstieg: *K. Schmidt,* GesR § 21 V, S. 645 ff; *Raiser,* ZHR 153 (1989), 1.

Gegenstände der Diskussionen über die actio pro socio sind[190]:   **265**

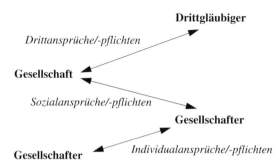

- **Drittansprüche/-pflichten** sind Ansprüche/Pflichten, die ihren Rechtsgrund nicht in der Mitgliedschaft haben, sondern zB in einem Kaufvertrag mit einem Vertragspartner, der nicht zugleich Gesellschafter ist, aber auch zugleich Gesellschafter sein kann (dann „Gesellschaftergläubiger");
- **Sozialansprüche/-pflichten** als Ansprüche/Pflichten des Verbandes (Gesellschaft) gegenüber dem Mitglied (Gesellschafter) aus der Mitgliedschaft, etwa auf Erbringung der geschuldeten Einlage;
- **Individualansprüche/-pflichten** als mitgliedschaftliche Ansprüche/Pflichten der Mitglieder (Gesellschafter) untereinander, zB auf ordnungsgemäße Geschäftsführung (vgl § 705 BGB) und aus der Treuepflicht.

bb) Ursprünge. Die Ursprünge der actio pro socio sind römisch-rechtlich. Dort war   **266** sie eine Abrechnungsklage unter den Gesellschaftern und gründete sich auf die Rechtsverhältnisse zwischen den in der römischen **societas** allein existierenden Rechtssubjekten, also den Gesellschaftern. Der Verband wurde noch nicht als Subjekt angesehen[191]. Mit der weiteren Entwicklung und der Anerkennung des **Verbandes** (Gesamthand und juristische Person) als Träger von Rechten tritt ein weiteres Rechtssubjekt hinzu, dessen Abstand zu den Gesellschaftern unterschiedlich groß ist und deshalb auch differenziert in die Actio-pro-socio-Problematik hineinwirkt. Zunächst fand sich die actio pro socio wieder in der Personengesellschaft, die auch am ehesten der römisch-rechtlichen societas ähnlich ist. Von der damit verbundenen Verankerung der actio pro socio im Gesellschaftsvertrag, wonach die Gesellschafter einander zur Förderung des Gesellschaftszwecks verpflichtet sind, entwickelte sie sich zu einem Problem des allgemeinen Verbandsrechts unter Verankerung der actio pro socio in der Mitgliedschaft[192], weist aber rechtsformabhängige Differenzierungen auf, dazu unten Rn 278 ff.

---

190 *K. Schmidt*, GesR § 21 IV 1 b), S. 630 f iVm § 19 III 2. b), S. 556.
191 Vgl *K. Schmidt*, GesR § 21 IV 1 d), S. 633; *Altmeppen*, FS Musielak (2004), S. 1, 2 f.
192 *K. Schmidt*, GesR § 21 IV 1 a), b), S. 630; *Flume*, AT I/2, S. 301 f; *Raiser*, ZHR 153 (1989), 1, 9;
     Baumbach/Hueck/*Hueck/Fastrich* § 13 Rn 38.

267 cc) Rechtsnatur

(1) Eigenes Recht oder Prozessstandschaft. „Actio pro socio" bedeutet nicht „Klage zugunsten der Gesellschaft", sondern „Klage als Gesellschafter"[193]. Hieran wird deutlich, dass ihr Ursprung die societas ist, in der es nur Gesellschafter, aber keine Gesellschaft gab, so dass auch nur aus der Gesellschafterstellung heraus, „als Gesellschafter", geklagt werden konnte. Mit der späteren Rechtsentwicklung, dh der Anerkennung des Verbands als Rechtssubjekt (GbR[194], OHG (§ 124 I HGB), KG (§§ 124 I, 161 II HGB)) oder als juristische Person (GmbH, AG), löst sich von den Gesellschaftern der Verband. Der Verband wird Inhaber subjektiver Rechte, im vorliegenden Zusammenhang insbesondere der Sozialansprüche.

268 **Umstritten** ist, ob sich mit der Anerkennung des Verbands als Träger der Sozialansprüche die Vorstellung über die Rechtsnatur der actio pro socio ändern muss. Nach einer Auffassung macht der Gesellschafter mit Hilfe der actio pro socio einen **eigenen Anspruch** geltend, der in einer Verletzung seiner Mitgliedschaft wurzelt und der aber gleichzeitig auch dem Verband als Sozialanspruch zusteht[195]. Zugleich erfasst der Begriff actio pro socio nach dieser Auffassung auch die Geltendmachung eines reinen Individualanspruchs des Gesellschafters gegen einen Mitgesellschafter, insbesondere auf Ersatz eines (über den bloßen Reflexschaden durch Entwertung der Beteiligung) hinausgehenden individuellen Schadens (s. den Gedanken in § 117 I 2 AktG und oben Rn 213 ff)[196]. Nach anderer Auffassung macht der klagende Gesellschafter stets ein Recht des Verbandes (Sozialanspruch) im eigenen Namen auf Leistung an die Gesellschaft geltend. Sie geht von einer **Prozessstandschaft** aus (deswegen dann „actio pro societate" = Klage zugunsten der Gesellschaft)[197].

---

269 **Hinweis:** „Prozessstandschaft" ist ein Begriff des Prozessrechts. Man muss unterscheiden: Nach Klageerhebung prüft das Gericht zunächst die Zulässigkeit der Klage, dann die Begründetheit. In der Zulässigkeit befasst es sich mit allen Problemen „vorab", beschäftigt sich also mit der eigentlichen Frage, mit dem, worauf der Kläger klagt, noch nicht (Muss der Beklagte zahlen, weil der Kaufvertrag zustande gekommen ist?, das Auto beschädigt ist? oder der Beklagte als herrschendes Unternehmen den Nachteil nicht rechtzeitig ausgeglichen hat?). Ein Zulässigkeitspunkt ist die Zuständigkeit des angerufenen Gerichts. Ein anderer Zulässigkeitspunkt ist, ob der Kläger persönlich hinreichende Eigenschaften hat, um die Klage erheben zu dürfen und um das Gericht zu veranlassen, in die Begründetheitsprüfung einzusteigen. Das Gericht prüft hinsichtlich der erforderlichen Eigenschaften des Klägers:

---

193 S. *Flume*, AT I/2, S. 301.
194 Zur Anerkennung der Rechtsfähigkeit der GbR s. vor allem BGHZ 146, 341 und BGHZ 142, 315.
195 *Flume*, AT I/1, S. 139 ff, AT I/2, S. 300 ff; *Altmeppen*, FS Musielak (2004), S. 1, 14 ff; *Roth/Altmeppen* § 13 Rn 17, 19; *Wilhelm*, KapGesR Rn 807; Rowedder/Schmidt-Leithoff/*Pentz*, GmbHG § 13 Rn 117; *Raiser*, ZHR 153 (1989), 1, 9 ff.
196 *Flume*, AT I/2, S. 302, 303; *Wilhelm*, KapGesR Rn 807; *Raiser*, ZHR 153 (1989), 1, 6: actio pro socio als Oberbegriff aller als Gesellschafterklage in Betracht kommenden Fälle, dagegen *K. Schmidt*, GesR § 21 V 1, S. 645.
197 Begr. RegE UMAG BT-Drucks. 15/5092, S. 23; *Wiedemann*, GesR II § 3 III 6., S. 282 f; *K. Schmidt*, GesR § 21 IV 1 a), S. 629 f; Baumbach/Hueck/*Hueck/Fastrich* § 13 Rn 38; *Berger*, ZHR 149 (1985), 599, 604 ff.

- **Parteifähigkeit**: Sie entspricht der Rechtsfähigkeit (§ 1 BGB) und fragt, ob jemand überhaupt fähig ist, Träger von Rechten und Pflichten zu sein (§ 50 ZPO).
- **Prozessfähigkeit**: Sie ist die Fähigkeit, durch eigene Handlungen ein Prozessverhältnis zu begründen, zu verändern oder aufzuheben (§§ 51 f ZPO). Ihr entspricht materiell-rechtlich die Geschäftsfähigkeit (§§ 104 ff BGB).
- **Prozessführungsbefugnis**: Sie fragt danach, ob der Kläger gerade das von ihm behauptete Recht, aufgrund dessen er in der Begründetheitsprüfung die Verurteilung des Beklagten erreichen will, überhaupt geltend machen darf. Behauptet der Kläger ein eigenes Recht zu haben, das er auch selbst einklagt („Ich bin der Verkäufer, mein Auto ist beschädigt, die AG (organschaftlich vertreten durch ihren Vorstand) verlangt wegen verspäteten Nachteilsausgleichs Schadensersatz"), ist er ohne weiteres prozessführungsbefugt. Macht der Kläger ein fremdes Recht im eigenen Namen geltend („Ich klage darauf, dass der Beklagte den Anspruch des X, der Gesellschaft etc erfüllt."), muss er dazu vortragen, warum ihm das möglich sein soll. Normalerweise machen X oder die Gesellschaft ihre Rechte nämlich selbst geltend. Zum Nachweis, dass der Kläger, der in eigenem Namen das Recht eines Dritten einklagt, dazu berechtigt ist, kann sich der Kläger entweder auf eine rechtsgeschäftliche Ermächtigung durch den Inhaber des eingeklagten Rechts (X, Gesellschaft) berufen. Dann spricht man von einer „**gewillkürten Prozessstandschaft**". Oder der Kläger beruft sich darauf, dass ihm das Gesetz gestattet, das Recht des Dritten im eigenen Namen einzuklagen (zB beim Insolvenzverwalter). Dann spricht man von einer „**gesetzlichen Prozessstandschaft**". Der Prozessführungsbefugnis entspricht materiell-rechtlich die Verfügungsbefugnis.
- **Postulationsfähigkeit**: Bei ihr geht es darum, wer vor Gericht die Verhandlung führen, Anträge stellen darf usw. Das darf vor dem Amtsgericht der Kläger selbst, vor dem Landgericht darf das nur ein Anwalt, dem dafür **Prozessvollmacht** erteilt worden sein muss.

Die Rechtsprechung zur Rechtsnatur der actio pro socio ist nicht eindeutig[198]. **270**

Einig ist man sich indessen, dass in einer reinen Innengesellschaft, in der kein Verband als Rechtsträger entsteht, die Diskussion um die Wahrnehmung eines eigenen Rechts oder Prozessstandschaft für die Gesellschaft keine Rolle spielt[199].

Die **Auseinandersetzung** zwischen den Ansichten „eigener Anspruch" – „Prozess- **271** standschaft" kreist im Wesentlichen um Folgendes: Die Prozessstandschaft kann man nicht als gesetzliche Prozessstandschaft verstehen, da es keine entsprechende gesetzliche Anordnung gibt und man angesichts der schwankenden Rechtsprechung auch nicht von einer gewohnheitsrechtlichen Anerkennung der Konstruktion als Prozessstandschaft ausgehen kann. Die Prozessstandschaft kann auch keine gewillkürte Prozessstandschaft sein, da durchweg Gesellschaftsverträge zu diesem Punkt nichts enthalten und angesichts der Konfliktlage um die Geltendmachung eines Anspruchs durch einen Gesellschafter gegen den Willen eines oder aller anderen Gesellschafter auch die Annahme einer stillschweigenden Ermächtigung lebensfremd ist[200]. Die Ansicht, die einen eigenen Anspruch annimmt, muss sich im Wesentlichen mit der Frage

---

198   Zugunsten eines eigenen Rechts des Klägers: BGHZ 10, 91, 101; BGHZ 25, 47, 49; eher in Richtung Prozessstandschaft: BGH WM 1985, 1227, 1228; BGH WM 2000, 33, 34; ausdrücklich für Prozessstandschaft aber OLG Düsseldorf ZIP 1994, 619, 621.
199   *Altmeppen*, FS Musielak (2004), S. 3; *K. Schmidt*, GesR § 21 IV 2, S. 633.
200   S. *Altmeppen*, FS Musielak (2004), S. 1, 10 ff.

befassen, wie man sich das Verhältnis zwischen dem Anspruch des Gesellschafters und dem Anspruch der Gesellschaft vorzustellen hat[201].

272 **Hinweis:** Für die **Klausur im ersten Staatsexamen** kann sich der Streit insoweit auswirken, als man bei Annahme einer Prozessstandschaft und damit der Geltendmachung nur eines fremden Rechts, nämlich des Rechts der Gesellschaft, eher veranlasst ist, zu beachten, ob nicht für die Gesellschaft selbst Regeln gelten, wie und wann der fragliche Anspruch geltend zu machen ist, und ob und wieweit sich der Gesellschafter als Prozessstandschafter vorrangig zunächst darum bemühen muss, die Einhaltung dieser Verfahrensregeln herbeizuführen. Allerdings liegt auch bei der Ansicht, der Gesellschafter mache einen eigenen Anspruch geltend, nahe, dass der Gesellschafter nicht ganz ohne Berücksichtigung der Gesellschaftsstruktur sofort klagen kann. Im Ergebnis ergeben sich auf diese Weise daher unabhängig von den konstruktiven Unterschieden mehr oder weniger gleiche Anforderungen an die Berechtigung, die actio pro socio zu erheben[202].

Für die **Klausur im zweiten Staatsexamen** eignet sich die Problematik in der Anwaltsklausur, weil man wegen der ungesicherten Rechtslage für beide Auffassungen richtig vortragen muss[203] und sich daraus ein fein abgeschichteter Klage- oder Klageerwiderungsentwurf ergeben kann. In der Urteilsklausur kann man bei entsprechendem Vortrag der Parteien die Streitentscheidung offen lassen, sonst muss man ggf hilfsgutachterlich fortfahren. In die Urteilsklausur kann die actio pro socio aber auch über Rechtskraftfragen hineinwirken.

273 **Unserer Ansicht** nach steht zwar dem Verband der Anspruch zu. Auch dieser Anspruch beruht jedoch auf der gleichzeitig gegebenen Beeinträchtigung des mitgliedschaftlichen Interesses des einzelnen Gesellschafters, dessen Interesse zusammen mit den legitimen Interessen der Mitgesellschafter ja erst die Gesellschaft hat entstehen lassen (Gründung zum Erreichen eines gemeinsamen Zwecks) und dessen Interesse zusammen mit denen der anderen Gesellschafter erst das Gesellschaftsinteresse ergibt. Die Lösung über die Prozessstandschaft hat die genannten Schwierigkeiten, dass sie nicht begründen kann, woraus sich eigentlich die Ermächtigung des Gesellschafters ergeben soll. Das Problem der parallelen Ansprüche von Gesellschafter und Gesellschaft, wie es bei der Gegenauffassung auftritt, lässt sich dadurch erfassen, dass man zwischen beiden eine Gläubigermehrheit nach Maßgabe der §§ 428, 432 BGB annimmt[204]. Die actio pro socio ist unseres Erachtens kein Fall der Prozessstandschaft.

274 **(2) Juristische Person, actio pro socio, Treuepflicht und Zusammentreffen von Individual- und Sozialanspruch.** Kommt es in der GmbH zu einer Treuepflichtverletzung durch den herrschenden Gesellschafter gegenüber dem Mitgesellschafter, liegt auch zugleich eine Treuepflichtverletzung gegenüber der Gesellschaft als Zuordnungsobjekt für Rechtspositionen vor. Denn die Treuepflichten, die dem herrschenden Gesellschafter gegenüber der Gesellschaft auferlegt sind, sind nur die Zusammenfassung der den einzelnen Mitgesellschaftern gegenüber bestehenden Treuepflichten, weil die Gesellschaft als solche ihre Existenz nur dem Fortbestand der in ihr gebün-

---

201 S. MünchKomm.BGB/*Ulmer* § 705 Rn 208.
202 S. etwa Scholz/*Emmerich* § 13 Rn 53.
203 Zum richtigen Vortrag bei Annahme der Prozessstandschaft s. MünchKomm.BGB/*Ulmer* § 705 Rn 210.
204 *Altmeppen*, FS Musielak (2004), S. 1, 15.

delten Interessen der Gesellschafter verdankt, aber jederzeit aufgelöst werden kann. Dann ergeben sich aus einer Treuepflichtverletzung zwei Ansprüche: der Individualanspruch des Mitgesellschafters gegen den herrschenden Gesellschafter und der Sozialanspruch der Gesellschaft gegen den herrschenden Gesellschafter. Die Ansprüche gehen auf dasselbe Ziel, etwa Schadensersatz oder Unterlassen. Wegen vorrangiger Zuständigkeit der Gesellschaftsorgane in der GmbH zur Verfolgung von Sozialansprüchen kann der Mitgesellschafter seinen Individualanspruch nur verfolgen, wenn er auch den Anspruch der Gesellschaft mittels der actio pro socio, also nach Beachtung der einschlägigen Subsidiaritäten (s. Rn 288 ff), durchsetzen kann.

Dass der Gesellschafter erst die Verfolgung des Anspruchs der Gesellschaft durch die **275** Gesellschaft durchzusetzen versuchen muss, bevor er seinen eigenen, inhaltlich deckungsgleichen Individualanspruch verfolgen kann, ist kein Widerspruch zu der eben vertretenen Ablehnung der „actio pro societate", die von einem Fall der Prozessstandschaft ausgeht. Mit der Anerkennung des Verbands als Inhaber des Gesellschaftsanspruchs und mit der gesetzlichen Regelung über die Zuständigkeit, wonach Ansprüche der Gesellschaft durch das Geschäftsleitungsorgan (Vorstand, Geschäftsführer) geltend zu machen sind, muss sich der Gesellschafter grundsätzlich erst an die an sich zuständigen Gesellschaftsorgane wenden, damit diese den deckungsgleichen Sozialanspruch durchsetzen.

Daraus folgt: Wegen der Anlehnung der Durchsetzung der Individualansprüche mit- **276** tels actio pro socio an die Durchsetzung der Sozialansprüche über die Gesellschaftsorgane nimmt die eigenständige **Relevanz der Individualansprüche** mit dem Grad der Ausdifferenzierung der Regeln für die jeweilige Gesellschaftsform ab. Denn je mehr Ansprüche der Gesellschaft als Subjekt zugewiesen, je mehr Ansprüche von einem zur Vertretung der Gesellschaft berufenen Organ geltend gemacht werden und je weniger die Gesellschaft auf einen festen Bestand an Gesellschaftern ausgerichtet ist, desto eher ist die Vorrangigkeit der Zuständigkeit der Gesellschaftsorgane zu beachten, die nicht durch das Verfolgen inhaltsgleicher Individualansprüche unterlaufen werden darf.

Diese Überlegungen zur Subsidiarität der actio pro socio lassen sich besser nachvoll- **277** ziehen, wenn man über Folgendes Klarheit hat: Subsidiär ist oft nur die „echte" actio pro socio als Klage des Gesellschafters in eigenem Namen auf Leistung an die Gesellschaft. Da Grundlage der actio pro socio die Mitgliedschaft ist, in die in irgendeiner Weise eingegriffen sein muss, sind aber auch Anfechtungs- und Nichtigkeitsklage (bei GmbH und AG) ihrerseits actiones pro socio, die nur der Klageerhebung in eigenem Namen und auf Leistung an die Gesellschaft vorgehen[205]. Eine actio pro socio wird also in Gestalt der Anfechtungs- und Nichtigkeitsklage erhoben[206]. Die Rechte des einzelnen Gsellschafters treten also nur bei der actio pro socio im engeren Sinne hinter die vorrangige Zuständigkeit der Gesellschaftsorgane zurück.

---

205 *Flume*, AT I/2, S. 309 f; *Roth/Altmeppen* § 13 Rn 20.
206 *Roth/Altmeppen* § 13 Rn 22.

b) Actio pro socio und reine BGB-Innengesellschaft

278 Dem römisch-rechtlichen Bild der actio pro socio ähnlich ist heute der Fall einer reinen BGB-Innengesellschaft. „Innengesellschaft" ist sie, weil sie gemäß den Vereinbarungen der Gesellschafter im Gesellschaftsvertrag keine eigene Organisation hat, kein Gesamthandsvermögen, keine Geschäftsführung, die nach außen für die Gesellschaft auftritt. Die Innengesellschaft kann mangels Verselbstständigung gegenüber den Gesellschaftern nicht Zuordnungsobjekt für Rechte und Pflichten sein, weil sie dazu weder der Gesellschaftsform noch dem Zweck nach geeignet ist[207]. Es bestehen nur zwischen den Gesellschaftern Rechtsbeziehungen, aufgrund deren sich auch nur zwischen ihnen Ansprüche (also **nur Individualansprüche**) ergeben können[208]. Es ist kein anderer, kein Verband vorhanden, der selbst Rechtssubjekt sein könnte. Diese Ansprüche können dann unproblematisch auch nur die jeweiligen Anspruchsberechtigten (Gesellschafter) geltend machen.

279 **Beispiel (Gartenbank I):** Die Rentner A und B teilen sich im Garten des von ihnen bewohnten Hauses seit 30 Jahren die Benutzung einer Bank. Wegen starken Unkrautbewuchses des Weges zu dieser Bank und im Interesse der ordnungsgemäßen Unterhaltung haben sie vereinbart, dass sie jeweils einen Monat für die Pflege des Objektes zuständig sein sollen. Dabei soll jeder seine eigenen Gerätschaften nutzen, bei Notwendigkeit selbst neue Farbe beschaffen und die Bank streichen. Im Laufe der Jahre würden sich die auf die Farbe aufgewandten Beträge schon gegeneinander aufheben. Dazu wird jährlich eine Übersicht über die aufgewendeten Beträge erstellt.

Bezweifelt A nun doch, dass sich B an die Vereinbarung hält, weil er annimmt, dass B seit zwanzig Jahren ein Viertel der Farbe für seinen Gartenstuhl verwendet hat, und verlangt er von B Rechenschaft über die von ihm (B) unternommenen Streich- und Pflegearbeiten, so kann nur A selbst der Anspruchsinhaber und Anspruchsteller sein. Denn da sich die GbR allein zwischen A und B abspielt (der Rechtsverkehr weiß nicht, dass es die GbR gibt und kann es auch nicht wissen), hat sie sich auch nicht von den Gesellschaftern gelöst und zu einem mehr oder weniger selbstständigen Verband entwickeln können. Deswegen ist außer A niemand da, der den Anspruch haben könnte.

c) Actio pro socio und Personengesellschaft ohne selbstständige Vertretungsorganisation

280 Besteht eine GbR oder OHG, in der alle Gesellschafter gemeinschaftlich zur Geschäftsführung berechtigt sind (s. §§ 709, 714 BGB, §§ 114 I, 125 I HGB), als **Außengesellschaft**, ist diese Außengesellschaft als Verband Träger von Rechten, etwa auf Erbringung der Einlageleistungen, dh es gibt jetzt auch Sozialansprüche. Da aber alle Gesellschafter zur Geschäftsführung und zur Vertretung berechtigt sind, fehlt es an einem organisatorisch abgegrenzten, gegenüber den Gesellschaftern selbstständigen Organ, das diese Ansprüche für die Gesellschaft verfolgen könnte. In diesem Fall hat man früher zur Begründung für die Befugnis jedes Gesellschafters, Sozialansprü-

---

207 *K. Schmidt,* GesR § 21 IV 2, S. 633, zur Innengesellschaft *K. Schmidt* § 43 II 3 u. 4, S. 1288 ff, und MünchKomm.BGB/*Ulmer* § 705 Rn 253 f, 277 ff.
208 *K. Schmidt,* GesR § 21 IV 2, S. 633.

che geltend zu machen, auf § 432 I BGB oder § 2039 BGB analog zurückgegriffen[209]. Heute folgt man aus dem Institut der actio pro socio selbst, dass bei der nicht organisierten Gesamthand jeder Gesellschafter alle Gesellschaftsforderungen (**Sozial- und Drittansprüche**[210]) im eigenen Namen auf Leistung an die Gesellschaft einfordern kann[211]. Es handelt sich dann nicht um einen Notbehelf, sondern der Gesellschafter kann die Ansprüche der Gesellschaft immer verfolgen, es sei denn, er verletzt dabei seine Treuepflicht[212]. Eine Treuepflichtverletzung kann etwa vorliegen, wenn die anderen geschäftsführungsbefugten Gesellschafter aus vernünftigen Gründen die Anspruchsdurchsetzung unterlassen oder verzögern wollen. Nicht möglich ist dem Gesellschafter aber, Verfügungen über die Forderung zu treffen, etwa zu verzichten oder sich über die Forderung zu vergleichen[213].

Beispiel (Gartenbank II): Da A und B bemerken, dass ihnen mit dem Lauf der Jahre das Streichen der Bank immer besser von der Hand geht, beschließen sie, auch den Benutzern der Nachbargärten anzubieten, deren Bänke für ein angemessenes Entgelt zu streichen. Das stößt auf reges Interesse. Wegen der nunmehr größeren Farbmengen halten es A und B für erforderlich, Buch zu führen und nur noch gemeinsam unter „A&B Streichereien" einzukaufen. Eine Farblieferung ist allerdings mangelhaft, und A und B erklären dem Händler nach erfolglos abgelaufener Frist zur Lieferung mangelfreier Farbe den Rücktritt und verlangen den Kaufpreis zurück (§§ 323 I, 433, 434 I 1, 437 Nr 2 BGB). Jetzt erst stellt B fest, dass der Händler künftiger Ehemann seiner Tochter sein wird. Daher verweigert er das weitere Geltendmachen des Rückzahlungsanspruches.

Den Drittgläubigeranspruch gegen den Händler kann A auch allein verfolgen. Er steht zwar der Gesellschaft als Verband zu, mangels eines selbstständigen Vertretungsorgans liegt aber die Geltendmachung der Ansprüche der Gesellschaft, auch der Drittansprüche, in der Hand aller und zugleich jedes einzelnen Gesellschafters. Das folgt aus der Funktion des Instituts der actio pro socio, eines Rückgriffs auf § 432 I BGB oder § 2039 BGB analog bedarf es nicht.

281

In der Personengesellschaft ohne selbstständige Vertretungsorganisation gilt daher: **282**

1. **Sozial- und Drittgläubigeransprüche** stehen der Gesellschaft zu; sie können von allen Gesellschaftern ohne vorrangige Einschaltung der Gesellschafterversammlung geltend gemacht werden; Grenze ist die Treuepflicht.
2. **Individualansprüche** bestehen, konkurrieren aber wegen der Rechtsträgerschaft durch die Gesellschaft mit entsprechenden Sozialansprüchen; mangels vorrangig zuständigen Gesellschaftsorgans können die Gesellschafter ihre Individualansprüche mit der actio pro socio selbst verfolgen.

---

209 Zusammenfassende Kritik bei *Höfler*, JuS 1992, 388, 389; auf § 432 BGB abstellend aber weiterhin BGH NJW 2000, 734.
210 AA MünchKomm.BGB/*Ulmer* § 705 Rn 206: Drittgläubigeransprüche nicht erfasst.
211 *K. Schmidt*, GesR § 21 IV 3, S. 634, IV 7 a), S. 643; *Wiedemann*, GesR II § 3 III 6, S. 283 f.
212 *K. Schmidt*, GesR § 21 IV 3, S. 634 f; MünchKomm.BGB/*Ulmer* § 705 Rn 211.
213 *K. Schmidt*, GesR § 21 IV 3, S. 634 ff.

d) Actio pro socio und Personengesellschaft mit selbstständigem
   Vertretungsorgan

283 Wird eine Gesamthandsgesellschaft nicht von allen, sondern nur von bestimmten vertretungsberechtigten Gesellschaftern vertreten (in GbR und OHG durch von §§ 709,
714 BGB bzw §§ 114 II, 125 I HGB abweichende Gestaltung, in der KG gem. §§ 164
S. 1, 170 HGB kraft Gesetzes durch den Komplementär), besteht ein organisatorisch
von den Mitgliedern getrenntes Organ der Geschäftsführung und Vertretung. Dann
unterliegt die Verfolgung von Ansprüchen der Gesellschaft (**Sozialansprüche**, etwa
aus Verletzung der Treuepflicht auf Schadensersatz und auf Unterlassen von Wettbewerb[214] oder auf Schadensersatz wegen schlechter Geschäftsführung[215]) durch Gesellschafter ersten Subsidiaritäten: Der Gesellschafter kann nur, wenn er ein berechtigtes Interesse an der Verfolgung des Anspruchs hat und wenn die primär für die
Geltendmachung der Forderung zuständigen Organe trotz Aufforderung nicht tätig
werden wollen oder können, zur Geltendmachung im eigenen Namen befugt sein[216].
Unrichtig wäre es aber, zusätzlich zu verlangen, dass die Gesellschafter zunächst noch
einen positiven Klageerhebungsbeschluss fassen müssten, bevor Klage erhoben werden kann[217]. Vielmehr können die anderen Gesellschafter nur dem einmal gegebenen
Klagerecht durch einen Beschluss, durch den gemäß entsprechenden Regeln im Gesellschaftsvertrag auf den Anspruch verzichtet oder er gestundet wird, den Boden entziehen[218]. Damit entfällt dann auch ein korrespondierender Individualanspruch eines
Gesellschafters. Ebenso wenig kann von dem außerhalb der Vertretung der Gesellschaft stehenden Gesellschafter verlangt werden, vor eigener Klageerhebung erst auf
ordnungsgemäße Geltendmachung des Sozialanspruchs durch die vertretungsbefugten Gesellschafter zu klagen[219].

284 **Drittansprüche** – ob sie sich gegen einen Gesellschaftergläubiger oder einen „bloßen" Dritten richten – kann der Gesellschafter dagegen grundsätzlich in der mit
selbstständiger Vertretungsorganisation versehenen Gesellschaft **nicht** mehr mit der
actio pro socio geltend machen, da die Geltendmachung solcher Ansprüche mit einem Eingriff in die Mitgliedschaftssphäre des klagewilligen Gesellschafters nichts
mehr zu tun hat. Insoweit ist allein die Geschäftsführung berufen, Rechte zu verfolgen[220]. Nach Ansicht der Rechtsprechung kann ein Gesellschafter Drittansprüche im
eigenen Namen aber **ausnahmsweise** geltend machen, wenn die Voraussetzungen gegeben sind,

---

214 BGH WM 1972, 1229, 1230; anschaulich OLG Düsseldorf NZG 2000, 475 m. Anm. *Grunewald*.
215 BGHZ 76, 160, 168, die actio pro socio kann aber nicht auf Durchsetzung einer bestimmten Ge-
     schäftsführungsmaßnahme gerichtet werden, sonst würde die Zuständigkeitsordnung zugunsten des
     nicht geschäftsführungsbefugten Gesellschafters ausgehebelt, s. ebenda S. 168.
216 OLG Düsseldorf NZG 2000, 475; *K. Schmidt*, GesR § 21 IV, S. 636 f; MünchKomm.BGB/*Ulmer*
     § 705 Rn 211; *Lutter*, AcP 180 (1980), 84, 132, 134.
217 So aber RGZ 171, 51, 54 ff.
218 BGHZ 25, 47, 50; *K. Schmidt*, GesR § 21 IV 4 a), S. 636 ff; Baumbach/*Hopt* § 109 Rn 35; Münch-
     Komm.BGB/*Ulmer* § 705 Rn 212.
219 OLG Düsseldorf NZG 2000, 475; *K. Schmidt*, GesR § 21 IV 4 b), S. 638.
220 MünchKomm.BGB/*Ulmer* § 705 Rn 206; *K. Schmidt*, GesR § 21 IV 7 b), S. 643 f.

- dass der Gesellschafter ein berechtigtes Interesse an der Geltendmachung des Anspruchs hat,
- dass die vertretungsberechtigten Gesellschafter in gesellschaftswidriger Weise untätig bleiben und
- dass der Dritte mit dem gesellschaftswidrig handelnden vertretungsbefugten Gesellschafter zusammenwirkt[221].

Hinzu kommt noch die analoge Anwendung der Notgeschäftsführungsregelung in **§ 744 II Hs 1 BGB**, der unmittelbar für die Gemeinschaft, nicht für die Gesellschaft gilt und im engeren Sinn keine actio pro socio ist. Die Berufung auf § 744 II Hs 1 BGB setzt voraus, dass entweder die Maßnahme zur Erhaltung eines bestimmten Gegenstandes des Gesellschaftsvermögens erforderlich ist oder dass der Gesellschaft selbst eine akute Gefahr droht und zu ihrer Abwendung schnelles Handeln erforderlich ist[222]. Vertretungsmacht verleiht § 744 II Hs 1 BGB nicht, der Gesellschafter kann also nicht aufgrund dieser Vorschrift im Namen der Gesellschaft klagen. Das zeigt § 744 II Hs 2 BGB; erst die Durchsetzung des nach dieser Vorschrift gegebenen Anspruchs gegen die anderen Gesellschafter, der fraglichen Notmaßnahme zuzustimmen, würde zur Vertretungsmacht führen[223].

285

Beispiel (Gartenbank III): Wegen des Erfolges der Geschäftsidee von A und B wollen einige Bewohner der Nachbargebäude sich nicht nur von A und B die Bänke streichen lassen, sondern auch am Gewinn der Gesellschaft beteiligt sein. A und B ist das entsprechende Ansinnen, in die Gesellschaft aufgenommen zu werden, recht, weil sie eine Ausweitung des Geschäftsbetriebes auch auf andere Stadtteile planen und für die nötigen Erweiterungsinvestitionen (ua ein Klein-Lkw) nicht nur eigenes Kapital einsetzen möchten. Der darauf neu gefasste Gesellschaftsvertrag unter Beteiligung auch von C, D und E sieht vor, dass nur A und B Geschäftsführer und vertretungsberechtigt sein sollen.

286

Im neu erschlossenen Stadtteil bleibt eine größere Zahlung für frisch gestrichene Bänke der Tischler-GmbH hartnäckig aus. Da A und B infolge eines späteren Unfalls mit dem Klein-Lkw anlässlich einer Geschäftsfahrt im Krankenhaus im Koma liegen, droht die Forderung wegen Verjährung uneinbringbar zu werden (vgl §§ 195, 214 BGB). Daher will D Klage auf Zahlung erheben, um so die Verjährung zu hemmen (§§ 204 I Nr 1, 209 BGB).

Es handelt sich um eine Forderung gegen einen Dritten. Die Undurchsetzbarkeit der Forderung wegen Verjährung droht, weil die geschäftsführungs- und vertretungsberechtigten A und B aus tatsächlichen Gründen an der Verfolgung des Anspruchs gehindert sind. Die Undurchsetzbarkeit droht nicht, weil sich A und B oder ein anderer Gesellschafter treuepflichtwidrig verhalten und trotz Aufforderung durch D in kollusivem Zusammenwirken mit dem Schuldner die Forderung nicht geltend gemacht hätten. Es liegt also kein in der Rechtsprechung anerkannter Fall vor, in dem ein Gesellschafter einen Drittanspruch mit der actio pro socio geltend machen dürfte.

Deswegen kommt nur in Betracht, dass D im Wege der Notgeschäftsführung (§ 744 II Hs 1 BGB analog) im eigenen Namen Klage auf Leistung an die Gesellschaft erhebt. Dazu ist er nur berechtigt, wenn die Gesellschaft akut bedroht ist. Das hängt von den Umständen des Falles

---

221 BGHZ 102, 152, 154 f; BGHZ 39, 14, 16 ff; BGHZ 17, 340, 347; BGH NJW 2000, 734.
222 MünchKomm.BGB/*Ulmer* § 709 Rn 21.
223 BGHZ 17, 181, 186 f; MünchKomm.BGB/*Ulmer* § 709 Rn 21.

ab. Steht die Gesellschaft ohne die Zahlung vor der Insolvenz, wäre D zur Klage im eigenen Namen auf Leistung an die Gesellschaft berechtigt, sonst nicht. Im Namen der Gesellschaft könnte D nur klagen, wenn er dazu von den anderen Gesellschaftern gemäß § 744 II Hs 2 BGB ermächtigt wäre.

287 In der Personengesellschaft mit verselbstständigter Vertretungsorganisation gilt daher[224]:

1. **Sozialansprüche** stehen der Gesellschaft zu.
   - Zu ihrer Geltendmachung ist in erster Linie das verselbstständigte Vertretungsorgan berufen.
   - Kann oder will das eigentlich zuständige Vertretungsorgan die Ansprüche treuepflichtwidrig nicht verfolgen, kann jeder der nicht geschäftsführungs- und vertretungsberechtigten Gesellschafter im eigenen Namen auf Leistung an die Gesellschaft klagen.
   - Der klagewillige Gesellschafter muss nicht zunächst einen Klageerhebungsbeschluss der Gesellschafter anstrengen, vielmehr kann dem einmal gegebenen Klagerecht nur durch einen Beschluss der Gesellschafter der Boden entzogen werden, indem auf den Anspruch zB verzichtet oder er gestundet wird; Grenze für solch einen negativen Beschluss ist wiederum die Treuepflicht, bei deren Verletzung der klagewillige Gesellschafter gegen den Beschluss vorgehen muss.
2. **Drittansprüche** machen nur die vertretungsberechtigten Gesellschafter geltend, mangels Eingriffs in die Mitgliedschaft hat ein nicht vertretungsberechtigter Gesellschafter kein Recht, den Anspruch selbst geltend zu machen. Nur ausnahmsweise kann ein nicht geschäftsführungsberechtigter Gesellschafter Drittansprüche geltend machen, nämlich wenn er ein berechtigtes Interesse daran hat, die zuständigen Gesellschafter die Forderung in gesellschaftswidriger Weise nicht geltend machen und sie mit dem Schuldner kollusiv zusammenwirken.
3. **Individualansprüche** macht der Gesellschafter auch in der Personengesellschaft mit verselbstständigter Vertretungsorganisation selbst geltend. Anders ist es, wenn zugleich ein deckungsgleicher Sozialanspruch der Gesellschaft gegeben ist: Dessen subsidiäre Geltendmachung durch einen Gesellschafter schlägt dann auch auf den Individualanspruch durch[225].

e) Actio pro socio und GmbH

288 In der GmbH hat die actio pro socio als Recht zur Klage im eigenen Namen auf Leistung an die Gesellschaft Bedeutung (nur noch) als „subsidiäre Hilfszuständigkeit"[226].

289 **aa) Sozialansprüche.** In der mit einem obligatorischen, selbstständigen Geschäftsführungs- und Vertretungsorgan versehenen GmbH werden **Sozialansprüche** (etwa

---

224 Baumbach/*Hopt* § 109 Rn 33, § 114 Rn 7.
225 Einzelheiten dazu unter Rn 274 ff.
226 *K. Schmidt*, GesR § 21 IV 6 b), S. 641 f; abschwächend Baumbach/Hueck/*Hueck/Fastrich* § 13 Rn 40; aA *Flume*, AT I/2, S. 304 f.

auf Einlagenerbringung, Rückzahlung verbotener Auszahlungen (§§ 30 f GmbHG), auf Unterlassung bei Wettbewerb, Schadensersatz) von den Geschäftsführern geltend gemacht (§ 35 I GmbHG). Zweifelhaft ist, welche Subsidiaritäten der klagewillige Gesellschafter bei der actio pro socio als Recht zur Klage im eigenen Namen auf Leistung an die Gesellschaft in der GmbH zu beachten hat, wenn er seinen mit dem entsprechenden Sozialanspruch deckungsgleichen Individualanspruch durchsetzen will. Die innere Zuständigkeitsordnung der Gesellschaft hat grundsätzlich Vorrang (Geschäftsführer § 35, Gesellschafterversammlung § 46 Nr 2, 8 GmbHG)[227]. Kommen die Organe ihren Aufgaben nach, ist die actio pro socio daher ausgeschlossen[228]. Kommen die Organe ihren Aufgaben nicht nach, muss der klagewillige Gesellschafter zwei Punkte bedenken, deren Nichtbeachtung seine Klage im eigenen Namen auf Leistung an die Gesellschaft erfolglos sein lassen kann: Vorrang der Anfechtungsklage und Vorrang eines Klageerhebungsbeschlusses.

(1) Vorrang der Anfechtungsklage gegen rechtsvereitelnden Beschluss. Unternehmen die Organe nichts, um den fraglichen Anspruch gegen den Mitgesellschafter durchzusetzen, sind zunächst rechtliche Einwirkungsmöglichkeiten außerhalb der actio pro socio (als Klage auf Leistung an die Gesellschaft im eigenen Namen) auszuschöpfen. Folglich ist **zunächst Anfechtungsklage** gegen einen Beschluss zu erheben, der etwa die Geschäftsführer anweist, Einlageforderungen nicht zu verfolgen. Das Gleiche gilt, wenn ein Beschluss der Geltendmachung eines Sozialanspruchs entgegensteht, etwa wenn aufgrund des Beschlusses die Forderung gestundet oder erlassen ist[229]. In solchen Beschlüssen, gefasst mit der Stimmmacht des herrschenden Unternehmens, kann dann zugleich eine **Treuepflichtverletzung** des herrschenden Unternehmens gegenüber der abhängigen Gesellschaft und gegenüber den Mitgesellschaftern liegen. Ein solcher Beschluss kann aber auch durchaus legitim und rechtmäßig sein[230]. **290**

Den Minderheitsgesellschaftern stehen hier zwar zunächst die Anfechtung des Beschlusses **und** die unmittelbare Verfolgung der Schadensersatzansprüche **gegen den Mitgesellschafter** als Abwehrmöglichkeiten zur Verfügung. Der klagewillige Gesellschafter muss aber zuerst Anfechtungsklage gegen den rechtswidrigen Beschluss erheben, um gewissermaßen dem Handeln der Geschäftsführer die ja noch wirksame Deckung durch einen Gesellschafterbeschluss zu nehmen. Außerdem muss man beachten, dass auch Anfechtungs- und Beschlussfeststellungsklagen wie die eigentliche actio pro socio (als Klage des Gesellschafters in eigenem Namen auf Leistung an die Gesellschaft) ihre materielle Grundlage in Eingriffen in die Mitgliedschaft des Gesellschafters haben und sie als solche wegen gesetzlicher Regelung in §§ 241 ff AktG **291**

---

227 BGH NZG 2005, 216.
228 Baumbach/Hueck/*Hueck/Fastrich* § 13 Rn 40.
229 OLG Düsseldorf ZIP 1994, 619, 621; OLG Köln GmbHR 1993, 816; Baumbach/Hueck/*Hueck/Fastrich* § 13 Rn 40; *Roth/Altmeppen* § 13 Rn 21; *Altmeppen*, FS Musielak (2004), S. 1, 24; aA zB *Raiser*, ZHR 153 (1989), 1, 22 ff.
230 OLG Köln GmbHR 1993, 816, 817; *Roth/Altmeppen* § 13 Rn 21.

nur vorrangig gegenüber der actio pro socio sind[231]. Die gleichzeitige Zulassung von Anfechtungs- und Schadensersatzbegehren würde zudem zu einer Zersplitterung des Rechtsschutzes und zu einer Entwertung der Anfechtungsfristen führen[232]. Zusätzlich käme es zu einer erheblichen Rechtsunsicherheit, wenn nämlich verschiedene angerufene Gerichte oder Spruchkörper hinsichtlich der Treuepflichtverletzung zu unterschiedlichen Ergebnissen kommen: So mag der eine Richter die Anfechtungsklage (gegen die Gesellschaft) mangels Treuepflichtwidrigkeit des mit dem Beschluss gutgeheißenen Verhaltens für unbegründet halten, während der andere die Schadensersatzklage (gegen den Mitgesellschafter) wegen Treuepflichtwidrigkeit des gutgeheißenen Verhaltens für gegeben hält[233].

292 Zwar kann der Gesellschafter diese Stufe nicht einfach überspringen[234]. Die Anfechtungsklage hat vor Erhebung der Klage auf Schadensersatz aber dann keinen Vorrang, wenn ein **nichtiger Beschluss** (§ 241 Nr 3, 4 AktG analog[235]) gegeben ist, der nicht als Legitimationsgrundlage für das Geschäftsführerverhalten oder die Stundung oder den Erlass des fraglichen Sozialanspruchs dienen kann[236]. Allerdings wird sich praktisch häufig nicht sagen lassen, ob ein Beschluss nichtig ist. Klagt der Gesellschaft in der Annahme, der entgegenstehende Beschluss der Gesellschafterversammlung sei nichtig, wird das Gericht bei Prüfung der Berechtigung des Gesellschafters, direkt zu klagen, auch inzidenter untersuchen, ob der entgegenstehende Beschluss nichtig ist. Verneint es dies, wird die Klage abgewiesen, und der Gesellschafter trägt die Kosten[237]. Deshalb kann es sinnvoll sein, trotz vermuteter Nichtigkeit des Beschlusses eine Anfechtungsklage zu erheben, mit der man zumal auch Nichtigkeitsgründe rügen kann. Nicht geklärt ist indessen, ob der Gesellschafter zugleich mit der Anfechtungsklage auch den Sozialanspruch geltend machen kann[238].

293 Als **Ausnahme** von dem Erfordernis, zunächst Anfechtungsklage zu erheben, ist jedenfalls die Situation anzusehen, dass eine Anfechtungsklage reiner Formalismus wäre, weil selbst mit einem stattgebenden Urteil das Unheil von der Gesellschaft nicht mehr abgewendet werden kann, da die Maßnahme etwa nicht mehr rückgängig zu machen ist.

294 **(2) Vorrang eines Klageerhebungsbeschlusses.** Ist der Weg zur Geltendmachung des Schadensersatzanspruches über die actio pro socio frei, weil der anfechtbare Beschluss erfolgreich angefochten wurde oder weil ausnahmsweise eine vorherige Anfechtung nicht erforderlich ist oder weil gar kein Beschluss vorliegt, stellt sich eine weitere Frage: Reicht die Subsidiarität der actio pro socio so weit, dass der klagewillige Gesellschafter vor Erhebung der Klage auf Schadensersatz erst noch versuchen

---

231 *Roth/Altmeppen* § 13 Rn 20, 22.
232 *Eschenbruch*, Rn 3394; aA *Gehrlein*, ZIP 1993, 1525 ff.
233 *Eschenbruch*, Rn 3394.
234 *Roth/Altmeppen* § 13 Rn 23; *Scholz/Emmerich* § 13 Rn 53.
235 Einzelheiten bei *Roth/Altmeppen* § 47 Rn 95 ff.
236 Baumbach/Hueck/*Hueck/Fastrich* § 13 Rn 40; *Roth/Altmeppen* § 13 Rn 21 aE.
237 So wohl auch *Roth/Altmeppen* § 13 Rn 24 und OLG Köln GmbHR 1993, 816, 817.
238 S. *Scholz/Emmerich* § 13 Rn 52 aE.

muss, einen Beschluss der Gesellschafter über die Klageerhebung durch die Gesellschaft herbeizuführen (§ 46 Nr 2, 8 GmbHG)?[239] In **ITT** hat der BGH befunden, dass bei der dortigen Zwei-Mann-GmbH es nicht notwendig gewesen war, einen Beschluss über die Klageerhebung herbeizuführen; dies wäre als überflüssiger Umweg erschienen[240]. In Fortsetzung dieses Gedankens ist immer im Einzelfall zu prüfen, ob bei Anstrengung der Beschlussfassung über die Klageerhebung gegen den herrschenden Gesellschafter ein überflüssiger Umweg gegangen würde. Die Beschlussfassung selbst kann unproblematisch zu einem Ja führen, wenn bloß noch ein weiterer Gesellschafter vorhanden ist oder auch die anderen Minderheitsgesellschafter für die Klageerhebung votieren, denn ein die Treuepflichtverletzung begehender, herrschender Gesellschafter ist wegen § 47 IV GmbHG daran gehindert mitzustimmen. Das beseitigt aber noch nicht zwingend das Problem, dass die Geschäftsführer den gegen den Willen des herrschenden Gesellschafters gefassten Beschluss möglicherweise nicht umsetzen werden. Ist dies die verständiger Weise vorhersehbare Reaktion der Geschäftsführer, muss der klagewillige Gesellschafter unmittelbar klagen können[241]. Dasselbe gilt, wenn die anderen Minderheitsgesellschafter in dem bestimmten Fall mit dem herrschenden Unternehmen gemeinsame Sache machen und so den Beschluss über die Klageerhebung scheitern lassen. Auch ist ein Bemühen um einen Klageerhebungsbeschluss aussichtslos, wenn sich der Weg über den Klageerhebungsbeschluss ausnahmsweise als vernünftigerweise nicht Erfolg versprechender Umweg erweist, weil zB Geschäftsführung und Mitgesellschafter schon verhindern, dass überhaupt eine Gesellschafterversammlung stattfindet[242]. In diesem Fall kann vorbehaltlich der sogleich zu besprechenden Notwendigkeit eines Klageerhebungsbeschlusses direkt auf Schadensersatz geklagt werden[243]. Der Grundsatz lautet aber, dass der klagewillige Gesellschafter zunächst versuchen muss, eine Anweisung auf Verfolgung des fraglichen Anspruchs von der Gesellschafterversammlung an die Geschäftsführer herbeizuführen[244].

bb) Drittansprüche. Drittansprüche sind mit der actio pro socio nicht verfolgbar. Sie fallen allein in den Zuständigkeitsbereich des Vertretungsorgans[245].   **295**

Sonderproblem in diesem Zusammenhang ist die Frage, ob nicht ausnahmsweise doch die **actio pro socio** als Klage im eigenen Namen auf Leistung an die Gesellschaft entgegen dem eben Gesagten Mittel zur Verfolgung von **Drittansprüchen** sein kann, und zwar **gegen Geschäftsführer** und andere Organmitglieder: **296**

---

239   Vgl *Henze*, GmbH-Hdb. Rn 918 ff; dafür *Roth/Altmeppen* § 13 Rn 21; *Altmeppen*, FS Musielak (2004), S. 1, 24.
240   BGHZ 65, 15, 21 – ITT.
241   *Eschenbruch* Rn 3395 f; s. auch *Henze*, GmbH-Hdb. Rn 918–920.
242   Der Gedanke klingt an bei BGHZ 65, 15, 21 – ITT; deutlich BGH NZG 2005, 216, und BGH WM 1982, 928, 929; auch BGHZ 129, 136 ff – Girmes (für die AG), OLG Düsseldorf ZIP 1994, 619, 621; s. auch Baumbach/Hueck/*Hueck/Fastrich* § 13 Rn 40; *Eschenbruch*, Rn 3394; *Roth/Altmeppen* § 13 Rn 23, 25.
243   *Eschenbruch*, Rn 3394, 3395 f.
244   *Lutter*, AcP 180 (1980) 84, 137.
245   Baumbach/Hueck/*Hueck/Fastrich* § 13 Rn 39; *Roth/Altmeppen* § 13 Rn 19 aE; Scholz/*Emmerich* § 13 Rn 47; aA wohl *Kort*, DStR 2001, 2162, 2164 f.

Das wird **zum Teil** mit der Erwägung **bejaht,** dass durch ein Ineinandergreifen von Bestellungsakt und Anstellungsvertrag einerseits und Satzung andererseits sich ergebe, dass auch Geschäftsführer und andere Organmitglieder treuhänderische Funktionen gegenüber den Gesellschaftern wahrnähmen, bei deren Verletzung die Gesellschafter genauso in ihrer Mitgliedschaft verletzt seien, wie wenn ein Gesellschafter sich seinen Mitgesellschaftern gegenüber treuwidrig verhält[246].

Gegen die Anerkennung der actio pro socio gegen den Geschäftsführer oder andere Organmitglieder spricht aber: Wegen der fehlenden Gesellschafterstellung eines Fremdgeschäftsführers fehlt schlicht die Rechtsbeziehung (Treuepflicht) zwischen dem klagewilligen Gesellschafter und dem Geschäftsführer, die erst den Anspruch gegen das Organmitglied von anderen Drittansprüchen unterscheiden würde[247].

Ist die actio pro socio in der GmbH auf Eingriffe in die Mitgliedschaft gestützt und greift der Fremdgeschäftsführer in die Mitgliedschaft aus seiner Organstellung heraus ein, können solche Eingriffe durch Klagen gegen den Fremdgeschäftsführer gar nicht abgewehrt werden. Denn das zur Abwehr erforderliche Organhandeln kann nur durch Klage gegen die Gesellschaft selbst, für die das Organ lediglich handelt, erreicht werden[248]. Darüber hinaus steht der Anspruch gegen Geschäftsführer zur Disposition der Gesellschafterversammlung (§ 43 III 2 iVm § 9b GmbHG (Umkehrschluss), § 46 Nr 8 GmbHG), und der einzelne Gesellschafter kann seine Rechte aus der Mitgliedschaft hier regelmäßig wahren, indem er notfalls mit der Anfechtungs-/Beschlussfeststellungsklage für einen rechtmäßigen Gesellschafterbeschluss sorgt[249].

297   **cc) Individualansprüche.** Individualansprüche zwischen den Gesellschaftern, die nicht zugleich Sozialansprüche sind und die sich im Wesentlichen nur aus der Treuepflicht ergeben können, machen die Gesellschafter ohne weiteres selbst geltend (zB Schadensersatzansprüche wegen Individualschadens).

298   **dd) Zusammentreffen von Individual- und Sozialanspruch im Konzern.** Im GmbH-Konzern wird das gesamte Verhältnis zwischen dem herrschenden Gesellschafter und seinen Mitgesellschaftern über die Treuepflicht gesteuert. Eine Verletzung der Treuepflicht gegenüber den Mitgesellschaftern durch den herrschenden Gesellschafter, der zB zugunsten seiner anderen Beteiligung Geschäftschancen von der Gesellschaft ablenkt (**Individualanspruch**), ist immer auch eine Verletzung der Treuepflicht gegenüber der Gesellschaft, deren Interesse sich als Summe der legitimen Gesellschafterinteressen ergibt. Weil der herrschende Gesellschafter gegenüber der Gesellschaft verpflichtet ist, die Treuepflicht einzuhalten, handelt es sich bei dieser Sozialver-

---

246   Ulmer/*Raiser*, GmbHG, 2006, § 14 Rn 46; *Raiser*, ZHR 153 (1989), 1, 26 ff.
247   So wohl auch BGH NZG 2005, 216.
248   *Roth/Altmeppen* § 13 Rn 27; s. auch BGHZ 83, 122, 134 – Holzmüller und Baumbach/Hueck/*Hueck/Fastrich* § 13 Rn 39.
249   *Roth/Altmeppen* § 13 Rn 27.

pflichtung spiegelbildlich aus Sicht der Gesellschaft um einen **Sozialanspruch**. Wegen der vorrangigen Zuständigkeit der Gesellschaftsorgane, hier des Geschäftsführers, kann der schadensersatzberechtigte Mitgesellschafter aber seinen Individualanspruch mit der actio pro socio nur durchsetzen, wenn er erfolglos versucht hat, den Sozialanspruch der Gesellschaft durchzusetzen. In der Übersicht ergibt sich dann:

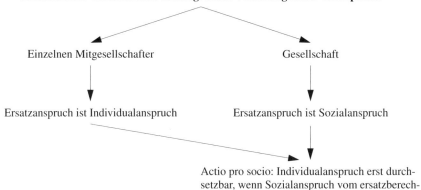

Herrschender Gesellschafter schädigt unter Verletzung seiner Treuepflicht

Einzelnen Mitgesellschafter — Gesellschaft

Ersatzanspruch ist Individualanspruch — Ersatzanspruch ist Sozialanspruch

Actio pro socio: Individualanspruch erst durchsetzbar, wenn Sozialanspruch vom ersatzberechtigten Mitgesellschafter durchzusetzen versucht.

ee) Beispiel

Beispiel (Gartenbank IV): Aus dem Koma erwacht, überlegen A und B, dass sie im Falle weiterer krankheitsbedingter Ausfälle und eventueller Notgeschäftsführung durch die anderen Gesellschafter erneut für die gesamten Prozesskosten mit ihrem Privatvermögen würden einstehen müssen (§ 128 Satz 1 HGB analog). Denn die Tischler-GmbH hatte bereits bezahlt, so dass der BGH die Klage auf Rückzahlung des Kaufpreises abgewiesen hat. Als bester Weg aus dem Problem erscheint ihnen, ihre Gesellschaft in eine „A&B Streichereien GmbH" umzuwandeln und so eine Haftungsbeschränkung auf das Gesellschaftsvermögen herbeizuführen. Nach anwaltlicher Beratung sind sie sich gewiss, dass sie inzwischen die Geschäfte einer OHG (§ 105 I HGB) führen und einem Formwechsel daher nichts mehr im Wege steht (§§ 190 I, 191 I Nr 1 Alt. 1, 214 ff UmwG). Er wird daher vollzogen.

299

Kaum ist der Formwechsel eingetragen (§ 202 I UmwG), meint E festzustellen, dass A und B nicht mehr sorgfältig genug wirtschaften. Sie nehmen Auszahlungen an sich vor, obwohl das Vermögen wegen der seit einiger Zeit schlechteren Marktlage kaum mehr das Stammkapital deckt. Auf der nächsten Gesellschafterversammlung beantragt E daher, dass die Gesellschafterversammlung gem. § 46 Nr 8 GmbHG ihn zum Vertreter für den auf § 31 I GmbHG zu stützenden Rückzahlungsprozess gegen A und B bestelle. Während A und B nicht mitstimmen dürfen (§ 47 IV 2 GmbHG), beschließen C und D, dass keine Klage gegen A und B erhoben werden solle. Sie erhoffen sich von diesem Freundschaftsdienst, dass A und B sie an der Auszahlung weiteren Kapitals beteiligen und so die ausgebliebenen Gewinnausschüttungen ausgleichen.

E kann und muss wegen der offenbar treuewidrigen Ablehnung des Klageerhebungsbeschlusses zunächst Anfechtungsklage erheben und diese mit einer positiven Beschlussfeststellungsklage (dazu oben Rn 258 ff) verbinden. Da dieser Klage mit Sicherheit stattgegeben wird, hat

> E dann sein Ziel erreicht und ist zum besonderen Vertreter im Rückzahlungsprozess gegen A und B (§ 31 I GmbHG) bestellt. Eine actio pro socio auf Rückzahlung an die Gesellschaft, erhoben im eigenen Namen, ist E dann verwehrt.

In der GmbH gilt somit:

300 1. **Sozialansprüche** stehen der Gesellschaft zu und werden nach den Regelungen des GmbHG nur von den Geschäftsführern, im Falle von Ersatzansprüchen gegen Geschäftsführer oder Gesellschafter durch die Gesellschafterversammlung (besondere Vertreter) geltend gemacht (§ 46 Nr 8 GmbHG).

Daneben bedarf es zur Vermeidung der absoluten Herrschaft der Mehrheit der Möglichkeit zur actio pro socio. Die actio pro socio steht dem Gesellschafter im Falle der GmbH aber nur unter einschränkenden Voraussetzungen zur Verfügung:

- Beruht die Nichtverfolgung des Anspruches auf einem Beschluss der Gesellschafter, muss zunächst dieser Beschluss angefochten werden, sofern er nicht nichtig ist.
- Besteht keine wirksame Legitimation für die Nichtverfolgung des Anspruches durch die Gesellschaft (nichtiger oder auf Anfechtung aufgehobener Beschluss, es fehlte von vornherein an einem Beschluss), muss der klagewillige Gesellschafter zudem zunächst einen Klageerhebungsbeschluss der Gesellschafter herbeizuführen versuchen, sofern dies nicht als unnötiger Umweg erscheint.
- Wird ein erforderlicher Klageerhebungsbeschluss von der Gesellschafterversammlung abgelehnt, muss der Gesellschafter diesen hinnehmen, sofern er ihn nicht wegen Treuewidrigkeit anfechten kann.

301 2. **Drittansprüche** machen allein die Geschäftsführer geltend. Ansprüche gegen Fremdgeschäftsführer können nicht mit der actio pro socio verfolgt werden. Hierzu fehlt es an der notwendigen gesellschafterlichen Beziehung zwischen klagewilligem Gesellschafter und Geschäftsführer. Auch bei Ansprüchen gegen Fremdgeschäftsführer gilt § 48 Nr 8 GmbHG.

302 3. **Individualansprüche** verfolgen die Gesellschafter weiter unter sich, sofern nicht zugleich ein Sozialanspruch der Gesellschaft gegeben ist, bei dessen Geltendmachung durch die Gesellschaft der Individualanspruch nicht mittels actio pro socio durchgesetzt werden kann.

f) Actio pro socio und AG

303 aa) **Bisherige Rechtslage.** In § 309 IV 1, 2 iVm §§ 310 IV, 317 IV, 318 IV, 323 I 2 AktG ist vorgesehen, dass die Aktionäre Ansprüche der Gesellschaft, die ihr im Vertrags-, Eingliederungs- oder faktischen Konzern erwachsen, selbst auf Leistung an die Gesellschaft geltend machen können. Das klingt nach actio pro socio, entweder als gesetzliche Prozessstandschaft[250] oder als eigenes Recht des Aktionärs[251]. Aus diesen **Sondervorschriften** des Konzernrechts allein ist nicht abzuleiten, ob hier ein argu-

---

250 So *Hüffer* § 309 Rn 21.
251 So MünchKomm.AktG/*Altmeppen* § 309 Rn 123 f.

mentum e contrario gegen die allgemeine Anwendbarkeit der actio pro socio in der AG angezeigt ist oder ein Analogieschluss dafür[252].

Bis zur Neufassung der §§ 147, 148 AktG ab 1. November 2005 folgte aus **§ 147** **304** **AktG aF** ein starkes Argument gegen eine Anerkennung der allgemeinen actio pro socio: § 147 AktG aF verwies die Aktionäre im Hinblick auf die Durchsetzung von Ansprüchen gegen die Gründer, gegen Vorstände und Aufsichtsräte sowie gegen die gem. § 117 AktG Schadensersatzpflichtigen allein auf die Herbeiführung eines Hauptversammlungsbeschlusses, aufgrund dessen die Ansprüche dann durch den Vorstand, bei Ansprüche gegen den Vorstand durch den Aufsichtsrat (§ 112 AktG), geltend zu machen waren. Um die Anspruchsverfolgung aus den Händen der Verwaltungsmitglieder zu nehmen, konnte die Hauptversammlung auch besondere Vertreter bestellen. Statt über die Hauptversammlung vorzugehen, konnte eine qualifizierte Minderheit seit 1998 die Bestellung besonderer Vertreter (mit oder ohne vorherigen Hauptversammlungsbeschluss zur Geltendmachung der Ersatzansprüche) auch gerichtlich erreichen. Die besonderen Vertreter machten dann den Anspruch der Gesellschaft in deren Namen geltend. Da auch die **§§ 117, 93 AktG** eine Klagebefugnis des Aktionärs auf Leistung an die Gesellschaft nicht vorsehen, lautete das vorherrschende Argument: Wenn das Gesetz in den allgemeinen Vorschriften (§§ 147, 117, 93 AktG) nicht vorsieht, dass der Aktionär auf Leistung an die Gesellschaft klagen kann, müssen die konzernrechtlichen Vorschriften in §§ 309 IV 1, 2, 310 IV, 317 IV, 318 IV, 323 I 2 AktG nicht zugunsten einer allgemeinen Zulässigkeit der actio pro socio heranziehbare Sondervorschriften sein[253].

bb) Inhalt und Würdigung des neuen § 148 AktG. Seit 1. November 2005 be- **305** stimmt **§ 148 I 1 AktG**, dass eine Minderheit, die 1 % des Grundkapitals oder einen anteiligen Betrag am Grundkapital von € 100 000 erreicht, sich **gerichtlich ermächtigen** lassen kann, Ansprüche gegen die Gründer, gegen Vorstände und Aufsichtsräte sowie gegen die gem. § 117 AktG Schadensersatzpflichtigen (s. § 147 I 1 AktG nF, der insoweit unverändert ist) **im eigenen Namen auf Leistung an die Gesellschaft** einzuklagen. Der Gesetzgeber versteht § 148 I 1 AktG als actio pro socio in Form gesetzlicher Prozessstandschaft[254].

(1) Bei der Frage, wie man **§ 148 I 1 AktG** im Hinblick auf die Anerkennung, Ableh- **306** nung oder Begrenzung der **actio pro socio im Aktienrecht** zu werten hat, ist zu bedenken:
- § 148 I 1 AktG geht in seiner **Reichweite** über den Rahmen der actio pro socio im engeren Sinne hinaus, weil er auch die Verfolgung von Ansprüchen gegen Organmitglieder (§§ 93, 112, 117 AktG) zulässt, die nicht Aktionär sind (zur Diskussion bei der GmbH s. oben Rn 296)[255].

---

252 *Zöllner*, ZGR 1988, 392, 407: „methodisches Uraltdilemma".
253 *Zöllner*, ZGR 1988, 392, 408; *K. Schmidt*, GesR § 21 IV 6 a), S. 641; *Hüffer* § 147 Rn 5; aA *Altmeppen*, FS Musielak (2004), S. 1, 19 ff.
254 Begr. RegE UMAG, BT-Drucks. 15/5092, S. 23.
255 AA aber *Altmeppen*, FS Musielak (2004), S. 1, 20 f, und in *Roth/Altmeppen* § 13 Rn 22 aE.

- Die schon nach bisherigem Verständnis die actio pro socio im engeren Sinne prägende **Nachrangigkeit** gegenüber der Anspruchsverfolgung durch die Gesellschaftsorgane ist in § 148 AktG betont: Zum einen macht § 148 I 2 Nr 2 AktG die Begründetheit des Antrags auf Ermächtigung zur Anspruchsverfolgung im eigenen Namen davon abhängig, dass die antragstellenden Aktionäre die Gesellschaft vergeblich aufgefordert haben, selbst Klage zu erheben. Zum anderen regelt § 148 III AktG, dass die Gesellschaft jederzeit das Verfahren übernehmen und die Klagen der Aktionäre dadurch unzulässig machen kann. Zum dritten bestimmt § 148 I 2 Nr 3 AktG, dass die Aktionäre Tatsachen vortragen müssen, aus denen sich der Verdacht von Unredlichkeit oder grober Pflichtverletzung ergibt. Das verhindert, dass das Klagezulassungsverfahren wegen Lappalien Erfolg hat. Diese letztere Beschränkung kann man als Ausdruck der Treuepflichtbindung des antragstellenden und klagewilligen Aktionärs verstehen, Ansprüche nicht rücksichtslos geltend zu machen.
- Zweifelhaft ist, ob man § 147 I 1 AktG und damit die Klagemöglichkeiten gem. § 148 AktG erweiternd dahin auslegen sollte, dass er auch Ausgleichsansprüche aus **Geschäftsführung ohne Auftrag** und **Bereicherungsrecht** sowie Ansprüche auf Unterlassung gesellschaftsschädigender Maßnahmen erfasst[256]. Das ist zu bejahen, denn auf diese Weise erreicht man eine einheitliche Behandlung der Fälle, die im Kern unabhängig von ihrem Anspruchsinhalt gesellschaftsschädigendes Verhalten sanktionieren wollen. Allerdings ist bei **Unterlassungsansprüchen** wegen bevorstehenden oder andauernden gesellschaftsschädigenden Verhaltens Eile geboten und es im Interesse der Gesellschaft sinnvoll, nicht durch Durchlaufen eines Verfahrens gem. § 148 AktG so viel Zeit vergehen zu lassen, dass das gesellschaftsschädigende Verhalten bereits zu einem Schaden geführt hat[257]. Im faktischen AG-Konzern gilt deshalb, dass Unterlassungsansprüche gegen das herrschende Unternehmen ohne die Beschränkungen des § 148 AktG geltend gemacht werden können, soweit sie sich gegen Veranlassungen richten, deren Folgen nicht quantifizierbar wären, gegen Veranlassungen zu Verstößen gegen den Unternehmensgegenstand oder zur Aufgabe des Gesellschaftszwecks (s.o. Rn 129 ff, 168). Den Beschränkungen des § 148 AktG unterliegen hingegen Unterlassungsbegehren, die sich darauf stützen, dass das herrschende Unternehmen den Nachteilsausgleich zum Jahresende versäumt hat, erkennbar auch nicht bereit ist, der Nachteilsausgleichsobliegenheit nachzukommen und die nachteilige Veranlassung andauert, also zu zusätzlichen Vermögensverlusten der abhängigen Gesellschaft führt.

307 (2) Insgesamt wird man § 148 AktG daher so werten können, dass er die actio pro socio gegenüber der bisherigen Rechtslage erweitert, sie unter recht strenge Voraussetzungen stellt und daneben für die actio pro socio nur im Hinblick auf Unterlassungsansprüche Raum bleibt. Soweit man reine Individualansprüche zwischen Aktionären anerkennt, können die Aktionäre diese weiter direkt verfolgen. Hierfür kommen im

---

256 So *Hüffer* § 147 Rn 2, und Großkomm.AktG/*Bezzenberger* § 147 Rn 14 (jeweils zu § 147 I 1 AktG aF); aA MünchKomm.AktG/*Schröer* § 147 Rn 17.
257 In diese Richtung BGHZ 83, 122, 127, 134 f – Holzmüller.

Grunde nur Ansprüche aus Treuepflichtverletzung etwa auf Schadensersatz in Betracht, vgl dazu die **Girmes**-Entscheidung[258].

> **Beispiel (Gartenbank V):** Nachdem E Klage erhoben hat, A und B nach Verurteilung die   **308**
> fraglichen Beträge rückerstattet haben und sich die Vermögenslage der A&B Streichereien
> GmbH wieder verbessert hat, beschließen A und B, dass es Zeit sei, der Gesellschaft mehr Kapital zu erschließen und sie in eine AG umzuwandeln (§§ 190 I, 191 I Nr 2, 226 f, 238 ff
> UmwG) sowie sich zu Vorstandsmitgliedern bestellen zu lassen. So geschieht es. Die Geschäfte laufen gut, das Grundkapital ist durch das Vermögen der Gesellschaft weit übergedeckt. A und B meinen, dass dann wohl nichts dagegen spreche, dass sie sich etwas mehr als
> die Gewinnausschüttungen und Vorstandsvergütungen gönnten, und zahlen an sich erneut Beträge aus. E ist wiederum empört und will Rückzahlungsansprüche gegen A und B durchgesetzt sehen.
>
> Der Rückzahlungsanspruch besteht aus §§ 62 I 1, 57 I 1, III AktG, weil bei der AG das Kapital
> auch jenseits der Grundkapitalgefährdung geschützt ist, indem nur Gewinne ausgeschüttet
> werden dürfen, aber kein sonstiges Eigenkapital an die Aktionäre zurückgewährt werden darf.
> Anders als Gläubiger der Gesellschaft (s. § 62 II AktG) kann E als Aktionär aber nur nach
> §§ 147, 148 AktG vorgehen und die Beschlussfassung der Hauptversammlung über die Verfolgung des Anspruches zu erreichen versuchen oder bei hinreichender Beteiligungshöhe sich zur
> Geltendmachung der Ansprüche im eigenen Namen ermächtigen lassen.
>
> Nicht anders wäre es, wenn A und B hätten erkennen lassen, dass sie sich weiterhin unberechtigt Vermögensteile auszahlen lassen wollen und E dagegen mit einer Unterlassungsklage hätte
> vorgehen wollen.

In der **AG gilt somit:**

1. **Sozialansprüche** stehen der Gesellschaft zu.   **309**
   - Sie werden allein vom Vorstand oder gegenüber einem Vorstand, der Aktionär ist, vom Aufsichtsrat geltend gemacht (§ 112 AktG).
   - Eine actio pro socio als Klage des Gesellschafters im eigenen Namen auf Leistung an die Gesellschaft ist nur nach entsprechender Ermächtigung im Klagezulassungsverfahrens gem. § 148 AktG für die in § 147 I 1 AktG erfassten Sozial- und Drittansprüche (!) möglich.
   - Nur bei Ansprüchen auf Unterlassung zu nicht quantifizierbaren Nachteilen führender Einflussnahmen auf die Gesellschaft, auf Unterlassung der Veranlassung zu Verstößen gegen den Unternehmensgegenstand oder zur Aufgabe des Unternehmensgegenstands bleibt eine actio pro socio außerhalb von § 148 AktG möglich.
2. **Drittansprüche** stehen allein der Gesellschaft zu.   **310**
   - Sie macht der Vorstand geltend.
   - Im Hinblick auf Drittansprüche gegen Organmitglieder, die nicht zugleich Aktionäre sind (und bei denen die gegen sie gerichteten Ansprüche daher keine Sozialansprüche sind), können Aktionäre den Gesellschaftsanspruch aber nach Durchlaufen des Klagezulassungsverfahrens gem. § 148 AktG auf Leistung an die Gesellschaft selbst einklagen.

---

258   BGHZ 129, 136 ff – Girmes, dazu oben Rn 250.

311 3. **Individualansprüche** zwischen den Aktionären machen die Aktionäre direkt geltend, sofern nicht zugleich ein Sozialanspruch der Gesellschaft gegeben ist, dessen Geltendmachung durch die Gesellschaft oder über § 148 AktG auch auf den Individualanspruch durchschlägt; Individualansprüche führen nur zur Leistung an die Gesellschaft, sofern nicht ein reiner Individualschaden eines Aktionärs besteht.

312 | **Leitsätze**

(1) Die **actio pro socio** ermöglicht Gesellschaftern, **Eingriffe in ihre Mitgliedschaft abzuwehren**. Ihre Ursprünge sind römisch-rechtlich, heute ist sie allgemeines Problem des Verbandsrechts.

(2) Gegenstand der Debatte sind Dritt-, Sozial- und Individualansprüche.

(3) Die actio pro socio wird herkömmlich als Klage des Gesellschafters im eigenen Namen auf Leistung an die Gesellschaft diskutiert. **Actiones pro socio** sind aber auch die Anfechtungs- und die Nichtigkeitsklage in den Körperschaften.

(4) Die **Zulässigkeit** der actio pro socio als Klage des Gesellschafters im eigenen Namen auf Leistung an die Gesellschaft ist abhängig von der **Ausdifferenzierung** der Gesellschaftsformen und der sie beherrschenden **Rechtsnormen**: Ist die actio pro socio in der Personengesellschaft ohne verselbstständigtes Vertretungsorgan unbeschränkt gegeben, erhält sie über die Personengesellschaft mit verselbstständigtem Vertretungsorgan und die GmbH zunehmend den Charakter einer bloßen Hilfszuständigkeit, bis sie in der AG – außer bei bestimmten Unterlassungsansprüchen – nur noch in den Bahnen des § 148 AktG zulässig ist.

4. Anwendungsbereich der Regeln zum faktischen GmbH-Konzern

313 Konzerne sind oft gekennzeichnet durch Verbindung von Unternehmen über mehrere Stufen hinweg. Dieser Umstand und die besondere Konstellation „Treuepflicht und Ein-Mann-Gesellschaft" lassen **jenseits der Grundkonstellation** (GmbH unten, Unternehmen oben, Abhängigkeit, kein Beherrschungsvertrag, vgl oben Rn 232) die Frage nach dem Anwendungsbereich der Regeln zum faktischen GmbH-Konzern aufkommen.

a) Mehrstufige Unternehmensverbindungen

314 Problematisch ist die Geltung des Haftungssystems des faktischen Konzerns im Falle mehrstufiger Unternehmensverbindungen, sofern M nicht an E direkt beteiligt ist. Denn nach dem zur Treuepflicht Ausgeführten gründet sich die Treuepflicht auf die Mitgliedschaft in der Gesellschaft. Danach würde M bei ihrem Wirken in der E (über T) keiner Treuepflichtbindung unterliegen. Dass dennoch eine **Treuepflichtbindung** besteht, ist im Ergebnis unstrittig, allerdings ist die Begründung noch nicht geklärt. Zur Begründung der Geltung der Treuepflicht für die nicht unmittelbar an E beteiligte M gibt es zwei Ansätze:

315 • **Vertrag mit Schutzwirkung** zugunsten Dritter als Grundlage für die Beschreibung des Rechtsverhältnisses zwischen Mutter (M) und Tochter (T): In den

Schutzbereich des Mitgliedschaftsverhältnisses zwischen M und T ist die Enkelin (E) mit einbezogen, so dass sie dieselben Rechte gegenüber der Mutter geltend machen kann wie die Tochter[259]. Gegen diese Lösung kann man vorbringen, dass der Vertrag mit Schutzwirkung anhand zweiseitiger Vertragsverhältnisse entwickelt wurde, innerhalb deren ein Dritter, Außenstehender bestimmungsgemäß mit der geschuldeten Leistung in Berührung kommt. E ist aber kein Außenstehender, sondern T ist regelmäßig mit Mehrheit beteiligter Gesellschafter. Der Gesellschaftsvertrag ist zudem nur bedingt mit normalen Austauschverträgen vergleichbar. Und es besteht vor allem auch keine Leistungspflicht der M gegenüber T, mit der E bestimmungsgemäß in Berührung käme.

- Der **Zurechnungsdurchgriff (hM)** setzt an bei den Verhältnissen in der E selbst. **316** Die in ihr bestehende Treuepflichtbindung der T wird auf die mittelbar beteiligte M erstreckt als Korrektiv für die ihr zustehenden, gesellschaftsrechtlich durch T vermittelten Einflussrechte. Daher unterliegt die M Treuebindungen in E, auch wenn sie T dazwischenschaltet oder sich durch Abreden mit T oder E von der Bindung freizeichnen will[260]. Man kann hier von einem „konzernweiten Verständnis der Treuepflicht" sprechen.

b) Ein-Mann-GmbH

Treuepflichten bestehen gegenüber den Mitgesellschaftern kraft der Verbindung **317** durch den Gesellschaftsvertrag und gegenüber der Gesellschaft als realisierte Zusammenfassung der Interessen der Gesellschafter. Fehlt nun ein Mitgesellschafter, dh ist das herrschende Unternehmen Alleingesellschafter, fehlt es auch an einem Ansatzpunkt für eine Treuepflicht. Hinsichtlich der Treuepflicht gegenüber Mitgesellschaftern liegt dies auf der Hand. Hinsichtlich der Treuepflicht gegenüber der Gesellschaft ist das zunächst deshalb bezweifelt worden, weil im Falle einer Gesellschaft immer auch Gläubigerinteressen zu wahren sind, so dass letztlich ihnen gegenüber eine Treuepflicht angenommen werden könnte. Jedoch ist diese Meinung inzwischen in den Hintergrund geraten, weil zum Schutz der Gläubiger das ausgefeilte System der Kapitalerhaltungsvorschriften (§§ 30–32b GmbHG, richterrechtliche Regeln über den Eigenkapitalersatz) ausreichend und abschließend Schutz gewähren[261] (an dieser Beurteilung wird sich auch nach dem für Anfang 2008 geplanten Inkrafttreten des MoMiG mit seinen Änderungen des Eigenkapitalersatzrechts nichts ändern, s. den Überblick in Rn 199a). Zudem muss man erkennen, dass die Gesellschafter jederzeit frei sind, die Auflösung der Gesellschaft zu beschließen (s. § 60 I Nr 2 GmbHG). Folglich kann die Gesellschaft als solche keine eigenständige Existenzberechtigung haben. In ihr sind nur die Interessen der Gesellschafter gebündelt, das Gesellschaftsinteresse ist das

---

259 *Paschke*, AG 1986, 196, 203; *Stimpel*, AG 1986, 117, 119 f; zum Vertrag mit Schutzwirkung zugunsten Dritter allgemein s. Palandt/*Grüneberg*, § 328 Rn 13–20.

260 Vgl Hachenburg/*Ulmer*, Anh. § 77 Rn 74 mwN in Fn 102; in diesem Sinne auch BGHZ 65, 15, 20 f – ITT; BGHZ 89, 162 (Leitsatz), 166 – Heumann/Ogilvy (zum Wettbewerbsverbot nach § 112 HGB: zu erstrecken auf die Mutter des unmittelbaren Gesellschafters).

261 BGHZ 122, 333, 336; BGHZ 119, 257 ff; *Roth/Altmeppen* § 13 Rn 58 mwN; Baumbach/Hueck/*Hueck/Fastrich* § 13 Rn 26; Baumbach/Hueck/*Zöllner*, SchlAnhKonzernR Rn 112 f.

geronnene Gesellschafterinteresse. Geht das geronnene Gesellschafterinteresse auf „Auflösung", ist kein Raum für ein eigenes Interesse der Gesellschaft. Lediglich das Verbot des existenzvernichtenden Eingriffs besteht fort[262]. Danach darf der Alleingesellschafter die abhängige Gesellschaft nicht gezielt und an den gesetzlichen Abwicklungsvorschriften vorbei in die Insolvenz treiben. Dieser Fall wird nicht hinreichend von den Kapitalerhaltungsvorschriften der §§ 30 ff GmbH erfasst. Daher gibt es in der Ein-Mann-GmbH im Grundsatz keine Treuepflicht.

318 Dasselbe gilt, wenn zwar mehrere Gesellschafter vorhanden sind, diese sich aber einig sind und geschlossen handeln: Auch dann ist für eine Treuepflichtverletzung kein Raum[263].

319 **Beispiel:** Die Löschpapier GmbH ist an zahlreichen Papiermühlen direkt und indirekt beteiligt. Über ihre 100%ige Tochter A1 GmbH & Co. OHG ist sie auch an der A4 GmbH mit 54% beteiligt, ohne jedoch unmittelbar Anteile an dieser zu halten. Wirkt nun Löschpapier GmbH derart auf A1 ein, dass A1 bei A4 permanent grob treuepflichtwidrig abstimmt, etwa indem die Zustimmung zur Umstellung des Stammkapitals auf Euro verweigert wird, können die anderen Gesellschafter der A4 von Löschpapier GmbH (Zurechnungsdurchgriff als Korrektiv zum Einflusspotential, konzernweite Treuepflicht) und von A1 verlangen, dass diese Beeinflussung des Abstimmungsverhaltens der A1 durch Löschpapier GmbH bzw dass das treuwidrige Abstimmungsverhalten der A1 unterbleibt.

Beträgt die Beteiligung der A1 an A4 nun aber 100%, liegt also eine Ein-Mann-Gesellschaft vor, besteht keine derartige Treuebindung, und zwar weder der Löschpapier GmbH noch der A1 GmbH & Co. OHG. Ebenso ist es, wenn A1 54% hält, sich aber die Mitgesellschafter, die die anderen 46% halten, mit der A1 einig sind und gemeinsam in bestimmter Weise abstimmen. Dann besteht zwischen den Gesellschaftern zwar eine Treuepflicht. Jedoch entspricht das Gesellschaftsinteresse dem geäußerten Willen aller Gesellschafter und es ist kein Raum für die Annahme einer Verletzung dieser Treuepflichtbindung.

320 | **Leitsätze**

(1) In **mehrstufigen Unternehmensverbindungen** (M-T-E) ohne direkte Beteiligung der M an E gründet sich trotz fehlender unmittelbarer Mitgliedschaft der M in E die Treuepflichtbindung der M in Bezug auf E auf einen Zurechnungsdurchgriff: Dem trotz Zwischenschaltung der T ungeschmälerten Einflusspotential der M muss ein konzernweites Verständnis der Treuepflicht zur Seite gestellt werden. M unterliegt im Ergebnis denselben Treuepflichtbindungen, wie wenn sie direkt an E beteiligt wäre.

(2) In der **Ein-Mann-GmbH** bestehen keine Treuepflichtbindungen: In ihr fehlt bereits ein Mitgesellschafter, so dass sich auch das Gesellschaftsinteresse allein durch das Interesse des einzigen Gesellschafters konstituiert. In der Gesellschaft, in der die mehreren Gesellschafter wie ein Mann agieren, besteht Interessengleichlauf zwischen Gesellschaftern und Gesellschaft. Das Gesellschaftsinteresse ist nur die Summe der Gesellschafterinteressen. Eine Treuepflichtverletzung kann dann nicht vorliegen. Die Interessen der Gläubiger der Gesellschaft werden durch §§ 30–32b GmbHG und die richterrechtlichen Regeln zum Eigenkapitalersatz geschützt (nach dem MoMiG gemäß §§ 30 f GmbHG-E und §§ 39 I Nr 5, IV, V, 44a, 135 InsO-E;

---

262 Dazu näher Rn 355 ff; Baumbach/Hueck/*Zöllner*, SchlAnhKonzernR Rn 113; Hachenburg/*Ulmer*, Anh. § 77 Rn 75.
263 *Roth/Altmeppen* § 13 Rn 58; Hachenburg/*Ulmer*, Anh. § 77 Rn 75.

s. Rn 199a). Grenze ist das Treiben in die Insolvenz: Das ist sowohl dem einzigen Gesellschafter als auch den zusammenarbeitenden Gesellschaftern einer mehrgliedrigen Gesellschaft untersagt, weil in diesem Fall die Gläubiger nur unzureichend geschützt sind.

5. Rechtsfolgen im faktischen GmbH-Konzern

Im faktischen GmbH-Konzern bleibt es zunächst bei den **allgemeinen Schutzinstru-**   **321**
mentarien, die das Gesetz ohnehin den Gesellschaftern einer jeden Gesellschaft, ob abhängig oder unabhängig, zur Verfügung stellt. In einer Klausur ist also immer auch an die folgenden Regelungen zu denken, die zugunsten schutzsuchender Gesellschafter und der Gesellschaft im Gesetz vorgesehen sind[264]:

- Auskunfts- und Einsichtsrecht des Gesellschafters, § 51a, § 51b GmbHG;
- Stimmverbote aus § 47 IV GmbHG und dem entsprechend anwendbaren § 136 II AktG;
- Kapitalerhaltungsvorschriften der §§ 30 ff GmbHG (zu den Auswirkungen des MoMiG s. Rn 199a);
- Anfechtbarkeit von Beschlüssen, die gegen die Treuebindung der Gesellschafter untereinander verstoßen, §§ 241 ff AktG analog;
- Einberufung von Gesellschafterversammlungen, § 50 GmbHG, in denen unter Ausschluss des herrschenden Unternehmens (§ 47 IV GmbHG) Weisungen an die Geschäftsführer erteilt werden können;
- Bezugsrecht bei Kapitalerhöhungen, § 55 GmbHG;
- Recht zum Austritt aus wichtigem Grund.

Für den **faktischen GmbH-Konzern** sehen die Rechtsfolgen in der Übersicht aus wie   **322**
folgt:

Ansprüche der

| I abh. **Gesellschaft** | II **Gesellschafter** der abh. Gesellschaft | III **Gläubiger** der abh. Gesellschaft |

gegen das herrschende Unternehmen

| 1. Treuepflicht-verletzung 2. §§ 30 ff GmbHG | 1. Treuepflicht-verletzung 2. Durchsetzung von Ansprüchen der abh. Gesellschaft gegen das herrschende Unternehmen | 1. Durchsetzung von Ansprüchen der abh. Gesellschaft gegen das herrschende Unternehmen |

---

264   Vgl Baumbach/Hueck/*Zöllner*, SchlAnhKonzernR Rn 59–61.

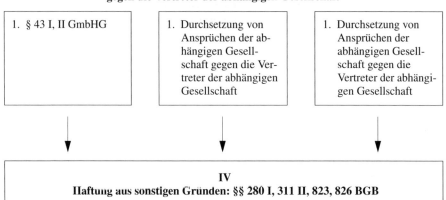

gegen die Vertreter des herrschenden Unternehmens

1. § 317 III AktG analog?	1. § 317 III, I 2 AktG analog? 2. Durchsetzung von Ansprüchen der abh. Gesellschaft gegen die Vertreter des herrschenden Unternehmens?	1. Durchsetzung von Ansprüchen der abh. Gesellschaft gegen die Vertreter des herrschenden Unternehmens?

gegen die Vertreter der abhängigen Gesellschaft

1. § 43 I, II GmbHG	1. Durchsetzung von Ansprüchen der abhängigen Gesellschaft gegen die Vertreter der abhängigen Gesellschaft	1. Durchsetzung von Ansprüchen der abhängigen Gesellschaft gegen die Vertreter der abhängigen Gesellschaft

IV
Haftung aus sonstigen Gründen: §§ 280 I, 311 II, 823, 826 BGB

V
Ansprüche des herrschenden Unternehmens gegen die Vertreter des herrschenden Unternehmens und der abhängigen Gesellschaft

a) Ansprüche der abhängigen Gesellschaft gegen das herrschende Unternehmen

323 **aa) Anspruch der abhängigen Gesellschaft gegen das herrschende Unternehmen auf Schadensersatz oder Beseitigung und Unterlassen wegen Treuepflichtverletzung.** Die abhängige Gesellschaft kann gegen das herrschende Unternehmen einen Anspruch auf Schadensersatz aus Treuepflichtverletzung haben.

324 **(1) Voraussetzungen des Anspruchs wegen Treuepflichtverletzung.**
- **Bestehen** der Treuepflicht, ggf unter Entwicklung des konzernweiten Verständnisses der Treuepflicht im Falle mehrstufiger Unternehmensverbindungen ohne direkte Beteiligung von M an E
- **Verletzung** der Treuepflicht
- Haftungsbegründende **Kausalität** zwischen Verhalten des herrschenden Unternehmens und Treuepflichtverletzung gegenüber der abhängigen Gesellschaft

- **Verschulden** beim Schadensersatzanspruch
- **Schaden** beim Schadensersatzanspruch

(2) Treuepflichtverletzung. Eine Treuepflichtverletzung liegt vor, wenn das Inter- **325**
esse der abhängigen GmbH als geronnenes Interesse aller Gesellschafter und damit
zugleich das Interesse der Mitgesellschafter verletzt wird. Das steht unter dem Vorbehalt, dass es sich nicht um eine Ein-Mann-GmbH handelt oder dass sich nicht alle vorhandenen Gesellschafter einig sind. In beiden Fällen besteht der Schutz nur in den
Grenzen der §§ 30 ff GmbHG[265] (zur geplanten Neuordnung der Kapitalerhaltung
durch das MoMiG s. Rn 199a). Das Interesse der Gesellschaft und Mitgesellschafter
ist in Parallele zu dem **Maßstab des § 317 II AktG** zu entwickeln, so dass die Ersatzpflicht ausgelöst wird, wenn eine Schädigung der abhängigen Gesellschaft eintritt, die
ein ordentlicher und gewissenhafter Geschäftsleiter einer unabhängigen Gesellschaft
vermieden hätte.

Als **typische Verstöße** kommen die folgenden Beispiele in Betracht[266]. Auf welchem **326**
Wege dabei die abhängige Gesellschaft dazu veranlasst wird, sich anders als eine unabhängige Gesellschaft zu verhalten, ist unerheblich. Sowohl Beeinflussung unter
Einhaltung der gesetzlichen oder satzungsmäßigen Willensbildungsprozesse als auch
informelles Handeln genügen:

Beispiele: **327**
- Veranlassung der abhängigen Gesellschaft zu konkret nachteiligen Geschäften, zB unentgelt-
  liche Abtretung werthaltiger Forderungen an das herrschende Unternehmen
- Marktunübliche Kreditgewährung, zB keine Sicherung durch das herrschende Unternehmen,
  Übersicherung zugunsten des herrschenden Unternehmens, unübliche Zinsen (Spannbreite:
  bankübliche Habenzinsen als Untergrenze, bankübliche Sollzinsen als Obergrenze)
- Verdeckte Gewinnausschüttung, etwa in Gestalt unangemessener Konzernumlagen oder
  -verrechnungspreise
- Übertragung lukrativer Geschäftschancen und Unternehmensbereiche auf das herrschende
  Unternehmen
- Abzug von Personal und Liquidität

(3) Kausalität. Die Treuepflichtverletzung muss auf das Verhalten des herrschenden **328**
Unternehmens zurückzuführen sein. Hierzu kann auf die Vermutungsregelungen beim
faktischen AG-Konzern zurückgegriffen werden[267]. Auch im faktischen GmbH-Konzern besteht also im Falle von Doppelmandaten auf **Geschäftsführung**sebene eine
unwiderlegliche Vermutung für die Kausalität. Sind dagegen Vertreter des herrschenden Unternehmens Mandatsträger in gesetzlich zu bildenden (zB nach § 6 I MitbestG)
oder fakultativen, dem aktienrechtlichen Vorbild angenäherten (vgl § 52 GmbHG)
Aufsichtsräten, gilt eine widerlegliche Vermutung der Kausalität[268].

---

265 *Roth/Altmeppen* § 13 Rn 58; Hachenburg/*Ulmer*, Anh. § 77 Rn 75.
266 Zu den Fallgruppen vgl *Eschenbruch*, Rn 3368.
267 *Eschenbruch*, Rn 3369.
268 S. dazu näher oben Rn 147 ff, 151 f.

329 **Beispiel:** Die GmbH veräußert ihr Betriebsgrundstück, das sie wegen geplanter Erweiterungsinvestitionen eigentlich dringend benötigt. Den Vertrag unterzeichnete Geschäftsführer
Y, der zugleich Vorstandsmitglied im mit 78% an der Gesellschaft beteiligten und vielfältig
anderweitig unternehmerisch aktiven AB eV ist, der seinen Konzern einheitlich leitet. Hat hier
der AB eV seine Treuepflicht verletzt?

Eine unabhängige Gesellschaft hätte ihr existentiell wichtiges Grundstück nicht veräußert. Das
diesen Verkauf auslösende Verhalten ist, wenn es das eines Gesellschafters war, treuepflichtwidrig. Wegen des Doppelmandats wird nun unwiderlegbar vermutet, dass dieser Verkauf vom
herrschenden Gesellschafter AB eV veranlasst worden ist. Dies gilt unabhängig davon, wer
das Grundstück erhalten hat und ob es möglicherweise zu überhöhtem Zins an die Gesellschaft
verpachtet wird, denn die treuepflichtbegründete Verantwortlichkeit des herrschenden Unternehmens hängt nicht von der Erlangung eines Vorteils auf seiner Seite ab.

Unterlag die Veräußerung von Grundstücken der Pflicht zur Einholung der Zustimmung eines
fakultativen oder obligatorischen Aufsichtsrates und war Y (nur) Mitglied des Aufsichtsrates
und nicht Geschäftsführer, wird die Veranlassung zur Veräußerung ebenfalls als vom AB eV
ausgehend vermutet. Aber AB eV kann sich entlasten, etwa indem er nachweist, dass das von
ihm gestellte Aufsichtsratsmitglied sich jeglicher Aktivität in der Sache enthalten hat.

330 **(4) Verschulden.** Im Falle eines zu prüfenden Schadensersatzanspruches bestimmt
sich der Verschuldensmaßstab nach **§ 276 I BGB iVm § 43 I GmbHG,** dh das konkret zu verlangende sorgfaltsgerechte Verhalten nach § 276 I BGB bestimmt sich nach
den Vorgaben für einen ordentlichen und gewissenhaften Geschäftsleiter in § 43 I
GmbHG. Fahrlässigkeit genügt. Die Beweislastumkehr aus § 93 II 2 AktG gilt auch in
der GmbH, so dass das herrschende Unternehmen nachweisen muss, sich hinreichend
sorgfältig verhalten zu haben. Hier ist zu beachten, dass für den Fall der Treuepflichtverletzung durch **Stimmrechtsausübung** in der Gesellschafterversammlung **Vorsatz**
zu verlangen ist, wie der BGH in „Girmes" für den Fall einer Stimmrechtsausübung
der Hauptversammlung einer AG entschieden hat[269].

331 **(5) Anspruchsinhalt.** Hinsichtlich eines Schadensersatzanspruches gelten die
§§ 249 ff BGB. Bei Unterlassungs- und Beseitigungsbegehren ist das beanstandete
Verhalten einzustellen (etwa Wettbewerb) bzw sind seine Folgen zu beseitigen (Herausgabe der Erlöse aus umgeleiteten Geschäftschancen).

(6) Anspruchsinhaber. Der Anspruch steht der Gesellschaft zu.

332 **Hinweis:** Anders als bei §§ 311, 317 I 1 AktG für den einfach faktischen AG-Konzern ist für den
Schadensersatzanspruch der einfach faktisch abhängigen oder konzernierten GmbH keine negative Voraussetzung, dass der zugefügte Nachteil nicht bis zum Jahresende ausgeglichen worden ist
(vgl § 311 II AktG). Der Nachteilsausgleich der §§ 311 ff AktG bleibt auf die AG beschränkt.

---

269 BGHZ 129, 136 ff – Girmes; *Eschenbruch*, Rn 3370.

Schema: Schadensersatzanspruch und Beseitigungs- und Unterlassungsanspruch der abhängigen Gesellschaft gegen den herrschenden Gesellschafter wegen Treuepflichtverletzung	
Anspruch entstanden?	• Anspruchsgrundlage: Treuepflicht als Ausdruck der gemeinsamen Verbindung durch Mitgliedschaft in einer Gesellschaft; Ausnahme: Ein-Mann-GmbH • Verletzung der Treuepflicht durch ein die legitimen Interessen der Mitgesellschafter und damit der Gesellschaft außer acht lassendes Verhalten des herrschenden Gesellschafters (Maßstab wie § 317 II AktG) • bei Schadensersatzbegehren: Schaden (haftungsbegründende Kausalität) • bei Schadensersatzbegehren: Verschulden
Anspruch untergegangen?	• Erfüllung (§ 362 I BGB)
Anspruch durchsetzbar?	• Verjährung nach drei Jahren (§ 195 BGB)
Rechtsfolge	• Schadensersatzanspruch der Gesellschaft, der Umfang richtet sich nach §§ 249 ff BGB (haftungsausfüllende Kausalität) • Unterlassungs- und Beseitigungsanspruch, auf Unterbleiben/Vornahme der erforderlichen Handlungen

bb) Anspruch der abhängigen Gesellschaft gegen das herrschende Unternehmen wegen Verstoßes gegen die Eigenkapitalbindung aus §§ 30 ff GmbHG 334

(1) Allgemeines. Die §§ 30 ff GmbHG verbieten Auszahlungen, wenn dadurch das zur Deckung des in der Satzung festgelegten Stammkapitals erforderliche Vermögen nicht mehr vorhanden ist. Den Empfänger solch eines Vermögensabflusses trifft eine Rückzahlungspflicht, §§ 30 I, 31 I GmbHG. Für den Fall der Insolvenz treffen die §§ 32a, b GmbHG Sonderbestimmungen.

Im **faktischen GmbH-Konzern** kommen die §§ 30 ff GmbHG zum Eigenkapital- 335 schutz ebenso voll zur Anwendung[270]. Konzernverhältnisse werden nicht privilegiert. Durch die im weitesten Sinne zu verstehende Auszahlung von Gesellschaftsvermögen muss es zur Absenkung des Eigenkapitals unter die Stammkapitalsumme (Unterbilanz) oder gar zur fehlenden Deckung des Fremdkapitals (Überschuldung) kommen[271]. Ist Empfänger des Vermögensabflusses das herrschende Unternehmen, muss es den Vermögensabfluss nach § 31 I GmbHG erstatten. Dabei erlischt der Anspruch nicht, wenn das Stammkapital aus anderer Quelle (etwa erfolgreiches Wirtschaften) nachhaltig wieder aufgefüllt worden ist[272].

---

270 *Eschenbruch*, Rn 3377 f; zu Einzelheiten siehe Darstellungen zum Kapitalgesellschaftsrecht, etwa *Wilhelm*, KapGesR Rn 346–467; zu geplanten Änderungen durch das MoMiG s. Rn 199a.
271 Zu den Begriffen Unterbilanz und Überschuldung *Roth/Altmeppen* § 30 Rn 8 f bzw Rn 17; ein Beispiel sogleich zu Rn 338.
272 BGH NZG 2000, 883 ff und 888 ff unter Aufgabe von BGH WM 1987, 1040; dazu *Servatius*, GmbHR 2000, 1028 ff.

336 **(2) Sonderfall mehrstufige Unternehmensverbindung.** Die eben gemachten Ausführungen bezogen sich auf den Grundfall, dass der Gesellschafter Empfänger des verbotenen Vermögensabflusses ist.

337 Komplizierter wird es, wenn in mehrstufigen Unternehmensverbindungen, also mehrstufiger Abhängigkeit (vgl § 16 IV AktG) die Auszahlung nicht an den eigentlichen Gesellschafter T der auszahlenden Gesellschaft E erfolgt, sondern an die die T beherrschende M. In diesem Fall wird nicht einheitlich beurteilt, wer der **Rückzahlungsschuldner** sein soll.

- Teilweise wird angenommen, dass die M als Empfängerin der Leistung rückzahlungspflichtig sei, wenn sie mehrheitlich mittelbar über T an der auszahlenden Gesellschaft E beteiligt ist. Zugleich soll der eigentliche Gesellschafter T in der auszahlenden Gesellschaft nicht auf Rückzahlung haften[273].

- Richtig ist, dass sowohl der Gesellschafter T der auszahlenden Gesellschaft E als auch die mittelbar mehrheitlich an E beteiligte M (als Gesamtschuldner) auf Rückzahlung in Anspruch genommen werden können. Dabei müssen zur Begründung zwei Hürden überwunden werden: der Gesellschafter T der auszahlenden Gesellschaft E soll zurückzahlen, obwohl er nichts erhalten hat. M soll zurückzahlen, obwohl sie nicht Gesellschafter ist. Fraglich ist zudem, was gelten soll, wenn die Auszahlung nur an T erfolgt ist: Soll dann auch M für die Rückzahlung haften, obwohl sie weder Gesellschafter noch Leistungsempfänger ist?
  - Kraft des konzernrechtlichen Näheverhältnisses zwischen Gesellschafter und seiner Mutter ist dem **Gesellschafter T** die Leistung an M zuzurechnen, wenn er die Leistung an die M veranlasst hat. Hier schlägt die betriebswirtschaftliche Betrachtungsweise durch, wonach Konzerne zwar juristisch als Vielfalt, wirtschaftlich aber als Einheit zu betrachten sind. Für die Veranlassung durch den Gesellschafter spricht eine tatsächliche Vermutung in Anlehnung an die Fälle der Auszahlung an nahe Angehörige eines Gesellschafters, auch dort wird die Tochter der Gesellschafterin das Auto von der Gesellschaft geschenkt bekommen, weil ihre Mutter Gesellschafterin ist, nicht aus Nächstenliebe der Gesellschaft[274]. T muss also zurückzahlen, weil ihm die an M geflossene Leistung kraft des konzernrechtlichen Näheverhältnisses zwischen T und M zugerechnet wird.
  - Die leistungsempfangende **Mutter** wiederum ist als Gesellschafter anzusehen, weil sie mittelbar über den Gesellschafter T der auszahlenden Gesellschaft E an dieser beteiligt ist und auch Einfluss nehmen kann. M soll wie der unmittelbare Gesellschafter T nur von rechtmäßigen Kapitalauszahlungen an die Gesellschafter profitieren. Dann unterliegt M denselben Kapitalschutzbindungen wie ein unmittelbarer Gesellschafter[275]. M wird also trotz bloß mittelbarer Beteiligung an E

---

273 S. Nw bei *Roth/Altmeppen* § 30 Rn 58.
274 S. *Roth/Altmeppen* § 30 Rn 59; ähnlich Lutter/*Hommelhoff* § 30 Rn 25.
275 *Roth/Altmeppen* § 30 Rn 60.

wie ein Gesellschafter behandelt, um alle, die letztlich Gesellschafter sind, gleichen Maßstäben zu unterwerfen.

– Erhält M nichts, sondern nur T, haftet M auf Rückzahlung nur, wenn M die Leistung an T veranlasst hat[276].

Beispiel: Die Erdbau-GmbH vertreibt Fertigteilhäuser, die die Bauherren direkt an den Hersteller bezahlen und von der Erdbau-GmbH errichten lassen.   **338**

- Mitgesellschafter Taff KG der Erdbau-GmbH hat sich auch für ein Haus entschieden und will es von der Erdbau-GmbH errichten lassen, allerdings zum Freundschaftspreis. Die Erdbau-GmbH errichtet das Haus zu einem Preis, der zu einer 20%-igen Kostenunterdeckung führt. Erdbau-GmbH hat seit längerem wirtschaftliche Schwierigkeiten und in den letzten Jahren fast durchweg Verluste eingefahren. Das Aktivvermögen von € 900 000 wird finanziert aus € 850 000 Fremdkapital und € 50 000 Stammkapital. Die 20%-ige Unterdeckung beim Hausbau für Taff KG führt zu einem Werteverzehr bei der Erdbau-GmbH in Höhe von € 80 000. Da die Bauleistungen diese € 80 000 aber wert sind, ist dieser Betrag dem Gesellschafter Taff KG zugeflossen, und zwar weil sie Gesellschafter ist (societas causa). Folge dieses Geschäfts ist, dass sich bei der Erdbau-GmbH nicht nur eine Unterbilanz durch Inanspruchnahme des durch die Stammkapitalfestlegung gebundenen Vermögens ergibt (€ 50 000), sondern zudem eine Überschuldung (€ 50 000 Stammkapital minus € 80 000 Vermögensabfluss an Taff KG = – € 30 000). Damit liegen die Voraussetzungen des § 30 I GmbHG vor, und die Erdbau-GmbH kann Rückzahlung von € 80 000 von Taff KG verlangen, § 31 I GmbHG. Bei der Prüfung in dieser Konstellation spielt der Umstand, dass Taff KG möglicherweise herrschendes Unternehmen ist und mit der Erdbau-GmbH einen Konzern bildet, keine Rolle.

- Lässt sich aber das die Taff KG beherrschende Unternehmen Mörder AG von der Erdbau-GmbH das Haus errichten, ohne dass Mörder AG selbst an der Erdbau-GmbH beteiligt ist, stellt sich erneut die Frage, ob die Erdbau-GmbH nach § 31 I GmbHG von Taff KG Rückzahlung der € 80 000 verlangen kann. Das ist zu bejahen wegen der konzernrechtlichen Verbindung der Taff KG mit der Mörder AG. Sie rechtfertigt die Zurechnung der von der Mörder AG vereinnahmten Leistung an die Taff KG, so wie auch nahe Familienangehörige eines Gesellschafters als hinreichend nahe stehend betrachtet werden. Dass die Taff KG die Erdbau-GmbH zur verlustreichen Errichtung des Hauses veranlasst hat, kann vermutet werden. In dieser Konstellation einer Auszahlung des Stammkapitals über den unmittelbaren Gesellschafterkreis hinweg bedarf es der Prüfung konzernrechtlicher Voraussetzungen, um den richtigen Rückzahlungsschuldner ermitteln zu können.

- Auch wenn Mörder AG das Haus nicht für sich selbst errichten lässt, sondern Taff KG das Haus erhält, haftet Mörder KG auf Erstattung der € 80 000 an die Erdbau-GmbH, wenn Mörder AG die unterpreisige Leistung durch Erdbau-GmbH an Taff KG veranlasst hat.

b) Ansprüche der abhängigen Gesellschaft gegen die Vertreter des herrschenden Unternehmens

Gesetzlich vorgesehen ist es nicht, dass die Geschäftsleiter des herrschenden Unternehmens einer Außenhaftung gegenüber der abhängigen Gesellschaft unterliegen, soweit nicht allgemeine Anspruchsgrundlagen wie §§ 280 I, 311 II, 823 I, II, 826 BGB zur Anwendung kommen. Zum Teil wird vertreten, dass **§ 317 III AktG** auf die ein-   **339**

---

276 *Roth/Altmeppen* § 30 Rn 61.

fach faktisch konzernierte GmbH zu übertragen sei, wonach auch die Geschäftsleiter des herrschenden Unternehmens der abhängigen Gesellschaft haften[277]. Hiergegen spricht, dass es sich bei der Haftungserweiterungsnorm des § 317 III AktG um eine singuläre Vorschrift handelt, deren Disziplinierungszweck zu Lasten der Geschäftsleiter des herrschenden Unternehmens über das Ziel hinausschießen dürfte, zumal der abhängigen Gesellschaft ohnehin bereits das herrschende Unternehmen aus Treuepflichtverletzung haftet, und auf dessen Rückgriffsansprüche gegen seine Geschäftsleiter (zB § 93 II 1 AktG, § 43 II GmbHG) kann die abhängige Gesellschaft notfalls durch Pfändung und Überweisung (§§ 829, 836 ZPO) zusätzlich zugreifen. Die abhängige Gesellschaft hat keine speziellen gesellschafts- oder konzernrechtlichen Ansprüche gegen die Vertreter des herrschenden Unternehmens.

c) Ansprüche der abhängigen Gesellschaft gegen die Vertreter der abhängigen Gesellschaft

340 Geschäftsführer der abhängigen Gesellschaft haften der Gesellschaft aus **§ 43 GmbHG** bei Verletzung der Sorgfalt eines ordentlichen Geschäftsmannes. Sie haben das aus der Treuepflicht folgende Schädigungsverbot, das sich unmittelbar nur an den herrschenden Gesellschafter richtet, auch selbst zu beachten. Das heißt, dass sie eine organschaftliche Treuepflicht gegenüber der Gesellschaft haben, deren Vermögensinteressen zu wahren. Das verpflichtet sie, keine auf Schädigung der Gesellschaft zielenden Veranlassungen seitens des herrschenden Unternehmens umzusetzen, es sei denn, der Veranlassung liegt ein bestandskräftiger, nicht gegen zwingende Kapital- und Gläubigerschutzvorschriften verstoßender Weisungsbeschluss der Gesellschafterversammlung zugrunde (vgl § 43 III GmbHG)[278]. Verstößt der Geschäftsführer nach diesen Maßstäben gegen seine Pflichten, ist er der Gesellschaft zum Ersatz verpflichtet, § 43 I, II GmbHG[279].

d) Ansprüche der Gesellschafter der abhängigen Gesellschaft gegen das herrschende Unternehmen

341 **aa) Anspruch aus Treuepflichtverletzung.** Stellt man die Treuepflichtverletzung gegenüber der abhängigen Gesellschaft fest, ist klar, dass damit zugleich die legitimen Interessen der Mitgesellschafter nicht berücksichtigt wurden und daher auch ihnen gegenüber das herrschende Unternehmen seine Treuepflicht verletzt hat. Daraus erwächst den Mitgesellschaftern ein individueller Schadensersatzanspruch gegen das herrschende Unternehmen. Zu leisten ist der Schadensersatz an die abhängige Gesellschaft selbst, weil der Schaden unmittelbar bei der abhängigen Gesellschaft eintritt, während die Mitgesellschafter nur einen Reflexschaden in Gestalt der Wertminderung ihrer Beteiligung erleiden.

---

277 *Eschenbruch*, Rn 4223.
278 Kritisch sowie nach Ein-Mann- und mehrgliedriger GmbH differenzierend *Altmeppen*, Managerhaftung D II, S. 74–89.
279 Zum Ganzen *Eschenbruch*, Rn 4225–4229.

bb) Durchsetzung der Ansprüche der abhängigen Gesellschaft wegen Treuepflichtverletzung mittels actio pro socio. Besteht ein Anspruch der abhängigen Gesellschaft wegen Treuepflichtverletzung, ist es für Minderheitsgesellschafter wichtig zu wissen, ob und wann sie den Anspruch selbst geltend machen können. Denn die Geschäftsführer der abhängigen Gesellschaft werden häufig mit Hilfe des schädigenden herrschenden Unternehmens bestellt worden sein und gegen dieses keine Schadensersatzprozesse anstrengen. Unter welchen Voraussetzungen im Einzelnen eine actio pro socio (als Klage des Gesellschafters im eigenen Namen auf Leistung an die Gesellschaft) erhoben werden kann, lässt sich nur unter Beachtung des satzungsmäßig und gesetzlich ausgestalteten Willensbildungsprozesses in der GmbH entscheiden. Hierzu gilt im Einzelnen das oben zur actio pro socio in der GmbH Gesagte[280]: Die Gesellschaftsorgane sind zunächst zur Verfolgung der Sozialansprüche gegen Gesellschafter berufen. Bevor der klagewillige Gesellschafter die actio pro socio erheben kann, muss er den grundsätzlichen Vorrang der Anfechtungsklage, wenn die Treuepflichtverletzung sich in einem Beschluss niedergeschlagen hat, und den Vorrang eines Klageerhebungsbeschlusses durch die abhängige Gesellschaft selbst beachten[281]. Diese Beschränkungen kann der klagewillige Gesellschafter nicht dadurch umgehen, dass er seinen eigenen, zugleich gegebenen Ersatzanspruch (Individualanspruch) wegen Treuepflichtverletzung gegen das herrschende Unternehmen unmittelbar geltend macht. Vielmehr unterliegt die Verfolgung dieses eigenen Anspruchs letztlich denselben Beschränkungen, weil die Durchsetzung seines Individualanspruchs an die Verfolgung des Sozialanspruchs der Gesellschaft gekoppelt ist. | **342**

cc) Durchsetzung der Ansprüche auf Rückzahlung von Eigenkapital (§§ 30 ff GmbHG). Die Ansprüche auf Rückzahlung unzulässig ausgezahlten Eigenkapitals stehen der Gesellschaft zu (vgl Wortlaut § 31 I GmbHG). § 31 II–VI GmbHG sehen nicht vor, dass die Mitgesellschafter den Anspruch der Gesellschaft geltend machen können. Diese Regelung ist abschließend. | **343**

Die Veranlassung zur Auszahlung gebundenen Eigenkapitals an den herrschenden Gesellschafter stellt zugleich eine Treuepflichtverletzung gegenüber der Gesellschaft und den Mitgesellschaftern dar. Der daraus folgende Anspruch der Gesellschaft (Sozialanspruch) ist spezialgesetzlich in § 31 I GmbHG erfasst. Die Mitgesellschafter können ihren Individualanspruch nur durchsetzen, wenn sie zugleich den Anspruch der Gesellschaft als Sozialanspruch mittels actio pro socio unter Beachtung der die actio pro socio treffenden Subsidiaritäten durchsetzen können[282].

e) **Ansprüche der Gesellschafter der abhängigen Gesellschaft gegen die Vertreter des herrschenden Unternehmens**

Es ist nicht gesetzlich vorgesehen, dass die Geschäftsleiter des herrschenden Unternehmens einer unmittelbaren Außenhaftung gegenüber den Gesellschaftern der ab- | **344**

---

280 S. Rn 290 ff.
281 *Eschenbruch*, Rn 3394 ff und oben Rn 290 ff.
282 *Eschenbruch*, Rn 3397.

hängigen Gesellschaft unterliegen. Unmittelbare Ansprüche gegen die Geschäftsleiter des herrschenden Unternehmens haben die Gläubiger der abhängigen Gesellschaft daher nicht, sofern nicht allgemeine Anspruchsgrundlagen wie §§ 280 I, 311 II, 823 I, II, 826 BGB eingreifen. Insbesondere kommt auch eine analoge Anwendung des § 317 III, I 2 AktG nicht in Betracht. Danach könnte der Gesellschafter der abhängigen Gesellschaft einen Individualschaden unmittelbar gegen die Geschäftsleiter des herrschenden Unternehmens geltend machen (§ 317 I 2 AktG), wenn § 317 III AktG analoge Anwendung auf die GmbH fände. Letzteres ist aber aus den oben[283] genannten Gründen nicht der Fall.

f) Ansprüche der Gesellschafter der abhängigen Gesellschaft gegen die Vertreter der abhängigen Gesellschaft

345 Geschäftsführer der abhängigen Gesellschaft haften der Gesellschaft aus **§ 43 GmbHG**. Sie haben das aus der Treuepflicht folgende Schädigungsverbot gegenüber dem herrschenden Gesellschafter auch selbst zu beachten. Das verpflichtet sie, keine auf Schädigung der Gesellschaft zielenden Veranlassungen seitens des herrschenden Unternehmens umzusetzen, es sei denn, der Veranlassung liegt ein wirksamer Weisungsbeschluss der Gesellschafterversammlung zugrunde (vgl § 43 III GmbHG). Diesen Anspruch können die Gesellschafter mit den genannten Einschränkungen (Vorrang der Anfechtungsklage und eines Klageerhebungsbeschlusses) über die **actio pro socio nur** geltend machen, **sofern** es sich um einen **Gesellschaftergeschäftsführer** handelt. Anderenfalls ist der Anspruch aus § 43 II GmbHG ein reiner Drittanspruch, zu dessen Verfolgung allein die Gesellschaftsorgane berufen sind[284].

g) Ansprüche der Gläubiger der abhängigen Gesellschaft gegen das herrschende Unternehmen

346 **aa) Eigene Ansprüche der Gläubiger der abhängigen Gesellschaft.** Unproblematisch stehen den Gläubigern der abhängigen Gesellschaft im faktischen Konzern nur allgemeine Ansprüche gegen das herrschende Unternehmen zu, etwa aus § 311 II BGB, Durchgriffshaftung bei Vermögensvermischung oder qualifizierter Unterkapitalisierung sowie aus §§ 823 I, II, 826 BGB[285]. Spezielle gesellschafts- oder konzernrechtliche Ansprüche sind dagegen nicht vorgesehen.

347 **Beispiel:** D ist betrügerisch veranlagt und ua Mehrheitsgesellschafter der M-GmbH. Diese verhandelt mit dem O über die Lieferung von Computer-Hardware an die M-GmbH. Dabei wird M-GmbH von D repräsentiert, der eigentlich nicht Geschäftsführer ist, aber den Geschäftsführer X für eine vollständige Fehlbesetzung hält und deshalb die Dinge lieber selbst in die Hand nimmt. Dazu besteht aus Sicht des D auch besonderer Anlass, denn M-GmbH hätte schon längst Antrag auf Eröffnung des Insolvenzverfahrens stellen müssen, sie ist nämlich rettungslos überschuldet. D will aber noch vor der Antragstellung unbedingt die Computer erhalten, indem er sie aus der Gesellschaft abziehen und sich dann mit allem ins Ausland davon machen will.

---

283 S. Rn 339.
284 Näher oben Rn 290 ff, 296.
285 *Eschenbruch*, Rn 3401; zur Durchgriffsproblematik s. Rn 355 ff.

Kommt es zum Abschluss des Vertrages und liefert O, ohne Befriedigung für seine Geldforderung zu erhalten, haftet ihm D sicher aus § 826 BGB wegen sittenwidriger Schädigung. Daneben ist er O aber auch aus § 823 II BGB iVm § 64 II GmbHG wegen Insolvenzverschleppung verantwortlich, denn er hat sich faktisch in die Position des Geschäftsführers gesetzt und muss sich wie ein solcher behandeln lassen[286], also dem O auf den gesamten, nicht nur auf den Quotenschaden haften[287].

bb) Durchsetzung der Ansprüche der abhängigen Gesellschaft gegen das herrschende Unternehmen wegen Treuepflichtverletzung. Teilweise wird vertreten, dass die Gläubiger in analoger Anwendung der §§ 309 IV, 317 I, IV AktG selbst die Möglichkeit erhalten sollten, den Anspruch der GmbH gegen das herrschende Unternehmen aus Treuepflichtverletzung geltend zu machen und auf Zahlung an sich selbst zu klagen, falls sie mit ihrer Forderung vergeblich Befriedigung bei der abhängigen Gesellschaft gesucht haben[288]. Dagegen spricht, dass zum einen das gesamte GmbHG nicht an einer Stelle Gläubigern die Geltendmachung von Ansprüchen der Gesellschaft gestattet. Zum anderen wird den Gläubigern nur unter großem dogmatischen Aufwand als Ausnahme hierzu im Falle des existenzvernichtenden Eingriffs ein Zahlungsanspruch unmittelbar gegen das herrschende Unternehmen zuerkannt. Dann erscheint es nicht sachgerecht, bereits im Falle des gewöhnlichen faktischen Konzerns Klagerechte der Gläubiger anzunehmen.

348

cc) Durchsetzung der Ansprüche der abhängigen Gesellschaft gegen das herrschende Unternehmen nach §§ 30 ff GmbHG. Auch hier gilt wie im Falle der Durchsetzung der Ansprüche aus Treuepflichtverletzung, dass die Gläubiger die Ansprüche der Gesellschaft nicht durchsetzen können[289].

349

h) Ansprüche der Gläubiger der abhängigen Gesellschaft gegen die Vertreter des herrschenden Unternehmens

Die Geschäftsleiter des herrschenden Unternehmens unterliegen einer **unmittelbaren Außenhaftung** gegenüber den Gläubigern der abhängigen Gesellschaft nur, wenn §§ 280 I, 311 II, 823 I, II, 826 BGB eingreifen. Zum Teil wird aber vertreten, dass § 317 III AktG zu übertragen sei, wonach auch die Geschäftsleiter des herrschenden Unternehmens der abhängigen Gesellschaft haften und dann über §§ 317 IV, 309 IV 3 AktG analog auch die Gläubiger diesen **Anspruch der Gesellschaft durchsetzen** können[290]. Hiergegen spricht das oben zu Rn 339, 348 Gesagte.

350

286 *Roth/Altmeppen* § 64 Rn 42.
287 Zur Entwicklung der Rechtsprechung zur Frage der Haftung auf den Quotenschaden bei Altgläubigern und Neugläubigern s. *Roth/Altmeppen* § 64 Rn 61 ff.
288 *Eschenbruch*, Rn 3399 unter Hinweis auf BGHZ 95, 330, 340 – Autokran.
289 HM, etwa Baumbach/Hueck/*Hueck/Fastrich* § 31 Rn 6 sowie Scholz/*Westermann* § 31 Rn 8; aA *Eschenbruch*, Rn 3400.
290 *Eschenbruch*, Rn 4224.

i) Ansprüche der Gläubiger der abhängigen Gesellschaft gegen die Vertreter der abhängigen Gesellschaft

351 Geschäftsführer der abhängigen Gesellschaft haften der Gesellschaft aus § 43 I, II GmbHG bei Verletzung der Sorgfalt eines ordentlichen Geschäftsmannes. Die Gläubiger können diesen Anspruch **nicht selbst geltend machen,** denn an keiner Stelle sieht das GmbHG vor, dass Gläubiger der Gesellschaft Ansprüche der Gesellschaft verfolgen könnten.

j) Ansprüche des herrschenden Unternehmens

352 aa) Ansprüche des herrschenden Unternehmens sowie dessen Gesellschafter und Gläubiger gegen die Geschäftsleiter des herrschenden Unternehmens. Verstoßen die Geschäftsleiter des herrschenden Unternehmens gegen das konzernrechtliche Schädigungsverbot und entstehen daraus Ersatzansprüche der abhängigen Gesellschaft oder der Gesellschafter der abhängigen Gesellschaft gegen das herrschende Unternehmen, so wird das herrschende Unternehmen mit Schadensersatzansprüchen belastet, für deren Erfüllung das herrschende Unternehmen bei seinen Geschäftsleitern **Rückgriff** nehmen kann. Als Anspruchsgrundlage für den Rückgriff gegen die Geschäftsleiter kommen rechtsformabhängig im Falle einer AG § 93 II 1 AktG in Betracht, im Falle einer GmbH § 43 II GmbHG. Inwieweit dann die Gesellschafter und Gläubiger des herrschenden Unternehmens ihrerseits Ansprüche geltend machen können, ist wiederum rechtsformspezifisch und eine Frage des allgemeinen Gesellschaftsrechts. Als Richtschnur gilt:

- Für die **AG** sieht das AktG zB in § 93 V vor, dass Gläubiger den Anspruch der Gesellschaft gegen die Vorstandsmitglieder aus § 93 II 1 AktG selbst geltend machen können, wenn sie mit ihrem eigenen Anspruch gegen die Gesellschaft bei der Gesellschaft ausgefallen sind. Aktionäre können die Möglichkeiten der §§ 147, 148 AktG wahrnehmen, wonach zur Verfolgung von Ansprüchen gegen die Mitglieder der Verwaltung (Aufsichtsrat, vgl § 116 AktG, und Vorstand) besondere Vertreter bestellt werden bzw sich Aktionäre zur Geltendmachung des Gesellschaftsanspruchs im eigenen Namen gerichtlich ermächtigen lassen können. Daneben bleiben die allgemeinen Ansprüche, etwa aus § 826 BGB.
- In der **GmbH** können die Gläubiger keine eigenen Klagerechte aus dem Gesetz herleiten, ihnen bleibt nur ein etwaiger Anspruch aus § 826 BGB. Die Gesellschafter dagegen können nach § 46 Nr 8 GmbHG besondere Vertreter bestellen, die Ansprüche der Gesellschaft gegen die Geschäftsführer geltend machen sollen[291]. Im Übrigen sind auch sie auf die allgemeinen Ansprüche verwiesen.

353 bb) Ansprüche des herrschenden Unternehmens gegen die Geschäftsführer der abhängigen Gesellschaft. Im einfach faktischen GmbH-Konzern steht dem herrschenden Unternehmen außerhalb von Gesellschaftsbeschlüssen keine Weisungsbefugnis

---

291 Zur Frage, ob die Gesellschafter besondere Vertreter bestellen müssen oder auch ggf verbliebene Geschäftsführer den Anspruch gegen den schädigenden Geschäftsführer geltend machen dürfen, s. *Roth/Altmeppen* § 46 Rn 54 f.

gegenüber den Geschäftsführern der abhängigen Gesellschaft zu. Daher kann es bei Nichtbefolgen einer Weisung des herrschenden Unternehmens auch keine Schadensersatzansprüche des herrschenden Unternehmens insoweit geben. Es besteht auch kein sonstiges vertragliches oder gesetzliches Schuldverhältnis, das die Geschäftsführer der abhängigen Gesellschaft im Falle von Pflichtverletzungen dem herrschenden Unternehmen gegenüber schadensersatzpflichtig machen könnte. Eine Haftung der Geschäftsführer der abhängigen Gesellschaft gegenüber dem herrschenden Unternehmen findet also nicht statt[292].

III. Rechtsprechung

▶ **Lesen!**   353a

BGHZ 94, 55 (Individualschaden bei § 117 I 2 AktG)

BGHZ 141, 79 – Metallgesellschaft (Nachteilsbegriff, Beweislastumkehr für Veranlassung)

LG Bonn AG 2005, 542 – **Telekom/UMTS** (Aktionärsklage, Veranlassung, § 317 II AktG)

OLG Köln ZIP 2006, 997–1001 – **Telekom/UMTS** (Aktionärsklage, Nachteil)

OLG Stuttgart AG 1979, 200 (Nachteiligkeit)

OLG Frankfurt/M. ZIP 2000, 926 (Nachteiligkeit)

BGHZ 65, 15 – ITT (Treuepflicht in der GmbH, Schadensersatz wegen Treuepflichtverletzung)

BGH WM 1976, 449 = NJW 1976, 191 – **Audi/NSU** (Treuepflicht in der AG, Schadensersatz wegen Treuepflichtverletzung)

BGHZ 108, 184 – Linotype (Treuepflicht des Mehrheitsaktionärs)

BGHZ 129, 136 – Girmes (Treuepflicht des Minderheitsaktionärs; Schadensersatz wegen Treuepflichtverletzung)

OLG Stuttgart AG 2000, 369 – **DASA/Dornier** (Treuepflicht in der AG, treuwidriger Anfechtungswiderspruch)

BGH WM 1978, 1205 (Schadensersatz wegen Treuepflichtverletzung in der GmbH)

IV. Fall: „Stufensanierung"

1. Sachverhalt

Die A-AG baut und installiert Treppen. Sie hat 50 Mitarbeiter und macht Jahresumsätze im Bereich von € 15 Mio. Mit 52% an ihr beteiligt ist die B-GmbH, die Zulieferer für Holz und Stahl sowie Hersteller von Maschinen zur Treppenproduktion ist. Großstadt G will ihre gesamten öffentlichen Gebäude mit neuen Treppen versehen und schreibt daher einen entsprechenden Auftrag im Wert von ca. € 20 Mio. aus. Vorstandsmitglied X der A-AG kommt erst anlässlich eines Hinweises durch Geschäftsführer Z der B-GmbH auf den Gedanken, dass sich seine Gesellschaft um einen derart großen Auftrag bemühen könnte. Nach Rücksprache zwischen X   354

---

292 *Eschenbruch*, Rn 4208, 4225.

und dem weiteren Vorstandsmitglied Y will die A-AG sich aber nicht an der Ausschreibung beteiligen, denn die A-AG müsste ihren Geschäftsbetrieb kurzfristig in einem Umfang erweitern, der durch die Erträge aus dem Auftrag nicht zu rechtfertigen sein würde. Davon wiederum hält Z gar nichts. Er sieht für die von ihm allein geleitete B-GmbH im Falle der Zuschlagserteilung an A-AG die Möglichkeit, in großem Umfang zuliefern zu können. Der Auftrag wäre für die B-GmbH sehr wichtig, weil die Branche insgesamt derzeit in der Krise steckt. A-AG dagegen steht relativ gut da und benötigt den Auftrag der G nicht unbedingt. Z ist sich über die gegenwärtige Marktlage im Klaren. Er bittet X und Y noch einmal nachdrücklich, sich die Sache zu überlegen. Diese Bitte wird bestimmt genug vorgetragen. Die A-AG, deren Geschäftsjahr das Kalenderjahr ist, nimmt im Mai 2005 an der Ausschreibung teil und erhält im Januar 2006 den Zuschlag. Die Arbeiten beginnen im Juni 2006 und sind im April 2007 beendet. Die Abschlusszahlung erhält A-AG im Juli 2007. Um den Auftrag durchführen zu können, musste die A-AG ihren Maschinenpark erweitern. X und Y wollten dazu die erforderlichen Maschinen mieten, weil absehbar war, dass A-AG die Anlagen nach der Sanierung nicht mehr benötigen würde. B-GmbH drängte aber darauf, dass A-AG Maschinen von B-GmbH kaufen sollte. Auch dem beugen sich X und Y schließlich. Nunmehr finden die aus Anlass des Auftrages der Stadt von der B-GmbH kurz vor Beginn der Arbeiten im Juni 2006 erworbenen Maschinen keine Verwendung mehr. Es fallen dennoch laufende Kosten an. Erst zum 1. Dezember 2007 ist es dem Vorstand der A-AG gelungen, die Maschinen wieder zu veräußern, allerdings deutlich unter dem Buchwert. Erhebliche Abschreibungen sind zu buchen. Daher ist mit einem Jahresfehlbetrag in beträchtlicher Höhe zu rechnen.

Minderheitsgesellschafter der A-AG ist M mit einer Beteiligung von 12%. Im Rahmen der 2008 stattfindenden Hauptversammlung für das Geschäftsjahr 2007 erfährt er die geschilderten Einzelheiten. Er überlegt, wer bei dieser Sachlage eigentlich was von wem verlangen und wer gegenüber wem welche Rechte durchsetzen kann.

Abwandlung: Wie ist es, wenn die an der Ausschreibung teilnehmende A eine GmbH und die B eine AG, ein eingetragener Verein oder eine KG wären?

354a 2. Lösung – Ausgangsfall (faktischer AG-Konzern):

A. Ansprüche der A-AG

I. Anspruch der A-AG gegen B-GmbH aus § 311 AktG

Der A-AG (A) könnte ein Anspruch auf Nachteilsausgleich aus § 311 II AktG gegen B-GmbH (B) zustehen. Dafür müsste § 311 AktG einen Anspruch gewähren. Hierfür wiederum müsste die Vorschrift anordnen, dass von einem anderen ein Tun oder Unterlassen gefordert werden kann (vgl § 194 I BGB). § 311 II AktG spricht nur davon, wie der Ausgleich zu erfolgen hat. Eine Pflicht zu Tun oder Unterlassen ist ihm nicht zu entnehmen. § 311 AktG gewährt keinen Anspruch.

II. Anspruch der A gegen B aus § 317 I 1 AktG

Die A könnte einen Anspruch aus § 317 I 1 AktG gegen die B auf Schadensersatz wegen unterbliebenen Nachteilsausgleichs haben. Dafür müssten zwischen A und B ein Abhängigkeitsverhältnis bestehen, müsste B die A zu einer nachteiligen Maßnahme veranlasst und den Nachteil nicht ausgeglichen haben, und es dürfte kein Fall des § 317 II AktG vorliegen.

1. Unternehmen, Abhängigkeit

B ist (herrschendes) Unternehmen im Sinne der §§ 15 ff AktG, wenn sie außer der Beteiligung an der A noch andere Interessenbindungen aufweist, die die Gefahr begründen, dass B diese anderweitigen Interessenbindungen über die Belange der A stellt. Wegen des hier vorliegenden eigenen

Geschäftsbetriebes der B, aufgrund dessen sie als wesentlicher Lieferant der A in Betracht kommt, besteht diese Gefahr. B ist Unternehmen. A ihrerseits kommt als (abhängiges) Unternehmen in Betracht, wenn sie eine rechtlich besonders organisierte Vermögenseinheit ohne Rücksicht auf Rechtsform oder Geschäftsbetrieb ist. Das ist der Fall. Die erforderliche Abhängigkeit zwischen A und B richtet sich nach § 17 AktG. Da die B mehrheitlich an der A beteiligt ist (§ 16 I, II AktG), wird die Abhängigkeit unwiderlegt nach § 17 II AktG vermutet.

2. Veranlassung zu einer nachteiligen Maßnahme

B müsste A zu einer nachteiligen Maßnahme veranlasst haben. Eine nachteilige Maßnahme liegt vor, wenn erstens die A etwas unternommen hat, das der Vorstand einer unabhängigen Gesellschaft in ihrer Situation nicht getan hätte und das zu einer aus Sicht der A negativen Differenz zwischen ihrer Vermögenslage und der Vermögenslage einer gedachten unabhängigen Gesellschaft in derselben Situation geführt hat. Grundlage für den Vermögenslagevergleich ist der Vornahmezeitpunkt der fraglichen Maßnahme. Der Vermögensnachteil muss Folge der Abhängigkeit sein. Zweitens muss die B die A zu dieser Maßnahme veranlasst haben.

a) Nachteilige Maßnahme. Fraglich ist, worin die abhängigkeitsbedingte nachteilige Maßnahme zu sehen ist.

aa) Identifizierung der nachteiligen Maßnahme. Man könnte den gesamten Vorgang der Übernahme der Treppensanierung als nachteilig ansehen, weil am Ende der zu große Maschinenpark übrig bleibt, der ua durch den Verkauf unter Buchwert die Bilanz der A belastet und nachteilig ist, weil sich eine unabhängige Gesellschaft gar nicht erst an der Ausschreibung beteiligt und somit die Folgeprobleme vermieden hätte. Diese Betrachtungsweise vernachlässigt, dass § 317 I 1 AktG ausdrücklich „eine" Maßnahme als nachteilig identifiziert sehen will. Daher ist genauer herauszuarbeiten, welcher Teil des Gesamtvorgangs nachteilig war.

(1) Ausschreibungsteilnahme. Die Teilnahme an der Ausschreibung im Mai 2005 könnte bereits eine nachteilige Maßnahme gewesen sein. Für die Beurteilung der Nachteiligkeit einer Maßnahme ist der Vornahmezeitpunkt mit den zu dieser Zeit vernünftiger Weise vorhersehbaren Auswirkungen auf die Vermögenslage zu Grunde zu legen. Bei einer öffentlichen Ausschreibung ist generell nicht abzusehen, wer von den Bewerbern das der Stadt G günstigste Angebot abgeben und daher den Zuschlag erhalten wird. Zudem war es insbesondere unwahrscheinlich, dass die Stadt G das Risiko eingehen würde, einen Auftrag über ca. € 20 Mio. an ein Unternehmen zu vergeben, das lediglich etwa € 15 Mio. als Jahresumsätze erzielt und mit solch einem Auftragsvolumen womöglich überfordert sein würde. Daher hatte die Ausschreibungsteilnahme noch keine absehbaren Auswirkungen auf die Vermögenslage.

(2) Zuschlag. Die fragliche nachteilige Maßnahme könnte die Erteilung des Zuschlages im Januar 2006 sein. Der Zuschlag durch die Stadt G ist nur die Annahme des Angebotes der A. Damit kann der Zuschlag nicht als Maßnahme der A angesehen werden.

(3) Erwerb der neuen Maschinen. Als nachteilige Maßnahme kommt schließlich der Erwerb der später überzähligen Maschinen in Betracht. Als A sie in Vorbereitung der Ausführung des Auftrages erwarb, war klar, dass die Gesellschaft die Maschinen nach Abschluss der Arbeiten wahrscheinlich nicht mehr würde gebrauchen können. Denn mit Anschlussaufträgen bei der schlechten Marktlage war jedenfalls nicht in einem Umfang zu rechnen, der das Behalten der Maschinen hätte rechtfertigen können. Somit war zur Zeit des Erwerbs kurz vor Beginn der Arbeiten im Juni 2006 vernünftiger Weise absehbar, dass sich aufgrund der Belastungen durch laufende Kosten und Abschreibungen auf die Maschinen auch noch nach Beendigung der Arbeiten die Vermögenslage nachteilig entwickeln würde. Der Vorstand einer gedachten unabhängigen Gesellschaft hätte sich schon nicht an der Ausschreibung beteiligt, weil der Auftrag für die Gesellschaft viel zu umfangreich und mit Folgekosten von Anfang an zu rechnen war, zumindest hätte er die Maschinen nicht

erworben, sondern nur gemietet. Nachteilige Maßnahme war daher der Erwerb der neuen Maschinen von B vor Beginn der Arbeiten im Juni 2006.

bb) Nachteilige Maßnahme als Folge der Abhängigkeit. Die A übernahm den Sanierungsauftrag angesichts der Beteiligungshöhe und des damit verbundenen Einflusspotentials der B. Die Maßnahme war daher abhängigkeitsbedingt.

b) Veranlassung durch die B. B müsste die A zu dem nachteiligen Erwerb der Maschinen veranlasst haben. Das ist zusätzlich zur durch die Abhängigkeit bedingten Vornahme der Maßnahme erforderlich, weil etwa im Falle vorauseilenden Gehorsams der abhängigen Gesellschaft ein Nachteil im Sinne des § 311 AktG zwar abhängigkeitsbedingt wäre, aber nicht auf Intervention des herrschenden Unternehmens eingetreten sein würde. In solch einer Konstellation das herrschende Unternehmen mit einem Schadensersatzanspruch zu belasten, hieße, die vom Gesetz als im Grunde nicht rechtswidrig angesehene Abhängigkeit allein zur Grundlage von Schadensersatzansprüchen zu machen.

Veranlassung ist gegeben, wenn sich die abhängige Gesellschaft aus ihrer Sicht einer Einflussnahme durch das herrschende Unternehmen ausgesetzt sieht, die auf die Vornahme der fraglichen nachteiligen Maßnahme durch die abhängige Gesellschaft hinauslaufen soll. Die im Einzelfall vorliegende Form der Beeinflussung ist dabei ohne Belang. Hier hatte Geschäftsführer Z der B mehrfach darum gebeten, dass sich A um Zuschlag und Durchführung der anstehenden Arbeiten bemühen möge, letztlich damit B die A mit Ausrüstungsgegenständen, ua den Maschinen, beliefern könne. Dieser Bitte ist die A, vertreten durch ihre Vorstandsmitglieder X und Y, nachgekommen. Damit liegt eine Veranlassung vor.

c) Kein Nachteilsausgleich. Weiterhin gehört zu den Voraussetzungen des § 317 I 1 AktG, dass der Nachteil nicht bis zum Ende des Geschäftsjahres ausgeglichen wurde. Problematisch ist an dieser Stelle, dass die nachteilige Maßnahme (der Erwerb der Maschinen) vor dem Juni 2006 ergriffen wurde, der A der Vermögensnachteil (laufende Kosten, Abschreibungen, Veräußerung unter Buchwert) aber erst 2007, also im nächsten Geschäftsjahr entstanden ist.

Aus dem Wortlaut des § 311 II AktG folgt, dass der „zugefügte", das kann nur heißen: bereits eingetretene, Nachteil auszugleichen ist. Daher ist das Geschäftsjahr, an dessen Ende der Nachteil ausgeglichen sein soll (§§ 311 II, 317 I 1 AktG), dasjenige, in dem der Nachteil bezifferbar realisiert ist. Dieses Geschäftsjahr ist nicht notwendig dasjenige, in das die Vornahme der nachteiligen Maßnahme fällt. Daher hätte B als herrschendes Unternehmen den Nachteil der A bis zum Ende des Geschäftsjahres 2007 ausgleichen sollen. Das ist nicht geschehen. Die weitere Voraussetzung des § 317 I 1 AktG liegt vor.

d) Kein Anspruchsausschluss gem. § 317 II AktG. Weiterhin könnte die Haftung der B aus § 317 I 1 AktG gem. § 317 II AktG ausgeschlossen sein. Zweifelhaft ist, ob es sich bei § 317 II AktG tatsächlich um ein Tatbestandsmerkmal des § 317 I 1 AktG handelt. Man könnte vertreten, dass der in § 317 II AktG genannte Maßstab des Geschäftsleiters einer unabhängigen Gesellschaft bereits abschließend bei der Bestimmung des Nachteils zu berücksichtigen gewesen ist. Jedoch ergibt sich bereits aus der Funktion der §§ 311 ff AktG selbst, nämlich die abhängige Gesellschaft vor Folgen der Abhängigkeit zu schützen, dass ein Nachteil im Sinne der §§ 311 ff AktG zu verneinen ist, wenn sich auch eine unabhängige Gesellschaft verhalten hätte wie die betrachtete abhängige Gesellschaft. Dennoch wäre das Ergebnis der Prüfung des § 317 II AktG stets das Gleiche wie das der Prüfung, ob ein Nachteil vorliegt. § 317 II AktG hätte dann keinen rechten Sinn. Demselben Einwand sähe man sich ausgesetzt, wenn man in § 317 II AktG dem Wortlaut gemäß einen objektiven Haftungsausschluss erkennen wollte: Liegt ein Nachteil vor, griffe der Haftungsausschluss nicht.

Zum anderen könnte § 317 II AktG zu entnehmen sein, dass das herrschende Unternehmen schuldhaft gehandelt haben müsste, dh davon ausgegangen sein müsste, dass der Vorstand der abhängigen Gesellschaft sich pflichtwidrig verhalten würde, wenn er die Veranlassung umsetzte, verbunden mit einer Beweislastumkehr zu Lasten des herrschenden Unternehmens. Allerdings gebietet es der Schutz der abhängigen Gesellschaft, die Ersatzpflicht des herrschenden Unternehmens nicht davon abhängig zu machen, dass das herrschende Unternehmen die Veranlassung zu einer nachteiligen Maßnahme oder zu einem nachteiligen Rechtsgeschäft erkennen konnte.

Richtigerweise wird man § 317 II AktG als Regelung der Darlegungs- und Beweislast zu Lasten des herrschenden Unternehmens im Hinblick auf die Nachteiligkeit zu verstehen haben. Das herrschende Unternehmen muss also darlegen und notfalls beweisen, dass das Rechtsgeschäft oder die Maßnahme, zu dessen bzw deren Vornahme oder Unterlassen es die abhängige Gesellschaft veranlasst hat, nicht nachteilig war. Somit ist § 317 II AktG kein selbstständiges Tatbestandsmerkmal des Anspruchs gem. § 317I 1 AktG.

e) Schaden. Der erforderliche Schaden besteht in den Belastungen der A durch die nach Abschluss der Arbeiten weiterhin anfallenden laufenden Kosten für die Maschinen, durch die Abschreibungen und durch den Mindererlös bei der Veräußerung der Anlagen zum 1. Dezember 2007. Falls zunächst bei Erwerb der Maschinen noch nicht absehbar war, dass es zu einer Veräußerung unter Buchwert kommen würde, ändert nichts daran, dass diese Position mit in den nun zu ersetzenden Schaden einbezogen werden kann. Denn bei dieser Position handelt es sich um eine im schadensersatzrechtlichen Rückblick des § 317 I 1 AktG nach allgemeiner Lebenserfahrung nicht völlig abwegige Belastung.

3. Ergebnis

A hat gegen die B einen Anspruch auf Schadensersatz aus § 317 I 1 AktG.

III. Anspruch der A gegen B aus Treuepflichtverletzung

A könnte auch einen Anspruch auf Schadensersatz aus der Treuepflicht haben. Die gesellschaftsrechtliche Treuepflicht, die ihre Grundlage im Gesellschaftsvertrag der jeweils fraglichen Gesellschaft hat, verbietet es einem Gesellschafter, die Gesellschaft als Repräsentant der geronnenen, rechtmäßigen Interessen der Gesellschafter zur Verfolgung seines eigenen Interesses, das die legitimen Interessen der anderen Gesellschafter nicht berücksichtigt und daher nicht in die Bildung des Interesses der Gesellschaft aus den Interessen der Gesellschafter mit einfließen kann, zu schädigen. Geschieht dies dennoch, kann die Gesellschaft einen Schadensersatzanspruch gegen ihn haben.

Im Falle des faktischen AG-Konzerns kommt die Treuepflicht nur ausnahmsweise zur Anwendung, weil die von ihr abzudeckenden Fälle schon ausdrücklich durch §§ 317 I, 311 AktG erfasst werden. Daher werden Ansprüche aus der Treuepflicht im Anwendungsbereich der §§ 317 I, 311 AktG verdrängt. Da hier § 317 I 1 AktG eben bejaht wurde, ist kein Raum für einen Anspruch aus Treuepflichtverletzung.

IV. Anspruch der A gegen B aus § 117 I 1 AktG iVm § 31 BGB

A könnte einen weiteren Schadensersatzanspruch gegen B aus § 117 I 1 AktG iVm § 31 BGB haben. Dafür müsste Z als Geschäftsführer der B Einfluss auf die A gehabt, diesen vorsätzlich zur Bestimmung von Führungskräften der A zu einem für A schädigenden Verhalten benutzt haben (§ 117 I 1 AktG), und er müsste wesensmäßige Aufgaben der B wahrgenommen haben (§ 31 BGB analog).

1. Voraussetzungen des § 117 I 1 AktG

Z hatte als Geschäftsführer des Mehrheitsgesellschafters der A Einfluss, indem er über die von der Hauptversammlung zu wählenden Aufsichtsratsmitglieder (§ 100 I 1 AktG) Möglichkeiten zur Einwirkung auch auf Zusammensetzung des Vorstandes und damit auf die Geschäftspolitik der A hatte (§ 84 I 1 AktG).

Zu einer schädigenden Einflussnahme auf die Vorstandsmitglieder X und Y – Vorstandsmitglieder sind als Beispiel für Führungskräfte in § 117 I 1 AktG genannt – ist es gekommen, indem Z beide bat, sich – letztlich zum Schaden der A – um den Zuschlag für den Auftrag der Stadt G zu bemühen und den Auftrag auszuführen. Dies ist auch geschehen.

Z müsste zudem vorsätzlich gehandelt haben, dh er müsste die Gefahren für die A zumindest erkannt haben können und ihre Realisierung zumindest billigend in Kauf genommen haben. Z war sich laut Sachverhalt über die schwierige Marktlage im Klaren, so dass er die nach Abschluss der Arbeiten der A für die Stadt G entstehenden Probleme hätte erkennen können, jedenfalls was die Abschreibungen und die laufenden Kosten betrifft. Dass er dennoch gegenüber X und Y auf der Teilnahme, wenn auch in Form einer nachdrücklichen Bitte, bestand, zeigt, dass er das Risiko des Eintritts der absehbaren negativen Folgen in Kauf nahm. Damit handelte er bedingt vorsätzlich. Das genügt.

2. Zurechnung über § 31 BGB analog

Da § 117 I 1 AktG der A nur einen Anspruch gegen die natürliche Person Z verschafft, bedarf es der Zurechnung des Tuns des Z zur B, wenn diese selbst in Anspruch genommen werden soll.

a) Anwendbarkeit des § 31 BGB

§ 31 BGB aus dem Vereinsrecht ist vorliegend analog anwendbar, wenn Regelungslücke, Planwidrigkeit und vergleichbare Interessenlage vorliegen. Zum einen fehlt es an einer Zurechnungsvorschrift im Recht der AG und der GmbH (Regelungslücke). Zum anderen hätte es nahe gelegen, auch im Recht der (gegenüber der Grundform einer Körperschaft, dem Verein) „speziellen" Körperschaften GmbH und AG eine ähnliche Zurechnungsnorm zu schaffen (Planwidrigkeit). Zum dritten bedarf es bei GmbH und AG, genauso wie beim Verein, einer Zurechnungsnorm, um bei Fehlverhalten der Organe im Interesse des Geschädigten auf die regelmäßig leistungsfähigeren Körperschaften selbst zugreifen zu können, für die die Organe tätig werden (vergleichbare Interessenlage). Daher ist § 31 BGB analog anwendbar.

b) Voraussetzungen des § 31 BGB analog

Nach § 31 BGB analog müsste Z eine zum Schadensersatz verpflichtende Handlung begangen haben, die der Körperschaft B zugerechnet wird, wenn Z verfassungsmäßiger Vertreter der Z-GmbH ist.

Die zum Schadensersatz verpflichtende Handlung des Z liegt in seiner Verwirklichung des § 117 I 1 AktG. Als Geschäftsführer ist Z auch verfassungsmäßiger Vertreter der B. Damit kann die Realisierung des § 117 I 1 AktG der B zugerechnet werden.

3. Ergebnis

A hat gegen die B auch einen Schadensersatzanspruch aus § 117 I 1 AktG iVm § 31 BGB.

V. Anspruch der A gegen Z aus § 317 III AktG

A könnte einen Schadensersatzanspruch gegen Z aus § 317 III AktG haben. Dazu müsste Z gesetzlicher Vertreter der B als herrschendes Unternehmen der A sein und A zu der nachteiligen Maßnahme (Erwerb der zusätzlichen Maschinen) veranlasst haben. Als Geschäftsführer der B ist Z gesetzlicher Vertreter (§ 35 I GmbHG) des die A beherrschenden Unternehmens (§ 17 II AktG). Er hat auch persönlich die A über die Einflussnahme auf deren Vorstandsmitglieder zu der nachteiligen Maßnahme veranlasst. Daher ist der Anspruch gegeben.

VI. Anspruch der A gegen Z aus § 117 I 1 AktG

Die A könnte weiterhin einen Anspruch gegen Z aus § 117 I 1 AktG haben. Die dazu erforderlichen Voraussetzungen (vorsätzliche schädigende Einflussnahme auf Vorstandsmitglieder) wurden bereits oben bejaht. Der Anspruch besteht.

VII. Anspruch der A gegen die Vorstandsmitglieder X und Y aus § 318 I 1 AktG

A könnte auch einen Schadensersatzanspruch gegen die eigenen Vorstandsmitglieder X und Y aus § 318 I 1 AktG haben, wenn diese es unterlassen haben, einen vollständigen Abhängigkeitsbericht (§ 312 I AktG) aufzustellen. Dazu lässt sich dem Sachverhalt nichts entnehmen. Der Anspruch besteht demnach nicht.

VIII. Anspruch der A gegen die Vorstandsmitglieder X und Y aus § 93 II 1 AktG

Gegen ihre Vorstandsmitglieder X und Y könnte die A auch einen Schadensersatzanspruch aus § 93 II 1 AktG haben. Dafür müssten X und Y schuldhaft ihre Sorgfaltspflichten (§ 93 I AktG) gegenüber der A im Zusammenhang mit der Teilnahme an der Ausschreibung für den Auftrag der Stadt G und dem Erwerb der später überzähligen Maschinen verletzt haben.

1. Verletzung der Sorgfaltspflichten

X und Y müssen ihre Sorgfaltspflichten verletzt haben. Zu diesen Sorgfaltspflichten gehört es, die vermögensmäßigen Belange der A zu wahren und nichts die Gesellschaft Schädigendes zu tun. X und Y müssen sich wie Z der Marktsituation bewusst gewesen sein, so dass für sie absehbar war, dass es nach Ausführung des Auftrages für die Stadt ungedeckte Folgekosten zu Lasten der A geben würde. Sie haben es sowohl unterlassen, diese Folgekosten durch Nichtteilnahme an der Ausschreibung von vornherein zu vermeiden, als auch dafür zu sorgen, dass B den Nachteil nach § 311 II AktG zum Ende des Geschäftsjahres 2007 ausgleicht, als auch – als Letzteres unterblieben war – den Anspruch aus § 317 I 1 AktG gegen die B zu verfolgen. Sie konnten in dieser Situation nicht im Sinne von § 93 I 2 AktG („business judgement rule") vernünftiger Weise annehmen, zum Wohl der Gesellschaft zu handeln. Durch dieses Verhalten haben sie ihre Sorgfaltspflichten gegenüber der A aus § 93 I AktG verletzt.

2. Schuld, Schaden

X und Y müssen schuldhaft ihre Pflichten verletzt haben (§ 276 I BGB iVm § 93 I AktG). Nach § 93 II 2 AktG obliegt ihnen die Beweislast dafür, dass sie ohne Schuld gehandelt haben. Dafür ist bisher nichts vorgetragen. Daher ist vom Verschulden auszugehen. Der Schaden der Gesellschaft besteht in den Aufwendungen für die Maschinen nach Abschluss der Arbeiten für die Stadt G.

3. Ergebnis

A hat gegen jeden ihrer Vorstände X und Y einen Schadensersatzanspruch aus § 93 II 1 AktG. X und Y haften als Gesamtschuldner (§ 93 II 1 AktG).

IX. Anspruch der A gegen X und Y aus § 117 II 1, I 1 AktG

Der A könnte ein weiterer Schadensersatzanspruch gegen X und Y zustehen nach § 117 II 1 AktG, wenn X und Y bei der Umsetzung des von dem Einflussnehmenden Z Gewollten schuldhaft unter Verletzung ihrer Pflichten gehandelt haben. Die Haftung nach § 117 II 1 AktG setzt zudem voraus, dass eine Ersatzpflicht des Einflussnehmenden nach § 117 I 1 AktG besteht („neben" in § 117 II 1 AktG).

Die Ersatzpflicht des Z nach § 117 I 1 AktG ist gegeben. X und Y haben bei Umsetzung des von Z Gewollten, also der Teilnahme an der Ausschreibung und dem Erwerb der Maschinen, unter Verletzung ihrer Pflichten gehandelt. Es gelten dieselben Maßstäbe wie bei § 93 II 1 AktG. Nach

§ 117 II 2 AktG sind X und Y beweispflichtig dafür, dass sie ihre Pflichten nicht schuldhaft verletzt haben. Dafür ist bisher nichts vorgetragen. Wie bei § 93 II 2 AktG ist daher vom Verschulden von X und Y auszugehen. Der Schaden besteht wiederum in den Mehrbelastungen aufgrund der nicht mehr benötigten Maschinen. Der Anspruch besteht.

X. Zwischenergebnis

Nach allem hat A Schadensersatzansprüche gegen B aus § 317 I 1 AktG und aus § 117 I 1 AktG iVm § 31 BGB analog. A hat weiterhin gegen Z Schadensersatzansprüche aus § 317 III AktG, § 117 I 1 AktG. Zudem sind X und Y gesamtschuldnerisch der A zum Schadensersatz nach § 93 II 1 AktG verpflichtet. Zusammen mit Z haften X und Y der A auch nach § 117 II 1 iVm I 1 AktG.

B. Ansprüche des M

I. Anspruch des M gegen B aus § 317 I 2 AktG und § 117 I 2 AktG iVm § 31 BGB

Weiterhin denkbar ist ein Anspruch des M gegen B aus § 317 I 2 AktG und § 117 I 2 AktG iVm § 31 BGB. Dafür müsste M ua einen über den Wertverlust seiner Beteiligung (Reflexschaden) hinausgehenden, ihn unmittelbar persönlich treffenden Individualschaden erlitten haben. Das ist nicht ersichtlich. Der Anspruch besteht nicht.

II. Anspruch des M gegen B aus Treuepflichtverletzung

M könnte gegen seinen Mitgesellschafter B ein Anspruch aus Treuepflichtverletzung zustehen. Ob in der AG Treuepflichten bestehen, ist nicht zweifelsfrei. Wegen der dem gesetzlichen Leitbild nach vorgesehenen Anonymität der Gesellschafter der AG als Kapitalsammelbecken lässt sich die Annahme der Treuepflicht jedenfalls nicht auf eine vertrauensvolle Zusammenarbeit der Gesellschafter als Grundlage für Erfolg und Bestand der Gesellschaft gründen. Erkennt man aber, dass jegliche Mitgliedschaft in einer Gesellschaft die Gesellschafter einem bestimmten Pflichtenkanon unterwirft, der sich entweder primär aus dem Gesellschaftsvertrag (so wegen § 45 I GmbHG in der GmbH) oder dem Gesetz (so wegen § 23 V AktG in der AG) ergibt, kann nur noch die Intensität der Treuepflicht von der Gesellschaftsform oder der Realstruktur der betrachteten Gesellschaft abhängig sein. Auch in der AG besteht daher eine Treuepflicht zwischen den Aktionären. Das Verhalten der B, trotz absehbarer Folgeprobleme allein im eigenen Interesse die A zu einem diese offenbar schädigenden Verhalten zu veranlassen, ist dem M gegenüber treuwidrig, weil B keine Rücksicht auf die Interessen des M genommen hat. B trifft an der Treuepflichtverletzung, vertreten durch Z, auch Verschulden. Treuepflichtverletzungen führen, wenn sie andauern, zu Unterlassungsansprüchen. Hier dauert die Beeinflussung durch B nicht an. Daher kommt nur ein Schadensersatzanspruch für M (Individualanspruch) in Betracht. Außer dem Reflexschaden als Folge des Wertverlusts seiner Beteiligung an der A hat M jedoch keinen eigenen Schaden erlitten. Um zu vermeiden, dass die Treuepflicht als allgemeines Rechtsinstitut zu Ergebnissen führt, die das spezielle Recht nicht anerkennt, müssen die Wertungen aus §§ 317 I 2, 117 I 2 AktG auf den Anspruch aus der Treuepflichtverletzung durchschlagen. Daher hat M mangels Individualschadens keinen Schadensersatzanspruch aus Treuepflichtverletzung.

III. Anspruch des M gegen Z aus § 317 III, I 2 AktG und aus § 117 I 2 AktG

Z würde dem M persönlich auf Schadensersatz haften, wenn M im Zusammenhang mit dem Erwerb der später überzähligen Maschinen durch die A einen über den bloßen Reflexschaden hinausgehenden Individualschaden nach § 317 I 2 AktG erlitten hätte. Denn § 317 III AktG ordnet an, dass neben dem aus § 317 I AktG haftenden herrschenden Unternehmen auch dessen gesetzliche Vertreter haften, die das abhängige Unternehmen zu der nachteiligen Maßnahme veranlasst haben. Da nach § 317 I 2 AktG das herrschende Unternehmen dem geschädigten Aktionär unmittelbar haftet, würden auch seine gesetzlichen Vertreter dem Aktionär haften. Hier fehlt es aber bereits an dem Individualschaden des M, denn außer dem Wertverlust hinsichtlich seiner Beteiligung an der A (Reflexschaden) hat er keine weiteren Schäden erlitten. Dasselbe gilt für den Anspruch gegen Z aus § 117 I 2 AktG, auch hier fehlt der Individualschaden. Beide Ansprüche bestehen nicht.

IV. Zwischenergebnis

Als Zwischenergebnis ist festzuhalten: M hat als Gesellschafter der A weder gegen B noch gegen Z Ansprüche.

C. Durchsetzung von Ansprüchen der A durch M

Sollte die A ihre Ansprüche im Zusammenhang mit dem Erwerb der später überzähligen Maschinen nicht verfolgen, könnte möglicherweise M selbst Ansprüche der A geltend machen.

I. Durchsetzung von Ansprüchen der A gegen B durch M

Sollten sich X und Y weigern, die Ansprüche der A gegen B zu verfolgen, will M wissen, ob er selbst Ansprüche der A geltend machen kann. Das ist der Fall für den Anspruch aus § 317 I 1 AktG gem. §§ 317 IV, 309 IV AktG.

Zwar sieht § 117 AktG in seinem Absatz 5 nur für Gläubiger die Möglichkeit vor, den Anspruch der A aus § 117 I 1 AktG iVm § 31 BGB gegen B selbst geltend zu machen. Zur Geltendmachung dieses Anspruchs kann M aber über §§ 147, 148 AktG vorgehen, sich insbesondere gem. § 148 I AktG zur Geltendmachung des Anspruchs der A gegen B gerichtlich ermächtigen lassen.

II. Durchsetzung von Ansprüchen der A gegen Z durch M

Den Anspruch der A gegen Z aus § 317 III AktG kann M durchsetzen, und zwar durch Klage auf Leistung des Schadensersatzes an A, § 317 IV iVm § 309 IV 1, 2 AktG. Zudem kann M den Anspruch der A gegen Z aus § 117 I 1 AktG wiederum über §§ 147, 148 AktG geltend machen.

III. Durchsetzung von Ansprüchen der A gegen X und Y durch M

Weiterhin kann M den Anspruch der A gegen X und Y als ihre Vorstände aus § 93 II 1 AktG selbst geltend machen (lassen) gemäß §§ 147, 148 AktG. Zugleich kommt eine analoge Anwendung des § 318 IV iVm § 309 IV 1, 2 AktG in Betracht, da nicht anzunehmen ist, dass der Gesetzgeber den bisher in der Literatur überwiegend vertretenen Weg zur Geltendmachung über diese Vorschriften durch das neue Klagezulassungsverfahren gem. § 148 AktG versperren wollte, denn der Gesetzgeber wollte die Minderheitenrechte stärken, nicht verkürzen.

D. Ergebnis

Nach allem gilt im Ergebnis Folgendes:

A hat Ansprüche
- gegen B aus § 317 I 1 AktG und aus § 117 I 1 AktG iVm § 31 BGB,
- gegen Z aus § 317 III und § 117 I 1 AktG,
- gegen X und Y aus § 93 II 1 AktG und aus § 117 II 1, I 1 AktG.

M hat
- gegen B keine Ansprüche und
- gegen Z keine Ansprüche.

M kann anstelle der A geltend machen
- den Anspruch der A gegen das herrschende Unternehmen B aus § 317 I 1 AktG gem. § 317 IV iVm § 309 IV 1, 2 AktG und aus § 117 I 1 AktG, § 31 BGB analog gem. §§ 147, 148 AktG, und

- den Anspruch der A gegen den Geschäftsführer Z der B aus § 317 III AktG gem. § 317 IV iVm § 309 IV 1, 2 AktG und aus § 117 I 1 AktG gem. §§ 147, 148 AktG, sowie
- den Anspruch der A gegen ihre Vorstandsmitglieder X und Y aus § 93 II 1 AktG gem. §§ 147, 148 AktG und gem. § 318 IV iVm § 309 IV 1, 2 AktG analog.

354b ## 3. Lösung – Abwandlung (faktischer GmbH-Konzern)

A. Ansprüche der A-GmbH

I. Ansprüche der A-GmbH gegen B

1. Anspruch der A-GmbH gegen B aus § 317 I 1 AktG analog

Der A-GmbH könnte ein Anspruch auf Schadensersatz aus § 317 I 1 AktG analog gegen B zustehen. Dafür müsste die Vorschrift hier anwendbar sein. Weil A GmbH ist und § 317 I 1 AktG unmittelbar nur auf abhängige Aktiengesellschaften anwendbar ist, kommt nur eine analoge Anwendung in Betracht.

Die für die Analogie neben Planwidrigkeit der Regelungslücke und vergleichbarer Interessenlage zunächst erforderliche Regelungslücke selbst liegt vor, weil das GmbH-Recht keinerlei Regelungen über das Verhältnis zwischen abhängigem Unternehmen und herrschendem Unternehmen enthält. Abhängiges Unternehmen ist jede verselbstständigte Organisationseinheit, die sich wirtschaftlich betätigt. Darunter fällt die A-GmbH. Herrschendes Unternehmen ist jeder Gesellschafter, der außer seiner Beteiligung an dem fraglichen Unternehmen (hier die A-GmbH) noch anderen wirtschaftlichen Interessenbindungen unterliegt, die die Gefahr begründen, dass diese fremden Interessen über die Interessen der betrachteten Beteiligungsgesellschaft gestellt werden. Dieser Interessenkonflikt droht zwischen A-GmbH und B wegen des eigenen Geschäftsbetriebes der B. Dabei kommt es auf die Rechtsform (AG, eingetragener Verein (eV) oder KG) der B nicht an. A-GmbH ist gem. § 17 II AktG von B abhängig.

Die Regelungslücke ist auch planwidrig, weil der Gesetzgeber bisher nur aus technischen Gründen eine Kodifizierung des GmbH-Konzernrechts unterlassen hat.

Zweifelhaft ist jedoch die vergleichbare Interessenlage. Das Aktienrecht legt den §§ 311 ff AktG und damit auch dem § 317 I 1 AktG sein AG-Modell zugrunde, wonach der Vorstand der AG gem. § 76 I AktG die Gesellschaft in eigener Verantwortung leitet. Nur vor diesem Hintergrund ist zu verstehen, dass § 311 AktG dem Vorstand der abhängigen Gesellschaft einen Entscheidungsspielraum für die Frage einräumt, ob er einer Veranlassung durch das herrschende Unternehmen Folge leisten soll. Dagegen können in der GmbH die Gesellschafter gem. § 46 Nr 6 GmbHG den Geschäftsführer bis ins Einzelne gehende Weisungen erteilen, die die Geschäftsführer nur innerhalb enger Grenzen (ua §§ 30 ff GmbHG) nicht befolgen dürfen, im Übrigen aber umsetzen müssen. Wegen dieses Strukturunterschiedes zwischen AG und GmbH kann § 317 I 1 AktG hier nicht zur Anwendung kommen. Der A-GmbH steht kein Anspruch aus § 317 I 1 AktG gegen B zu.

2. Anspruch der A-GmbH gegen B aus Treuepflichtverletzung

A-GmbH könnte einen Anspruch auf Schadensersatz gegen B haben wegen Treuepflichtverletzung. Dazu müsste B als Gesellschafter der A-GmbH einer Treuepflicht unterliegen, diese müsste verletzt worden sein durch ein Verhalten B's, und A-GmbH müsste ein Schaden entstanden sein.

a) Treuepflicht

Zunächst müsste B in der GmbH einer Treuepflicht unterliegen. Die Gründer einer GmbH verbinden sich durch den Abschluss des Gesellschaftsvertrages zur Verfolgung des Zwecks der Gesellschaft. Das verpflichtet sie, diesen Gesellschaftszweck zu fördern und vermeidbaren Schaden von der Gesellschaft fernzuhalten. Des Weiteren unterwerfen sich die Gründer den im Einzelnen im Gesellschaftsvertrag geregelten Bestimmungen über die Struktur der Gesellschaft. Später hinzukommende Gesellschafter trifft die gleiche Verpflichtung, indem sie in den Gesellschaftsvertrag eintreten, dh indem er auch mit ihnen von den anderen bisherigen Gesellschaftern abgeschlossen wird. Diese Verbindung aus dem Gesellschaftsvertrag verpflichtet alle Gesellschafter, auf die legitimen Interessen der Mitgesellschafter Rücksicht zu nehmen, die zusammengefasst das „Interesse der Gesellschaft" ergeben, die aber als solche keine eigene Existenzberechtigung und auch keine eigenen Interessen hat. Dieser Treuepflicht unterliegt besonders, wer kraft seiner Beteiligungshöhe maßgeblichen Einfluss in der Gesellschaft ausüben kann. B unterliegt daher einer Verpflichtung zur Treue gegenüber der Gesellschaft, die es B verbietet, schädigenden Einfluss auf die Gesellschaft zu nehmen. Auf die Rechtsform B's kommt es wiederum nicht an.

b) Verletzung der Treuepflicht, haftungsbegründende Kausalität

B müsste seine Verpflichtung zur Treue verletzt haben. Die Treuepflicht verletzt, wer unter Nichtberücksichtigung der berechtigten Interessen der Mitgesellschafter die Gesellschaft schädigt. B hat, handelnd durch den Geschäftsleiter Z (Vorstand im Falle von B als AG oder eV, Komplementär im Falle von B als KG) die A-GmbH veranlasst, sich an der Ausschreibung über die Treppensanierung zu beteiligen. Dadurch ist A-GmbH nach Beendigung der Arbeiten mit den laufenden Kosten und den Abschreibungen sowie dem Mindererlös aus der Veräußerung der Maschinen belastet. Die absehbare Belastung der A-GmbH mit diesen Aufwendungen berücksichtigte nicht hinreichend die legitimen Interessen des M und der weiteren Mitgesellschafter, ihre Gesellschaft nicht dem wirtschaftlichen Risiko aus der Übernahme eines für den Geschäftsumfang der Gesellschaft auffällig großen Auftrages auszusetzen, zumal wenn die Erträge aus dem Auftrag die durch diesen Auftrag verursachten Kosten der Gesellschaft gerade deckten und er für das Überleben der Gesellschaft nicht erforderlich war. B hat die Treuepflicht durch das B zuzurechnende (§ 31 BGB, unmittelbar im Falle von B als eV, im Übrigen analog) Verhalten von Z gegenüber X und Y verletzt und die Belastungen der A-GmbH verursacht.

c) Verschulden

B müsste an der Treuepflichtverletzung Verschulden treffen, § 276 I BGB. Laut Sachverhalt war sich Z der schwierigen Marktlage bewusst. Daher hat er voraussehen können, dass nach Beendigung der Arbeiten A-GmbH mit Folgekosten belastet würde. Verschulden ist gegeben.

d) Anspruchsinhalt

A-GmbH kann von B Ausgleich für die Belastungen aus Abschreibungen, laufenden Kosten und Mindererlös verlangen.

e) Ergebnis

A-GmbH hat gegen B einen Schadensersatzanspruch wegen Treuepflichtverletzung durch B.

II. Anspruch der A-GmbH gegen Z aus § 317 III AktG analog

A-GmbH könnte weiterhin einen Anspruch gegen den Geschäftsleiter des herrschenden Unternehmens B, nämlich Z, aus § 317 III AktG analog haben. Danach könnte Z als die Treuepflichtverletzung veranlassender gesetzlicher Vertreter von B der abhängigen Gesellschaft A-GmbH persönlich auf Schadensersatz haften. Dafür müsste § 317 III AktG hier analog zur Anwendung kommen, weil er sich in seinem unmittelbaren Anwendungsbereich nur auf eine AG als abhängiges Unternehmen bezieht, hier die abhängige Gesellschaft aber eine GmbH ist. Gegen eine Übertragung auf den vorliegenden GmbH-Fall spricht, dass § 317 III AktG vor dem AG-Regelungsmodell des AktG zu betrachten ist, wonach der Vorstand im Falle eines faktischen Konzerns, also ohne beherrschungsvertragliches Weisungsrecht aus § 308 I 1 AktG, noch immer gem. § 76 I AktG die Gesellschaft eigenverantwortlich leitet. Wer dann als Vertreter des herrschenden Unternehmens das abhängige Unternehmen zu einer nachteiligen Maßnahme veranlasst, also eine Entscheidung des Vorstandes der abhängigen Gesellschaft zu seinen Gunsten, aber zuungunsten der abhängigen Gesellschaft herbeiführt, ohne zugleich für rechtzeitigen Ausgleich des Nachteils zu sorgen, muss für die Folgen dieses letztlich in sich widersprüchlichen Verhaltens einstehen. Diese ratio lässt sich aber nicht auf die GmbH übertragen, denn der die GmbH zu einem bestimmten Verhalten veranlassende Gesellschafter verhält sich entsprechend dem Regelungsmodell des GmbHG (§ 46 Nr 6 GmbHG). Zudem ist die Ausdehnung der Haftung in § 317 III AktG auf die gesetzlichen Vertreter des herrschenden Unternehmens singulär und möglicherweise zu weitgehend, denn nach § 317 I AktG haftet der abhängigen Gesellschaft ohnehin bereits das herrschende Unternehmen, auf dessen Rückgriffsansprüche gegen seine Geschäftsleiter (zB § 93 II 1 AktG, § 43 II GmbHG) die abhängige Gesellschaft notfalls durch Pfändung und Überweisung (§§ 829, 836 ZPO) zusätzlich zugreifen kann. Nach allem ist § 317 III AktG nicht auf die GmbH zu übertragen. A-GmbH hat keinen Anspruch gegen Z aus § 317 III AktG.

III. Ansprüche der A-GmbH gegen X und Y aus § 43 II GmbHG

A-GmbH kann weiterhin Ansprüche gegen ihre Geschäftsführer X und Y gem. § 43 II GmbHG haben. Zu den Pflichten eines GmbH-Geschäftsführers gehört es, das an sich den herrschenden Gesellschafter treffende Schädigungsverbot aus der Treuepflicht auch selbst dergestalt streng zu beachten, dass sie treuwidrige Veranlassungen durch den herrschenden Gesellschafter nicht umsetzen. Indem X und Y die Veranlassung seitens B, trotz der absehbaren Folgeprobleme an der Ausschreibung teilzunehmen, umsetzten, haben sie diese Pflicht verletzt. Das geschah auch schuldhaft, weil ein gewissenhafter Geschäftsmann die Probleme hinsichtlich der Folgekosten erkannt und sich demgemäß der Umsetzung der Veranlassung widersetzt hätte, § 276 I BGB iVm § 43 I GmbHG. Die A-GmbH kann sich bei ihren Geschäftsführern X und Y für die entstandenen Mehrbelastungen schadlos halten.

IV. Zwischenergebnis

Als Zwischenergebnis ist festzuhalten, dass die A-GmbH gegen B (gleich welcher Rechtsform) einen Schadensersatzanspruch wegen Treuepflichtverletzung hat. Zudem steht ihr ein Schadensersatzanspruch gegen ihre Geschäftsführer X und Y aus § 43 II GmbHG zu.

B. Ansprüche und Durchsetzungsmöglichkeiten des M

I. Ansprüche und Durchsetzungsmöglichkeiten für M im Zusammenhang mit Treuepflichtverletzungen

1. Durchsetzung des Anspruchs der A-GmbH gegen B aus Treuepflichtverletzung

Fraglich ist, ob M den Anspruch der Gesellschaft aus Treuepflichtverletzung gegen B selbst durchsetzen kann. Mittel zur Durchsetzung des Anspruchs kann mangels ausdrücklicher Anordnung eines Verfolgungsrechts (wie etwa in § 148 AktG, § 317 IV iVm § 309 IV 1, 2 AktG) nur die actio pro socio als Recht zur Klage im eigenen Namen auf Leistung an die Gesellschaft sein. Zur Verfolgung von Ansprüchen der Gesellschaft sind in der GmbH aber in erster Linie die Geschäftsführer berufen, § 35 I GmbHG. Über diese gesetzliche Zuständigkeitsordnung kann sich M nicht einfach hinwegsetzen. Daher muss er zunächst versuchen, die Gesellschaftsorgane zur Anspruchsverfolgung zu veranlassen. Hierzu muss er eine Gesellschafterversammlung einberufen (§ 50 I GmbHG) und zu erreichen versuchen, dass die Geschäftsführer per Beschluss angewiesen werden, den Anspruch gegen B zu verfolgen und Klage zu erheben (Klageerhebungsbeschluss). Bei einem solchen Beschluss dürfte B nicht mitstimmen (§ 47 IV 2 GmbHG). M bräuchte diese Schritte nur dann nicht zu unternehmen, wenn vernünftigerweise abzusehen wäre, dass B und/oder X und Y bereits verhindern wollten, dass überhaupt eine Gesellschafterversammlung stattfindet. Dafür ist jedoch dem Sachverhalt nichts zu entnehmen. M muss zunächst den regelmäßigen Willensbildungsprozess in der A-GmbH durchlaufen.

2. Eigener Anspruch des M gegen B aus Treuepflichtverletzung

M könnte auch einen Anspruch auf Schadensersatz – zu leisten an die A-GmbH (vgl den Rechtsgedanken in § 309 IV 2 AktG) – gegen B haben wegen Treuepflichtverletzung gegenüber M. Die aus der Mitgliedschaft folgende Treuepflichtbindung besteht nicht nur zwischen dem jeweiligen Gesellschafter und der Gesellschaft als Repräsentant der gebündelten Gesellschafterinteressen, sondern vor allem auch zwischen den Gesellschaftern untereinander. Es wurde im insoweit ähnlichen Ausgangsfall bereits festgestellt, dass B durch die Veranlassung der A-GmbH zur Teilnahme an der Ausschreibung die legitimen Interessen auch des M verletzt hat. Darin liegt eine schuldhafte Treuepflichtverletzung gegenüber M selbst. Die daraus folgenden Schäden für die Gesellschaft kann M von B durch Leistung an die Gesellschaft ersetzt verlangen. Seinen Anspruch kann M jedoch nur unter der Voraussetzung durchsetzen, dass er hinsichtlich der Geltendmachung des Schadensersatzanspruchs der A-GmbH wegen Treuepflichtverletzung die eben beschriebene Subsidiarität der actio pro socio als Recht zur Klage im eigenen Namen auf Leistung an die Gesellschaft beachtet. Anderenfalls würde die Verpflichtung des M auf Beachtung des Willensbildungsprozesses in der A-GmbH leer laufen.

II. Ansprüche und Durchsetzungsmöglichkeiten für M im Zusammenhang mit den Pflichtverletzungen durch X und Y

1. Eigene Ansprüche des M gegen X und Y

M hat keine eigenen Ansprüche gegen die Geschäftsführer der A-GmbH, X und Y.

2. Durchsetzung des Anspruchs der A-GmbH gegen X und Y aus § 43 I, II GmbHG durch M

M könnte aber die Möglichkeit haben, in Anlehnung an die aktienrechtlichen Vorschriften (zB §§ 318 I, II, 93 II 1 iVm §§ 318 IV, 309 IV 1, 2 AktG) selbst den Anspruch der A-GmbH gegen ihre Geschäftsführer X und Y aus § 43 II GmbHG zu verfolgen. Das GmbH-Gesetz sieht aber an keiner Stelle vor, dass die Gesellschafter Ansprüche der Gesellschaft gegen ihre Geschäftsführer geltend machen können. Insoweit ist das GmbHG abschließend. M kann die Ansprüche gegen X und Y nicht selbst verfolgen.

III. Zwischenergebnis

M hat gegen B einen eigenen Schadensersatzanspruch aus Treuepflichtverletzung, den er jedoch erst durchsetzen kann, wenn er mit der actio pro socio auch den zugleich gegebenen Schadensersatzanspruch der A-GmbH wegen Treuepflichtverletzung gegen B verfolgen kann, also nach Beachtung der Subsidiarität des Rechtsbehelfes.

Den Anspruch der A-GmbH gegen die Geschäftsführer X und Y aus § 43 II GmbHG kann M nicht durchsetzen.

C. Ergebnis

Nach allem gilt im Ergebnis:

A-GmbH hat gegen B einen Schadensersatzanspruch wegen Treuepflichtverletzung durch B. A-GmbH hat weiterhin Schadensersatzansprüche gegen ihre Geschäftsführer X und Y aus § 43 II GmbHG.

M hat einen eigenen Schadensersatzanspruch gegen B wegen Treuepflichtverletzung. Den Anspruch der A-GmbH gegen B aus Treuepflichtverletzung kann M über die actio pro socio geltend machen unter Beachtung der vorrangigen Zuständigkeit der Gesellschaftsorgane. Seinen eigenen Anspruch gegen B wegen Treuepflichtverletzung kann M nur durchsetzen, nachdem er bezüglich der Geltendmachung des Anspruches der A-GmbH gegen B wegen Treuepflichtverletzung diese Subsidiarität der actio pro socio beachtet hat und er danach entweder doch selbst klagen kann oder die Gesellschaft Klage gegen B erhebt.

§ 4 Qualifizierte Eingriffe im faktischen Konzern

Literatur zur GmbH: *Emmerich/Habersack*, Kommentierung zu Anh. § 318 AktG Rn 1–6, 33–46; *Emmerich/Habersack*, Lb. § 31, S. 425–434; *Wackerbarth*, Existenzvernichtungshaftung 2005: Unternehmerische Entscheidungen auf dem Prüfstand?, ZIP 2005, 877–887;
Zur AG: KölnKomm.AktG/*Koppensteiner*, Kommentierung zu Anh. § 318 Rn 50–111.

I. Einführung

355   1. Ob es eine „Qualifizierung" des faktischen Konzerns gibt, in dem dann sonderrechtliche Normen gelten, ist seit vielen Jahren umstritten[1]. Hintergrund für die Diskussion sind die als ungenügend empfundenen Instrumentarien auf der Rechtsfolgenseite im faktischen Konzern für Fälle besonders intensiver Abhängigkeit ohne vertragliche Grundlage.

356   2. In § 3 wurde für die faktisch abhängige GmbH-Tochter zunächst festgestellt, dass ein spezieller konzernrechtlicher Gläubiger- und Außenseiterschutz fehlt. Mit Blick auf die Organisationsverfassung der GmbH erklärt sich das Fehlen von selbst. Anders als § 76 I AktG erlaubt das GmbH-Recht die Einflussnahme der Gesellschafter auf die Geschäftsleitung und somit auf die Geschäftspolitik der Gesellschaft (vgl §§ 45 I, 46 I Nr 6 GmbHG). Einflussnahmen vorteiliger oder nachteiliger Art durch die Gesellschafter sind strukturell gesehen erlaubt. Es macht vom Grundsatz her keinen Unterschied, ob die Einflussnahme durch den Mehrheitsgesellschafter in einer abhängigen GmbH (Konzernrecht) oder in einer unabhängigen GmbH (Gesellschaftsrecht) stattfindet. Beide Male ist die Einflussausübung durch Beschluss formal zulässig. Folgerichtig kann sich auch die Frage nach ihrer etwaigen materiellen Unzulässigkeit, insbesondere wegen ihrer Nachteiligkeit, in einer abhängigen GmbH nicht anders stellen als in einer unabhängigen GmbH.

357   Was an Unterschieden bleibt, ist die Vermutung, dass die Gefahr einer Verletzung des Gesellschaftsinteresses durch den herrschenden Gesellschafter in einer abhängigen GmbH näher liegt (Konzerngefahr) als in einer unabhängigen GmbH, bei der prinzipiell von einem Gleichlauf von Gesellschafts- und Gesellschafterinteressen ausgegangen werden kann. Aus der größeren Konzerngefahr folgt jedoch keine Sonderbehandlung des herrschenden Unternehmensgesellschafters. Seinem schädigenden Verhalten wird wie dem eines Gesellschafters einer unabhängigen GmbH mittels eines Rückgriffs auf das allgemeine Gesellschaftsrecht Rechnung getragen[2]. Hervorzuheben sind etwa die Beschlusskontrolle zum Schutz der Gesellschaft und Gesellschafter, Schadensersatzansprüche gegen den (Gesellschafter-)Geschäftsführer aus § 43 GmbHG

---

1   Die Frage geht auf den erstmals im Arbeitskreis GmbH-Reform des Jahres 1972 geprägten Begriff des „qualifiziert faktischen Konzerns" zurück.
2   *E/H*, Komm. Anh. § 318 Rn 5.

sowie gegen den herrschenden Gesellschafter aus Treupflichtverletzung zugunsten der Gesellschaft und der Minderheitsgesellschafter, Ansprüche aus §§ 30, 31 GmbHG zum Schutz des Vermögens der Gesellschaft sowie in bestimmten Fällen eine Durchgriffshaftung zugunsten der Gläubiger[3].

3. Das allgemeine Gesellschaftsrecht schützt auch im faktischen AG-Konzern die Gesellschaft, ihre Gläubiger und außenstehenden Aktionäre (Aktionäre des abhängigen Unternehmens mit Ausnahme des herrschenden Unternehmens). Gleichwohl existiert mit den §§ 311 ff AktG geschriebenes Sonderrecht, welches Ausmaß und Schranken der nachteiligen Einflussnahme explizit regelt[4]. Vor dem Hintergrund einer im Aktienrecht grundsätzlich verbotenen Einflussnahme der Aktionäre auf die Geschäftsführung (§ 76 I AktG, Ausnahme ist der Vertragskonzern) ist die Einführung eines Aktienkonzernrechts im Gegensatz zum GmbH-Recht wiederum verständlich. **358**

4. Dieses Sonderrecht als auch das allgemeine Gesellschaftsrecht (für den faktischen GmbH-Konzern) können den Schutz der abhängigen Gesellschaft, ihrer Gläubiger und außenstehenden Gesellschafter jedoch nicht gewährleisten, wenn der herrschende Unternehmensgesellschafter die abhängige Gesellschaft in solch einer Breite und Dichte leitet, dass sich einzelne Nachteilszufügungen, also Weisungen und deren Wirkungen, nicht mehr isolieren, folglich auch nicht mehr ausgleichen lassen[5]. Für diese Schutzlückenbetrachtung im Unternehmensverbund fand sich der Begriff „**qualifiziert faktischer Konzern**". „Faktisch", weil es einerseits an einem die Eingriffe legitimierenden Beherrschungsvertrag fehlt und „qualifiziert", da andererseits das Ausgleichssystem der Regelungen zum faktischen Konzern versagt. **359**

Der Schutzlückenbetrachtung entsprechend bedurfte es eines Rückgriffs auf diese Rechtsfigur in den Fällen, in denen im faktischen Konzern ein **Einzelausgleich ausscheidet**, weil

- die Eingriffe aufgrund
  - ihrer Vielfalt oder
  - ihrer Intensität oder
  - ihrer Verschleierung im Einzelfall oder
  - ihrer Art

  derart **intransparent** sind oder sie einen solchen **Umfang** annehmen (sog. breitflächige Mehrfachschädigungen), dass es den außenstehenden Gesellschaftern und Gläubigern oftmals gar nicht möglich ist zu erkennen, ob nachteilige Veränderungen bei der abhängigen Gesellschaft auf eine bestimmte Veranlassung des herrschenden Unternehmens zurückführbar sind[6] oder wie hoch der konkrete Schaden ist, weshalb die Gesellschaft bzw ihre Gläubiger nur noch durch einen vollumfänglichen Ausgleich (in Höhe der Gesellschaftsverbindlichkeiten) geschützt werden können[7].

3 Zum Ganzen s.o. Rn 321 ff.
4 Zum Ganzen s.o. Rn 110 ff.
5 *E/H*, Komm. Anh. § 317 Rn 1.
6 Vgl *Kölling*, NZG 2000, 8, 9; KölnKomm.AktG/*Koppensteiner*, Anh. § 318 Rn 94.
7 Vgl KölnKomm.AktG/*Koppensteiner*, Anh. § 318 Rn 95 ff.

- die einschlägigen **Anspruchsgrundlagen** bestimmte Sachverhaltskonstellationen **nicht erfassen**. So versagt ein Schadensersatzanspruch der abhängigen GmbH aus Treuepflicht in der Ein-Mann-GmbH und wenn sich alle Gesellschafter einig sind (s. oben Rn 317 (zur Treuepflicht in der Ein-Mann-GmbH)). Die über die Treuepflicht normalerweise reflexartig mitgeschützten Gläubiger haben dann das Nachsehen gegenüber einem unbeschränkt agierenden Alleingesellschafter. Zwar steht ihnen von vornherein nur ein auf den Umfang der Kapitalerhaltung beschränkter Gläubigerschutz gemäß §§ 30, 31 GmbHG zu. Entfällt aber auch dieser Schutz, etwa weil das herrschende Unternehmen weder unmittelbar noch mittelbar etwas aus dem zur Deckung des Stammkapitals erforderlichen Vermögen der Gesellschaft erhalten hat, namentlich weil die Einflussnahme in der Entziehung von Geschäftschancen oder in der Veranlassung verlustträchtiger Geschäfte bestanden hat[8], stehen die Gläubiger nachteiligen Maßnahmen in der abhängigen GmbH ungeschützt gegenüber.

360   **5.** Das Versagen des Einzelausgleichssystems in den vorgenannten Fallgruppen haben Rechtsprechung (ab 1985) und Literatur zu einer aufwendigen Dogmatik beflügelt, an deren vorläufigen Ende lange Zeit die **§§ 302, 303 AktG analog** im AG- als auch im GmbH-Konzern zur Anwendung gelangten[9]. Beide Rechtsfolgen waren weitergehender als die Regelungen im faktischen Konzern. Zum einen wurde die mit dem Anspruch eingeforderte Summe pauschalisiert, weil der einzelne Schaden nicht auf die konkret schädigende Handlung des herrschenden Unternehmens zurückgeführt werden konnte. Zum anderen wurde dem Gläubiger einer abhängigen Gesellschaft die Möglichkeit gegeben, unmittelbar vom herrschenden Unternehmen Sicherheitsleistung bzw Zahlung einzufordern.

361   **6.** Hintergrund für die analoge Anwendung der §§ 302 f AktG war zunächst die Überlegung gewesen, die dauernde und umfassende Leitungsmacht[10] des herrschenden Gesellschafters, mithin also die Konzernstruktur, sei der Grund für das Versagen des Einzelausgleichssystems und an ihr sei die Verantwortlichkeit des herrschenden Unternehmens zu messen. Mit anderen Worten, das herrschende Unternehmen, welches rechtlich selbstständige Unternehmen wie „Betriebsabteilungen" eines Einheitsunternehmens führe, also keine Rücksicht auf deren Selbstständigkeit lege und frei schalten und walten könne, müsse für die von ihm geschaffene, die Verbandsschranken überwindende qualifizierte Struktur im Gegenzug haften. Dieses, nicht an ein konkret schädigendes Verhalten des herrschenden Unternehmens anknüpfende, Konzept einer **Konzernstrukturhaftung** gründete somit auf dem Umstand, dass das häufige Auftreten der der Rechtsprechung zum qualifiziert faktischen Konzern überwiegend zur Entscheidung vorliegenden Sachverhalte in wiederum vornehmlich abhängigen Ein-Mann-GmbH dem Zustand glich, wie er für einen Vertragskonzern typisch ist. Als Ausgleich für die dort vertraglich zugesicherte Leitungsdichte sieht das AktG zugunsten der abhängigen Gesellschaft und ihrer Gläubiger strukturelle Er-

---

8   *E/H*, Komm. Anh. § 318 Rn 33.
9   S. dazu *Kuhlmann/Ahnis*, 1. Aufl. , D Rn 1 ff.
10   Zur Einordnung dieses Tatbestandsmerkmals s. *Kuhlmann/Ahnis*, 1. Aufl., D Rn 17 ff.

satzansprüche vor (§§ 302, 303 AktG). Für deren Geltendmachung kommt es auf ein nachzuweisendes schädigendes Verhalten des Herrschaftsträgers nicht an, was dann auch für den faktischen GmbH-Konzern mit vergleichbarer Leitungsstruktur zu gelten habe[11].

7. Vielleicht als Konsequenz auf die für die Praxis außerordentlich belastenden Folgen einer Haftung des herrschenden Unternehmens bei hoher Leitungsdichte, die bei einem Alleingesellschafter mehrerer Gesellschaften vermutet wurde, entschied der BGH in 1993[12], das die dauernde und umfassende Konzernleitungsmacht allein nicht mehr ausreichen sollte, (auch gleich) eine Haftung zu begründen. Die bis dahin fragwürdige Rspr im Hinblick auf den Widerspruch zwischen der besonderen Konzernleitung einerseits und der Leitungsmacht kraft Verbandsstruktur in der GmbH andererseits wurde aufgegeben. Vielmehr machte der BGH deutlich, dass das schon in der gesetzlichen Struktur der GmbH begründete umfassende Weisungsrecht nicht genügen kann, eine schwerwiegende Haftung, wie sie §§ 302 f AktG vorsehen, zu begründen. Zum Auslöser der Konzernhaftung wurde nun der Umstand, dass der beherrschende Unternehmensgesellschafter die Konzernleitungsmacht in **objektiver Weise** dergestalt **missbraucht**, dass keine angemessene Rücksicht auf die eigenen Belange der abhängigen Gesellschaft genommen wird und zugleich sich der ihr insgesamt zugefügte Nachteil **nicht durch Einzelausgleichsmaßnahmen kompensieren** lässt[13]. In der Auswechslung des die Qualifikation begründenden Haftungstatbestandes lag also die entscheidende Bedeutung dieses Urteils. Nicht mehr (allein) die Struktur, vielmehr das grundsätzlich vom Kläger darzulegende und gegebenenfalls zu beweisende schädigende Verhalten des herrschenden Unternehmens sowie das Scheitern des Einzelausgleichssystems mangels Transparenz der Nachteilszufügung begründete die **Konzernverhaltenshaftung**. Dabei entsprach es der ganz hM, die Grundsätze über die qualifiziert faktische Unternehmensverbindung auf die abhängige AG zu übertragen[14].

II. Das Haftungskonzept

Mit dem **Bremer-Vulkan**-Urteil[15] im Jahre 2001 und seinen nicht minder wichtigen Folgeurteilen[16] löste sich der BGH gänzlich vom Konzept eines auf den konzernrechtlichen Unternehmensbegriff abstellenden Sonderrechts. Die mit der Entscheidung TBB[17] im Jahr 1993 eingeleitete Abwendung von einer konzernrechtlichen Erfassung des Problems komplettierte der BGH in Bremer Vulkan durch einen Verzicht auf jegliche Konzernelemente. Seitdem richtet sich die Haftung in einem nicht durch Vertrag

362

363

---

11 Vgl BGHZ 115, 187 ff – Video; BGHZ 107, 7 ff – Tiefbau; BGHZ 95, 330 ff – Autokran.
12 BGHZ 122, 123 ff – TBB.
13 BGHZ 122, 123 ff – TBB.
14 S. *Kuhlmann/Ahnis*, 1. Aufl., D Rn 29 ff.
15 BGHZ 149, 10 ff = ZIP 2001, 1874 ff – Bremer Vulkan; Nw zu Stellungnahmen dazu bei Köln-Komm.AktG/*Koppensteiner*, Anh. § 318 Rn 56 in Fn 152.
16 BGHZ 151, 181 ff = ZIP 2002, 1578 ff – KBV; BGHZ 150, 61 ff = ZIP 2002, 848 ff – Kosmetik.
17 BGHZ 122, 123 ff – TBB.

legalisierten GmbH-Unternehmensverbund wie in einem Einheitsunternehmen nach allgemeinem Gesellschaftsrecht. Dh es kommt weder auf die Tatbestandsmerkmale „Unternehmen" noch „Abhängigkeit" an. Der Missbrauch der beherrschenden Gesellschafterstellung sowie die mangelnde Quantifizierbarkeit der Nachteilszufügung sind keine Charakteristika verbundener Unternehmen, sondern können in einer unabhängigen Gesellschaft ebenso vorliegen. Folglich sollen sie auf gleiche Weise bekämpft und ausgeglichen werden.

1. Verhaltenshaftung für existenzvernichtende Eingriffe

364 **a)** Im Falle des Versagens des Einzelausgleichssystems im faktischen GmbH-Konzern bedient sich die Rechtsprechung eines Rückgriffs auf den sog. **existenzvernichtenden Eingriff**. Diese aus dem allgemeinen Gesellschaftsrechts abgeleitete Rechtsfigur[18] fußt auf der Annahme, dass die GmbH zwar kein schützenswertes Eigeninteresse hat, unabhängig von dem Willen der Gesellschafter zu bestehen[19]. Schließlich können die Gesellschafter den Geschäftsbetrieb jederzeit einstellen und die Gesellschaft auflösen[20]. Gleichwohl haben die Gesellschafter dabei das gesetzlich vorgesehene Liquidations- und Insolvenzverfahren zu beachten, die die berechtigten Belange der Gläubiger berücksichtigen[21]: „Keinesfalls kann es den Gesellschaftern erlaubt sein, der Gesellschaft ihr Vermögen ohne Rücksichtnahme auf ihre gesetzliche Funktion, anstelle ihrer Gesellschafter als Haftungsträger zu dienen, zu entziehen und ihr dadurch die Möglichkeit zu nehmen, ihre Verbindlichkeiten – ganz oder teilweise – zu erfüllen."[22]

365 Insoweit macht der BGH deutlich, dass die GmbH als juristische Person ein vom Willen der Gesellschafter **losgelöstes Eigeninteresse** hat, frei von Eingriffen in einem **ordentlichen Verfahren abgewickelt** zu werden und ihren Verbindlichkeiten nachkommen zu dürfen.

366 **b)** Verletzt der Mehrheitsgesellschafter einer mehrgliedrigen GmbH dieses Eigeninteresse, indem er unter Umgehung der gesetzlichen Vorschriften bei gleichzeitiger Fortsetzung der Geschäftstätigkeit durch Vermögensentzug[23] tatsächlich die GmbH in ihrem Bestand vernichtet (sog. Liquidation auf kaltem Wege)[24], so schützt im Zweifel die innerverbandliche Treuepflicht die Gesellschaft, die Minderheitsgesellschafter und reflexartig die Gläubiger vor seinen existenzgefährdenden Maßnahmen, sofern nicht schon anderweitige Haftungsgrundlagen wie etwa §§ 30, 31 GmbHG einschlägig sind.

367 In der Ein-Mann-GmbH sowie in der mehrgliedrigen GmbH, in der sich alle Gesellschafter einig sind, scheidet die Treuepflicht als allgemeines Schädigungsverbot in

---

18 *Roth/Altmeppen* § 13 Rn 74 mwN.
19 Vgl BGHZ 151, 181, 188 – KBV: „Die GmbH hat [...] keinen Anspruch gegen ihre Gesellschafter auf Gewährleistung ihres Bestands [...]".
20 *E/H*, Komm. Anh. § 318 Rn 34 mwN in Fn 100.
21 *E/H*, Komm. Anh. § 318 Rn 34 mwN in Fn 101.
22 BGHZ 151, 181, 186 – KBV.
23 Eine bloße Desinvestitionsstrategie löst die Haftung nicht aus, vgl BGH ZIP 2005, 117, 118 – Autohändler.
24 Zum Begriff s. *Roth/Altmeppen* § 13 Rn 78.

Ermangelung divergierender Einzelinteressen jedoch aus[25]. Daher muss sich dort das Eigeninteresse der GmbH zwecks Absicherung der Gläubiger in anderer Weise als Schutzpflicht des Alleingesellschafters oder der „wie ein Mann agierenden Gesellschafter" konkretisieren lassen. Folge muss sein, dass Gläubiger, die mit ihren Forderungen gegen die Gesellschaft ausfallen, gegen den/die pflichtwidrig handelnden Gesellschafter vorgehen dürfen[26]. Auf eine Abhängigkeit der GmbH vom **Unternehmensgesellschafter** kommt es für die Haftungsbegründung nicht an[27]. Sie erfasst den **Privatgesellschafter** gleichermaßen[28].

Beispiel: Die Bremer Vulkan AG (BV) ist unmittelbar (2%) und mittelbar (98%) über ihre   **368** 100%-ige Tochter VV GmbH an der ostdeutschen MTW GmbH beteiligt. Im Rahmen der Einbeziehung der MTW in das zentrale Cash Management der BV wurden auf Veranlassung des Vorstands der BV staatliche Beihilfen, die MTW seitens der Treuhandanstalt erhalten hatte, in Millionenhöhe westdeutschen Konzernunternehmen überlassen. Der anschließende Zusammenbruch der BV führte zu einem erheblichen Forderungsausfall der MTW.

Der Sache nach ging es im hier nachgebildeten Bremer-Vulkan-Urteil[29] um eine Haftung der Konzernleitung gegenüber MTW, eingekleidet in eine Klage der Treuhandanstalt aus abgetretenem sowie eigenem Recht sowie einer strafrechtlichen Verantwortung der Vorstandsmitglieder der BV (§§ 263, 266 StGB iVm § 823 II BGB).

Obiter dicter nahm der BGH zur Haftung des Alleingesellschafters (BV) wegen rücksichtsloser, zur Insolvenz der abhängigen MTW GmbH führenden Eingriffe Stellung, sprach sich gegen die Sonderfigur des qualifiziert faktischen Konzerns aus und bejahte einen Mindestschutz der abhängigen GmbH gegenüber ihrem Alleingesellschafter im Rahmen der §§ 30, 31 GmbHG mit einer für die Gläubiger bedeutsamen Konsequenz[30]: „Der Schutz einer (abhängigen) GmbH gegenüber Eingriffen ihres Alleingesellschafters folgt nicht dem Haftungssystem des Konzernrechts des AktG. Er beschränkt sich auf die Erhaltung des Stammkapitals im Sinne der §§ 30 f GmbHG […] und die Gewährleistung ihres Bestandsschutzes in dem Sinne, dass ihr Alleingesellschafter bei Eingriffen in ihr Vermögen und ihre Geschäftschancen angemessene Rücksicht auf ihre, seiner Disposition entzogenen, eigenen Belange zu nehmen hat. An einer solchen angemessenen Rücksichtnahme auf die Eigenbelange fehlt es, wenn die GmbH infolge der Eingriffe ihres Alleingesellschafters ihren Verbindlichkeiten nicht mehr nachkommen kann. Zur Haftung […] führt ein solcher Eingriff aber nur dann, wenn sich die Fähigkeit der GmbH zur Befriedigung ihrer Gläubiger nicht schon durch die Rückführung entzogenen Stammkapitals gem. § 31 GmbHG wiederherstellen lässt."[31]

Im vorliegenden Fall wurde das Eigeninteresse der MTW verletzt, weil ihre im zentralen Cash-Management-System eingebundenen Mittel für die Erfüllung ihrer Verbindlichkeiten wegen Zahlungsunfähigkeit des BV-Konzerns nicht mehr zur Verfügung standen. Deswegen kam eine Haftung der BV gegenüber den Gläubigern grundsätzlich in Betracht. Sie wurde wegen des auf die Haftung der Organmitglieder der BV gerichteten Klageantrags aber nicht weiter verfolgt.

---

25 BGHZ 142, 92, 95 f; KölnKomm.AktG./*Koppensteiner*, Anh. § 318 Rn 70.
26 *E/H*, Komm. Anh. § 318 Rn 34 mwN in Fn 103.
27 BGHZ 150, 61, 67 f – Kosmetik; *E/H*, Komm. Anh. § 318 Rn 36; KölnKomm.AktG/*Koppensteiner*, Anh. § 318 Rn 56.
28 Kritisch wegen der Gleichbehandlung *Wazlawik*, S. 276.
29 BGHZ 149, 10 ff – Bremer Vulkan.
30 *Ulmer*, ZIP 2002, 2021, 2022.
31 BGHZ 149, 10, 16 – Bremer Vulkan.

Strafrechtlich zeitigt die Entscheidung des II. Zivilsenats des BGH ebenso Konsequenzen. Der 5. Strafsenat des BGH erkennt in der Verpflichtung zur Gewährleistung der wenigstens in Höhe des Haftungsfonds bestehenden Fähigkeit der Gesellschaft, ihren Verbindlichkeiten nachzukommen, zugleich eine Vermögensbetreuungspflicht des herrschenden Unternehmens bzw seiner Organmitglieder (§ 14 I Nr 1 StGB)[32]. Infolge dessen bejaht er bei Vorliegen eines existenzvernichtenden Eingriffs den Treuebruchtatbestand gem. § 266 I Alt. 2 StGB. Der Eingriff ist selbst dann pflichtwidrig, wenn alle Mitgesellschafter oder der Herrschaftsträger als Alleingesellschafter der abhängigen GmbH mit dem Eingriff einverstanden gewesen sind[33].

2. Anspruchsgrundlage

a) Außenhaftung

369 Die Anspruchsgrundlage für die Gesellschafterhaftung wegen existenzvernichtenden Eingriffs ist in der Lehre umstritten[34]. Überblicksartig lassen sich die verschiedenen Ansätze der **Innenhaftung** sowie der **Außenhaftung** zuordnen[35].

Einige plädieren für eine Haftung des schädigenden Gesellschafters gegenüber der **GmbH**. Sie stützen sich dabei entweder auf eine Sorgfaltspflichtverletzung des wie ein Quasi-Geschäftsführer agierenden herrschenden Gesellschafters gem. § 43 III GmbHG iVm § 93 V 2, 3 AktG analog[36] oder auf eine in der Ein-Mann-GmbH auf den Gläubigerschutz beschränkten Treuepflicht[37].	Andere treten für eine unmittelbare Haftung des Gesellschafters gegenüber den **Gläubigern** ein. Sie sehen einerseits im Deliktsrecht, namentlich in § 826 BGB[38], andererseits in einem durch teleologische Reduktion des Haftungsprivilegs (§ 13 II GmbHG) eröffneten Durchgriff nach §§ 105 I, 128, 129 HGB[39] die geeignete Anspruchgrundlage.

370 Die **Rechtsprechung** hat sich dem Konzept der Außenhaftung angeschlossen, wie folgendes Beispiel erläutert. Dabei soll es sich nach überwiegender Ansicht um eine **Durchgriffshaftung** wegen zweckwidriger Inanspruchnahme des Haftungsprivilegs handeln:

---

32 BGHSt 49, 147, 158 f = NJW 2004, 2248, 2253 – Bremer Vulkan II.
33 BGHSt 49, 147, 159 – Bremer Vulkan II; zu weiteren Einzelheiten s.u. Rn 438 ff.
34 S. den Meinungsstand bei *Roth/Altmeppen* § 13 Rn 75 ff.
35 Nach *E/H*, Komm. Anh. § 318 Rn 35.
36 Insbesondere *Roth/Altmeppen* § 13 Rn 82, 86; Nw bei *E/H*, Komm. Anh. § 318 Rn 35 in Fn 106.
37 *Ulmer*, ZIP 2001, 2021, 2026; *K. Schmidt*, NJW 2001, 3577, 3580.
38 ZB *E/H*, Komm. Anh. § 318 Rn 35 mwN in Fn 108.
39 Dafür KölnKomm.AktG/*Koppensteiner*, Anh. § 318 Rn 79 mwN.

Beispiel: An der Kindl Backwaren Vertriebs-GmbH (**KBV**) waren X mit 40 % und Geschäfts- **371** führer Y mit 60 % beteiligt. Diese hatten 1995, als das Ende der KBV absehbar wurde, den Geschäftsbetrieb eingestellt sowie den Warenbestand und die offenen Forderungen an eine neu gegründete Auffanggesellschaft verkauft. Der Kaufpreis lag ca. € 400 000 unter dem Verkehrswert. Darüber hinaus hatte X das Sachanlagevermögen in Höhe von € 1,2 Mio. erworben und gegen den Kaufpreisanspruch der KBV mit seinen Mietforderungen gegenüber KBV aufgerechnet. Der K verlangt von X und Y einen Werklohn aus 1994 in Höhe von € 83 000, nachdem er gegen die masselose KBV erfolglos vollstreckt hatte.

Der BGH bejahte neben der Haftung aus § 826 BGB eine solche aus **Durchgriff** wegen existenzvernichtenden Eingriffs. Zur Begründung führte er an, dass die Beendigung der Gesellschaft jederzeit erfolgen könne, allerdings einem geordneten Verfahren entsprechen müsse, welches der **Vermögenstrennung** zwischen Verband und Gesellschaftern und der **Zweckbindung** des Vermögens zur vorrangigen Befriedigung der Gläubiger Rechnung trage. Allein das Zusammenspiel von Vermögenstrennung und Zweckbindung rechtfertige das System der Haftungsbeschränkung, welches während der gesamten Lebensdauer der GmbH zur Voraussetzung habe, dass die Gesellschafter auf das der Gesellschaft überlassene und als Haftungsfond erforderliche Vermögen nicht zugreifen. Tun sie das doch, indem sie der Gesellschaft durch offene oder verdeckte Entnahmen ohne angemessenen Ausgleich Vermögenswerte entziehen (Eingriff), und bringen sie dadurch (Kausalität) die Gesellschaft in die Lage, ihre Verbindlichkeiten in einem ins Gewicht fallenden Ausmaße nicht erfüllen zu können (Existenzvernichtung), missbrauchen sie die Rechtsform der GmbH und verlieren damit grundsätzlich die Berechtigung, sich auf die Haftungsbeschränkung des § 13 II GmbHG zu berufen, soweit nicht der der GmbH zugefügte Nachteil nach §§ 30, 31 GmbHG vollständig ausgeglichen werden kann[40].

Vorliegend haben X und Y einverständlich der KBV Vermögen entzogen, indem sie zum einen der Auffanggesellschaft, an der zumindest X beteiligt gewesen ist, Umlaufvermögen unter Wert verkauft haben und zum anderen X Anlagevermögen gegen Aufrechnung von Mietforderungen erworben hat, mit denen er aufgrund eines Aufrechnungsverbots resultierend aus dem eigenkapitalersetzenden Charakter seiner Forderungen (Gebrauchsüberlassung nach § 32a III GmbHG) nicht hätte aufrechnen dürfen[41]. Damit haben sie die Abwicklung der KBV in einem Verfahren, das die Befriedigung ihrer Gläubiger zum Ziel hat (Liquidation), verhindert und die Gesellschaft in eine masselose Insolvenz geführt. Sie haben damit selbst das Haftungsprivileg des § 13 II GmbHG beseitigt und haften deshalb den Gesellschaftsgläubigern **für den Ausfall unmittelbar und persönlich**[42]. Das gilt auch für Y, der selbst nichts empfangen, jedoch kollusiv an der Existenzvernichtung mitgewirkt hat[43].

b) Durchgriffshaftung gem. § 128 Satz 1 HGB analog

aa) Die **Durchgriffshaftung** ist eine seit vielen Jahren anerkannte Rechtsfigur, unter **372** der sich Lehre und Rspr die Frage gestellt haben, ob nicht ausnahmsweise eine Haftung der Gesellschafter unmittelbar gegenüber den Gläubigern der Gesellschaft dann bejaht werden kann, wenn die Wirklichkeiten des Lebens und die Macht der Tat-

---

40 BGH ZIP 2002, 1578, 1580 – KBV; *Lutter/Banerjea*, ZGR 2003, 403, 407.
41 Nach Inkrafttreten des MoMiG wird aus dem gesellschaftsrechtlichen Aufrechnungsverbot ein insolvenzrechtliches, vgl dazu Rn 199a.
42 BGH ZIP 2002, 1578, 1580 – KBV.
43 BGHZ 150, 61, 67 – Kosmetik.

sachen ein solches Hinweggehen über die Selbstständigkeit des Rechtsträgers gebieten[44].

373 Die wohl bedeutendsten Begründungsversuche zur dogmatischen Verortung sind in der Missbrauchslehre und der Normzwecklehre zu sehen.

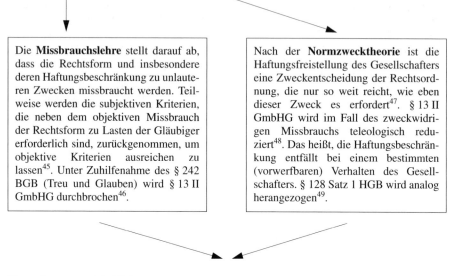

Die **Missbrauchslehre** stellt darauf ab, dass die Rechtsform und insbesondere deren Haftungsbeschränkung zu unlauteren Zwecken missbraucht werden. Teilweise werden die subjektiven Kriterien, die neben dem objektiven Missbrauch der Rechtsform zu Lasten der Gläubiger erforderlich sind, zurückgenommen, um objektive Kriterien ausreichen zu lassen[45]. Unter Zuhilfenahme des § 242 BGB (Treu und Glauben) wird § 13 II GmbHG durchbrochen[46].

Nach der **Normzwecktheorie** ist die Haftungsfreistellung des Gesellschafters eine Zweckentscheidung der Rechtsordnung, die nur so weit reicht, wie eben dieser Zweck es erfordert[47]. § 13 II GmbHG wird im Fall des zweckwidrigen Missbrauchs teleologisch reduziert[48]. Das heißt, die Haftungsbeschränkung entfällt bei einem bestimmten (vorwerfbaren) Verhalten des Gesellschafters. § 128 Satz 1 HGB wird analog herangezogen[49].

Trotz der unterschiedlichen Herangehensweise haben sich in der **Literatur** Fallgruppen herausgebildet, von denen die wichtigsten sind:

374 **(1) Unterkapitalisierung**

Zunächst ist zwischen nomineller und materieller Unterkapitalisierung zu unterscheiden. Nominelle Unterkapitalisierung liegt vor, wenn die Gesellschafter den Kapitalbedarf mit Fremdkapital statt mit Eigenkapital decken. Sie erbringen also das Stammkapital/Grundkapital nicht durch Zuführung von Eigenkapital, sondern durch Darlehen. Eine Haftung hierfür bzw eine nachrangige Behandlung (ab Inkrafttreten des MoMiG, vgl Rn 199a) ergibt sich aus den Grundsätzen über eigenkapitalersetzende Gesellschafterdarlehen[50]. Von materieller Unterkapitalisierung spricht man, wenn der Gesellschaft das zur Betriebsführung erforderliche Kapital nicht zur Verfügung steht, und zwar weder als Eigen- noch als Fremdkapital[51]. Im Einzelnen kann man nach anfänglicher, nachträglicher, einfacher und qualifizierter materieller Unterkapitalisierung unterscheiden. Die heute hL bejaht eine Durchgriffshaftung nur bei der (anfänglich oder nachträglich) qualifizierten, nicht dagegen bei der einfachen materiellen Unterkapitalisierung[52]. Die qualifizierte materielle

---

44 BGHZ 61, 380, 383; BGHZ 102, 95, 103 ständige Rspr; *K. Schmidt*, GesR § 9 I 1 a), S. 218.
45 Scholz/*Emmerich* § 13 Rn 79; Nw bei *K. Schmidt*, GesR § 9 II 1 a), S. 222.
46 Diesem Ansatz sind das Reichsgericht und anfänglich der BGH gefolgt, vgl *Altmeppen*, ZIP 2002, 1553, 1555 f.
47 Diesem Ansatz wandte sich der BGH später zu, vgl *Altmeppen*, ZIP 2002, 1553, 1556 f.
48 Scholz/*Emmerich* § 13 Rn 80.
49 *Lutter/Hommelhoff* § 13 Rn 10 ff.
50 *K. Schmidt*, GesR § 9 IV 4 a), S. 241.
51 Scholz/*Emmerich* § 13 Rn 82.
52 Scholz/*Emmerich* § 13 Rn 85 mwN.

Unterkapitalisierung ist gegeben, wenn die finanzielle Ausstattung eindeutig und für Insider klar erkennbar unzureichend ist und einen Misserfolg zu Lasten der Gläubiger bei normalem Geschäftsverlauf mit hoher Wahrscheinlichkeit erwarten lässt[53].

(2) Vermögensvermischung

375

Führt das Verhalten eines Allein- oder Mehrheitsgesellschafters in der Gesellschaft dazu, dass die Vermögenswerte der Gesellschaft und des Gesellschafters nicht mehr unterschieden werden können, haftet der verantwortliche Gesellschafter gegenüber den Gesellschaftsgläubigern[54]. Wird die Abgrenzung zwischen Gesellschafts- und Privatvermögen verschleiert (Vermögensvermischung), scheitert die Zuordnung der Vermögenswerte zum jeweiligen Rechtsträger. In Folge dessen können die Kapitalerhaltungsvorschriften, die das Gesellschaftsvermögen und somit mittelbar die Gläubiger der Gesellschaft vor einem unerlaubten Zugriff des Gesellschafters schützen, nicht mehr funktionieren. Gerade die Kapitalerhaltung bildet die Gewähr, dass ein vom Privatvermögen des Gesellschafters abgetrenntes Sondervermögen den Gläubigern dauerhaft unangetastet zur Verfügung steht. Entfällt die Gewähr, ist es nur folgerichtig, das mit dem Trennungsprinzip verbundene Haftungsprivileg (§ 13 II GmbHG) aufzuheben und einen Durchgriff auf das Privatvermögen zuzulassen[55]. Nachvollziehbare Privatentnahmen hingegen können wie gehabt über §§ 30, 31 GmbHG bzw §§ 57, 62 AktG ausgeglichen werden[56].

(3) Institutsmissbrauch

376

Dieser stellt einen Auffangtatbestand dar, wenn die Haftungsfreistellung des Gesellschafters bewusst zum Nachteil der Gläubiger eingesetzt wird und keiner der obigen Fälle eingreift[57].

bb) Da „über die Rechtsform der juristischen Person und der damit verbundenen Trennung von Privat- und Gesellschaftsvermögen nicht leichtfertig und schrankenlos hinweggegangen werden darf"[58], hat die **Rechtsprechung** die Durchgriffshaftung bislang sehr restriktiv gehandhabt. Wo immer möglich, greift der BGH auf die **Deliktshaftung** des Gesellschafters zurück (zB §§ 823 II, 826 BGB)[59]. Das erklärt auch, wieso in zahlreichen Sachverhalten, die seit Bremer Vulkan dem BGH vorlagen, der BGH neben einer Haftung aus existenzvernichtendem Eingriff[60] oder an Stelle seiner[61] eine Haftung nach § 826 BGB bejaht hat.

377

So war bis zur Bremer-Vulkan-Entscheidung und ihren Folgeurteilen der Praxis eigentlich nur eine der von der Literatur aufgestellten Fallgruppen bekannt, nämlich die der **Vermögensvermischung**[62]. Hier hat der BGH ausdrücklich dem Durchgriff über §§ 128, 129 HGB analog freien Raum gegeben. Hingegen hat der BGH die persönliche Haftung des Gesellschafters wegen (der sehr umstrittenen) materiellen **Unterka-**

378

---

53 Scholz/*Emmerich* § 13 Rn 83; s.u. Examensklausur Rn 473.
54 *Lutter/Hommelhoff* § 13 Rn 13. Auch die Rspr erkennt diese Fallgruppe an, vgl BGH ZIP 2006, 467, 469.
55 Bereits BGHZ 125, 366, 368 = ZIP 1994, 867, 868.
56 *Altmeppen*, ZIP 2002, 1553, 1557 f.
57 So *Lutter/Hommelhoff* § 13 Rn 26.
58 Ständige Rspr, s. BGHZ 102, 95, 103; BGHZ 61, 380, 383; BGHZ 20, 4, 11.
59 Scholz/*Emmerich* § 13 Rn 90.
60 BGH ZIP 2005, 117 ff – Autohändler; BGH BB 2005, 286 ff – Unterschlagung; BGHZ 151, 181 ff – KBV; schon früher BGHZ 95, 330 ff – Autokran.
61 BGH NZG 2004, 1107 ff – Klinik.
62 Zuletzt BGH ZIP 2006, 467, 469; Scholz/*Emmerich* § 13 Rn 91.

pitalisierung bisher nur ein einziges Mal in einem zudem eigenartig gelagerten Fall[63] bejaht.

379   **Beispiel:** Im Jahre 1953 hatte der Pachtverein „Waldfrieden" eV im Auftrag seiner Mitglieder ein größeres Flurstück von K gepachtet. In den Folgejahren bestand die Aufgabe des Vereins, der die einzelnen Parzellen an seine Mitglieder unterverpachtet hatte, darin, den jährlichen Pachtzins an die K zu zahlen und überhaupt für die Verwaltung der Parzellen und für ein einheitliches Auftreten der Parzelleninhaber nach außen zu sorgen. Zehn Jahre später begehrt die K einen höheren Pachtzins vom Verein, den sie schließlich per Urteil zugesprochen bekommt. Der Verein, dessen Vermögen ausschließlich aus den laufenden Mitglieds- und Unterpachteinnahmen besteht, meldet kurz darauf Konkurs an, weil sämtliche Parzelleninhaber sich weigern, erhöhte Beiträge und Pachtzinsen an den Verein zu zahlen. Daraufhin klagte die mit ihrer Forderung gegen den Verein ausgefallene K gegen die hinter dem Verein stehenden Mitglieder auf Zahlung des erhöhten Pachtzinses. Zu Recht?

Der BGH bejahte einen Haftungsdurchgriff der K gegen die Mitglieder gem. 242 BGB[64]. Schließlich wurde der Verein von seinen Mitgliedern praktisch nur als vermögensloser Rechnungsstelle geschaffen und aus Gründen der einheitlichen Verwaltung und des Auftretens wegen in die Verpachtung eingeschaltet. Eigentliche Nutznießer der Parzellen sind aber die Mitglieder als Parzelleninhaber gewesen. Auch wussten diese, dass die K kraft Urteils einen erhöhten Pachtzins vom Verein verlangen durfte. Würde ihnen nun gestattet werden, sich trotz des Wissens um den höheren Pachtzins hinter der juristischen Konstruktion des Vereins und dessen gesetzlicher Haftungsbeschränkung für die Mitglieder zu verstecken, bekämen sie zu Lasten der K einen Vorteil, „... der ihnen wirtschaftlich nicht zustehen würde. Das wiederum wäre ein Rechtsmissbrauch, der von der Rechtsordnung nicht hingenommen werden kann. Vielmehr erfordern es hier die Wirklichkeiten des Lebens, die wirtschaftlichen Bedürfnisse und die Macht der Tatsachen, dass die Beklagten der K diejenige Pacht zukommen lassen, die diese vom Verein für die streitige Zeit beanspruchen kann. Eine Berufung auf die rechtliche Verschiedenheit des Vereins und der hinter dem Verein stehenden Mitglieder würde bei dem hier gegebenen Sachverhalt gegen Treu und Glauben verstoßen."[65]

Auch wenn man es dem Urteil auf den ersten Blick nicht ansieht, kommt dieser Vereinsfall im Ergebnis einer Haftung wegen materieller Unterkapitalisierung, beispielsweise einer GmbH, nahe. Willentlich haben die Mitglieder die durch die Pachterhöhung notwendige Beitragserhöhung an den Verein verweigert. Andererseits haben sie als Mitglieder dafür gesorgt, dass der Verein die zur Erfüllung seiner Verbindlichkeiten gegenüber K notwendig gewordene Beitragserhöhung und -eintreibung gegen sie unterlassen hat. Letztendlich konnte der ausschließlich zur Bündelung der Interessen der Parzelleninhaber geschaffene Verein wegen seiner herbeigeführten Vermögenslosigkeit seinem satzungsmäßigen Zweck, den Pachtzins an K jährlich abzuführen, nicht mehr nachkommen. In Bezug zur Pachtzinserhöhung war der Verein wissentlich „unterkapitalisiert".

380   **cc)** Zusammenfassend lässt sich sagen, dass in den von der Literatur herausgearbeiteten Fallgruppen der BGH sehr häufig auf § 826 BGB ausweicht und **im Ergebnis** damit zwar auch zu einer persönlichen Haftung des Gesellschafters gegenüber den Gläubigern der Gesellschaft kommt. Mit einem „Durchgriff" iS der Aufhebung des Trennungsprinzips der juristischen Person hat das allerdings nichts zu tun. Der Gesell-

---

63   BGHZ 54, 222, 224 ff – Siedlerfall.
64   BGHZ 54, 222 ff = JZ 1970, 687 ff – Siedlerfall.
65   BGHZ 54, 222, 226 – Siedlerfall.

schafter haftet, weil er gegenüber den Gläubigern einen originären, verschuldensabhängigen Haftungstatbestand verwirklicht[66], wohingegen sich die Durchgriffshaftung als akzessorische Ausfallhaftung wegen Uneinbringlichkeit der Gesellschaftsschulden darstellt, freilich mit eigenen und von § 128 Satz 1 HGB abweichenden Tatbestandsvoraussetzungen.

c) Deliktshaftung

Mit Blick auf diesen Rekurs ist fraglich, ob die Rspr zum existenzvernichtenden Eingriff eine weitere Fallgruppe innerhalb der Durchgriffshaftung erschaffen hat[67]. Die Frage zu beantworten ist schwierig. Das liegt zum einen daran, dass der BGH die §§ 128 f HGB analog in keinem seiner Urteile erwähnt. Zum anderen bleiben seine Ausführungen zur dogmatischen Einordnung der Durchgriffshaftung unkonkret[68]. Das grundsätzlich parallele Heranziehen auch des § 826 BGB (in keinem der Urteile wurde eine Haftung aus Existenzvernichtung zugelassen, ohne dass zugleich § 826 BGB vorlag) lässt ferner den – begrenzten – Rückschluss zu, hier handele es sich gar nicht um eine Durchgriffshaftung im klassischen Sinne, sondern eigentlich um eine Deliktshaftung als Außenhaftung[69]. Teilweise sind die Definitionen des existenzvernichtenden Eingriffs und des sittenwidrigen Vermögensentzugs identisch[70]. Wieder andere argumentieren, der zur Existenzvernichtung führende Eingriff ins Vermögen der Gesellschaft sei ein weiterer Anwendungsfall der Vermögensvermischung, weil durch die undurchsichtige Entnahme zugunsten des eingreifenden Gesellschafters das Trennungsprinzip unwiederbringlich verletzt sei[71].

381

Hinweis: Für das Ergebnis dürfte es keinen Unterschied machen, ob Sie die Außenhaftung des Gesellschafters auf § 826 BGB oder auf Durchgriff (analog § 128 Satz 1 HGB) stützen. Das zeigen die höchstrichterlichen Urteile, wonach es einen existenzvernichtenden Eingriff nie ohne die Bejahung auch der Sittenwidrigkeit gegeben hat.

382

Letztlich ähneln sich auch die Voraussetzungen. Denn ein existenzvernichtendes Verhalten nach der von KBV präzisierten Bremer-Vulkan-Rspr ist ein das Trennungsprinzip und die Zweckbindung des Gesellschaftsvermögens missachtender ins Gewicht fallender Vermögensentzug, der den Gesellschaftsgläubigern den gesetzlich geschützten Haftungsfonds entzieht. Ein solches Verhalten widerspricht dem Anstandsgefühl aller billig und gerecht Denkenden und ist damit sittenwidrig. Ob dies „planmäßig"[72] geschehen ist iS des § 826 BGB oder die Existenz „rücksichtslos"[73] vernichtet wurde, ist von zweitrangiger Bedeutung, wenn man in Letzterem ebenso ein subjektives Element der Durchgriffshaftung erkennt[74].

---

66 Zutreffend *Altmeppen* ZIP 2002, 1553, 1556.
67 So KölnKomm.AktG/*Koppensteiner*, Anh. § 318 Rn 79.
68 *Wackerbarth*, ZIP 2005, 877, 881 spricht von gewollter Rechtsunklarheit.
69 So befürwortend *E/H*, Komm. Anh. § 318 Rn 5.
70 Vgl etwa BGH NZG 2004, 1107, 1108 – Klinik und BGH ZIP 2002, 1578, 1580 – KBV.
71 So *Altmeppen*, ZIP 2002, 1553, 1557; *Roth/Altmeppen* § 13 Rn 86.
72 Darauf abstellend BGH NZG 2004, 1107, 1108 – Klinik.
73 „An einer solchen angemessenen Rücksichtnahme auf die Eigenbelange fehlt es, wenn [...]", so BGHZ 149, 10, 16 – Bremer Vulkan.
74 Vorsichtig *Roth/Altmeppen* § 13 Rn 95; *Wackerbarth*, ZIP 2005, 877, 883.

d) Ergebnis

383 Folgt man der Ansicht, die Existenzvernichtungshaftung sei eine weitere Fallgruppe der Durchgriffshaftung und fuße auf §§ 105, 128 f HGB analog, so ist die Anspruchsgrundlage auf die hier beschriebenen Durchgriffssachverhalte anzupassen[75]:

- Nicht jeder Gesellschafter soll haften, wie es § 128 Satz 1 HGB postuliert, sondern nur derjenige ist Schuldner, der zum Adressatenkreis des existenzvernichtenden Eingriffs zählt (s.u. Rn 386)[76].
- Die Haftung ist im Verhältnis zur Gesellschaftsschuld zwar akzessorisch. Gleichwohl ist die Durchgriffshaftung wegen ihrer Subsidiarität auf den Ausfall des Gläubigers mit seiner Forderung gegen die Gesellschaft beschränkt. Dh außerhalb des Insolvenzverfahrens obliegt dem Gläubiger zunächst die vorherige Inanspruchnahme der Gesellschaft. Hiervon kann abgesehen werden bei offensichtlicher Vermögenslosigkeit[77].

384 § 128 Satz 1 HGB macht im Insolvenzverfahren der Insolvenzverwalter gem. § 93 InsO geltend. Das verhindert, dass sich ein Gläubiger der insolventen Gesellschaft durch schnellen Zugriff auf persönlich haftende Gesellschafter Sondervorteile verschafft, und bewirkt, dass die Inanspruchnahme des Gesellschafters durch Auffüllen der Masse und gleichmäßige Verteilung der Ersatzleistung des Gesellschafters allen Gläubigern zugute kommt[78]. Der sog. „Wettlauf der Gläubiger", wie er für die Einzelzwangsvollstreckung typisch ist, wird auf diese Weise durchbrochen. Eine Haftung wegen existenzvernichtenden Eingriffs aus § 128 Satz 1 HGB **analog**, der die Gesellschafter von Kapitalgesellschaften trifft, ist aus den vorgenannten Gründen ebenso wie bei der Verfolgung von Ansprüchen gegen persönlich haftende Gesellschafter über § 93 InsO durchzusetzen[79]. Nur außerhalb des Insolvenzverfahrens sind demnach die Gläubiger der Gesellschaft aktivlegitimiert, innerhalb geht die Befugnis zur Verfolgung von Ansprüchen aus Existenzvernichtungshaftung auf den Insolvenzverwalter über.

385 **Hinweis:** Darin besteht ein entscheidender Unterschied zur Deliktshaftung. § 826 BGB ist eine persönliche Verbindlichkeit des Gesellschafters, für die zu verfolgen der Insolvenzverwalter der insolventen Gesellschaft niemals zuständig ist[80].

3. Haftungsadressaten

386 Die Haftung wegen existenzvernichtenden Eingriffs trifft zunächst den handelnden Herrschaftsträger. In einer der auf Bremer Vulkan folgenden Entscheidung dehnt

---

75 So ausdrücklich KölnKomm.AktG/*Koppensteiner*, Anh. § 318 Rn 79.
76 KölnKomm.AktG/*Koppensteiner*, Anh. § 318 Rn 86.
77 *E/H*, Komm. Anh. § 318 Rn 44.
78 *Braun/Kroth* § 93 Rn 1.
79 H.M., BGH ZIP 2005, 1734, 1738; BGH ZIP 2002, 1578, 1580 – KBV; *E/H*, Komm. Anh. § 318 Rn 45 mwN in Fn 161; aA KölnKomm.AktG/*Koppensteiner*, Anh. § 318 Rn 83.
80 KölnKomm.AktG/*Koppensteiner*, Anh. § 318 Rn 83 mwN in Fn 244.

der BGH die Haftung auf Mitgesellschafter aus, die, ohne selbst etwas empfangen zu haben, durch ihr Einverständnis mit dem Vermögensabzug an der Existenzvernichtung der GmbH kollusiv mitgewirkt haben[81]. Ferner urteilte der BGH, dass neben dem unmittelbar beteiligten Gesellschafter auch der mittelbare Gesellschafter, sofern er den Eingriff ins Vermögen der GmbH veranlasst hat, Adressat der Existenzvernichtungshaftung ist[82]. In einer M-T-E-Konstellation haften demnach auch die Mutter sowie ihr herrschender Gesellschafter (Konzernspitze) für Eingriffe in die Enkelgesellschaft.

Beispiel: In dem Autohändler-Fall[83] aus 2004 lag der Sachverhalt (leicht abgewandelt) so: Autohaus A-GmbH erwarb sämtliche Geschäftsanteile eines die gleiche Fahrzeugmarke vertreibenden anderen Autohauses B-GmbH und hielt darüber hinaus noch weitere Beteiligungen an anderen Autohäusern. Der mit 50% an der A-GmbH beteiligte X, der zugleich in beiden Gesellschaften Alleingeschäftsführer war, wirkte in der Folgezeit an der Beendigung der Vertragshändlerverträge der B mit dem Autohersteller mit. Die A übernahm ferner unentgeltlich den Kundenstamm der B. B meldete Insolvenz an. Die Eröffnung des Insolvenzverfahrens wurde mangels Masse abgelehnt. Die Gläubiger der B nehmen X nun persönlich in Anspruch. Zu Recht?

387

Zwei Teilkomplexe sind von Bedeutung: **I.** Haftet X als an B nur mittelbar beteiligter Gesellschafter? **II.** Sollte nicht auch die unmittelbare Gesellschafterin (A) haften, auf die ja die Vermögenswerte übertragen wurden?

I. Ähnlich der Konzernhaftung eines über eine zwischengeschaltete Holding mittelbar herrschenden Unternehmens in der Enkelgesellschaft entwickelt der BGH auch für den existenzvernichtenden Eingriff eine **Haftung des mittelbaren Gesellschafters**, der eine gesellschaftsrechtlich vermittelte Einflussmöglichkeit tatsächlich ausübt. Eine solche Einflussmöglichkeit hat X wegen seiner Beteiligung an A (50%), die wiederum Alleingesellschafterin der B ist, und seiner Geschäftsführungsfunktion sowohl in A als auch in B. Eine mit seinem Geschäftsführungswillen kollidierende entgegengesetzte Weisung anderer Gesellschafter in der A-GmbH braucht X kraft seiner 50%-Beteiligung nicht zu befürchten[84]. Folglich kann er als alleingeschäftsführender Gesellschafter unbeschränkt seine Vorstellungen in A als auch in B umsetzen, woraus sich bei existenzvernichtenden Eingriffen in B seine Gesellschafterhaftung ableitet[85].

II. Im Zusammenhang mit der Ausweitung des Kreises der Haftenden fällt auf, dass daneben eine Haftung der unmittelbar beteiligten Gesellschafterin A-GmbH in Betracht gekommen wäre[86]: A-GmbH (vertreten durch X) hat nach Erwerb sämtlicher Geschäftsanteile den Eingriff durch Herbeiführung der Beschlusslage in B vorgenommen und auch direkt an den Vermögenswerten partizipiert. **Anders** wäre zu entscheiden, wenn A nicht Mutter, sondern Schwester der B gewesen, also A nicht an B sondern X an beiden Gesellschaften unmittelbar beteiligt gewesen wäre. Hätte B auf Veranlassung des X ihre Vermögenswerte auf A übertragen, so wäre eine Haftung der A aus Existenzvernichtungshaftung als bloße **Schwestergesellschaft** nicht in Betracht gekommen, denn A ist dann Dritte und nicht, auch nicht mittelbar, Ge-

---

81 BGHZ 150, 61, 67 – Kosmetik; dazu *Lutter/Banerjea*, ZGR 2003, 402, 405.
82 BGH ZIP 2005, 117, 118 f – Autohändler; BGH BB 2005, 286, 287 – Unterschlagung.
83 BGH ZIP 2005, 117 ff – Autohändler.
84 BGH ZIP 2005, 117, 118 – Autohändler.
85 Kritisch *Gehrlein*, BB 2005, 613, 614.
86 Vgl *Wilhelmi*, EWiR 2005, 221, 222; *Gehrlein*, BB 2005, 613, 614.

sellschafterin der insolventen B-GmbH[87]. Wegen des mittelbaren Vermögenszuwachses bei X kraft seiner Beteiligung an A bliebe eine Existenzvernichtungshaftung des Gesellschafters X gegenüber den Gläubigern der B in diesem Fall gleichwohl einschlägig.

388

Leitsätze

(1) Seit dem Bremer-Vulkan-Urteil behandelt die Rspr qualifiziert faktische GmbH-Konzerne nicht mehr gesondert. Wie im faktischen GmbH-Konzern auch richtet sich die Haftung des herrschenden Unternehmens nach allgemeinem Gesellschaftsrecht. Qualifiziert gläubigerschädigende Eingriffe in das Gesellschaftsvermögen werden durch die Rechtsfigur der Existenzvernichtungshaftung aufgefangen.

(2) Adressat der Haftung ist zum einen der eingreifende, unmittelbar oder mittelbar an der Gesellschaft beteiligte Gesellschafter selbst, zum anderen die am Eingriff mitwirkenden Gesellschafter.

(3) Die Rspr hat sich für eine Außenhaftung des Gesellschafters entschieden. Er haftet zwar auch und in erster Linie gegenüber der Gesellschaft für seinen Eingriff – im Rahmen der ihr zur Verfügung stehenden Einzelausgleichsansprüche. Versagen diese wie regelmäßig im Falle des qualifizierten (existenzvernichtenden) Eingriffs, können außerhalb eines Insolvenzverfahrens die Gläubiger der Gesellschaft, anderenfalls der Insolvenzverwalter, unmittelbar den Gesellschafter in Anspruch nehmen.

(4) Als Anspruchsgrundlage stehen §§ 128 f HGB sowie § 826 BGB zur Verfügung. Beide Anspruchsgrundlagen sind einschlägig, die eine verdrängt nicht die andere, nur die Erstere aber entspricht dogmatisch einer Durchgriffshaftung und nur hierfür ist der Insolvenzverwalter aktivlegitimiert. Sie findet Anwendung, wenn die Tatbestandsvoraussetzungen des existenzvernichtenden Eingriffs vorliegen.

4. Tatbestandsvoraussetzungen des existenzvernichtenden Eingriffs

389 Der Tatbestand der an die Stelle des qualifiziert faktischen Konzerns getretenen Haftung wegen Existenzvernichtung setzt keinerlei Konzernelemente voraus. Insbesondere die Unternehmenseigenschaft des herrschenden Gesellschafters und ein Abhängigkeitsverhältnis zwischen diesem und der geschädigten Gesellschaft gem. § 17 AktG sind nicht erforderlich. Entscheidendes Tatbestandsmerkmal ist ein Eingriff ins Gesellschaftsvermögen einer abhängigen oder unabhängigen GmbH, der die „auf Grund der Zweckbindung dieses Vermögens gebotene angemessene Rücksichtnahme auf die Erhaltung der Fähigkeit der Gesellschaft zur Bedienung ihrer Verbindlichkeiten in einem ins Gewicht fallenden Maße vermissen lässt [...] und [aufgrund dessen] der insgesamt zugefügte Nachteil nicht nach §§ 30, 31 GmbHG ausgeglichen werden kann"[88]. Die Anknüpfung dieses Leitsatzes an den zentralen Missbrauchstatbestand

---

87 Ebenso *Wackerbarth*, ZIP 2005, 877, 879; vorsichtig BGH NZG 2005, 1107, 1108 – Klinik, der eine Haftung aus § 826 BGB bejaht; aA *E/H*, Komm. Anh. § 318 Rn 42.
88 BGHZ 151, 181, 181 = BGH ZIP 2002, 1578, 1578 – KBV.

im TBB-Urteil ist offensichtlich[89]. Es wird deshalb überwiegend angenommen, dass sich die Qualifizierung zu einem existenzvernichtenden Eingriff, von der Insolvenzreife einmal abgesehen, nicht wesentlich von dem Qualifizierungstatbestand im faktischen Konzern früherer Prägung[90] unterscheidet[91].

Für die Klausur wird folgender **Prüfungsaufbau** empfohlen:
1. Insolvenz der Gesellschaft
2. Eingriff ins Gesellschaftsvermögen
3. Nachteiligkeit des Eingriffs
4. Keine Kompensation der Nachteilszufügung
   a) Subsidiarität gegenüber dem Einzelausgleich
   b) Nachweis eines Höchstschadens
5. Kausalität zwischen Eingriff und Insolvenz
6. Verschulden (strittig)
7. Schaden der Gläubiger

a) Insolvenz

Die Gesellschaft muss (vor allem) durch den Eingriff insolvent sein („wenn die Gesellschaft infolge der Eingriffe ihres Alleingesellschafters ihren Verbindlichkeiten nicht mehr nachkommen kann"[92]). Ob erst eine Haftung in Betracht kommt, wenn die Gesellschaft sich entweder innerhalb oder wegen Ablehnung mangels Masse außerhalb eines Insolvenzverfahrens befindet, oder ob schon die Insolvenzreife (Überschuldung und/oder Zahlungsunfähigkeit) ausreicht, wird unterschiedlich beantwortet[93]. Unseres Erachtens ist es aus Gläubigerschutzgesichtspunkten vorzugswürdig, auf den Eintritt der **Insolvenzreife** abzustellen[94]. Die Insolvenzeröffnung oder die Ablehnung der Eröffnung hängt zunächst von einem formellen Antragsverfahren ab, welches kostenpflichtig ist und gegebenenfalls den antragstellenden Gläubiger, der eine Inanspruchnahme des schädigenden Gesellschafters in Erwägung zieht, zusätzlich belastet. Das Antragsverfahren führt ferner zu keiner materiell anderen Aussage über die Insolvenzreife einer Gesellschaft. Diese ist unabhängig von einem solchen Verfahren gegeben oder eben nicht gegeben. Der Vorteil des Verfahrenserfordernisses bestünde demnach lediglich in der gerichtlichen Feststellung der Insolvenzreife und somit in einer Beweiserleichterung.   **390**

Die **Insolvenzreife** als Tatbestandsmerkmal verdeutlicht, dass mit der Durchgriffshaftung ein besonders schwerwiegender Eingriff, nämlich die Existenzvernichtung der   **391**

---

89 Danach sollte ein objektiver Missbrauch der beherrschenden Gesellschafterstellung vorliegen, „wenn der die GmbH beherrschende Unternehmensgesellschafter die Konzernleitungsmacht in einer Weise ausübt, die keine angemessene Rücksicht auf die eigenen Belange der abhängigen Gesellschaft nimmt, und wenn sich zugleich der ihr insgesamt zugefügte Nachteil durch Einzelausgleichsmaßnahmen nicht kompensieren lässt."; vgl BGHZ 122, 123, 130 – TBB.
90 Dazu s. *Kuhlmann/Ahnis*, 1. Aufl., D Rn 34 ff.
91 KölnKomm.AktG/*Koppensteiner*, Anh. § 318 Rn 88.
92 BGHZ 149, 10, 16 = BGH ZIP 2001, 1874, 1876 – Bremer Vulkan.
93 *Wackerbarth*, ZIP 2005, 877, 881 mwN.
94 Wie hier KölnKomm.AktG/*Koppensteiner*, Anh. § 318 Rn 87.

Gesellschaft auf Kosten der Gläubiger, sanktioniert werden soll. Dh weniger bedrohliche Eingriffe in das Gesellschaftsvermögen bleiben zwar angreifbar. Scheidet das allgemeine Schädigungsverbot aus (wie in der Ein-Mann-GmbH sowie in der mehrgliedrigen GmbH, in der die Schädigung im Einvernehmen aller Gesellschafter erfolgt) und ist das Kapitalerhaltungssystem nicht einschlägig oder gleicht es den Schaden nicht voll aus (Auffüllung nur bis zur Stammkapitalziffer), sind etwaige Schutzlücken jedoch hinzunehmen[95]. Eine alle Schäden ausgleichende Sanktionsnorm gibt es für die GmbH nicht.

b)   Eingriff ins Gesellschaftsvermögen zugunsten eines Gesellschafters

392   Der Eingriff kann sich in einem Einzelakt erschöpfen oder ein dauernder Eingriff sein[96]. Der Eingriff muss für die Gesellschaft nachteilig sein und auf Seiten des eingreifenden oder daran beteiligter Gesellschafter unmittelbar oder mittelbar zum Vorteil gereichen. Mit der Begünstigung von Gesellschaftern als Tatbestandsvoraussetzung wird von für die Gesellschaft nachteiligen unternehmerischen Entscheidungen abgegrenzt. Ein Vermögensverlust infolge übertriebener risikobehafteter oder unvernünftiger unternehmerischer Entscheidungen bei der Betriebsführung (sog. Managementfehler) oder aufgrund Unterlassung weiterer notwendiger Investitionen (sog. Desinvestitionsstrategie) löst keine Existenzvernichtungshaftung aus[97].

393   Nur ein gezielter, betriebsfremden Zwecken dienender **Entzug von Vermögenswerten** zugunsten der Gesellschafter ist haftungsrelevant[98]. Als Vermögensentzug kommen praktisch alle nachteiligen Maßnahmen in Betracht, auch bloße **Interessenverletzungen** zu Lasten der Gesellschaft, die einen Vermögensbezug aufweisen, wie zB der Entzug von Geschäftschancen[99].

c)   Nachteiligkeit des Eingriffs

394   Da der Eingriff die Insolvenzreife der GmbH verursacht haben muss, kann es sich nur um einen **nachteiligen** Eingriff ins Gesellschaftsvermögen handeln. Die Nachteiligkeit lässt sich anhand eines Wertvergleichs zwischen der Vermögens- oder Ertragslage vorher/nachher unter Einbeziehung etwaiger Gegenleistungen feststellen. Nicht zu übersehen ist die Parallele zu § 311 AktG, weshalb auf den dortigen Nachteilsbegriff verwiesen wird[100]. Weitere Wertungsgesichtspunkte sind § 43 I, II GmbHG, §§ 93 I, II, 317 II AktG, wonach darauf abzustellen ist, ob ein ordentlicher und gewissenhafter Geschäftsleiter der Gesellschaft, der sich allein am Gesellschaftsinteresse orientiert, ohne Veranlassung durch den herrschenden Gesellschafter die Maßnahme ebenso getroffen hätte.

---

95   *E/H*, Lb. § 30 V, S. 424 plädieren deswegen mit anderen Stimmen in der Lit. für das Beibehalten spezifisch konzernrechtlicher Schutznormen.
96   *Lutter/Hommelhoff* § 13 Rn 16.
97   *Gehrlein*, BB 2005, 613, 613; *Wackerbarth*, ZIP 2005, 877, 879.
98   BGH ZIP 2005, 117, 118 – Autohändler; BB 2005, 286, 287 – Unterschlagung.
99   BGH ZIP 2005, 117, 118 – Autohändler; *Roth/Altmeppen* § 13 Rn 92.
100   *E/H*, Komm. Anh. § 318 Rn 38 Fn 129.

Die Nachteilsermittlung bei unterstelltem Alternativverhalten ist oftmals schwierig. **395** Anerkannte **Beispiele** für die Nachteiligkeit sind etwa die Veranlassung der Gesellschaft, an den Gesellschafter oder an ein von ihm beherrschtes Unternehmen Lieferungen oder Leistungen zu erbringen, denen unangemessen niedrige Konzernverrechnungspreise gegenüberstehen[101], oder etwa der Liquiditätsentzug (sog. Austrocknen) der Gesellschaft[102] oder aber der Abzug von Ressourcen, welche für den Fortbestand der Gesellschaft von wesentlicher Bedeutung wären.

Problematisch können insbesondere **Umstrukturierungsmaßnahmen** in der Gesell- **396** schaft sein (zB die Ausgliederung oder Zentralisierung wichtiger Unternehmensbereiche). Diese Eingriffe sind in der Regel isoliert feststellbar, nicht aber deren Folgen. So könnten die Maßnahmen langfristig gesehen auch positive Effekte für die Gesellschaft mit sich bringen[103], vor deren Eintritt aber wurde die Gesellschaft (auch) durch diese Maßnahme insolvent. Gleiches trifft auf sonstige (isolierbare) **Einzelmaßnahmen** zu, deren nachteilige Folgen für die abhängige Gesellschaft sich auch nicht unter Rückgriff auf § 287 ZPO (Schadensschätzung durch das Gericht nach freier Überzeugung) erfassen lassen. Zu denken ist hierbei an solche Maßnahmen, deren Auswirkungen auf die Vermögenslage oder den Bestand der Gesellschaft nicht quantifizierbar sind, wie beispielsweise die Verlagerung der Geschäftschancen auf den Gesellschafter oder auf ein von ihm beherrschtes Unternehmen[104].

Die mit der Ermittlung der Nachteilszufügung verbundenen Schwierigkeiten setzen sich auf der Kompensationsebene fort.

d) Keine Kompensation des Nachteils

Gleicht der Gesellschafter den Nachteil **vollständig** bei der Gesellschaft aus und stellt **397** damit die Fähigkeit der Gesellschaft zur Bedienung ihrer Verbindlichkeiten wieder her, entfällt die unbeschränkte Haftung[105]. Den Gläubigern steht der Haftungsfonds in unangetasteter Höhe zur Verfügung. Wie eingangs ausgeführt, war und ist jedoch gerade der Nachteilsausgleich das **zentrale Problem** bei Gesellschaftereingriffen vor allem in verbundenen Gesellschaften[106]. Ist es der Gesellschaft unmöglich – davon ist ein etwaiges Unterlassen der Geltendmachung zu unterscheiden –[107], den Ausgleich der zugefügten Nachteile einzufordern, sollen die Gläubiger in der Insolvenz nicht die vom eingreifenden Gesellschafter verursachte Unmöglichkeit des Nachteilsausgleiches tragen müssen. Die Vorrangigkeit des Einzelausgleichs läuft auf eine Subsidiarität der Durchgriffshaftung hinaus und knüpft an die Rspr zu § 303 AktG analog im qualifiziert faktischen Konzern an.

---

101 *E/H*, Komm. Anh. § 317 Rn 13, § 311 Rn 47 ff.
102 *E/H*, Komm. Anh. § 318 Rn 37.
103 *E/H*, Komm. Anh. § 317 Rn 14.
104 *E/H*, Komm. Anh. § 317 Rn 15.
105 BGHZ 151, 181, 187 = ZIP 2002, 1578, 1580 – KBV; BGHZ 149, 10, 16 = ZIP 2001, 1874, 1876 – Bremer Vulkan; *Lutter/Hommelhoff* § 13 Rn 20.
106 S.o. Rn 359.
107 Insoweit missverständlich das KBV-Urteil BGHZ 151, 181 ff, wo die isolierbaren Eingriffe einem Einzelausgleich nach § 31 I GmbHG durchaus zugänglich gewesen wären.

398 **aa) Subsidiarität gegenüber dem Einzelausgleich.** Die Haftung aus existenzvernichtendem Eingriff gegenüber den **Gläubigern** ist **subsidiär** gegenüber bestehenden Einzelausgleichsansprüchen der **Gesellschaft**[108]

- aus Kapitalerhaltung, so der BGH,
- unseres Erachtens auch aus Treuepflicht und – für den faktischen AG-Konzern[109] – aus §§ 311 ff AktG.

399 Die Beschränkung der Subsidiarität auf die Kapitalerhaltungsvorschriften mag den zu entscheidenden Sachverhalten Rechnung getragen haben. Jeweils war über einen GmbH-Gesellschafter zu urteilen, auf den bekanntlich §§ 311 ff AktG unanwendbar sind. Der von § 13 II GmbHG abweichende Haftungsdurchgriff aber verträgt sich generell nicht mit dem Grundsatz des Einzelausgleichs (Innenhaftung der Gesellschafter), weshalb die Existenzvernichtungshaftung nicht nur gegenüber den Kapitalerhaltungsvorschriften sondern auch gegenüber der Treuepflicht subsidiär ist. Der nach früherem Recht anwendbare § 303 AktG analog im qualifiziert faktischen Konzern folgte ebenfalls dem Subsidiaritätsgebot.

400 Da die Existenzvernichtungshaftung allein die Gläubiger und nicht die Gesellschaft berechtigt, den Gesellschafter in Anspruch zu nehmen (Außenhaftung), führt die Subsidiarität des Anspruchs dazu, dass die Gläubiger zunächst ihre Forderungen gegenüber der Gesellschaft geltend machen. Kommt diese ihren Verbindlichkeiten nicht nach, dürfen die Gläubiger (gegebenenfalls durch den Insolvenzverwalter) ihren vollen Ausfall beim Gesellschafter liquidieren.

401 **bb) Nachweis eines Höchstschadens.** Stehen der Gesellschaft Einzelansprüche gegen den Gesellschafter zu, ist sie (auch in der Insolvenz) nicht vermögenslos. Subsidiarität bedeutet in diesem Zusammenhang gleichwohl nicht, dass der Insolvenzverwalter innerhalb eines Insolvenzverfahrens erst die Einzelausgleichsansprüche gegen den schädigenden Gesellschafter liquidieren oder die Gläubiger außerhalb des Insolvenzverfahrens eine Geltendmachung durch die Gesellschaft abwarten müssen, ehe sie auf das Vermögen des Gesellschafters zugreifen dürfen[110]. Die Subsidiarität stellt lediglich klar, dass der in Anspruch genommene Gesellschafter seine unbeschränkte Haftung gegenüber den Gläubigern oder dem Insolvenzverwalter durch den Einwand begrenzen kann, er habe bereits den Nachteil vollständig ausgeglichen, zumindest könne er den Ausgleich nachholen[111].

402 Dieser Einwand ist die logische Konsequenz des vorrangigen Einzelausgleichssystems und setzt für Ersteres wie Letzteres die **konkrete Bezifferbarkeit des Nachteils** voraus[112]. So urteilte der BGH[113], dass die Haftung wegen existenzvernichtenden Eingriffs nur eingreift, „sofern nicht die zugefügten Nachteile bereits nach den Regeln

---

108 Kritisch zu dem Perspektivenwechsel Gläubiger und Gesellschaft *Emmerich*, AG 2004, 423, 428.
109 Dazu später unter Rn 431.
110 Ebenso KölnKomm.AktG/*Koppensteiner*, Anh. § 318 Rn 81, 89.
111 *Wackerbarth*, ZIP 2005, 877, 882.
112 Anmerkung *Altmeppen* zu BGH ZIP 2005, 117, 120 – Autohändler.
113 BGH ZIP 2005, 117, 118 – Autohändler.

der §§ 30 f GmbHG ausgeglichen werden können oder der Gesellschafter nachweist, dass der Gesellschaft im Vergleich zu der Vermögenslage bei einem redlichen Verhalten nur ein begrenzter – und dann in diesem Umfang auszugleichender – Nachteil entstanden ist." Die Subsidiarität der Haftung aus existenzvernichtendem Eingriff gegenüber den Einzelausgleichsansprüchen der Gesellschaft, die im Ergebnis aus einer unbeschränkten Haftung gegenüber allen Gläubigern in voller Höhe ihrer Forderungen (Ausnahme) eine auf den Schadensausgleich beschränkte vorrangige Haftung gegenüber der Gesellschaft (Normalfall) werden lässt, ermöglicht somit dem eingreifenden Gesellschafter den haftungsbeschränkenden Einwand, dass der von ihm insgesamt angerichtete Schaden geringer ist als die Summe aller Gläubigerforderungen. Den praktisch schwierigen Nachweis kann er auch im eröffneten Insolvenzverfahren führen, so dass er durch Zahlungen auf die Einzelausgleichsansprüche der Gesellschaft oder direkt an die Gläubiger der unbegrenzten Haftung entkommt.

cc) Problemlagen. Der Nachweis eines konkreten Schadens scheitert und das vorrangige Einzelausgleichssystem versagt insbesondere in folgenden Konstellationen:

(1) Unmöglichkeit aufgrund mangelnder Quantifizierbarkeit. Der zugefügte Nachteil oder Schaden ist nicht, auch nicht unter Berücksichtigung des § 287 ZPO, bezifferbar. Ein Grund für die mangelnde Quantifizierbarkeit mag darin bestehen, dass zwar der Eingriff isolierbar, gleichwohl seine **Folgeschäden**, die zum Zusammenbruch der Gesellschaft führen, zum Zeitpunkt der potentiell möglichen oder bereits durchgeführten aber ungenügenden Ausgleichszahlung nicht vollumfänglich bewertet werden können.

403

Gerade in Konzernen ist die Undurchsichtigkeit (sog. **Intransparenz**) sowohl des Eingriffs als auch der konkreten Folgen eine häufige Ursache fehlender Quantifizierbarkeit. Mittels Fallgruppen hat man zu Zeiten der Rechtsfigur des qualifiziert faktischen Konzerns versucht, die Tatbestandsmerkmale „Benachteiligung der (abhängigen) Gesellschaft" sowie „fehlende Kompensation der Nachteilszufügung aufgrund Intransparenz der Schädigung" zu bewerten. Unseres Erachtens behalten die vorgenannten Tatbestandsmerkmale und ihre Fallgruppen im Rahmen des existenzvernichtenden Eingriffs weiterhin ihre Gültigkeit:

404

(a) Zunächst kann in Ausnahmefällen bereits der Vermögensentzug als solcher das Intransparenzelement und somit die fehlende Ausgleichsmöglichkeit in sich tragen. Im Schrifttum wurde mit Blick auf Konzernsachverhalte darauf hingewiesen, dass bei so genannten breitflächigen Mehrfachschädigungen schon allein die **Intensität** und/oder **Vielzahl** der vom Herrschaftsträger veranlassten Einzelmaßnahmen dazu führt, dass eine unübersichtliche Schädigungslage entsteht, die den Einzelausgleich wesentlich erschwert[114].

(b) Grundsätzlich aber bleibt es dabei, dass zu der Nachteilszufügung Intransparenz der Schädigung hinzukommen muss, soll die beschränkte Innenhaftung des Herr-

---

114 KölnKomm.AktG/*Koppensteiner*, Anh. § 318 Rn 94 mwN in Fn 280.

schaftsträgers in eine unbeschränkte Außenhaftung umschlagen. Für die wichtigsten Fallgestaltungen[115] ist der Übersichtlichkeit wegen jeweils durch (+) oder (–) angezeigt, ob Nachteilszufügung/Intransparenz vorliegen:

405 1. **Eigenkapitalersatz (+/–):** Kapitalersetzende Darlehen oder Nutzungsüberlassungen beispielsweise von Anlagegütern durch den Mehrheitsgesellschafter führen nach betriebswirtschaftlichen Erkenntnissen zu einer Benachteiligung der außenstehenden Gesellschafter (Gesellschafter des abhängigen Unternehmens mit Ausnahme des herrschenden Unternehmens) und insbesondere der Gläubiger des abhängigen Unternehmens. Nicht ohne Grund hat deshalb der Gesetzgeber mit §§ 32a f GmbHG entsprechende Schutznormen allgemeiner Art erlassen. Für die AG gelten die Rechtsprechungsgrundsätze zu den kapitalersetzenden Gesellschafterdarlehen entsprechend §§ 57 ff AktG analog[116].

406 **Beispiel:** Mehrheitsgesellschafter und Geschäftsführer Clever der Alu GmbH verlagert sein geschäftliches Interesse zunehmend auf seine 100%-ige Tochter Bauxit AG. Daher ist er auch nur gegen Auflage der Rückzahlung zzgl. Zinsen bereit, der Alu GmbH dringend benötigtes Kapital vorzustrecken. Bevor Alu GmbH zwei Jahre später die Eröffnung des Insolvenzverfahrens beantragt, hat sie bereits sämtliche Forderungen des Clever getilgt. Freilich fällt Gläubiger Pleite mit seinen aus.

Ohne Weiteres stellt hier die Darlehensvergabe samt Rückzahlung zu einem Zeitpunkt, zu dem ordentliche Kaufleute Eigenkapital nachgeschossen hätten, eine Schädigung der Gläubiger dar. Das Darlehen ist gem. § 32a I GmbHG als eigenkapitalersetzendes Gesellschafterdarlehen anzusehen mit der Folge, dass es wie Eigenkapital zu behandeln ist. Aufgrund der Rückzahlung des Eigenkapitals fehlte der Gesellschaft der Puffer, den sie zum Auffangen der Verluste gebraucht hätte. Bei Verbleib des Eigenkapitals im Gesellschaftsvermögen wäre die Alu GmbH zum einen vielleicht nicht in Insolvenz gegangen und zum anderen hätten die Gläubiger im Insolvenzfall noch auf Vermögen der Gesellschaft zurückgreifen können. Gleichwohl sind die Alu GmbH und mit ihr der Gläubiger Pleite durch die Quantifizierbarkeit der Maßnahme über § 32a I GmbHG, § 135 InsO, § 6 AnfG geschützt. Der Insolvenzverwalter bzw die Gläubiger können einen Teil der Rückzahlungen an Clever anfechten.

Läge der Fall jedoch so, dass Clever daneben noch für die Alu GmbH bestimmte Geschäfte auf die Bauxit AG verlagert, finanzielle Mittel der Alu GmbH in nicht mehr nachvollziehbarer Höhe in der Bauxit AG eingesetzt und überhaupt eine laxe Buchführung vorgenommen hätte (Stichwort: breitflächige Mehrfachschädigung), käme der Anspruch des Herrn Pleite auf Zahlung wegen existenzgefährdenden Eingriffs gem. § 128 Satz 1 HGB analog auch wegen der Gesellschafterfinanzierung auf Grund Intransparenz in Betracht, es sei denn, die Darlehen blieben im Einzelnen noch bestimmbar. Dann bliebe es – hinsichtlich der eigenkapitalersetzenden Gesellschafterfinanzierung – bei den allgemeinen Schutzvorschriften.

407 2. **Verdeckte Gewinnausschüttungen (+/–):** Ähnliches gilt für verdeckte Gewinnausschüttungen. Unter solchen wird grundsätzlich jede Leistung der Gesellschaft an einen ihrer Gesellschafter oder eine ihm nahe stehende Person verstanden, der keine gleichwertige Leistung gegenübersteht.

---

115 Zum Ganzen: *Eschenbruch*, Rn 3457 ff.
116 Nach Inkrafttreten des MoMiG ändert sich die Sichtweise: aus einer gesellschaftsrechtlichen wird eine rein insolvenzrechtliche; die Bewertung aber bleibt (vgl Rn 199a).

Als Maßstab der Gleichwertigkeit wird gefragt, ob auch eine „unabhängige" Gesell- **408** schaft mit einem außenstehenden Dritten nach kaufmännischen Gesichtspunkten solch ein Geschäft eingegangen wäre. Verdeckte Gewinnausschüttungen sind ein beliebtes Mittel, dem herrschenden Gesellschafter Vermögensvorteile zu verschaffen. Als typisches Beispiel für eine Nachteilszufügung sind zu nennen nicht marktgerechte Konzernverrechnungspreise oder Konzernumlagen für inadäquate Leistungen des herrschenden Unternehmens. Eine Intransparenz dagegen begründet die verdeckte Gewinnausschüttung per se nicht.

3. **Zentrale finanzielle Konzernführung (+/+):** Die zentrale Steuerung der Finan- **409** zen ist ein wesentlicher Bestandteil jeder Konzernleitung. Allerdings ist damit noch nicht gesagt, dass sie nachteilig für das abhängige Unternehmen ist. Es kommt daher auf die konkreten Umstände an. So stellt ein die Eigenständigkeit gefährdender Liquiditätsentzug eine Benachteiligung der abhängigen Gesellschaft dar[117]. Gleiches muss gelten, wenn sich die abhängige Gesellschaft nicht mehr selbst mit nötigem Kapital außerhalb des Finanzverbunds versorgen kann. Solch ein Fall finanzieller Abhängigkeit tritt meist in einem Konzern mit zentralem Cashmanagement auf. In diesem System werden regelmäßig die gesamte Überschussliquidität der beteiligten Gesellschaften gebündelt und ein konzernweiter Liquiditätsausgleich eingerichtet. Es kann die Zentralisierung der Kassenhaltung (Pooling) und die konzerninterne Verrechnung von Forderungen und Verbindlichkeiten (Netting, Clearing) umfassen. Zentrale Kassenhaltung bedeutet, dass die einzelnen Konzerngesellschaften alle nicht für Transaktionszwecke benötigten Finanzmittel an einen Cash-Pool abführen, aus dem heraus dann die Konzernteile nach Bedarf mit Liquidität versorgt werden[118]. Andererseits stärkt die einheitliche Liquiditätsplanung und -beschaffung den Verhandlungsspielraum gegenüber den Kreditoren (zB Banken) und setzt überschüssige Ressourcen frei.

Beispiel: Die Maschinenbaufirma M-GmbH hat verschiedene, mehrheitlich abhängige und **410** von ihr geleitete Tochtergesellschaften, die jeweils auf verschiedenen Stufen der Leistungskette überwiegend für die M-GmbH tätig werden. Die zentrale Buchhaltung und das Liquiditätsbüro sind Stabsabteilungen, die in der Firmenhierarchie „ganz oben", also bei der M-GmbH angesiedelt sind. Durch ein neu eingeführtes EDV-Programm konnte der Konzern im letzten Jahr die Fremdfinanzierungskosten erheblich senken. Unter anderem wurden nunmehr überschüssige Gelder einer Tochter zeitweise in einer anderen Tochter verwendet, ohne eine teurere Außenfinanzierung vornehmen zu müssen.

Dieses Beispiel weist möglicherweise gleich zwei nachteilige Maßnahmen auf. Zum einen kann die Tochter, die ihr Geld einer anderen Tochter zwangsweise leihen muss, dadurch geschädigt sein, dass sie ihr Geld ohne entsprechende Gegenleistung (Zinsen), wie sie sie beispielsweise durch eine Termineinlage bei einer Bank erzielt hätte, überlassen muss. Zum anderen kann für jede Tochter ein nachteiliger Eingriff dann zu bejahen sein, wenn sie generell nicht mehr die Möglichkeit haben, sich außerhalb des Konzerns mit Liquidität zu versorgen oder eigene Bankkonten zu führen (Interessenverletzung).

---

117 S.o. das Beispiel zu Bremer Vulkan, Rn 368.
118 Zum zentralen Cash-Management s. *Eschenbruch*, Rn 3057.

Zu einer Intransparenz des Vermögensentzugs führt ein zentrales Cashmanagement, wenn keine ordnungsgemäße Dokumentation der Geschäftsvorfälle (ordnungsgemäße Buchführung) erfolgt oder für die gesteuerten Unternehmen eine unübersichtliche Haftungssituation entsteht, weil Sicherheiten der abhängigen Gesellschaften nach Gutdünken des herrschenden Unternehmens kreuzweise verwendet werden. Hat das abhängige Unternehmen keinen eigenen Finanzierungsspielraum mehr und ist es daher existentiell vom Cashmanagement abhängig, wird neben der Benachteiligung gleichzeitig Intransparenz angenommen.

411 **4. Organverflechtung (–/+):** Unter einer Organverflechtung versteht man die Wahrnehmung von Leitungs- oder Kontrollfunktionen in den jeweiligen Organen verbundener Unternehmen durch ein und dieselbe Person (sog. Doppelmandate).

412 **Beispiel:** Ist der Geschäftsführer der abhängigen GmbH auch gleichzeitig im Vorstand der Muttergesellschaft AG vertreten, so spricht man von einem Geschäftsführungs- oder Vorstandsdoppelmandat. Es spielt keine Rolle, ob der Geschäftsführer/das Vorstandsmitglied die abhängige Gesellschaft vom Vorstand aus leitet („oben" nach „unten") oder von der GmbH aus („unten" nach „oben"). Eine Person kann auch mehr als zwei Leitungsfunktionen übernehmen.

413 Das Vorliegen von Doppelmandaten selbst begründet noch keine Vermutung qualifizierter Nachteilszufügung durch den maßgeblichen Gesellschafter (hier die Mutter AG)[119]. Lediglich die Intransparenz eines etwaigen Vermögensentzugs ist regelmäßig anzunehmen, wenn Doppelmandate existieren. Denn auf Grund der Personenidentität lassen sich Eingriffe nicht mehr in ihre einzelnen Bestandteile zerlegen, folglich sind die Auswirkungen nicht mehr isolierbar. Etwas anderes gilt auch hier, wenn sämtliche Geschäftsvorfälle minutiös festgehalten worden sind und der aufgetretene Schaden von anderen Vorfällen abgrenzbar ist.

Die Doppelbesetzung einer Aufsichtsrats- (in der abhängigen Gesellschaft) und Geschäftsführungsposition (im herrschenden Unternehmen) führt im Regelfall nicht zu einer Situation der Undurchschaubarkeit der Eingriffe, da der Aufsichtsrat keine Leitungsmacht hat. Sind nachteilige Einflussnahmen belegbar, so kann eine behauptete Intransparenz gegebenenfalls durch Vorlage aussagefähiger Aufsichtsratsprotokolle beseitigt werden.

414 **5. Missmanagement (–/–):** Das Gesellschaftsrecht schützt nicht vor einem schlichten Missmanagement. Es ist gerade Ausdruck der Marktwirtschaft, dass sich nur qualifizierte Unternehmen durchsetzen und andere untergehen. Nur dort, wo absichtliches Missmanagement zugunsten eines Gesellschafters und zu Lasten der Gläubiger nachgewiesen werden kann, wird es – abgesehen von der Haftung des Geschäftsführers – als Eingriff in das Interesse der Gesellschaft angesehen, ihren Verbindlichkeiten nachzukommen. Dann liegt gerade kein zu tolerierender Managementfehler vor, sondern

---

[119] KölnKomm.AktG/*Koppensteiner*, Anh. § 318 Rn 98; *E/H*, Komm. Anh. § 317 Rn 13.

ein gezielter Vermögensentzug, der je nach Sachlage transparent genug für eine Kompensation ist oder nicht.

Beispiel: Dr. Westland ist Eigentümer einer Ostland-Beteiligungs AG. Diese 1990 gegründete **415** Gesellschaft hatte von der Treuhand mehrere Chemiefirmen, die aus dem DDR-Kombinat Chemie hervorgingen, zu einem symbolischen Preis von € 1,00 erworben. Diesem Deal zugrunde lagen Kaufverträge, die nicht mit der nötigen juristischen Sorgfalt ausgearbeitet wurden. Schließlich war Dr. Westland ein gern gesehener Gesprächspartner bedeutender Repräsentanten aus Politik und Wirtschaft und verfügte über einen hervorragenden Leumund. Folglich ging man auch ohne verklausulierte Absicherung von der Einhaltung der gegenüber der Treuhand zugesagten Auflagen (Arbeitsplatzsicherung, Investitionen in Millionenhöhe) aus. Schon nach einem halben Jahr zeichnete sich jedoch ab, dass Dr. Westland systematisch die als Herzstücke der Ost-Chemie allgemein bekannten Chemiefirmen bis zur Bedeutungslosigkeit entkernte. Er entließ die kompetentesten Mitarbeiter, nutzte die hervorragenden Geschäftskontakte zum Ostblock für seine auf gleichem Gebiet tätige Farbe AG und tat einfach alles, um die übernommenen Firmen in den Ruin zu treiben. Ein Jahr später stellte die letzte der verbliebenen Chemiefirmen Insolvenzantrag.

Ist nachweisbar, dass die von Dr. Westland angeordneten Maßnahmen vor dem Hintergrund geschahen, seiner bis dato marktbeherrschenden Farbe AG auch weiterhin die Führungsrolle zu sichern und einen vielleicht zukünftig lästigen Konkurrenten auszuschalten, kann nicht mehr von schlechtem Wirtschaften, sondern muss von gezielt existenzvernichtenden Eingriffen gesprochen werden. Aufgrund der Breitflächigkeit der Mehrfachschädigungen wird Dr. Westland der Nachweis nicht gelingen, die auf seinen Eingriff rückführbaren Schäden lägen unter der Summe aller Insolvenzforderungen und nur dafür müsse er haften. Vielmehr können die Gläubiger der von Dr. Westland faktisch geführten Chemiefirmen § 128 Satz 1 HGB analog gegen ihn geltend machen und Bezahlung ihrer sämtlichen Forderungen verlangen.

6. Das Gebot ordnungsgemäßer Buchführung (–/+): Werden die Geschäftsvor- **416** fälle zwischen den beteiligten Konzernunternehmen bzw der unabhängigen Gesellschaft und ihrem Herrschaftsträger nicht ordnungsgemäß aufgezeichnet, so wird der Einzelausgleich für vorgenommene nachteilige Maßnahmen erschwert. Folglich ist die fehlerhafte oder gar fehlende Buchführung immer ein Intransparenzkriterium, aber noch kein Kriterium für eine vermögenswerte Benachteiligung der Gesellschaft[120]. Im Einzelnen kann man unterscheiden nach:

- **Waschkorblage**
  Von dieser spricht man, wenn im Ganzen eine ordnungsgemäße Buchführung oder Dokumentation im Abhängigkeitsbericht (für den AG-Konzern) fehlt oder fehlerhaft ist und aufgrund dessen an sich isolierbare Nachteile einem Einzelausgleich unzugänglich sind. Die Intransparenz wird vermutet.

- **Einzelne Buchführungsmängel**
  Eine nur unvollständige Buchführung reicht indessen noch nicht zur Bejahung der Intransparenz aus. Die Buchführungsmängel müssten von erheblicher Bedeutung

---

120   Ebenso *E/H*, Komm. Anh. § 317 Rn 19.

sein und einen Einblick in den Leistungsaustausch zwischen Gesellschaft und Gesellschafter nicht mehr zulassen. Dann erst kann von mangelnder Quantifizierbarkeit gesprochen werden.

- **Abhängigkeitsbericht**
  Gem. § 312 AktG ist in der abhängigen AG ein Abhängigkeitsbericht anzufertigen. Fehlt dieser, sind die nachteiligen Geschäfte aber anderweitig nachvollziehbar (zB durch die Buchhaltung), so kann von Intransparenz nicht gesprochen werden. Im faktischen GmbH-Konzern bedarf es keines Abhängigkeitsberichtes. Werden dort die Bücher ordnungsgemäß geführt, kann eine Durchgriffshaftung ebenso vermieden werden.
  Für die abhängige Ein-Mann-GmbH ist § 35 IV 2 GmbHG zu beachten. Danach hat der Alleingesellschafter und Geschäftsführer alle Rechtsgeschäfte zwischen ihm und der Gesellschaft in einer Niederschrift festzuhalten (Gläubigerschutz). Die Vorschrift ist analog anzuwenden, wenn der Geschäftsführer sowohl für die Muttergesellschaft als auch für die 100%-ige Tochter handelt. Fehlende Niederschriften können eine Intransparenz begründen.

417 **Hinweis:** Für das Examen brauchen Sie die verschiedenen Fallgruppen und Sonderprobleme nicht kennen. Entscheidend für die Haftung aus existenzvernichtenden Eingriff ist ein das Gesellschaftsvermögen und somit die Gesellschaftsgläubiger schädigendes Verhalten des Herrschaftsträgers, das derart schwer wiegt, dass dem Herrschaftsträger die Berufung auf das Haftungsprivileg versagt wird. Eher sekundär ist die Frage, ob das Verhalten deshalb schwer wiegt, weil die Folgen für die Gesellschaft nicht quantifizierbar sind und die einschlägigen Anspruchsgrundlagen ausscheiden. Der BGH nahm es jedenfalls bei seinen Entscheidungen Bremer Vulkan und KBV mit dieser Frage nicht so genau. Für ihn war die bis dato nicht erfolgte Kompensation des Gesellschaftsvermögens sowie die weitreichenden Eingriffe des Herrschaftsträgers Anlass genug, die Durchgriffshaftung zu bejahen. Mit der Problematik, die einzelnen Maßnahmen aufzugliedern und jeweils gesondert ihre Folgen für die Gesellschaftsvermögen zu bewerten, beschäftigte er sich nicht. Damit bringt der BGH eine Haltung zum Ausdruck, die bei der Anerkennung der Durchgriffshaftung wegen Vermögensvermischung besonders deutlich ist. Je stärker die hinter den Maßnahmen stehenden Ziele des Herrschaftsträgers gegen die Gesellschaftsinteressen und auf die Verfolgung von Eigeninteressen gerichtet sind, desto weniger braucht die Gesellschaft im Rahmen des Ausgleichs die Schwierigkeiten der Bewertung und Bezifferung der Maßnahmen auf sich nehmen und desto eher ist den Gläubigern ein Durchgriff auf das (begünstigte) Vermögen des Gesellschafters erlaubt.

418 **(2) Unmöglichkeit aufgrund Unanwendbarkeit der Ausgleichsansprüche.** Das Einzelausgleichsystem versagt ferner, wenn der zugefügte Nachteil oder Schaden feststeht, jedoch die zur Geltendmachung erforderlichen Ausgleichsansprüche keine Anwendung finden, beispielsweise der Schadensersatzanspruch aus Treuepflichtverletzung in der Ein-Mann-GmbH.

419 **(3) Unmöglichkeit aufgrund beschränkter Anwendbarkeit der Ausgleichsansprüche.** Im Falle ihrer Anwendbarkeit ist der Ausgleich ungenügend, wenn der Nachteil nicht vollständig beseitigt wurde, etwa weil die Rechtsfolge des jeweiligen Einzelausgleichsanspruchs beschränkt ist.

So ist anerkannt, dass der Empfänger einer das Stammkapital schädigenden Auszahlung gem. §§ 30 I, 31 I, II GmbHG in voller Höhe haftet. Kann die verbotene Auszahlung von dem Empfänger nicht erlangt werden, haften die Mitgesellschafter gem. § 31 III GmbHG. Diese Ausfallhaftung ist allerdings beschränkt. In seinem Grundsatzzurteil aus dem Jahre 2002 urteilt der BGH, dass die nicht begünstigten Mitgesellschafter gem. § 31 III GmbHG nur in Höhe der Stammkapitalziffer haften[121]. Ein darüber hinaus gehender, nicht das Eigenkapital deckender Fehlbetrag, bleibt unausgeglichen[122].

Gleiches gilt, wenn der verursachte Nachteil auf der Seite der Gesellschaft mit dem Vorteil des Gesellschafters in Höhe der verbotenen Auszahlung nicht übereinstimmt, sondern ihn unter Berücksichtigung der wirtschaftlichen Folgen des Vermögensabzugs übersteigt und zur Insolvenz führt[123]. Gemeint sind die Fälle, in denen sich der Eingriff zu einem wertmäßig höheren Schaden als der eigentliche Vermögensabzug ausgewirkt hat. § 31 GmbHG berücksichtigt die Schadenserhöhung nicht. Verlangt werden kann nur die Rückgewähr der verbotenen Leistung[124].

e) Kausalität zwischen Eingriff und Insolvenz

Der Eingriff muss die Insolvenz verursacht haben („keine angemessene Rücksichtnahme, wenn die GmbH **infolge** der Eingriffe ihres Alleingesellschafters ihren Verbindlichkeiten nicht mehr nachkommen kann"[125])[126]. Daran fehlt es, wenn die Insolvenzreife auf andere Ursachen (zB Managementfehler, konjunkturelle Einflüsse) zurückzuführen ist[127]. Unseres Erachtens schließt das nicht aus, dass andere Ursachen zur Insolvenz der Gesellschaft beigetragen haben – regelmäßig befanden sich die untersuchten Gesellschaften bereits in Schieflage –[128], sofern der Ausfall der Gläubiger **hauptsächlich** auf das schädigende Verhalten des Gesellschafters rückführbar ist („Zugriffe auf das Gesellschaftsvermögen, die eine ins Gewicht fallende Beeinträchtigung der Fähigkeit der Gesellschaft zur Erfüllung ihrer Verbindlichkeiten und damit die Insolvenzreife der Gesellschaft nach sich ziehen"[129])[130].

420

Während es nach früherer Rspr für die Anwendung der §§ 302, 303 AktG analog vornehmlich auf die qualifizierte Nachteilzufügung ankam, ist nunmehr, wo die dogmatische Grundlage für eine Durchgriffshaftung des herrschenden Gesellschafters in verbundenen aber auch unverbundenen Gesellschaften auf neue Grundlagen gestellt wurde, der Vorwurf schädigenden Verhaltens zwar derselbe, nämlich ein nicht ausgleichsfähiges missbräuchliches Verhalten. Viel stärker als früher ist jedoch die hierdurch vom

421

---

121 BGHZ 150, 61, 61 = ZIP 2002, 848 ff – Kosmetik.
122 *E/H*, Komm. Anh. § 318 Rn 43.
123 *Wackerbarth*, ZIP 2005, 877, 880.
124 Vgl *Roth/Altmeppen* § 31 Rn 10.
125 BGHZ 149, 10, 16 – Bremer Vulkan.
126 KölnKomm.AktG/*Koppensteiner*, Anh. § 318 Rn 90.
127 *E/H*, Komm. Anh. § 318 Rn 11.
128 *Lutter/Hommelhoff* § 13 Rn 18.
129 BGHZ 151, 181, 187 – KBV.
130 *E/H*, Komm. Anh. § 318 Rn 40.

Gesellschafter in Kauf genommene Gläubigerschädigung ins Blickfeld geraten. Diese setzt voraus, dass der Eingriff zur Insolvenzreife geführt haben muss. Insoweit sind die Anforderungen an die Gesellschafterhaftung im Vergleich zur früheren Rechtslage erhöht[131]. Nicht schon bestands**gefährdende** Eingriffe (im Vorfeld der Insolvenzreife), sondern existenz**vernichtende** Eingriffe sind per Durchgriff sanktionierbar.

f) Verschulden

422 Nach überwiegender Meinung ist ein Verschulden seitens des herrschenden Gesellschafters nicht erforderlich, eine Haftung aus existenzvernichtendem Eingriff zu begründen[132]. Gegenüber der früheren Rechtslage zur Haftung im qualifiziert faktischen Konzern hat sich nichts geändert. Die seit TBB hM sah in der qualifizierten Konzernhaftung eine mit Strukturelementen versehene Verhaltenshaftung, in der ein Verschulden schon vom Wortlaut der §§ 302, 303 AktG her keine Tatbestandsvoraussetzung sei[133]. Der nunmehr als Ausdruck einer reinen Verhaltenshaftung herangezogene § 128 Satz 1 HGB analog verlangt Verschulden ebenso wenig. Auch war es gerade Ziel der Bremer-Vulkan-Rechtsprechung, eine verschuldensunabhängige Haftung zu begründen[134].

Gleichwohl melden sich Bedenken[135]. Der Vorwurf an den eingreifenden Herrschaftsträger besteht in dessen pflichtwidrigem Verhalten, den Haftungsfonds an den kapitalerhaltenden Schutznormen vorbei (Intransparenz) vernichtet zu haben. Grundprinzip einer zivilrechtlichen Haftung wegen Pflichtverletzung aber ist die Verschuldenshaftung, sofern nicht der Gesetzgeber etwas anderes anordnet (wie zB für §§ 30, 31 GmbHG, §§ 57, 62 AktG)[136]. Diese Zweifel sind möglicherweise der Grund, warum der BGH – ohne näher darauf einzugehen – das subjektive Element der „Rücksichtslosigkeit" in seine Bremer-Vulkan-Entscheidung eingebettet hat[137]. Das „rücksichtslose", nicht von der Rechtsordnung gebilligte, Verhalten hat die Rspr zum Anlass genommen, das Haftungsprivileg ausnahmsweise aufzuheben. In der Praxis dürfte es denn auch einen existenzvernichtenden Eingriff des Gesellschafters ohne grobes Verschulden nicht geben, wie die parallele Bejahung des § 826 BGB beweist[138].

g) Schaden

423 Keine Haftung ohne Schaden. Anderenfalls kann nicht ausgeglichen werden, was eingefordert wird. Im Normalfall ist der Schaden konkret nachzuweisen. Das ist jedoch gerade beim existenzvernichtenden Eingriff nicht möglich. Die demgemäß aner-

131 *E/H*, Komm. Anh. § 317 Rn 13.
132 KölnKomm.AktG/*Koppensteiner*, Anh. § 318 Rn 92; *Lütter/Hommelhoff* § 13 Rn 25a; *E/H*, Komm. Anh. § 318 Rn 41, 44; aA *Roth/Altmeppen* § 13 Rn 95.
133 Zum Streitstand s. Kuhlmann/Ahnis, 1. Aufl, D Rn 67.
134 So *Wackerbarth*, ZIP 2005, 877, 883.
135 Insbesondere *Roth/Altmeppen* § 13 Rn 95, die für eine qualifizierte Verschuldenshaftung plädieren.
136 *Wackerbarth*, ZIP 2005, 877, 883.
137 „An einer solchen angemessenen Rücksichtnahme auf die Eigenbelange fehlt es, wenn" BGHZ 149, 10, 16 – Bremer Vulkan.
138 *Roth/Altmeppen* § 13 Rn 95; KölnKomm.AktG/*Koppensteiner*, Anh. § 318 Rn 101; *Lutter/Hommelhoff* § 13 Rn 25a.

kannte Durchgriffshaftung trägt den Beweisschwierigkeiten seitens der Gläubiger (Kläger) Rechnung. Sie führt zu einer pauschalierten Einstandsverpflichtung des bevorteilten Gesellschafters sowie seiner Mitstreiter (gesamtschuldnerisch) für alle Gesellschaftsschulden[139].

Daraus leitet sich die Besonderheit ab, dass der Ausgleich in oder außerhalb des Insolvenzverfahrens nicht unbedingt mit dem durch den existenzvernichtenden Eingriff tatsächlich hervorgerufenen Schaden übereinstimmt. Weil die Gesellschaft auch unabhängig von Einflüssen des Herrschaftsträgers Verluste realisiert, haftet der Gesellschafter letztlich auch für eingriffsfremde Verluste, die das Gesellschaftsvermögen reduziert haben. Diese Rechtsfolge ist gleichwohl angemessen. Schließlich hat der Gesellschafter durch sein intransparentes Handeln selbst dafür gesorgt, dass eine Kompensation, beschränkt auf dem von ihm angerichteten Schaden, im Wege des Einzelausgleichs unmöglich geworden ist[140].

424

h) Beweislast

Zu Beginn der höchstrichterlichen Anerkennung des qualifiziert faktischen Konzerns knüpfte der BGH an die dauernde und umfassende Leitungsmacht des herrschenden Unternehmens eine Schädigungsvermutung zugunsten des abhängigen Unternehmens (Beweislastumkehr)[141]. Später hat er aber den allgemeinen Grundsatz bestätigt, dass es dem Kläger (Insolvenzverwalter oder Gläubiger) obliegt, die anspruchsbegründenden Umstände zu beweisen. Allerdings hat der BGH zugleich wegen der Unübersichtlichkeit bei entsprechender Anzahl und Tiefe der Eingriffe durch das herrschende Unternehmen **Substantiierungs- und Beweislasterleichterungen** für den Kläger zugelassen[142]. Diese Erleichterungen gelten wegen der vergleichbaren Problematik auch für die Haftung aus existenzvernichtendem Eingriff[143].

425

| Folglich muss der **Kläger** nur Umstände darlegen und beweisen, die die **Annahme** eines zur Insolvenz der Gesellschaft führenden schädigenden Verhaltens (Vermögensverlagerung) über konkret ausgleichsfähige Einzeleingriffe hinaus **nahe legen**[144]. | Dem verklagten Gesellschafter obliegt es dann, gegenläufige, maßgebende Tatsachen substantiiert darzulegen, insbesondere die Einzelausgleichsfähigkeit oder einen tatsächlich erfolgten Ausgleich für die eingetretenen Schäden darzutun[145]. Gelingt ihm das nicht, gilt der Vortrag des Klägers als zugestanden gem. § 138 III ZPO und der Beklagte haftet bis zur restlosen Gläubigerbefriedigung. |

---

139 *E/H*, Komm. Anh. § 318 Rn 44.
140 *Altmeppen*, ZIP 2002, 1553, 1559.
141 BGHZ 115, 187, 193 ff – Video.
142 BGHZ 122, 123 ff – TBB.
143 *Roth/Altmeppen* § 13 Rn 99; *E/H*, Komm. Anh. § 318 Rn 45; *Lutter/Hommelhoff* § 13 Rn 25.
144 Nach BGHZ 122, 123 ff – TBB; KölnKomm.AktG/*Koppensteiner*, Anh. § 13 Rn 100.
145 *Wackerbarth*, ZIP 2005, 877, 882.

Zusammenfassend lässt sich sagen, dass die **Verschiebung** der Darlegungs- und Beweislast entsprechend der Sphäre, aus der die maßgeblichen Umstände stammen, vollauf gerechtfertigt ist[146].

426 | **Leitsätze**

(1) Der Durchgriff aus existenzvernichtendem Eingriff setzt zunächst voraus, dass die Handlungen des Gesellschafters in kausaler Weise die Gesellschaft in die Insolvenz getrieben haben.

(2) Die Handlungen müssen im Ergebnis einen Vermögensentzug zu Lasten der Gesellschaft sowie einen unmittelbar oder mittelbaren Vorteil auf Seiten eines Gesellschafters bewirkt haben. Bloße Managementfehler werden nicht erfasst.

(3) Die Bezifferung des auf die veranlasste Maßnahme rückführbaren nachteiligen Vermögensentzugs, der zum Zusammenbruch der Gesellschaft geführt hat, ist oftmals schwierig. Gelingt sie, muss der Gesellschafter gegenüber der Gesellschaft den Nachteil ausgleichen. Insoweit wirkt also das vorrangige Einzelausgleichssystem haftungsbeschränkend. Gelingt die Bezifferung nicht, haftet der Gesellschafter den Gläubigern in Höhe der gesamten Gesellschaftsschulden gem. § 128 Satz 1 HGB analog.

(4) Die fehlende Bezifferung hat freilich Methode, nämlich um Schadensersatzansprüchen zu entgehen. Regelmäßig ist in Konzernen die Funktionsfähigkeit des Einzelausgleichssystems aufgehoben, weil dort eine konkret bestimmbare Maßnahme häufig zu intransparenten Folgeeingriffen mit nicht mehr quantifizierbaren Nachteilen in den abhängigen Gesellschaften führt. Die fehlende Kompensation insbesondere aufgrund Intransparenz der Nachteilszufügung ist somit der besondere Tatbestand des existenzvernichtenden Eingriffs, der eine Durchgriffshaftung des die Intransparenz veranlasst habenden Gesellschafters rechtfertigt.

(5) Ein Verschulden ist für den Durchgriff nicht erforderlich.

(6) Es gelten die allgemeinen Beweisgrundsätze. Folglich muss der Kläger die tatsächlichen Umstände, aus denen sich der Anspruch ergeben soll, darlegen und beweisen. Da der Kläger aber in aller Regel keinen Einblick in die inneren Angelegenheiten der Gesellschaft und des Gesellschafters hat, ist seine Substantiierungslast erleichtert.

5. Mehrgliedrige GmbH

427 **a)** Die Mehrzahl der von der Rspr zum qualifiziert faktischen Konzern und zum existenzvernichtenden Eingriff entschiedenen Fälle betraf Ein-Mann-GmbH[147]. Ihnen ist gemein, dass die Treuepflicht als allgemeines Schädigungsverbot in der GmbH versagt. Dem steht der Fall einverständlich agierender Gesellschafter in einer mehrgliedrigen GmbH gleich[148]. Der reflexartige Schutz der Gläubiger kann dann nur über die Kapitalerhaltungsvorschriften sichergestellt werden. Greifen jene nicht ein, so sind die Gläubiger bei einer Schädigung des Haftungsfonds schutzlos, weshalb im qualifiziert faktischen Konzern § 303 AktG herangezogen wurde und nunmehr die Durchgriffshaftung § 128 Satz 1 HGB entsprechende Anwendung findet.

---

146 *Roth/Altmeppen* § 13 Rn 103.
147 BGHZ 149, 10 ff – Bremer Vulkan; BGHZ 122, 123 ff – TBB; BGHZ 115, 187 ff – Video; BGHZ 95, 330 ff – Autokran; s. demgegenüber BGH ZIP 2005, 117 ff – Autohändler; BGHZ 151, 181 ff – KBV.
148 BGHZ 151, 181 ff – KBV.

In der mehrgliedrigen GmbH, in der ein Gesellschafter die Herrschaft inne hat und **428** entweder im Beschlusswege oder anders der Geschäftsführung Weisungen erteilt, können im Ergebnis der Haftungsfonds und damit die Gesellschaftsgläubiger in gleicher Weise geschädigt werden wie in einer Ein-Mann-GmbH. Zwar sind hier Weisungen an die Geschäftsleitung, die auf einem Gesellschafterbeschluss beruhen, mit der Anfechtungs- und Nichtigkeitsklage, außerhalb des Beschlussverfahrens mit der Unterlassungs- und Beseitigungsklage durch die Minderheitsgesellschafter überprüfbar. Maßstab hierfür ist die Treuepflicht, die darüber hinaus der Gesellschaft und den Minderheitsgesellschaftern einen Schadensersatzanspruch vermittelt. Jedoch ist dieser Anspruch für den Fall der Intransparenz von Eingriffen und Folgen wirkungslos.

Eine Unterscheidung zwischen Gläubigern ein- und mehrgliedriger GmbH ist nicht gerechtfertigt. Deshalb steht den Gläubigern einer mehrgliedrigen GmbH unter den oben genannten Voraussetzungen ebenso ein Durchgriff auf den Herrschaftsträger und die verantwortlichen Mitgesellschafter wegen existenzvernichtenden Eingriffs zu[149].

b) Konsequenz der Gleichbehandlung ist es auch, den Gläubigern einer mehrgliedri- **429** gen GmbH nicht weitergehende Rechte zu vermitteln. Eine – teilweise vorgeschlagene[150] – Befriedigung der Gläubiger bereits im Vorfeld der Existenzvernichtung für nicht ausgleichsfähige, den Bestand der Gesellschaft gefährdende Eingriffe analog § 303 AktG ist daher abzulehnen. Die Rspr ist vom konzernrechtlichen Ansatz in der GmbH abgerückt. Für die entsprechende Anwendung des § 303 AktG ist, außer im Vertragskonzern, kein Raum[151]; selbst dann nicht, wenn der Zustand in einem faktischen Unternehmensverbund mit dem eines vertraglichen Unternehmensverbundes identisch ist (extrem selten), also die Struktur den Konzernverbund wie ein Einheitsunternehmen aussehen lässt und die Töchter nicht anders als Betriebsabteilungen geleitet werden[152].

6. AG

a) Sowohl in der abhängigen als auch in der unabhängigen AG verhindert eine funk- **430** tionierende Verbandsstruktur per se existenzvernichtende, -gefährdende oder einfach schädigende Gesellschaftereingriffe. Weisungen an den Vorstand sind unzulässig gem. § 76 I AktG. Ein obligatorisches Aufsichtsorgan wacht über die Einhaltung der Kompetenzverteilung, § 111 I AktG.

Sofern nachteilige Eingriffe dennoch stattfinden, gleichen im faktischen AG-Konzern die §§ 311 ff AktG die Nachteile gegenüber der Gesellschaft, ihren außenstehenden Aktionären und (reflexartig) ihren Gläubiger aus. Die unabhängige AG schützen die strengen Kapitalschutzvorschriften §§ 57, 62 AktG, die mehrgliedrige AG daneben das allgemeine Schädigungsgebot aus Treuepflicht. Eingliedrige und mehrgliedrige

---

149   *E/H*, Lb. § 31 II 2, S. 430; *E/H*, Komm. Anh. § 318 Rn 36.
150   *E/H*, Komm. Anh. § 318 Rn 3 mwN in Fn 11, Anh. § 317 Rn 15.
151   Instruktiv KölnKomm.AktG/*Koppensteiner*, Anh. § 318 Rn 64 ff, allerdings mit Bezug zur AG.
152   Dafür aber *K. Schmidt*, GesR § 39 III 4 b) aa), S. 1234 mit Bezug zu BGHZ 68, 312 ff – Fertighaus.

AG sind demnach durch ein austariertes Einzelausgleichssystem weitreichender als die GmbH geschützt.

431 **b)** Gleichwohl ist das Problem der mangelnden Quantifizierbarkeit auch vom AktG nicht gelöst, zB wenn aufgrund eines fehlenden Abhängigkeitsberichtes die Eingriffe nicht dokumentiert wurden. Dann scheitert genauso wie in der GmbH das Einzelausgleichssystem, das bis auf vereinzelte Ausnahmen (§§ 317 V, 117 V AktG) aus Gläubigersicht regelmäßig uninteressant ist, weshalb ein Bedürfnis der Gläubiger, die verantwortlichen Aktionäre direkt in Anspruch nehmen zu können, ähnlich wie bei der GmbH besteht[153].

Die Begründung, die der BGH für die Außerkraftsetzung des Haftungsprivilegs in der GmbH anführt, trifft auch für die AG zu. So gilt für alle Kapitalgesellschaften der Grundsatz, dass das Gesellschaftsvermögen, welches zur Erfüllung der von der Gesellschaft eingegangenen Verbindlichkeiten benötigt wird, in der Gesellschaft zum Zwecke der Befriedigung der Gläubiger verbleiben muss[154]. Deshalb wäre es unverständlich, wenn nur wegen der bestehenden Strukturunterschiede zwischen AG und GmbH, die zu keiner Besserstellung der AG-Gläubiger gegenüber GmbH-Gläubigern führen, eine Durchgriffshaftung aufgrund existenzvernichtenden Eingriffs nur für die GmbH anerkannt würde.

432 **c)** Im Ergebnis sind daher Anspruchsgrundlage sowie Voraussetzungen einer Haftung aus existenzvernichtendem Eingriff auf die abhängige und unabhängige, eingliedrige und mehrgliedrige AG übertragbar[155].

433 | **Leitsätze**

> (1) Obgleich in der mehrgliedrigen GmbH den außenstehenden Gesellschaftern besondere Schutzinstrumentarien zur Verfügung stehen (Beschlusskontrolle, Treuepflicht), führt eine mangelnde Quantifizierbarkeit der Folgen schädigender Eingriffe zu erheblichen Schutzlücken, die reflexartig auch die Gläubiger treffen. Bei existenzgefährdenden Eingriffen sollen die Gläubiger der mehrgliedrigen GmbH die Schutzlücken genauso wenig hinnehmen müssen wie Gläubiger einer Ein-Mann-GmbH. Der Durchgriff auf den Herrschaftsträger entsprechend § 128 Satz 1 HGB ist daher auch in der mehrgliedrigen GmbH anerkannt.

> (2) Für die eingliedrige und mehrgliedrige AG gilt das ebenso. Die darüber hinaus gehende Schaffung eines Sonderrechts für qualifizierte Eingriffe ausschließlich in der abhängigen AG gem. § 303 AktG analog ist abzulehnen. Sowohl die Schutzlücken als auch die Qualität des existenzvernichtenden Eingriffs sind in der unabhängigen und in der abhängigen AG vergleichbar.

---

153 Ebenso KölnKomm.AktG/*Koppensteiner*, Anh. § 318 Rn 63.
154 KölnKomm.AktG/*Koppensteiner*, Anh. § 318 Rn 73 mit Bezug zu BGHZ 151, 181 ff – KBV.
155 KölnKomm.AktG/*Koppensteiner*, Anh. § 318 Rn 73, 85; aA *E/H*, Komm. Anh. § 317 Rn 5 ff, die §§ 302, 303 AktG weiterhin analog anwenden wollen.

III. Rechtsfolgen qualifizierter Eingriffe ins Vermögen der faktisch konzernierten Gesellschaft

Die wichtigste Rechtsfolge qualifizierter Eingriffe im faktischen Konzern ist der Zahlungsanspruch der Gläubiger wegen existenzvernichtenden Eingriffs eines Herrschaftsträgers nach § 128 Satz 1 HGB analog. Er entschädigt die Gläubiger in voller Höhe für den Ausfall ihrer Forderungen gegen die abhängige Gesellschaft.   **434**

Das herrschende Unternehmen kann die **Einwendungen und Einreden** geltend machen, die dem abhängigen Unternehmen gegen die Gläubiger zustehen. Insoweit gilt auch § 129 HGB analog. Die Ausfallhaftung begründet **keine Gesamtschuld**. Die Verjährung der Haftung aus existenzvernichtenden Eingriff richtet sich nach der Verjährung der Gesellschaftsschulden.

435

Schema: Zahlungsanspruch der Gläubiger der Gesellschaft wegen existenzvernichtenden Eingriffs eines Gesellschafters nach § 128 Satz 1 HGB analog	

Anwendungsbereich?	• gilt im faktischen Konzern
	  a) Unternehmensbegriff
	  b) Abhängigkeitsverhältnis gem. § 17 AktG
	• und in unabhängiger Gesellschaft gleichermaßen

Anspruch entstanden?	• Insolvenzreife der GmbH oder AG • Eingriff ins Gesellschaftervermögen als Entzug von Vermögenswerten zugunsten eines Gesellschafters • Nachteiligkeit des Gesellschaftereingriffs für die Gesellschaft • Kein Ausgleich des Nachteils • Kausalität zwischen Eingriff und Insolvenz • Schaden

Anspruch durchsetzbar?	• Subsidiarität gegenüber Einzelausgleichsansprüchen der Gesellschaft
	  a) Innenhaftung des Gesellschafters und Inanspruchnahme der Gesellschaft durch ihre Gläubiger
	  b) Scheitert die Innenhaftung, weil das Einzelausgleichssystem versagt, begründet dies eine Ausfallhaftung des Gesellschafters gegenüber den Gläubigern in voller Höhe derer Forderungen
	  c) Beschränkung der Haftung, soweit Nachteil bezifferbar
	• Verjährung richtet sich nach der Verjährung der Gläubigerforderungen gegen die Gesellschaft
	• Sonstige Einwendungen und Einreden der Gesellschaft gem. § 129 HGB analog

Rechtsfolge	Zahlungsanspruch der Gläubiger gegen den eingreifenden Gesellschafter oder gegen billigende Mitgesellschafter in Höhe des Ausfalls ihrer Forderungen gegen die Gesellschaft.

436 Im Übrigen gelten die von Gesetzgebung und Rspr herausgearbeiteten Ansprüche zugunsten der Gesellschaft, der außenstehenden Gesellschafter und der Gläubiger. Da die unverbundene Kapitalgesellschaft nicht Gegenstand dieses Buches ist und die Rechtsfolgen in einer faktisch verbundenen GmbH und AG bereits ausführlich erläutert worden sind (s.o. Rn 170 ff, 321 ff), beschränken sich die beiden nachfolgenden Abschnitte jeweils auf einen Überblick der in Betracht kommenden Haftungsansprüche bei (qualifizierten) Eingriffen des Gesellschafters in einem faktischen GmbH- sowie AG-Konzern. Weil die Rspr zum existenzvernichtenden Eingriff ausschließlich zu GmbH-Sachverhalten ergangen ist[156], erfolgt zunächst die Darstellung der GmbH. Auf die hervorgehobenen Anspruchsgrundlagen wird gesondert eingegangen.

1. Rechtsfolgen im faktischen GmbH-Konzern

a) Überblick

437

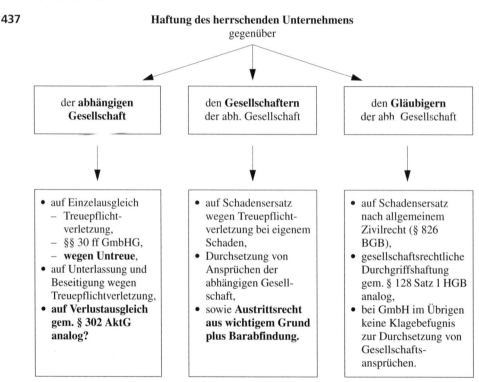

Haftung des herrschenden Unternehmens
gegenüber

der **abhängigen** **Gesellschaft**	den **Gesellschaftern** der abh. Gesellschaft	den **Gläubigern** der abh. Gesellschaft

• auf Einzelausgleich
– Treuepflicht-
  verletzung,
– §§ 30 ff GmbHG,
– **wegen Untreue**,
• auf Unterlassung und
  Beseitigung wegen
  Treuepflichtverletzung,
• **auf Verlustausgleich**
gem. § 302 AktG
analog?
	• auf Schadensersatz
	  wegen Treuepflicht-
	  verletzung bei eigenem
	  Schaden,
	• Durchsetzung von
	  Ansprüchen der
	  abhängigen Gesell-
	  schaft,
	• sowie **Austrittsrecht**
	aus wichtigem Grund
	plus Barabfindung.
		• auf Schadensersatz
		  nach allgemeinem
		  Zivilrecht (§ 826
		  BGB),
		• gesellschaftsrechtliche
		  Durchgriffshaftung
		  gem. § 128 Satz 1 HGB
		  analog,
		• bei GmbH im Übrigen
		  keine Klagebefugnis
		  zur Durchsetzung von
		  Gesellschafts-
		  ansprüchen.

---

156 KölnKomm.AktG/*Koppensteiner*, Anh. § 318 Rn 50 f.

b) Besonderheiten

aa) Haftung des herrschenden Unternehmens gegenüber der abhängigen GmbH 438

(1) Wegen Untreue gem. §§ 823 II, 31 BGB iVm §§ 266 I Alt. 2, 14 I Nr 1 StGB. Ein existenzvernichtender Eingriff kann zu einer Schadensersatzpflicht der Organe des herrschenden Unternehmens unter dem Gesichtspunkt der Strafbarkeit wegen **Untreue** führen gem. § 823 II BGB iVm §§ 266 I Alt. 2, 14 I Nr 1 StGB[157] und, was regelmäßig interessanter ist, über § 31 BGB analog zu einer Haftung des herrschenden Unternehmens.

(a) Der **Geschäftsführer** einer GmbH hat gegenüber der GmbH eine Vermögensbe- 439 treuungspflicht als Hauptpflicht im Sinne beider Alternativen des Untreuetatbestandes (§ 266 StGB). Das ist verständlich, wenn man sich vor Augen führt, dass er als Fremdorgan der Gesellschaft deren Vermögensinteressen selbstständig zu wahren hat. § 43 GmbHG macht den Geschäftsführer bei Verstößen schadensersatzpflichtig. Der Geschäftsführer kann sich hinsichtlich des ihm anvertrauten Vermögens auf zwei Wegen untreu verhalten. Entweder missbraucht er die ihm eingeräumte Rechtsmacht durch ein Rechtsgeschäft mit einem Dritten (§ 266 I Alt. 1 StGB) oder aber er verletzt das in ihn tatsächlich[158] gesetzte Vertrauen des Vermögensinhabers, seine Vermögensinteressen wahrzunehmen, auf sonstige Weise (§ 266 I Alt. 2 StGB)[159]. Das gilt entsprechend für den Vorstand einer AG.

Als Täter kommt darüber hinaus auch der **Gesellschafter** in Betracht. Die GmbH ist 440 formal Vermögensinhaberin, nicht der Gesellschafter, auch nicht der Alleingesellschafter, so dass ihr gegenüber eine Vermögensbetreuungspflicht besteht und durch den Gesellschafter verletzt werden kann, wenn er wie ein Geschäftsführer Herrschaft über das (für ihn fremde) Vermögen der Gesellschaft hat. Das ist beispielsweise als faktischer Geschäftsführer der Fall, aber auch für das aktive, sich über die innerverbandliche Leitungsstruktur hinwegsetzende herrschende Unternehmen anerkannt[160]. Agiert der Gesellschafter mittels Weisungen an den Geschäftsführer, kommt hingegen eine Anstiftung zur Untreue in Betracht.

Für **Konzernsachverhalte** gelten diese Aussagen gleichermaßen[161]. Die Folge ist, 441 dass das herrschende Unternehmen bei Eingriffen ins Vermögen der abhängigen Gesellschaft eine Untreuehandlung begehen kann, regelmäßig in Form des Treuebruchtatbestandes, für die im Falle einer juristischen Person ihre Organe strafrechtlich verantwortlich sind (§ 14 I Nr 1 StGB).

(b) Die Strafbarkeit setzt eine Pflichtverletzung voraus, welche dann nicht gegeben 442 ist, wenn der Vermögensbetreuungspflichtige im **Einverständnis** aller materiellen

---

157 BGHSt 49, 147 ff = NJW 2004, 2248 ff – Bremer Vulkan II; BGHSt NJW 2003, 2996, 2998; *Tröndle/Fischer* § 266 Rn 52c.
158 Auf die zivilrechtliche Wirksamkeit der Vermögensbetreuungspflicht kommt es hier nicht an.
159 Zum Ganzen s. *Tröndle/Fischer* § 266 Rn 9 ff.
160 So wohl BGHSt 49, 147, 158 f – Bremer Vulkan II.
161 *Tröndle/Fischer* § 266 Rn 52c.

Vermögensträger des GmbH-Vermögens (Gesellschafter) handelt[162]. Das macht zum einen Sinn, weil sich nicht untreu verhalten kann, wer mit Einwilligung des Betreuten oder seiner „Hintermänner" handelt. Eine Schädigung fremden Vermögens „von innen heraus" – Kern einer jeden Untreuehandlung – liegt dann gerade nicht vor. Zum anderen sind gerade die Gesellschafter einer GmbH frei, über das Gesellschaftsvermögen zu verfügen. Ein Eigen- oder Bestandsinteresse der Gesellschaft existiert nicht. Was gesellschaftsrechtlich erlaubt ist, kann deshalb strafrechtlich nicht sanktioniert werden.

443 Gleichwohl setzt das Gesellschaftsrecht **Grenzen**. Die Dispositionsmöglichkeit ist den Gesellschaftern dort entzogen, wo die Interessen anderer berührt sind, nämlich das Stammkapital geschädigt oder die wirtschaftliche Existenz der Gesellschaft gefährdet ist und damit Gläubigerinteressen betroffen sind[163]. Die Einwilligung der Gesellschafter, auch des Alleingesellschafters, in eine die §§ 30 f GmbHG verletzende und erst recht in eine existenzvernichtende Vermögensverfügung ist unwirksam und der Eingriff daher treuepflichtwidrig. Der BGH trägt damit der Gesetzeslage Rechnung, dass der Vermögensschutz der Gesellschaft letztendlich Gläubigerschutz ist und auf diesen weder die Vermögensinhaberin (Gesellschaft) noch die Vermögensträger (Gesellschafter) verzichten können[164]. Bei der faktisch abhängigen AG ist aus diesem Grund die Vermögensbetreuungspflicht besonders stark ausgeprägt (vgl §§ 57, 62 AktG).

444 Ein existenzvernichtender Eingriff in das Vermögen der abhängigen Gesellschaft verletzt daher die Vermögensbetreuungspflicht des herrschenden Unternehmens und seiner Organe. Der Eingriff führt immer zu einem Vermögensnachteil auf Seiten der abhängigen Gesellschaft und ist regelmäßig vorsätzlich erfolgt (s.o. Verschulden Rn 422). Rechtfertigungsgründe und Schuldausschließungsgründe bleiben zu prüfen, ebenso die Höhe des Vermögensnachteils. Das Problem der fehlenden Quantifizierbarkeit löst der Strafsenat des BGH dadurch, dass er auf die Höhe der Verbindlichkeiten abstellt, die durch den Abzug von Gesellschaftsmitteln nun nicht mehr erfüllbar sind (Gläubigerschaden)[165].

445 (c) Im Ergebnis führt das Vorliegen der Untreue zu einer Schadensersatzpflicht der Organe des herrschenden Unternehmens gegenüber der abhängigen GmbH (nicht gegenüber den Gläubigern!) nach § 823 II BGB iVm § 266 StGB[166]. Über § 31 BGB analog haftet darüber hinaus das herrschende Unternehmen auf Schadensersatz. Der strafrechtliche Schaden ist mit dem zivilrechtlich zu bestimmenden Schaden der Gesellschaft aber nicht identisch. Wie bei den sonstigen Einzelausgleichsansprüchen bleibt es dabei, dass der Schaden der abhängigen Gesellschaft regelmäßig aufgrund mangelnder Quantifizierbarkeit der Folgen eines existenzvernichtenden Eingriffs nicht durchsetzbar ist.

---

162 HM, vgl BGHSt 49, 147, 157 f – Bremer Vulkan II; *Tröndle/Fischer* § 266 Rn 49 mwN.
163 BGHSt 49, 147, 158 – Bremer Vulkan II; BGHSt NJW 2003, 2996, 2998.
164 Kritisch zur Schutzzweckverlagerung *Tröndle/Fischer* § 266 Rn 53 mwN.
165 BGHSt 49, 147, 165 f – Bremer Vulkan II.
166 Palandt/*Sprau* § 823 Rn 69.

(2) Nach § 302 I AktG analog? Die Haftung aus existenzvernichtendem Eingriff be- **446**
günstigt allein die Gläubiger im Zeitpunkt der Insolvenz der Gesellschaft. Teilweise
plädiert die Lehre für einen Schutz der faktisch abhängigen GmbH vor qualifizierten
Gesellschaftereingriffen im Vorfeld der Insolvenz und wendet hierfür § 302 AktG
analog an[167]. § 302 I AktG analog verpflichtet das herrschende Unternehmen, jährlich
die Verluste der abhängigen Gesellschaft auszugleichen. Die Vorschrift schützt das
Gesellschaftsvermögen zeitlich bevor ein verlustbringendes Fehlverhalten des herrschenden Unternehmens zur Insolvenzreife führt. Eine entsprechende Anwendung
des § 302 AktG ist gleichwohl abzulehnen:

(a) Nur vordergründig steht der abhängigen **Gesellschaft** als unmittelbar Geschädig- **447**
ter der Verlustausgleichsanspruch zu. Ihrem Kerngehalt nach ist die Vorschrift als
Schutzmaßnahme zugunsten der außenstehenden Gesellschafter und Gläubiger zu
verstehen. Die abhängige GmbH selbst hat nämlich kein von den außenstehenden Gesellschaftern und Gläubigern losgelöstes schützenswertes Eigen- oder Bestandsinteresse. Und wie nachfolgend aufgezeigt, bedürfen die Mitgesellschafter und Gläubiger
des mittelbaren Schutzes nicht.

Die über die Auffüllung des geschädigten Gesellschaftsvermögens reflexartig mitge- **448**
schützten **Gläubiger** haben mit dem existenzvernichtenden Eingriff einen eigenen
Ausfallanspruch gegen das herrschende Unternehmen für den Fall, dass die abhängige
Gesellschaft mit den normalen Mitteln des Gesellschaftsrechts den Schaden nicht liquidieren kann. Dieser entsteht zwar erst zum Zeitpunkt der Insolvenzreife. Für die
Zeit davor aber benötigen die Gläubiger den Durchgriff nicht, da das Gesellschaftsvermögen ihre Forderungen gegen die Gesellschaft deckt. Die Gesellschaft ist nicht
überschuldet.

Die **außenstehenden Gesellschafter** sind im Falle ihres Einverständnisses mit dem **449**
Eingriff ins Gesellschaftsvermögen nicht verletzt. Das gilt erst recht, wenn es keine
außenstehenden Gesellschafter gibt (Ein-Mann-GmbH). In der mehrgliedrigen GmbH
mit der fraglichen Maßnahme widersprechenden Minderheitsgesellschaftern stellt das
Fehlen eines eigenständigen Ausgleichsanspruchs auf Seiten der abhängigen Gesellschaft die Minderheitsgesellschafter nicht schutzlos. Können sie sich vor Interessenverletzungen des herrschenden Unternehmens mittels des Unterlassungs- und Beseiti-
gungsanspruchs nicht erwehren, weil zB die Eingriffe intransparent sind – wobei auch
hier dieselben Beweiserleichterungen wie für den existenzvernichtenden Eingriff zugunsten der Gläubiger gelten –, steht es ihnen frei, aus der Gesellschaft auszutreten
und sich abfinden zu lassen (s.u. Rn 455).

(b) Ferner spricht gegen § 302 AktG analog dessen beschränkter Anwendungsbe- **450**
reich. Als konzernrechtliche Anspruchsgrundlage setzt die Vorschrift Unternehmensbegriff und Abhängigkeit voraus. Obwohl in der abhängigen GmbH die Gefahr von
Interessenverletzungen durch den Mehrheitsgesellschafter ungleich größer als in einer

---

167   ZB *E/H*, Komm. Anh. § 318 Rn 3 mwN in Fn 11.

unabhängigen GmbH ist[168], versagt in der unabhängigen GmbH, die ohne ein solches Schutzinstrument auskommen müsste, das allgemeine Schädigungsverbot aus Treuepflicht wegen Intransparenz des Eingriffs ebenso. Insofern ist nicht einzusehen, dass nur Minderheitsgesellschafter einer abhängigen GmbH bei qualifizierten Gesellschaftereingriffen geschützt werden sollen.

451 **bb) Haftung des herrschenden Unternehmens gegenüber den außenstehenden Gesellschaftern nach §§ 304 f AktG?**

(1) Anwendbarkeit. Die Geltendmachung der in § 3 aufgeführten eigenen oder die Durchsetzung fremder Abwehr- und Beseitigungsansprüche stellt für die Gesellschafter der abhängigen GmbH im Fall einer qualifizierten Schädigung einen beschwerlichen Rechtsschutz dar. Insofern ist nach Ausgleichs- und Abfindungsansprüchen zu fragen, wie sie zB für außenstehende Aktionäre eines AG-Vertragskonzerns in §§ 304, 305 AktG geregelt sind.

452 Im Vertragskonzern ändert sich – vertraglich vereinbart – die Struktur der abhängigen Gesellschaft grundlegend. Weil die Änderung mit nicht unerheblichen Auswirkungen für die Mitverwaltungs- und Vermögensrechte der Aktionäre verbunden ist, hat der Gesetzgeber einen verfassungsrechtlich gebotenen (Art. 14 GG) Ausgleich für die Beeinträchtigung vorgesehen. §§ 304 ff AktG sind gewissermaßen der **Preis,** den das herrschende Unternehmen für die Zustimmung der Aktionäre der abhängigen Gesellschaft zum Vertragsschluss zahlen muss. Sie können jährlichen Ausgleich in Geld (§ 304 AktG) und im Fall des Austritts aus der Gesellschaft Abfindung in Anteilen oder Geld (§ 305 AktG) verlangen.

453 Bereits zu Zeiten der Anerkennung des qualifiziert faktischen Konzerns war die Frage, ob die §§ 304 f AktG analog im qualifiziert faktischen Konzern Anwendung finden, strittig[169]. Dagegen sprach, dass ein organisationsrechtlicher Vertrag, der die Vermögensbindung der abhängigen Gesellschaft zu ihren Gesellschaftern aufhebt, gerade nicht existiert. Zudem regeln die §§ 304, 305 AktG vertragliche und keine gesetzlichen Ansprüche; ein Vertrag jedoch fehle gerade im qualifiziert faktischen Konzern. Das Argument der Befürworter, der mit dem Vertragskonzern vergleichbare Zustand eines qualifiziert faktischen Konzerns rechtfertige eine analoge Anwendung seiner Rechtsfolgen, ist mit der Ablehnung eines konzernrechtlichen Sonderrechts durch Bremer Vulkan widerlegt worden.

Im Ergebnis finden die §§ 304 f AktG im faktischen AG- und GmbH-Konzern **keine** Anwendung.

454 **(2) Austrittsrecht und Abfindungsanspruch.** Allerdings ist wie bei allen Dauerschuldverhältnissen das im allgemeinen Zivilrecht verankerte Kündigungsrecht aus wichtigem Grund (§ 314 BGB) auch im Gesellschaftsrecht anerkannt. Speziell für die Gesellschaftsform GmbH tritt als weiterer Grund für die Anerkennung eines Aus-

---

168 *E/H*, Komm. Anh. § 318 Rn 3 Fn 10.
169 S. *Kuhlmann/Ahnis*, 1. Aufl., D Rn 128 f.

trittsrechts aus wichtigem Grund die eingeschränkte Verkehrsfähigkeit der Geschäftsanteile hinzu.

(a) Fraglich ist, wann ein wichtiger Grund zum **Austritt** im faktischen GmbH-Konzern vorliegt. Die Nachteiligkeit eines Eingriffs durch den Mehrheitsgesellschafter allein genügt noch nicht zur Bejahung eines wichtigen Grunds zum Austritt. Die Minderheitsgesellschafter können sich hiergegen mit Unterlassungs- oder Schadensersatzansprüchen sowie im Falle nachteiliger Beschlusslagen mit der Anfechtungsklage wehren. Es bedarf vielmehr einer besonderen Qualifizierung des Eingriffs, um im faktischen GmbH-Konzern wie auch in der unverbundenen GmbH einen wichtigen Grund für den Austritt zu begründen. Das ist für den existenzvernichtenden Eingriff der Fall. Dort versagen die vorhandenen Schutzmechanismen, so dass die Gesellschaft aufgrund verbandsinterner Maßnahmen insolvent wird.

455

Anders als beim Haftungsdurchgriff zugunsten der Gläubiger der Gesellschaft kann es für die Begründung eines Austrittsrechts der Minderheitsgesellschafter nicht auf das Eintreten der Insolvenzreife ankommen[170]. Hier ist der Schutzzweck ein anderer. Während die Gläubiger den Durchgriff auf den Gesellschafter benötigen, weil ihnen ihr Haftungsfonds entzogen wird und dieser Entzug sich erst mit Überschuldung vollständig auswirkt, dürfen die außenstehenden Gesellschafter austreten, weil ihnen ein weiterer Verbleib in der Gesellschaft wegen des die innerverbandlichen Interessen verletzenden Verhaltens des Herrschaftsträgers auf Dauer nicht zumutbar ist. Sein gesellschaftswidriges, in die Insolvenz führendes Verhalten ist der Schwerpunkt des Vorwurfs seiner Mitgesellschafter. Im Übrigen müssen die Voraussetzungen eines existenzvernichtenden Eingriffs, also Eingriffe eines (beherrschenden) Gesellschafters, deren nachteiliger Charakter nicht kompensierbar ist, vorliegen[171]. Sie begründen ein Austrittsrecht aus wichtigem Grund für die Minderheitsgesellschafter in verbundener (sowie unverbundener) GmbH.

456

(b) In der Insolvenzreife der abhängigen Gesellschaft hat das herrschende Unternehmen eine **Abfindung** für den verlustig gehenden Geschäftsanteil zu zahlen[172]. Dieses Ergebnis ist folgender Wertung zu § 305 II Nr 3 AktG zu entnehmen[173]: Normalerweise erhält der Gesellschafter den Wert seines Auseinandersetzungsguthabens (dieses richtet sich nach der Satzungsvereinbarung, anderenfalls nach dem Verkehrswert) von der Gesellschaft, aus der er ausgetreten ist. Ist aufgrund der qualifizierten Schädigung die abhängige Gesellschaft insolvent geworden, dh kann sie den Schadensersatzanspruch nicht liquidieren, erscheint es nur recht und billig, einen Barabfindungsanspruch gegen das herrschende Unternehmen zu befürworten.

457

---

170 KölnKomm.AktG/*Koppensteiner*, Anh. § 318 Rn 108 für den faktischen AG-Konzern.
171 Einschränkend KölnKomm.AktG/*Koppensteiner*, Anh. § 318 Rn 108 für den faktischen AG-Konzern, wonach der Nachteil noch nicht eingetreten zu sein braucht.
172 KölnKomm.AktG/*Koppensteiner*, Anh. § 318 Rn 109 für die AG.
173 *E/H*, Komm. Anh. § 317 Rn 28 mwN in Fn 131; ebenso KölnKomm.AktG/*Koppensteiner*, Anh. § 318 Rn 109 f für den faktischen AG-Konzern.

458 Die Frage der Angemessenheit der Abfindung ist in einem Spruchverfahren nach dem analogiefähigen SpruchG zu regeln, wenn vorher in einem ordentlichen Zivilverfahren geklärt wurde, dass die Voraussetzungen von Austritt und Abfindung vorliegen[174].

459 **(3) Anspruch auf Ausgleich?** Ein Anspruch auf die Gewinngarantie gem. § 304 AktG analog ist nicht nur aus den oben genannten Gründen (Aufgabe des Strukturhaftungskonzepts, welches Grundlage für eine Analogie der Rechtsfolgen des Vertragkonzerns war) abzulehnen. Auch dessen Wertung ist auf den faktischen Konzern nicht übertragbar. So gewährt § 304 AktG einen im Vorfeld vereinbarten Ausgleich für die dauerhafte, zulässige Möglichkeit zur Beeinträchtigung des Gesellschaftsvermögens. Wie vorstehend erläutert, handelt es sich bei existenzvernichtenden Eingriffen aber um unzulässige, nicht ausgleichsfähige (unter Umständen einmalige) Gesellschaftereingriffe ins Gesellschaftsvermögen, deren Auswirkungen nicht berechenbar sind. Die Gesellschafter sind über das Austrittsrecht gegen Abfindung ausreichend geschützt.

---

460 | **Leitsätze**

(1) Im Vorfeld der Insolvenz (Existenzgefährdung) steht der **abhängigen GmbH** kein konzernrechtliches Haftungsinstrument zur Seite. § 302 AktG ist nicht entsprechend anwendbar. Nach Insolvenzreife greifen die Gläubiger direkt auf das Vermögen des Herrschaftsträgers zu, so dass ein paralleles Auffüllen des Gesellschaftsvermögens unnötig ist.

(2) Die **außenstehenden Gesellschafter** haben ebenso wenig unmittelbare Ansprüche gegen das herrschende Unternehmen. Qualifizierte Eingriffe des herrschenden Unternehmens begründen jedoch einen wichtigen Grund zum Austritt aus der Gesellschaft. Neben einem gegen die Gesellschaft gerichteten Abfindungsanspruch können sie – entsprechend § 305 II Nr 3 AktG – zudem von dem herrschenden Unternehmen Barabfindung verlangen.

(3) Der wichtigste, weil unmittelbare **Schutz der Gläubiger** vor einer Schädigung ihres Haftungsfonds ist die Ausfallhaftung wegen existenzvernichtenden Eingriffs. Diese Anspruchsgrundlage wie überhaupt alle (Einzelausgleichs-)Ansprüche der Gläubiger im faktischen GmbH-Konzern entspringen dem allgemeinen Zivil- und Gesellschaftsrecht.

---

461 **cc) Haftung der Geschäftsleiter des herrschenden Unternehmens.** Wegen der Unanwendbarkeit der §§ 311 ff AktG im faktischen GmbH-Konzern lehnt die hM eine analoge Anwendung der §§ 317, 309 AktG bei einzeln nachzuweisenden Schädigungen ab[175]. Das gilt erst recht für qualifizierte Eingriffe, bei denen ein Einzelausgleichsanspruch von vornherein nicht möglich ist. Folglich können weder die **abhängige GmbH** (nach § 317 I 1, III AktG) noch **deren Gesellschafter** (gem. § 317 III, I 2, §§ 317 III, IV, 309 IV 1 AktG) noch **deren Gläubiger** (nach §§ 317 III, IV, 309 IV 3 AktG) gegen die Geschäftsleiter des herrschenden Unternehmens vorgehen. Ist der Eingriff quantifizierbar, kommt ua eine Schadensersatzpflicht aus § 823 II BGB iVm §§ 266 I Alt. 2, 14 I Nr 1 StGB in Betracht.

---

174 OLG Stuttgart NZG 2000, 744, 746 für den qualifiziert faktischen Konzern vor Einführung des SpruchG; zur Analogiefähigkeit des SpruchG s. *Klöcker/Frowein* § 1 Rn 15 ff.
175 Zur hM siehe schon Rn 235.

Allerdings sind die verantwortlichen Konzernmanager des herrschenden Unternehmens im Falle einer AG als herrschendes Unternehmen nach § 93 II AktG und im Falle einer herrschenden GmbH gem. 43 II GmbHG einer **Rückgriffsgefahr** durch das herrschende Unternehmen ausgesetzt, falls sich nachweisen lässt, dass durch deren Wirken das herrschende Unternehmen in die Rolle eines qualifiziert schädigenden herrschenden Unternehmens gekommen ist und es deshalb auf Barabfindung oder im Rahmen des existenzvernichtenden Eingriffs haften musste.

462

Hinweis: Für die Geschäftsführung der abhängigen GmbH existiert mangels §§ 318, 309 AktG analog keine konzernspezifische Haftung. Eine Haftung nach § 43 I, II GmbHG für die Verletzung von Geschäftsführerpflichten (beispielsweise mutwilliges Unterlassen der Einforderung des Einzelausgleichs) bleibt dagegen bestehen.

463

---

2. Rechtsfolgen im faktischen AG-Konzern

a) Überblick

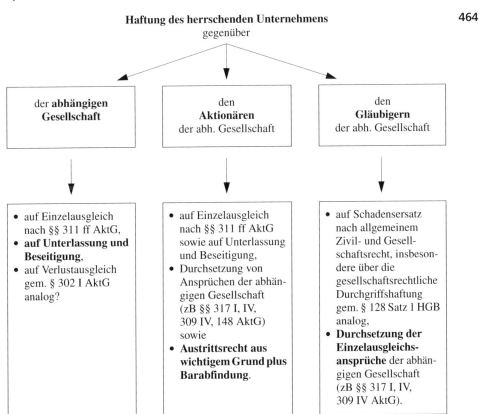

Haftung des herrschenden Unternehmens   **464**
gegenüber

der **abhängigen Gesellschaft**	den **Aktionären** der abh. Gesellschaft	den **Gläubigern** der abh. Gesellschaft
• auf Einzelausgleich nach §§ 311 ff AktG, • **auf Unterlassung und Beseitigung,** • auf Verlustausgleich gem. § 302 I AktG analog?	• auf Einzelausgleich nach §§ 311 ff AktG sowie auf Unterlassung und Beseitigung, • Durchsetzung von Ansprüchen der abhängigen Gesellschaft (zB §§ 317 I, IV, 309 IV, 148 AktG) sowie • **Austrittsrecht aus wichtigem Grund plus Barabfindung.**	• auf Schadensersatz nach allgemeinem Zivil- und Gesellschaftsrecht, insbesondere über die gesellschaftsrechtliche Durchgriffshaftung gem. § 128 Satz 1 HGB analog, • **Durchsetzung der Einzelausgleichsansprüche** der abhängigen Gesellschaft (zB §§ 317 I, IV, 309 IV AktG).

b) Besonderheiten

465 **aa) Haftung des herrschenden Unternehmens gegenüber der abhängigen AG – Unterlassungs- und Beseitigungsanspruch?** Sofern trotz qualifizierten Eingriffs des herrschenden Unternehmens ein **Einzelausgleich möglich** ist, beispielsweise weil die Nachteilhaftigkeit einzelner Eingriffe des Maßnahmebündels besonders hervortritt, greifen die für den faktischen AG-Konzern entwickelten Ausgleichsvorschriften, insbesondere die §§ 311 ff AktG, hinsichtlich der quantifizierbaren Eingriffe ein. Hierzu zählen auch Abwehr- und Beseitigungsansprüche allgemeiner Art. Diese sind vor dem Hintergrund des gesetzlichen Regelungsmodells der §§ 291 ff, 311 ff, 319 ff AktG von besonderer Relevanz. Schließlich sind mit dem AktG nur solche Konzernformen vereinbar, in denen die gesetzlichen Regeln zum Schutze der abhängigen Gesellschaft, ihrer Aktionäre und ihrer Gläubiger ordnungsgemäß funktionieren.

466 Im faktischen AG-Konzern versagt aber gerade das gesetzliche Ausgleichssystem der §§ 311 ff AktG bei einer nicht quantifizierbaren Schädigung der abhängigen Gesellschaft. Folglich können zu solchen Schäden führende Eingriffe nur durch den Abschluss eines **Beherrschungsvertrages legitimiert** werden. Anderenfalls kann die abhängige AG gegen den Mehrheitsgesellschafter auf **Unterlassung** der qualifiziert nachteiligen Einwirkungen und **Beseitigung** der Folgen klagen. Da letztlich durch die rechtswidrige Einflussnahme des Herrschaftsträgers die Interessen der Minderheit gefährdet werden, die Teil des übergeordneten, in der Gesellschaft selbst manifestierten Gesellschaftsinteresses sind, kann richtige Anspruchsgrundlage nur die **Treuepflicht** sein[176].

Wie für alle Einzelausgleichsansprüche aufgezeigt, dürfte jedoch gerade die Bestimmbarkeit der Maßnahme bzw die Bezifferbarkeit der Folgen auch für die Geltendmachung einer Unterlassungsklage praktisch schwierig werden.

467 **bb) Haftung des herrschenden Unternehmens gegenüber den Aktionären der abhängigen AG auf Ausgleich und Abfindung?** Im faktischen GmbH-Konzern finden die §§ 304 f AktG selbst bei qualifizierten Eingriffen keine entsprechende Anwendung. Das gilt auch für den AG-Konzern[177]. Gleichwohl ist ein **Austrittsrecht** für die außenstehenden GmbH-Gesellschafter aus wichtigem Grund anerkannt und, mangels hinreichender Verkehrsfähigkeit des Geschäftsanteils, wird dem ausscheidenden Gesellschafter ein Barabfindungsanspruch zugesprochen[178].

Dementsprechend steht auch den außenstehenden Aktionären (trotz größerer Verkehrsfähigkeit der Aktien) wegen der Treuepflichtverletzung des herrschenden Unternehmens ein Recht auf Austritt gegen **Barabfindung** zu[179]. Denn mit den qualifizierten Maßnahmen des herrschenden Unternehmens ist eine so schwere Gefährdungslage

---

176 *Hüffer* § 311 Rn 11; daneben kommen in Betracht: § 317 I 1 AktG und §§ 1004, 823 II BGB iVm § 311 AktG, siehe Rn 177.
177 KölnKomm.AktG/*Koppensteiner*, Anh. § 318 Rn 109, 111; aA *E/H*, Komm. Anh. § 317 Rn 29, 30.
178 S.o. Rn 453.
179 KölnKomm.AktG/*Koppensteiner*, Anh. § 318 Rn 109.

entstanden, dass den Aktionären ein Verbleib in der Gesellschaft nicht zuzumuten ist, während gleichzeitig ein Verlassen der Gesellschaft durch Verkauf der Anteile entweder gar nicht oder nur zu einem unangemessen niedrigen Preis möglich ist, weil ein Dritter in eine dem missbräuchlichen Verhalten des herrschenden Unternehmens ausgesetzte Gesellschaft wenn überhaupt nur mit einem hohen Preisabschlag einzutreten bereit sein wird. Der Anspruch auf Barabfindung gegen das herrschende Unternehmen (bei Insolvenzreife) lässt sich wertend § 305 II Nr 3 AktG entnehmen. Die Abfindungsvarianten Nr 1 und Nr 2 (Abfindung in Anteilen des herrschenden Unternehmens bzw seiner Muttergesellschaft) des § 305 II AktG sind hingegen als Rechtsfolgenmaßstab ungeeignet, und zwar auch dann, wenn das herrschende Unternehmen eine AG oder KGaA ist, da es an einer Zustimmung durch die Hauptversammlung des herrschenden Unternehmens gem. § 293 II AktG fehlt.

cc) Haftung des herrschenden Unternehmens gegenüber den Gläubigern der abhängigen AG – Durchsetzung der Gesellschaftsansprüche? Den **Gläubigern** der abhängigen AG stehen einzelne gesetzlich geregelte Verfolgungsrechte bezüglich Ausgleichsansprüchen der Gesellschaft zu, sofern Einzeleingriffe isolierbar sind (zB §§ 317 I, IV, 309 IV 3 AktG, § 62 II 1 AktG). Verfolgungsrechte sind übrigens auch zugunsten der Aktionäre spezialgesetzlich geregelt. Zur Anwendbarkeit der actio pro socio und zu weiteren Einzelheiten in diesem Zusammenhang wird auf § 3 Rn 303 ff verwiesen. **468**

Leitsätze **469**

(1) Die faktisch **abhängige AG** muss für den Fall einer Schädigung durch das herrschende Unternehmen zunächst alle die Einzelausgleichsansprüche geltend machen, die ihr gegen das herrschende Unternehmen schon kraft Gesellschaftsrechts, allgemeinen Zivilrechts oder Konzernrechts im einfach faktischen Konzern zustehen. Die qualifizierte Schädigung löst zugunsten der abhängigen (sowie unabhängigen) AG keine gesonderte Schutznorm aus, insbesondere § 302 AktG ist unanwendbar[180].

(2) Dasselbe gilt für die **außenstehenden Aktionären**. Diesen stehen im faktischen AG-Konzern gem. den §§ 311 ff AktG eigene Einzelansprüche und Einzelklagebefugnisse gegen das herrschende Unternehmen zur Verfügung, die allerdings bei fehlender Transparenz der Gesellschaftereingriffe versagen. Umso bedeutender ist für die außenstehenden Aktionäre das Recht auf Austritt und Barabfindung.

(3) Sowohl für die abhängige AG als auch für ihre Aktionäre gilt, dass beide aufgrund der **Rechtswidrigkeit** qualifizierter Maßnahmen – einerseits versagt das Einzelausgleichssystem der §§ 311 ff AktG, andererseits fehlt ein die §§ 302 ff AktG auslösender Beherrschungsvertrag – gegen die Kompetenzübergriffe des herrschenden Unternehmens (qualifizierter Eingriff ohne Zustimmung der Hauptversammlung) mit Hilfe von Unterlassungs- und Beseitigungsansprüchen kraft ihrer Treuepflicht vorgehen können. Die praktische Geltendmachung ist gleichwohl schwierig.

(4) **Gläubiger** der abhängigen AG können eigene Ansprüche und fremde Ansprüche gegen das herrschende Unternehmen geltend machen. Auf die **qualifizierte** Schädigung der abhän-

---

180 HM, vgl *Hüffer* § 1 Rn 26 mwN; instruktiv KölnKomm.AktG/*Koppensteiner*, Anh. § 318 Rn 64 ff; aA *E/H*, Komm. Anh. § 317 Rn 23, 1 ff.

> gigen AG und den dadurch bedingten Ausfall der Gläubiger hat die Rspr mit der Entwicklung einer eigenen Fallgruppe innerhalb der allgemeinen gesellschaftsrechtlichen Durchgriffshaftung reagiert, dem existenzvernichtenden Eingriff.

470 **dd) Haftung der Geschäftsleiter des herrschenden Unternehmens.** Ist ein Einzelausgleich möglich, zB wenn trotz qualifizierten Eingriffs einzelne Schädigungen besonders hervortreten, so haften die Geschäftsleiter des herrschenden Unternehmens nach Maßgabe der:

- § 317 III AktG, § 117 I 1 AktG gegenüber der abhängigen Gesellschaft,
- § 317 III, I 2 AktG, § 117 I 2 AktG gegenüber den Aktionären der abhängigen Gesellschaft aufgrund eigenen Rechts
- § 317 III, IV iVm § 309 IV 1 AktG sowie § 148 iVm § 117 I 1 AktG gegenüber den Aktionären der abhängigen Gesellschaft aufgrund fremden Rechts (Verfolgungsrecht der Aktionäre),
- § 317 III, IV iVm § 309 IV 3 AktG, § 117 I, V AktG gegenüber den Gläubigern der abhängigen Gesellschaft aufgrund fremden Rechts (Verfolgungsrecht der Gläubiger).

Lässt sich darüber hinaus nachweisen, dass durch das Wirken der Geschäftsleiter des herrschenden Unternehmens dieses wegen existenzvernichtenden Eingriffs haften muss, so haben die Konzernmanager für Schäden hieraus gegenüber dem herrschenden Unternehmen einzustehen. Insofern kann das herrschende Unternehmen die Konzernmanager gem. § 93 II AktG (im Falle einer AG) oder gem. 43 II GmbHG (im Falle einer GmbH) in **Regress** nehmen.

IV. Rechtsprechung

471 ▶ **Lesen!**

BGHZ 122, 123 ff = NJW 1993, 1200 ff – **TBB** (Änderung der Rspr, Wechsel von Konzernstruktur- zur Konzernverhaltenshaftung)

BGHZ 149, 10 ff = ZIP 2001, 1874 ff – **Bremer Vulkan** (Aufgabe der Konzernverhaltenshaftung, Rückgriff auf allgemeine Verhaltenshaftung)

BGHZ 151, 181 ff = ZIP 2002, 1578 ff – **KBV** (Tatbestandspräzisierung der Haftung aus existenzvernichtenden Eingriff)

BGH ZIP 2005, 117, 118 f – **Autohändler** (Haftung des mittelbar beteiligten Gesellschafters)

V. Fall „Hingabe und Wegnahme"

1. Sachverhalt – Ausgangsfall

472 Der Landkreis Osnabrück (im Folgenden LK) ist Alleingesellschafter der WAO Weiterbildung und Ausbildung in Osnabrück GmbH (im Folgenden WAO). Die WAO ist Trägerin zahlreicher Fortbildungsmaßnahmen im Kreis. Das Stammkapital dieser Gesellschaft beträgt € 25 000,00.

Da die WAO auf lange Sicht defizitär arbeitet, beschließt der Kreistag Osnabrück, der WAO neue Geschäftsbereiche zu eröffnen. Dem Landrat als Exekutivorgan des LK kommt das wegen der angespannten Haushaltslage gelegen. Anfang 2003 weist er die Fortführung der von ihm bisher betriebenen öffentlichen Kreismusikschule (im Folgenden: KMS) der WAO zu. Das zum Geschäftsbetrieb benötigte Anlagevermögen (Musikinstrumente, Büro- und Geschäftsausstattung, Noten etc) überlässt der LK der WAO zu einem Abschreibungswert von € 1,00. Sollte die WAO zukünftig Gewinne erwirtschaften, wäre ein jährlicher Obolus von € 10 000,00 an den LK abzuführen. Die notwendigen Räumlichkeiten muss die WAO selbst anmieten. Auch hat sie ca. 50 Musiklehrer anzustellen.

Wegen der hohen Anlaufkosten, die der Musikschulbetrieb verursacht, gewährt der LK innerhalb eines kurzen Zeitraumes zwei Darlehen in Höhe von € 250 00,00 und € 360 000,00. Die Bilanz der WAO weist für 2005 einen Jahresfehlbetrag aus. Anfang 2006 gewährt der LK daher erneut ein Darlehen von € 1 Mio. Da diese Mittel jedoch bei weitem nicht ausreichen, muss WAO Mitte 2006 Insolvenz beantragen. Hierbei stellt sich heraus, dass WAO mit € 3 Mio. überschuldet ist. Die Insolvenzeröffnung wird gem. § 26 InsO mangels Masse abgelehnt.

Die K-GmbH hatte der WAO in 2004 neue Musikinstrumente im Wert von € 150 000,00 geliefert. Nachdem sie bei WAO mit ihrer Forderung ausgefallen war, verlangt sie nun von dem LK selbst Zahlung. Sie macht geltend, dass WAO unzureichend mit Eigenkapital ausgestattet gewesen sei. Es hätten keine werthaltigen Sicherheiten zur Verfügung gestanden, so dass WAO keine Fremdkredite hätte aufnehmen können. Die WAO sei von Anfang an ohne den LK nicht überlebensfähig gewesen. Der LK wendet ein, er sei davon ausgegangen, die anfänglichen Schwierigkeiten mit Darlehen überwinden zu können. Diese Vorstellung habe sich später aber als unzutreffend erwiesen.

Bitte nehmen Sie zu dem Begehren der K-GmbH Stellung!

Abwandlung: Sehen Sie dazu Rn 474.

2. Lösung – Ausgangsfall

Die K-GmbH hat einen Kaufpreisanspruch in Höhe von € 150 000,00 gegen die WAO gem. **473** § 433 II BGB, den sie infolge der Vermögenslosigkeit der WAO nunmehr gegenüber den LK durchsetzen will. Vertragliche Ansprüche gegen den LK kommen mangels einer Vertragsbeziehung nicht in Betracht. Allerdings könnte die Durchsetzung von Ansprüchen der WAO gegen den LK oder aber eine Durchgriffshaftung auf den Alleingesellschafter der WAO zum gewünschten Ergebnis führen. Diesbezügliche Anspruchsgrundlagen sind bei verbundenen Unternehmen zunächst im spezialgesetzlichen Konzernrecht, anderenfalls im allgemeinen Gesellschafts- und Zivilrecht zu suchen.

A. Anspruch aus Konzernhaftung gem. §§ 317 I, IV 3, 309 IV 3, 311 AktG analog iVm § 433 II BGB

Möglicherweise könnte die K-GmbH einen etwaigen Schadensersatzanspruch der WAO gegen den LK geltend machen gem. §§ 317 I, IV, 309 IV 3, 311 I AktG analog iVm § 433 II BGB. Besteht zwischen der WAO und dem LK ein faktischer Konzern – ein Vertragskonzern scheidet mangels eines Beherrschungsvertrags vorliegend aus –, sehen §§ 317 IV, 309 IV **3** AktG für die Gläubiger die Möglichkeit vor, den Schadensersatzanspruch der abhängigen Gesellschaft gegen das herrschende Unternehmen selbst durchzusetzen, soweit sie mit ihrer Forderung gegen das abhängige Unternehmen ausfallen. Die K-GmbH ist mit ihrem Kaufpreisanspruch in Höhe von € 150 000,00 gegen die WAO ausgefallen.

Die Frage, ob der WAO gegen den LK aber ein Schadensersatzanspruch zusteht, erübrigt sich, wenn die aktienrechtlichen Konzernvorschriften auf die WAO als GmbH nicht anwendbar sind oder zwischen der WAO und dem LK kein Abhängigkeitsverhältnis besteht. Beides ist hier fraglich.

I. Unternehmensbegriff und Abhängigkeit[181]

Unternehmensbegriff und Abhängigkeit sind anhand der rechtsformneutral gehaltenen §§ 15 ff AktG zu prüfen.

Für das abhängige Unternehmen gilt eine sehr weite Definition. Unternehmen ist danach jede irgendwie rechtlich selbstständige, wirtschaftlich tätige Vermögenseinheit. Die WAO fällt hierunter. An ihr ist zu 100 % der LK beteiligt, weshalb gem. §§ 17 II, 16 I, II AktG die Abhängigkeit der WAO von ihm vermutet wird, sofern der LK ein Unternehmen ist.

(Herrschendes) Unternehmen ist jeder Gesellschafter gleich welcher Rechtsform, der neben dem Interesse an der beteiligten Gesellschaft noch gesellschaftsfremde Interessen wirtschaftlicher Art hat, die stark genug sind, die Gefahr zu begründen, dass diese Interessen vorrangig zu Lasten der Gesellschaft verfolgt werden[182]. Das eine öffentlich-rechtliche Gebietskörperschaft Unternehmen sein kann, hat die Rspr bejaht[183]. Ob der LK aber neben der WAO noch weitere wirtschaftliche Interessen verfolgt, lässt sich dem Sachverhalt nicht entnehmen. Gleichwohl ist anerkannt, dass die öffentliche Hand auch dann Unternehmen ist, wenn sie lediglich andere öffentliche Interessen verfolgt, da diese das gleiche Konfliktpotential wie fremde wirtschaftliche Interessen bergen. Der LK ist Träger zahlreicher öffentlicher Aufgaben der Daseinsvorsorge, was grundsätzlich im Falle eines Konflikts zwischen dem öffentlichen und dem privatwirtschaftlichen Interesse die Gefahr begründet, dass der LK seinen beherrschenden Einfluss zu Lasten der WAO ausübt. Der LK als Gebietskörperschaft ist demnach herrschendes Unternehmen.

II. Anwendbarkeit der §§ 311 ff AktG

Fraglich ist ferner, ob die §§ 317, 311 ff AktG auf den hier vorliegenden faktischen GmbH-Konzern, für den keine spezialgesetzlichen GmbH-Vorschriften existieren, anwendbar sind.

In einer unabhängigen AG geht die Vorstellung des Gesetzgebers von einem in seiner Entscheidungsfindung unbeeinflussbaren Vorstand aus (vgl §§ 76 I, 117 I AktG). Diese Vorstellung in einer abhängigen AG aufrechtzuerhalten, wäre lebensfremd, weshalb die §§ 311, 317 AktG mit einer Ausgleichsregelung für sich nachteilig erweisende Einflussnahmen der herrschenden Unternehmens reagieren. Bei der GmbH hingegen können die Geschäftsführer sowohl einer abhängigen als auch unabhängigen Gesellschaft von den Gesellschaftern abstrakt oder konkret Weisungen erhalten gem. §§ 37 I, 46 Nr 6 GmbHG, mit der Verpflichtung, diesen Folge zu leisten. Wegen dieser Strukturunterschiede sind die §§ 311 ff AktG nicht analog auf eine GmbH anzuwenden[184], und zwar auch dann nicht, wenn andere Anspruchsgrundlagen, die einen Ausgleich für Interessen (auch) im GmbH-Konzern gewährleisten, nicht einschlägig sind.

Eine Geltendmachung eines etwaigen Schadensersatzanspruch der WAO gegen den LK durch die K-GmbH gem. §§ 317 I, IV, 309 IV 3, 311 I AktG analog iVm § 433 II BGB scheidet demnach aus.

---

181 Hinweis: Um in der Examensklausur dem Prüfer Wissen zu präsentieren, erscheint es taktisch sinnvoll, den Prüfungspunkt Unternehmensbegriff und Abhängigkeit der logisch vorrangigeren Frage nach der Anwendbarkeit konzernrechtlicher Vorschriften voranzustellen, wenn diese, wie sogleich zu zeigen sein wird, ausscheiden.
182 *Hüffer* § 15 Rn 8 mwN.
183 Vgl BGHZ 69, 334 ff – Veba/Gelsenberg.
184 BGHZ 95, 330, 340 – Autokran.

B. Anspruch aus Treuepflichtverletzung, Pfändung und Überweisung des Anspruchs

Finden die §§ 311 ff AktG keine analoge Anwendung, könnte für den Fall, dass die WAO gegen den LK einen Schadensersatzanspruch wegen einer Treuepflichtverletzung geltend machen kann, die K-GmbH diesen Anspruch pfänden und sich überweisen zu lassen. Fraglich ist daher zunächst, ob in der Anweisung, den Betrieb der KMS fortzuführen, LK seine Treuepflicht verletzt hat.

Die mitgliedschaftliche Treuepflicht in der GmbH leitet sich aus dem Verhältnis der Mehrheit zur Minderheit ab. Sie schafft ein Gegengewicht zur Möglichkeit der Mehrheit, kraft ihres Stimmrechts die Gesellschaft wie eine Ein-Mann-Gesellschaft zu leiten. Vor diesem Hintergrund kann eine Treuepflichtverletzung dann nicht vorliegen, wenn es sich um eine Ein-Mann-Gesellschaft handelt oder die Minderheitsgesellschafter auf diesen Schutz verzichten, ein zu treffender Beschluss also einstimmig gefasst wird. In unserem Fall ist alleiniger Gesellschafter der WAO der LK. Ein Anspruch aus Treuepflichtverletzung scheidet demnach aus.

C. Anspruch auf Rückgewähr gem. §§ 31 I, 30 I GmbHG, Pfändung und Überweisung des Anspruchs

Auch die §§ 30, 31 ff GmbHG als Anspruchsgrundlage der Gesellschaft wegen etwaiger das Stammkapital schädigender Maßnahmen des Gesellschafters greifen vorliegend nicht ein. Der LK hat der WAO kein Vermögen entzogen, sondern sie unzureichend mit Finanzmitteln ausgestattet. Dieser Vorgang ist stammkapitalneutral.

D. Anspruch aus allgemeiner Durchgriffshaftung

Vorliegend kommt jedoch ein Durchgriff der K-GmbH gegen den hinter der WAO GmbH stehenden Gesellschafter (LK) auf Zahlung von € 150 000,00 gem. § 128 Satz 1 HGB analog in Betracht.

I. Anwendbarkeit des § 128 Satz 1 HGB analog

Die Anwendbarkeit des § 128 Satz 1 HGB auf Kapitalgesellschaften setzt eine **Regelungslücke** voraus, die im GmbH-Recht mangels einer persönlichen Haftung des Gesellschafters grundsätzlich zu bejahen ist. Anders als im Personengesellschaftsrecht steht dem Gläubiger zu seiner Befriedigung nur das Vermögen der GmbH zur Verfügung. Die Anwendbarkeit setzt weiterhin die Planwidrigkeit der Regelungslücke sowie die Vergleichbarkeit der Interessenlage voraus. Beide Anforderungen werden in Ausnahmefällen von Rspr und Literatur bejaht[185]. Den Ausnahmen liegt gemeinhin ein extremes Fehlverhalten eines Gesellschafters zugrunde, das ein Hinweggehen über die Selbstständigkeit des Rechtsträgers (Trennungsprinzip) mit der Folge einer verschuldensunabhängigen Inanspruchnahme des Gesellschafters wie in Personengesellschaften gebietet.

Fraglich ist hier das Fehlverhalten des LK und dessen Einordnung.

1. Vermögensvermischung und Existenzvernichtung

Möglicherweise lässt sich das Verhalten des LK unter die in der Literatur anerkannten Fallgruppen Vermögensvermischung und existenzvernichtender Eingriff subsumieren.

a) Bei der Vermögensvermischung liegt der Schwerpunkt des Vorwurfs auf einer dem Gesellschafter zurechenbaren Verwischung der Trennung von privatem Vermögen und Gesellschaftsvermögen. Hier hat der LK wohl für klare Vermögensverhältnisse in der WAO gesorgt. Jedenfalls lie-

---

185   BGHZ 61, 380, 383; *K. Schmidt*, GesR § 9 I 1 a), S. 218.

gen Anhaltspunkte für eine Verschleierung zB aufgrund einer undurchsichtigen Buchführung nicht vor.

b) Bei der Haftung wegen Existenzvernichtung greift ein Gesellschafter derart weitreichend und ohne Rücksichtnahme auf die Fähigkeit der Gesellschaft zur Bedienung ihrer Verbindlichkeiten in das Vermögen oder die Interessen der Gesellschaft ein, dass ihre Lebensfähigkeit beseitigt und ihre Gläubiger unmittelbar geschädigt werden[186]. Vorliegend scheidet die Annahme eines solcherart missbräuchlichen Verhaltens des LK aus. Der LK mag die WAO von vornherein mit ungenügenden Finanzmitteln ausgestattet haben (Unterlassen). Ein nachträglicher Vermögensentzug (Tun), der Voraussetzung für eine Haftung aus existenzvernichtendem Eingriff ist, liegt gerade nicht vor[187].

2. Materielle Unterkapitalisierung

Ein etwaiges Fehlverhalten des LK könnte jedoch in der unzureichenden Kapitalausstattung der WAO zu sehen sein.

a) Diese könnte eine Durchgriffshaftung nach § 128 Satz 1 HGB analog auslösen, wenn die Eigenkapitalausstattung der Gesellschaft einschließlich kapitalersetzender Leistungen so eindeutig unzureichend ist, dass ein Misserfolg – gemessen an Art und Umfang der Geschäftstätigkeit – mit hoher Wahrscheinlichkeit zu erwarten ist (sog. **qualifiziert materielle Unterkapitalisierung**)[188]. So jedenfalls sehen es Teile der Literatur, die auf die Funktion des Eigenkapitals als Finanzpolster für Verluste der Gesellschaft abstellen. Wird diese Funktion durch den Gesellschafter vereitelt, weil das vorhandene Kapital dem das wirtschaftliche Risiko widerspiegelnden erforderlichen Kapital vollkommen widerspricht, soll er verschuldensunabhängig haften[189].

b) Gegen diesen Begründungsversuch sprechen allerdings folgende Gesichtspunkte: Zum einem vermag die Betriebswirtschaftlehre keine verlässlichen Kapitalgrößen aufzustellen, anhand derer ex ante der Eigenkapitalbedarf vorausgesagt werden könnte. Die Unklarheit der tatsächlichen Voraussetzungen hat den Gesetzgeber schließlich davon abgehalten, eine Haftung wegen materieller Unterkapitalisierung ausdrücklich zu normieren[190]. Zum anderen würde eine Haftung eine Pflicht der Gesellschafter nahe legen, die zu gründende Gesellschaft mit ausreichend Eigenkapital zu versorgen. Solch eine Pflicht existiert jedoch nicht[191], wie schon der Wortlaut des GmbHG aufzeigt, der in § 5 GmbHG nur ein Stammkapital von € 25 000[192] verlangt und gerade keine Mindestkapitalausstattung in Abhängigkeit vom Gesellschaftszweck vorschreibt. Auch erscheint es widersprüchlich, in der unzureichenden Ausstattung der Gesellschaft mit Eigenkapital einen Verstoß gegen das Trennungsprinzip des § 13 II GmbHG zu sehen. Im Gegenteil, sein konsequentes Befolgen führt gerade zu der Problematik, dass sich die Gläubiger mit einem marginalen Haftungsfonds begnügen müssen und eben nicht auf das Privatvermögen zurückgreifen dürfen.

Eine Haftung aus § 128 Satz 1 HGB analog ist daher abzulehnen[193].

E. Anspruch aus § 826 BGB

Schließlich bleibt zu prüfen, ob die Voraussetzungen einer Haftung des LK nach § 826 BGB gegeben sind.

---

186   BGHZ 151, 181 ff = ZIP 2002, 1578 ff – KBV; BGHZ 150, 61 ff = ZIP 2002, 848 ff – Kosmetik; BGHZ 149, 10 ff = ZIP 2001, 1874 ff – Bremer Vulkan; *Lutter/Hommelhoff* § 13 Rn 16.
187   Für eine Gleichsetzung von Tun und Unterlassen plädieren *Lutter/Hommelhoff* § 13 Rn 11.
188   Zum Begriff s. OLG Dresden NGZ 2000, 598, 603, Anmerkung von *Grüner*.
189   *Lutter/Hommelhoff* § 13 Rn 7.
190   Begr RegE, BT-Drs 8/1347, S. 38.
191   Vgl BGHZ 90, 390 ff.
192   Nach Inkrafttreten des MoMiG € 10 000.
193   BGH GmbHR 1999, 911, 913 ff; BGHZ 68, 312, 315.

I. Qualifizierte Unterkapitalisierung als sittenwidrige Schädigung

Nach der Rspr erfasst das Deliktsrecht auch den Fall eines objektiven Missverhältnisses zwischen erforderlichem und geleistetem Kapital in einer Kapitalgesellschaft. Voraussetzung ist neben der Unterkapitalisierung, dass die Vertragsbeziehungen zwischen Gesellschafter, Gesellschaft sowie Gläubigern so ausgestaltet sind, dass die Nachteile aus der Geschäftstätigkeit notwendig die Gesellschaft und somit mittelbar die Gläubiger treffen, die Vorteile jedoch unmittelbar dem Gesellschafter zu Gute kommen[194]. Auf diese Weise bleibt gewährleistet, dass nur Gesellschafter haften, die neben der Kenntnis von der Unterkapitalisierung auch eine schädliche Gesinnung aufweisen. Diese muss darauf abzielen, sich durch Ausnutzen des Haftungsprivilegs des § 13 II GmbHG bei gleichzeitig ungenügender Finanzierung des Haftungsfonds einen sittenwidrigen Vorteil auf Kosten der Gläubiger verschaffen zu wollen.

1. Sofern man vorliegend die fragliche Unterkapitalisierung im Zusammenhang mit der **Gründung** der Gesellschaft betrachtet, war zum Zeitpunkt der Gründung, als WAO Aus- und Fortbildungsmaßnahmen im Landkreis anbot, WAO wohl ausreichend mit Kapital versorgt. Erst mit der späteren Aufnahme des Musikschulbetriebs stellte sich heraus, dass für diese Art von Geschäftsbetrieb WAO völlig unzureichend mit Eigenkapital ausgestattet war. Das Verbot der Unterkapitalisierung kann jedoch nicht nur bei Gründung der GmbH, sondern muss auch für eine **wachsende Gesellschaft** gelten, da eine unterschiedliche Behandlung des Gesellschafters durch nichts zu rechtfertigen wäre[195]. Für den LK war vorhersehbar, dass wegen der hohen laufenden Fixkosten (Personal, Miete etc) die WAO im Verhältnis zu ihrem bisherigen Geschäftsumfang finanziell überfordert war. Zur Darlehensaufnahme standen ihr weder Drittsicherheiten noch eigenes Vermögen, das sie hätte beleihen können, zur Verfügung, noch reichten die Darlehen des LK aus. WAO war davon abhängig, dass ihr Alleingesellschafter, in dessen Interesse sie tätig wurde, die erforderlichen Eigenmittel darbot. Die Situation stellt sich also zum Zeitpunkt der Übernahme des Musikschulbetriebes für die Gläubiger der WAO nicht anders dar, als wenn sie zu diesem Zeitpunkt erst gegründet worden wäre. Eine qualifizierte Unterkapitalisierung der WAO ist daher zu bejahen.

2. Ferner hatte der LK die Rechtsbeziehungen dahingehend ausgestaltet, dass WAO das wirtschaftliche Risiko des Geschäftsbetriebes auferlegt, der wirtschaftliche Erfolg aber über die jährlichen Beiträge an den LK weitergereicht werden sollten. WAO hätte nur dann dauerhaft überleben können, wenn sie Gewinne als Eigenmittel hätte generieren können, was aufgrund der vorliegend Vertragsgestaltung nur eingeschränkt der Fall gewesen wäre. Unter diesen Umständen musste der LK zwangsläufig mit der Überschuldung von WAO rechnen.

3. Im Ergebnis hat der LK durch die Zwischenschaltung der vermögenslosen WAO die dauerhaften Risiken aus dem öffentlichen Musikschulbetrieb auf die Gläubiger abgewälzt. Mit seinem Verhalten hat er gegen das Anstandsgefühl aller gerecht denkenden Personen im Wirtschaftsverkehr verstoßen. Die K-GmbH, welche Waren im Wert von € 150 000,00 geliefert hat, ist durch den für den Alleingesellschafter absehbaren Ruin der WAO mit der Folge der Uneinbringlichkeit der Lieferantenforderungen in ihrem Vermögen geschädigt worden.

Eine sittenwidrige Schädigung der K-GmbH liegt demnach vor.

II. Vorsatz

Gem. § 826 BGB müssen die Gläubiger vorsätzlich geschädigt sein. Nach ständiger Rspr genügt bedingter Vorsatz bzgl der die Sittenwidrigkeit begründenden Umstände sowie das Bewusstsein – erforderlich ist also nicht die Absicht –, dass die Gesellschaft unzureichend mit Eigenkapital versorgt ist und die Gläubiger deswegen einen Schaden erleiden werden. Der Beweis des bedingten

---

194   Vgl BAG ZIP 1999, 878, 880; BGH ZIP 1991, 1140 ff; OLG Oldenburg NZG 2000, 555, 556.
195   *Lutter/Hommelhoff* § 13 Rn 7.

Vorsatzes kann nach der Rspr zudem durch den Nachweis geführt werden, dass bei dem Schädiger ein solcher Grad an Leichtfertigkeit vorgelegen hat, dass dieser eine Schädigung der Gläubiger in Kauf genommen haben muss und dass er vor den die Sittenwidrigkeit begründenden Tatsachen geradezu die Augen verschlossen hat[196].

Laut Sachverhalt ging der LK davon aus, dass die dargereichten Mittel ausreichen würden. Dagegen ist jedoch einzuwenden, dass die WAO bereits für 2005 einen Jahresfehlbetrag auswies und dass öffentliche Musikschulen regelmäßig aufgrund der geringen Teilnehmerentgelte nicht kostendeckend arbeiten. Hier war zum Zeitpunkt der Weisungserteilung, den Geschäftsbetrieb fortzuführen, die Unterkapitalisierung der WAO subjektiv vorhersehbar. Ebenso konnte der LK erkennen und hat wenigstens billigend in Kauf genommen, dass die mit der WAO in Geschäftskontakt tretende K-GmbH geschädigt werden würde, wenn sowohl die wirtschaftlichen Erlöse als auch die Entscheidung über Umfang und Zeitpunkt der Ausstattung mit Finanzmitteln nicht ihrem Vertragspartner, sondern dem LK zufielen. Vorsatz ist demnach gegeben. Als juristische Person wird dem LK gem. § 31 BGB analog der in der Person des Landrats erfüllte § 826 BGB zugerechnet.

III. Ergebnis

Der LK haftet der K-GmbH über §§ 826, 31 BGB analog auf Schadensersatz in Höhe von € 150 000.

3. Sachverhalt – Abwandlung

474 Die WAO ist Eigentümerin von Immobilien. Das für € 1,00 übernommene Sachanlagevermögen der KMS ist € 150 000 wert. Wegen der Fortführung des Geschäftsbetriebs der KMS erhält sie laut Übertragungsvertrag eine jährliche Bezuschussung vom LK. Diese soll die Deckungslücke zwischen den Einnahmen aus den Teilnehmerentgelten der Musikschüler und Umschüler und den Gesamtausgaben der WAO schließen. Die Deutsche Bank AG sowie die Dresdner Bank AG erklären sich mit Blick auf die öffentlich-rechtliche Bezuschussung der WAO und nach Stellung dinglicher Sicherheiten bereit, den Ausbau der im Eigentum der WAO stehenden Räumlichkeiten zu finanzieren. Die Bautätigkeiten beginnen noch in 2003 und werden Mitte 2004 abgeschlossen.

Veränderte politische Mehrheiten im Kreistag beschließen Ende 2004 die Ausgliederung der KMS aus der WAO sowie ihre Überführung auf eine Kreismusikschule Osnabrück GmbH (im Folgenden: KMO), deren alleiniger Gesellschafter wiederum der LK ist. Anfang Juni 2005 kündigt der LK den Übertragungsvertrag zum 31.7.2005. Per Gesellschafterbeschluss wird die Geschäftsführung der WAO angewiesen, das bewegliche Sachanlagevermögen der KMS an die KMO GmbH zu einem angemessenen Preis in Höhe von € 150 000 zu veräußern, den Geschäftsbetrieb der KMS zum 31.7.2005 einzustellen und die KMS-Mitarbeiter zu kündigen, was auch prompt erledigt wird. Die Mehrzahl der Arbeitnehmer geht am 1.8.2005 neue Arbeitsverhältnisse mit der KMO ein. Die Verbindlichkeiten verbleiben zusammen mit dem Geschäftsbereich Aus- und Fortbildung bei der WAO. Zugesagte Zuschusszahlungen für die Jahre 2004 und 2005 in Höhe von € 410 000 des LK an die WAO stehen noch aus. Der LK hatte diese mit Blick auf die angepeilte Verlagerung der KMS auf die KMO bislang zurückgehalten.

Anfang Oktober 2005 stellen die Deutsche Bank AG sowie die Dresdner Bank AG ihre Darlehen in Höhe von insgesamt € 1 000 000 fällig. Der Verkehrswert der Sicherheiten beträgt

---

196 OLG Oldenburg NZG 2000, 555, 557.

€ 500 000. Das Amtsgericht Osnabrück eröffnet mit Beschluss vom 1.1.2006 das Insolvenzverfahren über das Vermögen der WAO.

Prüfen Sie gutachterlich die Erfolgsaussichten des Insolvenzverwalters für sein Vorgehen gegen den LK aus existenzvernichtendem Eingriff!

4. Lösung – Abwandlung

A. Anspruchsgrundlage

Fraglich ist, ob der Insolvenzverwalter der WAO gegen den LK den Gläubigerschaden ersetzt ver-   **475**
langen kann gem. § 93 InsO analog iVm § 128 Satz 1 HGB wegen existenzvernichtenden Eingriffs des LK.

Diese Anspruchsgrundlage müsste zunächst anwendbar sein. Bei der Existenzvernichtungshaftung handelt es sich um eine von der Rechtsprechung im Jahre 2001 geschaffene weitere Fallgruppe des allgemeinen gesellschaftsrechtlichen Durchgriffs, die zu einer Haftung der hinter einer
juristischen Person stehenden Gesellschafter führt[197]. Zugleich hat die Rechtsprechung die
Rechtsfigur des qualifiziert faktischen Konzerns und die damit verbundenen Haftungsgrundlagen
(§§ 302, 303 AktG analog) aufgegeben. Vorliegend hätte nach alter Rechtsprechung[198] ein qualifiziert faktischer Konzern mit dem LK als herrschendes Unternehmen vorgelegen[199]. Wegen Aufgabe dieser Rechtsfigur und ihrer spezielleren Anspruchsgrundlagen ist die allgemeine Durchgriffshaftung anwendbar.

Während für die Durchgriffshaftung des Gesellschafters aus existenzvernichtendem Eingriff in
der Lehre umstritten ist[200], ob eine Innen- oder eine Außenhaftung dogmatisch richtig ist, hat die
Rechtsprechung entschieden, dass ein schädigender Gesellschafter den Gläubigern unmittelbar
im Außenverhältnis haftet. Der BGH hat als Anspruchsgrundlage die §§ 105, 128 ff HGB analog
nicht ausdrücklich erwähnt. Gleichwohl zieht der Teil der Lehre, der sich dem Außenhaftungs-
konzept des BGH angeschlossen hat, überwiegend diese Vorschriften heran und passt sie für den
Durchgriff in einer juristischen Person an[201].

Gem. § 93 InsO ist der Insolvenzverwalter aktiv legitimiert, eine persönliche Haftung der Gesellschafter von Personengesellschaften zugunsten der Insolvenzmasse geltend zu machen. Für die
vorliegend in Betracht kommende Inanspruchnahme von Gesellschaftern einer juristischen Person ist § 93 InsO entsprechend anwendbar[202].

B. Voraussetzungen

Voraussetzung der Existenzvernichtungshaftung ist ein schädigendes Gesellschafterverhalten in
Form eines aktiven Eingriffs in das Gesellschaftsvermögen der Gesellschaft in einer Art und
Weise, die die aufgrund der Zweckbindung des Gesellschaftsvermögens gebotene angemessene
Rücksichtnahme auf die Erhaltung der Fähigkeit der Gesellschaft zur Bedienung ihrer Verbind-
lichkeiten in einem ins Gewicht fallenden Maße vermissen lässt (existenzvernichtender Ein-
griff)[203]. Die Gesellschaft muss hierdurch insolvent geworden sein[204].

---

197 Vgl BGHZ 149, 10 ff = ZIP 2001, 1874 ff – Bremer Vulkan; *Roth/Altmeppen* § 13 Rn 74 mwN.
198 Vgl BGHZ 122, 123 ff – TBB.
199 Herrschendes Unternehmen kann auch die öffentliche Hand sein. Vgl BGHZ 69, 334 ff – Veba/Gel-
     senberg.
200 S. den Meinungsstand bei *Roth/Altmeppen* § 13 Rn 75 ff.
201 Vgl etwa KölnKomm.AktG/*Koppensteiner*, Anh. § 318 Rn 79.
202 Vgl BGH ZIP 2005, 1734, 1738; BGH ZIP 2002, 1578, 1580 – KBV.
203 Vgl BGH ZIP 2002, 1578, 1578 – KBV.
204 Vgl BGH ZIP 2001, 1874, 1876 – Bremer Vulkan.

I. Insolvenz der Gesellschaft

Die WAO ist insolvent. Vorliegend hat das Amtsgericht Osnabrück mit Beschluss vom 1.1.2006 das Verfahren eröffnet. Ein Insolvenzgrund nach §§ 17 ff InsO liegt demnach vor.

II. Eingriff ins Gesellschaftsvermögen

Weiterhin muss die Insolvenz auf eine oder mehrere Maßnahmen eines Gesellschafters zurückzuführen sein, die sich gezielt gegen das Gesellschaftsvermögen richten und zugleich für den eingreifenden oder daran beteiligte andere Gesellschafter unmittelbar oder mittelbar vorteilhaft sind. Ferner muss hinter den Eingriffen eine dem Geschäftsbetrieb der Gesellschaft zuwiderlaufende Handlungsmotivation stehen[205]. Mit dieser Einschränkung soll also von – trotz ihrer Nachteiligkeit nicht haftungsrelevanten – unternehmerischen Entscheidungen des Gesellschafters für die Gesellschaft abgegrenzt werden. Fraglich ist vorliegend die Qualität der Eingriffe.

1. Laut Sachverhalt hat der LK als Alleingesellschafter der WAO durch Beschluss die Geschäftsführung angewiesen, das Anlagevermögen des Geschäftsbereichs KMS für € 150 000,00 auf die Schwestergesellschaft KMO zu übertragen sowie die KMS-Arbeitnehmer zu entlassen. Beide Maßnahmen führten dazu, dass die WAO ab dem 1.8.2005 ihren Verpflichtungen, die sie im Rahmen des Geschäftsbereichs KMS eingegangen war, zB den Musikschülern gegenüber, nicht mehr nachkommen konnte. Zum einen fehlte es an Musikinstrumenten und zum anderen an der angestellten Lehrerschaft. Zumindest für einen längeren Zeitraum war es der WAO damit verwehrt, in dem Geschäftsbereich Musikschule tätig zu werden und Einnahmen zu erzielen. Zugleich konnte die KMO aufgrund des Erwerbs der Instrumente und des ausgebildeten Personals ihrerseits Musikunterricht anbieten, so dass die Schüler der KMS in der Zwischenzeit zu der KMO GmbH wechseln würden. Folglich handelt es sich bei diesem vom LK angewiesenen Maßnahmebündel nicht nur um einen Entzug einzelner Geschäftschancen, sondern um die Auslagerung eines kompletten Geschäftsbereichs der WAO. Deswegen ist es auch unerheblich, ob das Anlagevermögen zu einem wertmäßig korrekten Preis veräußert wurde, was hier allerdings der Fall war. Die Wegnahme eines – jedenfalls aufgrund der öffentlich-rechtlichen Bezuschussung ertragreichen – Geschäftsbereichs ohne Gegenleistung ist allein schon nachteilig.

2. Ergänzend entfiel die Bezuschussung der WAO durch den LK für die Folgejahre. Der defizitäre Weiterbildungs- und Ausbildungsbereich konnte nur durchgeführt werden, weil die WAO umfangreiche Zuschüsse erhalten hat. Diese Bezuschussung wurde durch die Kündigung des Übertragungsvertrags obsolet. Hinzukommt, dass der LK bereits für die Geschäftsjahre 2004 und 2005 Leistungen in Höhe von € 410 000,00 schuldig geblieben ist. Auch wenn der Zahlungsverzug als auch die zukünftig unterbleibende Bezuschussung selbst keine Eingriffe des LK in seiner Eigenschaft als Gesellschafter darstellen, da insoweit der LK als Vertragspartner der WAO gehandelt hat, ergibt sich in einer Gesamtschau der Maßnahmen innerhalb und außerhalb der WAO die Intention des LK: Diese bestand darin, den Kreistagsbeschluss von Ende 2004 umzusetzen, also die KMS auszugliedern und deren Finanzierung auf die KMO überzuleiten.

3. Dieses Vorhaben widerspricht der Vorstellung des GmbH-Gesetzgebers. Zwar ist es grundsätzlich keinem (Allein-) Gesellschafter verwehrt, seine Gesellschaft zu liquidieren. Denn ein sog. Eigeninteresse der Gesellschaft am Fortbestand existiert nicht[206]. Allerdings hat der Gesetzgeber zum Schutze der Gläubiger für den Fall, dass die Gesellschafter der Gesellschaft sich gegen eine Fortführung entscheiden, ein Liquidationsverfahren in §§ 60 ff GmbHG geregelt. An diese Entscheidung des Gesetzgebers ist auch der Alleingesellschafter gebunden. Dh, entscheidet er sich für eine Beendigung der Gesellschaft, hat er sie in ein ordnungsgemäßes Liquidationsverfahren zu überführen. Nur so kann der Sorge der Gläubiger der Gesellschaft Rechnung getragen werden,

---

205 Vgl BGH ZIP 2005, 117, 118 – Autohändler.
206 Vgl BGH ZIP 2002, 1578, 1580 – KBV.

dass ihnen der einzig zur Verfügung stehenden Haftungsfonds, das Gesellschaftsvermögen, zur Befriedigung ihrer Forderungen verbleibt.

4. Diesen Vorgaben ist der LK, wie vorstehend skizziert, nicht nachgekommen. Den Gläubigern der WAO steht nur noch ein reduziertes Gesellschaftsvermögen zur Verfügung, das im Kern aus einem defizitär arbeitenden Geschäftsbereich besteht. Einen Ausgleich für den Vermögensentzug haben sie nicht erhalten.

5. Zwar kommt dieser in einer Gesamtbetrachtung festzustellende nachteilige Vermögensentzug unmittelbar der KMO GmbH und nicht dem LK zugute. Eine Haftung der Schwestergesellschaft aus existenzvernichtendem Eingriff scheidet aus, da die Schwestergesellschaft selbst nicht Gesellschafterin der insolventen WAO gewesen ist. Allerdings wächst dem LK kraft seiner Beteiligung an der KMO GmbH der dortige Vermögenszuwachs mittelbar zu. Folglich bleibt er Haftungsadressat der Existenzvernichtungshaftung.

III. Kausalität zwischen Eingriff und Insolvenz

Weitere Voraussetzung einer Haftung aus existenzvernichtendem Eingriff ist, dass die Eingriffe des Alleingesellschafters die Insolvenz der WAO verursacht haben müssen. Kausalität kann vorliegend bejaht werden. Der Entzug des Geschäftsvermögens bei gleichzeitigem Fortbestand der Verbindlichkeiten der Schuldnerin führte in Verbindung mit dem Ausbleiben der Zuschusszahlungen des LK zur Zahlungsunfähigkeit und Überschuldung der WAO.

IV. Fehlende Kompensationsmöglichkeit

Einer Durchgriffshaftung des LK stünde entgegen, wenn er die durch seine Eingriffe entstehenden Nachteile bei der WAO ausgeglichen hat. Denn dann verbliebe den Gläubigern der Haftungsfonds in unangetasteter Höhe. Demgemäß unterliegt die Existenzvernichtungshaftung einem Subsidiaritätsgebot[207]. Vorrang haben die Einzelausgleichsansprüche der Gesellschaft und dem Gesellschafter wird der Nachweis zugestanden, die Folgen seines schädigenden Eingriffs zu beziffern, auszugleichen und auf diese Weise einer „unbeschränkten" Haftung gegenüber allen Gläubigern der Gesellschaft zu entgehen. All das setzt die Quantifizierbarkeit des Nachteils voraus.

Vorliegend bleibt es LK unbenommen, den durch den Entzug der Geschäftschancen entstandenen Schaden der WAO zu beziffern und vollständig auszugleichen. Dies ist vorliegend wegen der praktischen Schwierigkeit, die Schädigung zu quantifizieren, nicht wahrscheinlich. Zudem ergeben sich aus dem Sachverhalt auch keine Anzeichen dafür, dass LK die Folgen seines Eingriffs bei WAO kompensieren möchte.

V. Verschulden des Gesellschafters

Fraglich ist, ob die Haftung wegen existenzvernichtenden Eingriffs ein Verschulden des Gesellschafters voraussetzt. Nach überwiegender Meinung hat die Bremer-Vulkan-Rechtsprechung eine verschuldensunabhängige Haftung begründet[208]. Die Verschuldensunabhängigkeit drückt sich ferner in der entsprechenden Anwendung des § 128 Satz 1 HGB aus, der ebenso wenig Verschulden verlangt. Auf ein Verschulden des LK kommt es demnach nicht an.

C. Ergebnis

Die Voraussetzungen des Haftungsdurchgriffs wegen existenzvernichtenden Eingriffs liegen vor. Da die Gläubiger mit ihren Forderungen gegen die WAO voraussichtlich in Höhe von mindestens € 500 000 ausfallen werden, steht dem Insolvenzverwalter zugunsten der Masse ein Ersatzanspruch in eben dieser Höhe gegen den LK gemäß § 93 InsO analog iVm § 128 Satz 1 HGB analog zu.

---

207 Vgl BGH ZIP 2002, 1578, 1578 – KBV.
208 *Lutter/Hommelhoff* § 13 Rn 25a.

§ 5 Vertragskonzern

I. AG-Vertragskonzern

Literatur: Kommentierungen von *Emmerich/Habersack* und *Hüffer* zu §§ 291–310 AktG.

1. Überblick

476 **a)** Die §§ 291 ff AktG sprechen zunächst ganz allgemein von **Unternehmensverträ-gen**. Diese können unterteilt werden in die – im Folgenden interessierenden – Beherr-schungs- und Gewinnabführungsverträge (§ 291 I AktG) sowie andere Unterneh-mensverträge des § 292 AktG.

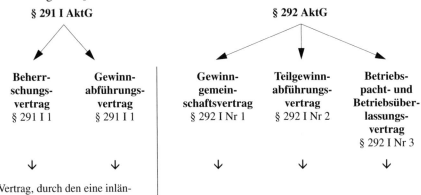

§ 291 I AktG		**§ 292 AktG**		
Beherr-schungs-vertrag § 291 I 1	**Gewinn-abführungs-vertrag** § 291 I 1	**Gewinn-gemein-schaftsvertrag** § 292 I Nr 1	**Teilgewinn-abführungs-vertrag** § 292 I Nr 2	**Betriebs-pacht- und Betriebsüber-lassungs-vertrag** § 292 I Nr 3
↓	↓	↓	↓	↓
Vertrag, durch den eine inlän-dische AG oder KGaA eine Abrede mit einem in- oder auslän-dischen **Unternehmen** beliebiger Rechtsform[1] trifft mit dem Inhalt,		Vertrag, durch den eine inländische AG oder KGaA eine Abrede mit einem in- oder ausländischen		
↓	↓	↓	↓	↓
die **Leitung** ihrer Gesell-schaft diesem Unternehmen zu **unter-stellen.**	ihren **ganzen Gewinn** an dieses Unter-nehmen **abzuführen.**	**Unternehmen** beliebiger Rechtsform trifft mit dem Inhalt,	**Vertragspartner** (Unterneh-menseigenschaft wird nicht vorausgesetzt[2]) trifft mit dem Inhalt,	
	↕	↓	↓	↓
	Geschäftsführungsvertrag § 291 I 2 AktG Dieser liegt vor, wenn die Un-tergesellschaft ihre **gesamte**	den anfallen-den **Gewinn zusammenzu-legen** und den entstandenen Gesamtgewinn	einen **Teil ihres Gewinns** oder den **Gewinn ein-zelner** ihrer Betriebsteile	ihre **sämtlichen Betriebe** dem Pächter zu **überlassen** (Betriebspacht, § 581 ff BGB)

---

1 *Hüffer* § 291 Rn 8, 23.
2 *Hüffer* § 292 Rn 3.

geschäftliche Tätigkeit auf Rechnung eines anderen Unternehmens durchführt[3], so dass bei der Untergesellschaft erst gar kein Gewinn entsteht, sondern gleich bei der Obergesellschaft. Er wird dem Gewinnabführungsvertrag **gleichgestellt**, weil beide Vertragstypen zum gleichen Ergebnis führen.

nach einem bestimmten Schlüssel wieder aufzuteilen[4].

ganz oder zum Teil abzuführen.

bzw dass der Übernehmer im Namen der überlassenden Gesellschaft, aber auf **eigene Rechnung** (Betriebsüberlassung) **oder** aber auf Rechnung der überlassenden Gesellschaft (Betriebsführungsvertrag)[5] tätig wird.

b) Zum besseren Verständnis der §§ 291 ff AktG sind zunächst einige **Begriffe** erläuterungsbedürftig: **477**

- Die §§ 291 ff AktG sind **aus Sicht der Untergesellschaft** geschrieben. Wenn also von „dem Vorstand der Gesellschaft" oder „der Aktiengesellschaft" die Rede ist, so wird damit der Vorstand der Untergesellschaft als Vertragspartner bzw die Untergesellschaft selbst bezeichnet. Dagegen ist mit „dem anderen Vertragsteil" (zB § 293 II AktG) immer der andere Vertragspartner gemeint.

- Würde der Begriff **Obergesellschaft** für jeden anderen Vertragspartner verwendet werden, wäre das konzernrechtlich ungenau. Denn als anderer Vertragsteil kommt jedes **Unternehmen im konzernrechtlichen Sinne**, folglich auch eine natürliche Person als Einzelkaufmann, in Betracht[6]. Aus diesem Grund wird hier der Begriff der Obergesellschaft nur dann verwendet, wenn eine Gesellschaft gemeint ist.

- Aufgrund der häufigen Verwendung der Begriffe **abhängiges Unternehmen** bzw abhängige Gesellschaft und **herrschendes Unternehmen** sei hier darauf hingewiesen, dass es sich bei den Vertragsparteien vor Vertragsschluss nicht zwingend um faktisch abhängige oder herrschende Unternehmen im Sinne des § 17 AktG handeln muss[7]. Allerdings wäre kaum ein unabhängiges Unternehmen bereit, sich freiwillig beispielsweise der Leitung eines anderen Unternehmens unterzuordnen oder den gesamten Gewinn an dieses abzuführen, wenn es nicht von ihm beherrscht würde. Folglich liegt der Entscheidung, solch einen Vertrag zu schließen,

---

3 *Hüffer* § 291 Rn 31.
4 *Hüffer* § 292 Rn 4.
5 *Hüffer* § 292 Rn 18.
6 S. hierzu *E/H*, Komm. § 291 Rn 9 ff.
7 *Hüffer* § 291 Rn 5; KölnKomm.AktG/*Koppensteiner* § 291 Rn 7 f.

in aller Regel der Wille des Mehrheitsgesellschafters zugrunde, den bisher nur faktischen Konzernzustand in einen vertraglichen umzuwandeln. Regelmäßig liegen Abhängigkeitsverhältnisse also vor. Deshalb erscheint es gerechtfertigt, jeweils von herrschenden (gemeint ist der andere Vertragsteil) und abhängigen Unternehmen (gemeint ist die Untergesellschaft) zu sprechen. Unterstellt sich ein bislang unabhängiges Unternehmen der Leitung eines anderen (Beherrschungsvertrag), so wird das andere notwendig zum herrschenden Unternehmen, da es durch die jederzeitige Möglichkeit, von seiner Weisungsmacht Gebrauch zu machen, über die Untergesellschaft herrschen kann[8].

- Schließlich wird Ihnen bei der Lektüre der §§ 291 ff AktG die Bezeichnung „**außenstehender Aktionär**" begegnen. Ganz allgemein sind hierunter alle Personen zu verstehen, die im Zeitpunkt des relevanten Ereignisses Aktionäre der Untergesellschaft sind, mit Ausnahme des anderen Vertragsteils (herrschendes Unternehmen) sowie derjenigen Aktionäre, die aufgrund rechtlich fundierter wirtschaftlicher Verknüpfung mit dem anderen Vertragsteil von dessen Einfluss oder Zugriff auf die Untergesellschaft in ähnlicher Weise profitieren wie dieser.

478 **c)** Nicht jeder der oben in a) aufgeführten Verträge führt zu einem Unterordnungsvertragskonzern. Allein der **Beherrschungsvertrag**, aus steuerrechtlichen Gründen in der Vergangenheit zumeist mit einem Gewinnabführungsvertrag verbunden (zusammen dann: Organschaftsvertrag), um die Voraussetzungen der körperschaft- und gewerbesteuerlichen Organschaft nach den §§ 14, 17 KStG aF zu schaffen, begründet ihn (vgl § 18 I 2 Alt. 1 AktG). Da sich vorliegendes Buch mit den Unterordnungskonzernen und ihren verschiedenen Konzernstufen beschäftigt, wird in diesem Kapitel auf den Beherrschungsvertrag abgestellt. Nur dort, wo für alle Unternehmensverträge der §§ 291, 292 AktG die gleichen Regelungen gelten, wird ganz allgemein von Unternehmensverträgen gesprochen.

479 **Hinweis:** Bitte beachten Sie, dass der **Gleichordnungskonzern** zwar auch eine Konzernart ist und diesem ein Vertrag zu Grunde liegen kann (§ 291 II AktG). Allerdings gehört er nicht zur Gruppe der Unterordnungskonzerne. Auch ist der Gleichordnungskonzernvertrag nach hM überhaupt kein Unternehmensvertrag, sondern ein rein schuldrechtlicher Vertrag[9]. Daraus folgt, §§ 293 ff AktG finden keine Anwendung. Zum Gleichordnungskonzern wird auf § 2 Rn 95 verwiesen.

480 **d)** Für alle Unternehmensverträge (und somit nicht für den Gleichordnungskonzernvertrag) gelten die Vorschriften über Abschluss, Änderung und Beendigung von Unternehmensverträgen nach §§ 293–299 AktG. Darüber hinaus enthalten die Vorschriften des dritten Buches des AktG (Verbundene Unternehmen, §§ 291 ff AktG) für einzelne Vertragsarten Besonderheiten. Hervorzuheben sind für den **Beherrschungs- und/oder Gewinnabführungsvertrag**

---

8 Vgl KölnKomm.AktG/*Koppensteiner* § 291 Rn 16.
9 *Hüffer* § 291 Rn 34 f mwN.

- die gemeinsamen Rechtsfolgen[10],

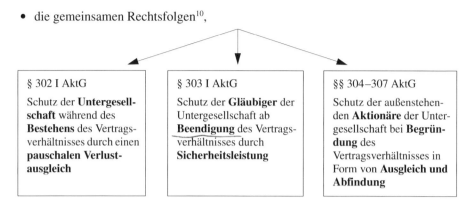

§ 302 I AktG	§ 303 I AktG	§§ 304–307 AktG
Schutz der **Untergesellschaft** während des **Bestehens** des Vertragsverhältnisses durch einen **pauschalen Verlustausgleich**	Schutz der **Gläubiger** der Untergesellschaft ab **Beendigung** des Vertragsverhältnisses durch **Sicherheitsleistung**	Schutz der außenstehenden **Aktionäre** der Untergesellschaft bei **Begründung** des Vertragsverhältnisses in Form von **Ausgleich und Abfindung**

- die Aufhebung der Vermögensbindung in der abhängigen Gesellschaft (§§ 57, 58, 60 AktG) gem. § 291 III AktG.

Zudem folgt (nur) aus dem **Beherrschungsvertrag** gem. § 308 I AktG ein **Weisungs-** **481** **recht** des herrschenden Unternehmens (entgegen § 76 I AktG) und gem. § 308 II AktG eine **Weisungsfolgepflicht** des Vorstandes des abhängigen Unternehmens, auch wenn es sich um nachteilige Weisungen handelt (anders beim faktischen Konzern §§ 317, 311 AktG). Nachteilige Weisungen müssen jedoch wenigstens im Konzerninteresse stehen gem. § 308 I 2 AktG.

e) Als intensivste Form der Unterordnungskonzerne ist die **Eingliederung** (§§ 319– **482** 327 AktG) zu nennen[11]. Bei der Eingliederung wird eine AG (ausschließlich diese Rechtsform!) organisatorisch in die an ihr als Alleinaktionärin (§ 319 AktG) oder mit 95 % am Grundkapital (§ 320 AktG) beteiligte AG eingeordnet[12]. Mit dem Vertragskonzern ist die Eingliederung insofern **vergleichbar,** als beide Gesellschaften unter einheitlicher Leitung der Obergesellschaft stehen (§ 18 I 2 Alt. 2 AktG) und demzufolge ein Weisungsrecht (§§ 308 I 1, 323 I 1 AktG) für diese vorgesehen ist. Allerdings wird der Umfang des Weisungsrechts bei der Eingliederung weiter gezogen, was der eingegliederten, weiterhin rechtlich selbstständigen AG den Charakter einer „Betriebsabteilung" der Hauptgesellschaft verleiht[13]. Zudem scheiden außenstehende Aktionäre zwangsläufig aus der eingegliederten Gesellschaft aus (§ 320a AktG). Haupt- und eingegliederte Gesellschaft haften gesamtschuldnerisch für sämtliche Verbindlichkeiten der eingegliederten Gesellschaft (§ 322 AktG).

f) In der **Praxis** hat sich der Beherrschungsvertrag als Konzerngrundlage nicht durch- **483** gesetzt. Die meisten Konzerne sind faktische Konzerne[14]. Die jeweilige Einordnung eines bestimmten Sachverhalts nach Konzernart und ihren Haftungsfolgen sollte folgende Abgrenzungshinweise berücksichtigen:

---

10 Vgl *Eschenbruch*, Rn 3062.
11 Der weiteren Einzelheiten wegen wird auf § 6 Rn 883 ff verwiesen.
12 Vgl *Timm*, Handels- und Wirtschaftsrecht Bd. II, § 3 Leitsätze zum Konzernrecht 42 (S. 75).
13 *E/H*, Komm. § 319 Rn 3.
14 *E/H*, Komm. § 291 Rn 6.

- Nur dort, wo **kein Beherrschungsvertrag** abgeschlossen wurde bzw keine Eingliederung vorliegt, kommen die Vorschriften einfach faktischer Konzerne zur Anwendung (so schon der Wortlaut des § 311 AktG). Wo isolierte Gewinnabführungsverträge abgeschlossen sind, fehlt es ebenfalls an einem vertraglich unterlegten Beherrschungsverhältnis, so dass in aller Regel ein faktisches Konzernverhältnis besteht. Allerdings bleibt es auch beim isolierten Gewinnabführungsvertrag bei der pauschalen Verlustausgleichspflicht nach § 302 I AktG. *+§303* Anstelle der Haftungsvorschriften der §§ 308, 309 AktG betreffend die beherr- *Abs6* schungsvertragliche Leitungsmacht treten jedoch die Haftungsnormen der §§ 317, 311 AktG betreffend die Leitungsmacht im einfach faktischen Konzern.
- Bei mehrstufiger Abhängigkeit in einem Konzernverhältnis ist entscheidend, ob eine durchgehende Kette von Beherrschungsverträgen vorliegt oder nicht. Im Verhältnis der Vertragspartner zueinander ist ausschließlich das Recht der Vertragskonzerne anwendbar. Zwischen den anderen Konzernunternehmen bleiben die Regeln über einfach faktische Konzerne anwendbar[15].
- Im Gegensatz zur Haftungsverfassung im Vertragskonzern, welche vornehmlich durch den pauschalen Verlustausgleich nach § 302 AktG geprägt ist sowie ihre Ergänzung in Form von Schadensersatzansprüchen nach §§ 308, 309 AktG findet, beschränkt sich das Haftungsinstrumentarium in einfach faktischen Konzernen auf den konkreten Einzelausgleich (§ 311 AktG) bzw (Einzel)Schadensersatz (§ 317 AktG; Treuepflicht im faktischen GmbH-Konzern).
- Sofern das Einzelausgleichssystem bei qualifizierten Eingriffen im faktischen Konzern versagt, besteht die Abgrenzung zum Vertragskonzern weiterhin in der Unterscheidung **vertraglich legitimierte Weisungsmacht** „ja?" oder „nein?". Fehlt es an einem Beherrschungsvertrag, handelt es sich zwingend um einen faktischen Konzern, mag die Umsetzung des Einflusses des herrschenden Unternehmens auf das abhängige Unternehmen auch noch so sehr der eines Vertragskonzerns ähneln. Die bis zur Bremer-Vulkan-Rspr auftretende Differenzierungsproblematik, innerhalb der faktischen Konzerne anhand des vorgenannten Vergleichs Strukturunterschiede (einfach und qualifiziert) festzumachen mit in der Folge unterschiedlichen Haftungssystemen, besteht nicht mehr. Nunmehr richtet sich die Haftung im faktischen Konzern ausschließlich nach den hierfür vorgesehenen Vorschriften im Aktienrecht sowie nach allgemeinem Gesellschafts- und Zivilrecht[16].

484 **g)** Der **GmbH-Vertragskonzern** wird in einem weiteren Teil dieses Kapitels behandelt. Soweit auf die GmbH als Untergesellschaft hier schon Bezug genommen wird, erfolgt dies kursorisch und des besseren Verständnisses wegen.

---

15   Zu den verschiedenen Fallkonstellationen näher Rn 115 f.
16   S.o. Rn 355 ff.

Leitsätze 485

(1) Die §§ 291, 292 AktG definieren die verschiedenen Unternehmensverträge. Nur der **Beherrschungsvertrag** gem. § 291 I 1 Alt. 1 AktG, oftmals mit einem Gewinnabführungsvertrag (§ 291 I 1 Alt. 2 AktG) verbunden, führt zum **Vertragskonzern** als eine der drei möglichen Arten von **Unterordnungskonzernen**. Gleichzeitig stellt der Beherrschungsvertrag das **Abgrenzungskriterium** zu den Unterordnungskonzernstufen faktischer Konzern und Eingliederung dar.

(2) Vertragspartner eines Beherrschungs- und/oder Gewinnabführungsvertrages kann auf der Seite des abhängigen Unternehmens **immer nur eine Gesellschaft** sein (Untergesellschaft), wohingegen der andere Vertragsteil keine Gesellschaft zu sein braucht, immer aber ein Unternehmen nach konzernrechtlichen Verständnis zu sein hat. Die Vorschriften der §§ 291 ff AktG sind **aus Sicht der Untergesellschaft** geschrieben. Mit dem anderen Vertragsteil kann folglich nie die Untergesellschaft gemeint sein.

(3) Der **Gleichordnungskonzernvertrag** § 291 II AktG ist nach allgemeiner Meinung **kein Unternehmensvertrag** mit der Folge, dass die §§ 293 ff AktG auf diesen unanwendbar sind.

(4) Auf Grund des Beherrschungsvertrages steht dem herrschenden Unternehmen ein **umfassendes Weisungsrecht** zu. Als **Korrelat** dieser Beschneidung der wirtschaftlichen Selbstständigkeit des abhängigen Unternehmens muss das herrschende Unternehmen für jegliche Verluste der Untergesellschaft einstehen (§ 302 I AktG), den Gläubigern Sicherheit leisten (§ 303 I AktG) sowie den außenstehenden Aktionären als Entschädigung Ausgleichs- und Abfindungsansprüche einräumen.

(5) Nur die **Eingliederung** (§§ 319 ff AktG) führt zu einer **noch intensiveren** Veränderung in der abhängigen, gleichwohl rechtlich selbstständigen Gesellschaft, als es der Vertragskonzern tut.

2. Vertragsprüfung

Grundlage eines Vertragskonzerns und Schwerpunkt im schriftlichen Examen ist der 486 wirksame Vertragsschluss eines Beherrschungsvertrages. An seine Wirksamkeit bzw Unwirksamkeit knüpfen sich die Rechtsfolgen der §§ 300 ff AktG an sowie der Komplex fehlerhafter Beherrschungsverträge. Daneben sind Fragen zur Änderung und Beendigung eines Beherrschungsvertrages eher für das mündliche Examen zu erwarten und daher von untergeordneter Bedeutung.

a) Allgemeines

Zur Begründung eines **Vertragskonzerns** bedarf es gem. §§ 293, 294 AktG: 487
- eines schriftlichen Vertragsschlusses (§ 293 III AktG),
- der Zustimmung der Hauptversammlungen beider Gesellschaften, seitens des anderen Vertragsteils aber nur, sofern auch er eine AG oder KGaA ist (§ 293 I, II AktG), und
- der Eintragung ins Handelsregister (konstitutive Wirkung) nach § 294 II AktG.

Falls der geschlossene Beherrschungsvertrag unwirksam ist, gelten die **Grundsätze über die fehlerhafte Gesellschaft** bis zur Feststellung der Unwirksamkeit durch ein Gericht[17].

---

17 Dazu s.u. Rn 591 ff.

b) Vertragsschluss §§ 293 ff AktG

488 Über den Vertragsabschluss selbst enthält das Konzernrecht, vom Schriftformerfordernis abgesehen, keine besonderen Vorschriften. Es gelten daher die allgemeinen Vorschriften zum Abschluss von Verträgen (§§ 145 ff BGB) und zur Geschäftsführungs- und Vertretungsmacht (vgl §§ 76 ff AktG)[18].

489 **aa) Willenserklärung im fremden Namen.** Bei der Einigung über den Abschluss eines Beherrschungsvertrages geben der Vorstand der abhängigen AG und das Organ des herrschenden Unternehmens jeweils übereinstimmende Willenserklärungen ab, und zwar nicht im eigenen, sondern im fremden Namen, nämlich im Namen ihrer Gesellschaft. Falls das herrschende Unternehmen keine Gesellschaft ist, handelt der Inhaber, für den das Vertretungsproblem nicht besteht.

490 **bb) Mit Vertretungsmacht.** Die allgemeinen Vorschriften verlangen, dass einer wirksamen Vertretung eine Vertretungsmacht zugrunde zu liegen hat.

491 **(1) Vertreter der abhängigen AG/KGaA.** **(a)** Zu unterscheiden ist zunächst zwischen der Geschäftsführungsbefugnis nach innen und der eigentlichen (Organ-)Vertretungsmacht nach außen (also gegenüber Dritten). Das Ob eines Unternehmensvertrages, dessen Inhalt und die Vertragsvorbereitungen fallen grundsätzlich in die **Geschäftsführungskompetenz** des Vorstandes und damit in sein unternehmerisches Ermessen gem. §§ 76 I, 77 AktG. Eine Pflicht zum Vertragsabschluss trifft den Vorstand aber dann, wenn die Hauptversammlung dies mit qualifizierter Mehrheit verlangt gem. § 83 I 2, 3 AktG[19].

Dagegen ist die **Organvertretungsmacht** des § 78 AktG bei Grundlagengeschäften und Strukturmaßnahmen, also Maßnahmen von einschneidender wirtschaftlicher Bedeutung, wie sie der Abschluss eines Beherrschungsvertrags und der übrigen Unternehmensverträge darstellen[20], beschränkt. Die Beschränkung hat Außenwirkung[21]! Das bedeutet zum einen, dass der abgeschlossene Vertrag ohne die Zustimmung der Hauptversammlung schwebend unwirksam ist, und zum anderen, dass bei endgültiger Unwirksamkeit der Vorstand wegen der Kenntnis der anderen Vertragspartei von seiner unzureichenden Vertretungsmacht nicht auf Erfüllung oder Schadensersatz gem. § 179 I, III BGB haftet[22].

492 **(b)** Um die abhängige Gesellschaft wirksam vertreten zu können, ist die **Zustimmung der Hauptversammlung** der AG/KGaA erforderlich. Diese hat mit einfacher **Stimmen**mehrheit gem. §§ 133 I, 278 III AktG und gem. §§ 293 I 2, 278 III AktG mit 3/4-**Kapital**mehrheit des vertretenen Grundkapitals zu erfolgen, sofern die Satzung

---

18 Vgl *E/H*, Lb. § 16 II, S. 205.
19 *Hüffer* § 293 Rn 23.
20 Vgl BGHZ 122, 211, 217 = NJW 1993, 1976 ff – SSI; *Hüffer* § 119 Rn 7.
21 *E/H*, Lb. § 16 IV, S. 208.
22 S. KölnKomm.AktG/*Koppensteiner* § 293 Rn 11 und das Beispiel unten in Rn 495.

kein höheres Erfordernis aufstellt. Bei der KGaA ist außerdem noch die Zustimmung der persönlich haftenden Gesellschafter notwendig (vgl § 285 II 1 AktG)[23].

Hinweis: Beachten Sie § 133 I AktG. Danach bedürfen Hauptversammlungsbeschlüsse zunächst einer einfachen (absoluten) Mehrheit der abgegebenen Stimmen. Soweit das Gesetz darüber hinaus eine qualifizierte Kapitalmehrheit verlangt, wie beispielsweise hier für den Fall eines Unternehmensvertragsabschlusses nach § 293 I AktG oder für die Vertragsänderung gem. § 295 I AktG[24], stellt diese Regelung ein **zusätzliches Erfordernis** zur einfachen Stimmenmehrheit dar[25]. § 293 I AktG ist also kumulativ neben § 133 I AktG anwendbar. Das hat zur Folge, dass der Beschluss der Hauptversammlung der Untergesellschaft mit der Mehrheit der abgegebenen Stimmen gefasst werden muss und diese Mehrheit mindestens 3/4 des auf der HV vertretenen Grundkapitals zu verkörpern hat. Soweit es sich bei der Untergesellschaft um eine **börsennotierte AG** handelt, entsprechen sich Stimmen- und Kapitalmehrheit, weil

- stimmrechtslose Vorzugsaktien bei der Berechnung der Kapitalmehrheit generell nicht mitgezählt werden (Umkehrschluss aus § 140 II 2 AktG),
- Mehrstimmrechte generell unzulässig sind (vgl § 12 II AktG), dh jede Aktie mit gleichem Nennbetrag oder bei Stückaktien jede Stückaktie nur eine Stimme gewährt[26] sowie
- Höchststimmrechte, die Einfluss auf die Berechnung der Stimmenmehrheit hätten, nur bei nichtbörsennotierten Aktiengesellschaften zulässig sind (siehe § 134 I 2 AktG).

493

Da eine **Zustimmung** sowohl die (nachträgliche) Genehmigung als auch die (vorherige) Einwilligung gem. § 183 BGB umfasst, kann die Hauptversammlung bereits vor Abschluss des Vertrages einen entsprechenden Beschluss fassen. Dieser deckt jedoch nur den Vertragsentwurf im Zeitpunkt der Billigung ab. Spätere Vertragsänderungen bedürfen daher eines erneuten Beschlusses[27].

Auch kann nach Vertragsabschluss und Zustimmung die Hauptversammlung bis zur Eintragung ins HR (§ 294 II AktG) den Beschluss widerrufen. Eine Bindung der abhängigen Gesellschaft gegenüber dem anderen Vertragteil besteht entgegen verbreiteter Auffassung noch nicht[28]: Der Beherrschungsvertrag bedarf zu seiner Wirksamkeit der Eintragung. Solange diese nicht erfolgt ist, ist der Beschluss revidierbar; die Hauptversammlung kann also frei entscheiden, ob der Vertrag in Kraft treten soll oder nicht. Aus der Entscheidungsfreiheit und der fehlenden Bindung ist ferner zu schlussfolgern, dass eine Schadensersatz auslösende oder sogar einklagbare Leistungspflicht der Untergesellschaft auf Anmeldung des Vertrags zur Eintragung nicht besteht[29].

494

Das gilt erst recht für den Fall, dass der Vertrag geschlossen, die Zustimmung aber noch nicht erteilt oder aber der Vertragsschluss noch nicht erfolgt, jedoch bereits die Einwilligung durch die Hauptversammlung erteilt wurde. Weder ist im erstgenannten Fall der noch fehlenden Genehmigung der Vorstand gegenüber dem Vertragspartner

---

23 *E/H*, Lb. § 16 IV, S. 207; *Hüffer* § 293 Rn 3.
24 Enumerative Aufzählung bei *Hüffer* § 133 Rn 13.
25 *Hüffer* § 133 Rn 13.
26 Vgl *Hüffer* § 12 Rn 8, 10; nach früherem Recht fortbestehende Mehrstimmrechte sind, vorbehaltlich eines Fortgeltungsbeschlusses, zum 1.6.2003 erloschen (vgl § 5 I 1 EGAktG).
27 *Hüffer* § 293 Rn 4.
28 AA *Hüffer* § 293 Rn 15; KölnKomm/.AktG*Koppensteiner* § 293 Rn 38 mwN.
29 Wie hier *E/H*, Komm. § 294 Rn 29 f; MünchKomm.AktG/*Altmeppen* § 293 Rn 67 ff.

verpflichtet, den Vertrag der Hauptversammlung zur Genehmigung vorzulegen noch kann im zweitgenannten Fall der vorgezogenen Einwilligung der andere Vertragsteil ein Recht daraus ableiten, dass ein Vertragsschluss herbeigeführt wird. Der Vorstand ist lediglich gegenüber seiner Gesellschaft gem. § 83 II AktG verpflichtet, den Vertrag abzuschließen und ihn, sobald dies geschehen ist, nach § 294 I AktG zum Handelsregister anzumelden[30].

495 **Beispiel:** Vorstand V der X-AG hat mit dem Geschäftsführer der Holding-KG (H) einen Beherrschungsvertrag geschlossen. Auf einer anschließenden Pressekonferenz, die landesweit ausgestrahlt wurde, gab V den Vertragsschluss mit H bekannt und rühmte die jetzt möglich gewordene Kooperation als einen weiteren Meilenstein in der so erfolgreichen Firmengeschichte der X-AG, die nicht zuletzt er maßgeblich mitgestaltet hat. Der mit 5 % an der X-AG beteiligte Y sieht das ganz anders. Für ihn hat sich das traditionsreiche Unternehmen nunmehr endgültig in die Hände der H begeben. H ist als erfolgreiche, aber ebenso skrupellose Beteiligungsgesellschaft bekannt. Y befürchtet eine baldige Zerschlagung der X-AG. Um dies zu verhindern, plant er, mit Hilfe der Bündelung seiner und anderer Aktionärsstimmrechte die wegen § 293 I AktG erforderliche Sperrminorität von 25 % plus eine Stimme zu erreichen. Dies gelingt ihm auch, so dass in der Hauptversammlung der Zustimmungsbeschluss vereitelt wird. Der Beherrschungsvertrag ist somit nichtig. V, noch von seinen geschäftsführerischen Qualitäten „benebelt", ist total am Boden zerstört. Nun sieht er sich auch noch Schadensersatzforderungen der H ausgesetzt und möchte am liebsten ganz weit weg. Können Sie V helfen?

Als V den Vertrag mit H unterzeichnet hatte, tat er dies ohne **Einwilligung** der Aktionäre der X-AG. Der Wertung des § 293 I AktG ist zu entnehmen, dass er bei Vertragsschluss somit als Vertreter ohne Vertretungsmacht handelte (§ 177 I BGB). Folglich könnte V gegenüber dem Vertragspartner H auf Schadensersatz haften gem. § 179 I BGB. Dem ist aber nicht so. Denn H wusste bzw konnte erkennen, dass es noch der Genehmigung seitens der Hauptversammlung der X-AG und der Eintragung des Vertrages ins Handelsregister (HR) bedurfte (§ 179 III BGB); der Vertrag also solange schwebend unwirksam ist. Wird nun die **Genehmigung** seitens der Hauptversammlung endgültig verweigert, haftet der Vorstand nicht gegenüber der enttäuschten Vertragspartei H.

Läge der Fall jedoch so, dass **vor** dem Vertragsabschluss der X-AG mit der H bereits die Zustimmung (Einwilligung) erteilt war, mit der Folge, dass V Vertretungsmacht hat, diese aber vor Unterschrift beider Parteien oder vor Eintragung ins HR widerrufen wurde, käme eine Haftung der Untergesellschaft (nicht des V!) aus cic (§§ 280 I, 311 II, III, 278, 31 BGB) in Betracht[31]. Sie würde allerdings voraussetzen, dass H Aufwendungen im Vertrauen auf die baldige Gültigkeit des Vertrags (Unterzeichnung und Eintragung) getätigt hat, wozu das Verhalten des V in der Öffentlichkeit Anlass gegeben haben könnte.

496 **(c)** Das Zustimmungserfordernis aus § 293 I AktG wird bei der **GmbH** als Untergesellschaft (GmbH-Vertragskonzern) analog angewendet[32]. Im Übrigen hat man sich im GmbH-Vertragskonzern noch nicht abschließend darüber verständigt, mit welcher Mehrheit die Zustimmung der Gesellschafterversammlung zu erfolgen hat[33].

---

30   *E/H*, Komm. § 293 und 294 Rn 29 f mwN; MünchKomm.AktG/*Altmeppen* § 293 Rn 17–22.
31   Vgl MünchKomm.AktG/*Altmeppen* § 293 Rn 67.
32   Vgl BGHZ 105, 324, 338 – Supermarkt.
33   Zu diesem Streit in der GmbH siehe Rn 819.

Eine **Personengesellschaft** kann als Untergesellschaft Partei eines Beherrschungsver- **497**
trages werden, sofern dem **alle** Gesellschafter zustimmen und keine natürliche Person
in der Untergesellschaft eine persönliche Haftung für die Gesellschaftsverbindlichkeiten trifft, sei es, weil an der Untergesellschaft nur juristische Personen beteiligt sind[34]
oder beispielsweise der herrschende Gesellschafter seine Mitgesellschafter von den
Gesellschaftsverbindlichkeiten im Innenverhältnis freistellt (Haftungsfreizeich-
nung)[35]. Haftet dagegen eine natürliche Person für die Gesellschaftsschulden und eine
Haftungsfreistellung wurde nicht vereinbart, wird wegen des Widerspruchs zwischen
dem Weisungsrecht des herrschenden Gesellschafters und der persönlichen Haftung
des Mitgesellschafters, der wegen des Weisungsrechts des herrschenden Unternehmens keinerlei Einfluss auf die Geschäftsführung hat, jedoch für die Gesellschaftsverbindlichkeiten voll haften soll, verbreitet von Sittenwidrigkeit (§ 138 I BGB) des Vertrages und damit seiner Nichtigkeit ausgegangen[36].

Was für Beherrschungsverträge unter den vorgenannten Einschränkungen gilt, spielt
keine Rolle für sonstige Unternehmensverträge. Diese sind grundsätzlich mit einer
Personengesellschaft als abhängiges Unternehmen und Zustimmung aller Gesellschafter abschließbar[37]. Für Gewinnabführungsverträge ist festzustellen, dass diese
vor allem steuerrechtliche Bedeutung haben, eine steuerrechtliche Organschaft mit
Personengesellschaften aber unzulässig ist (vgl § 14, 17 KStG) und deshalb praktisch
keinen Sinn machen[38].

(d) Die Satzung kann eine **höhere Mehrheit** (sogar Einstimmigkeit) sowie noch wei- **498**
tere (Wirksamkeits-)Erfordernisse bestimmen (§ 293 I 3 AktG), beispielsweise indem
die Zustimmung ganz bestimmter Aktionäre (zB der Gründer) verlangt wird. Bemessungsgrundlage für die 3/4- oder höhere Kapitalmehrheit ist das in der Hauptversammlung vertretene Grundkapital (§ 293 I AktG). Vorzugsaktien (ohne Stimmrecht)
sind vom Grundkapital abzuziehen. Für die Berechnung der Stimmen- und Kapitalmehrheit werden nur die gültigen Ja- und Neinstimmen mitgezählt. Stimmenthaltun-
gen zählen nicht[39].

(e) Auch der **Mehrheitsaktionär**, der als herrschendes Unternehmen gegenüber der **499**
abhängigen AG regelmäßig die andere Vertragspartei darstellt, ist **stimmberechtigt.**
§ 136 I AktG als allgemeiner Ausschlusstatbestand für Interessenkollisionen greift in
diesem Fall nicht ein, da er – anders als § 47 IV 2 GmbHG – Insichgeschäfte nicht
erfasst[40]. Folgerichtig wird nur beim GmbH-Vertragskonzern über das Für und Wider
eines Stimmrechts des Mehrheitsgesellschafters diskutiert[41]. Kann aber der Mehr-

34 *E/H*, Lb. § 34 III 1, S. 463 mwN.
35 *E/H*, Lb. § 34 III 1, S. 462 mwN.
36 Nw bei *E/H*, Lb. § 34 III 1, S. 462 f; großzügiger Baumbach/*Hopt* § 105 Rn 105. Mit Blick auf die Zu-
    lässigkeit von Beherrschungsverträgen einer KGaA als Untergesellschaft und der damit verbundenen
    Haftung der Komplementäre als natürliche Personen kritisch *E/H*, Lb. § 34 III 1, S. 463.
37 Baumbach/*Hopt* § 105 Rn 105.
38 *E/H*, Komm. Vor § 291 Rn 10, 12a.
39 *Hüffer* § 133 Rn 12.
40 Vgl *Hüffer* § 293 Rn 9.
41 S.u. Rn 820.

heitsaktionär den Vertragsabschluss in der abhängigen AG oder KGaA entscheidend beeinflussen, wird das Zustimmungserfordernis, welches dem Schutz der Aktionäre der abhängigen Gesellschaft dient, zur bloßen Formalie. Fraglich ist daher, ob das **Institut der materiellen Beschlusskontrolle** hinsichtlich des Zustimmungsbeschlusses der abhängigen Gesellschaft Anwendung findet:

---

500 **Hinweis:** Die materielle Beschlusskontrolle hat ihren Durchbruch auf Seiten der Rspr mit der Kali + Salz-Entscheidung erfahren[42]. Der Rechtsgedanke der sachlichen Rechtfertigung gehört seitdem zu den gefestigten Grundsätzen des Kapitalgesellschaftsrechts. Die materielle Beschlusskontrolle stellt ein ungeschriebenes Korrelat dafür dar, dass vom AktG regelmäßig nur ein Stimmquorum bei der Beschlussfassung verlangt wird, darüber hinausgehende Anforderungen jedoch nicht geregelt sind. Dadurch, dass mittels dieses Instituts der Beschluss einer inhaltlichen Kontrolle unterzogen wird, also gefragt wird, ob der Beschluss im Gesellschaftsinteresse und nicht nur im Interesse des Mehrheitsaktionärs geeignet, erforderlich und angemessen ist (Anlehnung an die Verhältnismäßigkeitsprüfung im Verwaltungsrecht), werden der Stimmrechtsmehrheit bewegliche Schranken auferlegt, die eine gewisse Gewähr dafür bieten, dass die Interessen der anderen Aktionäre, der Mitarbeiter und der Gläubiger (Interessengleichklang! Altruismus!) Beachtung finden.

Nach wie vor bleibt aber fraglich, welche Beschlüsse der Hauptversammlung der materiellen Beschlusskontrolle unterliegen. Antworten darauf können das Prinzip der gesellschaftsrechtlichen Treuepflicht (Verletzung von Mitgliedschaftsrechten der Mitaktionäre) sowie der Gleichbehandlungsgrundsatz des § 53a AktG (sachwidrige Differenzierung zwischen Aktionären) geben[43]. Sie bilden den Maßstab, an dem die sachliche Richtigkeit des Beschlusses zu messen ist. Inwieweit die Abstimmung des Mehrheitsaktionärs über den Abschluss eines Unternehmensvertrages der Treuepflicht widerspricht, ist noch nicht abschließend geklärt.

---

501 Ein Teil der Literatur bejaht die Anwendbarkeit des Instituts der materiellen Beschlusskontrolle wegen des Leerlaufs des Zustimmungserfordernisses und der Missbrauchsgefahr, die durch eine Mitbestimmung des Mehrheitsaktionärs entsteht[44]. Eine heranziehbare Rspr fehlt. Die hM schlussfolgert, dass es einer **zusätzlichen Rechtfertigung für die Zustimmung zu einem Beherrschungsvertrag nicht bedarf**[45]. Mit den §§ 291 ff AktG, insbesondere der Vertragsprüfung in § 293b AktG, stehen spezialgesetzliche Regelungen zur Verfügung, in denen der Gesetzgeber Grundzüge einer Konzernverfassung verwirklicht und also quasi schon eine Rechtfertigung vorweggenommen hat[46]. Die ungeschriebene generalklauselartige Beschlusskontrolle ist daher von den speziellen Vorschriften über den Abschluss von Unternehmensverträgen und deren Wertungen **verdrängt.** Diese Aussagen können auch auf andere Grundlagenbeschlüsse (zB Verschmelzung) übertragen werden. Als Faustformel gilt: Je detaillierter das Gesetz bestimmte Beschlüsse und ihre Gegenstände regelt und Abstufungen in den der Gesellschaft zur Verfügung stehenden Instrumentarien vorsieht, desto eher ist davon auszugehen, dass keine materielle Beschlusskontrolle stattfindet.

---

42 BGHZ 71, 40, 44 ff – Kali + Salz.
43 *Hüffer* § 243 Rn 23 ff.
44 Vgl *Wiedemann*, ZGR 1980, 147, 156 ff.
45 *Hüffer* § 293 Rn 7; *E/H*, Komm. § 293 Rn 35 mwN.
46 *Hüffer* § 293 Rn 7.

Denn dann ist es der gesetzgeberische Wille, dass es keine außergesetzliche Nachbesserung eines in sich geschlossenen Regelungssystems geben soll[47].

An der Kali + Salz-Entscheidung sollen die vorgenannten Kriterien **beispielhaft** aufgezeigt werden: Die Hauptversammlung der Salz AG beschloss eine Kapitalerhöhung gegen Sacheinlagen um € 125 Mio. (§§ 182 I, 183 AktG). Zum Bezug wurde allein die bisherige Aktionärin Wintershall AG zugelassen (§ 186 III 1, 2 AktG). Wintershall AG erbrachte ihre Einlage in Gestalt der Einbringung der von ihr bis dahin gehaltenen 50%-Beteiligung an der Kali + Salz AG, deren übrige restliche 50% bereits die Salz AG hielt. Nach Durchführung der Kapitalerhöhung wurde die Kali + Salz AG auf die Salz AG verschmolzen (nach heutigem Recht gem. §§ 2 Nr 1, 4 ff, 60 ff UmwG), die im Weiteren selbst die Firma Kali + Salz AG führte. Vor Durchführung der Kapitalerhöhung hielt Wintershall AG 44%, danach 72% der Anteile an Kali + Salz neu. Minderheitsaktionär K der Kali + Salz neu erhob Anfechtungsklage gegen den mit einem Bezugsrechtsausschluss versehenen Kapitalerhöhungsbeschluss. Er trug vor, die Kapitalerhöhung unter Bezugsrechtsausschluss sei nicht, wie von der Kali + Salz neu behauptet, erforderlich gewesen, um die Existenz, jedenfalls die Liquidität der Gesellschaft zu sichern, für die nach erheblichen Verlusten eine Sanierung durch Kapitalerhöhung unerlässlich gewesen sei. Nach K's Ansicht diente das ganze Unternehmen nur dazu, der Wintershall AG eine Mehrheitsbeteiligung an Kali + Salz neu zu verschaffen (s. §§ 255 I, 243 II AktG).

502

Ein Bezugsrechtsausschluss strebt das Hinzukommen eines bestimmten neuen Gesellschafters oder die einseitige Aufstockung der Beteiligungsquote eines bisher schon an der Gesellschaft beteiligten Gesellschafters an (hier: allein Wintershall durfte die 125 Mio. Kapitalerhöhung übernehmen und damit ihre Beteiligung von 44% auf 72% erhöhen). Für die vom Bezugsrecht ausgeschlossenen Gesellschafter ist das mit der Folge verbunden, dass ihre relativen Anteile am Gewinn und ihre Stimmrechtsquoten absinken und damit unter Umständen Minderheitenrechte (etwa §§ 147, 148 AktG) oder Sperrminoritäten verloren gehen („Verwässerung"). Dieser schwere Eingriff in die Mitgliedschaft kann nicht allein durch die im Gesetz vorgesehene 3/4-Mehrheit (§ 186 III 2 AktG) für den Ausschluss legitimiert sein. Vielmehr bedarf es zur Rechtmäßigkeit eines solchen Bezugsrechtsausschlusses zusätzlich der sachlichen Rechtfertigung. Die Überprüfung auf sachliche Rechtfertigung umfasst die Abwägung der Interessen und die Verhältnismäßigkeit von Mittel und Zweck[48]. An diesen Maßstäben gemessen, habe es aus Sicht zur Zeit der Planung und Durchführung der Kapitalerhöhung vernünftiger kaufmännischer Einschätzung entsprochen, auf dem Weg über eine Sachkapitalerhöhung mit dem Ziel der Übernahme von Kali + Salz alt die Liquiditäts- und wohl auch Existenzkrise der Gesellschaft zu überwinden[49]. Es komme nicht auf objektive Richtigkeit der Entscheidung der Geschäftsleitung an, die vom Gericht zu überprüfen wäre, sondern auf die Vertretbarkeit des unternehmerischen Urteils.

Die Entscheidung des BGH ist bereits aus damaliger Sicht angegriffen worden[50]. Insbesondere hätte die **Verhältnismäßigkeit des Bezugsrechtsausschlusses** bzgl der **Verwässerung** der Beteiligung der Minderheitsaktionäre ausführlich geprüft werden müssen: Das Interesse der Kali + Salz neu an Sanierung ist nicht zu beanstanden. Daran, dass die Kapitalerhöhung gegen Sacheinlagen unter Bezugsrechtsausschluss **geeignet** war, das Sanierungsziel zu erreichen, kann man zweifeln, weil allein der Erwerb der Beteiligung an der Kali + Salz alt die Liquiditätsprobleme der Kali + Salz neu nicht lösen konnte. Vielmehr konnte dies erst durch die Verschmelzung mit der Kali + Salz alt geschehen, wenn Kali + Salz alt liquide genug war, auch

---

47 *Hüffer* § 293 Rn 7 iVm § 243 Rn 27 f.
48 BGHZ 71, 40, 44 ff – Kali + Salz.
49 BGHZ 71, 40, 48 ff – Kali + Salz.
50 *Lutter*, ZGR 1979, 401, 405 f.

den Bedarf der Kali + Salz neu zu decken, worauf der BGH nicht einging. Selbst wenn wegen ausreichender Liquidität der Kali + Salz alt der Erwerb der Beteiligung von der Wintershall AG zur Krisenbewältigung geeignet gewesen sein sollte, ist die **Erforderlichkeit** der Maßnahme zweifelhaft. Bargeld hätte auch durch eine einfache Barkapitalerhöhung beschafft werden können. Daran hätten sich auch die Minderheitsaktionäre der Kali + Salz neu beteiligen können, für die so eine Verwässerung ihrer Beteiligung vermieden worden wäre. Mit diesen Barmitteln hätte dann von der Wintershall AG deren Beteiligung an der Kali + Salz alt käuflich erworben werden können. Selbst wenn aber der Weg über die Sachkapitalerhöhung mit Bezugsrechtsausschluss erforderlich war, hätte zur Vermeidung der Verwässerung der Beteiligungen der Minderheitsaktionäre im Gegenzug eine zeitgleiche Barkapitalerhöhung unter Bezugsrechtsausschluss zu Lasten der Wintershall AG stattfinden können. Auch das prüfte der BGH nicht. Danach bleiben erhebliche Zweifel an der Erforderlichkeit. Sollte sich diese aber noch begründen lassen, dürfte die sachliche Rechtfertigung jedoch an der **Angemessenheit** scheitern. Denn angesichts der jeweils „gerade so" noch zu begründenden Geeignetheit und Erforderlichkeit müssen spätestens jetzt die Interessen der Minderheitsaktionäre wegen der zweifelhaften Vorgehensweise und greifbar nahe liegender Alternativen (Barkapitalerhöhung) Vorrang erhalten. Daher war der fragliche Bezugsrechtsausschluss wohl nicht gerechtfertigt.

503   **(f)** Die Hauptversammlung selbst hat wenig Einfluss auf den Vertragsinhalt. Er ist Sache der Geschäftsführung. Sie kann nur mit der Verweigerung der Zustimmung ihren Unmut äußern. Ein Beschlussvorbehalt, dass die Zustimmung als erteilt gilt, sofern noch vertragliche Änderungen vorgenommen werden, ist unzulässig. Der Beschluss der Hauptversammlung bezieht sich auf den ganzen Vertrag und nicht bloß auf Teile dessen. Folglich gilt im Zweifel der ganze Vertrag als nichtig gem. § 139 BGB, wenn der Hauptversammlung bei der Abstimmung bestimmte Vertragsteile nicht bekannt oder vorenthalten waren[51].

504   **Beschlussmängel** können mit der Anfechtungs- oder Nichtigkeitsklage (§§ 241 ff AktG) geltend gemacht werden. Für Vertragsmängel gelten die allgemeinen zivilrechtlichen Vorschriften (zB § 125 BGB iVm § 293 III AktG). Bis zur erfolgreichen Anfechtung ist der Vertrag wirksam. Ein Nichtigkeitsurteil dagegen wirkt deklaratorisch, dh der Vertrag ist von vornherein nichtig. Allerdings gelten die Grundsätze der fehlerhaften Gesellschaft, soweit der Vertrag in Vollzug gesetzt wurde. Solange niemand auf Feststellung der Nichtigkeit klagt, wird der Vertrag als wirksam behandelt. Beispielhafter Anfechtungsgrund für die Anfechtungsklage gegen den Zustimmungsbeschluss wäre etwa eine Verletzung der Informations- und Auskunftspflichten in der Hauptversammlung (§§ 131, 293g III AktG). Allerdings hat der Gesetzgeber in § 243 IV 2 AktG (seit 1.11.2005) einen Anfechtungsausschluss für Bewertungsrügen eingefügt, der sich im Hinblick auf das Spruchverfahrensgesetz (SpruchG) auf Verletzungen des Auskunftsrechts in der Hauptversammlung hinsichtlich der Ermittlung, Höhe und Angemessenheit von Ausgleich, Abfindung, Zuzahlung oder sonstige Kompensationen beschränkt[52]. Dh, unrichtige, unvollständige oder unzureichende wertbezogene Informationen in der Hauptversammlung anlässlich von Beschlüssen,

---

51   *Hüffer* § 293 Rn 12 f.
52   Vgl *E/H*, Komm. § 293 Rn 38f.

die wegen der von ihnen behandelten Kompensationsleistung im Rahmen eines Spruchverfahrens gerichtlich zu überprüfen sind, können nicht zur Grundlage einer Anfechtungsklage gemacht werden. Als Nichtigkeitsgrund käme allerdings das Fehlen einer Ausgleichsregelung gem. § 304 III 1 AktG in Betracht. Sie macht den Vertrag als auch den zustimmenden Hauptversammlungsbeschluss (§ 241 Nr 3 AktG) nichtig[53]. Zu beachten sind jedoch die Möglichkeiten zur Heilung nichtiger Beschlüsse nach § 242 AktG sowie zur Bestätigung anfechtbarer Beschlüsse nach § 244 AktG[54].

re Ausgleich

Hinweis: Beachten Sie in Abgrenzung zu § 304 III 1 AktG die Regelung in § 305 V 2 AktG. Das Fehlen einer **Abfindungsregelung** lässt den Beherrschungs- und/oder Gewinnabführungsvertrag nicht unwirksam werden.   **505**

(g) Bei **mehrstufiger Unternehmensverbindung** ist zu beachten: Hat Untergesellschaft (T) die Absicht, mit einem Dritten einen Beherrschungs- und Gewinnabführungsvertrag mit T als Untergesellschaft abzuschließen, so ist das der Sache nach eine Entscheidung des Vorstandes der Muttergesellschaft (M), der in der Hauptversammlung der Tochtergesellschaft (T) das Stimmrecht der M ausübt. Wegen den mittelbar erheblichen Auswirkungen für die M (zB die Gewinnabführung der T an den Dritten) wird teilweise angedacht, in entsprechender Anwendung des § 293 I AktG den Vorstand der M an die Zustimmung der Hauptversammlung der M zu binden[55]. Diese zusätzliche Zustimmung hat dann aber wegen der rechtlichen Selbstständigkeit der T nur interne Wirkung, ändert also nichts an der Vertretungsmacht des Vorstandes der T, sondern führt lediglich zu einem Ausschluss einer etwaigen Haftung des Vorstandes der M nach § 93 AktG. Vergleichbare Überlegungen werden zu § 293 II AktG angestellt, wenn T mit der Enkelgesellschaft (E) einen Beherrschungs- und/oder Gewinnabführungsvertrag abschließt, nachdem zwischen M und T ein vergleichbarer Vertrag geschlossen wurde (s.u. Rn 511).   **506**

(h) Bestimmt die Satzung der abhängigen Gesellschaft, dass für den Abschluss von Unternehmensverträgen die **Zustimmung des Aufsichtsrats** einzuholen ist (§ 111 IV 2 AktG), ist die Mitwirkung des Aufsichtsrats sicherzustellen. Allerdings kommt ihr nur für das Innenverhältnis Bedeutung zu. Zudem kann eine Verweigerung seitens des Aufsichtsrats durch einen zusätzlichen Beschluss der Hauptversammlung überwunden werden (§ 111 IV 3 AktG). Erforderlich ist eine 3/4-Stimmenmehrheit[56]. Für die Frage der Vertretungsmacht des Vorstandes ist die Zustimmung des Aufsichtsrats unerheblich[57].   **507**

---

53 *Hüffer* § 293 Rn 16.
54 Näher dazu *Grobecker/Kuhlmann*, NZG 2007, 1 ff.
55 So *E/H*, Lb. § 16 VI 1, S. 212.
56 Strittig, wie hier *E/H*, Komm. § 293 Rn 34.
57 *Hüffer* § 82 Rn 12, 14.

508 | **Leitsätze**

(1) Ein Beherrschungs- und/oder Gewinnabführungsvertrag bedarf immer der **Zustimmung** der Hauptversammlung der Untergesellschaft (§ 293 I AktG). Das Zustimmungserfordernis hat Außenwirkung. Insofern hat der Vorstand keine Vertretungsmacht für den Vertragsabschluss. Fehlt die Zustimmung, bleibt der Vertrag schwebend unwirksam, wird sie verweigert oder widerrufen, ist der Vertrag endgültig unwirksam.

(2) Der Beschluss ist mit **qualifizierter Mehrheit** zu treffen. Ist der andere Vertragsteil Aktionär in der Untergesellschaft, ist er gleichwohl stimmberechtigt. Eine materielle Beschlusskontrolle findet nicht statt. Für Beschlussmängel gelten die allgemeinen Regeln der Anfechtungs- und Nichtigkeitsklage (§§ 241 ff AktG).

(3) Das **Zustimmungserfordernis** bleibt nicht auf die AG/KGaA als Untergesellschaft beschränkt. Wegen der strukturändernden Wirkung eines Beherrschungs- und/oder Gewinnabführungsvertrages wird es auf alle Gesellschaften **ausgedehnt**, sofern ein solcher Vertrag in der jeweiligen Untergesellschaft für zulässig erachtet wird.

(4) Eine erteilte oder verweigerte Zustimmung des **Aufsichtsrats** zum Vertragsschluss hat keine Auswirkungen auf die Wirksamkeit des Vertrages.

509   **(2) Vertreter des herrschenden Unternehmens. (a)** Auch die Vertreter des herrschenden Unternehmens handeln **ohne Vertretungsmacht,** soweit es sich bei dem Vertrag um einen **Beherrschungs- und/oder Gewinnabführungsvertrag** und bei dem herrschenden Unternehmen um eine **inländische AG/KGaA** handelt (§ 293 II 1 AktG). Zwar stellt sich der Vertrag für das herrschende Unternehmen nicht als Grundlagengeschäft oder strukturändernde Maßnahme dar. Jedoch trägt das herrschende Unternehmen ein erhöhtes Risiko, welches der Rechtsfolge des § 302 AktG (unbeschränkte Verlustausgleichspflicht) und der sonstigen wirtschaftlichen Zugeständnisse wegen (§§ 303, 304, 305 AktG) durch den Vertragsabschluss entsteht. Erforderlich ist also noch die qualifizierte Zustimmung der Aktionäre gem. § 293 II 2 AktG.

510   **(b)** Über den Wortlaut des § 293 II AktG hinaus bedarf es wegen der erheblichen Folgen für die Obergesellschaft auch in der **GmbH** und in der **KG** als Obergesellschaft der qualifizierten **Zustimmung der Gesellschafter.** § 293 II AktG findet somit analoge Anwendung[58]. Für die KG schließt das die Teilnahme der Kommanditisten an der Beschlussfassung mit ein[59]. Bezogen auf Personengesellschaften ist die Herkunft des Zustimmungserfordernisses allerdings unklar. Folgt sie daraus, das der Beherrschungsvertrag für die Obergesellschaft ein Grundlagengeschäft darstellt, mit der Folge, dass die Gesellschafterversammlung zuständig ist und den geschäftsführenden Gesellschaftern die Vertretungsmacht zum Vertragsabschluss fehlt[60]? Oder ist der Beherrschungsvertrag aufgrund seiner erheblichen Rechtsfolgen für die Obergesellschaft ein außergewöhnliches, gleichwohl in die Zuständigkeit der Geschäftsführung fallendes Geschäft, wobei sich das Zustimmungserfordernis der Gesellschafter dann

---

58   *Hüffer* § 293 Rn 17.
59   LG Mannheim AG 1995, 142, 143.
60   So Baumbach/*Hopt* § 114 Rn 3.

aus §§ 116 II, 164 HGB ergibt[61]? Wenn auch die Zustimmung nach beiden Ansichten erforderlich und die Zustimmungsquote abweichend von der Zustimmung aller in Form einer 3/4-Mehrheit anerkannt ist, berührt das Fehlen des Beschlusses nach der zweitgenannten Ansicht die Vertretungsmacht der Gesellschafter nicht. Zugegebenermaßen zeitigt das regelmäßig keine Folgen, da sowohl in der OHG als auch in der GbR zunächst grundsätzlich kein Gesellschafter von der Vertretungsmacht ausgeschlossen (§ 125 I–III HGB, §§ 709, 714 BGB) ist. Unterzeichnen alle Gesellschafter gemeinschaftlich den Vertrag, bedarf es keiner gesonderten Zustimmung, denn dann liegt darin eine konkludente Zustimmung aller Gesellschafter.

Als anderer Vertragsteil kommt auch ein **einzelkaufmännisches Unternehmen,** vertreten durch seinen Inhaber, in Betracht. Eine separate Zustimmungserklärung des Inhabers ist dort zwangsläufig nicht erforderlich.

(c) Gibt es mehrere Mütter **(mehrfache Konzernierung),** so muss jede gesondert mit der Tochter (Gemeinschaftsunternehmen) einen Beherrschungs- und/oder Gewinnabführungsvertrag schließen. Folglich ist auch die Zustimmung der Gesellschafterversammlung jeder dieser Mütter erforderlich.   **511**

Bei **mehrstufiger Konzernierung** ist auf die zeitliche Reihenfolge zu achten: Wird zwischen Mutter- (M) und Tochtergesellschaft (T) ein Beherrschungs- und/oder Gewinnabführungsvertrag geschlossen, nachdem ein solcher bereits zwischen T und Enkelin (E) vereinbart worden ist, deckt die Zustimmung der Hauptversammlung der Mutter alle – auch mittelbar – auf sie zukommende Verpflichtungen der T, hier also aus den §§ 302 ff AktG, gegenüber E mit ab[62]. Etwas anderes könnte gelten, wenn T mit E einen Beherrschungs- und/oder Gewinnabführungsvertrag zeitlich nach Abschluss eines vergleichbaren Vertrags zwischen M und T eingeht. Wegen der nicht vom damaligen Hauptversammlungsbeschluss der M abgedeckten zusätzlichen Risiken sprechen trotz eigener Verpflichtungsfähigkeit der T gute Gründe für das Erfordernis einer zusätzlichen Zustimmung der Obergesellschaft M analog § 293 II AktG[63]. Da die Aktionäre der M bei mehrstufiger Konzernierung nur noch mittelbar vertreten werden, die Folgen der Verlustausgleichspflicht aber letztendlich bis auf die Mutter durchschlagen, ist dieser Ansicht zu folgen. Allerdings gilt es zu beachten, dass diesem Beschluss der M nur interne Bedeutung beigemessen wird, nämlich um den Vorstand der M von etwaigen Ersatzansprüchen nach § 93 II AktG zu befreien.

(d) Auch in der Obergesellschaft ist ein möglicher **Zustimmungsvorbehalt des Aufsichtsrats** in der Satzung zu beachten. Allerdings wirkt dieser sich nur im Innenverhältnis aus. Zudem kann eine Verweigerung seitens des Aufsichtsrats durch einen zusätzlichen Beschluss der Hauptversammlung überwunden werden (§ 111 IV 3 AktG).   **512**

---

61 So MünchKomm.HGB/*Mülbert*, KonzernR Rn 82.
62 Allgemeine Meinung, KölnKomm.AktG/*Koppensteiner* § 293 Rn 45 mwN.
63 *E/H*, Lb. § 16 VI 2, S. 212.

513 | **Leitsätze**

(1) Weil mit dem Abschluss eines Beherrschungs- und/oder Gewinnabführungsvertrages das herrschende Unternehmen erhebliche Verpflichtungen gegenüber der Untergesellschaft, deren Aktionären und Gläubigern übernommen hat, bedarf es gem. § 293 II AktG zur Wirksamkeit des Vertragsschlusses ebenfalls der **Zustimmung der Aktionäre der Obergesellschaft** (3/4-Kapitalmehrheit), wenn es sich bei ihr um eine AG/KGaA handelt.

(2) Das Zustimmungserfordernis wird von der Rspr **entsprechend** auf die GmbH übertragen. Für die Personengesellschaften als herrschendes Unternehmen gilt das Erfordernis ebenso, wobei Uneinigkeit herrscht, ob seine Anwendung auf den Beherrschungsvertrag als Grundlagengeschäft zurückzuführen ist oder ob die eine gewöhnliche Geschäftsführung übersteigenden wirtschaftlichen Auswirkungen des Vertrags ein Einverständnis aller Gesellschafter erforderlich machen.

(3) Soweit in **mehrstufigen Konzernlagen** ferner die Zustimmung der Gesellschafterversammlung der Konzernspitze verlangt wird, hat sie interne Bedeutung und stellt kein Wirksamkeitserfordernis für den Vertragsschluss dar. Gleiches gilt für eine Zustimmung bzw Verweigerung der Zustimmung durch den **Aufsichtsrat** der Obergesellschaft.

514   **cc) Wirksamkeit der Einigung.** Wurde der Unternehmensvertrag mit Zustimmung der Gesellschafter der abhängigen Gesellschaft und bei einem Beherrschungs- und/ oder Gewinnabführungsvertrag mit zusätzlicher Zustimmung der Gesellschafter der Obergesellschaft (AG, KGaA, GmbH, Personengesellschaften) geschlossen, hängt seine Wirksamkeit und somit seine Rechtsverbindlichkeit von weiteren Erfordernissen ab:

515   **(1) Schriftform.** Gem. § 293 III AktG bedarf der Unternehmensvertrag der schriftlichen oder ihr gleichgestellten elektronischen Form (§ 126 BGB). Mündliche Nebenabreden sind unwirksam. Die Nichtbeachtung hat gem. § 125 BGB die Nichtigkeit des Vertrags zur Folge.

516   **(2) Eintragung ins Handelsregister.** **(a)** Letztlich wirksam wird der Vertrag erst durch seine Eintragung ins HR gem. § 294 II AktG. Die Eintragung hat also **konstitutive** Wirkung. Hintergrund dafür, dass die Eintragung konstitutiv wirkt, ist die registergerichtliche Prüfung, die jeweils bei Beantragung einer Eintragung erfolgt. Sie soll ein gewisses Maß an Rechtssicherheit mit sich bringen und die Öffentlichkeit durch die Registerpublizität unterrichten[64]. Wichtig zu wissen ist, dass der Vertrag nur ins HR der Untergesellschaft eingetragen wird. § 294 II AktG gilt nicht für das herrschende Unternehmen! Ist das abhängige Unternehmen eine **GmbH**, so folgt die Pflicht zur Eintragung aus der Tatsache, dass ein Beherrschungs- und/oder Gewinnabführungsvertrag der Sache nach einer Satzungsänderung gleichkommt gem. § 54 III GmbHG analog, weshalb auch in der GmbH als abhängiger Gesellschaft ein Zustimmungsbeschluss nach § 293 I AktG analog iVm §§ 53, 54 GmbHG befürwortet wird[65].

---

64   *Hüffer* § 294 Rn 1.
65   Vgl BGHZ 105, 324, 342 ff = NJW 1989, 295 ff – Supermarkt; *E/H*, Komm. § 293 Rn 42, 45.

(b) Die **Anmeldung zur Eintragung** erfolgt gem. § 294 I 1 AktG durch den Vor-   **517**
stand bzw. persönlich haftenden Gesellschafter der Untergesellschaft am Registergericht (= Amtsgericht) des Satzungssitzes der Untergesellschaft. Unterlässt jener die
Anmeldung pflichtwidrig, so kommt eine Schadensersatzpflicht des Vorstands gegenüber seiner Untergesellschaft gem. § 93 II AktG in Betracht. Hingegen besteht eine
derartige Pflicht nicht gegenüber dem anderen Vertragsteil[66]. Die Anmeldung muss in
öffentlich beglaubigter Form erfolgen (§ 12 I HGB). Anzumelden sind die Bezeichnung des Vertrages (zB „Beherrschungsvertrag", „Gewinnabführungsvertrag" etc),
das Vertragsabschlussdatum sowie der Name des Vertragspartners (§ 294 I 1 AktG).
Für eine Vielzahl von Teilgewinnabführungsverträgen, beispielsweise mit hunderten
von stillen Gesellschaftern, sieht § 294 I 1 Hs 2 AktG Eintragungserleichterungen vor.
Einzureichende Schriftstücke sind im Übrigen der Vertrag, die Niederschrift über den
Zustimmungsbeschluss der Hauptversammlung der Untergesellschaft (soweit nicht
schon nach § 130 V AktG eingereicht) und der Obergesellschaft gem. § 294 I 2
AktG[67].

(c) Das Registergericht prüft vor Eintragung die Anmeldung in formeller und materi-   **518**
eller Hinsicht (**Registerkontrolle**). Als **formelle** Hinderungsgründe für die Eintragung des Vertrages ins HR kommen beispielsweise fehlende Schriftstücke bei der Anmeldung oder die Unzuständigkeit des Gerichtes in Betracht. In **materieller** Hinsicht
überprüft das Gericht in erster Linie, ob der **Vertrag** wirksam geworden ist. Unwirksam kann der Beherrschungs- und/oder Gewinnabführungsvertrag beispielsweise sein
wegen Verletzung des Schriftformerfordernisses (§ 125 BGB), wegen einer fehlenden
Ausgleichsregelung (§ 304 III 1 AktG), aufgrund inhaltlicher Mängel (zB §§ 134, 138
BGB, § 243 AktG) oder weil die Zustimmung der Hauptversammlung einer oder beider Gesellschaften fehlt. Insofern besteht ein Eintragungshindernis. Ergeben sich lediglich Bedenken gegen die materielle Wirksamkeit, so kann das Gericht nach seinem
Ermessen die Eintragung ablehnen oder nach § 127 FGG die Eintragung bis zur endgültigen Klärung aussetzen[68]. Hierbei wird es die Erfolgsaussichten der (möglichen)
Klage gegen die Wirksamkeit des Vertrages mit dem Interesse der Gesellschaft an der
baldigen Eintragung des Vertrages abwägen.

(d) Existiert ein **Hauptversammlungsbeschluss**, der jedoch **mangelhaft** ist, so ist zu
unterscheiden:
– Ein **rechtskräftiges** Nichtigkeits- oder Anfechtungsurteil bedeutet ein Eintra-   **519**
  gungshindernis (= Registersperre). Denn dann muss sich das Registergericht an
  die Rechtsfolge des Urteils (Nichtigkeit) halten. Der Hauptversammlungsbeschluss hat nie existiert. Das Gleiche gilt bei einer einstweiligen Verfügung des
  Prozessgerichts. Gem. § 16 II HGB hat das Registergericht die Verfügung zu beachten[69].

---

66 S.o. Rn 494; aA *Hüffer* § 294 Rn 2.
67 Zum Ganzen s. *Hüffer* § 294 Rn 2–8.
68 *E/H*, Komm. § 294 Rn 20.
69 Vgl *Hüffer* § 294 Rn 15.

520 **Beispiel (Hauptversammlung I):** Auf der außerordentlichen Hauptversammlung der Endzeit-AG (E) herrscht ziemliches Durcheinander. Die Aktionäre sind über den Abschluss eines Beherrschungsvertrags ihrer AG mit der Monopol-GmbH (M), die bereits 65% an E besitzt, aufgebracht. Sie sehen darin einen Ausverkauf ihrer Gesellschaft zu Schleuderpreisen und wollen daher die Zustimmung verweigern. Die notwendige Sperrminorität von 25% plus eine Stimme (§ 293 I AktG) scheint ihnen sicher zu sein. Als es zur Abstimmung kommt, nutzen die Jasager, die M mit erheblichen Vergünstigungen um sich gescharrt hat, die bekannte Sehschwäche des auf Eitelkeit bedachten Versammlungsleiters V aus und stecken – zuvor schlecht kopierte – Stimmkarten in die Wahlurne. V lässt es sich nicht nehmen, ohne Brille die Stimmen selbst auszuzählen. Weil V die unberechtigt kopierten Stimmkarten von den berechtigten nicht unterscheiden kann, zählt er zu viele Ja-stimmen.

Aktionär Klein (K), der den Wahlbetrug beobachtet hat, erklärt Widerspruch zur Niederschrift und strengt eine Anfechtungsklage (§§ 245, 246 AktG) gegen den Beschluss an. Das Prozessgericht lässt erneut die Stimmkarten unter Nichtbeachtung der schlecht kopierten Ja-Stimmkarten auszählen. Dabei ergibt sich eine Zustimmung zum Beherrschungsvertrag von nur 70%. Es erklärt daraufhin den Beschluss gem. § 243 I AktG für nichtig (§ 248 I AktG), weil einige Aktionäre mehr Stimmen abgegeben hatten, als ihnen nach Gesetz (§ 134 II AktG) zustand. An diesen Tenor muss sich das Registergericht halten. Es darf die Eintragung des Vertrags ins HR nicht vornehmen.

521 – Eine **rechtshängige** Nichtigkeits- oder Anfechtungsklage begründet dagegen keine Eintragungssperre. Allerdings hat das Registergericht nach § 127 FGG die Möglichkeit, dass Eintragungsverfahren auszusetzen und den Ausgang des Rechtsstreits abzuwarten. Um ein jahrelanges Aufschieben der Eintragung und damit der Wirksamkeit von Unternehmensverträgen zu vermeiden, hat der Gesetzgeber in § 246a AktG ein **Freigabeverfahren** geregelt[70]. Es hat – ähnlich den Unbedenklichkeitsverfahren zur Eingliederung in § 319 VI AktG und beim Ausschluss von Minderheitsaktionären (Squeeze out) in §§ 327e II, 319 VI AktG sowie bei Umwandlungen § 16 III UmwG – zur Folge, dass das **Prozessgericht**, also das Gericht, vor dem Klage gegen den Hauptversammlungsbeschluss erhoben wird, rechtskräftig gegenüber jedermann feststellen kann, dass die Erhebung der Klage trotz behaupteter Mängel des Zustimmungsbeschlusses der Eintragung des Vertrages nicht entgegensteht (§ 246a III 4 Hs 2, IV 2 AktG). Ein daraufhin eingetragener Unternehmensvertrag ist wirksam, selbst wenn später ausgeurteilt wird, dass der Hauptversammlungsbeschluss ungültig ist. Freilich darf das Prozessgericht diese folgenschwere Entscheidung nur dann treffen, wenn die Klage unzulässig, offensichtlich unbegründet oder aus sonstigen Gründen das alsbaldige Wirksamwerden des Hauptversammlungsbeschlusses und damit des Vertrages vorzugswürdig ist. Das Registergericht darf anders als in den Unbedenklichkeitsverfahren bei Eingliederung, Squeeze out und Umwandlung bereits unabhängig von der Entscheidung des Prozessgerichts eintragen (**keine Registersperre bei § 246a AktG!**). Zudem kann die beklagte Gesellschaft die Freigabe auch noch beantragen, wenn das Registergericht bereits eingetragen hat, denn durch eine solche

---

70   Dazu näher Rn 1071 ff.

nachgeschobene Freigabe erlangt die Eintragung die Bestandskraft gemäß § 246a III **§** Hs 2, IV 2 AktG[71].

Beispiel (Hauptversammlung II): Aktionär Gierig (G) hatte aus einem anderen Grund nach Widerspruchseinlegung fristgemäß Klage gegen den Beschluss erhoben. Er fand, dass die angebotene Barabfindung seitens der M im Vertrag viel zu niedrig ausgefallen sei. Wegen Überlastung konnte das Gericht bisher über beide Klagen noch nicht entscheiden. Was wird das Registergericht tun?   **522**

Weil sich bereits ein anderes Gericht mit den materiellen Mängeln des Vertrages beschäftigt, sieht § 127 FGG vor, je nach Ermessen des Registergerichts die Sache auszusetzen oder aber der Eintragung nachzukommen. Die Entscheidung darüber wird der **Registerrichter** also von seiner eigenen, summarischen Einschätzung des Sachverhaltes abhängig machen.

§§ 305 V AktG sieht hinsichtlich der Frage, ob ein Abfindungsgebot als angemessen betrachtet werden kann, ausdrücklich ein sog. Spruchverfahren vor. Eine Anfechtungsklage gegen den Zustimmungsbeschluss der Hauptversammlung, welche die Angemessenheit der Abfindung zum Streitgegenstand hat, ist unzulässig. G's Bemühen wird der Registerrichter also keine Chance einräumen und folglich die Eintragung vornehmen. Zu einem anderen Ergebnis dürfte der Registerrichter in der Sache K kommen. Dort wird er K's Einwand des Wahlbetruges ernst nehmen und – sich der Folgen einer Eintragung bewusst (bis zur Amtslöschung nach dem gegenüber § 142 FGG abschließend vorrangigen § 144 II FGG gilt der Vertrag als wirksam) – die Entscheidung des Prozessgerichts abwarten wollen.

Abwandlung: Der Vorstand der E will den ungewissen Zustand beenden. Er beantragt beim **Prozessgericht** gem. § 246a I AktG, die Eintragung freizugeben. Das Gericht beschließt die Freigabe. Sofortige Beschwerde gegen den Beschluss wird nicht erhoben. Wie wird der Registerrichter nun entscheiden?

Gem. § 246a III 4 AktG ist der rechtskräftige Beschluss für das Registergericht bindend. Der Registerrichter hat daher trotz seiner begründeten Zweifel an der Rechtmäßigkeit des Hauptversammlungsbeschlusses den Beherrschungsvertrag ins HR der E einzutragen. Gibt das Prozessgericht später in der Hauptsache der Anfechtungsklage des K statt, führt das trotz der Unwirksamkeit des Hauptversammlungsbeschlusses nicht zur Unwirksamkeit des Vertrags. K kann gegenüber E allenfalls einen Schadensersatzanspruch geltend machen gem. § 246a IV AktG.

– Erkennt das Registergericht **Nichtigkeitsgründe** (§ 241 AktG), so ist der Hauptversammlungsbeschluss auch ohne Klage nichtig. Folge ist die Ablehnung der Eintragung. **Bloße Anfechtungsgründe** gegen den Hauptversammlungsbeschluss ohne Klageerhebung haben dagegen keine Auswirkungen auf den Eintragungsvorgang.   **523**

Beispiel (Hauptversammlung III): In Abwandlung zu Beispiel I und II wurde die Hauptversammlung der E ordnungsgemäß durchgeführt. Auch das Barabfindungsangebot wird nicht bemängelt. Alles ist also in bester Ordnung, bis der Registerrichter bei Überprüfung der ihm vom Vorstand der E überreichten Unterlagen bemerkt, dass der Beschluss zwar no-   **524**

---

71 *Ihrig/Erwin*, DB 2006, 1973, 1975 ff; *Hüffer* § 246a Rn 2.

tariell beurkundet, nicht aber vom Vorsitzenden nach § 130 II AktG festgestellt wurde. Gem. § 241 Nr 2 AktG ist ein nicht festgestellter Beschluss nichtig, falls er nicht durch Eintragung geheilt wird (§ 242 I AktG). Ein nichtiger Beschluss braucht nicht angefochten zu werden. Er existiert als solcher nicht. Folglich darf der Registerrichter die Eintragung nicht vornehmen.

525 **(e)** Sofern im Vertrag kein späterer Termin als der Zeitpunkt des Vertragsschlusses vereinbart wurde, wird der Vertrag am Tag der Handelsregistereintragung (= ex nunc) wirksam. Auch eine **Rückwirkung** (= ex tunc), zB auf den Zeitpunkt des Vertragsschlusses, ist vertraglich vereinbar. Von dieser Rückwirkungsmöglichkeit ist der **Beherrschungsvertrag ausgenommen**. Das liegt daran, dass eine einheitliche Leitung oder eine bestimmte Weisung, also eine Tätigkeit, nicht rückwirkend ausgeübt werden kann. Werden ein Beherrschungs- und ein Gewinnabführungsvertrag mit Rückwirkung geschlossen, ist also nur der die Beherrschung betreffende Teil, der zurückwirken sollte, gesellschaftsrechtlich unwirksam[72].

526 Eine **Heilung** mangelhafter Verträge tritt durch die Eintragung selbst nicht ein (anders für den Beschluss, wenn er aufgrund einer Freigabe gemäß § 246a AktG eingetragen wurde oder die Freigabe nachgeschoben worden ist). Vertragsmängel heilen kann also nur ein neuer Vertrag. Wird die Unwirksamkeit des bestehenden Vertrages bei der Eintragung durch das Registergericht nicht beachtet, und kommt es zum Vollzug (zB gleicht die Obergesellschaft den Verlust des abhängigen Unternehmens aus), so ist gem. der **Grundsätze der fehlerhaften Gesellschaft,** welche hier Anwendung finden, der unwirksame wie ein wirksamer Vertrag zu behandeln[73]. Denn wegen des organisationsrechtlichen Charakters des Beherrschungs- und Gewinnabführungsvertrags, welcher praktisch die Organisation/Struktur der Vertragsparteien insbesondere der abhängigen Gesellschaft aufbricht, würde eine Rückabwicklung nach den §§ 812 ff BGB, deren Tatbestand und Rechtsfolgen sich an schuldrechtlichen Verträgen mit Leistung und Gegenleistung orientieren sowie nach den leges speciales §§ 57 ff AktG letztlich scheitern. Mit anderen Worten, eine Rückabwicklung von einmal geschaffenen Strukturen und tatsächlich ausgeführten Weisungen ist praktisch unmöglich. Dies gilt solange, bis einer der Beteiligten den „Vertrag" kündigt (§ 297 I AktG) oder aber das Gericht von Amts wegen eine Löschung betreibt (§ 144 II FGG)[74]. Nach Kündigung oder Amtslöschung ist der Vertrag aber auch nur für die Zukunft beendet.

527 | **Leitsätze**

(1) Neben der **Schriftform** bedürfen Unternehmensverträge zu ihrer Wirksamkeit der **Eintragung ins HR der Untergesellschaft** (§ 293 III, 294 II AktG).

(2) Bevor der **Vertrag** eingetragen wird, hat das Registergericht ihn auf formelle und materielle Mängel zu überprüfen. Ein nichtiger Vertrag ist nicht einzutragen. Ist der Vertrag trotz sei-

---

72 Vgl *Hüffer* § 294 Rn 19.
73 BGHZ 103, 1, 4 ff = NJW 1988, 1326 ff – Familienheim.
74 Vgl *Hüffer* § 294 Rn 21.

ner Unwirksamkeit eingetragen worden, so kann er von Amts wegen gelöscht werden (§ 144 II FGG). Eine Heilung des fehlerhaften Vertrages findet durch die Eintragung also nicht statt. Allerdings gelten bis zur Löschung die für die **fehlerhafte Gesellschaft aufgestellten Grundsätze,** sofern der Vertrag bereits vollzogen wurde.

(3) Davon zu unterscheiden ist die Überprüfung des **Hauptversammlungsbeschlusses** durch das Registergericht. Seine Fehlerhaftigkeit ist heilbar. Bei Eintragung des Unternehmensvertrags aufgrund einer Freigabe gemäß § 246a AktG im Falle einer Klage gegen den Beschluss erlangt der Beschluss Bestandskraft. Dasselbe gilt bei einer vorab erfolgenden Eintragung und danach erwirkten Freigabe.

(4) Der Beherrschungsvertrag unterliegt einem **Rückwirkungsverbot.**

dd) Sonstiges. Bevor es zur Zustimmung der Hauptversammlung der Untergesell- 528
schaft beim Abschluss von Unternehmensverträgen sowie der Zustimmung der jeweiligen Gesellschafterversammlung der Obergesellschaft bei Beherrschungs- und Gewinnabführungsverträgen kommt, sind noch bestimmte Vorschriften zu beachten:
- So sieht § 293a AktG eine **Berichtspflicht** des Vorstandes gegenüber den Aktionären hinsichtlich des abgeschlossenen Vertrages und seiner Auswirkungen vor.
- Darüber hinaus hat eine **externe Vertragsprüfung,** insbesondere was die Ausgleichs- und Abfindungsansprüche angeht, stattzufinden, und zwar einerseits **vor** der Beschlussfassung über die Zustimmung zum Unternehmensvertrag durch gerichtlich bestellte Vertragsprüfer, §§ 293b ff AktG. Andererseits können Aktionäre, die mit der angebotenen Abfindung oder dem angebotenen Ausgleich unzufrieden sind, im **Anschluss** an den Zustimmungsbeschluss ein Spruchverfahren einleiten.

Hinweis: Die **Ausgleichs- und Abfindungsansprüche** der außenstehenden Aktionäre der 529
Untergesellschaft werden Ihnen noch öfter begegnen. Weil die Ausgleichs- und Abfindungsansprüche der §§ 304, 305 AktG jedoch erst im Haftungsteil dieses Kapitels behandelt werden, sollten Sie vorab nur Folgendes wissen: Die §§ 304, 305 AktG regeln Entschädigungsansprüche der außenstehenden Aktionäre für den Fall des Abschlusses eines Beherrschungs- und/oder Gewinnabführungsvertrages. Denn durch Weisungsmacht und Gewinnabführung werden die außenstehenden Aktionäre im Kern ihrer Mitverwaltungs- und Vermögensrechte getroffen. Mit Rücksicht auf den verfassungsrechtlichen Schutz des Eigentums (Art. 14 GG) hat die Rechtsordnung für eine volle Entschädigung sowie eine gerichtliche Durchsetzung sorgen müssen[75]. Aus diesem Grunde ist mit § 304 AktG eine Dividendengarantie eingeführt (Ausgleichsregelung) sowie mit § 305 AktG eine Abfindungspflicht des herrschenden Unternehmens geregelt worden, da den Aktionären ein Verbleib in der völlig veränderten Untergesellschaft gegen ihren Willen nicht aufgezwungen werden kann. Als Abfindung kommen nach § 305 II AktG entweder Aktien der Obergesellschaft oder ihrer Muttergesellschaft oder eine Barabfindung in Betracht. Die Überprüfung von Ausgleich und Abfindung erfolgt in einem besonderen Verfahren der freiwilligen Gerichtsbarkeit, dem Spruchverfahren nach dem SpruchG[76].

---

75 Vgl BVerfGE 14, 263, 276 ff = NJW 1962, 1667 ff – Feldmühle; *E/H,* Komm. § 304 Rn 3.
76 *E/H,* Komm. § 304 Rn 1a.

530 • Schließlich sind die in § 293f AktG aufgezählten Unterlagen in der Hauptversammlung bzw der Gesellschafterversammlung **auszulegen** und auf Verlangen
dem Aktionär in Abschrift zu erteilen.

• Letztlich steht jedem Aktionär ein über das allgemeine in § 131 AktG geregelte
Auskunftsrecht hinausgehendes, den anderen Vertragsteil betreffendes **Auskunftsrecht** in der Hauptversammlung zu (§ 293g AktG).

Ein Verstoß gegen die §§ 293a ff AktG führt zur Anfechtbarkeit des Hauptversammlungsbeschlusses.

---

531 | **Schema: Vertragsabschluss eines Beherrschungs- und/oder Gewinnabführungs-
vertrages**

I. Einigung über den Vertrag
  1. Vertragsparteien einigen sich auf den Abschluss eines Beherrschungs- und/oder
     Gewinnabführungsvertrags mit entsprechendem Inhalt.
  2. Organe der Vertragsparteien handeln im fremden Namen mit Vertretungsmacht?
     a) auf Seiten der abhängigen AG, KGaA
        aa) Vertretungsmacht des Vorstandes ist bei Grundlagengeschäften von der
            Satzung/dem Gesetz nicht gedeckt.
        bb) Erforderlich ist noch die Zustimmung der Hauptversammlung gem. § 293 I
            AktG sowie bei KGaA die Zustimmung der Komplementäre gem. § 285 II
            AktG.
        cc) Lediglich Innenwirkung hat ein Zustimmungsvorbehalt des Aufsichtsrats
            nach § 111 IV 2 AktG.
     b) auf Seiten des herrschenden Unternehmens
        aa) Vertretungsmacht des Organs fehlt bei Kapitalgesellschaften ebenfalls;
            bei Personengesellschaften ist das umstritten.
        bb) Es bedarf daher auch beim herrschenden Unternehmen der Zustimmung
            der Gesellschafterversammlung zum Vertragsschluss sowie bei KGaA der
            Zustimmung der Komplementäre gem. § 285 II AktG; für die AG, KGaA folgt
            dies aus § 293 II AktG, für GmbH und Personengesellschaften analog bzw aus
            §§ 116 II, 164 HGB (dann aber nur Innenwirkung).
        cc) Lediglich Innenwirkung hat ein Zustimmungsvorbehalt des Aufsichtsrats
            nach § 111 IV 2 AktG.
II. Wirksamkeit der Einigung
  1. Schriftform des Vertrags (§ 293 III AktG).
  2. Eintragung in das HR der abhängigen AG, KGaA (§ 294 AktG) bzw analog
     bei GmbH und Personengesellschaften.

---

c) Vertragsänderung § 295 AktG

532 **aa) Normzweck.** Werden Unternehmensverträge nachträglich geändert, findet
§ 295 AktG Anwendung. Mit der Regelung wird zum einen sichergestellt, dass durch
rechtsgeschäftliche Änderungen des Unternehmensvertrages die für den Abschluss
eines solchen geltenden hohen Anforderungen der §§ 293, 294 AktG nicht umgangen
werden können (§ 295 I AktG). Für die Änderung eines Beherrschungs- und/oder Gewinnabführungsvertrages hat dies zur Folge,

- dass die Vertragsänderung **schriftlich** zu erfolgen hat (§§ 295 I 2, 293 III AktG),
- dass neben der **Zustimmung** der Hauptversammlung der abhängigen Gesellschaft auch die der Obergesellschaft mit mindestens **3/4-Mehrheit** herbeizuführen ist, sofern es sich bei ihr um eine AG oder KGaA handelt (§§ 295 I 1, 2, 293 I 2, II AktG; analoge Anwendung auf andere Gesellschaftsformen),
- dass die **zahlreichen Pflichten** (zB Berichtspflicht) und erweiterten **Auskunftsrechte** der §§ 293a ff AktG Anwendung finden sowie
- dass die Vertragsänderung erst mit **Eintragung in das HR der Untergesellschaft** wirksam ist (§§ 295 I 2, 294 AktG).

Zum anderen bindet § 295 II AktG eine geplante Änderung der Ausgleichs- und Abfindungsregeln an einen **Sonderbeschluss** der davon Betroffenen, also der außenstehenden Aktionäre der abhängigen Gesellschaft.

bb) Begriff der Vertragsänderung. (1) Unter einer Vertragsänderung ist eine **zweiseitige rechtsgeschäftliche Vereinbarung** der Vertragsparteien mit Auswirkung auf den **laufenden** Unternehmensvertrag zu verstehen[77]. Von § 295 AktG erfasst ist der gesamte Vertragsinhalt, insbesondere also jede Änderung der Rechte und Pflichten, die sich aus dem Unternehmensvertrag ergeben. Da auch die Parteien zum Inhalt des Vertrages gehören, stellt eine Vertragsübernahme durch einen Dritten (Auswechslung einer der beiden Vertragsparteien) eine Vertragsänderung dar. Gleiches gilt für die Aufnahme einer weiteren Partei in den Vertrag (Vertragsbeitritt)[78]. Teilweise Abweichendes gilt, wenn bei Umwandlungen Positionen aus Unternehmensverträgen auf übernehmende Rechtsträger übertragen werden (näher sogleich Rn 536). **533**

534

Beispiel: Zwischen der Geheimnis-AG (G-AG) und der von ihr abhängigen Z-AG besteht ein Beherrschungsvertrag. Aufgrund von Konzernumstrukturierungen gründet die G-AG mit der Dritt-AG ein Gemeinschaftsunternehmen Vertriebs-AG (V-AG), unter dessen Dach sämtliche Vertriebsaktivitäten der beiden Marktführer G-AG und Dritt-AG koordiniert werden sollen. Als Sacheinlage hat die G-AG ihre Mehrheitsbeteiligung an der Z-AG in die V-AG eingebracht.

Im Hinblick auf die veränderte Konzernsituation kamen die G-AG, die Z-AG und die V-AG zudem überein, dass die V-AG dem Beherrschungsvertrag zwischen G-AG und Z-AG einschließlich der hieraus resultierenden Verbindlichkeiten **auf Seiten der G-AG beitrete.** Um widersprüchlichen Anweisungen vorzubeugen, verzichtete die G-AG zugleich auf die Ausübung des Weisungsrechts, so dass nunmehr allein V-AG die Konzernleitung über Z-AG ausübte. Eine Neufestsetzung der Ausgleichsleistung und ein neuerliches Abfindungsangebot erfolgten nicht. Der Minderheitsaktionär der Z-AG, Streit (S), ist der Meinung, dass die Änderungsvereinbarung rechtlich einer Aufhebung des alten Beherrschungsvertrages und einem Neuabschluss gleichkomme und wegen der Aufhebung nach § 296 II AktG zumindest eines Sonderbeschlusses der außenstehenden Aktionäre bedurft hätte. Hat er Recht?

---

77 *Hüffer* § 295 Rn 3.
78 *Hüffer* § 295 Rn 5.

Nein! Wie der BGH zum hier abgewandelten Sachverhalt im Grundsatzurteil vom 15.6.1992 feststellte[79], kann der Beitritt zu einem Beherrschungsvertrag grundsätzlich im Wege einer Änderung des bestehenden Beherrschungsvertrages vereinbart werden. „Die Tatsache, dass die beteiligten Unternehmen das mit dem Änderungsvertrag bezweckte Ergebnis auch durch Aufhebung und Neuabschluss hätten herbeiführen können, gibt den Aktionären keinen Anspruch auf ein solches Vorgehen und macht den von den Beteiligten gewählten Weg des Vertragsbeitritts nicht unzulässig."[80] Im Einzelnen hatte der BGH folgende Gesichtspunkte zu prüfen:

I. Zunächst sprechen die äußere Form sowie der Inhalt der Vereinbarung für eine Änderung und gegen eine Aufhebung. So wurde die Vereinbarung zwischen G-AG, Z-AG und V-AG ausdrücklich als Beitritt bezeichnet. Auch lässt die Vereinbarung die Pflichten der G-AG gegenüber der Z-AG unberührt, was bei einer Vertragsaufhebung nicht der Fall wäre. Die Z-AG und ihre Aktionäre gewinnen durch den Beitritt der V-AG sogar noch eine weitere Schuldnerin. Dass die G-AG auf ihr Weisungsrecht einseitig verzichtet, steht der Annahme einer Vertragsänderung nicht entgegen[81].

II. Die schutzwürdigen Interessen der Aktionäre der Z-AG werden auch nicht durch eine Beschneidung ihrer Hauptversammlungskompetenzen verletzt. Denn wie auch bei einem Neuabschluss ist allein die Zustimmung der Hauptversammlung zum geänderten Beherrschungsvertrag (hier: zum Beitritt) einzuholen. Zu einem Sonderbeschluss der außenstehenden Aktionäre – wie von S gefordert – kommt es sowohl bei einer Aufhebung als auch bei einer Änderung (§ 296 II AktG und § 295 II AktG sind insoweit identisch) nur dann, wenn Ausgleichs- und Abfindungsansprüche betroffen sind, beispielsweise bei einer Vertragsübernahme, bei der der Schuldner wechselt. Durch den Beitritt der V-AG bleiben die ursprünglichen Ansprüche der außenstehenden Aktionäre der Z-AG jedoch unberührt; eine erneute oder zusätzliche Beeinträchtigung der Aktionärsrechte findet nicht statt[82]. Die Hinzugewinnung einer zusätzlichen Schuldnerin (V-AG) vermag die Schutzwirkung des § 295 II AktG nicht auszulösen.

III. Folglich lag in dem Beitritt der V-AG zum Beherrschungsvertrag eine Vertragsänderung gem. § 295 AktG.

535 (2) Keine Vertragsänderung kann in der **Gesamtrechtsnachfolge** gesehen werden. Denn hierbei treten die Rechtsfolgen nicht kraft rechtsgeschäftlicher Vereinbarung, sondern kraft Gesetzes ein.

536 **Beispiel:** Die A-AG hat vor längerer Zeit mit ihrem Mutterunternehmen (M-AG) einen Beherrschungsvertrag geschlossen.

I. Beschließt die M-AG die **Verschmelzung** (§§ 2 ff, 60 ff UmwG) mit einem Drittunternehmen, so hat dies gem. § 20 UmwG eine gesetzliche Universalsukzession in das gesamte Vermögen einschließlich der Verbindlichkeiten der M-AG zur Folge mit dem Resultat, dass das Drittunternehmen als übernehmender Rechtsträger in die Rechtsstellung der M-AG gegenüber der A-AG eintritt und die M-AG als übertragender Rechtsträger erlischt. Für rechtsgeschäftliche Vereinbarungen (§ 295 AktG) zwischen A-AG und M-AG bleibt kein Raum. Anderenfalls

---

79 Vgl BGHZ 119, 1 ff = BGH NJW 1992, 2760 ff – ASEA/BBC.
80 BGHZ 119, 1, 6 – ASEA/BBC.
81 Vgl BGHZ 119, 1, 6 – ASEA/BBC.
82 Vgl BGHZ 119, 1, 8 – ASEA/BBC; bestätigt in BGHZ 138, 136, 141 = AG 1998, 286, 287 – ABB.

würde die Wirksamkeit der Verschmelzung davon abhängig gemacht werden, ob die Hauptversammlung der A-AG der Vertragsänderung und somit der Verschmelzung zustimmt[83].

II. Zum **gleichen Ergebnis** gelangt man, wenn die Untergesellschaft (A-AG) ein drittes Unternehmen aufnimmt, also das Drittunternehmen übertragender und die A-AG übernehmender Rechtsträger ist. Der Beherrschungsvertrag mit M-AG bleibt unberührt, es sei denn, § 307 AktG greift ein[84]. § 295 AktG findet keine Anwendung.

III. Ebenso keine Vertragsänderung stellen die Fälle dar, in denen die A-AG als Untergesellschaft eines Beherrschungsvertrags (1) auf die Obergesellschaft (M-AG) oder (2) auf ein Drittunternehmen oder (3) im umgekehrten Fall die M-AG auf die A-AG verschmolzen wird. In allen drei Fällen wird überwiegend eine **Beendigung** des Beherrschungsvertrages angenommen[85]. Beendigung während der Vertragslaufzeit ist **keine Änderung.** Im ersten und dritten Fall kann dies damit begründet werden, dass mit Untergang der A-AG bzw der M-AG nicht mehr zwei Vertragspartner vorhanden sind (Konfusion) und im zweiten Fall damit, dass anderenfalls das Drittunternehmen plötzlich ohne Zustimmung ihrer eigenen Gesellschafter weisungsabhängig von der M-AG werden würde[86].

(3) Der **Wechsel von einer Vertragsart** in eine andere, beispielsweise von einem Beherrschungsvertrag in einen Betriebspachtvertrag, stellt keine Änderung des alten Vertrages, sondern eine Aufhebung des alten (§ 296 AktG), verbunden mit dem Abschluss eines neuen Vertrages dar. Eine **Vertragsverlängerung** ist ebenfalls ein Neuabschluss[87].   **537**

cc) Sonderbeschluss. (1) Führt die Vertragsänderung zu einer Abweichung von den im ursprünglichen Vertrag getroffenen Ausgleichs- oder Abfindungsregeln (§§ 304, 305 AktG), so bedarf es über die schon von § 295 I AktG verlangte Zustimmung der Hauptversammlung der Untergesellschaft (§ 293 I 2 AktG) hinaus noch eines sog. **Sonderbeschlusses der außenstehenden Aktionäre gem. § 295 II AktG.** Dabei kommt es nicht darauf an, ob die Änderung vorteilhaft oder nachteilig ist[88]. Der Grund für die gesonderte Zustimmung, die ja beim Abschluss eines Beherrschungs- und/oder Gewinnabführungsvertrages selbst nicht verlangt wird, ist darin zu sehen, dass durch die Einräumung eines solchen Ausgleichs- und Abfindungsanspruchs bestimmte Aktionäre, nämlich die außenstehenden Aktionäre, einen **eigenen vertraglichen Individualanspruch** erhalten haben. Wird dieser, einem echten Vertrag zugunsten Dritter (§ 328 BGB) vergleichbare Anspruch geändert, bedarf es schon nach allgemeinen zivilrechtlichen Vorstellungen einer Mitwirkung der Betroffenen. § 295 II 1 AktG wiederholt aber nicht bloß eine zivilrechtliche Regelung, sondern schränkt sie zugleich aus Praktikabilitätserwägungen dahingehend ein, dass dieser Beschluss **nicht von allen,** sondern nur von einer 3/4-Mehrheit der vertretenen außenstehenden Aktionäre   **538**

83   KölnKomm.AktG/*Koppensteiner* § 295 Rn 8.
84   KölnKomm.AktG/*Koppensteiner* § 291 Rn 73.
85   KölnKomm.AktG/*Koppensteiner* § 291 Rn 73, § 295 Rn 10 mwN.
86   *E/H*, Lb. § 19 VII 2, S. 262.
87   *Hüffer* § 295 Rn 7 mwN; aA *E/H*, Komm. § 295 Rn 11.
88   Vgl *Priester*, ZIP 1992, 293, 296.

getragen zu werden braucht (§§ 295 II 2, 293 I 2 AktG). Ist kein außenstehender Aktionär mehr vorhanden, entfällt das Erfordernis eines Sonderbeschlusses[89].

539   **Beispiel:** Übernimmt die Dritt-AG durch Vertrag die Rechte und Pflichten der Mutter-AG (M-AG) aus dem mit ihrer Tochter-AG (T-AG) geschlossenen Beherrschungsvertrag, ändert sich gegenüber der T-AG der Vertragspartner mit der Folge des § 295 I AktG. Solch eine **Vertragsübernahme** hat zudem Auswirkungen auf die Werthaltigkeit der Ausgleichs- und Abfindungsansprüche der außenstehenden Aktionäre der T-AG und erfordert deshalb einen **Sonderbeschluss** (§ 295 II AktG). **Anders** dagegen ist der Fall eines Vertragsbeitritts zu beurteilen, wo die originäre Schuldnerin gegenüber den außenstehenden Aktionären verpflichtet bleibt (s.o.).

540   **Hinweis:** In § 138 AktG ist der Sonderbeschluss allgemein geregelt. Dabei werden zwei Arten von Sonderbeschlüssen unterschieden:
– Da sind zum einen die Fälle, in denen ein positiver **Sonderbeschluss** bestimmter Aktionäre **zum HV-Beschluss hinzutreten** muss, um diesen zur Wirksamkeit zu verhelfen. Gemeint sind damit zB § 141 I AktG oder § 179 III AktG sowie der hier einschlägige § 295 II AktG[90].
– Die andere Gruppe erstreckt sich auf die Fälle, in denen eine **Geschäftsführungsmaßnahme** des Vorstandes **einer Zustimmung** der außenstehenden Aktionäre bedarf. Es handelt sich bei dieser Gruppe von Sonderbeschlüssen ausschließlich um konzernrechtliche Vorschriften, wie beispielsweise die noch später zu behandelnde Aufhebung (§ 296 II AktG) oder Kündigung (§ 297 II AktG) eines Unternehmensvertrages oder der Verzicht/Vergleich auf den Verlustübernahmeanspruch gem. § 302 III 3 AktG[91].

Soweit nichts anderes vorgeschrieben ist, kann der Sonderbeschluss in einer gesonderten, von der HV getrennt abgehaltenen Versammlung der betroffenen Aktionäre oder durch eine auf der HV stattfindende gesonderte Abstimmung gefasst werden (§ 138 I 1 AktG). Eine Ausnahme regelt § 141 III 1 AktG betreffend die Zustimmung der Vorzugsaktionäre zur Aufhebung oder Beschränkung ihrer Vorzüge. Deren Sonderbeschluss hat zwingend in einer gesonderten Versammlung zu erfolgen[92].

541   **(2)** Unter **außenstehenden Aktionären** sind zunächst alle Aktionäre der abhängigen Gesellschaft zum Zeitpunkt der Beschlussfassung anzusehen, die einen Anspruch auf §§ 304, 305 AktG haben, also nicht der andere Vertragsteil[93]. Um einem unerwünschten Einfluss des herrschenden Unternehmens auf den Sonderbeschluss der außenstehenden Aktionäre entgegenzuwirken, werden auch die vom anderen Vertragsteil abhängigen Aktionäre (§ 17 AktG) bei der Beschlussfassung (nicht bei der Inanspruchnahme der §§ 304, 305 AktG) unberücksichtigt gelassen[94].

542   **Beispiel:** Die X-AG hat mit ihrem Mehrheitsaktionär Y-AG einen Beherrschungsvertrag abgeschlossen. An der Abstimmung über diesen Vertrag nahmen sämtliche Aktionäre der X-AG

---

89   *E/H*, Komm. § 295 Rn 24.
90   Eine Aufzählung finden Sie bei *Hüffer* § 138 Rn 2.
91   Eine Aufzählung finden Sie bei *Hüffer* § 138 Rn 2.
92   Vgl *Hüffer* § 138 Rn 3.
93   *E/H*, Komm. § 295 Rn 28.
94   *E/H*, Komm. § 295 Rn 30.

einschließlich der Y-AG teil (§ 293 I 2 AktG). Eine der Vertragsbestimmungen legt auch einen angemessenen jährlichen Gewinnanteil für die verbleibenden Minderheitsaktionäre der X-AG fest (§ 304 I 2 AktG). Vereinbart die Y-AG **später** mit der X-AG einen niedrigeren Gewinnanteil, so darf an dem nach § 295 II AktG herbeizuführenden Sonderbeschluss der außenstehenden Aktionäre weder die Y-AG noch das mit 1 % an der X-AG beteiligte, aber mehrheitlich in Besitz der Y-AG stehende verbundene Unternehmen Z-GmbH teilnehmen.

worin liegt der?

Dass der Sonderbeschluss, der die außenstehenden Aktionäre vor einem nachträglichen Eingriff der Vertragsparteien in ihre Ausgleichs- und Abfindungsrechte schützen soll, in der Praxis ein **weitgehend wirkungsloses Mittel** ist, liegt daran, dass das herrschende Unternehmen sich einseitig von dem Vertrag und ohne Sonderbeschluss durch Kündigung aus wichtigem Grund (§ 297 I 1 AktG) lösen und durch Neuabschluss des Vertrages ebenfalls ohne Sonderbeschluss eine Herabsetzung der Ausgleichs- und Abfindungsansprüche erreichen kann, auf die Zustimmung der außenstehenden Aktionäre also nicht angewiesen ist. Ebenso wenig ist für die ordentliche Kündigung durch das herrschende Unternehmen ein Sonderbeschluss der außenstehenden Aktionäre erforderlich, da § 297 II AktG, der einen Sonderbeschluss verlangt, nur bei Kündigung durch die Untergesellschaft gilt[95]. **543**

muß aber der Vertrag verschafft sein?

(3) Neben dem Sonderbeschluss, dessen Fehlen die Vertragsänderung schwebend unwirksam bleiben oder dessen Ablehnung den Änderungsvertrag endgültig unwirksam werden lässt, steht den außenstehenden Aktionären gem. § 295 II 3 AktG ein **erweitertes**, über § 131 AktG hinausgehendes, **Auskunftsrecht** zu. Es besteht zusätzlich zu dem vom Inhalt her deckungsgleichen Auskunftsanspruch gem. §§ 295 I 2, 293g III AktG. Das macht Sinn, weil Letzteres nur in der Hauptversammlung der Untergesellschaft, hingegen der Sonderbeschluss und folglich auch das hierauf bezogene Auskunftsrecht außerhalb der Hauptversammlung, nämlich in der Versammlung über den Sonderbeschluss, geltend gemacht werden kann. **544**

Leitsätze **545**

(1) Den Vertragsparteien steht es frei, durch **zweiseitige Vereinbarungen** und unter Einhaltung der von § 295 AktG aufgestellten Voraussetzungen nachträglich den Unternehmensvertrag betreffend seines Inhaltes zu **ändern.**

(2) Über § 295 I 2 AktG wird sichergestellt, dass **dieselben Voraussetzungen** wie für den **Neuabschluss** entsprechend gelten. Sollte der Änderungsvertrag Ausgleichs- oder Abfindungsansprüche der außenstehenden Aktionäre negativ oder positiv beeinflussen, so verlangt §§ 295 II AktG iVm § 293 I 2, 3 AktG als **zusätzliche Wirksamkeitsvoraussetzung** einen sog. **Sonderbeschluss** der betroffenen Aktionäre.

(3) Zu den betroffenen Aktionären zählen all jene Aktionäre im Zeitpunkt der Beschlussfassung der abhängigen Gesellschaft, die weder abhängig vom anderen Vertragsteil (§ 17 AktG) noch der andere Vertragsteil selbst sind.

(4) **Keine Anwendung** findet § 295 AktG bei Verschmelzungen oder sonstiger Gesamtrechtsnachfolge, dem Vertragsartwechsel und der Vertragsverlängerung.

---

95 Zur Kündigung siehe Rn 555.

546 | **Schema: Änderung eines Beherrschungs- und/oder Gewinnabführungsvertrages**

I. Einigung über die Vertragsänderung
1. Vertragsparteien ändern zweiseitig den Inhalt des laufenden Unternehmensvertrages.
2. Organe der Vertragsparteien handeln im fremden Namen mit Vertretungsmacht?
   a) auf Seiten der abhängigen AG, KGaA
      aa) Vertretungsmacht des Vorstandes ist bei Grundlagengeschäften von der Satzung/dem Gesetz nicht gedeckt.
      bb) Erforderlich ist noch die Zustimmung der Hauptversammlung gem. §§ 295 I 1, 2, 293 I AktG sowie bei KGaA die Zustimmung der Komplementäre gem. § 285 II AktG
      cc) sowie gegebenenfalls ein Sonderbeschluss der außenstehenden Aktionäre gem. §§ 295 II, 293 I AktG.
      dd) Lediglich Innenwirkung hat ein Zustimmungsvorbehalt des Aufsichtsrats nach § 111 IV 2 AktG.
   b) auf Seiten des herrschenden Unternehmens
      aa) Vertretungsmacht des Organs fehlt bei Kapitalgesellschaften ebenfalls; bei Personengesellschaften ist das umstritten.
      bb) Es bedarf daher auch beim herrschenden Unternehmen der Zustimmung der Gesellschafterversammlung zum Vertragsschluss sowie bei KGaA der Zustimmung der Komplementäre gem. § 285 II AktG; für die AG, KGaA folgt dies aus §§ 295 I 1, 2, 293 II AktG, für GmbH und Personengesellschaften analog bzw bei zuletzt genannten aus §§ 116 II, 164 HGB (dann aber nur Innenwirkung).
      cc) Lediglich Innenwirkung hat ein Zustimmungsvorbehalt des Aufsichtsrats nach § 111 IV 2 AktG.

II. Wirksamkeit der Einigung
1. Schriftform der Vertragsänderung (§§ 295 I 2, 293 III AktG).
2. Eintragung in das HR der abhängigen AG, KGaA (§§ 295 I 2, 294 AktG) bzw analog bei GmbH und Personengesellschaften.

d) Vertragsbeendigung §§ 296, 297 AktG

547 **aa) Überblick.** §§ 296, 297 AktG sind nicht die einzigen Vorschriften im Konzernrecht, die im Zusammenhang mit der Beendigung eines Vertragskonzerns stehen. Neben der vertraglichen Aufhebung, die § 296 AktG regelt, und dem einseitigen Gestaltungsrecht der Kündigung in § 297 AktG sind § 307 AktG (dazu s.u. Rn 569), allgemeine zivilrechtliche Regelungen (zB Zeitablauf, Rücktritt etc) sowie §§ 304 IV, 305 V 4 AktG zu nennen, welche im Falle einer gerichtlichen Bestimmung der Ausgleichs- und Abfindungsregeln dem herrschenden Unternehmen einen zusätzlichen Kündigungsgrund einräumen.

Die Beendigung eines Unternehmensvertrages ist auch **ohne Eintragung in das HR wirksam.** § 298 AktG, der die Beendigung des Vertrages unter Angabe des Grundes und des Zeitpunktes eintragungspflichtig werden lässt, hat also lediglich deklaratorische Bedeutung (Publizitätsfunktion)[96].

bb) Aufhebung (§ 296 AktG). Mit der Vertragsaufhebung nach § 296 AktG ist die **548** **vertragliche** Einigung der Vertragsparteien darüber, dass der bestehende Unternehmensvertrag zu einem bestimmten Zeitpunkt in Zukunft keine rechtlichen Bindungen mehr entfalten soll, gemeint. Besonders sorgfältig sind Aufhebung (§ 296 AktG) und Vertragsänderung (§ 295 AktG) **abzugrenzen.** So kann es nämlich sein, dass eine von den Parteien gewollte Änderung den vorhandenen Vertragstypus derartig verändert, dass sie eine Vertragsaufhebung, verbunden mit einem Neuabschluss, darstellt. Da das Gesetz in § 295 und § 296 AktG unterschiedliche Voraussetzungen an die Wirksamkeit der Einigung der Vertragsparteien stellt, ist auf die jeweils korrekte Einordnung zu achten.

(1) Zustandekommen. § 296 I AktG stellt an das **Zustandekommen der Aufhe-** **549** **bung** inhaltliche und formelle Anforderungen. Um die abhängige Gesellschaft, ihre Aktionäre und Gläubiger vor einer rückwirkenden Beseitigung unternehmensvertraglicher Ansprüche (vgl §§ 300 ff AktG) zu schützen, ist eine rückwirkende Aufhebung verboten. Vielmehr kann der Vertrag nur zum Ende des Geschäftsjahres bzw zum Ende der jeweiligen Abrechnungsperiode einverständlich beendet werden (§ 296 I AktG). Anderenfalls ist die Vereinbarung gem. § 134 BGB nichtig. Die Wahl eines späteren als des in § 296 I AktG genannten Zeitpunktes ist freilich möglich[97].

Gesichtspunkte der Rechtssicherheit verlangen auch für die Aufhebung eine schriftli- **550** che Form (§ 296 I 3 AktG). Ein Verstoß hiergegen hat die Nichtigkeit der Aufhebung gem. § 125 BGB zur Folge.

Als besonderen Schutz der außenstehenden Aktionäre sieht **§ 296 II AktG** ein **Son-** **551** **derbeschlusserfordernis** vor. Wie in § 295 II AktG auch wird dieser Sonderbeschluss immer dann verlangt, wenn eine Ausgleichs- und Abfindungsregelung aufgehoben wird. An das Zustandekommen des Sonderbeschlusses der außenstehenden Aktionäre sind gem. § 296 II 2 AktG die gleichen Anforderungen wie bei einer Vertragsänderung zu stellen (§§ 293 I 2, 3, 295 II 3 AktG). Ohne diesen Beschluss bliebe im Fall des § 296 II AktG die Vertragsaufhebung schwebend unwirksam[98].

Anders als bei einer Vertragsänderung steht die Aufhebungsentscheidung in der **Geschäftsführungskompetenz** des Vorstands. Folglich ist eine Zustimmung der Hauptversammlung für die Vertragsaufhebung nicht notwendig. Während also bei § 295 AktG ein fehlender oder unwirksamer Sonderbeschluss zur Unwirksamkeit des Hauptversammlungsbeschlusses (§ 295 I AktG) und mittelbar zur schwebenden Unwirksamkeit der Vertragsänderung führt, schlägt er bei § 296 II AktG unmittelbar auf die Vertragsaufhebung durch.

---

96 *Hüffer* § 298 Rn 1, 5.
97 *Hüffer* § 296 Rn 2.
98 *Hüffer* § 296 Rn 7 mwN.

552 (2) **Rechtsfolgen.** Ist der Aufhebungsvertrag unwirksam, bleibt der Unternehmensvertrag weiterhin bestehen. Mit Wirksamkeit der Aufhebung entfaltet der Unternehmensvertrag dagegen keine Rechtsfolgen mehr. Für einen aufgehobenen Beherrschungs- und/oder Gewinnabführungsvertrag bedeutet dies im Wesentlichen, dass **künftige**

- Ausgleichsverpflichtungen gegenüber dem abhängigen Unternehmen aus § 302 AktG,
- Ausgleichs- und Abfindungsansprüche (§§ 304, 305 AktG) gegenüber den außenstehenden Aktionären sowie
- Weisungsfolgepflichten des abhängigen Unternehmens (§ 308 II AktG) entfallen.

Allerdings erwächst gem. **§ 303 I AktG** dem herrschenden Unternehmen die Verpflichtung, den Gläubigern der abhängigen Gesellschaft Sicherheit zu leisten.

---

553 | **Leitsätze**

(1) Unter einer **Vertragsaufhebung** ist die von den Vertragsparteien einvernehmlich für die Zukunft (**Rückwirkungsverbot**) betriebene Beendigung des Unternehmensvertrages zu verstehen (§ 296 I AktG).

(2) Eine **Zustimmung** der Hauptversammlung der Untergesellschaft ist hierfür **nicht notwendig.** Allerdings haben die außenstehenden Aktionäre in einem **Sonderbeschluss** ihre Zustimmung zu erteilen, falls ihre Ausgleichs- oder Abfindungsansprüche betroffen sind, was bei einer Aufhebung eines Beherrschungs- und/oder Gewinnabführungsvertrages regelmäßig der Fall ist (§ 296 II AktG).

(3) Die **Eintragung** ins HR der Untergesellschaft ist **keine** Wirksamkeitsvoraussetzung für den Aufhebungsvertrag (§ 298 AktG).

---

554 | **Schema: Aufhebung eines bestehenden Beherrschungs- und/oder Gewinnabführungsvertrages**

I. Einigung über die Vertragsaufhebung
  1. Vertragsparteien äußern den Willen, den laufenden Unternehmensvertrag zu beenden.
    a) Abgrenzung zur Vertragsänderung § 295 AktG.
    b) Zulässiger Aufhebungszeitpunkt § 296 I AktG.
  2. Organe der Vertragsparteien handeln im fremden Namen mit Vertretungsmacht?
    a) auf Seiten der abhängigen AG, KGaA
      aa) Vertretungsmacht des Vorstandes, gem. § 78 AktG.
      bb) Möglicher Zustimmungsvorbehalt des Aufsichtsrats nach § 111 IV 2 AktG hat nur Innenwirkung.
      cc) Gegebenenfalls ist ein Sonderbeschluss der außenstehenden Aktionäre gem. §§ 296 II, 293 I AktG erforderlich. Insoweit ist die Vertretungsmacht des Vorstandes nach außen beschränkt.
    b) Vertretungsmacht auf Seiten des herrschenden Unternehmens richtet sich nach allgemeinem Vertretungsrecht

II. Wirksamkeit der Einigung
  1. Schriftform der Vertragsaufhebung (§ 296 I 3 AktG).
  2. Eintragung in das HR der abhängigen AG, KGaA (§ 298 AktG) hat lediglich deklaratorische Bedeutung und ist kein Wirksamkeitserfordernis.

cc) Kündigung (§ 297 AktG) 555

(1) Allgemeines. § 297 AktG regelt das Kündigungsrecht der Vertragsparteien nicht abschließend. Er beinhaltet

- die Zulässigkeit der Kündigung aus wichtigem Grund (§ 297 I AktG),
- das von bestimmten Voraussetzungen abhängige Erfordernis eines Sonderbeschlusses (§ 297 II AktG) sowie
- aus Gründen der Rechtssicherheit und -klarheit ein Schriftformerfordernis (§ 297 III AktG).

Die in § 297 AktG nicht geregelten Fragen der Kündigung von Unternehmensverträgen sind somit **dem Willen der Vertragsparteien** überlassen[99]. Wo ein Wille fehlt oder nicht ausgelegt werden kann, ist auf allgemeine zivilrechtliche Regelungen zurückzugreifen.

(2) Ordentliche Kündigung. Die fristgebundene Vertragsauflösung ohne wichtigen 556 Grund nennt man ordentliche Kündigung[100]. Sie ist in § 297 AktG nicht geregelt und entsprechend dem Grundsatz der Vertragsfreiheit **zulässig**, wenn die Parteien sie vertraglich vorgesehen haben.

(a) Fehlt eine Vertragsklausel, so ist zu unterscheiden nach den Unternehmensver- 557 trägen des § 292 AktG und denen des § 291 AktG.

Für die erstgenannten wird ein ordentliches Kündigungsrecht bejaht. Bei ihnen kann nämlich auf das jeweilige Pendant des BGB zurückgegriffen werden, zB für Gewinngemeinschaften auf § 723 BGB, für die Betriebspacht auf § 584 BGB[101].

Bei **Beherrschungs- und/oder Gewinnabführungsverträgen** hingegen soll es nach hM kein Recht zur ordentlichen Kündigung geben[102]. Sie begründet dies mit dem strukturändernden Charakter, der diesen Verträgen innewohnt und eine Langfristbindung nahe legt. Von jener soll man sich billigerweise nur durch Einhaltung von Kündigungsfristen lösen können, was, wenn diese vertraglich nicht vereinbart sind, gegen ein ordentliches Kündigungsrecht spricht. Auch gibt es keinen allgemeinen Grundsatz, wonach Dauerrechtsverhältnisse nicht nur aus wichtigem Grund, sondern auch ordentlich gekündigt werden können[103]. Gegen die hM spricht der Wortlaut des § 297 II AktG. Dort ist ausdrücklich geregelt, dass für den Fall der ordentlichen Kündigung eines Unternehmensvertrages, der zur Leistung eines Ausgleichs an die außenstehenden Aktionäre oder zum Erwerb ihrer Aktien verpflichtet (siehe §§ 304, 305 AktG), ein Sonderbeschluss herbeigeführt werden muss. Auch würde im Falle dessen, dass eine Berufung auf ein außerordentliches Kündigungsrecht in Ermangelung eines wichtigen Grundes ausscheidet oder sich die andere Vertragspartei gegen eine einvernehmliche Aufhebung sperrt, der Vertrag praktisch nicht enden. Andererseits drückt

---

99 *Hüffer* § 297 Rn 2; Reg Begr *Kropff*, S. 386.
100 *Hüffer* § 297 Rn 10.
101 *Hüffer* § 297 Rn 14.
102 Nw bei *Hüffer* § 297 Rn 12.
103 *Hüffer* § 297 Rn 13 mwN.

gerade das Fehlen einer Kündigungsklausel den Parteiwillen aus, auf unbestimmte Zeit einen Unternehmensvertrag einzugehen. Die Vertragspraxis hat sich mittlerweile auf die hM eingestellt. Regelmäßig existiert eine Abrede, wonach der Vertrag nach Ablauf einer festen Vertragsdauer von fünf Jahren ordentlich kündbar ist[104].

558 **(b)** Ist eine **Kündigungsfrist** nicht geregelt, so wird sie durch einen Rückgriff auf das BGB hergeleitet (zB §§ 584, 723 BGB). Für die Bestimmung der Kündigungsfrist bei einem Beherrschungs- und Gewinnabführungsvertrag hingegen wird überwiegend die Regelung des § 132 HGB entsprechend angewendet mit der Folge einer Sechsmonatsfrist[105]. Diese Frist ist an einen bestimmten **Kündigungstermin** gebunden. Schweigt auch hierzu der Vertrag, bietet sich die analoge Anwendung der § 296 I AktG oder § 132 HGB mit der Folge der Sechsmonatsfrist zum Ende des Geschäftsjahres an[106].

559 **(c)** Im Zusammenhang mit den §§ 295 II, 296 II AktG ist auch § 297 II AktG zu sehen. Danach ist ein **Sonderbeschluss der außenstehenden Aktionäre** notwendig, wenn:

- die ordentliche Kündigung
- eines Vertrages, der Ausgleichs- und Abfindungsleistungen vorsieht,
- durch den Vorstand der abhängigen Gesellschaft (nicht: Kündigung durch das herrschende Unternehmen!) erklärt wird.

Dass sich § 297 II AktG nicht auf die Kündigung eines Beherrschungs- und/oder Gewinnabführungsvertrages durch das herrschende Unternehmen erstreckt, hat im Schrifttum verständlicherweise Kritik nach sich gezogen[107]. Angesichts des eindeutigen Wortlautes in § 297 II AktG ist die im folgenden Beispiel dargestellte Problematik jedoch hinzunehmen.

560 **Beispiel:** Zwischen der X-AG und dem Richy-rich-Verein e V besteht ein Beherrschungs- und Gewinnabführungsvertrag über 10 Jahre. Weil aber die Mitglieder des Vereins der Auffassung sind, dass mit der vor drei Jahren getroffenen Ausgleichs- und Abfindungsregelung zugunsten der außenstehenden Aktionäre der X-AG eine mehr als luxuriöse Geste gezeigt worden sei und dass dieser „Platz an der Sonne im Zuge der allgemeinen Globalisierung mal ein bisschen Schatten vertragen könne", drängen sie ihren Vereinsvorstand, die Regelungen zu Gunsten des Vereins zu ändern. Dieser erkennt natürlich, dass bei einer eventuellen Vertragsänderung die außenstehenden Aktionäre der X-AG den zu fassenden Sonderbeschluss gem. § 295 II AktG niemals erteilen würden und kommt daher auf folgende Idee: Er kündigt den Vertrag gerade noch rechtzeitig am 30.6 zum Ende des Geschäftsjahres entsprechend der Vertragsvereinbarung und legt gleichzeitig der X-AG einen bezüglich der Ausgleichs- und Abfindungsregelung geänderten Beherrschungs- und Gewinnabführungsvertrag für die restlichen 5 Jahre zum Vertragsabschluss vor. Der Vorstand der X-AG unterschreibt zähneknirschend. Die Hauptversammlung der X-AG stimmt dem Vertragsschluss mittels der Stimmen des Vereins qualifiziert zu (§ 293 I AktG). Einen Sonderbeschluss verlangt § 293 AktG nicht.

---

104   Vgl *E/H*, Komm. § 297 Rn 5a, 6.
105   *E/H*, Komm. § 297 Rn 11; *Hüffer* § 297 Rn 15.
106   So *Hüffer* § 297 Rn 16; aA *E/H*, Komm. §297 Rn 12, der keinen Kündigungstermin verlangt.
107   Statt vieler: KölnKomm.AktG/*Koppensteiner* § 297 Rn 4.

Obwohl dieses Verfahren eindeutig der Umgehung des Sonderbeschlusses nach § 295 II AktG gedient hat, ist die Handlungsweise des Vereins vom gesetzlichen Wortlaut gedeckt. Richyrich eV ist wieder einmal der Gewinner.

(3) Außerordentliche Kündigung. Bei Vorliegen eines wichtigen Grundes steht jeweils dem hiervon betroffenen Vertragsteil das Recht zur **fristlosen Kündigung** zu (§ 297 I AktG), unabhängig davon, ob der Unternehmensvertrag befristet oder auf unbestimmte Zeit geschlossen worden ist[108].   **561**

(a) Wie bei allen Dauerschuldverhältnissen wird unter einem **wichtigen Grund** die Störung des Vertragsverhältnisses durch einen Vertragsteil in einer Art und Weise verstanden, die die Fortsetzung des Vertrages für den gestörten Vertragspartner unzumutbar werden lässt (vgl § 314 I 2 BGB). § 297 I 2 AktG nennt beispielhaft die voraussichtliche Unfähigkeit des anderen Vertragsteils (herrschendes Unternehmen), seine Vertragspflichten (etwa § 302 AktG) zu erfüllen. Bei der Prognose bleiben kurzfristige wirtschaftliche Schwierigkeiten des herrschenden Unternehmens außer Betracht. Entscheidend sind längerfristige, sich unzumutbar lange hinziehende Störungen auf Seiten des herrschenden Unternehmens[109]. Auf ein **Verschulden** des Vertragspartners kommt es im Übrigen **nicht** an.   **562**

Hinweis: Der Wortlaut des § 297 I 2 AktG lässt nicht vermuten, dass das **herrschende Unternehmen selbst** fristlos kündigen kann, wenn es glaubt, seine Vertragspflichten nicht erfüllen zu können. Die hM bejaht aber ein solches Kündigungsrecht des herrschenden Unternehmens[110]. Schätzt dieses also ein, dass es wegen des Wegbrechens eines Absatzmarktes in Zukunft dauerhaft defizitär wird und seiner gegenüber den außenstehenden Aktionären der Tochter-AG übernommenen Ausgleichsverpflichtung nicht mehr nachkommen kann, steht auch dem herrschenden Unternehmen die außerordentliche Kündigung des Beherrschungs- und/oder Gewinnabführungsvertrages zu. § 297 I AktG gilt für beide Vertragsparteien gleichermaßen.   **563**

Beispielhaft sind daneben als wichtige Gründe einzustufen[111]:   **564**
- die andauernde Erteilung unzulässiger Weisungen (§ 308 AktG erlaubt nicht jedweden Weisungsinhalt) oder
- der Eintritt eines im Vertrag als wichtiger Grund bezeichneten Ereignisses, das nach dem Maßstab des § 297 I AktG kein solcher wäre[112].

Hinweis: Mit **Eröffnung eines Insolvenzverfahrens** werden die meisten Gesellschaften kraft Gesetzes **aufgelöst** (§ 262 I Nr 3 AktG, § 131 I Nr 3 HGB, § 60 I Nr 4 GmbHG). Während des Abwicklungsstadiums bleiben die mit diesen Gesellschaften getroffenen Vereinbarungen zwar noch in Kraft, einzelne Unternehmensverträge sind aufgrund der veränderten Situation allerdings sinnentleert. Aus dem geänderten Gesellschaftszweck heraus würde beispielsweise ein **Beherrschungs- und Gewinnabführungsvertrag** mit seinem Weisungsrecht gegenüber dem Insolvenzverwalter und der Pflicht zur Gewinnabführung der abhängigen Gesellschaft oder der Pflicht   **565**

---

108   *Hüffer* § 297 Rn 3.
109   Vgl *Hüffer* § 297 Rn 4; *E/H*, Komm. § 297 Rn 21.
110   *E/H*, Komm. § 297 Rn 21a.
111   Zum Folgenden: *Hüffer* § 297 Rn 6 ff.
112   Zulässigkeit bejaht von BGHZ 122, 211, 227 ff = SSI; *Hüffer* § 297 Rn 8 mwN.

zum Verlustausgleich des in Insolvenz befindlichen herrschenden Unternehmens dem Ziel des Insolvenzverfahrens zuwiderlaufen, die vorhandenen Gläubiger zu befriedigen und das Gesellschaftsvermögen zu verteilen. Gleiches wäre für die **Gewinngemeinschaft** und den **Teilgewinnabführungsvertrag** anzunehmen. Nach hM enden daher diese Verträge automatisch, wenn bei einer Gesellschaft als Vertragspartner die Insolvenzeröffnung[113] oder ein anderer Auflösungsgrund eintritt. Für die Kündigung ist dann kein Raum[114]. Etwas anderes kann bei Betriebspacht- oder Betriebsüberlassungsverträgen gelten[115].

---

566 **(b)** Das fristlose Kündigungsrecht steht beiden Parteien zwingend zu (§ 297 I 1 AktG). Vertraglicher Ausschluss oder Einschränkung des Kündigungsrechts, beispielsweise durch Verengung der Definition des wichtigen Grundes, sind nicht zulässig[116]. *q° Erweiterung aber möglich (s.o.)*

567 **(4) Kündigungserklärung.** Die Kündigung erfolgt durch einseitige empfangsbedürftige Willenserklärung des kündigenden Vertragsteils. Sie steht in der Geschäftsführungskompetenz des Vorstandes; sie bedarf also **nicht der Zustimmung der Hauptversammlung** oder sonstiger Dritter (zB der Konzernobergesellschaft, wenn eine Tochter kündigen will)[117]. Gem. § 297 III AktG hat die Kündigungserklärung **schriftlich** oder in elektronischer Form zu erfolgen. Anderenfalls ist sie unwirksam (§ 125 BGB). Ordentliche und außerordentliche Kündigung werden mit **Zugang** der Kündigungserklärung wirksam (§ 130 I 1 BGB). Die Eintragung der Vertragsbeendigung ins HR ist deklaratorisch (§ 298 AktG).

(Nur) im Fall einer abhängigen Gesellschaft, die einen Vertrag ordentlich kündigt, der zur Leistung eines Ausgleichs an die außenstehenden Aktionäre der Gesellschaft oder zum Erwerb ihrer Aktien verpflichtet, hängt die Wirksamkeit der Kündigung vom **Sonderbeschluss** der außenstehenden Aktionäre ab[118]. Hingegen soll bei einer Kündigung aus wichtigem Grund wegen der Eilbedürftigkeit nicht bis zu deren Zustimmung gewartet werden müssen[119].

Mit Ablauf der Kündigungsfrist und bei Fristlosigkeit sofort ist der Unternehmensvertrag beendet (ex nunc). Eine Rückabwicklung der ausgetauschten Leistungen findet grundsätzlich nicht statt. Im Übrigen gilt das zur Vertragsaufhebung Gesagte.

568 **dd) Andere Beendigungsgründe.** Während die Aufhebung (§ 296 AktG) und die Kündigung (§§ 297, 304 IV, 305 V 4 AktG) jeweils durch eine Rechtshandlung beider

---

113 Insolvenzbedingte Auflösung des herrschenden Unternehmens oder des abhängigen Unternehmens führt zur Beendigung des Beherrschungsvertrages. So BGHZ 103, 1, 6 ff = NJW 1988, 1326 ff – Familienheim.
114 Nach neuerer Ansicht sollen die Verträge fortbestehen, ergänzt um ein außerordentliches Kündigungsrecht beider Vertragsparteien. Ausführlich wird das Problem der Auflösung von Gesellschaften unter Rn 572 ff behandelt.
115 *E/H*, Komm. § 297 Rn 52c.
116 *E/H*, Komm. § 297 Rn 16.
117 Vgl *Hüffer* § 297 Rn 19.
118 Zu dessen Voraussetzungen s.o. Rn 538 ff.
119 *Hüffer* § 297 Rn 17.

bzw einer Vertragspartei zur Beendigung des Unternehmensvertrages führen, kann dieses Ergebnis auch ohne weiteres Zutun **von Rechts wegen** eintreten.

(1) So endet ein Beherrschungs- und/oder Gewinnabführungsvertrag spätestens zum Ende des Geschäftsjahres von selbst, wenn ein oder mehrere **außenstehende Aktionäre nachträglich** in die abhängige Gesellschaft eintreten und zur Zeit der Beschlussfassung über den Vertrag keine außenstehenden Aktionäre an der Gesellschaft beteiligt waren (§ 307 AktG). Diese Regelung soll die neu eintretenden Aktionäre davor schützen, dass auf die Vereinbarung über den Aktionärsausgleich und die Abfindung der §§ 304, 305 AktG bei Vertragsschluss verzichtet wurde. Von einer Festsetzung der Ansprüche kann nämlich – abweichend vom Normalfall – abgesehen werden, wenn bei der Beschlussfassung der Hauptversammlung keine außenstehenden Aktionäre vorhanden waren (§ 304 I 3 AktG).

569

(2) Da Unternehmensverträge zeitlich befristet werden können, bleibt eine Vertragsbeendigung wegen **Zeitablaufs** selbstverständlich möglich und auch üblich.

570

(3) Problematisch ist ein **Rücktritt** vom Unternehmensvertrag. Sowohl das gesetzliche Rücktrittsrecht als auch der vertragliche Rücktritt können wegen der Rückabwicklungsschwierigkeiten des Vertrags nur solange ausgeübt werden, wie der Vertrag noch nicht in Vollzug gesetzt wurde. Bei Beherrschungs- und/oder Gewinnabführungsverträgen wird als maßgeblicher Zeitpunkt die Zeit bis zur Registereintragung angenommen[120]. Für die Zeit danach kommt nur eine Umdeutung in eine außerordentliche Kündigung mit dem Rücktrittsgrund als wichtigem Kündigungsgrund in Betracht[121]. Gleiches hat für das **Anfechtungsrecht** §§ 119 ff, 142 BGB zu gelten. Bis zur Registereintragung ist diese mit der Rechtsfolge ex tunc zulässig; ab Registereintragung wandelt sich das Anfechtungsrecht in ein außerordentliches Kündigungsrecht um.

571

(4) Ferner stellt die **Auflösung** eines der Vertragspartner, beispielsweise wegen Eröffnung des Insolvenzverfahrens der AG (§ 262 I Nr 3 AktG), einen möglichen Beendigungsgrund dar. Diese Aussage ist allerdings heftig umstritten. Auch kann differenziert werden zwischen den sonstigen Auflösungsgründen einer AG (gemeint sind die §§ 262 I Nr 1, 2, 4, 5 AktG) sowie der Auflösung kraft Insolvenzeröffnung (§ 262 I Nr 3 AktG). Diese Unterscheidung gilt für andere Rechtsformen gleichermaßen.

572

• Die **sonstigen Auflösungsgründe** führen zur Liquidation der Gesellschaft. Die Existenz der abwickelnden Gesellschaft ist noch nicht beendet (vgl §§ 264 ff AktG). Folglich müssten alle Verträge, also auch Unternehmensverträge und im besonderen Beherrschungs- und Gewinnabführungsverträge bestehen bleiben[122]. Gleichwohl ändert sich der Gesellschaftszweck dergestalt, dass die Aufgabe der Gesellschaft vorrangig darin besteht, die Gläubiger zu befriedigen und das Gesellschaftsvermögen zu verteilen[123]. Zumindest für Beherrschungs- und/oder Gewinn-

573

---

120 Vgl BGHZ 122, 211, 225 f = NJW 1993, 1976 ff – SSI; *Hüffer* § 297 Rn 23 mwN.
121 Vgl *Hüffer* § 297 Rn 23.
122 Vgl *K. Schmidt*, ZGR 1983, 513, 528 ff.
123 Vgl KölnKomm.AktG/*Koppensteiner* § 297 Rn 44.

abführungsverträge wurde daraus überwiegend der Schluss gezogen, dass die Verträge mit Liquidation einer der beteiligten Gesellschaften enden würden[124]. Denn die Abführung von Gewinnen als auch die Übernahme von Verlusten liegen außerhalb des Abwicklungszwecks. Zudem greift das Weisungsrecht des herrschenden Unternehmens bei der Abwicklung des abhängigen Unternehmens ins Leere, da es sich auf die Leitung, also die normale Geschäftsführung in der abhängigen Gesellschaft und eben nicht auf die besondere Situation der Abwicklung bezieht[125]. Eine vorzugswürdige Meinung schlägt dagegen vor, dass während der Liquidation die Rechtsfolgen des Beherrschungs- und/oder Gewinnabführungsvertrages ruhen, bis darüber entschieden ist, ob die Gesellschaft doch fortbesteht (dann Aufleben der Rechtsfolgen), zB durch Hauptversammlungsbeschluss gem. § 274 AktG, oder endgültig untergeht (dann automatische Beendigung des Vertrages)[126]. Auf diese Weise werden die Rechtsfolgen des Vertrags zeitweilig suspendiert, ohne den Vertrag als solches – unnötigerweise – sofort zu beenden.

574 • Auch im Falle der **Insolvenzeröffnung** einer der beteiligten AG (§ 262 I Nr 3 AktG) geht die bislang hM von einer **automatischen Beendigung** des Beherrschungs- und/oder Gewinnabführungsvertrages aus[127]. Bei der **Insolvenz der herrschenden AG** leitete sie dieses Ergebnis daraus ab, dass die Aufgaben des Insolvenzverwalters auf die Abwicklung des Unternehmens beschränkt sind, er also keinen Konzern im Konzerninteresse führen soll[128]. Gleiches gelte für den mit ihm gekoppelten Gewinnabführungsvertrag[129], zumal der Verlustausgleich gegenüber der abhängigen Gesellschaft gem. § 302 AktG nicht mehr funktioniert. Weil aufgrund der alleinigen Verwaltungs- und Verfügungsbefugnis des Insolvenzverwalters gem. § 80 I InsO dem Insolvenzverwalter keine Weisungen erteilt werden können, soll nach hM auch bei der **abhängigen AG mit Insolvenzeröffnung** ein Beherrschungs- und Gewinnabführungsvertrag automatisch enden[130]. Darauf hinzuweisen ist an dieser Stelle, dass eine Insolvenz der abhängigen Gesellschaft wegen der Verlustausgleichspflicht des herrschenden Unternehmens sowieso nur für den Fall der Doppelinsolvenz denkbar ist. Gegen die hM lässt sich einwenden, dass wenngleich eine Insolvenz ein Fortbestehen der Gesellschaft unwahrscheinlich werden lässt, eine Fortsetzung nicht ausgeschlossen ist, jedenfalls dann nicht, wenn noch ausreichend Masse vorhanden ist. Dann kann eine Sanierung und damit ein Erhalt der Gesellschaft durch den Insolvenzverwalter angestrebt werden (ausdrücklich als ein Ziel in § 1 InsO erwähnt) und bei der sog. Eigenverwaltung (§§ 270 ff InsO) behält der Schuldner sogar die Verwaltungs- und Verfügungsbefugnis (§ 274 II InsO), eben weil die Fortführung des Unternehmens durch den Schuldner Erfolg versprechend erscheint[131]. Das noch zur alten Konkursordnung

---

124 S. *Hüffer* § 297 Rn 22 f; weitere Nw bei *Kuhlmann/Ahnis*, 1. Aufl., E Rn 83.
125 Großkomm.AktG/*Würdinger*, 3. Aufl., § 297 Anm. 7.
126 So KölnKomm.AktG/*Koppensteiner* § 297 Rn 44 f; *E/H*, Komm. § 297 Rn 51.
127 *Hüffer* § 297 Rn 22; Nw bei KölnKomm.AktG/*Koppensteiner* § 297 Rn 47 f.
128 BGHZ 103, 1, 6 f – Familienheim.
129 Vgl KölnKomm.AktG/*Koppensteiner* § 297 Rn 48.
130 BGHZ 103, 1, 6 f – Familienheim; Großkomm.AktG/*Würdinger*, 3. Aufl., § 297 Anm. 7.
131 Vgl *E/H*, Komm. § 297 Rn 52c; KölnKomm.AktG/*Koppensteiner* § 297 Rn 47.

(KO) ergangene BGH-Urteil „Familienheim" sowie die darauf basierende hM berücksichtigt diese Akzentuierung der seit 1.1.1999 geltenden InsO nicht ausreichend. Unseres Erachtens erscheint es wie bei den sonstigen Auflösungsgründen gerechtfertigt, den Vertrag, wenn auch in seinen Rechtsfolgen suspendiert, **fortbestehen zu lassen** und den Vertragsparteien ein außerordentliches Kündigungsrecht einzuräumen nach § 297 I 2 AktG[132].

(5) Die **Eingliederung** der abhängigen Gesellschaft in das herrschende Unternehmen nach den §§ 319 ff AktG beendet einen zwischen den Unternehmen bestehenden Beherrschungsvertrag. Der Vertrag wird gegenstandslos, da die Eingliederung alle Elemente des Beherrschungsvertrages umfasst und in ihren Wirkungen noch darüber hinausgeht. Die Eingliederung des herrschenden Unternehmens in ein drittes Unternehmen hat hingegen keine Auswirkung auf bestehende Unternehmensverträge[133]. **575**

Die **Verschmelzung** (nach UmwG) der beherrschten Gesellschaft auf eine andere führt wegen des Untergangs der beherrschten Gesellschaft zur automatischen Vertragsbeendigung. Etwas anderes gilt auch hier wieder bei Verschmelzung des herrschenden Unternehmens mit einem Drittunternehmen. Der Unternehmensvertrag bleibt in diesem Fall unberührt[134].

(6) Die Vereinbarung einer **auflösenden Bedingung** gem. § 158 II BGB wird angesichts der Unverträglichkeit von Schwebezustand und strukturänderndem Charakter des Beherrschungs- und Gewinnabführungsvertrags für unzulässig gehalten (anders: § 158 I BGB). Bei den anderen Unternehmensverträgen des § 292 AktG bestehen wegen ihres rein schuldrechtlichen Austauschcharakters wohl keine Bedenken[135]. **576**

Leitsätze **577**

(1) Neben der **Vertragsaufhebung** hat der Gesetzgeber die in Ansätzen geregelte **Kündigung** für die **vorzeitige Beendigung** von Unternehmensverträgen vorgesehen.

(2) Die **ordentliche Kündigung** ist in § 297 AktG nicht geregelt. Sie bedarf daher der Erwähnung im Vertrag, aufgrund derer dann jede Vertragspartei unter Einhaltung der vertraglich vereinbarten und bei Fehlen durch Rückgriff aufs BGB für die Unternehmensverträge des § 292 AktG und auf § 296 I AktG, § 132 HGB analog für die des § 291 I AktG zu ermittelnden Kündigungsfristen den Unternehmensvertrag kündigen kann.

(3) Bei Vorliegen eines wichtigen Grundes steht den Vertragsparteien zwingend ein **außerordentliches Kündigungsrecht** zu (§ 297 I AktG). Ein wichtiger Grund ist gegeben, wenn das Festhalten am Vertrag für eine Partei wegen einer nicht mehr behebbaren Störung des Vertragsverhältnisses unzumutbar geworden ist.

(4) Die Kündigung wird erst mit **Zugang der schriftlichen Kündigungserklärung** bei der anderen Vertragspartei wirksam. Wie bei der Vertragsaufhebung auch bedarf es hierfür keiner Zustimmung seitens der Hauptversammlung der kündigenden Vertragspartei. Allerdings ist die Zuständigkeit des Vorstandes (Vertretungsmacht) der abhängigen Gesellschaft, ordentlich zu kündigen, für den Fall des § 297 II AktG begrenzt.

---

132 S. auch *Zeidler*, NZG 1999, 692, 697 mwN.
133 *E/H*, Komm. § 297 Rn 37 mwN.
134 S. hierzu das Beispiel zur Vertragsänderung Rn 536.
135 So *E/H*, Komm. § 297 Rn 29.

(5) Neben der Kündigung finden sich noch im Gesellschafts- und Zivilrecht **verstreut weitere Beendigungsgründe.** Beherrschungs- und/oder Gewinnabführungsverträge enden mit Zeitablauf, mit Eingliederung und Verschmelzung der einen in die andere Vertragspartei, mit Kündigung nach §§ 304 IV, 305 V 4 AktG sowie bei Vorliegen des § 307 AktG. Für den Fall, dass sich eine Vertragspartei auflöst, ist nach neuerer Ansicht die Suspendierung der Verträge bis zur endgültigen Entscheidung über die Beendigung der Gesellschaft sowie ein außerordentliches Kündigungsrecht der automatischen Beendigung des Vertrags vorzuziehen.

---

578 | **Schema: Kündigung eines bestehenden Beherrschungs- und/oder Gewinnabführungsvertrags**

Ordentliche Kündigung	**Außerordentliche Kündigung**
Zulässigkeit	
Die ordentliche Kündigung bedarf einer vertraglichen Kündigungsklausel.	Die außerordentliche Kündigung ist in § 297 I AktG geregelt und steht beiden Parteien als Gestaltungsrecht zu.
Kündigungsgrund	
Entfällt	Zur Geltendmachung ist das Vorliegen eines wichtigen Grundes notwendig. § 297 I 2 AktG nennt hierfür beispielhaft die fehlende Vertragserfüllung des herrschenden Unternehmens.
Kündigungserklärung	
Die Kündigung muss schriftlich erklärt werden (§ 297 III AktG) und ist wirksam mit Zugang bei der anderen Vertragspartei, sofern bei Kündigung durch die abhängige Gesellschaft der Sonderbeschluss der außenstehenden Aktionäre vorliegt.	Die Kündigung muss schriftlich erklärt werden (§ 297 III AktG) und ist wirksam mit Zugang bei der anderen Vertragspartei.
Kündigungsfrist	§ 297 III gilt für ord. und außerord. Kündigg !
Fehlt eine Bestimmung, hat die Kündigung analog § 296 I AktG, § 132 HGB mit einer Sechsmonatsfrist zum Ende des Geschäftsjahres bzw des vertraglich vereinbarten Abrechnungszeitraums zu erfolgen.	Die Kündigung erfolgt fristlos. Allerdings muss sie im zeitlich angemessenen Zusammenhang mit Kenntnis vom Kündigungsgrund erklärt worden sein.

e) Ausschluss von Weisungen § 299 AktG

§ 299 AktG verbietet es dem herrschenden Unternehmen, kraft seines **beherr-** 579
schungsvertraglich legitimierten Weisungsrechts der abhängigen Gesellschaft die
Änderung, Fortführung oder Beendigung des Beherrschungsvertrages oder anderer
mit dem herrschenden Unternehmen geschlossener Unternehmensverträge aufzugeben[136]. Das Verbot erfasst nur Weisungen, die das herrschende Unternehmen in Bezug
auf mit ihm selbst geschlossene Unternehmensverträge erteilt. Das herrschende Unternehmen kann aber kraft Beherrschungsvertrages mit seiner Tochter diese anweisen,
dass sie einen Beherrschungsvertrag mit ihrer Tochter (Enkelin des anweisenden herrschenden Unternehmens) zu beenden habe[137].

Beispiel: Die Mutterbeteiligungs-KG (M) „bittet" den Vorstand der von ihr faktisch abhängi- 580
gen Tochter-AG (T), den noch mit einer Restlaufzeit von 3 Jahren zwischen T und der Enkel-
AG (E) geschlossenen Beherrschungs- und Gewinnabführungsvertrag sofort zu kündigen. M
hat nämlich vorab die prognostizierten Geschäftszahlen der E für das laufende Jahr erhalten,
und diese versprechen nichts Gutes (§ 302 I AktG). Der Vorstand der E erkennt rechtzeitig die
Gefahr, die von M's Begehren ausgeht und besteht auf dem Weisungsverbot nach § 299 AktG.
Hat er Recht?

Nein. Zwischen M und E besteht zwar ein Konzernverhältnis (hier faktischer mehrstufiger
AG-Konzern), jedoch setzt das Weisungsverbot des § 299 AktG eine Weisung kraft Beherrschungsvertrag voraus. Hier hat die M an T eine Weisung erteilt, ohne vertraglich dazu legitimiert gewesen zu sein. Selbst wenn zwischen M und T ein Beherrschungsvertrag bestünde,
würde die Weisung der M an T, den Beherrschungs- und Gewinnabführungsvertrag mit der E
zu kündigen, nicht von § 299 AktG erfasst. Das Weisungsverbot gilt nach hM nur im Verhältnis der Vertragsparteien zueinander[138].

Hinweis: Lassen Sie sich vom Wortlaut des § 299 AktG nicht täuschen. Auch wenn die Norm 581
allgemein von einer Weisung kraft Unternehmensvertrag spricht, kann damit allein ein Beherrschungsvertrag gemeint sein. Nur der Beherrschungsvertrag gewährt ein Weisungsrecht (§ 308
AktG). Die Eingliederung (§ 323 AktG) erlaubt zwar auch Weisungen, jedoch ist sie kein Unternehmensvertrag und scheidet deshalb aus.

Wird das Weisungsverbot des § 299 AktG missachtet, hat dies die **Nichtigkeit** der 582
Weisung zur Folge (§ 134 BGB). Der Vorstand des abhängigen Unternehmens unterliegt also keiner Folgepflicht (§ 308 II AktG). Widersetzt er sich dennoch nicht der
Weisung und entsteht der abhängigen Gesellschaft dadurch ein Schaden, macht **er**
sich gem. § 310 I AktG **neben** den Vertretern des herrschenden Unternehmens (An-
weisende) nach § 309 I AktG gegenüber der abhängigen Gesellschaft schadenersatz-
pflichtig.

---

136 *Hüffer* § 299 Rn 2.
137 KölnKomm.AktG/*Koppensteiner* § 299 Rn 3.
138 *Hüffer* § 299 Rn 3 mwN.

583 Von Weisungen, die nach § 299 AktG verboten wären, sind Weisungen, die auf einen **ordnungsgemäßen Hauptversammlungsbeschluss** zurückgehen und sich an die eigene Gesellschaft und nicht an die andere Vertragspartei richten, zu unterscheiden. Gem. § 83 I 2 AktG ist der Vorstand verpflichtet, den Willen der Aktionäre seiner Gesellschaft zu beachten. Allerdings kann dies nur Weisungen betreffen, die eine **Änderung** des Vertrags zum Inhalt haben. Hierfür hat die Hauptversammlung eine Kompetenz (siehe Wortlaut des § 83 I 2 AktG), hingegen nicht für die Fortführung oder Beendigung von Unternehmensverträgen. Solche Handlungen fallen in die alleinige Geschäftsführungskompetenz des Vorstandes.

3. Beherrschungsvertrag

584 Wesensmerkmal eines jeden Vertragskonzerns in Gestalt eines Unterordnungskonzerns (§ 18 I 2 AktG) ist der Beherrschungsvertrag (§ 291 I 1 Alt. 1 AktG).

a) Vertragsparteien

585 **aa) National.** Als Beherrschungsvertrag bezeichnet das Gesetz in § 291 I 1 AktG einen Vertrag, durch den eine AG oder KGaA die Leitung ihrer Gesellschaft einem anderen Unternehmen unterstellt. Zunächst geht das Gesetz vom Regelfall einer AG oder KGaA mit Sitz im Inland als Untergesellschaft aus. Später wurde von der Rspr auch die GmbH als Untergesellschaft eines Beherrschungsvertrages anerkannt[139]. Personengesellschaften als Untergesellschaften werden dagegen nur unter einschränkenden Voraussetzungen für zulässig erachtet[140].

Für den beherrschenden Vertragspartner verwendet das Gesetz einen rechtsformneutralen Begriff. Insofern kann jede als herrschendes Unternehmen deklarierte Person beliebiger Nationalität Vertragspartner werden. Mit der Unterstellung der Leitung der abhängigen Gesellschaft erhält das herrschende Unternehmen ein Weisungsrecht gegenüber dem abhängigen Unternehmen (§ 308 I AktG), so dass die verbundenen Unternehmen fortan einen Konzern bilden (§ 18 I 2 AktG).

586 **bb) International.** Da deutsches Konzernrecht nur für deutsche Unternehmen relevant ist, kann die Feststellung, ob es sich bei dem vorliegenden Unternehmensvertrag um einen nationalen oder internationalen (zwischen einem deutschen und einem ausländischen Unternehmen) Vertrag handelt, durchaus bedeutsam werden. Nach Hinwendung des EuGH[141] und, ihm zögerlich folgend, auch des BGH[142] zur Gründungstheorie kommt es bei ausländischen Unternehmen der EG-Mitgliedstaaten für die Anwendung nationalen Rechts nicht auf den effektiven Sitz, sondern auf das Gründungsstatut der jeweiligen Gesellschaft an. Danach ist eine Vertragspartei nach dem Recht seines Gründungsstaates zu behandeln, wenn sie nach EG-ausländischem Recht wirksam gegründet wurde, auch wenn sie ihren tatsächlichen Sitz in Deutschland hat.

---

139 Vgl BGHZ 105, 324, 342 ff = NJW 1989, 295 ff – Supermarkt.
140 S.o. Rn 497.
141 EuGH NJW 1999, 2027 ff – Centros; EuGH NJW 2002, 3614 ff – Überseering; EuGH NJW 2003, 3331 ff – Inspire Art; zu den Folgen instruktiv *Ulmer*, NJW 2004, 1201 ff.
142 BGHZ 154, 185, 189 f = NJW 2003, 1461 ff – Überseering II.

Auf ein inländisches Unternehmen ist demzufolge deutsches Konzernrecht anzuwenden, wenn es nach deutschem Recht gegründet wurde[143]. Ist dieses Unternehmen als **Untergesellschaft** Vertragspartner eines internationalen Unternehmensvertrages, so sind grundsätzlich alle Vorschriften, die zum Schutze der abhängigen Gesellschaft, ihrer Gesellschafter und ihrer Gläubiger aufgestellt sind, auf das ausländische herrschende Unternehmen anzuwenden (zB § 302 AktG)[144]. Das trifft im gleichen Maße auf das **deutsche herrschende Unternehmen** zu. Da die §§ 291 ff AktG allerdings aus Sicht der abhängigen Gesellschaft geschrieben sind, treten kollisionsrechtliche Probleme kaum auf. Der Schutz der abhängigen Gesellschaft richtet sich dann nach dessen nationalen Gründungsrecht[145].

b) Inhalt

Das Wesen des Beherrschungsvertrages liegt in der vertraglichen Unterwerfung der Untergesellschaft unter die Leitungsmacht des anderen Vertragsteils. Da der Wortlaut des § 291 I 1 AktG an § 76 I AktG anknüpft, ist mit Leitungsmacht die Führung der Untergesellschaft als ein herausgehobener Teilbereich der Geschäftsführung gemeint[146]. Dabei ist nicht erforderlich, dass die Leitungsmacht alle Bereiche vollständig erfasst. Jedoch muss es dem herrschenden Unternehmen möglich sein, seine für den Konzern entwickelte Gesamtkonzeption gegenüber dem Vorstand der Untergesellschaft – im Konfliktfall auch gegen dessen Willen – durchzusetzen[147]. **Mittel hierfür ist das Weisungsrecht** des herrschenden Unternehmens gem. § 308 I AktG. Die Bestimmungen über das Weisungsrecht sind demzufolge **Mindestinhalt** eines jeden Beherrschungsvertrages. Im Ergebnis kann die Weisungsbefugnis vertraglich nicht ausgeschlossen werden. Anderenfalls liegt trotz Bezeichnung als Beherrschungsvertrag kein solcher vor. Dem steht es gleich, wenn das Weisungsrecht, dessen Umfang grundsätzlich zur Disposition der Vertragsparteien steht (§ 308 I 2 AktG), so weit eingeschränkt wird, dass sich im Ergebnis an der wirtschaftlichen Selbstständigkeit der abhängigen Gesellschaft nichts geändert hat[148].

587

Eine übergeordnete Leitung des herrschenden Unternehmens kann rein tatsächlich **nicht rückwirkend** ausgeübt werden. Anders als beim Gewinnabführungsvertrag vermag der Beherrschungsvertrag folglich keine Rückwirkung zu entfalten[149].

588

Wegen der Wirkung des § 134 BGB zusätzlich **zwingendes** Erfordernis eines jeden Beherrschungsvertrages sind die Bestimmungen über den Ausgleich der außenstehenden Aktionäre (§ 304 III 1 AktG)[150]. *und über Abfindung nach § 305 AktG*

589

---

143 Erweiternd auch auf nach ausländischem Recht gegründete Gesellschaften *E/H*, Lb. § 11 V, S. 175.
144 Zur Problematik der Durchsetzbarkeit s. *E/H*, Komm. § 291 Rn 37.
145 Vgl *E/H*, Lb. § 11 V 1, S. 175.
146 Vgl *Hüffer* § 291 Rn 10.
147 Vgl *Hüffer* § 291 Rn 10; KG NZG 2000, 1223, 1224.
148 Vgl *E/H*, Komm. § 291 Rn 21 mwN.
149 *Hüffer* § 291 Rn 11.
150 *Hüffer* § 291 Rn 13.

c) Rechtsnatur

590 Der Beherrschungsvertrag ist weit mehr als nur ein schuldrechtlicher Austauschvertrag nach der Devise: „Unterstellst du dich meiner Leitung (§ 308 AktG), so stehe ich für deinen Verlust ein (§ 302 I AktG)". Der Schwerpunkt eines Beherrschungsvertrages liegt in der unmittelbaren Gestaltung der gesellschaftsrechtlichen Beziehungen zwischen den Vertragspartnern. D.h., trotz äußerlich unveränderter Fortgeltung der Satzung der abhängigen Gesellschaft entsteht in ihr durch den Vertragsvollzug eine tief greifende Änderung der **Verbandsstruktur.** Anstelle der eigenverantwortlichen Leitung (§ 76 AktG) des Vorstandes der Gesellschaft tritt die fremdbestimmte Leitung des herrschenden Unternehmens (§ 308 I AktG). Zum anderen wird die Kapitalbindung (§§ 57 ff AktG) zugunsten des anderen Vertragsteils aufgehoben (§ 291 III AktG). Diese **Außerkraftsetzung** zweier Grundprinzipien einer selbstständigen AG kommt einer Satzungsänderung gleich, was schließlich auch seinen Niederschlag in § 293 I AktG gefunden hat (Hauptversammlungsbeschluss mit qualifizierter Mehrheit)[151]. Von der hM werden die Beherrschungsverträge (wie der mit ihm gekoppelte oder aber isoliert abgeschlossene Gewinnabführungsvertrag auch) daher als **Organisationsverträge** bezeichnet[152]. Das schließt ihren schuldrechtlichen Charakter nicht aus. Schließlich ergeben sich aus ihnen Rechte (Ansprüche) und (Leistungs-)Pflichten für die Vertragsparteien.

d) Fehlerhafter Beherrschungsvertrag

591 **aa)** Wie für Gesellschaftsverträge, die mehr als bloße Schuldverträge sind, könnte man sich auch für Organisationsverträge fragen, ob nicht die Regeln über die sog. **fehlerhafte Gesellschaft** heranzuziehen sind, falls ein Organisationsvertrag mit Mängeln behaftet ist.

592 **Exkurs:** Die **Lehre von der fehlerhaften Gesellschaft** ist für das allgemeine Gesellschaftsrecht entwickelt worden, um die Nichtigkeitsfolgen einer in Vollzug gesetzten Gesellschaft, deren Gesellschaftsvertrag nichtig oder anfechtbar ist, zu beschränken. Würde man nämlich strikt nach BGB-Regeln gehen, wäre eine Gesellschaft auf fehlerhafter Vertragsgrundlage (bei Nichtigkeit oder Anfechtung) rückwirkend (ex tunc) nicht existent. Aus Gesichtspunkten des Gläubigerschutzes (Vertrauensschutz aufgrund der Tätigkeit der Gesellschaft) und des Bestandsschutzes (Unmöglichkeit der Rückabwicklung von Beschlüssen und Rechtshandlungen sowie der Vermischung von Kapitaleinlage und Gesellschaftsvermögen) besteht jedoch ein Bedürfnis im Außen- wie im Innenverhältnis, die fehlerhafte Gesellschaft wie eine fehlerfreie Gesellschaft zu behandeln. Rechtsfolge für alle Gesellschaftsformen ist daher grundsätzlich, dass die fehlerhafte Gesellschaft ab dem Zeitpunkt der Geltendmachung der Fehlerhaftigkeit wie eine fehlerfreie Gesellschaft aufgelöst und abgewickelt wird, jedenfalls nicht ex tunc beseitigt werden kann, und dass sie für die Zeit davor als wirksam mit allen daran hängenden Rechten und Pflichten zu behandeln ist.

Damit die Grundsätze der fehlerhaften Gesellschaft Anwendung finden, bestehen für alle Gesellschaftsformen folgenden **Mindestvoraussetzungen:** (1) Vorliegen eines mangelhaften (von Anfang an nichtigen oder später angefochtenen) Gesellschaftsvertrags und (2) Invollzugsetzung der Gesellschaft.

---

151 Vgl *E/H*, Komm. § 291 Rn 26.
152 BGHZ 103, 1, 4 f – Familienheim und Folge-Rspr; statt vieler: *E/H*, Komm. § 291 Rn 25 mwN.

Ein **fehlerhafter Beherrschungsvertrag** liegt vor, wenn bei seinem Abschluss nicht sämtliche gesetzliche Wirksamkeitsvoraussetzungen (zB Formfehler § 125 BGB) beachtet worden sind oder wenn er inhaltliche Mängel aufweist (§§ 134, 138 BGB)[153].

bb) Zum fehlerhaften Beherrschungsvertrag in einem GmbH-Vertragskonzern hat   **593** die Rspr ausführlich Stellung bezogen und die Grundsätze über die fehlerhafte Gesellschaft angewandt[154]. Das Schrifttum folgt dieser Linie im Ergebnis fast durchgängig[155]. Entscheidende Voraussetzung ist, dass der **Vertrag in Vollzug gesetzt** wurde, die Parteien ihn also als wirksam behandeln. Das ist bereits der Fall, wenn das herrschende Unternehmen vom Weisungsrecht Gebrauch gemacht (§ 308 AktG) oder die Verluste des abhängigen Unternehmens ausgeglichen (§ 302 AktG) hat[156]. Die Grundsätze finden keine Anwendung, wenn die Gesellschafter keine Kenntnis vom Vertragsschluss hatten, also von der Geschäftsleitung nicht zur (konkludenten) Zustimmung aufgefordert wurden oder wenn sie der Durchführung des fehlerhaften Vertrages ausdrücklich widersprochen haben[157].

Auf den **AG-Vertragskonzern** sind diese Grundsätze übertragen worden, allerdings   **594** unter größeren Einschränkungen. So ist – neben der Durchführung des fehlerhaften Beherrschungsvertrags – die **Eintragung ins HR** Voraussetzung. Dieser zusätzlichen Voraussetzung ist zuzustimmen, da selbst ein ordnungsgemäßer Vertrag erst durch die Eintragung seine Wirkungen entfaltet. Mit Rücksicht auf § 294 II AktG, der im GmbH-Vertragskonzern (lediglich) entsprechend Anwendung findet, kann in der AG niemand ernsthaft auf den Bestand des Vertrags vertrauen, bevor nicht die Eintragung ins HR erfolgt ist[158].

Unanwendbar bleiben die Grundsätze der fehlerhaften Gesellschaft, wenn ein nich-   **595** tiger oder erfolgreich angefochtener Zustimmungsbeschluss vorliegt[159]. Denn dann fehlt es an einem rechtlich beachtlichen Einverständnis der Parteien für die Durchführung des Vertrags, welches erst die Grundlage für ein Vertrauen in seine Wirksamkeit darstellt. Ebenso kann das Fehlen bestimmter Vertragsklauseln, die dem Schutz der außenstehenden Aktionäre dienen (§ 304 III 1 AktG ist insoweit eindeutig), nicht durch die Anwendung der Grundsätze über die fehlerhafte Gesellschaft umgangen werden. Insoweit bleibt es bei der anfänglichen Nichtigkeit[160].

cc) Werden die Grundsätze über die fehlerhafte Gesellschaft auf den fehlerhaften Be-   **596** herrschungsvertrag angewendet, so **gelten** die Regelungen des Vertrages **faktisch** für

---

153 *E/H*, Komm. § 291 Rn 28.
154 Erstmals BGHZ 103, 1, 4 f – Familienheim; Nw zur Folge-Rspr bei *E/H*, Komm. § 291 Rn 29 in Fn 43.
155 *Hüffer* § 291 Rn 20 mwN.
156 So *E/H*, Komm. § 291 Rn 28.
157 *Lutter/Hommelhoff*, Anh. § 13 Rn 65.
158 HM *E/H*, Komm. § 291 Rn 30; *Hüffer* § 291 Rn 21.; aA *Hirte/Schall*, Der Konzern 2006, 243, 247–250.
159 Vgl *Hüffer* § 291 Rn 21.
160 *E/H*, Komm. § 291 Rn 31.

die **Vergangenheit.** Dennoch bleibt der Beherrschungsvertrag fehlerhaft. Somit kann er jederzeit für die Zukunft von beiden Parteien durch außerordentliche Kündigung (§ 297 I AktG) beendet werden[161].

e) Mehrstufige Unternehmensverbindung

597 Grundsätzlich kann auf jeder Stufe der Unternehmenspyramide ein Beherrschungsvertrag geschlossen werden. Hat eine Gesellschaft mehrere Konzernmütter, weil sie mit verschiedenen Unternehmen (zB E mit T sowie E mit M) Beherrschungsverträge geschlossen hat (mehrfache Konzernierung), können alle Mütter (M und T) weisungsberechtigt (gegenüber E) sein, jedoch nur, wenn die verschiedenen Weisungsrechte koordiniert werden, insbesondere sich die Weisungen beispielsweise der M und der T an die E nicht widersprechen[162]. Anderenfalls ist das abhängige Unternehmen in seiner werbenden Tätigkeit blockiert.

Besteht nicht auf jeder Stufe ein Beherrschungsvertrag (sog. **durchbrochene Kette**), bleiben die §§ 311 ff AktG zwischen den nicht vertraglich verbundenen Unternehmen anwendbar (Ausschließlichkeitsverhältnis)[163].

598

Leitsätze

(1) Durch einen **Beherrschungsvertrag** unterstellt eine inländische Gesellschaft (AG, KGaA, GmbH, Personengesellschaften nur unter Einschränkungen) ihre Geschäftsführung unter die Leitung eines anderen Unternehmens. Das andere Unternehmen kann auch ein ausländisches sein.

(2) **Mindestinhalt** eines jeden Beherrschungsvertrages sind das Weisungsrecht des herrschenden Unternehmens sowie die Ausgleichs- (und Abfindungs-)regeln zugunsten der außenstehenden Aktionäre.

(3) Aufgrund der **satzungsändernden Wirkung** bezeichnet man den Beherrschungsvertrag und den (auch isoliert abgeschlossenen) Gewinnabführungsvertrag als **Organisationsvertrag**. Das bedeutet aber nicht, dass Organisationsverträge keine schuldrechtliche Wirkungen entfalten, sondern drückt an sich nur aus, dass der Schwerpunkt in der faktischen Veränderung der Unternehmensverfassung liegt.

(4) Liegt ein mangelhafter Beherrschungs- und/oder Gewinnabführungsvertrag vor, wussten das die Vertragsparteien aber nicht und ist dem Vertrag in der Hauptversammlung zugestimmt und ist der ins HR eingetragene Vertrag anschließend vollzogen worden, wird er über die **Grundsätze der fehlerhaften Gesellschaft** wie ein wirksamer Vertrag für die Vergangenheit behandelt.

(5) Wurde nicht zwischen jeder Stufe eines mehrstufigen Konzerns ein Beherrschungsvertrag (sog. **durchbrochene Kette**) geschlossen, bleiben die §§ 311 ff AktG zwischen den nicht vertraglich verbundenen Unternehmen anwendbar.

---

161 HM, MünchKomm.AktG/Altmeppen § 291 Rn 195; aA *E/H*, Komm. § 291 Rn 32, die einfaches Berufen auf die Nichtigkeit für ausreichend halten.
162 S. *E/H*, Komm. § 291 Rn 38; *Altmeppen*, Managerhaftung B III 1. a), S. 12.
163 Eine Übersicht über die verschiedenen Fallkonstellationen und die jeweilige Anwendbarkeit von §§ 311 ff oder 291 ff AktG in einer durchbrochenen Kette finden Sie bei Rn 115 ff.

f) Leitungsmacht des herrschenden Unternehmens

aa) Überblick. Herzstück eines jeden Beherrschungsvertrags ist das **Weisungsrecht**   **599**
des herrschenden Unternehmens (§ 308 I AktG). Das Weisungsrecht ist das **Mittel**,
mit dem das herrschende Unternehmen die durch den Beherrschungsvertrag **übertragene Leitung** der Untergesellschaft ausüben kann. Gem. § 76 AktG sind unter Leitung die laufenden Geschäftsführungsaufgaben zu verstehen. Grundlagengeschäfte
gehören nicht hierher. Die Kompetenz zu deren Vornahme kann nicht an das herrschende Unternehmen übertragen werden und verbleibt somit bei der Hauptversammlung der abhängigen AG.

(1) § 308 I 1 AktG regelt eine **Weisungsbefugnis** des herrschenden Unternehmens   **600**
gegenüber dem Vorstand der Untergesellschaft (nicht: Aufsichtsrat). Wenn nichts anderes bestimmt ist, sind auch sich nachteilig auswirkende Weisungen (im Folgenden:
nachteilige Weisungen) zulässig, sofern sie nur insgesamt den Belangen des herrschenden Unternehmens oder anderer mit ihm und der Untergesellschaft konzernver-
bundener Unternehmen, also dem Konzerninteresse dienen (§ 308 I 2 AktG). Gleichzeitig ist die Untergesellschaft verpflichtet, den – auch nachteiligen – Weisungen des
herrschenden Unternehmens **Folge zu leisten** (§ 308 II 1 AktG). Das gilt jedoch nur
für zulässige Weisungen[164]. Um sich nicht schadensersatzpflichtig zu machen, ist die
Geschäftsleitung des abhängigen Unternehmens verpflichtet, Weisungen auf ihre Zulässigkeit hin zu überprüfen **(Prüfungspflicht)** und gegebenenfalls die Umsetzung
der Weisung zu verweigern.

Soweit bestimmte Geschäfte in der abhängigen Gesellschaft an die Zustimmung des
Aufsichtsrats der abhängigen Gesellschaft gekoppelt sind (§ 111 IV 2 AktG) und der
Aufsichtsrat die Zustimmung verweigert, regelt § 308 III AktG eine Möglichkeit zur
Überwindung des Zustimmungsvorbehalts (erneute Weisung des herrschenden Un-
ternehmens).

(2) Schließlich bleibt die Ausübung des Weisungsrechts **haftungsbewehrt.** Handelt   **601**
der gesetzliche Vertreter des herrschenden Unternehmens sorgfaltswidrig und kommt
das abhängige Unternehmen dadurch zu Schaden, so haften er und das herrschende
Unternehmen gem. § 309 II, I AktG gegenüber dem abhängigen Unternehmen auf
Schadensersatz. Sollten Vorstand und Aufsichtsrat der abhängigen Gesellschaft beispielsweise ihre Prüfungspflicht verletzt haben, so sind sie ebenfalls zum Schadensersatz verpflichtet (§ 310 I 1 AktG).

bb) Weisungsbefugnis des herrschenden Unternehmens § 308 I AktG. (1) Weisung.   **602**
Vom **Inhalt des Weisungsbegriffs** hängt nicht nur der Umfang der Weisungsbefugnis
des herrschenden Unternehmens ab, sondern auch dessen Haftung (§ 309 AktG). Um
das abhängige Unternehmen ausreichend zu schützen, hat sich die hM auf einen **weiten Weisungsbegriff** verständigt[165]. Dementsprechend wird als Weisung jede Wil-

---

164 Vgl *Hüffer* § 308 Rn 13 f.
165 Vgl *Eschenbruch*, Rn 3029.

lensäußerung des herrschenden Unternehmens ohne Rücksicht auf ihre äußere Einkleidung (Direktive, Empfehlung, Anregung; mündlich oder schriftlich) verstanden, die aus der Perspektive des Vorstands der Untergesellschaft für den Einzelfall oder generell in der Erwartung erfolgt, dass der Vorstand der Untergesellschaft sein Verhalten danach ausrichtet[166].

603 Wie die Weisung den Vorstand der abhängigen Gesellschaft erreicht, ist gleichgültig. Ebenso unerheblich ist, ob die Weisung unmittelbar oder mittelbar den Vorstand der abhängigen Gesellschaft beeinflusst hat. Entscheidend ist, dass er sich entsprechend verhält. Insbesondere sog. **Organverflechtungen** von Mitgliedern der Vertretungsorgane des herrschenden Unternehmens auf Seiten des abhängigen Unternehmens und umgekehrt verdeutlichen die angesprochene Problematik:

- Häufig sind Vertreter des herrschenden Unternehmens auch in Führungsgremien (Vorstand oder Geschäftsführung) des abhängigen Unternehmens anzutreffen (Personalunion). Bei diesen **Vorstandsdoppelmandaten**[167] ist es mangels Ämtertrennung schwierig, ein Handeln des Vertreters danach einzuordnen, ob er gerade als Anweisender fungiert oder ob er, frei von jeglichen Interessen des herrschenden Unternehmens, seine ihm als Vertreter der abhängigen Gesellschaft obliegende Geschäftsführungskompetenz ausübt. Überwiegend wird in solchen Fällen die Auffassung vertreten, dass in der Tätigkeit eines Doppelvorstandes aus Sicht der abhängigen Gesellschaft eine **generelle Weisung** (oder Globalweisung) des herrschenden Unternehmens an das abhängige Unternehmen liegt, den Weisungen des entsandten Geschäftsleiters zu folgen[168].

- Sind Mitglieder der Geschäftsführung des herrschenden Unternehmens **im Aufsichtsrat** der abhängigen Gesellschaft tätig, ergibt sich ein anderes Bild. Als Kontrollorgan der abhängigen Gesellschaft fungieren sie in einer Aufsichtsfunktion. Ihre Kompetenzen leiten sie aus §§ 95 ff AktG ab, und diese sind von dem Leitungsbegriff (§ 76 AktG) zu unterscheiden. Gleiches gilt für die Stimmrechtsausübung eines Geschäftsleiters des herrschenden Unternehmens in der **Hauptversammlung** der abhängigen Gesellschaft. Beide Varianten haben mit dem Weisungsrecht des § 308 I AktG nichts zu tun, weshalb §§ 308, 309 AktG auch keine Anwendung finden. Hinsichtlich dieser und anderer Beherrschungsinstrumente können Schadensersatzansprüche aus § 117 AktG oder aus der Treuepflicht Ausgleichsfunktion übernehmen[169].

Hinweis: Beachten Sie den im Zusammenhang mit § 308 AktG zu sehenden Ausschlusstatbestand § 117 VII Nr 1 AktG. Fußt die Einflussnahme im Sinne von § 117 I 1 AktG auf der Ausübung einer auf einem Beherrschungsvertrag beruhenden Leitungsmacht, ist die Einflussnahme nicht unzulässig. Die Haftung des Einflussnehmenden und der anderen denkbaren Schuldner gemäß § 117 I–III AktG ist dann ausgeschlossen.

---

166 *Hüffer* § 308 Rn 10 mwN.
167 Zum Problem der Doppelmandate im faktischen Konzern (Veranlassungsvermutung) wird auf Rn 151 verwiesen.
168 Vgl *Eschenbruch*, Rn 3033; *E/H*, Komm. § 308 Rn 29.
169 S.u. Rn 677, 692.

- Problematisch bleibt eine **Bevollmächtigung** des Vorstandes des herrschenden Unternehmens. So könnte anstelle einer Weisung der Vertreter des herrschenden Unternehmens grundsätzlich als Bevollmächtigter des abhängigen Unternehmens tätig werden. Da dem herrschenden Unternehmen hierdurch freie Hand eingeräumt (§ 308 I AktG und seine Grenzen gelten dann nicht) und auch die Kontrollfunktion des § 308 II 2 AktG (Prüfungspflicht) missachtet wäre, ist eine umfassende Generalvollmacht nichtig (§ 134 BGB). Allenfalls eine auf einen überschaubaren Kreis von Geschäften eingegrenzte Einzelfallvollmacht ist zulässig, weil dort der Vorstand der Untergesellschaft schon bei Vollmachtserteilung seiner Prüfungspflicht nachkommen kann[170].

Weisungen unterliegen den für Willenserklärungen geltenden zivilrechtlichen Vorschriften (§§ 116 ff, 164 ff BGB). Die **Rechtsnatur** einer Weisung (Willenserklärung oder rechtsgeschäftsähnliche Handlung) ist noch nicht abschließend geklärt, für das Ergebnis aber letztlich unbedeutend[171]. Der Beherrschungsvertrag kann eine bestimmte Form für die Weisung festlegen[172].   **604**

(2) Weisungsberechtigter. Weisungsberechtigter ist immer der **andere Vertragsteil** (herrschendes Unternehmen)[173]. Ist dieser eine Gesellschaft, handelt sie durch ihre gesetzlichen Vertreter, ist er ein einzelkaufmännisches Unternehmen, handelt dessen Inhaber.   **605**

- Bei **mehrstufiger Konzernierung** ändert sich hieran nichts. Will also die Mutter (M) der Enkelin (E) Weisung erteilen, muss zwischen beiden ein Beherrschungsvertrag bestehen. Existiert ein solcher nur zwischen Tochter (T) und E, braucht E der Weisung der M nicht Folge zu leisten. Regelmäßig wird in letztgenannter Konstellation allerdings M's Einfluss dadurch gewahrt sein, dass die abhängige T den Willen von M in Form von Weisungen an E umsetzt.

- Bei **mehrfacher Konzernierung** mittels Beherrschungsvertrags hat jeder andere Vertragsteil (M) das Weisungsrecht. Daher ist durch Vertrag Sorge zu tragen, wer wann was anweist (Weisungskoordinierung)[174].

Noch nicht abschließend geklärt ist die Frage, inwieweit sich das herrschende Unternehmen bei der Ausübung des Weisungsrechts der Hilfe **Dritter** bedienen darf. Zu unterscheiden sind[175]:   **606**

---

170   *Hüffer* § 308 Rn 9; *E/H*, Komm. § 308 Rn 32.
171   *Hüffer* § 308 Rn 11.
172   *E/H*, Komm. § 308 Rn 27.
173   *Hüffer* § 308 Rn 3.
174   *Altmeppen*, Managerhaftung B III 1. a), S. 12.
175   Zum Ganzen *Hüffer* § 308 Rn 4–6.

- **Delegation**

  Hierunter versteht man die Ausübung des Weisungsrechts durch Dritte, während die Weisungsbefugnis grundsätzlich beim herrschenden Unternehmen verbleibt[176]. Unstreitig kann das Weisungsrecht an ein Mitglied des Vertretungsorgans des herrschenden Unternehmens, beispielsweise ein einzelnes Vorstandsmitglied, delegiert werden. Nach hM ist die Delegation auch möglich an leitende Angestellte des herrschenden Unternehmens, etwa Prokuristen oder Handlungsbevollmächtigte[177], aber auch an außerhalb des herrschenden Unternehmens stehende Dritte („eigentliche Dritte")[178]. Für die Zulässigkeit der Delegation kommt es nur darauf an, dass der Dritte (Delegatar) **selbst weisungsgebunden** ist, um den Willen des herrschenden Unternehmens umzusetzen. Regelmäßig ist dafür ein Auftragsverhältnis genügend (vgl § 665 BGB), ein Angestelltenverhältnis nicht erforderlich. Nach **hM** bleibt bei Delegation des Weisungsrechts das herrschende Unternehmen bzw sein gesetzlicher Vertreter für eine Sorgfaltspflichtverletzung bei der Weisungsausübung des Delegatars gegenüber der Untergesellschaft nach § 309 II, I AktG iVm §§ 278, 31 BGB analog haftbar[179].

- **Übertragung**

  Bei der Übertragung findet ein Wechsel der Rechtszuständigkeit statt. Die Weisungsbefugnis steht somit einem Dritten zu. Da die Weisungsbefugnis kein selbständig verkehrsfähiges Recht im Sinne der §§ 398 ff, 413 BGB ist, kann sie nicht allein, losgelöst von ihrer vertraglichen Grundlage, übertragen werden. Übertragbar ist das Weisungsrecht daher nur nach den Regeln zur **Vertragsübernahme** des Beherrschungsvertrags durch einen Dritten[180]. Diese wiederum ist nicht ohne Mitwirkung der Untergesellschaft und nicht ohne Zustimmung ihrer Hauptversammlung möglich (siehe oben Rn 533). Eine singuläre Übertragung ist unzulässig[181].

607 (3) **Weisungsempfänger.** Als Vertragspartner des herrschenden Unternehmens ist die abhängige Gesellschaft natürlicher Adressat der Weisung. Gleichwohl bezeichnet § 308 I 1 AktG als Weisungsempfänger allein den **Vorstand** der abhängigen Gesellschaft. Der Gesetzgeber hat damit zum Ausdruck gebracht, dass der Beherrschungsvertrag grundsätzlich nur in die **Vorstandskompetenz** (§ 76 AktG) eingreifen darf, dagegen nicht auch in die der anderen Gesellschaftsorgane[182]. Hauptversammlung und Aufsichtsrat der abhängigen Gesellschaft bleiben von Weisungen des herrschenden Unternehmens unberührt, soweit bezüglich des Aufsichtsrats nicht ausnahmsweise § 308 III AktG eingreift.

---

176 Vgl *E/H*, Komm. § 308 Rn 12.
177 *Altmeppen*, Managerhaftung B III 1. b) aa), S. 12 mwN.
178 *E/H*, Komm. § 308 Rn 15 mwN.
179 *Hüffer* § 308 Rn 5; *E/H*, Komm. § 308 Rn 13 f; aA *Altmeppen*, Managerhaftung B III 1. b), c), S. 12–15, der mangels einer eigenständigen Vertragsbeziehung zwischen gesetzlichem Vertreter und dem Dritten § 278 BGB für unanwendbar hält und eine eigenständige Haftung des Delegatars über § 309 II, I AktG analog für vorzugswürdig hält.
180 *Hüffer* § 308 Rn 6.
181 *Hüffer* § 308 Rn 6; *E/H*, Komm. § 308 Rn 16.
182 *Hüffer* § 308 Rn 7.

Ist nur der Vorstand der Untergesellschaft Empfänger der Weisung, scheidet eine unmittelbare Weisung des herrschenden Unternehmens an **nachrangige Mitarbeiter** des abhängigen Unternehmens unter Umgehung des Vorstandes aus[183]. Hintergrund ist die in § 308 II AktG vorausgesetzte Prüfungspflicht. Kann der Vorstand dieser nachkommen und ist sichergestellt, dass er rechtzeitig in der Lage ist, eine Umsetzung der Weisung durch seine Mitarbeiter zu verhindern, ist eine Entgegennahme und Befolgung von Weisungen seiner Angestellten gleichwohl zulässig[184].

Leitsätze 608

(1) **Gegenstand einer Weisung hat die Leitung (§ 76 I AktG)**, also die Bereiche Geschäftsführung und Vertretung, der Untergesellschaft zu sein. Wegen dieser Verlagerung der Leitungsmacht der Untergesellschaft auf die Obergesellschaft sowie aus Haftungsgesichtspunkten (§ 309 AktG) hat man sich auf einen **umfassenden** Weisungsbegriff verständigt. Danach genügt jede Willensäußerung für das herrschende Unternehmen, die **aus Sicht des Vorstands der Untergesellschaft** in der Erwartung erfolgt, er werde sein Verhalten entsprechend ausrichten. Von einer Weisung nicht erfasste, **sonstige Beherrschungsinstrumente** des herrschenden Unternehmens werden gleichwohl haftungsrechtlich sanktioniert (Schadensersatzanspruch aus Treupflicht und Deliktsrecht, § 117 I 1 AktG).

(2) Die Rechtsnatur einer Weisung ist noch nicht geklärt. Jedenfalls gelten **die Regelungen über Willenserklärungen analog**.

(3) Zur **Weisung befugt** ist immer nur der **andere Vertragsteil eines Beherrschungsvertrags** (§ 308 I 1 AktG). Gibt es mehrere herrschende Unternehmen bezüglich ein und derselben Untergesellschaft, so haben diese ihre Weisungen zu koordinieren. Eine **Delegation auf Dritte** ist nach hM zulässig. Sie beinhaltet die Ausübung des Weisungsrechts durch einen anderen. Unzulässig ist jedoch **die Übertragung der Weisungsmacht**. Letztere bedürfte zu ihrer Rechtmäßigkeit einer Vertragsänderung nach § 295 AktG. Nach hM **haftet** der Weisungsberechtigte (herrschendes Unternehmen sowie dessen gesetzliche Vertreter) für die fehlerhafte Erteilung von Weisungen seines Delegatars über § 309 II, I AktG iVm §§ 278, 31 BGB.

(4) Bei **Organverflechtungen** auf Geschäftsleiterebene wird von einer **generellen** Weisungsausübung des herrschenden Unternehmens ausgegangen. Eine umfassende **Bevollmächtigung** des Vorstands des herrschenden Unternehmens, für den Geschäftsleiter der abhängigen Gesellschaft zu handeln, umgeht die in § 308 II AktG festgelegte Prüfungspflicht und ist demzufolge **unzulässig**.

(5) **Adressat** der Weisung ist jeweils der Vorstand der abhängigen Gesellschaft (§ 308 I 1 AktG). Weisungen des herrschenden Unternehmens dürfen nicht unter Umgehung der Eingriffs- und Prüfungspflicht des Geschäftsleiters der abhängigen Gesellschaft an dessen Mitarbeiter direkt erfolgen, auch dann nicht, wenn der Geschäftsleiter dem zugestimmt hat.

---

cc) Grenzen des Weisungsrechts. Gem. § 309 I AktG haben die Vertreter des herrschenden Unternehmens bei der Erteilung von Weisungen die Sorgfalt eines ordentlichen und gewissenhaften Geschäftsleiters anzuwenden. Die Ausübung von Weisungsmacht unterliegt somit einem Sorgfaltsmaßstab, der konzernrechtlich gesprochen zur 609

---

183 *Hüffer* § 308 Rn 7; Reg Begr *Kropff*, S. 403.
184 HM, *Hüffer* § 308 Rn 8 mwN.

ordnungsgemäßen Konzerngeschäftsführung verpflichtet[185]. Sie ist ua verletzt, wenn die **Grenzen** des Weisungsrechts überschritten werden. Im Einzelnen können folgende Schranken unterschieden werden:

610 **(1) Vertrag.** § 308 I 2 AktG legt fest, dass das Weisungsrecht im Detail **vertraglicher Vereinbarung** zugänglich ist. Wenn der Vertrag die Grenzen für das herrschende Unternehmen enger setzt, als in § 308 I AktG vorgesehen, beispielsweise nachteilige Weisungen verbietet, sind die vertraglich niedergelegten Grenzen des Weisungsrechts für das herrschende Unternehmen maßgeblich. Allerdings unterbleibt in der Praxis regelmäßig eine Einschränkung des Weisungsrechts[186], um auch in Zukunft flexibel reagieren zu können. Vertragliche Regelungen, die das Weisungsrecht gegenüber dem Umfang des § 308 I AktG ausweiten, sind nach § 134 BGB unwirksam[187].

611 **(2) Satzung.** Weiterhin sind herrschendes und abhängiges Unternehmen an den in der Satzung festgelegten Umfang der Geschäftstätigkeit gebunden. So dürfen Weisungen nicht auf ein Verhalten der Untergesellschaft abzielen, das außerhalb des in der Satzung niedergelegten Unternehmensgegenstands der abhängigen Gesellschaft liegen würde. Satzungswidrig wären auch Weisungen, den Betrieb der abhängigen Gesellschaft insgesamt einzustellen oder neue Geschäftsbereiche aufzunehmen, ohne dass zuvor die Satzung geändert wird[188].

612 **(3) Gesetz.** Sind vertragliche Einschränkungen nicht ersichtlich, was in der Praxis der Regelfall sein dürfte, richtet sich der Umfang des Weisungsrechts nach § 308 I AktG und anderen **gesetzlichen Vorschriften.** Sie können unterschieden werden in allgemeine Gesetze sowie in die Spezialvorschrift des § 308 I 2 AktG.

(a) Führen Weisungen zu einem Gesetzesverstoß, sind sie gem. § 134 BGB nichtig.

| Dies gilt sowohl für aktienrechtliche Bestimmungen[189]
 • § 66 (keine Befreiung der Aktionäre von ihren Leistungspflichten),
 • §§ 71 ff (kein Erwerb eigener Aktien),
 • § 89 (keine Kreditgewährung an Vorstandsmitglieder),
 • §§ 113 (Vergütung für Aufsichtsratsmitglieder),
 • § 300 (gesetzliche Rücklage im Konzern),
 • § 301 (Höchstbetrag der Gewinnabführung),
 • § 302 (Verlustausgleichspflicht) | als auch für Gesetze außerhalb des AktG, etwa die zwingenden bilanzrechtlichen Normen des HGB (§§ 246 ff, 252 ff, 279 ff HGB) oder sonstige Gesetze (zB StGB, UWG, GWB, BetrVG etc)[190]. |

---

185 Vgl *Eschenbruch*, Rn 3039.
186 Zur Problematik sog. Teilbeherrschungsverträge s. *E/H*, Komm. § 291 Rn 20 f.
187 *Hüffer* § 308 Rn 13.
188 *Eschenbruch*, Rn 3051; *E/H*, Komm. § 308 Rn 56.
189 Entnommen: *Eschenbruch*, Rn 3061.
190 *Altmeppen*, Managerhaftung B III 2. b), S. 20.

(b) **§ 308 I 2 AktG** erlaubt ausdrücklich **nachteilige Weisungen**, jedoch nur, wenn **613** sie den Belangen des herrschenden Unternehmens oder den mit ihm und der Untergesellschaft verbundenen Konzernunternehmen dienen. Diese Einschränkung basiert auf dem Verständnis, dass der Vertragskonzern bei wirtschaftlicher Betrachtungsweise eine Einheit ist, bei der die Interessen der einzelnen Konzernunternehmen mit denjenigen des „Gesamtunternehmens" verschmelzen[191]. Verbreitet wird in diesem Zusammenhang vom **„Konzerninteresse"** gesprochen[192]. Unter das Konzerninteresse fallen dabei auch die im Wege der faktischen Konzernierung einbezogenen Unternehmen[193].

Was die **Nachteiligkeit** einer Weisung betrifft, kann insoweit auf den Nachteilsbegriff der §§ 311, 317 AktG verwiesen werden (siehe Rn 119). Er ist mit jenem identisch[194]. Nachteilig sind demnach solche Weisungen, die Maßnahmen betreffen, die ein ordentlicher und gewissenhafter Geschäftsleiter einer unabhängigen Gesellschaft nicht vorgenommen hätte (vgl § 317 II AktG).

Ausdruck des Konzerninteresses ist es, dass nachteilige Weisungen in einem vernünftigen Verhältnis zu den Vorteilen im Gesamtkonzern stehen (**Verhältnismäßigkeitsprinzip**)[195]. Bei der Zulassung nachteiliger Weisungen ist der Gesetzgeber nämlich davon ausgegangen, dass sich im Konzern letztlich Vor- und Nachteile ausgleichen. Davon kann jedoch keine Rede mehr sein, wenn die Nachteile der abhängigen Gesellschaft außer Verhältnis zu den Vorteilen im Gesamtkonzern stehen[196]. Eine unverhältnismäßige Schädigung der abhängigen Gesellschaft liegt also niemals im Konzerninteresse.

Nach hM sind **existenzgefährdende** oder gar -vernichtende Weisungen, also solche, **614** die im Falle ihrer Durchführung die Lebensfähigkeit der Untergesellschaft bedrohen, zur Auflösung, zur Insolvenz oder zum formlosen Ausscheiden der Untergesellschaft aus dem Rechtsverkehr führen, verboten[197]. Nach der Gegenansicht sollen existenzgefährdende Weisungen zulässig sein, weil der Gesetzgeber von der Gefährdung der Überlebensfähigkeit der Untergesellschaft durch einen Beherrschungsvertrag ausgegangen sei[198]. Für die hM spricht entscheidend, dass die §§ 300 ff AktG und hier besonders § 302 AktG für die Dauer und § 303 AktG für die Beendigung eines Beherrschungsvertrages vom Fortbestand der beherrschten Gesellschaft ausgehen[199]. Diese Regelungen kann man quasi als Existenzgarantie der Untergesellschaft interpretieren[200]. Sie drücken das wohlverstandene Interesse der Gläubiger und der außen-

---

191 *Altmeppen*, Managerhaftung B III 2. b), S. 20; *E/H*, Komm. § 308 Rn 46.
192 *Hüffer* § 308 Rn 16 mwN.
193 HM *Eschenbruch*, Rn 3054; *Hüffer* § 308 Rn 18; *E/H*, Komm. § 308 Rn 47a.
194 Vgl *E/H*, Komm. § 308 Rn 45.
195 *E/H*, Komm. § 308 Rn 51; vgl *Hüffer* § 308 Rn 17.
196 *E/H*, Komm. § 308 Rn 49.
197 OLG Düsseldorf ZIP 1990, 1333, 1337; *Hüffer* § 308 Rn 19 mwN.
198 So KölnKomm.AktG/*Koppensteiner* § 308 Rn 50 f.
199 *Eschenbruch*, Rn 3056.
200 So *Altmeppen*, Managerhaftung B III 2. c) cc), S. 26.

stehenden Aktionäre der Gesellschaft an ihrem Bestand aus, insbesondere was den Zeitraum nach Ende des regelmäßig befristeten Beherrschungsvertrags angeht. Dann ist die Gesellschaft auf sich alleingestellt und ihre (Über-)Lebensfähigkeit von besonderer Relevanz. Die vorstehenden Überlegungen finden nicht zuletzt in der seit der Entscheidung „Bremer Vulkan" zum faktischen Konzern entwickelten Haftung des herrschenden Unternehmens wegen existenzvernichtenden Eingriffs eine Berechtigung: Existenzvernichtende Eingriffe sind zum Schutze der Gläubiger immer verboten, folglich auch im Vertragskonzern[201]. Existenzgefährdende Weisungen haben dieselbe Zielrichtung, wenngleich der Begriff einen weniger schweren Eingriff nahe legt. Ihre Auswirkungen zeigen sich ohnehin erst im Nachhinein, so dass zum Zeitpunkt der Weisungserteilung bzw der Prüfung durch den Vorstand der Untergesellschaft existenzgefährdende Anweisungen nicht im Konzerninteresse stehen können. Sie sind daher vom Weisungsrecht des § 308 I 2 AktG ausgenommen.

615 **Beispiel:** Erst kürzlich ist die Ewig-AG (E) mittels eines Beherrschungsvertrages unter die Fittiche des Leo Kisch gekommen, und schon verbreitet sich Unruhe unter den Mitarbeitern der E. Wie der Generalbevollmächtigte des Kisch, Toni Cash (TC), in einem Rundschreiben verlautbaren lässt, wird ab sofort eine zentrale Kassen- und Buchhaltung in der Konzernspitze etabliert, die den Liquiditätsbedarf und überhaupt alle Finanzströme der E und der zahlreichen Beteiligungen des Kisch steuert. Außerdem wird für diese „Dienstleistung" eine pauschale Konzernumlage verlangt, deren Höhe je nach Bedarf festgelegt wird. Die Mitarbeiter wissen, was sie von diesen Veränderungen zu halten haben und protestieren dagegen unter Aufbietung allen Mutes mit einem Warnstreik. TC ficht das natürlich nicht an und er zieht sein Konzept durch. Mitarbeiter Stark (S), Aktionär der E, fragt seinen Anwalt um Rat, ob der Inhalt des Rundschreibens rechtmäßig ist.

Grundsätzlich handelt ein Vorstand einer AG weisungsunabhängig (§ 76 I AktG). Hier aber besteht ein Beherrschungsvertrag zwischen der E und dem Kisch, weshalb es dem Kisch, vertreten durch TC, erlaubt ist, die Geschäftsführung der E durch einzelne oder generelle Weisungen an den Vorstand auszuüben (§§ 291 I 1, 308 I AktG). Diese können für die E auch nachteilig sein (§ 308 I 2 AktG). Allerdings ist das Weisungsrecht nicht schrankenlos. Vielmehr unterliegt es bestimmten Beschränkungen aus dem Beherrschungsvertrag, der Satzung beider Unternehmen sowie aus Gesetz. § 308 I 2 AktG verlangt, dass für das abhängige Unternehmen nachteilige Weisungen im Konzerninteresse stehen müssen. Mit dieser Anforderung soll erreicht werden, dass sich Vor- und Nachteile im Konzernverbund im Ergebnis ausgleichen, also von der Schädigung einer Gesellschaft letztlich alle Konzernunternehmen profitieren. Nicht gemeint ist das Aufwiegen von Vor- und Nachteilen dergestalt, dass sich am Ende beide zahlenmäßig gleichen müssen. Ausreichend ist ein vernünftiges Verhältnis. Ferner stehen nach hM Weisungen nicht im Konzerninteresse, die zur Existenzgefährdung der abhängigen Gesellschaft führen.

Nach diesen abstrakten Ausführungen des Anwalts wird S konkreter und gibt weitere Details preis: Die Einführung eines **zentralen Cash-Managements**[202], verbunden mit einer undifferenzierten, pauschalen **Konzernumlage** ist sicherlich ein vermögenswerter Nachteil für E. Bisher kam die E mit ihrer Buchhaltung ganz gut allein zu recht und konnte als liquiditätsstar-

---

201 Vgl *E/H*, Komm. § 308 Rn 63.
202 Zum Begriff und den Auswirkungen siehe Rn 409.

kes Unternehmen von ihren zahlreichen Festgeldern profitieren. Nunmehr werden diese zur Finanzierung kreditierter Schwesterunternehmen zeitweise durch TC abgezogen. Für diese „Dienstleistung" auch noch einen pauschalen und nicht bekannten Betrag zu zahlen, ist für E alles andere als vorteilhaft. Allerdings argumentiert TC, dass mit der Einführung des zentralen Cash-Managements ein konzernweiter Synergieeffekt eintrete, von dem die E schließlich in liquiditätsschwachen Zeiten ja auch profitieren werde. Und bezüglich der pauschalen Konzernumlage könne man eben nicht sagen, wie viel Arbeit jedes einzelne Konzernunternehmen der Buchhaltung mache. Schließlich seien alle Unternehmen im Konzernverbund von dieser betroffen. Von einer Unverhältnismäßigkeit könne keine Rede sein.

Als Konzernspitze ist es dem Kisch (bzw dem TC) grundsätzlich gestattet, im Vertragskonzern die Liquiditätsplanung für die vertraglich gebundenen Gesellschaften an sich zu ziehen und die Liquidität der Tochtergesellschaft zentral zu steuern[203]. Entsprechendes gilt auch für Konzernumlagen. Mit ihnen sollen nicht selten konzerntypische passive Verbundnutzen erfasst und vergütet werden. Werden Leistungen in einer Form vergütet, die nicht dem tatsächlichen Wert entsprechen, stellt dies zwar eine **verdeckte Gewinnausschüttung**[204] dar. Wegen der im Vertragskonzern (§ 293 III AktG) aufgehobenen Vermögensbindung der abhängigen AG sind Weisungen, die verdeckte und gegen § 57 AktG verstoßende Gewinnverlagerungen beinhalten, allerdings zulässig. Insofern war das die Weisungen enthaltende Rundscheiben an den Vorstand der E rechtmäßig.

Anders wäre der Fall dann, wenn beide Maßnahmen für die E existenzgefährdend sind. Die Grenze zur Existenzgefährdung der E bei Einführung eines zentralen Cash-Management wäre dort zu ziehen, wo der für den Fortbestand der E außerhalb eines Vertragskonzerns notwendig zu erachtende Mindestbestand an liquiden Mitteln nicht bereitsteht, fällige Verbindlichkeiten begleichen zu können[205], beispielsweise die existenznotwendige Liquidität ohne Aussicht auf Rückgewähr entzogen wird[206]. Führt die nachteilige Konzernumlage zu einer dauerhaften Schädigung des Stammkapitals, mit dem eine unabhängige Gesellschaft nicht mehr lebensfähig wäre, ist auch für eine verdeckte Gewinnausschüttung im Konzern die Grenze zur Unzulässigkeit überschritten.

Leitsätze

616

(1) Das umfassende **Weisungsrecht** des herrschenden Unternehmens ist **nicht grenzenlos.** Vielmehr unterliegt es bestimmten Beschränkungen aus dem Beherrschungsvertrag, der Satzung beider Unternehmen sowie aus Gesetz.

(2) Neben den allgemeinen gesetzlichen Grenzen gibt es noch die Einschränkung, dass **nachteilige Weisungen im Konzerninteresse liegen müssen** (§ 308 I 2 AktG).

(3) **Nicht im Konzerninteresse** stehen nach hM Weisungen des herrschenden Unternehmens, die in einer abhängigen Gesellschaft zu einer **unverhältnismäßigen Schädigung** oder zu deren **Existenzgefährdung** führen.

Eschenbruch, Rn 3057.
204 *E/H*, Komm. § 308 Rn 59.
205 *Eschenbruch*, Rn 3057; *E/H*, Komm. § 308 Rn 62; aA KölnKomm.AktG/*Koppensteiner* § 308 Rn 52.
206 S. dazu das Bremer-Vulkan-Beispiel in Rn 368.

617 **dd) Prüfungs- und Folgepflicht des Vorstands § 308 II AktG.** Spiegelbildlich zur Weisungsbefugnis des herrschenden Unternehmens besteht die **Weisungsfolgepflicht** des Vorstands der abhängigen Gesellschaft gem. § 308 II **1** AktG. Dort, wo es sich nicht um eine Weisung handelt, bleibt es beim Grundsatz des § 76 I AktG[207]. Der Vorstand braucht auch dann nicht Folge zu leisten, wenn es sich um eine rechtswidrige Weisung handelt. Insofern hat der Vorstand regelmäßig die Weisung des herrschenden Unternehmens auf ihre Vereinbarkeit mit Vertrag, Satzung oder Gesetz zu **überprüfen**[208]. Setzt er rechtswidrige, nicht von § 308 I AktG gedeckte Weisungen um, macht er sich gegenüber seiner AG schadensersatzpflichtig gem. § 310 I, III AktG.

618 Im Fokus der Prüfung steht selbstverständlich auch die Frage, ob die Weisung vom Konzerninteresse gedeckt ist (§ 308 I 2 AktG). Anders als der Vorstand des herrschenden Unternehmens, der sich bei Weisungserteilung fragen lassen muss, ob seine nachteilige Weisung im Konzerninteresse ergeht und er sie deshalb erteilen darf, ist die Prüfungspflicht des Vorstands der Untergesellschaft gem. 308 II 2 AktG in dieser Frage eingeschränkt. Das Spiegelbild von Weisungsbefugnis und Weisungsfolgepflicht ist insoweit verzerrt. Nach dem Gesetzeswortlaut darf (und muss, vgl § 310 AktG) der Vorstand sich der Durchführung nur dann verweigern, wenn die nachteilige Weisung den Konzernbelangen offensichtlich nicht dient, also ihr Mangel für jeden Sachkenner ohne weitere Nachforschung erkennbar zu Tage tritt[209]. Das dürfte bei unverhältnismäßiger oder existenzgefährdender Schädigung der abhängigen Gesellschaft der Fall sein. Ist diese **spezifische Rechtswidrigkeit** (Verstoß gegen das Konzerninteresse) für den Vorstand der Untergesellschaft **nicht offensichtlich,** gleichwohl gegeben, hat er die Weisung trotz der seiner Ansicht nach gegebenen Rechtswidrigkeit auszuführen. Hintergrund dieser erheblichen Einschränkung der Prüfungskompetenz des Vorstands der abhängigen Gesellschaft auf die „Offensichtlichkeit" der Ausnahmesituation ist der Wille des Gesetzgebers, Auseinandersetzungen in der Frage, ob und in welchem Umfang eine Weisung den Konzernbelangen dient, zu vermeiden. Hier soll die Beurteilung durch das herrschende Unternehmen den Vorrang haben, soweit seine Beurteilung nicht offensichtlich verkehrt ist[210].

619 Aus dem oben Gesagten ergibt sich nachstehende Übersicht:

---

207 *Hüffer* § 308 Rn 20.
208 HM, *E/H*, Komm. § 308 Rn 66 mwN; aA *Altmeppen*, Managerhaftung B III 2. d), S. 27.
209 Vgl *Hüffer* § 308 Rn 22.
210 *Altmeppen*, Managerhaftung B III 2. d), S. 27.

Prüfungs- und Folgepflicht des Vorstands der abhängigen Gesellschaft
nach § 308 II AktG:

Herantreten des herrschenden Unternehmens an den
Vorstand der Untergesellschaft

1) Prüfung auf **Weisungsqualität** → Wenn keine Weisung, dann keine Folgepflicht, wenn Weisung, dann

2) Prüfung auf **Rechtmäßigkeit**

   a) Vertrags-, Satzungs-, Gesetzesverstoß (vor- und nachteilige Weisungen, ausgenommen ist die Prüfung des Konzerninteresses nach § 308 I AktG) → Wenn Verstoß, dann keine Folgepflicht, wenn kein Verstoß, dann

   b) Die Prüfung des Konzerninteresses erfolgt nur bei nachteiligen Weisungen, und zwar eingeschränkt auf die Offensichtlichkeit des Verstoßes. → Wenn plus, dann Weigerungspflicht, wenn minus, dann Weisungsfolgepflicht

ee) Zustimmungspflichtige Geschäfte § 308 III AktG. Unterliegt ein Geschäft in der **620** abhängigen Gesellschaft, auf das sich die Weisung des herrschenden Unternehmens bezieht, einem Zustimmungsvorbehalt seitens des Aufsichtsrats der abhängigen Gesellschaft (§ 111 IV 2 AktG) und verweigert der Aufsichtsrat die Zustimmung oder erteilt er sie nicht in angemessener Frist, so würde sich der Vorstand des abhängigen Unternehmens gegenüber seinem Unternehmen schadensersatzpflichtig machen, sobald er die Weisung des herrschenden Unternehmens befolgt. Weil er aus Sorge vor Schadensersatzforderungen untätig bliebe und somit das Weisungsrecht des herrschenden Unternehmens de facto leer liefe, hat der Gesetzgeber in § 308 III AktG geregelt, dass erstens der Vorstand der abhängigen Gesellschaft das herrschende Unternehmen über die Zustimmungsverweigerung informieren muss und dass zweitens das herrschende Unternehmen mittels einer **erneuten Weisung das Zustimmungserfordernis überwinden** kann. Wegen dieser erleichterten Überwindung (zum Vergleich: § 111 IV 3 AktG in einem Nichtvertragskonzern) hat das Zustimmungserfordernis des Aufsichtsrats im Vertragskonzern letztlich nur noch die Bedeutung, dass der Aufsichtsrat über die Geschäfte informiert wird[211].

Leitsätze   **621**

(1) Grundsätzlich hat der Vorstand der abhängigen AG rechtmäßigen vor- und nachteiligen Weisungen des herrschenden Unternehmens (§ 308 II 1 AktG), aber auch nachteiligen Weisungen, die nicht dem Konzerninteresse dienen (§ 308 II 2 AktG), **Folge zu leisten.**

(2) Ein **Verweigerungsrecht** (§ 76 I AktG) besteht bei rechtswidrigen Weisungen (Vertrags-, Satzungs-, Gesetzesverstoß) und „Weisungen", die keine Weisungen sind.

---

211   Vgl *E/H*, Komm. § 308 Rn 70.

(3) Der Vorstand der abhängigen Gesellschaft unterliegt hierbei einer korrespondierenden **Prüfungspflicht**, die bei ihrer Verletzung in eine Haftung nach § 310 I, III AktG umschlägt. § 308 II 2 AktG schränkt die Prüfung nachteiliger Weisungen, die nicht dem Konzerninteresse dienen, auf die Offensichtlichkeit dieses Gesetzesverstoßes ein.

(4) Einetwaiger **Zustimmungsvorbehalt** des Aufsichtsrats der abhängigen Gesellschaft kann durch eine erneute Weisung des herrschenden Unternehmens überwunden werden (§ 308 III AktG).

4. Gewinnabführungsvertrag

a) Begriff, Inhalt und Rechtsnatur

622 **aa)** Durch einen Gewinnabführungsvertrag verpflichtet sich eine inländische AG oder KGaA gegenüber einem in- oder ausländischen Unternehmen beliebiger Rechtsform, ihren **ganzen Gewinn** an dieses Unternehmen abzuführen (§ 291 I 1 AktG). Mit dem **ganzen abzuführenden Gewinn** meint der Gesetzgeber den Bilanzgewinn, wie er sich ergäbe, wenn kein Gewinnabführungsvertrag bestände (sog. **fiktiver Bilanzgewinn**)[212]. Fiktiv ist der Gewinn deshalb, weil durch den Gewinnabführungsvertrag in der endgültigen Handelsbilanz der abhängigen Gesellschaft ein Gewinn gerade nicht mehr ausgewiesen wird; vielmehr erscheint die abzuführende Summe hier als Verbindlichkeit gegenüber verbundenen Unternehmen auf der Passivseite der Bilanz (§ 266 III Nr C 6 HGB), nachdem er in der Gewinn- und Verlustrechnung als Aufwendung verbucht worden ist (§ 277 III 2 IIGB)[213]. Der **abzuführende Gewinn** bzw der Verlust der abhängigen Gesellschaft wird also in einer Vorbilanz unter Berücksichtigung der
- § 300 Nr 1 AktG (gegenüber einer unabhängigen AG erhöhte Dotierung der gesetzlichen Rücklage) und
- § 301 AktG (Höchstbetrag der Gewinnabführung)
ermittelt[214].

623 **bb)** Der **Mindestinhalt** eines Gewinnabführungsvertrages ergibt sich aus § 291 I 1 und § 304 III 1 AktG. Der Vertrag muss danach Bestimmungen über die Pflicht der abhängigen Gesellschaft zur Abführung ihres ganzen Gewinns (Abgrenzung: § 292 I Nr 2 AktG Teilgewinnabführungsvertrag) sowie über die Pflicht des herrschenden Unternehmens zur Zahlung eines Ausgleichs enthalten. Alle übrigen Rechtsfolgen ergeben sich aus Gesetz, so dass vertragliche Regelungen hierfür entbehrlich sind. Neben dem aktienrechtlichen Mindestinhalt sind steuerrechtlich ergänzend die §§ 14–19 KStG zu beachten, sofern eine körperschaftsteuerrechtliche Organschaft von den Vertragsparteien gewollt ist.

624 Mit der Pflicht zur Abführung des gesamten Gewinns korrespondiert die Verpflichtung des herrschenden Unternehmens zur Verlustübernahme (§ 302 I, III AktG), so

---

212 *Hüffer* § 291 Rn 26.
213 *E/H*, Komm. § 291 Rn 64; KölnKomm.AktG/*Koppensteiner* § 291 Rn 77.
214 Vgl *Hüffer* § 291 Rn 26.

dass es sich bei dem Gewinnabführungsvertrag der Sache nach um einen **Ergebnisübernahmevertrag** handelt. Reine Verlustdeckungszusagen des herrschenden Unternehmens gegenüber der abhängigen Gesellschaft ohne gleichzeitige Gewinnabführung des abhängigen Unternehmens sind keine Gewinnabführungsverträge und auch keine sonstigen Unternehmensverträge. Für sie gelten die §§ 291 ff AktG nicht[215].

cc) Wie der Beherrschungsvertrag auch ist der Gewinnabführungsvertrag als ein **625** **Organisationsvertrag** zu qualifizieren, der zusätzliche schuldrechtliche Elemente aufweist. Folgerichtig kommen bei Vertragsmängeln auch die Grundsätze über die fehlerhafte Gesellschaft zur Anwendung[216]. Wichtigste Abweichung zum Beherrschungsvertrag ist das **Fehlen** eines **Weisungsrechts**. Folglich steht das abhängige Unternehmen auch nicht unter der vertraglichen Leitung des herrschenden Unternehmens. Das wiederum führt dazu, dass kein Vertragskonzern im Sinne des § 18 I 2 AktG begründet wird. Gleichwohl dürfte regelmäßig ein faktisches Konzernverhältnis zwischen herrschendem und abhängigen Unternehmen bestehen (§§ 17 II, 18 I 3 AktG), mit der Folge, dass bei nachteiligen Maßnahmen des herrschenden Unternehmens (nur) die §§ 311, 317 und 318 AktG Anwendung finden[217].

Im Unterschied zum Beherrschungsvertrag wird beim Gewinnabführungsvertrag außerdem noch eine **Rückwirkung** für das bei Abschluss des Vertrages laufende Geschäftsjahr zugelassen[218].

b) Abgrenzung zum Geschäftsführungsvertrag

aa) Nach Satz 2 der Vorschrift über den Gewinnabführungsvertrag (§ 291 I AktG) **626** steht ein Geschäftsführungsvertrag dem Gewinnabführungsvertrag **gleich**. Geschäftsführungsverträge werden **steuerrechtlich nicht anerkannt**[219]. Dies mag ein Grund für das seltene Auftreten solcher Verträge in der Praxis sein.

Mit dem Geschäftsführungsvertrag verpflichtet sich eine inländische AG oder KGaA, **627** ihre gesamte geschäftliche Tätigkeit[220] fortan **für Rechnung eines anderen** Unternehmens zu führen. Die Gewinne und Verluste fallen nicht bei ihr, sondern bei dem anderen Vertragsteil unmittelbar an. Beim Gewinnabführungsvertrag entsteht der Gewinn als auch Verlust noch bei der abhängigen Gesellschaft und wird erst anschließend aufgrund des Vertrages vom Vertragspartner übernommen. Allerdings ist dieser Unterschied nur marginal; im Ergebnis sind die Wirkungen beider Verträge gleich[221]. Für die Anwendung des § 302 AktG hat der Unterschied jedoch Relevanz. Da der Verlust den anderen Vertragsteil direkt trifft, bedarf es der Verlustübernahme nicht[222].

---

215 Vgl KölnKomm.AktG/*Koppensteiner* § 291 Rn 80.
216 *Hüffer* § 291 Rn 23, 27; zu den Einzelheiten s. Rn 591 ff.
217 Vgl *E/H*, Komm. § 291 Rn 50.
218 BGHZ 122, 211, 223 f = NJW 1993, 1976 ff – SSI; *E/H*, Komm. § 291 Rn 55 mwN.
219 *E/H*, Komm. § 291 Rn 72 mwN.
220 *Hüffer* § 291 Rn 31.
221 Vgl *E/H*, Komm. § 291 Rn 67.
222 HM, *Hüffer* § 302 Rn 10 mwN.

628 Zivilrechtlich gesehen liegt dem Geschäftsführungsvertrag ein **Auftragsverhältnis** zu Grunde, so dass neben den §§ 293 ff AktG die §§ 662 ff BGB Anwendung finden. Lediglich das Weisungsrecht des Auftraggebers (§ 665 BGB) ist ausgeschlossen, da ein Weisungsrecht im das Zivilrecht überlagernden Konzernrecht nur durch einen Beherrschungsvertrag begründet werden kann (§§ 291 I 1, 308 I AktG)[223].

629 **bb)** Besonders sorgfältig ist der Geschäftsführungsvertrag **vom Betriebsführungsvertrag** des § 292 I Nr 3 AktG zu unterscheiden. Bei Letzterem ist es nämlich genau umgekehrt. Nicht die Gesellschaft selbst führt ihr Unternehmen, bloß auf Rechnung eines Dritten, sondern ein anderes Unternehmen verpflichtet sich dazu, die Betriebe der Gesellschaft für deren Rechnung zu betreiben. Letztendlich **erkauft** sich die Gesellschaft mit dem Betriebsführungsvertrag also fremde Managementleistungen[224].

c) Organschaft

630 Bedeutung erlangt der Gewinnabführungsvertrag in erster Linie als Organschaftsvertrag. Die wesentlichen **Voraussetzungen** für die Anerkennung der körperschaftsteuerrechtlichen Organschaft, also für die steuerrechtliche Zurechnung des Einkommens der abhängigen Gesellschaft (sog. Organgesellschaft) als Einkommen des herrschenden Unternehmens (sog. Organträger), sind gemäß § 14 I 1 für die AG/KGaA und § 17 KStG für die GmbH als Organgesellschaft, dass

- neben dem Abschluss eines Gewinnabführungsvertrages (§ 291 I 1 AktG)
- die Organgesellschaft in den Organträger finanziell eingegliedert ist, also dem Organträger die Stimmrechtsmehrheit zusteht (§ 14 I 1 Nr 1 KStG),
- der Organträger eine inländische steuerpflichtige Person, Gesellschaft oder Vermögensmasse ist (§ 14 I 1 Nr 2 KStG) und
- der Gewinnabführungsvertrag auf mindestens fünf Jahre abgeschlossen ist und während der ganzen Zeit durchgeführt wird (§ 14 I 1 Nr 3 KStG).

631 | **Leitsätze**

(1) Der **Gewinnabführungsvertrag** ist – auch ohne Kopplung mit einem Beherrschungsvertrag – ein **Organisationsvertrag**. Der abzuführende gesamte **Bilanzgewinn** wird in der Bilanz der abhängigen Gesellschaft als Verbindlichkeit gegenüber verbundenen Unternehmen und nicht als Gewinn ausgewiesen. Für die Gewinnermittlung selbst spielt das aber keine Rolle. Bei der **Gewinnrechnung** sind die §§ 300 Nr 1 und 301 AktG zu beachten.

(2) Bis auf wenige Ausnahmen (§§ 300 Nr 1, 301 AktG) finden auf den Gewinnabführungsvertrag die **gleichen Vorschriften** wie für den Beherrschungsvertrag Anwendung. Ein **isolierter** Gewinnabführungsvertrag führt **nicht** zu einem **Vertragskonzern**. Regelmäßig sind aber die §§ 311, 317, 318 AktG (faktischer AG-Konzern) zu beachten, dh wenn das gewinnabführungsberechtigte Unternehmen an der gewinnabführungsverpflichteten Gesellschaft mehrheitlich beteiligt ist.

---

223 *Hüffer* § 291 Rn 32 mwN.
224 Vgl *E/H*, Komm. § 291 Rn 69.

(3) **Steuerrechtliche Wirkung** beim herrschenden Unternehmen hat ein Gewinnabführungsvertrag nur dann, wenn er mindestens fünf Jahre Laufzeit hat und mit einer Gesellschaft besteht, an der das herrschende Unternehmen die Stimmrechtsmehrheit hat (finanzielle Eingliederung). Das Gebilde nennt man steuerrechtlich eine **Organschaft.**

5. Rechtsfolgen im AG-Vertragskonzern

a) Überblick

Mit den Rechtsfolgen von **Unternehmensverträgen des § 291 I AktG**, also für den **632** Beherrschungs- und/oder Gewinnabführungsvertrag (sowie dem gleichgestellten Geschäftsführungsvertrag; strittig für § 302 AktG[225]), befassen sich die **§§ 300–310 AktG**[226]. Sie lassen sich in drei Gruppen von Vorschriften unterteilen[227]:

§§ 300–303 AktG	§§ 304–307 AktG	§§ 308–310 AktG
Die §§ 300–302 AktG haben den Zweck, der Gesellschaft bei Abschluss eines Beherrschungsvertrags im Interesse der Gläubiger wenigstens ihr bilanzmäßiges Anfangsvermögen zu erhalten, um die Überlebensfähigkeit der Gesellschaft für den Fall der Beendigung des Vertrags zu gewährleisten. Zudem werden die Gläubiger nachvertraglich durch § 303 AktG geschützt.	Die §§ 304–307 AktG dienen dem Schutz der außenstehenden Aktionäre, indem ihnen durch die Statuierung besonderer Ausgleichs- und Abfindungsansprüche eine Entschädigung dafür geboten werden soll, dass ihre Gesellschaft im Vertragskonzern nicht mehr im gemeinsamen Interesse, sondern im Konzerninteresse betrieben wird.	Abgerundet werden die Regelungen durch eine gesetzliche Festlegung des Umfangs des Weisungsrechts in § 308 AktG sowie durch eine besondere Organhaftung der Vertreter des herrschenden Unternehmens, § 309 AktG, und der abhängigen Gesellschaft, § 310 AktG.

Problematisch an den §§ 300 ff AktG ist, dass sie einen Schutz der abhängigen Ge- **633** sellschaft **während der Vertragslaufzeit** und nicht für die Zeit danach vorsehen, da die Pflichten des herrschenden Unternehmens aufgrund der §§ 300 ff und §§ 304 ff AktG grundsätzlich mit der Beendigung eines Beherrschungs- und/oder Gewinnabführungsvertrages auslaufen (Ausnahme: § 303 AktG). Die **Überlebensfähigkeit** der abhängigen Gesellschaft wird **nach Vertragsende** also **nicht gesichert,** obwohl das Gesetz vom Fortbestand der abhängigen Gesellschaft ausgeht und einige Vorschriften

---

225 Die hM wendet die Vorschrift nicht an, vgl *Hüffer* § 302 Rn 10 mwN.
226 Die §§ 300 Nr 2, 301 und 302 II AktG gelten hingegen auch für andere als die in § 291 I AktG genannten Unternehmensverträge.
227 Zum Ganzen s. *E/H*, Komm. § 300 Rn 1.

den Schutz der Gesellschaft für die Zeit danach durchaus beabsichtigen (zB §§ 300, 301 AktG). Das herrschende Unternehmen ist nicht daran gehindert, vorvertragliche stille Reserven aufzulösen und an sich abführen zu lassen, das Vermögen der abhängigen Gesellschaft umzuschichten, notwendige Investitionen nicht vorzunehmen, Geschäftschancen selbst wahrzunehmen etc, also all jene Maßnahmen zu betreiben, die keinen Einfluss auf das bilanzielle Anfangsvermögen haben, letztendlich aber eine konkurrenzunfähige Gesellschaft zurücklassen[228]. Der wohl pragmatischste Lösungsansatz, die abhängige Gesellschaft und somit auch die außenstehenden Aktionäre und ihre Gläubiger über das Gesetz hinaus zu schützen, besteht in einer genauen Beschreibung des Weisungsumfangs im Beherrschungsvertrag. Daran hat sich das herrschende Unternehmen zu halten. Eine Verletzung der Grenzen des Weisungsrechts führt dann zu einem Schadensersatzanspruch gegen das herrschende Unternehmen und seine Vertreter.

b) Bemerkungen zu §§ 300, 301 AktG

634 §§ 300, 301 AktG **richten sich an das abhängige Unternehmen,** und zwar in erster Linie an das gewinnabführende. Aus diesem Vorrang des Gewinnabführungsvertrags wird deutlich, dass die steuerliche Organschaft bei der gesetzlichen Regelung der §§ 300, 301 AktG im Vordergrund stand[229]. §§ 300, 301 AktG führen zu einer **Risikovorsorge** in der abhängigen Gesellschaft, die vor allem bei Ablauf des Beherrschungs- und/oder Gewinnabführungsvertrages Bedeutung erlangt.

635 aa) **Gesetzliche Rücklage – § 300 AktG.** § 300 AktG soll **verhindern,** dass die abhängige Gesellschaft während der Laufzeit des Beherrschungs- und/oder Gewinnabführungsvertrags ausblutet, weil sämtlicher Gewinn an das herrschende Unternehmen abgeführt wird. Indem das Gesetz in § 300 AktG verlangt, aus dem Jahresüberschuss einen im Vergleich zu § 150 II AktG erhöhten Betrag im Unternehmen zu belassen (Auffüllung der gesetzlichen Rücklage), soll ein ausreichender und wegen der Laufzeit von fünf Jahren (Orientierung an der steuerlichen Organschaft) schnellerer Schutz der bilanziell erfassten Gesellschaftssubstanz erreicht werden.

636 Das Gesetz setzt voraus, dass **überhaupt ein Jahresüberschuss** entsteht. Problematisch daran ist, dass das herrschende Unternehmen über eine Fülle von Möglichkeiten verfügt, Weisungen oder sonstige Beherrschungsmittel mit dem Ziel, einen Jahresüberschuss gar nicht erst entstehen zu lassen, auszuüben und somit die gesetzlich bezweckte Rechtsfolge praktisch leer läuft[230].

---

228 Vgl *E/H*, Lb. § 20 I 2, S. 268.
229 *Hüffer* § 300 Rn 2.
230 Vgl *E/H*, Komm. § 300 Rn 5.

Beispiel: Die Anlagenbau-Holding OHG (A) ist Konzernspitze mehrerer Maschinenbauunternehmen. Mit der Lurgus Metallbau AG (L) besteht ein Beherrschungs- und Gewinnabführungsvertrag mit einer Laufzeit von fünf Jahren. Die L ist führend in der Herstellung von Vorprodukten im Maschinenbaubereich. Im Zuge einer Neuausrichtung der einzelnen Konzernunternehmen wird die L von A veranlasst, ihren Geschäftsverkehr zunehmend konzernintern zu bestimmten Preisen abzuwickeln. Hiervon profitieren aber nur die anderen Konzernunternehmen, die die Vorprodukte zu **nicht marktgerechten Konzernverrechnungspreisen** beziehen dürfen. Dies hat zur Folge, dass die einst gewinnträchtige L von Jahr zu Jahr weniger Gewinn abführt; ihr Aktienkurs sinkt spürbar. Zwar bleibt A von den Auswirkungen nicht verschont. Schließlich sinkt der Wert ihrer Beteiligung an L und auch der jährliche Gewinnbezug fällt geringer aus. Allerdings steckt die Differenz zu den Vorjahresgewinnen in den zu günstigeren Preisen bezogenen Produkten der L, so dass das eigene Betriebsergebnis der A und ihrer übrigen Konzernunternehmen wächst. Letztlich stehen die A und die begünstigten Konzernunternehmen genauso oder besser da als vor Weisungserteilung. Leidtragende sind dagegen die L, ihre Gläubiger sowie die außenstehenden Aktionäre. Der betriebliche Erfolg der L wird in Form von Konzernverrechnungspreisen an Konzernunternehmen abgeführt, ohne dass die L hieran durch Auffüllung der gesetzlichen Rücklage nach § 300 Nr 1, 3 AktG teilhat.

637

§ 300 AktG regelt **drei verschiedene Fallkonstellationen**, die miteinander kombiniert werden können. Im Ergebnis zielen sie darauf ab, die gesetzliche Obergrenze von gesetzlicher Rücklage und Kapitalrücklage in Höhe von 10 % oder eines satzungsmäßig höheren Teils des Grundkapitals der AG in kürzerer Zeit, als dies § 150 II AktG vorschreibt, zu erreichen. Mittel dazu ist die Festlegung bestimmter **Untergrenzen** der in die Rücklage einzustellenden Beträge.

638

- Für den **Gewinnabführungsvertrag** sowie den ihm durch § 291 I 2 AktG gleichgestellten Geschäftsführungsvertrag bestimmt § 300 Nr 1 AktG zwei Untergrenzen[231]

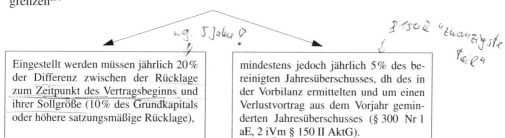

| Eingestellt werden müssen jährlich 20% der Differenz zwischen der Rücklage zum Zeitpunkt des Vertragsbeginns und ihrer Sollgröße (10% des Grundkapitals oder höhere satzungsmäßige Rücklage), | mindestens jedoch jährlich 5% des bereinigten Jahresüberschusses, dh des in der Vorbilanz ermittelten und um einen Verlustvortrag aus dem Vorjahr geminderten Jahresüberschusses (§ 300 Nr 1 aE, 2 iVm § 150 II AktG). |

- Ist ein **Teilgewinnabführungsvertrag** geschlossen worden, gilt die 5%- Grenze des § 150 II AktG (§ 300 Nr 2 AktG).

---

231   Vgl *E/H*, Komm. § 300 Rn 10 ff.

- In **beherrschungsvertraglichen** Fallkonstellationen (§ 300 Nr 3 AktG) gilt:

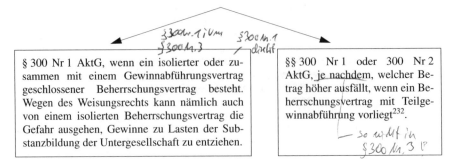

| § 300 Nr 1 AktG, wenn ein isolierter oder zusammen mit einem Gewinnabführungsvertrag geschlossener Beherrschungsvertrag besteht. Wegen des Weisungsrechts kann nämlich auch von einem isolierten Beherrschungsvertrag die Gefahr ausgehen, Gewinne zu Lasten der Substanzbildung der Untergesellschaft zu entziehen. | §§ 300 Nr 1 oder 300 Nr 2 AktG, je nachdem, welcher Betrag höher ausfällt, wenn ein Beherrschungsvertrag mit Teilgewinnabführung vorliegt[232]. |

639 **bb) Höchstbetrag der Gewinnabführung – § 301 AktG.** Gem. § 301 AktG wird die Gewinnabführung – egal was die Parteien unter Gewinn verstehen und vereinbart haben – auf maximal den **Jahresüberschuss,**
- abzüglich der nach § 300 AktG einzustellenden Beträge,
- abzüglich eines Verlustvortrages des Vorjahres,
begrenzt.

Weil § 301 AktG auf die Gewinnabführung Bezug nimmt, fallen nur der **Gewinnabführungsvertrag und der Teilgewinnabführungsvertrag** unter diese Vorschrift[233]. Nicht von § 300 AktG (gesetzliche Rücklage) erfasste Gewinnrücklagen (§ 272 III HGB) sind gem. § 301 S. 2 AktG ausgenommen, ebenso die Auflösung und Abführung stiller Reserven. Die Höchstbetragsregelung schützt also nur unvollkommen vor einer Substanzgefährdung der abhängigen Gesellschaft.

c) Bemerkungen zu §§ 308, 307 AktG

640 Auf die Vorschrift zur Leitungsmacht (§ 308 AktG, s. Rn 599 ff) sowie die Vorschrift zur automatischen Vertragsbeendigung nach § 307 AktG (s. Rn 569) wurde bereits eingegangen.

641 | **Leitsätze**

(1) Die **Rechtsfolgen im AG-Vertragskonzern** ergeben sich aus den §§ 300–310 AktG. Diese Vorschriften enthalten ein **umfangreiches Instrumentarium** an Anspruchsgrundlagen und Regelungen, die verschiedene Interessengruppen (abhängige Gesellschaft, ihre Gläubiger sowie die außenstehenden Aktionäre) gegen die strukturändernde Wirkung von Weisungsmacht und Gewinnabführung schützen sollen. Dies ist dem Gesetzgeber nur teilweise gelungen, da die meisten Regelungen (bis auf § 303 AktG) nur **während der Vertragslaufzeit** gelten.

(2) Mit **§ 300 AktG** wird die abhängige Gesellschaft verpflichtet, während der Laufzeit des Beherrschungs- und/oder Gewinnabführungsvertrags ihre **gesetzliche Rücklage schneller** als

---

232 HM, vgl *E/H*, Komm. § 300 Rn 23 mwN.
233 HM, *Hüffer* § 301 Rn 2 mwN; aA *E/H*, Komm. § 301 Rn 6.

eine unabhängige Gesellschaft aufzufüllen. Dadurch soll die abhängige Gesellschaft trotz Abführung ihres Gewinns zumindest bilanziell eine Risikovorsorge betreiben können. Das erlangt nach Auslaufen des Vertrages wegen des dann nicht mehr anwendbaren § 302 AktG Bedeutung. Allerdings läuft § 300 AktG leer, wenn die Gesellschaft keine Gewinne erwirtschaftet, was wiederum maßgeblich vom Verhalten des herrschenden Unternehmens abhängt.

(3) Bei Bestehen eines Gewinn- oder Teilgewinnabführungsvertrages ist die jährliche Gewinnabführung auf einen **Höchstbetrag** beschränkt (**§ 301 AktG**).

6. Haftung des herrschenden Unternehmens im AG-Vertragskonzern

Zur Verdeutlichung dient nachfolgende Übersicht: **642**

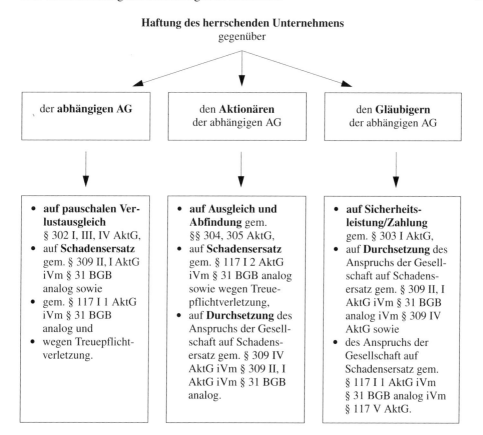

Haftung des herrschenden Unternehmens
gegenüber

der **abhängigen AG**	den **Aktionären** der abhängigen AG	den **Gläubigern** der abhängigen AG
• **auf pauschalen Verlustausgleich** § 302 I, III, IV AktG, • auf **Schadensersatz** gem. § 309 II, I AktG iVm § 31 BGB analog sowie • gem. § 117 I 1 AktG iVm § 31 BGB analog und • wegen Treuepflichtverletzung.	• **auf Ausgleich und Abfindung** gem. §§ 304, 305 AktG, • auf **Schadensersatz** gem. § 117 I 2 AktG iVm § 31 BGB analog sowie wegen Treuepflichtverletzung, • auf **Durchsetzung** des Anspruchs der Gesellschaft auf Schadensersatz gem. § 309 IV AktG iVm § 309 II, I AktG iVm § 31 BGB analog.	• **auf Sicherheitsleistung/Zahlung** gem. § 303 I AktG, • auf **Durchsetzung** des Anspruchs der Gesellschaft auf Schadensersatz gem. § 309 II, I AktG iVm § 31 BGB analog iVm § 309 IV AktG sowie • des Anspruchs der Gesellschaft auf Schadensersatz gem. § 117 I 1 AktG iVm § 31 BGB analog iVm § 117 V AktG.

Hinweis: Da lediglich die Haftung des Vertragskonzerns dargestellt wird, können Sie nachfolgend grundsätzlich davon ausgehen, dass zwischen den Vertragsparteien ein Beherrschungsvertrag (mit oder ohne Gewinnabführungsvertrag) besteht. **643**

a)   Haftung des herrschenden Unternehmens gegenüber der Untergesellschaft

644   aa) Pauschaler Verlustausgleich nach § 302 I, III AktG. Besteht ein Beherrschungs- und/oder Gewinnabführungsvertrag, so hat das herrschende Unternehmen jeden während der Vertragsdauer „sonst entstehenden Jahresfehlbetrag" bei der abhängigen AG/ KGaA gemäß § 302 I AktG auszugleichen. Einen Fehlbetrag hat das herrschende Unternehmen auch auszugleichen, wenn die abhängige AG oder KGaA den Betrieb ihres Unternehmens dem herrschenden Unternehmen verpachtet oder sonst überlassen hat, soweit die vereinbarte Gegenleistung ein angemessenes Entgelt nicht erreicht (§ 302 II AktG für Betriebspacht- und Betriebsüberlassungsverträge).

645   § 302 I AktG basiert auf dem Grundgedanken der **strukturändernden Wirkung** von Organisationsverträgen und der **Aufhebung** des gesetzlichen **Systems der Kapitalerhaltung.** Ersteres führt zu einer Interessenausrichtung des abhängigen Unternehmens auf die Belange des anderen Vertragsteils und damit zu einer Gefährdung der Überlebensfähigkeit der abhängigen Gesellschaft. Letzteres beseitigt die wichtigste Voraussetzung für die Anerkennung des Haftungsprivilegs der Gesellschafter in juristischen Personen (Kapitalerhaltung), so dass auf das Vermögen des herrschenden Unternehmens zurückgegriffen werden darf[234].

646   **(1) Rechtsnatur.** Bei der Verlustübernahmepflicht handelt es sich um ein **gesetzliches Dauerschuldverhältnis,** das mit Inkrafttreten des jeweiligen Vertrags entsteht und mit seinem Auslaufen endet[235]. Folgerichtig sind der Beherrschungs- und/oder Gewinnabführungsvertrag **Tatbestandsmerkmale** und nicht Verpflichtungsgrund des gesetzlichen Anspruchs auf Verlustübernahme[236], dh der Anspruch gemäß § 302 I AktG ergibt sich nicht aus dem Vertrag sondern aus den Tatbestandsvoraussetzungen des § 302 I AktG, zu denen das Bestehen eines Vetrages gehört. Gläubiger des Anspruchs ist die Gesellschaft selbst. § 302 AktG ist also als Innenhaftung ausgestaltet. Im Gegensatz dazu folgt die hM bei qualifizierten Eingriffen im faktischen Konzern einer Außenhaftung nach Art einer Durchgriffskonzeption. § 302 AktG lässt sich dogmatisch als Strukturhaftung begreifen, bei der es auf Verschulden und Verhalten des anderen Vertragsteils nicht ankommt[237].

647   **(2) Voraussetzungen.** § 302 I AktG hat folgende positive und negative Voraussetzungen:

- Vorliegen eines Beherrschungs- und/oder Gewinnabführungsvertrages,
- Jahresfehlbetrag während der Vertragsdauer,
- kein Ausgleich aus anderen Gewinnrücklagen.

648   **(a)** Zunächst muss überhaupt ein **Beherrschungs- und oder Gewinnabführungsvertrag** wirksam zustande gekommen sein. Zu den Einzelheiten wird auf Rn 486 ff verwiesen.

---

234   HM, vgl *E/H*, Komm. § 302 Rn 17 mwN.
235   *Hüffer* § 302 Rn 4.
236   *K. Schmidt*, ZGR 1983, 513, 516 ff mwN.
237   *Hüffer* § 302 Rn 5 f.

(b) Weiterhin muss ein während der Vertragsdauer entstehender Jahresfehlbetrag **649** vorliegen. Unter dem **Jahresfehlbetrag** ist der negative Saldo zu verstehen, der ohne die Verlustübernahmeverpflichtung im Jahresabschluss (fiktive Betrachtungsweise) als Posten 20 (§ 275 II HGB) bzw 19 (§ 275 III HGB) der Gewinn- und Verlustrechnung (GuV) auszuweisen wäre. Fiktiv ist die Betrachtungsweise deshalb, weil auf Grund der Verlustübernahmeverpflichtung des herrschenden Unternehmens sich tatsächlich kein Fehlbetrag in der GuV ergeben kann (§ 277 III HGB)[238]. Eine Insolvenz der abhängigen Gesellschaft aufgrund Überschuldung ist bei einer solventen Mutter nicht denkbar.

Das herrschende Unternehmen hat **jeden** während der Vertragsdauer entstehenden Fehlbetrag auszugleichen. Die Ursache des Fehlbetrages spielt also keine Rolle (Strukturhaftung). Insbesondere braucht der Fehlbetrag nicht gerade typische Folge des Vertragskonzernverhältnisses zu sein[239].

§ 302 AktG erfasst aber nur den **während der Vertragsdauer** entstandenen Fehlbetrag. Zu unterscheiden ist also zwischen Beginn und Ende des Vertrags. Die Verlustübernahmepflicht **beginnt** mit Wirksamwerden des Beherrschungsvertrages, also mit Eintragung in das HR. Für den Gewinnabführungsvertrag gilt das ebenso, falls keine Rückwirkung vereinbart ist. Keinesfalls erstreckt sich die Haftung auf Verlustvorträge aus Geschäftsjahren, die schon vor Vertragsbeginn vorgetragen waren[240]. Regelmäßig **enden** die Verträge mit Ablauf des vereinbarten Geschäftsjahres. Für den Fehlbetrag haftet das herrschende Unternehmen auch dann, wenn die Aufstellung des Jahresabschlusses erst nach Vertragsende erfolgt.

Beispiel: Zwischen der Cäsar-KGaA und der Genossenschaft Konsum e.G. (K) besteht ein **650** Beherrschungs- und Gewinnabführungsvertrag, der am 30.6.1999 eingetragen wurde, wobei der Gewinnabführungsvertrag rückwirkend zum 1.1.1999 gelten soll. Am Ende des ersten (Rumpf-)Geschäftsjahres, das am 30.6.1999 begann und bis Ende des Jahres 1999 lief, muss die K schon ihren Verpflichtungen aus § 302 I AktG nachkommen und gleicht einen fiktiven Jahresfehlbetrag von € 500 000 bei der KGaA aus. Kommanditaktionär A ist mit dieser Zahlung unzufrieden. Er meint, K müsse den gesamten Jahresfehlbetrag von € 1 Mio. ausgleichen. Verärgert wendet er sich an seinen Anwalt. Was wird ihm dieser antworten?

Grundsätzlich hat K den gesamten, während der Vertragsdauer entstehenden Jahresfehlbetrag auszugleichen. Fragt A nach der Haftung der K im **Vertragskonzern,** ist Grundlage der zu bestimmenden Vertragsdauer der <u>Beherrschungsvertrag</u>. Dieser ist Tatbestandsmerkmal eines Vertragskonzerns (§§ 18 I 2, 291 I 1 AktG). Ob darüber hinaus ein Gewinnabführungsvertrag besteht, ist erst einmal unerheblich. Wenn der Beherrschungsvertrag am 30.6.1999 in das HR der KGaA eingetragen wurde, ist der Beginn der Verlustübernahme auf dieses Datum festzulegen. Als Vertragskonzernmutter bräuchte K also nur € 500 000 auszugleichen.

Fragt A jedoch nach der Haftung der K als **Vertragspartnerin,** ist die Antwort eine andere. Denn neben dem Beherrschungsvertrag ist die K auch noch anderer Vertragsteil eines Gewinnabführungsvertrags. Da dieser rückwirkend zum Jahresanfang wirksam wurde, haftet die K nach § 302 I AktG für den Jahresfehlbetrag ab diesem Datum, also auf € 1 Mio.

§ 302 I
"Vertrags-
dauer"

---

238 *E/H*, Komm. § 302 Rn 28; ähnlich: Bilanzgewinn beim Gewinnabführungsvertrag s. Rn 622.
239 *E/H*, Komm. § 302 Rn 30.
240 *Hüffer* § 302 Rn 12.

> Letztlich verletzte K ihre Verlustausgleichspflicht, als sie lediglich die Hälfte ausgeglichen hat. Hierauf kam es in diesem Beispiel aber nicht an. Vielmehr sollte Ihnen gezeigt werden, wie unterschiedlich das Ergebnis je nach Fragestellung sein kann.

651 **(c)** Problematisch ist die Beurteilung nur dann, wenn der Vertrag während eines Geschäftsjahres, meistens **vorzeitig**, zB durch Aufhebung oder außerordentliche Kündigung, endet. Nach hM ist in solchen Fällen für das Rumpfgeschäftsjahr eine Zwischen- oder **Stichtagsbilanz** aufzustellen und für die hieraus ablesbaren fiktiven Fehlbeträge aufzukommen[241].

652 Nach bislang noch hM enden Beherrschungs- und/oder Gewinnabführungsverträge mit **Auflösung** einer der Vertragsparteien[242]. Bis zum Auflösungsstichtag entstandene Verluste können aus der Perspektive des Normzwecks nicht anders behandelt werden als im Falle der vorzeitigen Beendigung des Vertrags. Das heißt, es wird ein Rumpfgeschäftsjahr gebildet, und der in der Stichtagsbilanz ermittelte Jahresfehlbetrag ist vom herrschenden Unternehmen auszugleichen[243]. Etwas anderes gilt nach hM für die Abwicklungsverluste[244]. Unter Abwicklungsverlusten versteht man den endgültigen Vermögensverlust der Aktionäre, der sich nach der Auflösung der Gesellschaft und ihrer anschließenden Abwicklung ergeben hat. Weil eben der Abwicklungsverlust Folge einer Realisierung (Verwertung) des Gesellschaftsvermögens ist und daher mit dem auf eine werbende Tätigkeit bezogenen Gewinn- und Verlustbegriff der §§ 301 ff AktG nicht vergleichbar ist, braucht das herrschende Unternehmen nicht für solche Verluste nach § 302 I AktG einstehen[245].

653 **(d)** Als **negatives Tatbestandsmerkmal** setzt § 302 I AktG weiterhin voraus, dass der Jahresfehlbetrag nicht schon durch Entnahme aus anderen Gewinnrücklagen ausgeglichen wird. Die Entnahme ist allerdings nur zulässig, wenn auch die Einstellung während der Vertragsdauer erfolgt ist[246]. Positiv ausgedrückt kann/muss also das abhängige Unternehmen (freiwillig oder aufgrund Weisung des herrschenden Unternehmens) zunächst

- die während der Vertragslaufzeit in die Position **andere Gewinnrücklagen** (§ 158 I Nr 4 d) AktG; also nicht die in die gesetzliche Rücklage des § 300 AktG) eingestellten Beträge,
- sowie einen während der Vertragslaufzeit gebildeten **Gewinnvortrag**

für den Verlustausgleich heranziehen, ehe das herrschende Unternehmen beansprucht werden kann, die Verluste auszugleichen.

---

241 Vgl BGHZ 103, 1, 9 f = NJW 1988, 1326 ff – Familienheim; *E/H*, Komm. § 302 Rn 38 mwN.
242 S. Rn 572 f; zur aA s. KölnKomm.AktG/*Koppensteiner* § 297 Rn 44 f, § 302 Rn 34, 38; *E/H*, Komm. § 297 Rn 51.
243 Vgl *E/H*, Komm. § 302 Rn 39.
244 Vgl BFHE 90, 370 ff = WM 1968, 409 ff; *E/H*, Komm. § 302 Rn 39; aA vgl die Nw bei MünchKomm.AktG/*Altmeppen* § 302 Rn 30.
245 KölnKomm.AktG/*Koppensteiner* § 302 Rn 36.
246 *Hüffer* § 302 Rn 14.

(3) Rechtsfolge. Liegen die Anspruchsvoraussetzungen des § 302 I AktG vor, steht **654** der Untergesellschaft ein **Zahlungsanspruch gegen den anderen Vertragsteil** in Höhe des Geldbetrags zu, der zum Ausgleich des (fiktiven) Jahresfehlbetrags erforderlich ist. **Anspruchsinhaber** ist also die abhängige Gesellschaft, die den Anspruch durch ihr Organ geltend gemacht. Entgegenstehende Weisungen des herrschenden Unternehmens sind rechtswidrig und deshalb unbeachtlich (§ 308 I AktG, § 134 BGB)[247].

Nach hM fallen **Entstehung und Fälligkeit** des Zahlungsanspruchs entsprechend der **655** Grundregel des § 271 I BGB zusammen auf den Bilanzstichtag (der Abschluss- oder Zwischenbilanz)[248]. Ist der Anspruch zu diesem Zeitpunkt noch nicht bezifferbar, weshalb einige die Fälligkeit auf den Zeitpunkt der Bilanzfeststellung verschieben wollen[249], und ergibt sich später im festgestellten Jahresabschluss ein niedrigerer Ausgleichsbetrag, steht dem herrschenden Unternehmen ein Anspruch auf Rückzahlung des überzahlten Betrages zu[250]. Für die hM spricht, dass es dem herrschenden Unternehmen verwehrt ist, durch Verschiebung des Zeitpunktes der Bilanzfeststellung die Fälligkeit zum Nachteil der außenstehenden Aktionäre und Gläubiger zu verschleppen. Im Übrigen gelten für eine verspätete Zahlung des herrschenden Unternehmens die **Fälligkeitsregelungen** der §§ 352, 353 HGB (5 % Zinsen ab dem ersten Fälligkeitstag). Der Zahlungsanspruch unterliegt gem. § 302 IV AktG einer **Verjährungsfrist** von zehn Jahren ab Bekanntmachung der Eintragung der Beendigung des Unternehmensvertrags.

Der Zahlungsanspruch aus § 302 I AktG ist grundsätzlich verkehrsfähig. Folglich **656** kann er von der Gesellschaft **abgetreten und verpfändet** werden. Allerdings folgt aus dem Gebot der Kapitalerhaltung, dass die Gegenleistung für die Untergesellschaft gleichwertig zu sein hat[251].

Anspruchsgegner ist der andere Vertragsteil. Hat ein Gemeinschaftsunternehmen mit **657** mehreren Müttern Vertragsbeziehungen (**mehrfacher Vertragskonzern**), so haftet auch jede Mutter voll und nicht quotal auf Verlustausgleich nach § 302 I AktG. Folglich nimmt die hM eine gesamtschuldnerische Haftung der anderen Vertragsteile für § 302 I AktG an[252]. Auch im **mehrstufigen Vertragskonzern** ist grundsätzlich der andere Vertragsteil Schuldner des Verlustausgleichs:

- Besteht zwischen M und T sowie zwischen T und E jeweils ein Beherrschungsvertrag (sog. durchgehende Kette), kann E nur bei ihrem Vertragspartner, also T, Ausgleich suchen, nicht aber bei M.
- Besteht zusätzlich ein Beherrschungsvertrag zwischen M und E, kann E wahlweise T, M oder beide auf § 302 AktG in Anspruch nehmen. Im Ergebnis schlägt die Haftung in jedem Fall auf M durch.

---

247 S. *E/H*, Komm. § 302 Rn 43.
248 Vgl BGH AG 2005, 397, 398; BGHZ 142, 382, 385; *E/H*, Komm. § 302 Rn 40 mwN.
249 So etwa KölnKomm.AktG/*Koppensteiner* § 302 Rn 53 mwN.
250 *Kurzwelly*, AG 2000, 337, 340.
251 Vgl KölnKomm.AktG/*Koppensteiner* § 302 Rn 39 mwN.
252 Vgl *Hüffer* § 302 Rn 21 mwN.

658 **(4) Verzicht und Vergleich, § 302 III AktG.** Ist der Zahlungsanspruch entstanden, so bleibt es der abhängigen Gesellschaft unbenommen, auf ihn zu **verzichten oder sich darüber zu vergleichen** (§ 302 III AktG). Dahinter steckt die gesetzgeberische Idee, dass die Untergesellschaft zum Erhalt ihres Vertragspartners beitragen kann, also beispielsweise nicht in einer für das herrschende Unternehmen wirtschaftlich kritischen Situation die Verlustübernahme verlangt. Um jedoch die Untergesellschaft vor übereilten Schritten zu bewahren, hat der Gesetzgeber **zwei Schutzmechanismen** eingebaut:

- Zum einen ist der Verzicht/Vergleich erst nach **Ablauf einer Dreijahresfrist** zulässig (§ 302 III 1 AktG). Eine vorherige Abrede ist nichtig gem. § 134 BGB[253], es sei denn, der andere Vertragsteil ist zahlungsunfähig und vergleicht sich mit seinen Gläubigern zum Zwecke der Insolvenzabwendung oder im Rahmen eines Insolvenzplans (§ 302 III 2 AktG). Die Untergesellschaft kann sich dann diesem Vergleich anschließen.

- Zum anderen müssen die außenstehenden Aktionäre der abhängigen Gesellschaft mit dem Verzicht/Vergleich einverstanden sein. Dieses Einverständnis schlägt sich nieder in einem **Sonderbeschluss** (§ 302 III 3 AktG). Ohne diesen handelt der Vorstand der Untergesellschaft ohne Vertretungsmacht. Der Sonderbeschluss scheitert, wenn keine einfache Mehrheit unter den außenstehenden Aktionären zustande kommt oder wenn eine Minderheit von 10% des bei der Beschlussfassung vertretenen Grundkapitals Widerspruch zur Niederschrift erklärt. Eine **Anfechtungsklage** selbst ist entbehrlich[254].

659
> **Leitsätze**
>
> (1) Als Ausgleich für die im Vertragskonzern zu Lasten der abhängigen Gesellschaft aufgehobene Kapitalerhaltung sieht § 302 I AktG eine **pauschale und verschuldensunabhängige Verlustübernahmeverpflichtung** durch das herrschende Unternehmen vor. Diese Verpflichtung entspringt einem **gesetzlichen Dauerschuldverhältnis** und kann daher auch nicht vertraglich eingeschränkt werden.
>
> (2) Der Beherrschungsvertrag **beginnt** mit Eintragung ins HR der Untergesellschaft und **endet** regelmäßig mit Ablauf der Vertragslaufzeit zum Ende des Geschäftsjahres. Aus der **Bilanz,** bei vorzeitigem Ende aus der Zwischen- oder Stichtagsbilanz, ist der **fiktive Jahresfehlbetrag** abzulesen. Verluste nach Vertragsende, auch sog. Abwicklungsverluste, werden in keinem Fall ausgeglichen. Von dem fiktiven Jahresfehlbetrag dürfen während der Vertragslaufzeit gebildete Gewinnvorträge oder in andere Gewinnrücklagen eingestellte Beträge **abgezogen** werden. Auf die verbleibende Summe hat das abhängige Unternehmen einen **Zahlungsanspruch** gegen das herrschende Unternehmen, der jeweils zum Bilanzstichtag entsteht und fällig wird. Der Anspruch **verjährt** in zehn Jahren nach Bekanntmachung der Eintragung der Beendigung des Vertrags (§ 302 IV AktG).
>
> (3) Hat das abhängige Unternehmen mehrere gleichrangige Schuldner (mehrfacher Vertragskonzern), haften die Schuldner **gesamtschuldnerisch.** Den Zahlungsanspruch kann das abhängige Unternehmen gegen eine gleichwertige Leistung **abtreten oder verpfänden,** und sie kann unter den Voraussetzungen des § 302 III AktG (drei Jahre, Sonderbeschluss der außenstehenden Aktionäre) auf ihn **verzichten oder sich über den Zahlungsanspruch vergleichen.**

---

253 S. *Hüffer* § 302 Rn 27.
254 Vgl *Hüffer* § 302 Rn 29.

		660
Schema: Zahlungsanspruch der Untergesellschaft gegen das herrschende Unternehmen auf Verlustausgleich nach § 302 I, III AktG		

Anspruch entstanden? § 302 I AktG	• Vorliegen eines Beherrschungs- und/oder Gewinn-abführungsvertrages, • Jahresfehlbetrag während der Vertragsdauer, • Kein Ausgleich aus anderen Gewinnrücklagen.
Anspruch untergegangen? § 302 III AktG	• Verzicht oder Vergleich drei Jahre nach Entstehung des Anspruchs, • Erfüllung (§ 362 BGB)
Anspruch durchsetzbar? § 302 IV AktG	• Verjährung nach zehn Jahren
Rechtsfolge	Zahlungsanspruch der Untergesellschaft gegen das herrschende Unternehmen. Der Umfang richtet sich nach § 302 I AktG.

bb) Schadensersatzanspruch wegen unzulässiger Weisung aus § 280 I BGB des Beherrschungsvertrags/§ 309 AktG iVm § 31 BGB analog. Dass das herrschende Unternehmen **für Schäden infolge unzulässiger Weisungen haftet,** steht außer Streit[255]. Zutreffend wird in der Begründung zum Regierungsentwurf des AktG 1965 dazu bemerkt, diese Haftung folge aus „allgemeinen Rechtsgrundsätzen aufgrund des Vertrags", eine besondere aktienrechtliche Regelung sei deshalb nicht erforderlich[256]. Im Anschluss an diese Bemerkung ist daher anerkannt, dass auch das (in der Regel solventere) herrschende Unternehmen selbst Schadensersatz schuldet, wenn die **Voraussetzungen des § 309 I, II AktG** (Haftung des gesetzlichen Vertreters) vorliegen[257]. Allerdings ist die Anspruchsgrundlage der Haftung des herrschenden Unternehmens umstritten.   **661**

(1) Anspruchsgrundlage. Im Grunde gibt es zwei Meinungslager: Die wohl überwiegende Meinung sieht – auch ausgehend vom Wortlaut der Reg Begr – **im Beherrschungsvertrag** die Haftungsgrundlage[258]. Der Vertrag verpflichtet unmittelbar das herrschende Unternehmen, sich bei der Erteilung von Weisungen innerhalb der gesetzlichen und vertraglichen Grenzen zu halten. Eine Überschreitung führt folglich zum Schadensersatz. Für das Fehlverhalten seiner Vertreter haftet das herrschende Unternehmen nach den §§ 31 oder 278 BGB[259]. Andere wenden **§ 309 AktG iVm § 31 BGB analog** an[260]. Danach hat der Gesetzgeber mit § 309 AktG ausdrücklich eine Organhaftung der Vertreter des herrschenden Unternehmens geregelt, die nach der allgemeinen Zurechnungsnorm des § 31 BGB für schadensersatzpflichtiges Han-   **662**

---

255 KölnKomm.AktG/*Koppensteiner* § 309 Rn 37 mwN.
256 Vgl *Hüffer* § 309 Rn 26 mit Verweis auf Reg Begr *Kropff*, S. 404 f.
257 Vgl *E/H*, Komm. § 309 Rn 21 mwN; *Hüffer* § 309 Rn 26.
258 KölnKomm.AktG/*Koppensteiner* § 309 Rn 37; *E/H*, Komm. § 309 Rn 21.
259 KölnKomm.AktG/*Koppensteiner* § 309 Rn 37.
260 *Mertens*, AcP 168 (1968), 225, 229; *Hüffer* § 309 Rn 27.

deln der Organe dem herrschenden Unternehmen zugerechnet werden kann. Zudem stellt § 280 I BGB eine haftungsrechtliche Generalklausel dar, die ihrerseits der Konkretisierung bedarf und diese jedenfalls hinsichtlich der Haftungsausgestaltung in § 309 I und II BGB findet[261].

663 Die Frage nach der Anspruchsgrundlage ist allerdings **ohne praktische Bedeutung,** seitdem feststeht, dass auf den Ersatzanspruch der abhängigen Gesellschaft gegen das herrschende Unternehmen ohne Rücksicht auf seine Begründung jedenfalls die Absätze III-V des § 309 AktG entsprechend anzuwenden sind[262]. Folglich kommt es auf eine **Streitentscheidung nicht** an.

664 **Hinweis:** Trotzdem kann es in der Klausur ratsam sein, sich für eine Anspruchsgrundlage zu entscheiden. Dies hat zumindest den Vorteil, nicht jedes Mal beide Haftungsalternativen im Kopf haben zu müssen und in Stresssituationen mit einer sauber arbeiten zu können. Für die **Streitentscheidung** können Sie beispielsweise wie folgt formulieren: „Da die Haftung des herrschenden Unternehmens wegen sorgfaltswidriger Ausübung der Leitungsmacht grundsätzlich anerkannt ist, wenn die Voraussetzungen des § 309 I, II AktG vorliegen, und es zudem außer Streit steht, dass die § 309 III–V AktG auch für die Haftung des herrschenden Unternehmens gelten, spricht alles dafür, die Grundlage der Haftung des herrschenden Unternehmens aus § 309 AktG iVm § 31 BGB analog abzuleiten[263]".

665 **(2) Voraussetzungen § 309 II, I AktG.** Die Haftungsvoraussetzungen sind folgende:
- Vorliegen eines Beherrschungsvertrags (§ 309 I AktG),
- **Sorgfaltspflichtverletzung** (§ 309 II, I AktG)
- durch den gesetzlichen Vertreter des herrschenden Unternehmens (bei Einzelkaufmann der Inhaber) (§ 309 I AktG)
- bei der Ausübung von Leitungsmacht (§§ 309 I, 308 I AktG),
- Verschulden,
- Schaden der abhängigen Gesellschaft (§ 309 II AktG).

666 **(a)** Entscheidendes Haftungselement ist also eine **Pflichtverletzung des herrschenden Unternehmens** im Sinne des § 309 II, I AktG. Da diese an die Ausübung der Leitungsmacht (durch Weisung) gekoppelt ist, postuliert § 309 AktG insoweit eine Pflicht zur **ordnungsgemäßen Konzerngeschäftsführung**[264]. Die Pflicht zur ordnungsgemäßen Konzerngeschäftsführung (Sorgfalt eines ordentlichen und gewissenhaften Geschäftsleiters bei der Erteilung von Weisungen § 309 I AktG) gegenüber der abhängigen Gesellschaft wird in folgenden Fällen verletzt:
- Erteilung **rechtswidriger Weisungen**; diese sind immer sorgfaltswidrig. Gemäß obiger Darstellung (Rn 609 ff) sind Weisungen unzulässig, wenn sie die Grenzen des § 308 I AktG überschreiten, also gegen Beherrschungsvertrag, Satzung oder

---

261 *Hüffer* § 309 Rn 27.
262 Vgl *E/H*, Komm. § 309 Rn 21; *Hüffer* § 309 Rn 27.
263 So *Hüffer* § 309 Rn 27.
264 Vgl *Eschenbruch*, Rn 3039; *E/H*, Komm. § 309 Rn 33.

Gesetz verstoßen, was die Erteilung das Konzerninteresse verletzender nachteiliger Weisungen einschließt.

- Allein der Umstand, dass sich die maßgebliche Weisung des herrschenden Unternehmens an den Rahmen des § 308 I AktG hält, schließt eine Sorgfaltspflichtverletzung nicht aus. Denn § 309 I AktG unterscheidet selbst nicht nach rechtswidrigen und rechtmäßigen Weisungen. Die Vorschrift stellt allgemein klar, dass bei der Weisungserteilung gegenüber der abhängigen Gesellschaft der objektive Verhaltensmaßstab eines Geschäftsleiters einzuhalten ist. Dieser ergibt sich aber nicht nur aus dem Beherrschungsvertrag oder § 308 I AktG[265]. Vielmehr ist ähnlich §§ 93 I, 76 I AktG die Vorschrift selbst ein Verhaltensmaßstab und nicht lediglich der Verschuldensmaßstab für die Haftung wegen der Erteilung ohnehin unzulässiger Weisungen. Während dort der Vorstand einer vertraglich ungebundenen Gesellschaft sorgsam das ihm anvertraute Vermögen zu verwalten hat, gilt hier aufgrund der Vereinnahmung der Leitung der Untergesellschaft dasselbe für die Vertreter des herrschenden Unternehmens im Verhältnis zur Untergesellschaft[266]. Folglich unterliegen **auch rechtmäßige Weisungen** im Sinne des § 308 I AktG sowie die Konzerngeschäftsführung überhaupt einer Sorgfaltspflicht[267]. Demnach droht eine Haftung des herrschenden Unternehmens, wenn bei der Vorbereitung oder Ausübung von rechtmäßigen Weisungsrechten des herrschenden Unternehmens kaufmännische Vorsichtsmaßnahmen oder gesicherte betriebswirtschaftliche Erkenntnisse nicht berücksichtigt worden sind. Wegen des anerkannten und in § 93 I 2 AktG niedergelegten weiten unternehmerischen Ermessensspielraums der Geschäftsleitung (business judgement rule) ist im Vergleich zur Haftung wegen rechtswidriger Weisung bei rechtmäßigen Weisungen ein Grund für eine Inanspruchnahme jedoch selten gegeben.

Beispiel: Die Zentral-GmbH (Z) ist herrschendes Unternehmen mehrerer Töchter. Unter anderem wurde auch zwischen der Z und der Effekten-AG (E) ein Beherrschungsvertrag geschlossen. Kurze Zeit später führte die Z in all ihren Konzernunternehmen ein zentrales Cash-Management ein, um mit dessen Hilfe die Finanzströme der einzelnen Konzerngesellschaften effektiver zu steuern. Bereits zu diesem Zeitpunkt wusste die Geschäftsführung der Z, dass Z unter erheblichen Liquiditätsschwierigkeiten litt. Der Zugriff auf das zentrale Cash-Management sollte auch zur Beseitigung der Finanzprobleme der Z genutzt werden. Ein Jahr später fehlen der E mehrere Festgelder in Höhe von € 1 Mio. und die Z befindet sich am Rande der Zahlungsunfähigkeit. Die E verlangt Schadensersatz von Z.

Grundsätzlich ist eine Haftung des herrschenden Unternehmens gegenüber der abhängigen Gesellschaft für eine Verletzung der ordnungsgemäßen Konzerngeschäftsführung im Sinne des § 309 II, I AktG anerkannt. Die Einführung eines zentralen Cash-Managements ist jedoch regelmäßig von der Weisungsmacht des herrschenden Unternehmens gedeckt. Insofern liegt keine Verletzung des § 308 I AktG vor. Jedoch steht auch eine nach § 308 I AktG zulässige Weisung unter der Beachtung des in § 309 I AktG niedergelegten Sorgfaltsmaßstabes. Hier hat das herrschende Unternehmen **nicht die nötige kaufmännische Vorsicht** walten lassen, als es

667

---

265 AA KölnKomm.AktG/*Koppensteiner* § 309 Rn 11.
266 Vgl *Hüffer* § 309 Rn 1.
267 *Eschenbruch*, Rn 3041; *E/H*, Lb. § 23 VI 4 a), S. 356; *Hüffer* § 309 Rn 14.

die zentrale Liquiditätssteuerung übernahm, obwohl es in Gestalt seiner Geschäftsführung Kenntnis von den eigenen Liquiditätsengpässen hatte. Z hat die benötigten finanziellen Mittel für sich abgezweigt, ohne im Gesamtkonzern für einen Ausgleich zu sorgen. Das Wohl der E hat Z nicht beachtet. E hat ihre Guthaben ohne ausreichende Sicherheit der Zurückerlangung abgeben müssen. Also hat die Z den der E entstandenen Schaden von € 1 Mio. zu ersetzen.

668 **(b)** Fällt die Maßnahme des herrschenden Unternehmens nicht unter den weiten Weisungsbegriff **(keine Weisung),** so scheidet eine Haftung nach § 309 II, I AktG iVm § 31 BGB analog aus[268]. Allerdings bleibt ein Schadensersatzanspruch wegen Treuepflichtverletzung oder aus § 117 I 1 AktG möglich.

In diesem Zusammenhang ist das Problem der **Organverflechtung** anzusprechen. Fraglich ist nämlich, ob das herrschende Unternehmen auch dann haftet, wenn seine Vertreter gleichzeitig in einer Funktion als Mitglied des Vorstandes, des Aufsichtsrats oder als Vertreter in der Hauptversammlung der Untergesellschaft tätig werden. Eine Haftung für fehlerhaftes Handeln in der Untergesellschaft muss schon daran scheitern, dass die Zurechnungsnorm des § 31 BGB für diese Fälle unanwendbar ist. Denn dann werden die Vertreter des herrschenden Unternehmens in der Untergesellschaft gerade als deren Organmitglied (Vorstand, Aufsichtsrat) tätig und nicht als Organmitglied des herrschenden Unternehmens[269]. Eine Lösung des Haftungsproblems kann sich daher nur über ein Handeln durch Weisung ergeben. Wie schon unter Rn 603 erläutert wurde, führt eine Organverflechtung in bestimmten Konstellationen dazu, dass der Vertreter des abhängigen Unternehmens so behandelt wird, als sei er gleichzeitig Weisungsgeber. Von solch einer **generellen Weisung ist bei Vorstandsdoppelmandaten** auszugehen[270], nicht jedoch bei Tätigwerden des Geschäftsleiters des herrschenden Unternehmens als Aufsichtsrat (jener ist nicht Weisungsempfänger) oder Vertreter des herrschenden Unternehmens in der Hauptversammlung der abhängigen Gesellschaft. Bei Doppelvorständen haftet das herrschende Unternehmen für Maßnahmen seiner Vertreter als Vertreter der abhängigen Gesellschaft, weil dann die Maßnahmen wie eine Weisung als Anknüpfungspunkt für eine sorgfaltswidrige Konzerngeschäftsführung dienen[271]. Für die **anderen Organverflechtungskonstellationen** bleibt ein Schadensersatzanspruch aus § 117 I 1 AktG oder wegen Treuepflichtverletzung relevant[272].

669 **(c)** Dem herrschenden Unternehmen steht hinsichtlich der Beurteilung, ob eine bestimmte Weisung noch im Rahmen ordnungsgemäßer Konzerngeschäftsführung liegt, ein unternehmerischer Einschätzungsspielraum vergleichbar § 93 I 2 AktG zu[273]. Schließlich müssen die Geschäftsleiter des herrschenden Unternehmens geschäftspo-

---

268 Vgl *Hüffer* § 309 Rn 9 f hierzu sowie zu den Ausnahmen.
269 Vgl BGHZ 90, 381, 396 = NJW 1984, 1893 – BuM/WestLB; BGHZ 36, 296, 309 ff.
270 Vgl *Eschenbruch*, Rn 3034; *Hüffer* § 309 Rn 29.
271 Vgl *E/H*, Komm. § 309 Rn 23, die darüber hinaus – entgegen der hM – auch eine Haftung für andere Organverflechtungskonstellationen anerkennen.
272 *Eschenbruch*, Rn 3038.
273 Vgl *Eschenbruch*, Rn 3042.

litische Wagnisse und Risiken in Kauf nehmen, um gerade dadurch ihrer Aufgabe gerecht zu werden. Daraus resultiert ein **Verschuldenserfordernis** für die Haftung (anders: § 302 I AktG)[274]. Da das herrschende Unternehmen selbst nicht handlungsfähig ist, wird ihm entweder das Verschulden seiner Vertreter über § 278 BGB oder deren Haftung über § 31 BGB analog **zugerechnet**, je nachdem, für welche Anspruchsgrundlage man sich entscheidet (s. oben).

(d) Schließlich muss der abhängigen Gesellschaft ein **kausaler Schaden** in Bezug zur Pflichtverletzung entstanden sein. Ob ein ersatzfähiger Schaden vorliegt, ist anhand der §§ 249 ff BGB zu ermitteln. Unerheblich ist in diesem Zusammenhang, ob der Schaden durch eine Verlustübernahmeverpflichtung nach § 302 I AktG ohnehin auszugleichen wäre. Entscheidend ist vielmehr, ob die Verluste bereits ausgeglichen sind und in welcher Höhe damit der Schaden wieder gutgemacht wurde[275]. **670**

(e) § 309 I, II 2 AktG belastet das **herrschende Unternehmen** mit der (umgekehrten) **Beweislast** dafür, dass es bei der Erteilung von Weisungen die Sorgfalt eines ordentlichen und gewissenhaften Geschäftsleiters angewandt hat (Pflichtverletzung und Verschulden). Folglich bleibt die **Untergesellschaft** als Anspruchsteller verpflichtet, die anderen Tatbestandsmerkmale, namentlich die Ausübung von Leitungsmacht sowie den Schadenseintritt, darzulegen und zu beweisen[276]. Allerdings dürften der Untergesellschaft angesichts der typischerweise bestehenden Informationsdefizite in Anlehnung an das TBB-Urteil[277] gewisse Substantiierungs- und Beweiserleichterungen zugute kommen[278]. **671**

(3) Rechtsfolge. Liegen die Voraussetzungen des § 309 II, I AktG vor, haftet das herrschende Unternehmen gegenüber der abhängigen Gesellschaft auf Schadensersatz. Außer Streit steht, dass die §§ 309 III-V AktG auch für die Haftung des herrschenden Unternehmens gelten[279]. Somit kann die abhängige Gesellschaft erst 3 Jahre nach Entstehung des Schadensersatzanspruchs und auch nur dann auf die Ersatzansprüche **verzichten oder sich vergleichen,** wenn die außenstehenden Aktionäre durch Sonderbeschluss zustimmen und nicht eine Minderheit von 10 % des bei der Beschlussfassung vertretenen Grundkapitals zur Niederschrift Widerspruch erhebt. Wie in § 302 III AktG auch, gilt die zeitliche Beschränkung nicht, wenn das herrschende Unternehmen zahlungsunfähig ist und sich zur Abwendung oder Beseitigung des Insolvenzverfahrens mit seinen Gläubigern vergleicht (§ 309 III AktG). Der Schadensersatzanspruch der abhängigen Gesellschaft verjährt in 5 Jahren (§ 309 V AktG). **672**

---

274 *Hüffer* § 309 Rn 15.
275 Vgl *E/H*, Komm. § 309 Rn 40; MünchKomm.AktG/*Altmeppen* § 309 Rn 84.
276 *Eschenbruch*, Rn 3044, 3045; vgl *Hüffer* § 309 Rn 16.
277 BGHZ 122, 123, 135 – TBB.
278 So auch *E/H*, Komm. § 309 Rn 42 f.
279 Vgl *E/H*, Komm. § 309 Rn 21 mwN.; KölnKomm.AktG/*Koppensteiner* § 309 Rn 37.

673 | **Leitsätze**

(1) Für die **sorgfaltswidrige Erteilung von Weisungen** haftet neben den gesetzlichen Vertretern nach § 309 AktG **auch das herrschende Unternehmen.** Die **Anspruchsgrundlage** ist **umstritten.** Befürwortet werden eine Haftung aus § 280 I BGB des Beherrschungsvertrags iVm § 278 BGB oder aus § 309 II, I AktG iVm § 31 BGB analog. Letztere verdient den Vorzug. Allerdings kommt es im Ergebnis auf eine Streitentscheidung nicht an.

(2) § 309 I AktG stellt eine **Pflicht zur ordnungsgemäßen Konzerngeschäftsführung** auf. Diese wird vom herrschenden Unternehmen verletzt, wenn

- **rechtswidrige Weisungen** erteilt
- oder zwar an sich **rechtmäßige Weisungen** erlassen werden, ein sorgfältiger und gewissenhafter Geschäftsleiter diesen Erlass zum Wohle der Untergesellschaft aber unter allen Umständen vermieden hätte.

(3) Maßnahmen in der abhängigen Gesellschaft, die (ohne Weisungen) auf **Organverflechtungen** zurückzuführen sind, können dem herrschenden Unternehmen nur bei **Vorstandsdoppelmandaten** angelastet werden.

(4) Das **Verschulden seiner Vertreter** wird dem herrschenden Unternehmen je nach Streitentscheidung über § 278 BGB zugerechnet oder die Haftung des Vertreters wird vom herrschenden Unternehmen gem. § 31 BGB analog übernommen.

(5) Die **Umkehrung der Beweislast** gem. § 309 II AktG zu Lasten des herrschenden Unternehmens bezieht sich **nur auf Pflichtverletzung und Verschulden.** Die restlichen Haftungsvoraussetzungen sind vom Anspruchsteller (abhängiges Unternehmen) substantiiert vorzutragen. Hierfür sind Beweiserleichterungen anerkannt.

(6) Schließlich kann das abhängige Unternehmen nach Maßgabe des § 309 III AktG auf den **Schadensersatzanspruch verzichten oder sich hierüber vergleichen.** Zudem finden § 309 IV, V AktG entsprechende Anwendung.

674 | **Schema: Schadensersatzanspruch der Untergesellschaft gegen das herrschende Unternehmen wegen unzulässiger Weisungserteilung**

Anspruchsgrundlage?	• strittig, entweder § 280 I BGB des Beherrschungsvertrags iVm § 278 BGB oder § 309 II, I AktG iVm § 31 BGB analog
Anspruch entstanden? § 309 II, I AktG	• Beherrschungsvertrag (§ 309 I AktG), • Sorgfaltspflichtverletzung (§ 309 II, I AktG) • durch den gesetzlichen Vertreter des herrschenden Unternehmens (bei Einzelkaufmann der Inhaber) (§ 309 I AktG) • bei der Ausübung von Leitungsmacht (§§ 309 I, 308 I AktG), • Verschulden, • kausaler Schaden der abhängigen Gesellschaft (§ 309 II AktG).
Anspruch untergegangen? § 309 III AktG	• Verzicht oder Vergleich drei Jahre nach Entstehung des Schadensersatzspruchs oder früher im Fall der Zahlungsunfähigkeit oder während eines Insolvenzplanverfahrens, • Erfüllung (§ 362 BGB).

Anspruch durchsetzbar? § 309 V AktG	• Verjährung nach 5 Jahren
Rechtsfolge	Schadensersatzanspruch der Untergesellschaft gegen das herrschende Unternehmen. Der Umfang richtet sich nach §§ 249 ff BGB.

cc) Schadensersatzanspruch wegen missbräuchlicher Ausnutzung des Einflusses auf das abhängige Unternehmen gem. § 117 I 1 AktG iVm § 31 BGB analog.

675

§ 117 AktG befasst sich allgemein mit der Ausübung von **Einfluss** auf eine AG oder KGaA. Er hat insoweit keinen spezifisch konzernrechtlichen Charakter, sondern stellt einen aktienrechtlich normierten Deliktstatbestand[280] dar. Einen Überblick zum Aufbau des § 117 AktG können Sie Rn 181 ff entnehmen. Die verhältnismäßig geringe Bedeutung des § 117 AktG im Recht der Vertragskonzerne hängt mit seinem Anwendungsbereich zusammen.

(1) Anwendungsbereich. Gem. § 117 VII Nr **1** AktG ist die Schadensersatznorm **676** nicht einschlägig, soweit sich die Einflussnahme auf den Vorstand der Gesellschaft als **Ausübung von Leitungsmacht aufgrund eines Beherrschungsvertrages** darstellt. Fremde Leitungsmacht legalisiert das Aktienvertragskonzernrecht, weshalb eine deliktische Haftung hierfür ausscheiden muss. Nach überwiegender Auffassung[281] ist mit der Ausübung der Leitungsmacht die Erteilung rechtmäßiger Weisungen im Sinne von § 308 I AktG gemeint. Entsprechend der Systematik der speziellen Haftungsnorm des § 309 AktG ist der Haftungsausschluss des § 117 VII Nr 1 AktG ferner auf die sorgfaltsgerechte Ausübung des Weisungsrechts im Sinne des § 309 I AktG einzuschränken.

Das Anwendungsverbot des § 117 VII Nr 1 AktG erfasst somit beherrschungsvertraglich legitimierte Leitungsmacht nur eingeschränkt, nämlich rechtmäßige, sorgfaltsgemäß erteilte Weisungen, die auch nach § 309 AktG keine Haftung auslösen. Sonstige Leitungsmacht aufgrund Beherrschungsvertrags fällt unter § 117 I AktG, erst recht die nicht auf einem Vertrag fußende Leitungsausübung. Die für ersteren Fall parallel einschlägige Vorschrift § 309 AktG führt nicht zu einer Verdrängung des § 117 I AktG (Idealkonkurrenz). Beide Anspruchsgrundlagen sind nicht notwendig deckungsgleich. So gewährt § 117 I 2 AktG den außenstehenden Aktionären einen eigenen Ersatzanspruch, den ihnen unmittelbar entstandenen Schaden ersetzt zu verlangen, während § 309 IV AktG allein auf Schadensersatz an die Gesellschaft gerichtet ist[282]. Vor allem aber kommt § 117 I AktG als Schadensersatznorm im zweiten Fall in Betracht, wenn die Einflussnahme des herrschenden Unternehmens auf eine ganz bestimmte Person (Vorstand, Aufsichtsrat, Prokuristen oder Handlungsbevollmächtigte) der abhängigen AG oder KGaA auf sonstige Beherrschungsmittel zurückzuführen ist, die nicht vom Weisungsbegriff erfasst sind (dann § 309 AktG unanwendbar).

677

---

280 Vgl *Hüffer* § 117 Rn 2.
281 S. KölnKomm.AktG/*Koppensteiner* § 309 Rn 61, *E/H*, Komm. § 309 Rn 53; aA *Eschenbruch*, Rn 3069.
282 Vgl KölnKomm.AktG/*Koppensteiner* § 309 Rn 61.

678 (2) **Voraussetzungen.** Die **Tatbestandsvoraussetzungen** des § 117 I 1 AktG im Vertragskonzern sind folgende:

1. Objektiver Tatbestand
   - Einfluss auf die abhängige Gesellschaft,
   - Benutzung des Einflusses auf ganz bestimmte Personen der abhängigen Gesellschaft,
   - Schaden der abhängigen Gesellschaft durch eine Handlung dieser Personen,
2. Rechtswidrigkeit der Einflussnahme
3. Vorsatz

679 (a) Mit **Einfluss auf das abhängige Unternehmen** ist jede Einflussnahme des herrschenden Unternehmens gemeint, die nach Art und Intensität geeignet ist, Führungspersonen der abhängigen Gesellschaft zu einem schädigenden Handeln zu veranlassen[283]. Er ist in einem Vertragskonzern problemlos zu bejahen, wobei bezüglich des Einflusses kraft Weisung der oben aufgezeigte Anwendungsbereich des § 117 I AktG zu beachten ist.

680 (b) Zweitens muss der Einfluss (bewusst) dazu **benutzt** worden sein, ein Mitglied des Vorstands, des Aufsichtsrats, einen Prokuristen oder einen Handlungsbevollmächtigten des abhängigen Unternehmens zu einem schädigenden Handeln zu **bestimmen**.

681 Hinweis: Ist das herrschende Unternehmen **eine Gesellschaft**, kann sie nicht selbst, sondern nur durch ihre Organe handeln. Folgerichtig ist grundsätzlich eine **Haftung der natürlichen Person** (Organmitglied) als Einflussnehmer gem. § 117 I 1 AktG zu prüfen, bevor die Haftung des herrschenden Unternehmens über § 31 BGB (analog) zugerechnet wird. Handelt es sich bei dem Einflussnehmer nicht um einen verfassungsmäßigen Vertreter des herrschenden Unternehmens, sondern beispielsweise um Angestellte, so kann deren Verhalten wegen der extensiven Auslegung des Vertreterbegriffs in § 31 BGB (analog) dem herrschenden Unternehmen zugerechnet werden, wenn die Angestellten „wesensmäßige Funktionen" des herrschenden Unternehmens wahrnehmen, zB – je nach Größe des Unternehmens – Abteilungs- oder Hauptabteilungsleiter sind[284].

682 (c) Drittens muss durch das vom herrschenden Unternehmen bestimmte Handeln der beeinflussten Personen ein **kausaler Schaden** der abhängigen Gesellschaft (oder ihrer Aktionäre) eingetreten sein. Jede Vermögensminderung ist hier erheblich[285].

683 (d) Nach überwiegender Auffassung erfordert der Tatbestand des § 117 I AktG ferner die positive Feststellung der **Rechtswidrigkeit**[286]. Gerade für den Bereich des Vertragskonzerns ist dies aber zweifelhaft. Aus § 117 VII Nr 1 AktG ergibt sich, dass § 117 I AktG in Vertragskonzernen nur eingeschränkt anwendbar ist. Einzig legitimes Einflussinstrument im Vertragskonzern ist die Weisung. Sich hieraus ergebendes haftungsrelevantes Verhalten wird bereits von § 309 AktG erfasst, weshalb die Rechts-

---

283 *Hüffer* § 117 Rn 3.
284 Zu den Einzelheiten s. Rn 186.
285 *Eschenbruch*, Rn 3074, 3076.
286 Vgl *Hüffer* § 117 Rn 6.

widrigkeit der Einflussnahme gesondert festzustellen ist. Andere Einflussnahmen des herrschenden Unternehmens sind unzulässig, was ihre Rechtswidrigkeit **indiziert**[287].

(e) Schließlich muss der Einflussnehmer **vorsätzlich** gehandelt haben. Der Vorsatz **684** hat den objektiven Tatbestand zu umfassen, also die Ausübung des Einflusses auf bestimmte Personen und die generelle Eignung der erwirkten Maßnahme zur Schädigung der abhängigen Gesellschaft (oder ihrer Aktionäre [§ 117 I 2 AktG]). Bloße Fahrlässigkeit genügt nicht. Bedingter Vorsatz reicht aus[288].

(3) Rechtsfolge. Der Schadensersatzanspruch wegen missbräuchlicher Einfluss- **685** nahme des herrschenden Unternehmens steht **der abhängigen Gesellschaft** zu und wird von ihrem Vorstand bzw bei Mithaftung von Vorständen (§ 117 II AktG) vom Aufsichtsrat (§ 112 AktG) geltend gemacht.

Ein **Verzicht oder Vergleich** über die Ansprüche der abhängigen Gesellschaft ist erst nach Ablauf von drei Jahren zulässig oder auch schon vorher, wenn die Gesellschaft zahlungsunfähig ist oder ein Insolvenzplanverfahren läuft (§§ 117 IV iVm § 93 IV 3, 4 AktG). Für den Schadensersatzanspruch aus § 117 AktG sieht das Gesetz eine **Verjährungsfrist von 5 Jahren** ab Entstehung des Anspruchs vor (§ 117 VI AktG).

Allgemeine deliktsrechtliche Haftungsansprüche nach § 823 II BGB (zB Insolvenz- **686** verschleppung § 92 II AktG) und § 826 BGB bleiben neben § 117 I AktG anwendbar. Bei Nichtvorliegen der Voraussetzungen des § 117 I AktG ist eine mögliche Haftung des herrschenden Unternehmens unter dem Gesichtspunkt einer Treuepflichtverletzung in Betracht zu ziehen.

Leitsätze **687**

(1) Bei Schadensersatz auslösenden Weisungen im Sinne von § 309 AktG sowie aufgrund nichtvertraglicher Beherrschungsmittel ist § 117 I 1 AktG als Ersatznorm der abhängigen Gesellschaft gegen das herrschende Unternehmen wegen missbräuchlicher Einflussnahme auf bestimmte Personen des abhängigen Unternehmens (Mitglieder des Vorstands, des Aufsichtsrats, Prokuristen oder Handlungsbevollmächtigte) im Vertragskonzern einschlägig (vgl § 117 VII Nr 1 AktG).

(2) Ist das herrschende Unternehmen **keine natürliche Person,** wird dem herrschenden Unternehmen die Haftung in der Person seiner gesetzlichen Vertreter und seiner Angestellten, die wesensmäßige Funktionen im Unternehmen ausüben, über § 31 BGB analog zugerechnet.

(3) Ein Schadensersatzanspruch des abhängigen Unternehmens gegen das herrschende Unternehmen aus § 117 I 1 AktG ist gegeben, wenn das herrschende Unternehmen (durch seine Organe) **vorsätzlich Einfluss** auf besondere Personen im abhängigen Unternehmen **ausgeübt** hat und jene kausal zum **Schaden** der Gesellschaft gehandelt haben. Einflussnahmen außerhalb von Weisungen indizieren im Vertragskonzern deren **Rechtswidrigkeit.** Die abhängige Gesellschaft kann auf ihren Schadensersatzanspruch **verzichten oder sich darüber vergleichen,** sofern die Voraussetzungen des § 93 III 3, 4 AktG vorliegen (§ 117 IV AktG).

---

287 Vgl *Eschenbruch*, Rn 3082.
288 *Eschenbruch*, Rn 3083; vgl *Hüffer* § 117 Rn 7.

688

Schema: Schadensersatzanspruch der Untergesellschaft gegen das herrschende Unternehmen wegen missbräuchlicher Einflussnahme nach § 117 I 1 AktG iVm § 31 BGB analog

Anwendungsbereich? § 117 VII Nr 1 AktG	• unzulässige Weisungen und • außerhalb des Weisungsbegriffs liegende Beherrschungs-mittel

Anspruch entstanden?
§ 117 I 1 AktG iVm § 31 BGB analog
	1. objektiver Tatbestand
	  • Einfluss auf die abhängige Gesellschaft,
	  • Ausübung des Einflusses gegenüber zum Führungs-zirkel gehörenden Personen,
	  • Schaden der abhängigen Gesellschaft durch eine Handlung dieser Personen,
	2. Rechtswidrigkeit
	3. Vorsatz

Anspruch untergegangen? §§ 117 IV iVm 93 IV AktG	• Verzicht oder Vergleich drei Jahre nach Entstehung des Schadensersatzanspruchs oder früher im Fall der Zahlungs-unfähigkeit oder während eines Insolvenzplanverfahrens, • Erfüllung (§ 362 BGB)
Anspruch durchsetzbar? § 117 VI AktG	• Verjährung nach 5 Jahren
Rechtsfolge	Schadensersatzanspruch der Untergesellschaft gegen das herr-schende Unternehmen (§§ 249 ff BGB).

---

689   **dd) Schadensersatzanspruch wegen Treuepflichtverletzung.** Auch im Vertragskonzern ist trotz spezialgesetzlicher Regelungen eine Haftung auf Schadensersatz des herrschenden Unternehmens wegen einer möglichen Treuepflichtverletzung gegenüber dem abhängigen Unternehmen in Betracht zu ziehen.

690   **(1) Bestehen einer Treuepflicht.** Regelmäßig, wenn auch nicht zwingend notwendig, ist der andere Vertragsteil eines Beherrschungsvertrages **Aktionär** in der beherrschten Gesellschaft. Als Aktionär unterliegt das herrschende Unternehmen gegenüber den Mitaktionären und gegenüber der Gesellschaft einer **mitgliedschaftlichen Treuepflicht.** Wurde dieses Resultat zunächst auf die Rechtsform der GmbH beschränkt[289], übertrug man die Erkenntnis des Bestehens einer Treuepflicht auch auf die AG[290], wobei der BGH in seiner Entscheidung Girmes[291] erweiternd urteilte, dass diese Treuepflicht nicht nur Mehrheitsaktionäre, sondern auch die Minderheitsaktionäre einer AG betrifft. Ausfluss der gesellschaftsrechtlichen Treuepflicht ist ein **umfassendes Schädigungsverbot** aller Aktionäre untereinander und in Bezug auf die Gesellschaft[292].

---

289   Vgl BGHZ 65, 9, 15 – ITT.
290   Vgl BGHZ 103, 184, 194 ff – Linotype.
291   Vgl BGHZ 129, 136 ff = ZIP 1995, 819, 821 – Girmes.
292   Zu weiteren Einzelheiten bezüglich der Treuepflicht in der AG wird auf Rn 247 ff verwiesen.

(2) Anwendungsbereich. Das Schädigungsverbot durchzieht das gesamte Gesell- **691** schaftsrecht, betrifft aber Abhängigkeitssachverhalte im Besonderen, da dort regelmäßig der Mehrheitsgesellschafter über gesellschaftsfremde Interessen verfügt und er diese ohne Rücksicht auf die Interessen der Minderheitsgesellschafter durchsetzen kann. Allerdings tritt die Treuepflicht als allgemeiner Auffangtatbestand für Verletzungen der abhängigen Gesellschaft soweit zurück, **wie konkrete gesetzliche Regelungen** vorhanden sind, solche Verletzungen zu erfassen.

Im Bereich des **AG-Vertragskonzerns** ist die Schädigung der abhängigen Gesell- **692** schaft durch das herrschende Unternehmen zulässig, sofern die Schädigung auf die **Ausübung von Leitungsmacht** zurückzuführen ist. Eine fehlerhafte Ausübung wird von §§ 309, 308 AktG erfasst. Für einen Schadensersatzanspruch aus Treuepflichtverletzung bleibt somit nur Raum, wenn Einflussnahmen **außerhalb** von Leitungsmacht stattgefunden haben[293]. Hierfür ist zunächst ein Schadensersatzanspruch aus § 117 I 1 AktG einschlägig. Liegen dessen Voraussetzungen vor, verdrängt er jedoch nicht den **parallel** bestehenden Schadensersatzanspruch aus Treuepflichtverletzung. Denn der eine Schadensersatzanspruch ist deliktsrechtlicher (§ 117 AktG), der andere vertraglicher Natur[294].

(3) Pflichtverletzung. (a) Die Treuepflicht und der darauf basierende Schadenser- **693** satzanspruch ist demnach bei sonstigen Einflussnahmen außerhalb von Weisungen auf die abhängige AG/KGaA relevant. Solcher Art **Treuepflichtverletzungen** können beispielsweise sein die nachteilige Ausübung von Stimmrechten des herrschenden Unternehmens in der Hauptversammlung der abhängigen AG oder die Veranlassung der abhängigen Gesellschaft zu riskanten, spekulativen oder nachteiligen Geschäften, zu Gewinnverlagerungen, verdeckten Gewinnausschüttungen oder die Umlenkung von Geschäftschancen[295].

Beispiel: Auf der Hauptversammlung der Wurstwaren-AG (W) geht es gemütlich zu. Die we- **694** nigen Minderheitsaktionäre sind vor allem des fleischhaltigen Büfetts wegen gekommen, und überhaupt sind alle glücklich; bis auf Mehrheitsaktionärin Z-GmbH, mit der die W durch einen Beherrschungsvertrag aufs Engste verbunden ist. Deren Geschäftsführer X macht ein ziemlich saures Gesicht. Während einer Versammlungsunterbrechung vom Vorstand der W befragt, erklärt er, dass ihm die Wurst schon schmecke, er aber Bauchschmerzen wegen des kostenlosen Services der Z habe, welche den Vorstand der W in Geschäftsfragen ständig „berate". Flugs veranlasst der Vorstand mit den Stimmen der Z eine Ergänzung der Tagesordnung um eine Beschlussvorlage mit dem Inhalt, zukünftig eine Konzernumlage für den Beratungsservice in Höhe von € 30 000,00 pro Monat rückwirkend zum Jahresbeginn zu leisten. In der anschließenden Beschlussfassung nach der Pause stimmt nur Z mehrheitlich zu. Die übrigen Aktionäre, unter ihnen Aktionär Schlaf (S), sind nach einer ausgiebigen Mahlzeit während der Abstimmung eingeschlafen. Als S wieder aufwacht, ist alles vorbei. Total unzufrieden mit dem Ergebnis traut er sich jedoch nicht, Widerspruch gegen die Beschlussfassung einzulegen. Spä-

---

293 Vgl *Eschenbruch*, Rn 3096.
294 *Eschenbruch*, Rn 3096.
295 Vgl *Eschenbruch*, Rn 3097.

ter fragt er seinen Anwalt um Rat. Zwischenzeitlich hat die W schon die Konzernumlage für die letzten Monate an Z abgeführt.

Hier könnte ein Schadensersatzanspruch aus Treuepflichtverletzung in Betracht kommen. Denn möglicherweise stellt sich die **Stimmrechtsausübung der Z als Treueverstoß** gegen die Interessen der W und ihrer außenstehenden Aktionäre dar.

I. Zunächst einmal aber gilt festzustellen, dass der Beschluss der Hauptversammlung formal ordnungsgemäß gefasst worden ist. Bei der hier vorliegenden Hauptversammlung der W handelt es sich um eine sog. Vollversammlung, weil alle Aktionäre erschienen oder vertreten sind. Gem. § 121 VI AktG kann abweichend von den Vorschriften des § 124 IV, I AktG ein Beschluss auch dann gefasst werden, wenn die Tagesordnung noch in der Hauptversammlung ergänzt wurde. Allerdings darf kein Widerspruch gegen die Beschlussfassung vorliegen, was der Sachverhalt hier ausdrücklich bestätigt. Dass der Vorstand gem. § 119 II AktG gar nicht verpflichtet gewesen war, die Zustimmung der Hauptversammlung zu der Konzernumlage einzuholen, spielt keine Rolle.

→ Frage der Geltung[?]

II. Inhaltlich verstößt die Stimmrechtsausübung der Z jedoch gegen das allgemeine Schädigungsverbot. Z ist Aktionärin der W und unterliegt diesem wie jeder andere Aktionär der W auch aufgrund ihrer gesellschaftsrechtlichen Treuepflicht. Die Treuepflicht verletzt Z dadurch, dass sie als einzige und aufgrund ihrer Mehrheit entscheidende Aktionärin für die Konzernumlage gestimmt hat. Mit der Konzernumlage zahlt die W einen Betrag, der in keiner Relation zum „Service" der Z steht. Wäre diese Schädigung der W aufgrund einer Weisung der herrschenden Z ergangen, so wäre diese Art der Einflussnahme aufgrund des Beherrschungsvertrags zulässig, wenn auch nicht sanktionslos. Weil hier aber gerade keine Weisung der Z vorlag, scheidet eine mögliche Schadensersatzpflicht der Z nach § 309 II, I AktG iVm § 31 BGB analog aus. *ug. großer Teilnahme im bV + Abstimmung[?]*

Eine Haftung gem. § 117 I 1 AktG iVm § 31 BGB analog ist dagegen einschlägig. Zudem greift ein Schadensersatzanspruch aus Treuepflichtverletzung ein[296]. In dem Beschluss, Z monatlich € 30 000 für eine nicht gleichwertige Leistung zu zahlen, hat Z gegen die Interessen der W und ihrer außenstehenden Aktionäre stimmend, ihre Treuepflicht verletzt. Die W ist durch die Zahlung rückwirkend zum Jahresbeginn geschädigt worden. Der bei der Haftung für Treuepflichtverletzungen durch Stimmrechtsausübung (in Anlehnung an den Verschuldensmaßstab des § 117 I AktG) notwendig vorliegende Vorsatz[297] kann hier bejaht werden. Somit hat die W gegen die Z einen Schadensersatzanspruch aus Treuepflichtverletzung. Zwar ist grundsätzlich anzunehmen, dass bei einer Treuepflichtverletzung durch Stimmrechtsausübung der benachteiligte Aktionär zunächst anfechten muss, folglich ein Schadensersatzanspruch ausscheidet, wenn die Anfechtungsfrist § 246 AktG verstrichen ist oder wie hier schon gar kein Widerspruch erhoben wurde[298]. Eine vorherige Beschlussanfechtung ist jedoch dann nicht erforderlich, wenn der Schaden auch durch die Anfechtungsklage nicht verhindert werden kann[299]. Dies ist hier der Fall, da die W schon die ausstehende Summe an Z abgeführt hat. Auch mit einer Anfechtungsklage, die den Beschluss hätte rückwirkend beseitigt, wäre der Schaden für W also eingetreten. Daher kann W gegen Z auf Schadensersatz klagen.

---

296 Vgl Großkomm.AktG/*Mertens* § 117 Anm. 30.
297 Seit BGHZ 129, 136 ff = ZIP 1995, 819, 828 – Girmes.
298 *Eschenbruch*, Rn 3098; s. auch Rn 293.
299 Vgl BGHZ 129, 136, 161 – Girmes; *Zöllner/Winter*, ZHR 158 (1994), 59, 74.

284

(b) Im Übrigen muss die Pflichtverletzung vom herrschenden Unternehmen **verschuldet** (§§ 276 ff BGB) sein und zu einem **kausalen Schaden** in der abhängigen Gesellschaft geführt haben.

Leitsätze

695

(1) Für den **Schadensersatzanspruch aus Treuepflichtverletzung im AG-Vertragskonzern** ist dort kein Raum, wo der Sachverhalt **speziellen gesetzlichen Regelungen** zugänglich ist. Wegen der Haftung des herrschenden Unternehmens aus § 309 II, I AktG iVm § 31 BGB analog kommt der Schadensersatzanspruch aus Treuepflichtverletzung nur **außerhalb von Weisungen** in Frage. Als vertraglicher Schadensersatzanspruch besteht er **neben** einem deliktischen Schadensersatzanspruch aus § 117 I 1 AktG iVm § 31 BGB analog gegen das herrschende Unternehmen.

(2) Die sonstige Einflussnahme muss einen **Treuepflichtverstoß** darstellen, der **schuldhaft** verursacht wurde und in der abhängigen Gesellschaft zu einem **Schaden** geführt hat.

(3) Als Rechtsfolge steht der abhängigen Gesellschaft ein **Schadensersatzanspruch im Umfang** von §§ 249 ff BGB gegen das herrschende Unternehmen zu.

Schema: Schadensersatzanspruch der Untergesellschaft gegen das herrschende Unternehmen wegen Treuepflichtverletzung

696

Anspruchsgrundlage?	• § 280 I BGB iVm Satzung der abhängigen Gesellschaft
Anspruch entstanden?	• Bestehen einer Treuepflicht, • Anwendungsbereich, • Treuepflichtverstoß, • Verschulden, für das der Vertreter gilt § 278 BGB, • kausaler Schaden
Anspruch durchsetzbar?	• Verjährung nach drei Jahren
Rechtsfolge	Schadensersatzanspruch der Untergesellschaft gegen das herrschende Unternehmen. Der Umfang richtet sich nach §§ 249 ff BGB.

---

ee) Ergebnis. Der Untergesellschaft steht ein verschuldensunabhängiger Zahlungsanspruch auf Verlustausgleich gem. § 302 I, III AktG gegen das herrschende Unternehmen zu. Daneben kann sie Schadensersatzansprüche wegen verschuldeter Verletzung der Pflicht zur ordnungsgemäßen Konzerngeschäftsführung (§ 309 II, I AktG iVm § 31 BGB analog) sowie der Pflicht zur Treue gegenüber den Mitaktionären und der Gesellschaft geltend machen. Zudem steht ihr die Möglichkeit offen, einen deliktischen Schadensersatzanspruch wegen missbräuchlicher Einflussnahme gem. § 117 I 1 AktG iVm § 31 BGB analog zu verfolgen.

697

b) Haftung des herrschenden Unternehmens gegenüber den Aktionären der Untergesellschaft

698 Beherrschungs- und Gewinnabführungsverträge ermächtigen zu tief greifenden Eingriffen in die Struktur der abhängigen Gesellschaft und in den Kernbereich der Mitverwaltungs- und Vermögensrechte der außenstehenden Aktionäre (§§ 291, 308 AktG). Mit Rücksicht auf Art. 14 I GG muss daher die Rechtsordnung, wenn sie solche Verträge gestattet, zugleich für eine **volle Entschädigung der außenstehenden Aktionäre** sorgen[300]. Diese Sicherung wird vorrangig von den §§ 304, 305 und 307 AktG übernommen. Hiernach muss den Aktionären **wahlweise** ein Recht auf Ausgleich oder Abfindung im Vertrag eingeräumt werden. Die §§ 304 f AktG sind verfassungsgemäß[301]. Das gilt auch im Hinblick darauf, dass die außenstehenden Aktionäre gegen die Insolvenz des herrschenden Unternehmens nicht geschützt sind[302]. Ein besonderes Gerichtsverfahren (Spruchverfahren), ursprünglich in § 306 AktG und seit 2003 im Spruchverfahrensgesetz (SpruchG) geregelt, stellt die gerichtliche Durchsetzung des vollen Entschädigungsanspruchs sicher.

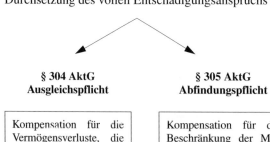

§ 304 AktG **Ausgleichspflicht**	§ 305 AktG **Abfindungspflicht**	§ 307 AktG **Vertragsbeendigung**
Kompensation für die Vermögensverluste, die den außenstehenden Aktionären beim Verbleib in der abhängigen Gesellschaft entstehen können.	Kompensation für die Beschränkung der Mitgliedschaftsrechte, die den außenstehenden Aktionären beim Verbleib in der abhängigen Gesellschaft entstehen würden.	Schutz der nachträglich eintretenden Aktionäre in eine abhängige Gesellschaft, in der keinerlei Ausgleichs- und Abfindungsansprüche existieren.

Spruchverfahren nach dem SpruchG

Ersetzung der Anfechtung des dem Organisationsvertrag zugrunde liegenden Hauptversammlungsbeschlusses wegen fehlender Angemessenheit der Ausgleichs- oder Abfindungsregelung durch die gerichtliche Festsetzung einer solchen.

---

300   Vgl BVerfGE 14, 263, 284 = NJW 1962, 1667 ff – Feldmühle; *E/H*, Komm. § 304 Rn 3.
301   Vgl BVerfGE 100, 289, 302 ff – DAT/Altana.
302   KölnKomm.AktG/*Koppensteiner*, Vorb. § 304 Rn 6.

aa) Anspruch auf Ausgleich § 304 AktG

699

(1) Normzweck. Hat die abhängige Gesellschaft im Zeitpunkt der Beschlussfassung der Hauptversammlung über den Abschluss eines Gewinnabführungsvertrages oder eines Beherrschungsvertrages außenstehende Aktionäre, muss der Vertrag einen **angemessenen Ausgleich** in Form einer **Geldleistung** vorsehen (§ 304 I 3 AktG). Fehlt ein Ausgleich überhaupt, ist der Vertrag nichtig (§ 304 III 1 AktG); ist der Ausgleich unangemessen, kann er im Spruchverfahren nachgebessert werden.

Mit dem angemessenen Ausgleich soll den außenstehenden Aktionären ein **Verbleib in der abhängigen Gesellschaft** trotz Bestehens eines Gewinnabführungsvertrages oder eines Beherrschungsvertrages **ohne Vermögensnachteile** ermöglicht werden, dh sie sind so zu stellen, als ob ihre Gesellschaft unabhängig geblieben wäre und weiter im gemeinsamen Interesse aller Aktionäre geführt würde[303]. Ein Gewinnabführungsvertrag verhindert von vornherein die Entstehung von Bilanzgewinn und lässt das Dividendenrecht der Aktionäre leer laufen. Vergleichbare Folgen kann ein Beherrschungsvertrag hervorrufen, indem durch das Weisungsrecht des herrschenden Unternehmens die abhängige Gesellschaft so geführt wird, dass jene von vornherein keinen Gewinn erwirtschaftet[304]. Die vertragliche Regelung begründet originäre Ansprüche der Aktionäre auf Leistung, weshalb der Unternehmensvertrag zu einem echten Vertrag zugunsten Dritter wird[305].

(2) Voraussetzungen. Der Ausgleichsanspruch entsteht[306]

700

- mit Wirksamwerden eines Gewinnabführungs- oder Beherrschungsvertrages,
- der eine entsprechende Ausgleichsregelung enthält
- und wenn zum Zeitpunkt der Beschlussfassung der Hauptversammlung der abhängigen Gesellschaft über den Vertrag außenstehende Aktionäre in ihr existiert haben.

(a) Der Ausgleichsanspruch entsteht dem Grunde nach mit **Wirksamwerden des Vertrages,** also mit seiner Eintragung in das Handelsregister (§ 294 II AktG)[307]. Wurde ein Gewinnabführungsvertrag abgeschlossen, ist auf eine mögliche Rückwirkung des Ausgleichszahlungsanspruchs für den zurückliegenden Zeitraum zu achten[308]. § 304 AktG setzt einen Unternehmensvertrag nach § 291 I AktG voraus, also einen **Beherrschungs- oder Gewinnabführungsvertrag** oder einen diesem gleichgestellten **Geschäftsführungsvertrag** (vgl § 291 I 2 AktG). Auf die Unternehmensverträge des § 292 AktG findet die Vorschrift keine Anwendung, auch dann nicht, wenn freiwillig Ausgleichsregelungen in den Vertrag aufgenommen wurden[309].

701

---

303   *E/H*, Komm. § 304 Rn 4.
304   Vgl *Hüffer* § 304 Rn 1 sowie das Beispiel oben unter Rn 637 (Lurgi).
305   HM, vgl KölnKomm.AktG/*Koppensteiner* § 304 Rn 7 mwN.
306   Vgl KölnKomm.AktG/*Koppensteiner* § 304 Rn 7.
307   KölnKomm.AktG/*Koppensteiner* § 304 Rn 9.
308   Vgl BGHZ 122, 211, 224 = NJW 1993, 1976 ff – SSI.
309   Vgl *E/H*, Komm. § 304 Rn 8 f.

702   **(b)** Weiterhin muss der Vertrag eine entsprechende Ausgleichsregelung **enthalten.** Das Fehlen einer Ausgleichsregelung lässt den Vertrag nicht wirksam werden (vgl § 304 III 1 AktG). Auf die Angemessenheit des Ausgleichs kommt es dagegen für die Wirksamkeit nicht an. Gem. § 304 III 2 AktG stellt die Unangemessenheit keinen Anfechtungsgrund hinsichtlich des Zustimmungsbeschlusses der Gesellschaft dar. Für gerichtliche Nachbesserungen gibt es das Spruchverfahren (§ 304 III 3 AktG).

703   **(c)** Da § 304 AktG die Sicherung der außenstehende Aktionäre bezweckt, bedarf es einer Ausgleichsregelung nur für den Fall des Vorhandenseins außenstehender Aktionäre zum Zeitpunkt der Beschlussfassung über den Vertrag (vgl § 304 I 3 AktG). Ist niemand da, der von einem Ausgleich profitiert, bedarf es seiner Festsetzung nicht. Der Vertrag ist unwirksam. Kommen später außenstehende Aktionäre hinzu, endet der Unternehmensvertrag zum Ende des Geschäftsjahres gem. § 307 AktG. Unter **außenstehenden Aktionären** im Sinne des § 304 AktG sind zu verstehen[310]:
- alle Aktionäre der Untergesellschaft
- mit Ausnahme des anderen Vertragsteils sowie
- diesem gleichgestellter Aktionäre. Das sind jene, denen im Ergebnis die Vorteile des Beherrschungs- und/oder Gewinnabführungsvertrages genauso wie dem anderen Vertragsteil selbst zufließen. Dazu werden Aktionäre der Untergesellschaft gezählt, die mit dem anderen Vertragsteil ihrerseits durch einen Beherrschungs- und/oder Gewinnabführungsvertrag oder durch Eingliederung verbunden sind, die an ihm zu 100 % oder an denen er seinerseits zu 100 % beteiligt ist sowie – wegen des Verbots der Ausübung von Rechten aus eigenen Aktien der Gesellschaft §§ 71b, 71d S. 2 AktG – Aktionäre, die im Mehrheitsbesitz der Untergesellschaft stehen oder von ihr abhängig sind[311].

704   **(3) Rechtsfolgen.** **(a)** Der Anspruch der Aktionäre auf angemessene Geldzahlungen kann in einem sog. **festen Ausgleich** (§ 304 I, II 1 AktG), unter bestimmten Voraussetzungen aber auch in einem sog. **variablen,** von der späteren Gewinnentwicklung des herrschenden Unternehmens abhängigen, **Ausgleich** (§ 304 II 2 AktG) bestehen. Weil die Festsetzung der Ausgleichsmodalitäten für die gesamte Vertragslaufzeit am Tag des Hauptversammlungsbeschlusses der abhängigen Gesellschaft über den Vertrag erfolgt (Stichtagsprinzip)[312], bleiben spätere, nicht vorhersehbare Entwicklungen grundsätzlich[313] außer Betracht. Das gilt nicht für vorhersehbare Umfeldänderungen. Solche können im Spruchverfahren Berücksichtigung finden. In besonders schwerwiegenden Fällen sollen zudem die Regeln über den Wegfall der Geschäftsgrundlage (§ 313 BGB) iVm der Treuepflicht des herrschenden Unternehmens gegenüber den Mitaktionären das herrschende Unternehmen zu einer Anpassung des Ausgleichs zwingen[314].

---

310   Zum nicht notwendig selben Begriffsverständnis im AktG s. die Definition bei § 295 AktG unter Rn 541.
311   *E/H*, Komm. § 304 Rn 18 mwN. Ist der andere Vertragsteil nicht Aktionär der Untergesellschaft, mag der Fall vorkommen, dass alle Aktionäre außenstehend sind.
312   *Hüffer* § 304 Rn 19.
313   Zu den Ausnahmen s. *E/H*, Komm. § 304 Rn 67–73.
314   So *E/H*, Komm. § 304 Rn 69 mwN.

(b) Art und Höhe des Ausgleichs (§ 304 II AktG) knüpfen an zwei Vertragssituatio-   **705**
nen an:

- Vorliegen eines **Gewinnabführungsvertrags** (mit/ohne Beherrschungsvertrag) gem. § 304 I 1 AktG:

fester Ausgleich	**variabler Ausgleich**
Dieser besteht in einer wiederkehrenden Geldleistung (Dividende) gem. § 304 I 1 AktG. Angemessen ist die Leistung dann, wenn sie mindestens dem Betrag entspricht, der aufgrund des bisherigen und künftigen Ertragspotentials der Gesellschaft unter Berücksichtigung angemessener Abschreibungen und Wertberichtigungen, jedoch ohne die Bildung anderer Gewinnrücklagen, voraussichtlich gezahlt werden könnte (§ 304 II 1 AktG)[315]. Von dem solchermaßen ermittelten Bruttogewinn(anteil) ist der jeweils maßgebliche Körperschaftssteuersatz abzuziehen[316]. Für die Ausgleichszahlung wird also auf die Ertragskraft abgestellt, der Börsenkurs spielt hier, anders als beim variablen Ausgleich keine Rolle[317]. Bei chronisch defizitären Gesellschaften kann dies vertraglich sogar dazu führen, dass ein Null-Ausgleich (Dividendenausfall) vereinbart wird[318]. Der einmal festgelegte Betrag kann nicht einseitig verändert werden[319].	Ist das herrschende Unternehmen eine AG/KGaA, die nach hM auch eine Gesellschaft mit ausländischen Personalstatut sein darf[320], kann sich der Ausgleich stattdessen nach der Höhe der dort zu zahlenden Dividende, umgerechnet auf die Anteile der außenstehenden Aktionäre entsprechend dem Umtauschverhältnis bei einer fiktiven Verschmelzung mit dem herrschenden Unternehmen, richten (§ 304 II 2, 3 AktG). Die Verschmelzungswertrelation erfordert eine Unternehmensbewertung und entspricht der Abfindungsregelung in § 305 III AktG[321]. Im Gegensatz zum festen Ausgleich hängt der variable Ausgleich damit von der Dividendenpolitik des herrschenden Unternehmens ab[322]. Unter Umständen können die außenstehenden Aktionäre also leer ausgehen, wenn das herrschende Unternehmen keine Dividende ausschüttet.

- Vorliegen eines **isolierten Beherrschungsvertrages** gem. § 304 I 2 AktG: **706**
Wegen der Gefahr der gezielten Verhinderung eines Gewinns im abhängigen Unternehmen sieht § 304 I 2 AktG auch für den isolierten Beherrschungsvertrag eine **garantierte Mindestdividende** in Höhe des Betrages vor, der bei Abschluss eines Gewinnabführungsvertrages als fester oder variabler Ausgleich geschuldet wäre (sog. Dividendengarantie)[323]. Für diesen Betrag hat das herrschende Unternehmen einzustehen. Schüttet die Untergesellschaft eine niedrigere Dividende aus, als im

---

315   Vgl auch BGHZ 138, 136, 140 – ABB.
316   BGHZ 156, 57, 61 = NZG 2003, 1017, 1019.
317   *Hüffer* § 304 Rn 8.
318   HM, vgl BGH BB 2006, 964, 964; *Hüffer* § 304 Rn 12 mwN.
319   Eine Vertragsänderung durch beide Vertragsparteien bleibt möglich.
320   Vgl *Hüffer* § 304 Rn 14.
321   Vgl *Hüffer* § 304 Rn 16; s. insbesondere zur Bewertungsmethode sowie zum Einfluss des Börsenkurses Rn 731 f.
322   *Eschenbruch*, Rn 3113.
323   *Eschenbruch*, Rn 3107.

Vergleich zum festen Ausgleich geschuldet wäre, ist die **Differenz** vom herrschenden Unternehmen auszugleichen. Das Gleiche gilt für den variablen Ausgleich. Dort hängt die Differenzzahlung des herrschenden Unternehmens (AG oder KGaA) von seiner eigenen jährlichen Dividendenausschüttung und der der abhängigen Gesellschaft ab[324]. Eine über die Mindestdividende hinausgehende Ausschüttung der abhängigen Gesellschaft an die außenstehenden Aktionäre ist, anders als beim Gewinnabführungsvertrag, wo sämtlicher Gewinn abzuführen ist, möglich und zulässig.

707 (c) Besondere Problemlagen hinsichtlich der **variablen Ausgleichsregelung** können sich in mehrfachen und mehrstufigen Konzernen ergeben:
- Hat die Gesellschaft als Gemeinschaftsunternehmen mit mehreren herrschenden Unternehmen einen Beherrschungs- und/oder Gewinnabführungsvertrag geschlossen **(mehrfacher Vertragskonzern),** ist die maßgebliche Dividende der anderen Vertragsteile, insbesondere die Verschmelzungswertrelation nicht feststellbar, so dass die außenstehenden Aktionäre nicht durch einen variablen, sondern durch einen festen Ausgleich gesichert werden müssen[325].
- In **mehrstufigen Konzernverbindungen** (M–T–E) ist zu unterscheiden:[326]

Ist das herrschende Unternehmen seinerseits durch einen Beherrschungs- und/oder Gewinnabführungsvertrag mit einem Unternehmen (Konzernspitze) verbunden (durchgehende Kette), kann aus Sicht der außenstehenden Aktionäre der Enkelgesellschaft (E) ein variabler Ausgleich nicht vereinbart werden. Denn dieser würde sich an der Dividende der Tochtergesellschaft (T) orientieren. Ein Gewinn in der T entsteht aber erst gar nicht bei einem Gewinnabführungsvertrag mit der Muttergesellschaft (M) bzw kann durch Weisungsmacht der M (Beherrschungsvertrag) entwertet werden. Zulässig bleibt nur ein **fester Ausgleich**[327]. Etwas anderes gilt freilich aus Sicht der außenstehenden Aktionäre der **T**. Dort ist ein **variabler Ausgleich** durch M unproblematisch.

Wurde ein Beherrschungs- und/oder Gewinnabführungsvertrag nur zwischen M und E abgeschlossen, während die Konzernverbindung zwischen M und T faktisch bleibt, bestehen dagegen **keine Besonderheiten**[328]. Die außenstehenden Aktionäre der E erlangen festen oder variablen Ausgleich von der M und für die Ansprüche der außenstehenden Aktionäre der T gegen M gelten die §§ 317 I 2, 317 I 1, IV iVm 309 IV AktG. Ferner wird erwogen, die „übersprungene" T als außenstehenden Aktionär zu behandeln mit der Folge, dass die M gleichfalls gegenüber T ausgleichspflichtig werden würde[329]. Dieser Ansicht ist unter den oben zum Begriff des außenstehenden Aktionärs in Rn 703 gemachten Einschränkungen zu folgen.

---

324   Vgl *E/H*, Komm. § 304 Rn 28.
325   HM, *Hüffer* § 304 Rn 14 mwN.
326   Zu den zahlreichen Fallkonstellationen, deren Darstellung hier auf die wichtigsten beschränkt wurde, s. instruktiv *E/H*, Komm. § 304 Rn 56–66.
327   Vgl *E/H*, Komm. § 304 Rn 58 f.
328   Vgl *E/H*, Komm. § 304 Rn 60 mwN.
329   So *E/H*, Komm. § 304 Rn 61; *Hüffer* § 304 Rn 18.

(d) Entsteht der Ausgleichsanspruch mit Wirksamwerden des Vertrages, hängt die **708** **Fälligkeit** des Anspruchs

- beim festen Ausgleich von dem Zeitpunkt der ordentlichen Hauptversammlung der Untergesellschaft nach § 175 AktG ab, weil sonst an diesem Tag der Gewinnverwendungsbeschluss und somit der Dividendenanspruch, an dessen Stelle der Ausgleichsanspruch tritt, fällig gewesen wäre[330];
- beim variablen Ausgleich vom Gewinnverwendungsbeschluss der Obergesellschaft ab, weil es hier auf die Bestimmung der zu zahlenden Dividende in der Obergesellschaft ankommt[331];
- bei dem Anspruch auf Differenzzahlung aus der Dividendengarantie des herrschenden Unternehmens im isolierten Beherrschungsvertrag vom Gewinnverwendungsbeschluss der Untergesellschaft ab, weil dort zunächst festzustellen ist, ob die Dividende der Untergesellschaft nicht ohnehin die garantierte Höhe erreicht[332].

Im Falle nicht rechtzeitiger Leistung ist der Ausgleichsanspruch wegen Verzugs gem. § 288 I BGB zu **verzinsen.** Ein Anspruch auf Fälligkeitszinsen im Sinne von §§ 352, 353 HGB scheitert daran, dass der Ausgleichsanspruch kein beiderseitiges Handelsgeschäft ist[333].

(e) Mangels eindeutigen Gesetzeswortlauts kommen als **Schuldner** des Aus-**709** gleichsanspruchs die Gesellschaft als auch der **andere Vertragsteil** (herrschendes Unternehmen) in Betracht. Die hM stellt auf Letzteren ab[334], unabhängig davon, ob es sich bei ihm um die öffentliche Hand oder um ein ausländisches Unternehmen handelt[335].

(f) Gläubiger des Ausgleichsanspruchs sind die außenstehenden Aktionäre. Für die **710** Anspruchsberechtigung spielt es keine Rolle, ob der Aktionär die Aktien vor oder nach Abschluss des Beherrschungs- und/oder Gewinnabführungsvertrages erworben hat[336]. Folglich ist **jeder nachträglich** hinzukommende außenstehende Aktionär von der Ausgleichsregelung erfasst.

(g) Der Ausgleichsanspruch des Aktionärs **erlischt** mit der Veräußerung der Aktien. **711** Der Anspruch erlischt ferner mit

- Beendigung des Unternehmensvertrages

Hinweis: Die Beendigung des Unternehmensvertrages während eines rechtshängigen Spruch-**712** verfahrens ändert nichts an der verfahrensrechtlichen Position des Antragstellers[337].

---

330 HM, vgl *Hüffer* § 304 Rn 13; Nw bei *E/H*, Komm. § 304 Rn 42a in Fn 102.
331 *Hüffer* § 304 Rn 15.
332 KölnKomm.AktG/*Koppensteiner* § 304 Rn 9.
333 Vgl *E/H*, Komm. § 304 Rn 43.
334 HM, *Hüffer* § 304 Rn 4; KölnKomm.AktG/*Koppensteiner* § 304 Rn 22 f.
335 KölnKomm.AktG/*Koppensteiner* § 304 Rn 27.
336 Vgl *E/H*, Komm. § 304 Rn 21.
337 Vgl *E/H*, Komm. § 304 Rn 21b; BGHZ 147, 108, 112 f = ZIP 2001, 734, 735 – DAT/Altana.

- sowie mit Geltendmachung des Abfindungsanspruchs § 305 AktG[338]. Eine Anrechnung der bereits zugeflossenen Ausgleichszahlungen auf die geschuldete Abfindung kommt grundsätzlich nicht in Betracht.

713 **(h)** Gemäß den allgemeinen zivilrechtlichen Vorschriften **verjährt** der Ausgleichsanspruch in drei Jahren, beginnend mit dem Ende des Jahres, in dem der Anspruch entstanden und fällig geworden ist[339].

714 **(4) Fehlende oder unangemessene Ausgleichsregelung.** Wurde **keine Ausgleichsregelung** im Vertrag getroffen, so ist der Beherrschungs- und/oder Gewinnabführungsvertrag **nichtig** gem. § 304 III 1 AktG, es sei denn, die Untergesellschaft verfügt nicht über außenstehende Aktionäre (§ 304 I 3 AktG). Hiervon ist der Fall zu unterscheiden, dass die Ausgleichsregelung unangemessen ist. Gem. § 304 III 2 ist die Unangemessenheit kein Grund, den Zustimmungsbeschluss der Hauptversammlung (§ 293 I AktG) anzufechten. Auch eine Anfechtung gem. § 243 II AktG kommt nicht in Betracht. Die schwierige Frage der Angemessenheit soll also von den sonstigen Fragen der Rechtmäßigkeit des Hauptversammlungsbeschlusses im Nichtigkeits- oder Anfechtungsprozesses getrennt sein[340]. Die Loslösung der Bewertungsfragen vom aktienrechtlichen Kontrollmechanismus setzt sich fort in § 243 IV 2 AktG, der einen Anfechtungsausschluss auch für die Verletzung von Informations- und Auskunftspflichten im Zusammenhang mit der Ermittlung, der Höhe oder der Angemessenheit des Ausgleichs im Vorfeld des Hauptversammlungsbeschlusses vorsieht.

715 Die Höhe des Ausgleichs kann nur in einem besonderen Verfahren, dem sog. **Spruchverfahren** am Landgericht (dort ggf die Kammer für Handelssachen), in dessen Bezirk die Untergesellschaft ihren Sitz hat (§ 2 I SpruchG), geprüft werden. Voraussetzung ist, dass der Vertrag einen Ausgleich vorsieht, dieser aber unangemessen ist. Hierunter fallen beispielsweise fehlerhafte Berechnungen des Ausgleichbetrages, insbesondere die fehlerhafte Verschmelzungswertrelation bei der Bestimmung des variablen Ausgleichs (§ 304 II 2 AktG) oder die Unterschreitung des Mindestbetrages in § 304 II 1 AktG beim festen Ausgleich[341]. Eine gesetzlich nicht vorgesehene **Ausgleichsart** kann das Gericht korrigieren (im Regelfall einen festen Ausgleich bestimmen)[342] und auf dieser Basis den angemessenen Betrag festsetzen. Nicht zulässig ist es dagegen, einen von den Parteien in Übereinstimmung mit dem Gesetz vorgesehenen variablen Ausgleich in einen festen Ausgleich und umgekehrt zu ersetzen[343]. Die gerichtliche Bestimmung entfaltet modifizierende **Rückwirkung** auf den Zeitpunkt des Inkrafttretens des Vertrags[344]. **Antragsberechtigt** ist jeder außenstehende, auch nachträglich hinzukommende, Aktionär, der vor Ablauf der Antragsfrist von drei Monaten nach Bekanntmachung der Eintragung des Beherrschungs- und/oder Gewinnab-

---

338 Zum Ganzen s. *E/H*, Komm. § 304 Rn 21 f.
339 S. *E/H*, Komm. § 304 Rn 42c.
340 *Hüffer* § 304 Rn 21.
341 Weitere Beispiele bei *Hüffer* § 304 Rn 22.
342 So KölnKomm.AktG/*Koppensteiner* § 304 Rn 115, der hier von einer Regelform spricht.
343 Vgl *Hüffer* § 304 Rn 22.
344 Vgl KölnKomm.AktG/*Koppensteiner* § 304 Rn 117.

führungsvertrags in das Handelsregister einen Antrag gestellt hat (vgl §§ 3 Nr 1, 4 I Nr 1 SpruchG). Für diejenigen außenstehenden Aktionäre, die keinen Antrag gestellt haben, bestimmt das Gericht einen **gemeinsamen Vertreter,** der die Stellung eines gesetzlichen Vertreters hat (vgl § 6 SpruchG). Letztendlich nehmen damit alle außenstehenden Aktionäre – direkt oder indirekt – am Verfahren teil. Die Entscheidung wirkt für und gegen alle (§ 13 SpruchG). **Rechtsmittel** gegen den Beschluss des Gerichts ist die sofortige Beschwerde (§ 12 SpruchG).

Hat das Gericht den Ausgleich bestimmt, gewährt § 304 IV AktG dem herrschenden **716** Unternehmen wegen der daraus resultierenden Mehrbelastung ein **fristloses Kündigungsrecht** innerhalb von 2 Monaten ab Rechtskraft der Entscheidung.

Leitsätze **717**

(1) Mit § 304 AktG hat der Gesetzgeber eine **Ausgleichsregelung zugunsten der außenstehenden Aktionäre** dafür vorgesehen, dass sie trotz eines Beherrschungs- und/oder Gewinnabführungsvertrages (bzw gleichgestellten Geschäftsführungsvertrages) in der abhängigen Gesellschaft verbleiben und den Interessen des herrschenden Unternehmens ausgeliefert sind.

(2) Der Ausgleichsanspruch ist ein **vertraglicher Anspruch,** dessen **Fehlen** den gesamten Beherrschungs- und/oder Gewinnabführungsvertrag **nichtig** werden lässt (§ 304 III 1 AktG). Seine **Unangemessenheit** ist dagegen kein Nichtigkeits- oder Anfechtungsgrund und eröffnet lediglich die Möglichkeit zur gerichtlichen Nachbesserung in einem sog. **Spruchverfahren** (§ 304 III 3 AktG, §§ 1 ff SpruchG). Im Falle einer gerichtlichen Bestimmung steht dem anderen Vertragsteil ein **außerordentliches Kündigungsrecht** (§ 304 IV AktG) zu. Eines (angemessenen) Ausgleichsbedarf es nur dann nicht, wenn in der Untergesellschaft **keine außenstehenden Aktionäre** vorhanden sind.

(3) Als Entschädigungsarten für den Verbleib in der Gesellschaft stehen der **feste und der variable Ausgleich** zur Verfügung. Während beim festen Ausgleich eine bestimmte Mindestdividende garantiert wird, hängt der variable von der jährlich in der herrschenden Obergesellschaft gezahlten Dividende ab. Dortige Gewinnausschüttungen werden dann in einem bestimmten Verschmelzungsrelationsverhältnis an die außenstehenden Aktionäre der abhängigen Gesellschaft gezahlt. Ein **variabler Ausgleich ist dort nicht möglich,** wo die Dividende der Obergesellschaft als Maßstab ausscheidet, weil entweder keine AG/KGaA als Obergesellschaft vorhanden ist oder aber die Obergesellschaft wiederum selbst durch einen Beherrschungs- und/oder Gewinnabführungsvertrag mit einem Dritten verbunden ist (mehrstufiger Vertragskonzern bei durchgehender Kette) oder aber die Verschmelzungswertrelation nicht errechnet werden kann (so im mehrfachen Vertragskonzern).

(4) **Fällig** wird der Ausgleichsanspruch mit dem Tag der Hauptversammlung der Untergesellschaft, ferner, wo es auf den bereits ausgekehrten Gewinn ankommt, mit dem Gewinnverwendungsbeschlussschluss in der jeweiligen Unter- oder Obergesellschaft. **Schuldner** ist der andere Vertragsteil. **Gläubiger** ist jeder, auch der nachträglich hinzukommende, außenstehende Aktionär. Mit (vorzeitiger) Beendigung des Vertrages oder mit Wahl des Austritts aus der abhängigen Gesellschaft gegen Abfindung **endet der Anspruch auf Ausgleich.**

718

Schema: Ausgleichsanspruch der außenstehenden Aktionäre gegen das herrschende Unternehmen gem. § 304 AktG	
Anspruch entstanden? § 304 I, III AktG	• mit Wirksamwerden • eines Gewinnabführungsvertrages oder eines Beherrschungsvertrages (§ 304 I AktG), • der eine gesetzlich vorgesehene Ausgleichsregelung enthält (§ 304 III 1 AktG) • und wenn zum Zeitpunkt der Beschlussfassung der Hauptversammlung der abhängigen Gesellschaft über den Vertrag außenstehende Aktionäre in der Gesellschaft vorhanden sind (§ 304 I 3 AktG).
Anspruch durchsetzbar? §§ 195, 199 BGB	• Verjährung nach drei Jahren
Rechtsfolge	Vertraglicher Ausgleichsanspruch der außenstehenden Aktionäre gegen das herrschende Unternehmen, dessen Höhe sich nach der vertraglichen Festsetzung richtet. Ist diese unangemessen, kann der Betrag, uU auch die Art durch das Gericht im sog. Spruchstellenverfahren bestimmt werden gem. § 304 III 3 AktG, §§ 1 ff SpruchG.

bb) Anspruch auf Abfindung § 305 AktG. Wahlweise steht den außenstehenden Aktionären **anstelle** des angemessenen Ausgleichs eine angemessene Abfindung für ihre Anteile in Geld oder Aktien gem. § 305 AktG gegen das herrschende Unternehmen zu.

719 **(1) Normzweck.** § 305 AktG ergänzt den Vermögensschutz des § 304 AktG in Richtung einer endgültigen Substanzentschädigung. Der Aktionär soll sich von der bisherigen Gesellschaftsbeteiligung **lösen können** und eine volle Entschädigung hierfür erhalten. Dementsprechend muss ein Beherrschungs- und/oder Gewinnabführungsvertrag die Verpflichtung des herrschenden Unternehmens vorsehen, **auf Verlangen** eines außenstehenden Aktionärs dessen Aktien gegen eine im Vertrag bestimmte angemessene Abfindung zu erwerben. Der Gesetzeswortlaut § 305 I AktG stellt klar, dass durch die Ausübung des Verlangens eine Abfindungspflicht des herrschenden Unternehmens begründet wird[345]. Genau genommen enthält der Vertrag somit ein **Optionsrecht**, dessen Ausübung während der Frist des § 305 IV 1 AktG grundsätzlich im Belieben der außenstehenden Aktionäre steht[346].

720 **(2) Voraussetzungen.** Die Abfindungspflicht **entsteht** mit dem **Verlangen** des außenstehenden Aktionärs (Ausübung der Option), er wolle nach Maßgabe des Vertrages abgefunden werden. Das wiederum setzt voraus, dass

---

345 *Hüffer* § 305 Rn 3.
346 Vgl *E/H*, Komm. § 305 Rn 5.

- ein wirksamer Beherrschungs- und/oder Gewinnabführungsvertrag besteht (§ 305 I AktG),
- der eine entsprechende Abfindungsregelung enthält (§ 305 I AktG)
- und das Abfindungsverlangen innerhalb der Erwerbsfrist gestellt wird, sofern der Vertrag – wie regelmäßig – eine solche vorsieht (§ 305 IV 1 AktG).

(a) Das Entstehen der Abfindungsverpflichtung ist also von einer **Mitwirkung** des   **721** außenstehenden Aktionärs abhängig. Zugleich wird deutlich, dass dem Aktionär zunächst ein Ausgleichsanspruch nach § 304 AktG ohne Mitwirkung gebührt, er aber anstelle dessen die Abfindung wählen kann[347]. Das „Verlangen" ist als Willenserklärung, und zwar als Annahme des im Vertrag enthaltenen Abfindungsangebotes aufzufassen und wird mit Zugang beim anderen Vertragsteil oder bei dem von ihm bestimmten Vertreter gem. § 130 I 1 BGB wirksam[348].

(b) Der Begriff des **außenstehenden Aktionärs** ist derselbe wie in § 304 I AktG. Insofern wird auf das dort Gesagte verwiesen (s. Rn 703). Entsprechendes gilt für die Voraussetzung des **wirksamen** Unternehmensvertrages im Sinne des § 291 I AktG (s. Rn 701). Ist dieser ungültig, kann es auch keine Abfindung/Ausgleich geben[349].

722

[handschriftliche Randnotiz: und das obwohl des 6 in § 305 I von "um Penthalten" spricht § Vgl. aber § 305 V 2 §]

(c) Weitere Voraussetzung ist, dass der **Vertrag ein Abfindungsangebot enthält.** Ist   **723** das nicht der Fall, so ist der Vertrag im Gegensatz zu § 304 III 1 AktG jedoch keineswegs nichtig[350]. Daraus ist zu schließen, dass das Recht auf Abfindung dem Grunde nach einem gesetzlichen Schuldverhältnis entspringt, welches auch bestünde, wenn eine vertragliche Regelung fehlen würde[351]. Fehlt eine Abfindungsregelung im Vertrag oder ist sie unangemessen, steht es den außenstehenden Aktionären frei, das Gericht in einem Spruchverfahren anzurufen (§ 305 V 2 AktG). Die vom Gericht bestimmte Abfindung wird dann Vertragsbestandteil[352].

Beispiel (Abfindung I): Die G-AG soll mit der herrschenden Fox plc (public limited com-   **724** pany = entspricht der deutschen AG), welche mit 80% an der G-AG beteiligt ist, einen Beherrschungs- und Gewinnabführungsvertrag schließen. Allerdings ist die Verwaltung der Fox plc unsicher, ob ein Abfindungsangebot im Vertrag überhaupt notwendig ist und wenn ja, wie ein solches lauten könnte. Hausanwalt von Feldwald und zur Wiesen (W) wird um Rat gebeten.

W wird die Fox plc zunächst darauf hinweisen, dass ein Abfindungsangebot von Gesetzes wegen zwar vorgeschrieben ist, gleichwohl sein Fehlen den Vertrag nicht unwirksam werden lässt. Jedoch wird W empfehlen, eine entsprechende Regelung aufzunehmen, da mit großer Wahrscheinlichkeit ein Spruchverfahren seitens der zahlreichen außenstehenden Aktionäre der G-AG zu erwarten ist[353] und man dann keinen Einfluss mehr auf die Höhe der Abfindungs-

---

347 *E/H*, Komm. § 305 Rn 19a.
348 *Hüffer* § 305 Rn 7.
349 Vgl *Hüffer* § 305 Rn 4c.
350 BGHZ 119, 1, 9 f = NJW 1992, 2760 ff – ASEA/BBC; *Hüffer* § 305 Rn 29.
351 HM, vgl BGHZ 135, 374, 380; *Hüffer* § 305 Rn 4b.
352 Vgl *Hüffer* § 305 Rn 31.
353 Laut *E/H*, Komm. Vor § 1 SpruchG Rn 6 kommt es bei knapp der Hälfte aller Ausgleichs- und Abfindungsregelungen zu einem Spruchverfahren.

regelung habe. Man könne den Vertrag nur noch kündigen (§§ 305 V 4, 304 IV AktG). Als Formulierungsvorschlag übermittelt W folgende in den Vertrag aufzunehmende Regelung: § 5 des Vertrages lautet: „Die Fox plc verpflichtet sich gegenüber den außenstehenden Aktionären der G-AG, deren Aktien mit einem Nennwert von € 1,00 je Aktie zu einem Preis von € 315,00 provisions- und spesenfrei zu erwerben, wobei die außenstehenden Aktionäre nur innerhalb von 2 Monaten seit Bekanntmachung der Eintragung des Bestehens des Vertrages in das Handelsregister gegenüber der Fox plc annehmen können."[354]

725 **(d)** Gem. § 305 IV 1 AktG kann die Verpflichtung des anderen Vertragsteils zum Erwerb der Aktien **befristet** werden. Die Befristung muss im Vertrag vereinbart werden, mindestens zwei Monate ab Bekanntmachung der Eintragung des Vertrags betragen (vgl § 305 IV 2 AktG) und wirkt bei Versäumnis der Frist anspruchsvernichtend (Ausschlussfrist)[355]. Im Falle eines Spruchverfahrens verlängert sich die Frist gem. § 305 IV 3 AktG auf zwei Monate nach Bekanntmachung der rechtskräftigen Gerichtsentscheidung über den zuletzt beschiedenen Antrag auf gerichtliche Bestimmung der Abfindung (oder des Ausgleichs). Auf diese Weise soll den außenstehenden Aktionären die Möglichkeit erhalten werden, sich erst in Kenntnis des Ausgangs des Spruchverfahrens zwischen Ausgleich und Abfindung zu entscheiden. Hieraus sowie aus § 305 V 2 AktG, wonach auch eine fehlende Abfindungsregelung den Vertrag nicht unwirksam und das Spruchgericht für regelungszuständig werden lässt, wird überwiegend der Schluss gezogen, dass das (gesetzlich begründete oder spezialvertraglich geregelte) Abfindungsrecht auch im Fall der **vorzeitigen Beendigung des Vertrags** (zB bei Kündigung) während eines laufenden Spruchverfahrens nicht wegfallen kann[356].

726 Ist indessen kein Spruchverfahren rechtshängig, wird teilweise vertreten, dass das Abfindungsrecht mit Beendigung des Vertrags erlischt, selbst wenn die Optionsfrist noch nicht abgelaufen ist[357]. Denn Voraussetzung der Abfindung ist ein wirksamer Unternehmensvertrag, der bei Beendigung gerade fehlt. Dagegen spricht, dass auch ein zeitweilig bestehender Beherrschungs- und/oder Gewinnabführungsvertrag geeignet ist, den Unternehmenswert/Beteiligungswert erheblich zu beeinträchtigen und es daher verfassungsrechtlich geboten ist, bis zum Ablauf der Ausübungsfrist den Aktionären das Recht auf Entschädigung durch Abfindung einzuräumen[358]. Anderenfalls hätte es der andere Vertragsteil in der Hand, durch eine vorzeitige Beendigung des Unternehmensvertrags vor Fristablauf das Abfindungsrecht zu beseitigen.

Folgt man – wie hier – dieser Ansicht, kann es bei einer Vertragsbeendigung vor Fristablauf des § 305 IV 2 AktG nicht darauf ankommen, ob ein Spruchverfahren eingeleitet worden ist oder nicht. Die außenstehenden Aktionäre können ihr Optionsrecht, notfalls kraft gesetzlichem Schuldverhältnis, bis Fristende ausüben.

---

354 Vertragsklausel entnommen LG Stuttgart AG 1998, 103.
355 Vgl *Hüffer* § 305 Rn 27 f.
356 *E/H*, Komm. § 305 Rn 27; vgl BGHZ 135, 374, 380; BGHZ 147, 108, 112 f – DAT/Altana; BGH NZG 2006, 623, 624; *Hüffer* § 305 Rn 4a f.
357 So *E/H*, Komm. § 305 Rn 27, 34 f; MünchHdbGesR.AG/*Krieger* § 70 Rn 92.
358 Vgl MünchKomm.AktG/*Bilda* § 305 Rn 7; wohl auch KölnKomm.AktG/*Koppensteiner* § 305 Rn 21, 24.

(e) Die **Entgegennahme von Ausgleichszahlungen** nach § 304 AktG **vor** Ausübung 727
der Abfindungsoption lässt das Abfindungsrecht nicht untergehen, weil in den Ausgleichszahlungen kein Verzicht auf die Ausübung des Wahlrechts auf Abfindung zu
sehen ist[359]. Ebenso wenig sind die erhaltenen Zahlungen auf das Abfindungskapital
anzurechnen, denn der Ausgleich stellt einen Ersatz für die entgangene Dividende
(Verzinsung des eingesetzten Kapitals) und die Abfindung den Substanzwert des Anteils dar. Die Entschädigung verfolgt also zwei verschiedene Ziele, die nicht miteinander zu vermischen sind. Gleichwohl hat der BGH zwecks Vermeidung einer Über-
kompensation des Aktionärs entschieden und damit einen in Literatur und auf der
Ebene der Instanzgerichte geführten Streit[360] beendet, dass die unverzinsten Ausgleichsleistungen auf die Abfindungszinsen (ab Wirksamwerden des Vertrags,
§ 305 III 3 AktG), nicht auf die Abfindung selbst, anzurechnen sind[361].

(3) Rechtsfolgen. (a) Hat der außenstehende Aktionär von seinem Optionsrecht 728
fristgemäß Gebrauch gemacht, steht ihm ein **Abfindungsanspruch** gegen das herrschende Unternehmen zu. Dieser wird aber nicht sofort mit dem Abfindungsverlangen **fällig,** sondern erst mit Einlieferung der Aktienurkunden beim anderen Vertragsteil oder der mit der Abwicklung beauftragten Stelle. Nur so kann zweifelsfrei
festgestellt werden, ob der Aktionär, der eine Abfindung begehrt, auch Inhaber einer
Aktie ist und dies nicht bloß behauptet[362]. Bei eingetragenen Namensaktionären tritt
das Legitimationsproblem wegen der Legitimationswirkung des Aktienregisters nicht
auf (vgl § 67 II AktG). Mit dem Umtausch der Aktien geht der **Ausgleichsanspruch**
nach § 304 AktG **unter.** Solange also der außenstehende Aktionär die Abfindung nur
verlangt, sie aber nicht fällig gestellt hat, bleibt das Recht auf jährlichen Ausgleich bestehen. Die **Verjährung** des Abfindungsanspruchs (nicht des Optionsrechts!) richtet
sich nach der allgemeinen Regel der §§ 195, 199 BGB[363]. Die Verjährungsfrist beträgt
also drei Jahre.

(b) Die Abfindungsmodalitäten regelt § 305 II AktG. Die **Art der Abfindung** kann 729
unterschieden werden in **Abfindung in Aktien** und in **Barabfindung.** Welche hiervon zulässig ist, hängt wiederum von der Rechtsform und der Nationalität des anderen
Vertragsteils ab, wie nachfolgend verdeutlicht wird:

---

359 HM, *Kurzwelly*, AG 2000, 337, 340; *Hüffer* § 305 Rn 4.
360 S. die Darstellung bei *E/H*, Komm. § 305 Rn 33 ff.
361 Vgl BGHZ 152, 29, 33 = WM 2002, 2153, 2154; seitdem ständige Rspr, s. die Nw bei *Hüffer* § 305
     Rn 26b; aA *Kort*, NZG 2002, 1139, 1140.
362 Vgl LG Stuttgart AG 1998, 103, 104; *Hüffer* § 305 Rn 8.
363 Vgl *E/H*, Komm. § 305 Rn 29.

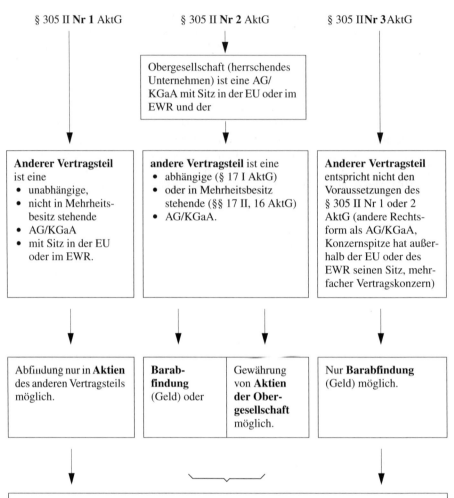

§ 305 II **Nr 1** AktG

§ 305 II **Nr 2** AktG

§ 305 II **Nr 3** AktG

Obergesellschaft (herrschendes Unternehmen) ist eine AG/ KGaA mit Sitz in der EU oder im EWR und der

Anderer Vertragsteil ist eine
• unabhängige,
• nicht in Mehrheitsbesitz stehende
• AG/KGaA
• mit Sitz in der EU oder im EWR.

andere Vertragsteil ist eine
• abhängige (§ 17 I AktG)
• oder in Mehrheitsbesitz stehende (§§ 17 II, 16 AktG)
• AG/KGaA.

Anderer Vertragsteil entspricht nicht den Voraussetzungen des § 305 II Nr 1 oder 2 AktG (andere Rechtsform als AG/KGaA, Konzernspitze hat außerhalb der EU oder des EWR seinen Sitz, mehrfacher Vertragskonzern)

Abfindung nur in **Aktien** des anderen Vertragsteils möglich.

Barabfindung (Geld) oder

Gewährung von **Aktien der Obergesellschaft** möglich.

Nur **Barabfindung** (Geld) möglich.

Anspruch der außenstehenden Aktionäre, wobei die Festlegung der Art und der Höhe des Ausgleichs Sache der Vertragsparteien und nicht der außenstehenden Aktionäre ist[364].

730 **(c)** Der **Höhe** nach soll der Ausgleichsanspruch die außenstehenden Aktionäre angemessen, also **voll** entschädigen. Dazu ist erforderlich, dass der **Unternehmenswert der Untergesellschaft** berechnet wird.

Bei der **Abfindung in Aktien** kommt die Bewertung des anderen Vertragsteils (§ 305 II Nr 1 AktG) oder der Konzernobergesellschaft (§ 305 II Nr 2 AktG) hinzu, um die angemessene Verschmelzungswertrelation zu ermitteln. Nach § 305 III 1 AktG gilt die Abfindung in Aktien nämlich dann als angemessen, wenn die Aktien des

---

364 S. *Hüffer* § 305 Rn 15; *E/H*, Komm. § 305 Rn 16.

herrschenden Unternehmens in dem Verhältnis gewährt werden, indem bei einer Verschmelzung auf eine Aktie der Untergesellschaft Aktien des herrschenden Unternehmens zu gewähren wären, wobei Spitzenbeträge durch bare Zuzahlungen ausgeglichen werden können.

Die **angemessene Barabfindung** muss die Vermögens- und Ertragslage der Untergesellschaft im Zeitpunkt der Beschlussfassung der Hauptversammlung der Untergesellschaft berücksichtigen (§ 305 III 2 AktG). Dieser in § 305 III 2 AktG genannte Bewertungsstichtag trifft nach ganz hM auch für die Abfindungsberechnung in Aktien zu[365]. Die Barabfindung ist außerdem vom Zeitpunkt des Wirksamwerdens des Vertrags (vgl § 294 II AktG) mit 2 % über dem jeweiligen Basiszinssatz nach § 247 BGB zu verzinsen; ein weiterer Verzugsschaden kann geltend gemacht werden (§ 305 III 3 AktG).

(d) Kontrovers diskutiert wird die Bemessung des wirklichen Werts der Aktien der Untergesellschaft[366]. Anerkannt und geltende Praxis für die Bemessung ist die Feststellung des **Ertragswertes** des Unternehmens[367]. Bei börsennotierten Gesellschaften ist **zudem der Börsenkurs** als Mindestgröße der Abfindung heranzuziehen, jedenfalls dann, wenn er einem funktionierenden Börsenmarkt[368] entspringt. Denn zu diesem Preis kann der Inhaber die Aktie am Markt veräußern und dieser Preis wird am Markt als realer Wert angesehen[369]. Diese Auffassung entspricht mittlerweile gefestigter Rspr[370]. **731**

Bildet der Börsenkurs die **Untergrenze** bei der Bemessung der Abfindung, ist freilich umstritten, ob der Kurs am Stichtag relevant ist oder ein Durchschnittskurs zu Grunde gelegt wird. Rspr und hL ziehen zu Recht den **Durchschnittskurs** heran, weil nur so Manipulationen, die es beim Abstellen des Börsenkurses an nur einem Kurstag geben könnte, weitestgehend vermieden werden[371]. Den **Referenzzeitraum** für den durchschnittlichen Börsenkurs gibt die Rspr mit drei Monaten bis zum Bewertungsstichtag an[372]. Nach der hL soll hingegen auf einen anderen Rückrechnungszeitpunkt als dem Tag der Hauptversammlung abgestellt werden. Vorgeschlagen wird insbesondere der Tag des Bekanntwerdens des bevorstehenden Abschlusses eines Unternehmensvertrags, was im Regelfall der Tag der Ad hoc-Mitteilung nach § 15 WpHG sein dürfte[373]. Dafür spricht, dass bis zu diesem Zeitpunkt der geplante Vertragsabschluss allenfalls Insidern bekannt ist, also eine Einpreisung der Nachricht und damit Verzerrung des Marktpreises weitestgehend vermieden wird. Ferner hat der Gesetzgeber in einem vergleichbaren Fall, nämlich für Übernahmeangebote nach § 31 I WpÜG iVm § 5 I WpÜG-Angebotsverordnung ebenso auf einen Referenzzeitraum von drei Monaten **732**

---

365 Vgl *Hüffer* § 304 Rn 23 mwN.
366 S. die umfangreiche Darstellung bei KölnKomm.AktG/*Koppensteiner* § 305 Rn 50–116.
367 Vgl *Hüffer* § 305 Rn 19.
368 Erst bei einem Volumen von weniger als 5 % spiegelt der Börsenpreis den Verkehrswert der Aktie nicht mehr wider (Marktenge). Vgl OLG Düsseldorf AG 2003, 329, 331.
369 S. *E/H*, Komm. § 305 Rn 47e.
370 Vgl BVerfGE 100, 289, 306 f – DAT/Altana; BGHZ 147, 108, 115 ff = ZIP 2001, 734, 736 – DAT/Altana.
371 Vgl BGHZ 147, 108, 118 – DAT/Altana; *E/H*, Komm. § 305 Rn 47a f; *Hüffer* § 305 Rn 24d mwN.
372 S. BGHZ 147, 108, 118 – DAT/Altana.
373 So etwa *Hüffer* § 305 Rn 24e; *E/H*, Komm. § 305 Rn 47c.

vor Bekanntmachung der Übernahmeabsicht abgestellt[374]. Schließlich ist es der Untergesellschaft wegen der Einberufungsfrist von einem Monat zur Hauptversammlung, die über den Unternehmensvertrag abstimmt, praktisch unmöglich, den Aktionären in der Einladung Vorschläge zur Höhe der Abfindung zu unterbreiten, wenn der Referenzzeitraum als Bemessungsgrundlage für den durchschnittlichen Börsenkurs erst einen Monat später endet[375].

733 In jedem Fall erfordert die verwendete Bewertungsmethode ihre parallele Anwendung bei der Obergesellschaft, dh wird ein den Börsenkurs übersteigender Ertragswert bei der Untergesellschaft zugrunde gelegt, erfordert das die Verwendung der Ertragswertmethode auch bei der Obergesellschaft und umgekehrt (**Methodengleichheit**)[376]. Dadurch, dass beide Unternehmen nach der gleichen Methode bewertet werden, wirken sich Fehler oder die Anwendung einer weniger gut geeigneten Bewertungsmethode auf gleiche Weise aus, so dass das gewonnene „Umtausch"-Verhältnis der beiden Werte zueinander nicht berührt wird[377].

734 **(e) Gläubiger** des Anspruchs auf Abfindung sind all jene außenstehenden Aktionäre, die ein entsprechendes Verlangen an den anderen Vertragsteil adressiert haben – und zwar vor Ablauf der Annahmefrist[378]. Veräußert ein außenstehender Aktionär **nach** Beendigung des Unternehmensvertrags seine Aktien an einen Dritten, so geht das Optionsrecht, beispielsweise wurde es vom Rechtsvorgänger noch nicht ausgeübt, nicht mit über. Es muss immer in der Person des jeweiligen Aktionärs selbst entstehen. Die persönliche Eigenschaft eines „außenstehenden" Aktionärs ist nicht an die Aktie als solches gebunden; sie entsteht und endet mit der Laufzeit des Beherrschungsvertrags[379].

735 **(f) Schuldner** der Abfindung ist gem. § 305 I AktG der andere Vertragsteil[380], und zwar auch dann, wenn im Falle des § 305 II Nr 2 AktG in Aktien der Konzernobergesellschaft, die auch über mehr als zwei Stufen Konzernspitze im Verhältnis zum anderen Vertragsteil sein kann, abgefunden werden soll[381]. Notfalls hat der andere Vertragsteil die Aktien käuflich zu erwerben. Die Beschaffung der Aktien im Falle des § 305 II Nr 1 und 2 AktG erfolgt regelmäßig durch Eigenerwerb (Erwerb eigener Aktien ist insoweit zulässig gem. § 71 I Nr 3 AktG bzw für Fall Nr 2 gem. § 71d S. 2 AktG) oder durch die Ausgabe junger Aktien im Wege einer genehmigten (§ 202 ff AktG) oder bedingten (§ 192 II Nr 2 AktG) Kapitalerhöhung. Im mehrfachen Vertragskonzern ist dagegen der Abfindungsanspruch der außenstehenden Aktionäre der abhängigen Tochter gem. § 305 II Nr 3 AktG begrenzt auf einen Barabfindungsanspruch, weil der sonst übliche Aktientausch unverhältnismäßig große Bewertungsprobleme (denn in welchem Verhältnis soll man die Aktien der mehreren Mütter mixen?)

---

374 Vgl *Hüffer* § 305 Rn 24e.
375 So *E/H*, Komm. § 305 Rn 47c.
376 Vgl *E/H*, Komm. § 305 Rn 48 f.
377 S. OLG Düsseldorf ZIP 2003, 1247, 1250.
378 KölnKomm.AktG/*Koppensteiner* § 305 Rn 31 f.
379 Vgl BGH NZG 2006, 623, 625.
380 Vgl KölnKomm.AktG/*Koppensteiner* § 305 Rn 34.
381 So *E/H*, Komm. 305 Rn 14a.

nach sich ziehen würde. Sämtliche Vertragspartner der Untergesellschaft haften dann als Gesamtschuldner für die Abfindung in Geld[382].

(g) Da die Abfindung ein einmaliger Anspruch der außenstehenden Aktionäre gegen das herrschende Unternehmen ist, bleibt das Schicksal der abhängigen Gesellschaft auf den Anspruch **nach** Ausübung des Optionsrechts ohne Einfluss. Eine Auflösung der abhängigen Gesellschaft oder die zeitgemäße aber auch die vorzeitige Beendigung des Beherrschungs- und/oder Gewinnabführungsvertrages spielen demnach keine Rolle. Wird das herrschende Unternehmen mit einem Drittunternehmen verschmolzen, geht die Abfindungspflicht auf den neuen Rechtsträger über. Auch im Falle der Insolvenz des herrschenden Unternehmens bleibt der Anspruch in Form der Insolvenzforderung bestehen, dürfte dann allerdings wertlos sein[383].

736

(4) Fehlende oder unangemessene Abfindung. Das Fehlen einer Abfindungsregelung als auch die Unangemessenheit der Abfindung macht den Vertrag sowie den Zustimmungsbeschluss der Hauptversammlung der Untergesellschaft weder nichtig noch anfechtbar (vgl § 305 V 1 AktG)[384]. Folglich sieht § 305 V 2 AktG iVm §§ 1 ff SpruchG ein **Spruchverfahren** zugunsten der außenstehenden Aktionäre vor. Das Gericht entscheidet nicht nur über die Höhe der Abfindung, sondern, wenn Sie völlig fehlt oder nicht den Voraussetzungen des § 305 II AktG entspricht, auch über die Art der Abfindung[385]. Im Übrigen gilt das zu § 304 AktG Gesagte (s. Rn 715)[386]. Mit der Durchsetzung des Abfindungsanspruchs (Einlieferung der Aktien) erlischt die Antragsbefugnis. Nach § 13 S. 2 Hs 2 SpruchG steht den bereits abgefundenen und außenstehenden Aktionären ein Abfindungs**ergänzungsanspruch** in Aktien oder Geld gegen das herrschende Unternehmen zu, wenn eine höhere Abfindung durch das Gericht bestimmt wird[387]. Eine niedrigere Festsetzung der Abfindung als im Vertrag vorgesehen kann das Gericht nicht bestimmen[388].

737

Gem. §§ 305 V 4, 304 IV AktG steht dem anderen Vertragsteil ein **fristloses Kündigungsrecht** bis 2 Monate nach Rechtskraft einer Entscheidung im Spruchverfahren zu, die eine Erhöhung der Abfindungssumme zur Folge hat.

738

Beispiel (Abfindung II): Aktionär A der G-AG verlangt nun einen Monat nach Bekanntmachung der Eintragung des Beherrschungs- und Gewinnabführungsvertrages von der Fox plc für seine 5 Aktien die entsprechende Barabfindung von € 1575 (5 × € 315). Die Fox plc weigert sich jedoch mittels Schreibens ihres Rechtsanwaltes W, die Aktien der G-AG zu übernehmen. Grund hierfür sei, dass Aktionär K der G-AG zwischenzeitlich ein Spruchverfahren beantragt hat und man sich deshalb vorbehalte, den Vertrag zu kündigen gem. §§ 305 V 4, 304 IV AktG, falls die Abfindungssumme vom Gericht erhöht wird. A ist empört.

739

---

382   Vgl KölnKomm.AktG/*Koppensteiner* § 305 Rn 43.
383   Dazu KölnKomm.AktG/*Koppensteiner* § 305 Rn 29.
384   BGHZ 119, 1, 9 f = NJW 1992, 2760 ff – ASEA/BBC; *Hüffer* § 305 Rn 29.
385   Vgl *Hüffer* § 305 Rn 30.
386   Zur Berechtigung bei Beendigung des Vertrages während eines rechtshängigen Spruchstellenverfahrens siehe das Beispiel unten.
387   *Hüffer* § 305 Rn 32 mwN.
388   HM, LG Stuttgart AG 1998, 103, 103 mwN.

Zu Recht, wie das LG Stuttgart in dem hier abgewandelten Sachverhalt festgestellt hat[389]. Denn mit der Erklärung des A, die Abfindung zu wollen, hat er von seinem Optionsrecht im Vertrag fristgemäß Gebrauch gemacht. Mithin ist der **Abfindungsanspruch** des A entstanden. Gegen diesen Anspruch steht der Fox plc kein Leistungsverweigerungsrecht zu. Dass Spruchverfahren selbst dient dem Schutz und der Sicherheit der außenstehenden Aktionäre. Hiermit wäre es unvereinbar, wenn die Aktionäre der G-AG bis zur Entscheidung des Gerichts und damit bis zur Entscheidung der Fox plc über eine Kündigung an ihre Gesellschaft gebunden wären, gleichzeitig aber die Fox plc alle Rechte aus dem Vertrag ausüben kann. Auch würde die Fälligstellung des Abfindungsanspruchs (Einlieferung der Aktien) vom Verhalten der Fox plc abhängig sein, je nachdem, ob sie den Vertrag nach der Gerichtsentscheidung kündigt oder fortführt. Gerade das ist aber nicht Sinn und Zweck der Regelung. Die außenstehenden Aktionäre sollen entscheiden, wann sie abgefunden werden möchten. Haben sie sich für die Abfindung entschieden, kann sich eine spätere Kündigung durch den anderen Vertragsteil nicht rückwirkend und belastend auswirken (ex nunc Wirkung der Kündigung). Bereits abgefundene Aktionäre sind somit vor einem Rückforderungsanspruch des anderen Vertragsteils nach § 812 BGB sicher. Erhöht das Gericht die Abfindungssumme, steht ihnen sogar ein Abfindungsergänzungsanspruch gem. § 13 S. 2 Hs 2 SpruchG zu. Und den Aktionären, deren Abfindungsansprüche schon entstanden sind, geht das Umtauschrecht durch die Kündigung des Vertrages nicht verloren. Sie partizipieren ebenfalls von einer gerichtlich erhöhten Abfindungssumme, auch wenn sie keinen Spruchantrag gestellt haben gem. § 13 S. 2 Hs 1 SpruchG. Insofern trägt der andere Vertragsteil das – im Vertrag festgelegte, also von Anfang an überschaubare – wirtschaftliche Risiko, Abfindung trotz einer angedachten oder ausgesprochenen Kündigung leisten zu müssen. Lediglich diejenigen, die ihr **Optionsrecht noch nicht ausgeübt haben,** sind von einer Kündigung betroffen. Denn sie haben deutlich gemacht, in der Gesellschaft (mit oder ohne Unternehmensvertrag) verbleiben zu wollen.

Hier stand dem A aber schon der Abfindungsanspruch gegen Fox plc zu. An der Fälligstellung kann A durch das laufende Spruchverfahren und die „schwebende" Kündigung also nicht gehindert werden. Die Fox plc hat die Aktien zum vereinbarten Preis von € 315,00 pro Aktie entgegenzunehmen.

740 | **Leitsätze**

(1) **Anstelle** des wiederkehrenden Ausgleichs können die außenstehenden Aktionäre eines zwischen den beteiligten Unternehmen geschlossenen Beherrschungs- und/oder Gewinnabführungsvertrages ihr **vertraglich vereinbartes Optionsrecht auf Austritt aus der Gesellschaft gegen Abfindung** durch das herrschende Unternehmen geltend machen (§ 305 I AktG).

(2) Sieht der Vertrag **keine Abfindung** vor, ist er gleichwohl wirksam und kann auch nicht angefochten werden (§ 305 V 1 AktG). Gleiches gilt für eine Abfindungsregelung, die gegen die Vorschriften des § 305 I–III AktG verstößt, insbesondere **unangemessen** ist. In beiden Fällen steht dem Aktionär ein gerichtliches **Spruchverfahren** zur Verfügung, mit dem er eine **gestaltende** Entscheidung des Gerichts auf Aufnahme einer Regelung oder Nachbesserung erreichen kann (§ 305 V 2 AktG). Bei **Nachbesserung** einer Abfindungsregelung kann das herrschende Unternehmen innerhalb einer zweimonatigen Bedenkzeit ab rechtskräftiger Entscheidung den Vertrag **fristlos kündigen.** Auf bis dahin abgefundene Aktionäre oder solche, die bereits von ihrem Optionsrecht Gebrauch gemacht haben, hat die Kündigung jedoch keinen Einfluss.

---

389 Vgl LG Stuttgart AG 1998, 103 ff.

(3) Wird das Optionsrecht (innerhalb einer im Vertrag bestimmten Ausübungsfrist von mindestens 2 Monaten ab Bekanntmachung der Eintragung des Vertrags) ausgeübt, **entsteht eine Abfindungsverpflichtung** des herrschenden Unternehmens gegenüber den außenstehenden Aktionären**, die ihr Optionsrecht geltend gemacht** haben. Schuldner ist der andere Vertragsteil. Fällig wird der Abfindungsanspruch mit **Einreichung der Aktien**. Bis zur Fälligkeit bleibt das **Recht auf Ausgleich** nach § 304 AktG bestehen. Ab Fälligkeit gilt eine Verjährungsfrist von drei Jahren.

(4) Als Abfindung durch das herrschende Unternehmen kommen ein **Barausgleich** sowie eine **Abfindung in Aktien** des anderen Vertragsteils bzw der ihn beherrschenden Obergesellschaft in Betracht, wobei eine Abfindung in Aktien an bestimmte Modalitäten (§ 305 II AktG) geknüpft ist. In jedem Falle hat sich die Höhe der Abfindung am **vollständigen Wert der Anteile** des austretenden Aktionärs zu orientieren (§ 305 III AktG), der bei börsennotierten Gesellschaften mindestens der durchschnittliche Börsenkurs der letzten drei Monate vor Bekanntwerden der Absicht eines Vertragsschlusses darstellt.

Schema: Abfindungsanspruch der außenstehenden Aktionäre gegen das herrschende Unternehmen gem. § 305 AktG   741

Anspruch entstanden? § 305 I, IV AktG	• mit Ausübung des Optionsrechts • innerhalb der Erwerbsfrist
Optionsrecht setzt voraus,	• dass ein wirksamer Beherrschungs- und/oder Gewinnabführungsvertrag besteht (§ 305 I AktG), • (der eine entsprechende Abfindungsregelung enthält (§ 305 I AktG))
Anspruch durchsetzbar? §§ 195, 199 BGB	• Verjährung nach drei Jahren
Rechtsfolge	Vertraglicher Abfindungsanspruch der außenstehenden Aktionäre gegen das herrschende Unternehmen, dessen Höhe sich nach der vertraglichen Festsetzung richtet. Fehlt eine Regelung im Vertrag oder ist diese unangemessen, kann die Art und Höhe der Abfindung durch das Gericht im sog. Spruchverfahren bestimmt werden gem. § 305 V 2 AktG iVm § 1 ff SpruchG.

cc) Schadensersatzanspruch wegen missbräuchlicher Einflussnahme gem. § 117 I 2   742
AktG. Gem. § 117 I 2 AktG haben alle Aktionäre einer Gesellschaft, die über den Reflexschaden (Wertminderung ihres Anteils durch Schädigung der Gesellschaft) hinaus einen **unmittelbaren Schaden** erleiden, einen eigenen Schadensersatzanspruch gegen den Beeinflussenden. Soweit der Anwendungsbereich eröffnet ist und auch die übrigen Voraussetzungen (Vorsatz!) vorliegen[390], können die Aktionäre gegen das herrschende Unternehmen über § 117 I 2 AktG iVm § 31 BGB analog vorgehen. Ist das herrschende Unternehmen Mitaktionär, steht der Schadensersatzanspruch des

---

390   S.o. Rn 675 ff.

§ 117 I 2 AktG freilich nur den **außenstehenden Aktionären**[391] zu. Schädigungen von dritter Seite außerhalb des Vertragskonzerns sollen hier nicht vertieft werden. Ersatz solcher Schäden kann jedenfalls auch das herrschende Unternehmen als Mitaktionär einklagen.

743 **dd) Durchsetzung des Verlustausgleichsanspruchs § 302 I AktG.** Im Konzern kommt es vor, dass die Geschäftsleitung der abhängigen Gesellschaft kein Interesse daran hat, den Verlustausgleichsanspruch nach 302 I AktG gegen das herrschende Unternehmen geltend zu machen. Fraglich ist daher, ob den einzelnen Aktionären der abhängigen Gesellschaft ein **eigenes Klagerecht** eingeräumt werden kann. Gesetzlich vorgesehen ist das in § 302 AktG nicht. Allerdings wird überwiegend ein Klagerecht zugunsten der Aktionäre entsprechend §§ 317 IV, 309 IV 1 AktG bejaht[392]. Dieser Meinung ist aus den zu Rn 306 f dargestellten Gründen nicht zu folgen[393]. Eine actio pro socio ist in der AG grundsätzlich abzulehnen. Die spezialgesetzlich geregelten Befugnisse in §§ 309 IV 1 und 2, 317 IV, 318 IV sowie § 148 IV 2 AktG sind gerade Ausdruck dessen, dass in der AG den Aktionären nur in den ausdrücklich angeordneten Fällen ein eigenes Recht zur Klage auf Leistung an die Gesellschaft zugestanden werden soll, die actio pro socio als Recht des Klägers zur Klage im eigenen Namen auf Leistung an die Gesellschaft also in der AG nicht zur Anwendung kommt[394]. Anderenfalls hätte es der gesetzlichen Einzelregelungen nicht bedurft.

744 **ee) Durchsetzung des Schadensersatzanspruchs aus § 309 AktG iVm § 31 BGB analog gem. § 309 IV AktG.** Da allgemein anerkannt ist, dass die § 309 III-V AktG auch für die Haftung des herrschenden Unternehmens gelten[395], können die Schadensersatzansprüche der abhängigen Gesellschaft gegen das herrschende Unternehmen wegen Pflichtverletzung der ordnungsgemäßen Konzerngeschäftsführung auch von den Aktionären[396] geltend gemacht werden, sofern der Aktionär Leistung an die Gesellschaft fordert[397]. Unter Rn 672 f wurde der Streit über die Anspruchsgrundlage des Schadensersatzanspruchs der Gesellschaft bewusst nicht abschließend geführt. Die Anwendung der **Klagebefugnis des § 309 IV 1 AktG** macht allerdings deutlich, dass die Ansicht, die § 309 AktG iVm § 31 BGB analog als Anspruchsgrundlage vertritt, vorzugswürdig gegenüber einer Haftung aus § 280 I BGB des Beherrschungsvertrages ist.

745 **ff) Durchsetzung des Schadensersatzanspruchs aus § 117 I 1 AktG iVm § 31 BGB?** **Mangels eigener Klagebefugnis** können die Aktionäre den Anspruch der abhängigen Gesellschaft gegen das herrschende Unternehmen aus § 117 I 1 AktG iVm § 31 BGB

---

391 Hierzu zählen die Aktionäre, wie sie zu §§ 304, 305 AktG definiert wurden (siehe Rn 703).
392 KölnKomm.AktG/*Koppensteiner* § 302 Rn 41; *E/H* § 302 Rn 44.
393 Ebenso *Hüffer* § 302 Rn 20.
394 Ebenso *Hüffer* § 148 Rn 2.
395 S. *Hüffer* § 309 Rn 27 mwN.
396 Ist das herrschende Unternehmen Mitaktionär, steht die Durchsetzung freilich nur den außenstehenden Aktionären zu.
397 *Eschenbruch*, Rn 3126.

nur unter den besonderen Voraussetzungen der §§ 148 I, 147 AktG (Klagezulassungs-verfahren) durchsetzen. Etwas anderes gilt für die Gläubiger des abhängigen Unter-nehmens gem. § 117 V AktG.

gg) Durchsetzung des Schadensersatzanspruchs aus Treuepflichtverletzung. Steht **746** der abhängigen Gesellschaft gegen das herrschende Unternehmen ein Schadenser-satzanspruch wegen Treuepflichtverletzung zu, ist fraglich, ob dieser auch durch die Aktionäre geltend gemacht werden kann. Von den konzernrechtlichen Spezialbefug-nissen und § 148 I AktG einmal abgesehen, wird in der AG eine **actio pro socio** grundsätzlich **verneint**[398]. Andererseits zeigt § 3 Rn 303 ff, dass bei einer Treu-pflichtverletzung eines Aktionärs nicht nur die AG (Sozialanspruch), sondern gleich-zeitig auch der einzelne Mitaktionär geschädigt wird, er also einen eigenen Individu-alanspruch gegen das herrschende Unternehmen hat. Sind jedoch Individualanspruch und Sozialanspruch vom Inhalt her gleich, ist zur Geltendmachung des Schadenser-satzes primär nur die Gesellschaft zur Liquidierung des Schadens zuständig. Nur dann, wenn diese Vorrangigkeit der Gesellschaft hinsichtlich der Verfolgung von So-zialansprüchen ausnahmsweise nicht eingreift, ist der Aktionär kraft eigenen Rechts befugt, den Sozialanspruch der Gesellschaft und damit zugleich seinen Individualan-spruch geltend zu machen.

Wird die **subsidiäre Klagebefugnis** über die actio pro socio aber in der AG abgelehnt, ist es nur folgerichtig, dem Aktionär auch die Durchsetzung des eigenen Anspruchs aus Treuepflichtverletzung zu verweigern. Die außenstehenden Aktionäre haben so-mit nur über §§ 148 I, 147 AktG die Möglichkeit, den Schadensersatzanspruch der ab-hängigen Gesellschaft gegen das herrschende Unternehmen aus Treuepflichtverlet-zung zu verfolgen – freilich auch nur dann, wenn der Treuepflichtverstoß einer der in § 147 I AktG abschließend aufgezählten Anspruchsgrundlagen entspricht. Etwas an-deres gilt für den Fall, dass die Aktionäre einen eigenen, über den der abhängigen Ge-sellschaft hinausgehenden Schaden aufgrund der Treuepflichtverletzung des herr-schenden Unternehmens haben.

Leitsätze **747**

(1) In der AG und somit auch im AG-Vertragskonzern wird allgemein eine **actio pro socio** der Aktionäre **verneint.** Folglich können Ansprüche der abhängigen Gesellschaft von den Aktio-nären nur dann durchgesetzt werden, wenn es eine **besondere Klagebefugnis** gibt (zB § 309 IV AktG).

(2) **Prinzipiell bleibt** es dabei, dass die Geltendmachung von Ersatzansprüchen der Gesell-schaft von den Aktionären nur nach Maßgabe der **§§ 148 I, 147 I AktG** verlangt werden kann.

---

hh) Ergebnis. Als **eigener Anspruch** steht den außenstehenden Aktionären gegen **748** das herrschende Unternehmen ein Anspruch auf Ausgleich nach § 304 AktG, auf Ab-findung gem. § 305 AktG und in seltenen Fällen ein Schadensersatzanspruch aus

---

398   Vgl *Hüffer* § 148 Rn 2.

§ 117 I 2 AktG sowie aus Treuepflichtverletzung zu. **Durchsetzen** können sie den **Anspruch der abhängigen Gesellschaft** auf Schadensersatz gem. § 309 II, I AktG iVm § 31 BGB analog über § 309 IV 1 AktG.

c) Haftung des herrschenden Unternehmens gegenüber den Gläubigern der Untergesellschaft

749 **aa) Anspruch auf Sicherheitsleistung/Zahlung nach § 303 I AktG**

(1) Normzweck. Die Vorschrift § 303 AktG betrifft die Pflicht zur Sicherheitsleistung des herrschenden Unternehmens für Forderungen der Gläubiger der abhängigen Gesellschaft bei **Beendigung** eines Beherrschungs- und/oder Gewinnabführungsvertrages. **Gläubigerschutz** ist grundsätzlich (Ausnahme: § 303 II AktG) erforderlich, weil die durch die Verlustübernahmepflicht des herrschenden Unternehmens gem. § 302 I AktG angestrebte Kapitalerhaltung nur während der Vertragsdauer des Beherrschungs- und/oder Gewinnabführungsvertrages gewährleistet wird. Endet diese Pflicht, besteht aber die Gefahr, dass die aus dem Vertrag entlassene Untergesellschaft durch die bisherige Ausrichtung auf das Konzerninteresse allein nicht mehr lebensfähig ist[399]. Dieses wirtschaftliche Risiko dem Gläubiger der abhängigen Gesellschaft aufzuerlegen, wäre unbillig.

750 **(2) Voraussetzungen.** Anspruchsbegründende Voraussetzungen sind folgende:
- Beendigung eines (§ 303 I AktG)
- zuvor wirksamen Beherrschungs- und/oder Gewinnabführungsvertrages (§ 303 I AktG),
- rechtzeitige Forderungsbegründung (§ 303 I AktG),
- Meldung innerhalb der Ausschlussfrist (§ 303 I AktG),
- kein Fall des § 303 II AktG.

751 **(a)** Zunächst muss ein **Beherrschungs- und/oder Gewinnabführungsvertrag** zwischen der Untergesellschaft und dem anderen Vertragsteil wirksam bestanden haben, der nun **beendet** ist. Entsprechendes gilt für den Geschäftsführungsvertrag nach § 291 I 2 AktG[400]. Wann ein Beherrschungs- und/oder Gewinnabführungsvertrag als beendet angesehen wird, ist ausführlich unter Rn 547 ff behandelt worden. Nicht entscheidend für die Beendigung ist, ob die Vertragsbeendigung in das Handelsregister eingetragen wurde. § 298 AktG hat nämlich nur deklaratorische Bedeutung. Soweit man im Fall der Auflösung der Obergesellschaft (zB wegen Insolvenzeröffnung § 262 I Nr 3 AktG) keine automatische Vertragsbeendigung sondern eine Suspendierung, verbunden mit einem außerordentlichen Kündigungsrecht der Untergesellschaft annimmt, bleibt der Vertrag zwar formal bestehen, die Verlustübernahmepflicht § 302 I AktG endet aber rein tatsächlich, so dass zweckentsprechend der § 303 AktG analog angewendet wird[401]. Nimmt die aufgelöste Gesellschaft die werbende Tätigkeit

---

399 Vgl *Hüffer* § 303 Rn 1.
400 Vgl *Hüffer* § 303 Rn 2.
401 Vgl *Hüffer* § 303 Rn 2.

wieder auf, lebt § 302 I AktG auf und der Rechtsgrund der Sicherheitsleistung entfällt. Sie ist zurückzugewähren[402]. *Ole Entstehung*

(b) Weiterhin muss der Gläubiger **Inhaber** einer **Forderung** (vertraglichen oder de-   **752**
liktischen Ursprungs) gegen die abhängige Gesellschaft sein, die gem. § 303 I AktG
zeitlich vor Bekanntmachung der Eintragung der Vertragsbeendigung im Handelsregister **begründet** worden ist (§ 10 II HGB). Neben dieser Stichtagsregelung ist für
eine Anwendung des § 15 HGB kein Raum[403]. Nach dem Sinn und Zweck der Vorschrift genügt es, dass der Entstehungsgrund vor diesem Termin liegt, während es auf
den Zeitpunkt der Fälligkeit nicht ankommt. Es schadet also nicht, wenn noch einzelne Tatbestandselemente (zB Schadenseintritt, Fristablauf, etc) fehlen (sog. Wurzeltheorie)[404]. Bei Dauerschuldverhältnissen (zB Miete) kann eine Sicherheitsleistung
grundsätzlich für alle daraus erwachsenen Ansprüche verlangt werden. Um das Problem einer Endloshaftung des herrschenden Unternehmens zu verhindern, weil nämlich nicht auf den monatlichen Einzelanspruch abgestellt wird, ist der Umfang der Sicherheitsleistung auf maximal das Fünffache des Jahresbetrages entsprechend §§ 26,
160 HGB zu begrenzen[405]. Unerheblich ist, wann die Forderung und/oder Nebenfor-
derung (Zinsen, Kostenersatz) des Gläubigers vor dem Stichtag begründet worden ist.
Anspruch auf Sicherheitsleistung haben somit auch solche Gläubiger, deren Forderungen noch aus der **Zeit vor Vertragsschluss** stammen, ferner die, deren Forderungen erst nach Vertragsbeendigung oder sogar nach Eintragung der Beendigung, aber
vor deren Bekanntmachung, begründet wurden[406]. Das Risiko verspäteter Anmeldung
(und deshalb verzögerter Eintragung, die wie gesagt deklaratorisch ist) und Bekanntmachung trägt der andere Vertragsteil[407].

(c) An die Stichtagsregelung schließt sich gem. § 303 I AktG eine **sechsmonatige**   **753**
Ausschlussfrist an, binnen derer sich die Gläubiger bei dem herrschenden Unternehmen mit ihrer Forderung **anmelden** müssen. Für die Anmeldung genügt jede Form
der Geltendmachung des Anspruchs[408], allerdings ist Schriftform zu empfehlen. Wird
die Frist von den Gläubigern nicht eingehalten, verlieren sie ihren Anspruch auf Sicherheitsleistung. Die Gläubiger sind in der Bekanntmachung der Eintragung auf ihr
Recht hinzuweisen (§ 303 I 2 AktG).

(d) Ausgenommen von dem Anspruch auf Sicherheitsleistung sind privilegierte   **754**
Gläubiger, die bereits über eine insolvenzfeste Sicherheit verfügen (§ 303 II AktG).
Insolvenzfest ist die Sicherheit, wenn der gesicherte Vermögensgegenstand oder sein
Surrogat im Fall der Insolvenzeröffnung der abhängigen Gesellschaft nicht an die In-
solvenzmasse zurückfällt. Solcher Art gesicherte Gläubiger sollen nicht noch einmal
Sicherheitsleistung verlangen dürfen. Das Gesetz nimmt hier in erster Linie Bezug auf

---

402   KölnKomm.AktG/*Koppensteiner* § 303 Rn 10.
403   Vgl *E/H*, Komm. § 303 Rn 8.
404   *Hüffer* § 303 Rn 3.
405   Vgl *E/H*, Komm. § 303 Rn 11b.
406   *E/H*, Komm. § 303 Rn 12.
407   *Hüffer* § 303 Rn 4.
408   Vgl *Hüffer* § 303 Rn 5.

§ 35 HypBG, § 36 SchiffBG und §§ 77, 79 VAG. Gleichgestellt werden nach § 242 BGB allgemein sonstige Gläubiger, die bereits hinlänglich gesichert sind, beispielsweise über eine ausreichende Grundschuld oder über zur Sicherung abgetretene oder verpfändete Guthaben etc verfügen[409].

755 **(3) Rechtsfolgen.** Die **Art der zu stellenden Sicherheit** richtet sich nach den Vorschriften des BGB (§§ 232 ff)[410] und die **Höhe** nach der Höhe der Forderung des Gläubigers. Der andere Vertragsteil kann beispielsweise die Forderung des Gläubigers durch Stellung einer Hypothek besichern oder Geld oder Wertpapiere bei einer bestimmten Bank hinterlegen, an denen der Gläubiger dann ein Pfandrecht erwirbt. Allerdings kann der andere Vertragsteil seiner Verpflichtung aus § 303 I AktG entgehen oder besser: ersatzweise nachkommen, wenn er sich für die Forderung des Gläubigers **verbürgt** (§ 303 III 1 AktG). Da hierbei das herrschende Unternehmen sogar die Einrede der Vorausklage behält (vgl § 303 III 2 AktG; § 239 II BGB gilt nicht), also sich die Gläubiger zunächst an die abhängige Gesellschaft halten müssen (vgl § 771 BGB; § 349 HGB gilt nicht), hat diese Regelung den Anspruch auf Sicherheitsleistung nach § 303 I AktG in der Praxis fast gänzlich verdrängt[411].

756 **Anspruchsinhaber** ist der Gläubiger der gegen die abhängige Gesellschaft gerichteten Hauptforderung. Das kann auch ein Zessionar sein. **Schuldner** ist der andere Vertragsteil. Im mehrfachen Vertragskonzern sind alle herrschenden Unternehmen gesamtschuldnerisch verpflichtet[412].

757 Bei **Vermögenslosigkeit** der abhängigen Gesellschaft, beispielsweise bei Insolvenzablehnung mangels Masse, hat es keinen Sinn, den Gläubigern zunächst Sicherheit zu gewähren, wenn feststeht, dass die abhängige Gesellschaft die Forderung ihrer Gläubiger nicht mehr erfüllen kann, der Sicherungsfall also eingetreten ist. Zum qualifiziert faktischen GmbH-Konzern hatte der BGH[413] bei der (nunmehr überholten) analogen Anwendung des § 303 I AktG in solchen Fällen einen **unmittelbaren Zahlungsanspruch** der Gläubiger gegen das herrschende Unternehmen zugelassen. Diese Entscheidung für eine Außenhaftung wird auf den AG-Vertragskonzern übertragen[414]. Zu beachten ist, dass eventuell noch offen stehende Verlustausgleichsansprüche der abhängigen Gesellschaft gegen das herrschende Unternehmen nach § 302 I AktG jene nicht vermögenslos machen. Gleichwohl ist jedenfalls im eröffneten Insolvenzverfahren der Untergesellschaft anerkannt, dass die Gläubiger mit dem Zahlungsanspruch gegen den anderen Vertragsteil nicht abwarten müssen, bis die konkrete Höhe des Ausfalls nach Geltendmachung der Gesellschaftsansprüche feststeht[415]. Diese Wertung entspricht der zum existenzvernichtenden Eingriff (s.o. Rn 401).

---

409   Vgl *E/H*, Komm. § 303 Rn 27.
410   Vgl *Hüffer* § 303 Rn 6.
411   Vgl *E/H*, Komm. § 303 Rn 20, 25a.
412   Vgl *E/H*, Komm. § 303 Rn 14.
413   Vgl BGHZ 95, 330, 347 = NJW 1986, 188 ff – Autokran.
414   Vgl *E/H*, Komm. § 303 Rn 24 mwN in Fn 60.
415   So *E/H*, Komm. § 303 Rn 25 f mwN.

Leitsätze

758

(1) **Gläubigerschutz** wird im AG-Vertragskonzern mit dem Anspruch auf Sicherheitsleistung nach § 303 I AktG gewährleistet. Er greift erst mit **Beendigung** des Beherrschungs- und/oder Gewinnabführungsvertrages ein, weil vorher mit § 302 AktG das Gesellschaftsvermögen und somit mittelbar die Gläubiger der Gesellschaft ausreichend geschützt sind.

(2) **Voraussetzung** ist, dass die Gläubiger **Forderungsinhaber** gegenüber der abhängigen Gesellschaft geworden sind, **bevor** die Eintragung der Vertragsbeendigung als bekanntgemacht gilt. Ausreichend ist, dass der **Entstehungsgrund** der Forderung vor diesem Stichtag liegt (sog. Wurzeltheorie). Wollen die Gläubiger den Schutz von § 303 I AktG einfordern, müssen sie sich **innerhalb von 6 Monaten** nach dem Stichtag bei dem herrschenden Unternehmen melden.

(3) § 303 AktG berechtigt die Gläubiger der abhängigen Gesellschaft, unmittelbar vom anderen Vertragsteil eine **Besicherung in Höhe ihrer Forderungen** zu verlangen. Die Art der Sicherheitsleistung richtet sich nach den §§ 232 ff BGB. Bei **Vermögenslosigkeit** der Untergesellschaft wandelt sich der Anspruch auf Sicherheitsleistung gegen das herrschende Unternehmen in einen **unmittelbaren Zahlungsanspruch** (sog. Ausfallhaftung) um.

(4) Der Pflicht zur Sicherheitsleistung bzw der Zahlungspflicht kann der andere Vertragsteil auch dadurch nachkommen, dass er sich für die Forderungen der Gläubiger der abhängigen Gesellschaft **verbürgt** (§ 303 III AktG). Misslich ist aus Sicht der Gläubiger die Zulassung der Einrede der Vorausklage zugunsten des Bürgen (herrschendes Unternehmen) gem. § 303 III 2 AktG.

(5) Bereits **ausreichend besicherte Gläubiger** sind vom Anwendungsbereich des § 303 AktG ausgenommen (§ 303 II AktG).

Schema: Anspruch auf Sicherheitsleistung der Gläubiger der abhängigen Gesellschaft gegenüber dem herrschenden Unternehmen gem. § 303 I AktG

759

Anspruch entstanden? § 303 I, II AktG	• Beendigung eines (§ 303 I AktG) • zuvor wirksamen Beherrschungs- und/oder Gewinnabführungsvertrages (§ 303 I AktG), • rechtzeitige Forderungsbegründung (§ 303 I AktG), • Meldung innerhalb der Ausschlussfrist (§ 303 I AktG), • kein Fall des § 303 II AktG
Rechtsfolge	Gesetzlicher Anspruch auf Sicherheitsleistung nach §§ 232 ff BGB bzw Bezahlung der Forderungen des Gläubigers. Der Anspruch auf Sicherheitsleistung kann auch durch Stellung einer Bürgschaft gem. § 303 III AktG erfüllt werden.

---

bb) Durchsetzung des Verlustausgleichsanspruchs § 302 I AktG? Ein **eigenes Klagerecht** der Gläubiger der abhängigen Gesellschaft für den Anspruch auf Verlustübernahme durch das herrschende Unternehmen zugunsten der Untergesellschaft sieht das Gesetz nicht vor. Den Gläubigern stehen, abgesehen von den zwingenden Kapitalerhaltungsvorschriften, grundsätzlich keine Rechte auf eine bestimmte Art der Vermögenssicherung bei der abhängigen Gesellschaft zu. Ihr Interesse an der Befriedigung der Forderung, das aufgrund der Aufhebung der Kapitalerhaltungsvorschriften im AG-Vertragskonzern gem. § 291 III AktG stark gefährdet ist, wird explizit durch die

760

spezialgesetzliche Regelung des § 303 AktG geschützt[416]. Vor Beendigung des Beherrschungs- und/oder Gewinnabführungsvertrags sind die Gläubiger mittelbar aufgrund des Verlustausgleichsanspruchs der Untergesellschaft ausreichend gesichert, jedenfalls solange der andere Vertragsteil wirtschaftlich potent ist. Den Anspruch der abhängigen Gesellschaft auf Verlustausgleich gegen das herrschende Unternehmen können die Gläubiger pfänden und sich überweisen lassen[417].

761   **cc) Durchsetzung des Schadensersatzanspruchs aus § 309 AktG iVm § 31 BGB analog gem. § 309 IV 3 AktG.** Für die Haftung des herrschenden Unternehmens aus § 309 II, I AktG iVm § 31 BGB analog und seiner Geschäftsleiter sieht hingegen § 309 IV 3 AktG das Recht vor, das die Ansprüche der abhängigen Gesellschaft gegen das herrschende Unternehmen auch von den außenstehenden Gläubigern geltend gemacht werden dürfen, soweit sie von der abhängigen Gesellschaft keine Befriedigung erlangen können. Anders als bei der Klagebefugnis der außenstehenden Aktionäre können die Gläubiger Zahlung **an sich** verlangen und ein Verzicht oder Vergleich der Gesellschaft auf die Ersatzpflicht hat auf sie **keine Auswirkungen** (vgl § 309 IV 4 AktG).

Demzufolge kann hier also nicht nur von einer Klagebefugnis der Gläubiger anstelle der abhängigen Gesellschaft gesprochen werden. Treffender ist es, wenn man die Berechtigung der Gläubiger nach **§ 309 IV 3 AktG** als **gesetzliche Einziehungsermächtigung mit Befriedigungsrecht** benennt[418].

762   **dd) Durchsetzung des Schadensersatzanspruchs aus § 117 I 1 AktG iVm § 31 BGB analog gem. § 117 V AktG.** Vergleichbar mit der Einziehungsermächtigung samt Befriedigungsrecht nach § 309 IV 3 AktG ist § 117 V AktG zu sehen. Dieser regelt ebenfalls die Möglichkeit, dass die Gläubiger den Schadensersatzanspruch der abhängigen Gesellschaft gegen das herrschende Unternehmen gem. § 117 I 1 AktG iVm § 31 BGB analog zu ihrer eigenen Befriedigung einklagen können, sofern sie bei der abhängigen Gesellschaft mit ihren Forderungen ausfallen. Die Vorschriften über die Zulässigkeit von Verzicht oder Vergleich sowie über die Rechtsstellung des Insolvenzverwalters entsprechen den Regelungen in § 309 AktG[419]. Für die außenstehenden Aktionäre regelt § 117 AktG kein Klagerecht.

763   **ee) Durchsetzung des Schadensersatzanspruchs aus Treuepflichtverletzung?** Ansprüche aus Treuepflichtverletzung können grundsätzlich nicht von den Gläubigern geltend gemacht werden. Die Durchsetzung bleibt der abhängigen AG vorbehalten. Allerdings besteht für die Gläubiger die Möglichkeit, den Anspruch der abhängigen Gesellschaft zu pfänden und sich überweisen zu lassen.

---

416   *Eschenbruch*, Rn 3129 mwN.
417   Ebenso *E/H*, Komm. § 302 Rn 44.
418   So KölnKomm.AktG/*Koppensteiner* § 309 Rn 53.
419   *Eschenbruch*, Rn 4115.

Leitsätze

764

(1) Ansprüche der abhängigen Gesellschaft können ihre **Gläubiger** nur dann selbst durchsetzen, wenn den Gläubigern hierzu eine **gesetzliche Befugnis** eingeräumt wurde. Hierunter fallen im AG-Vertragskonzern beispielsweise § 309 IV 3 AktG und § 117 V AktG. Beide Vorschriften sind aber **weitgehender** als eine bloße Klagebefugnis, da der Gläubiger sich aus diesen Ansprüchen selbst befriedigen kann. In allen anderen Fällen bleibt es bei der Grundregel, Ansprüche der abhängigen Gesellschaft zu **pfänden und sich überweisen** zu lassen.

(2) Neben den im AG-Vertragskonzern einschlägigen Ansprüchen und Durchsetzungsbefugnissen der Gläubiger gegen das herrschende Unternehmen bleibt nach wie vor die Haftung des herrschenden Unternehmens **nach allgemeinen Grundsätzen bestehen,** so zB die außervertragliche Durchgriffshaftung (Unterkapitalisierung, Konkursverschleppung, §§ 823, 831, 826 BGB; Haftung wegen existenzvernichtenden Eingriffs, § 128 S. 1 HGB analog).

ff) Ergebnis. Eigene Ansprüche gegen das herrschende Unternehmen haben die **765** Gläubiger der abhängigen AG im Vertragskonzern nur aus § 303 AktG. Daneben stehen ihnen Ansprüche nach allgemeinen zivilrechtlichen Grundsätzen zur Verfügung. **Schadensersatzansprüche der AG** gegen das herrschende Unternehmen können sie gem. § 309 II, I AktG iVm § 31 BGB analog iVm § 309 IV 3 AktG und gem. § 117 I 1 AktG iVm § 31 BGB analog iVm § 117 V AktG zu ihrer eigenen Befriedigung durchsetzen.

7. Haftung der Geschäftsleiter des herrschenden Unternehmens

Zur Veranschaulichung dient nachfolgende Übersicht: **766**

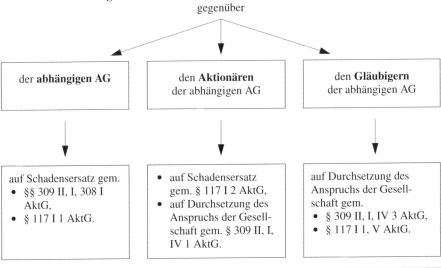

Haftung der Geschäftsleiter des herrschenden Unternehmens
gegenüber

der **abhängigen AG**	den **Aktionären** der abhängigen AG	den **Gläubigern** der abhängigen AG
auf Schadensersatz gem. • §§ 309 II, I, 308 I AktG, • § 117 I 1 AktG.	• auf Schadensersatz gem. § 117 I 2 AktG, • auf Durchsetzung des Anspruchs der Gesellschaft gem. § 309 II, I, IV 1 AktG.	auf Durchsetzung des Anspruchs der Gesellschaft gem. • § 309 II, I, IV 3 AktG, • § 117 I 1, V AktG.

gegenüber der **herrschenden AG oder GmbH** aus §§ 93, 116 AktG, § 43 GmbHG

a) **Haftung der Geschäftsleiter des herrschenden Unternehmens gegenüber der Untergesellschaft**

767 aa) **Schadensersatzanspruch gem. § 309 II, I AktG**

(1) Normzweck. §§ 309 II, I, 308 AktG postulieren eine persönliche und gesamtschuldnerische Haftung der **gesetzlichen Vertreter des herrschenden Unternehmens** gegenüber der abhängigen Gesellschaft für Pflichtverletzungen bei der **Erteilung von Weisungen,** die zu einem Schaden in der abhängigen AG geführt haben. Der Gesetzgeber wollte mit diesem Direktanspruch sicherstellen, dass der Personenkreis, der durch Ausübung der aus § 308 I AktG folgenden Weisungsbefugnis die Leitung der Untergesellschaft an sich zieht, für pflichtwidrig geführte Geschäfte gegenüber der abhängigen Gesellschaft haftet[420]. Die Regelung ist zwingend und kann weder durch den Beherrschungsvertrag noch den Anstellungsvertrag der Organmitglieder des herrschenden Unternehmens modifiziert werden[421].

768 **(2) Voraussetzungen.** Die Voraussetzungen für einen Schadensersatzanspruch nach §§ 309 II, I, 308 AktG sind folgende:
- Beherrschungsvertrag (§ 309 I AktG),
- **Sorgfaltspflichtverletzung** (§ 309 II, I AktG)
- durch den gesetzlichen Vertreter des herrschenden Unternehmens oder durch den beherrschenden Einzelkaufmann (§ 309 I AktG)
- bei der Ausübung von Leitungsmacht (§§ 309 I, 308 I AktG),
- Verschulden,
- Schaden der abhängigen Gesellschaft (§ 309 II AktG).

769 **(a)** Unter Rn 661 ff ist bereits ausführlich die Haftung des herrschenden Unternehmens für eine sorgfaltswidrige Konzerngeschäftsführung seiner gesetzlichen Vertreter im AG-Vertragskonzern erläutert worden. Während es dort Streit über die maßgebliche Anspruchsgrundlage für den Schadensersatz des abhängigen Unternehmens gibt (§ 280 I BGB iVm Beherrschungsvertrag oder § 309 AktG), bedarf es in diesem Abschnitt keiner vergleichbaren Diskussion wegen der ausdrücklichen Regelung in § 309 II, I AktG. Der Pflichtenumfang der gesetzlichen Vertreter ist derselbe wie der des herrschenden Unternehmens. Daraus folgt: Die **Pflicht zur ordnungsgemäßen Konzerngeschäftsführung**[422], die § 309 I AktG aufstellt, wird vom gesetzlichen Vertreter des herrschenden Unternehmens verletzt, wenn er
- rechtswidrige Weisungen erteilt,
- oder wenn er zwar an sich rechtmäßige Weisungen erteilt, ein sorgfältiger oder gewissenhafter Geschäftsleiter die damit bezweckte Maßnahme aber unter allen Umständen vermieden hätte[423].

---

420 *Altmeppen*, Managerhaftung B IV 1., S. 30.
421 *Hüffer* § 309 Rn 1.
422 Vgl *Eschenbruch*, Rn 3039; *E/H*, Komm. § 309 Rn 33.
423 *Eschenbruch*, Rn 3041; *E/H*, Lb. § 23 VI 4 a), S. 356; *Hüffer* § 309 Rn 14.

(b) Unter **gesetzlichem Vertreter des herrschenden Unternehmens** wird wegen **770** der Rechtformneutralität der §§ 15 ff AktG jede Person verstanden, die für den Unternehmensträger Geschäftsführungs- und Vertretungsfunktion organschaftlich ausübt,

- also Vorstandsmitglieder in der AG,
- Geschäftsführer in der GmbH,
- vertretungsberechtigte Gesellschafter in der OHG und GbR sowie
- Komplementäre in der KG[424].

Durch Klammerzusatz stellt § 309 I AktG den **Inhaber des einzelkaufmännischen** **771** **Unternehmens** den gesetzlichen Vertretern des Gesellschaftsunternehmens gleich[425]. Einigkeit besteht darüber, dass **nicht zum Kreis** der Ersatzpflichtigen nach § 309 AktG die handelnden Personen einer juristischen Person des öffentlichen Rechts zählen. Wenn auch die Begründung streitig ist, steht doch fest, dass § 309 AktG von den Regelungen über die Amtshaftung (Art. 34 GG iVm § 839 BGB) überlagert wird. Auch Aufsichtsratsmitglieder sowie rechtsgeschäftliche Vertreter des herrschenden Unternehmens (zB Angestellte, s. zur Delegation des Weisungsrechts Rn 606) haften nicht nach § 309 II, I AktG[426].

(c) Zu allen weiteren Einzelheiten kann auf Rn 661 ff verwiesen werden.

bb) Schadensersatzanspruch gem. § 117 I 1 AktG. Aus § 117 I 1 AktG kann sich **772** ebenfalls eine Haftung der gesetzlichen Vertreter des herrschenden Unternehmens für **schädigende Einflussnahmen** auf die abhängige Gesellschaft ergeben, soweit der **Anwendungsbereich** der Vorschrift eröffnet ist (vgl § 117 VII Nr 1 AktG). Bezug nehmend auf das zur Haftung des herrschenden Unternehmens Gesagte kommt im AG-Vertragskonzern eine Haftung der gesetzlichen Vertreter in Betracht, wenn eine Einflussnahme der Vertreter auf ganz bestimmte Personen (Vorstand, Aufsichtsrat, Prokuristen oder Handlungsbevollmächtigte) der abhängigen AG

- durch unzulässige Weisungen (dann Idealkonkurrenz zu §§ 309, 310 AktG)[427],
- durch sonstige nicht vom Weisungsbegriff und damit auf einem Beherrschungsvertrag fußende Herrschaftsausübung (§ 309 AktG unanwendbar), zB Einflussnahme auf den Aufsichtsrat der abhängigen Gesellschaft,

erfolgt. Daneben kommt eine Haftung über § 117 I 1 AktG in Betracht, wenn leitende **Angestellte** des herrschenden Unternehmens, die aufgrund ihrer fehlenden gesetzlichen Vertretereigenschaft gerade nicht von § 309 II, I AktG erfasst werden, schädigenden Einfluss ausüben. Tun sie das vorsätzlich und rechtswidrig, so haften **sie** unmittelbar gegenüber der abhängigen Gesellschaft. Vor dem Hintergrund ihrer persönlichen Vermögenssituation ist die Geltendmachung von Schadensersatzansprüchen gegen Angestellte praktisch selten.

---

424 *Hüffer* § 309 Rn 3.
425 *Hüffer* § 309 Rn 5.
426 KölnKomm.AktG/*Koppensteiner* § 309 Rn 35 f.
427 Vgl *Hüffer* § 117 Rn 14.

773 Die **Voraussetzungen** der Haftung nach § 117 I 1 AktG sind:

1. objektiver Tatbestand
   - Einfluss auf die abhängige Gesellschaft,
   - Benutzung des Einflusses auf ganz bestimmte Personen der abhängigen Gesellschaft,
   - Schaden der abhängigen Gesellschaft durch eine Handlung dieser Personen
2. Rechtswidrigkeit der Einflussnahme
3. Vorsatz

774 Zu den weiteren Einzelheiten des Schadensersatzanspruches nach § 117 I 1 AktG wird auf Rn 678 ff verwiesen.

b) Haftung der Geschäftsleiter des herrschenden Unternehmens gegenüber den Aktionären der Untergesellschaft

775 **aa) Schadensersatzanspruch gem. § 117 I 2 AktG.** Gem. § 117 I 2 AktG haben alle Aktionäre einer Gesellschaft, die über den Reflexschaden (Wertminderung ihrer Anteile infolge Schädigung des Gesellschaftsvermögens) hinaus einen **unmittelbaren Schaden** erleiden, einen eigenständigen Schadensersatzanspruch gegen den Einflussnehmer (keine Idealkonkurrenz zu §§ 309, 310 AktG)[428]. Den Ersatzanspruch der Untergesellschaft gegen die Geschäftsleiter des herrschenden Unternehmens können die Aktionäre mangels einer vergleichbaren Ermächtigung, wie sie für die Gläubiger in § 117 V AktG vorgesehen ist, nur nach Maßgabe der §§ 147, 148 I AktG durchsetzen.

776 **bb) Durchsetzung des Schadensersatzanspruchs der abhängigen Gesellschaft gem. § 309 II, I, IV 1 AktG.** § 309 IV 1 AktG sieht für Aktionäre der abhängigen AG explizit eine **Einzelklagebefugnis** vor. Sie können den Ersatzanspruch der Gesellschaft durchsetzen und Zahlung an die abhängige Gesellschaft fordern[429]. Im Insolvenzfall der Untergesellschaft ruht das Klagerecht der Aktionäre. Stattdessen werden gem. § 309 IV 5 AktG die Rechte durch den Insolvenzverwalter oder bei Eigenverwaltung durch den Sachwalter ausgeübt.

c) Haftung der Geschäftsleiter des herrschenden Unternehmens gegenüber den Gläubigern der Untergesellschaft

777 **aa) Durchsetzung des Schadensersatzanspruchs der abhängigen Gesellschaft gem. § 309 II, I, IV 3 AktG.** Haften die Geschäftsleiter des herrschenden Unternehmens für die Nichtbeachtung der erforderlichen Sorgfalt bei der Weisungserteilung, können die Ansprüche des abhängigen Unternehmens auch von seinen Gläubigern durchgesetzt werden. Das setzt gem. § 309 IV 3 AktG voraus, dass sie mit ihren Forderungen gegen das abhängige Unternehmen ausgefallen sind. Sie erhalten Zahlung auf ihre Forderungen, weshalb im Gegensatz zur Aktionärsklagebefugnis von einer **gesetzli-**

---

428 Vgl *Hüffer* § 117 Rn 9.
429 S. *Eschenbruch*, Rn 4112.

314

chen Einziehungsermächtigung mit Befriedigungsrecht gesprochen wird. Anders als bei der Klagebefugnis der Aktionäre wird den Gläubigern gegenüber die Ersatzpflicht durch einen Verzicht oder Vergleich der Gesellschaft auch nicht ausgeschlossen (§ 309 IV 4 AktG). Im Insolvenzfall gilt § 309 IV 5 AktG mit der Folge, dass das Verfolgungsrecht der Gesellschaftsgläubiger vom Insolvenzverwalter oder bei Eigenverwaltung durch den Sachwalter ausgeübt wird.

bb) Durchsetzung des Schadensersatzanspruchs der abhängigen Gesellschaft gem. § 117 I 1, V AktG. **Entsprechende Rechte** stehen den Gläubigern der Untergesellschaft auch nach § 117 V AktG zu. Können sie also bei der Gesellschaft selbst keine Befriedigung erlangen, dürfen sie die Ersatzansprüche unmittelbar gegen die Geschäftsleiter des herrschenden Unternehmens durchsetzen. Die Vorschriften über die Zulässigkeit von Verzicht oder Vergleich sowie über die Rechtsstellung des Insolvenzverwalters entsprechen den Regelungen in § 309 AktG[430].

778

d) Haftung der Geschäftsleiter des herrschenden Unternehmens gegenüber dem herrschenden Unternehmen selbst

Neben die Haftung aus §§ 309, 117 AktG (externe Haftung) tritt eine **interne Haftung** der Geschäftsleiter des herrschenden Unternehmens gegenüber ihrem Unternehmensträger nach §§ 93, 116 AktG, § 43 GmbHG[431].

779

Hinweis: Diese Haftungsgrundlagen sind allgemeiner gesellschaftsrechtlicher Natur, also keine konzernspezifische Besonderheit. Darum soll ihnen vorliegend wenig Beachtung geschenkt werden. Vielmehr wird auf die einschlägige Literatur zum Gesellschaftsrecht verwiesen[432].

780

---

aa) Bei Sorgfaltsverstößen der Geschäftsleiter greift zum einen die Haftung aus § 280 I BGB iVm dem Anstellungsvertrag gegenüber ihrem Arbeitgeber und zum anderen, wenn das herrschende Unternehmen als juristische Person strukturiert ist, die spezialgesetzliche Organhaftung gem. § 43 GmbHG bzw § 93 AktG ein. Das Verhältnis dieser Anspruchsgrundlagen zueinander (**Vertragshaftung/Organhaftung als gesetzliches Schuldverhältnis**) ist allerdings bis heute nicht vollständig geklärt. Da sich jedoch die Sorgfaltsmaßstäbe beider Anspruchsgrundlagen gleichen, ist der Meinungsstreit praktisch folgenlos[433].

781

Die Problematik verlagert sich somit auf die Konkurrenzebene, also auf die Frage, ob es neben der gesellschaftsrechtlichen noch eine Haftung aus § 280 I BGB gibt. Sieht man die Haftung aus § 93 AktG bzw § 43 GmbHG als **Spezialregelungen** an, die die Haftung der Geschäftsleitung aus dem schuldrechtlichen Anstellungsvertrag in sich aufnehmen, so stehen beide Anspruchsgrundlagen nicht nebeneinander, sondern die spezialgesetzliche Regelung verdrängt die vertragliche (keine Anspruchskonkur-

---

430   Vgl *Eschenbruch*, Rn 4115.
431   HM, vgl *Eschenbruch*, Rn 4110 mwN.
432   ZB *Hüffer* § 93 für die AG oder *Roth/Altmeppen* § 43 für die GmbH.
433   Vgl *Eschenbruch*, Rn 4012.

renz)[434]. Unterscheidet man die Anspruchsgrundlagen ihrer Herkunft nach (schuldrechtlich sowie korporationsrechtlich), ist die dogmatisch überzeugendere Lösung, beide Anspruchsgrundlagen konkurrierend nebeneinander anzuwenden und die vertragliche Haftung aber den Sonderregeln der §§ 93, 43 AktG/GmbHG zu unterwerfen[435]. Für die Haftung des Aufsichtsrates in der AG gem. §§ 116, 93 AktG stellt sich das Problem der doppelten Anspruchsgrundlagen in Ermangelung eines Anstellungsvertrages nicht.

782 **bb)** Die Geschäftsleiter einer AG (§ 93 I AktG) bzw einer GmbH (§ 43 I GmbHG) haften grundsätzlich nach **denselben Sorgfaltskriterien.** Die Anforderungen an die Geschäftsleitung sind somit in beiden Rechtsformen gleich[436]. Gefordert wird die Sorgfalt, die ein ordentlicher Geschäftsmann in verantwortlich leitender Stellung eines Verwalters fremder Vermögensinteressen zu beachten hat[437]. Wirtschaftlicher Misserfolg trotz bester Absichten ist regelmäßig keine Pflichtverletzung[438]. Bei Verletzung der Sorgfaltspflicht sind die pflichtwidrig handelnden Geschäftsleiter gesamtschuldnerisch zum Schadensersatz verpflichtet.

Im hier relevanten **AG-Vertragskonzern erhöht** sich zudem noch das Haftungsrisiko der Geschäftsleiter des herrschenden Unternehmens, weil diese aufgrund der Konzernleitungsmacht zusätzlich alle die Vorschriften einzuhalten haben, die das Gesetz zum Schutz des abhängigen Unternehmen vorsieht[439].

783 **cc)** Verletzen Vorstandsmitglieder bzw Geschäftsführer des herrschenden Unternehmens ihre Pflicht zur ordnungsgemäßen Konzerngeschäftsführung aus §§ 309, 308 I AktG, sind sie regelmäßig zum Schadensersatz **auch dem herrschenden Unternehmen** gegenüber verpflichtet, da dieses aufgrund der Inanspruchnahme durch das abhängige Unternehmen nach § 309 II, I AktG iVm § 31 BGB analog einen Schaden erleidet (Regress). Für Pflichtverletzung und Verschulden trifft den Vorstand nach § 93 II 2 AktG bzw den Geschäftsführer der GmbH nach § 93 II 2 AktG analog[440] die Beweislast.

784 **dd)** Gem. § 93 V AktG kann der Anspruch des herrschenden Unternehmens, sofern es sich bei diesem um eine AG handelt, auch von den Gläubigern des herrschenden Unternehmens geltend gemacht werden, wenn sie von diesem nicht befriedigt werden können. Für Gläubiger einer GmbH ist die entsprechende Anwendung des in § 93 V AktG geregelten Verfolgungsrechts umstritten. Wegen der Parallelität der Interessenlage sollte für den Fall einer masselosen GmbH den Gläubigern das Verfolgungsrecht zugestanden werden[441]. Ein Verzicht oder Vergleich wirkt nicht gegenüber den Gläu-

---

434 HM, vgl *Roth/Altmeppen* § 43 Rn 2; Baumbach/Hueck/*Zöllner/Noack* § 43 Rn 6.
435 So *Hüffer* § 93 Rn 11; Scholz/*Schneider* § 43 Rn 13.
436 Vgl Baumbach/Hueck/*Zöllner/Noack* § 43 Rn 7 mwN.
437 Vgl Baumbach/Hueck/*Zöllner/Noack* § 43 Rn 9 mwN.
438 S. § 93 I 2 AktG, der die business judgement rule regelt, welche im GmbH-Recht ebenso anerkannt ist, vgl Baumbach/Hueck/*Zöllner/Noack* § 43 Rn 23 mwN.
439 *Eschenbruch*, Rn 4012.
440 Allgemeine Meinung, vgl nur *Roth/Altmeppen* § 43 Rn 75.
441 Wie hier *Roth/Altmeppen* § 43 Rn 62; aA Scholz/*Schneider* § 209a.

bigern. Im Insolvenzfall vertritt sie der Insolvenzverwalter bzw der Sachwalter. Der Ersatzanspruch der Gesellschaft verjährt in 5 Jahren.

Leitsätze 785

(1) Neben dem herrschenden Unternehmen haften auch dessen **Organmitglieder** kraft Konzernrecht wegen schädigender Ausübung der Leitungsmacht (§ 309 II, I AktG) sowie über Deliktsrecht wegen missbräuchlicher Einflussnahme (§ 117 I 1 AktG) **gegenüber der abhängigen AG.** Soweit die außenstehenden Aktionäre einen unmittelbaren Schaden erleiden, sind sie selbst anspruchsberechtigt gem. § 117 I 2 AktG.

(2) §§ 309 IV 3, 117 V und 93 V AktG regeln ein **gesetzliches Einziehungsrecht mit Befriedigungsrecht zugunsten der Gläubiger** der Gesellschaft. Diese Klagebefugnis ist weitgehender als eine **Aktionärsklage** (zB nach § 309 IV 1 AktG), da die Gläubiger Zahlung an sich fordern dürfen, während die Aktionäre Befriedigung nur der Gesellschaft vom Schädiger verlangen können. Auch gilt ein Verzicht oder Vergleich der Gesellschaft auf die Geltendmachung des Schadensersatzes nicht gegenüber dem Verfolgungsrecht der Gläubiger.

(3) Wird das herrschende Unternehmen wegen einer nicht ordnungsgemäßen Konzerngeschäftsführung oder wegen einer sonstigen Pflichtverletzung, die die Geschäftsleitung gegenüber dem abhängigen Unternehmen begangen hat, zum Schadensersatz herangezogen, kann es von seinen verantwortlichen Vorstandsmitgliedern über § 93 II, I AktG bzw seinen Geschäftsführern über § 43 II, I GmbHG **Regress für den ihm entstandenen Schaden** verlangen.

---

8. Haftung des Vorstands der Untergesellschaft

Zur Veranschaulichung dient nachfolgende Übersicht:

Haftung des Vorstands der Untergesellschaft
gegenüber

der **abhängigen AG**	den **Aktionären** der abhängigen AG	den **Gläubigern** der abhängigen AG
auf Schadensersatz gem. • §§ 310 I, 309 II AktG, • § 117 II AktG, • § 93 AktG.	• auf Schadensersatz gem. § 117 I 2, II AktG, • auf Durchsetzung des Anspruchs der Gesellschaft gem. §§ 310 I, IV iVm 309 IV 1 AktG.	auf Durchsetzung des Anspruchs der Gesellschaft gem. • §§ 310 I, IV iVm 309 IV 3 AktG, • § 117 II, V AktG.

gegenüber der **herrschenden AG oder GmbH** aus § 280 I BGB des Beherrschungsvertrages iVm § 308 II AktG.

a) Haftung des Vorstands der Untergesellschaft gegenüber der Untergesellschaft selbst

786 **aa) Schadensersatzanspruch gem. §§ 310 I, 309 II AktG**

(1) Normzweck. Die Mitglieder des Vorstands und des Aufsichtsrates der Untergesellschaft haften nach § 310 AktG, wenn sie sich während der vertraglichen Herrschaft pflichtwidrig verhalten haben. Diese zu §§ 93, 116 AktG speziellere Haftungsnorm für die **Organvertreter der abhängigen AG** soll die gesamtschuldnerische Haftung zusammen mit den gesetzlichen Vertretern des herrschenden Unternehmens für Pflichtverletzungen im Vertragskonzern sicherstellen sowie eigenständige Klagerechte für Aktionäre und Gläubiger nach §§ 310 IV, 309 III-V AktG begründen[442].

787 **(2) Voraussetzungen.** Als Voraussetzung eines Schadensersatzanspruchs nach §§ 310 I, 309 II AktG müssen vorliegen:
- Beherrschungsvertrag,
- Sorgfaltspflichtverletzung (§ 310 I AktG)
- der Mitglieder des Vorstands oder des Aufsichtsrates der Untergesellschaft (§ 310 I AktG)
- bei der Überwachung des Vorstands, der Entgegennahme und Ausführung von Weisungen (§§ 310 I, 309 II, I AktG),
- Verschulden,
- Schaden,
- kein Haftungsausschluss nach § 310 III AktG.

788 **(a)** Normadressaten des § 310 I AktG sind die **Mitglieder des Vorstands und des Aufsichtsrates** der Untergesellschaft, nicht jedoch Angestellte; und zwar auch dann nicht, wenn Weisungen direkt an sie gerichtet werden durften[443]. Ihre Haftung richtet sich nach dem Anstellungsvertrag. Der Aufsichtsrat selbst kann nicht Empfänger von Weisungen sein, jedoch zu Unrecht der Maßnahme zugestimmt haben (vgl §§ 111 IV 2, 308 III AktG). Außerdem ist er für die Überwachung bei der Ausführung von Weisungen durch den Vorstand zuständig, also sorgfaltspflichtig[444].

789 **(b)** Schwerpunkt der Prüfung des § 310 I AktG ist die **Pflichtverletzung** sowie das Verschulden der Verwaltungsmitglieder. Durch die Verknüpfung mit § 309 AktG und folglich mit § 308 (II) AktG ergibt sich, dass der **Vorstand** bei Entgegennahme und vor Ausführung die **Rechtmäßigkeit** der Weisung zu überprüfen hat[445]. Wie schon unter Rn 617 ff dargestellt, verletzt der Vorstand der Untergesellschaft seine Prüfungspflicht, wenn er Weisungen befolgt, die
- entweder gar keine Weisungen darstellen, dann ist **§ 310 AktG** aber **nicht einschlägig** (jedoch § 117 II AktG, s.u.)

---

442 *Eschenbruch*, Rn 4121.
443 *Hüffer* § 310 Rn 2.
444 Vgl *Hüffer* § 310 Rn 3.
445 HM, *Hüffer* § 310 Rn 3.

- oder rechtsmäßig und sorgfaltswidrig (§ 309 AktG), insbesondere aber rechtswidrig sind, also gegen Gesetz, Satzung oder Vertrag verstoßen (§ 308 II 1 AktG).

Allerdings ist seine Prüfungspflicht bei **nachteiligen Weisungen eingeschränkt** (vgl § 308 II 2 AktG), weshalb in Parallelität hierzu § 310 III AktG einen Haftungsausschluss formuliert (s.u.).

(c) Der **Aufsichtsrat** kann pflichtwidrig handeln, indem er der Vorstandsmaßnahme **790** zu Unrecht zustimmt (§§ 111 IV 2, 308 III 1 AktG) oder den Vorstand bei der Entgegennahme und Ausführung der Weisungen ungenügend überwacht hat. Folgerichtig schließt auch eine **Billigung** der Handlung durch den Aufsichtsrat die Haftung des Vorstands nicht aus, § 310 II AktG. Dasselbe gilt nach ganz hM bei Billigung durch einen Hauptversammlungsbeschluss[446].

(d) Zu der objektiven Pflichtverletzung hat **Verschulden** hinzuzutreten. Gem. § 310 **791** I 2 AktG tragen die Verwaltungsmitglieder die **Darlegungs- und Beweislast** für ihr pflichtgemäßes und unverschuldetes Handeln[447]. Schließlich muss durch die Pflichtverletzung der Verwaltungsmitglieder der abhängigen Gesellschaft ein **Schaden** entstanden sein.

(e) § 310 III AktG enthält einen Haftungsausschluss, der in Verbindung mit § 308 II **792** 2 und § 310 I AktG zu sehen ist und deren Wertungen letztlich wiederholt: Sind Weisungen des herrschenden Unternehmens rechtswidrig, weil sie nicht den Konzernbelangen dienen, so handelt der Vorstand bei der Umsetzung der Weisungen nur dann pflichtwidrig, wenn die Rechtswidrigkeit offensichtlich zu Tage tritt. Offensichtlich heißt in diesem Zusammenhang: Für jeden Sachkenner ohne weitere Nachforschung erkennbar. Ist die Verletzung des Konzerninteresses nicht offensichtlich, hat der Vorstand die rechtswidrige Weisung umzusetzen, weshalb eine Verantwortlichkeit nach § 310 I AktG ausscheidet[448]. Da diese Rechtsfolge sich bereits aus § 308 II AktG ableitet und in den Pflichtwidrigkeitsmaßstab nach § 310 I AktG einfließt, hat der Haftungsausschluss des § 310 III AktG **keine eigenständige Bedeutung**.

(3) Rechtsfolgen. Sind die oben genannten Voraussetzungen erfüllt, haften die Ver- **793** waltungsmitglieder der abhängigen Gesellschaft auf **Schadensersatz**. Mehrere Verantwortliche haften **gesamtschuldnerisch** (§§ 421 ff BGB), und zwar neben den gem. § 309 AktG Verantwortlichen (vgl § 310 I AktG)[449].

Der Anspruch der Gesellschaft **verjährt** gem. §§ 310 IV, 309 V AktG in 5 Jahren. Für den Verzicht oder Vergleich der Ersatzansprüche gilt das zu § 309 AktG Gesagte (§§ 310 IV, 309 III AktG, s. Rn 672).

---

446 Vgl KölnKomm.AktG/*Koppensteiner* § 310 Rn 8 f.
447 Vgl *Hüffer* § 310 Rn 6.
448 *Hüffer* § 310 Rn 6.
449 *Hüffer* § 310 Rn 4.

794

Schema: Schadensersatzanspruch der Untergesellschaft gegen ihre eigenen Verwaltungsmitglieder gem. § 310 I iVm § 309 AktG	
Anspruch entstanden? § 310 I, III iVm § 309 II, I AktG	• Beherrschungsvertrag, • Sorgfaltspflichtverletzung (§ 310 I AktG) • der Mitglieder des Vorstands oder des Aufsichtsrates der Untergesellschaft (§ 310 I AktG) • bei der Überwachung des Vorstands, der Entgegennahme und Ausführung von Weisungen (§§ 310 I, 309 II, I AktG), • Verschulden, • Schaden, • kein Haftungsausschluss nach § 310 III AktG.
Anspruch untergegangen? §§ 310 IV iVm 309 III AktG	• Verzicht oder Vergleich drei Jahre nach Entstehung des Schadensersatzanspruchs, außer bei Zahlungsunfähigkeit, Insolvenzplan etc. • Erfüllung (§ 362 BGB)
Anspruch durchsetzbar? §§ 310 IV iVm 309 V AktG	• Verjährung nach 5 Jahren
Rechtsfolge	Anspruch auf Schadensersatz gegen die verantwortlichen Vorstands- und Aufsichtsratsmitglieder der eigenen Gesellschaft. Diese haften gesamtschuldnerisch neben den gegenüber der abhängigen Gesellschaft nach § 309 II, I AktG Verantwortlichen.

795 **bb) Schadensersatzanspruch aus § 117 II AktG.** Wenn die Geschäftsleiter der Untergesellschaft vorsätzlich zum Schaden der AG oder ihrer Aktionäre gehandelt haben, haften sie möglicherweise auch nach § 117 II AktG. Im Vertragskonzern ist § 117 II AktG jedoch wegen des § 117 VII Nr 1 AktG weitestgehend **ausgeschlossen.** Eine Haftung aus § 117 II AktG ist also nur in den Fällen relevant, in denen der Vorstand der Untergesellschaft sich einer Einflussnahme ausgesetzt sieht, die eine unzulässige Weisung darstellt. Hinsichtlich der Voraussetzungen und insbesondere des Anwendungsbereichs des § 117 II AktG wird auf Rn 676 f verwiesen.

796 **cc) Schadensersatzanspruch aus § 93 AktG.** Soweit die Tatbestandsvoraussetzungen des § 310 AktG nicht vorliegen, zB es fehlt an der Weisung, behalten die §§ 93, 116 AktG im Vertragskonzern der Untergesellschaft eigenständige Bedeutung. Anderenfalls **deckt** sich § 310 AktG mit §§ 93, 116 AktG. Der normative Sinn des spezielleren § 310 AktG liegt daher im Wesentlichen in der Anordnung der gesamtschuldnerischen Haftung der Geschäftsleiter der Vertragsparteien sowie darin, dass er § 309 III–V AktG für entsprechend anwendbar erklärt[450].

---

450   Vgl KölnKomm.AktG/*Koppensteiner* § 310 Rn 11.

b) Haftung des Vorstands der Untergesellschaft gegenüber den Aktionären der Untergesellschaft

aa) Schadensersatzanspruch gem. §§ 117 I 2, II AktG. Sofern der Anwendungsbe-   797
reich des § 117 I AktG eröffnet ist und die Aktionäre der abhängigen AG einen unmittelbaren, den Schaden der Gesellschaft übersteigenden Schaden erlitten haben, steht
ihnen ein eigenständiger Ersatzanspruch gegen die vorsätzlich handelnden Verwaltungsmitglieder der abhängigen AG gem. § 117 I 2, II AktG zu. Im Übrigen, also für
den Schaden der abhängigen Gesellschaft (§ 117 II AktG), gibt es die Möglichkeit,
diesen über §§ 147, 148 I AktG durchzusetzen. Entsprechendes gilt für den Anspruch
der Gesellschaft auf Schadensersatz nach §§ 93, 116 AktG.

bb) Durchsetzung des Schadensersatzanspruchs der abhängigen Gesellschaft nach   798
§§ 310 I, IV iVm 309 IV 1 AktG. Etwaige Ersatzansprüche der abhängigen AG/KGaA
gegen ihre Verwaltungsmitglieder aus § 310 I AktG können die Aktionäre selbstständig durchsetzen gem. §§ 310 IV, 309 IV 1 AktG. Allerdings dürfen sie Leistung nur
an die Gesellschaft fordern.

c) Haftung des Vorstands der Untergesellschaft gegenüber den Gläubigern der Untergesellschaft

aa) Durchsetzung des Schadensersatzanspruchs der abhängigen Gesellschaft nach   799
§§ 310 I, IV iVm 309 IV 3 AktG. Die Gläubiger der abhängigen Gesellschaft können
die Verwaltungsmitglieder wegen Pflichtverletzung im Zusammenhang mit der Befolgung von Weisungen gem. §§ 310 I, IV iVm 309 IV 3 AktG unmittelbar in Anspruch
nehmen, sofern sie von der abhängigen Gesellschaft keine Befriedigung mehr erlangen können. Für den Verzicht/Vergleich und die Insolvenz gilt das zu § 309 IV AktG
Gesagte in Rn 672.

bb) Durchsetzung des Schadensersatzanspruchs der abhängigen Gesellschaft nach   800
§§ 117 II, V AktG. Innerhalb des Anwendungsbereichs des § 117 II AktG steht den
Gläubigern ein Verfolgungsrecht zu, sofern sie bei der abhängigen Gesellschaft keine
Befriedigung erlangen können (§ 117 V AktG).

d) Haftung des Vorstands der Untergesellschaft gegenüber dem herrschenden Unternehmen

An und für sich steht der **Vorstand der abhängigen AG** nur mit seiner eigenen Ge-   801
sellschaft in Rechtsbeziehung, so dass sich die Haftung ihr gegenüber nach § 93 AktG
bestimmt. Das herrschende Unternehmen kann als **Mitaktionär** die Durchsetzung
entsprechender Ersatzansprüche nur nach §§ 147, 148 I AktG betreiben.

Im **Vertragskonzern** begründet der Vertrag jedoch auch eine unmittelbare Rechtsbe-   802
ziehung zwischen dem Vorstand der abhängigen AG einerseits und dem herrschenden
Unternehmen andererseits. Gem. § 308 I AktG hat das herrschende Unternehmen ein
Recht zur Weisung und der Vorstand der Untergesellschaft ist gem. § 308 II 1 AktG
verpflichtet, **rechtmäßigen Weisungen** Folge zu leisten. Weigert sich der Vorstand,

diese zu befolgen, sind sowohl **er als auch die Untergesellschaft** gegenüber dem herrschenden Unternehmen zum Schadensersatz verpflichtet gem. § 280 I BGB des Beherrschungsvertrages iVm § 308 II AktG (iVm § 278 BGB)[451].

---

803 | **Leitsätze**

(1) Die Mitglieder des **Vorstands und des Aufsichtsrates** der **abhängigen** AG, die pflichtwidrig und schuldhaft ihre **Sorgfaltspflicht** bei der Entgegennahme und Ausübung insbesondere rechtswidriger Weisungen im Rahmen des § 308 II AktG bzw ihre Überwachungspflicht verletzt haben, sind ihrer Gesellschaft gem. § 310 I AktG **gesamtschuldnerisch** zum Schadensersatz verpflichtet. Der Pflichtenmaßstab des Vorstandes bestimmt sich dabei nach §§ 308 II iVm 310 III AktG.

(2) **Außerhalb** von Weisungen und bei der Umsetzung von Weisungen, für die **keine Folgepflicht** nach § 308 II AktG bestanden hat, kann zudem noch eine Ersatzpflicht der Verwaltungsmitglieder gegenüber der Untergesellschaft gem. § 117 II, I 1 AktG entstehen. Gleiches gilt gem. §§ 93, 116 AktG.

(3) Innerhalb dieses Rahmens haben auch die **Aktionäre** einen **eigenständigen** Ersatzanspruch gem. § 117 I 2, II AktG, sofern sie einen über den Reflexschaden hinausgehenden Schaden erlitten haben. Im Übrigen haben die **Aktionäre** gem. §§ 310 IV iVm 309 IV 1 AktG sowie die **Gläubiger** gem. §§ 310 IV iVm 309 IV 3 AktG und § 117 V AktG gegen die Organmitglieder der Untergesellschaft das **Recht zur Durchsetzung** von Ersatzansprüchen der Gesellschaft aus § 310 I AktG und § 117 II AktG.

(4) **Gegenüber dem herrschenden Unternehmen** haften die Geschäftsleiter der Untergesellschaft auf Schadensersatz gem. § 280 I BGB des Beherrschungsvertrages iVm § 308 II AktG, wenn sie einer **rechtmäßigen Weisung nicht Folge** leisten.

---

9. Rechtsprechung

804 ▶ **Lesen!**

BGHZ 119, 1 ff = NJW 1992, 2760 ff – **ASEA/BBC** (Beitritt, Vertragsänderung)

BGHZ 122, 211 ff = NJW 1993, 1976 ff – **SSI** (Vertragsbeendigung, Ausgleichs- und Abfindungsansprüche)

BGHZ 147, 108 ff = ZIP 2001, 734 ff – **DAT/Altana** (Spruchverfahren und Abfindungsanspruch, Einfluss des Börsenkurses auf die Abfindungsberechnung)

Hinweis: Wir bitten um Beachtung weiterer unter Rn 880 aufgeführter Entscheidungen.

---

10. Fallbeispiel

805 In der Klausur werden im AG-Vertragskonzern üblicherweise der Vertragsabschluss oder seine Änderung sowie die Rechtsfolgen des §§ 302, 303 AktG geprüft. Die ersten beiden Prüfungsschwerpunkte sind bereits im Text mit zahlreichen Beispielen an-

---

451 Vgl *Eschenbruch*, Rn 4118; KölnKomm.AktG/*Koppensteiner* § 308 Rn 62.

gereichert worden. Die Rechtsfolgen werden noch Gegenstand eines Falls im GmbH-Vertragskonzern sein. Vorliegend wird daher auf die Darstellung eines Klausurfalles verzichtet und auf die Erläuterungen im Text verwiesen.

II. GmbH-Vertragskonzern

1. Überblick

Literatur: Baumbach/Hueck/*Zöllner*, Kommentierung zu GmbHG SchlAnhKonzernR Rn 49–75; *Emmerich/Habersack*, Lb. § 32, S. 435–452; *Roth/Altmeppen*, Kommentierung zu Anh. § 13 GmbHG Rn 17–114.

a) Von einem GmbH-Konzern spricht man dann, wenn das beherrschte Unternehmen **806** eine GmbH ist. GmbH-Konzerne sind häufig faktische Konzerne. Der Grund hierfür liegt darin, dass die Gesellschafterversammlung – im Gegensatz zur Hauptversammlung der AG (§ 119 II AktG) – in allen Angelegenheiten Weisungen an die Geschäftsführung erteilen kann und die Geschäftsführer – anders als der Vorstand der AG (§ 76 I AktG) – den Weisungen auch Folge zu leisten haben (§ 37 I GmbHG). Der Mehrheitsgesellschafter kann auf diese Weise die GmbH beherrschen, **ohne dass** der **Abschluss eines Beherrschungsvertrages erforderlich** ist.

b) Gleichwohl ist der Beherrschungs- und/oder Gewinnabführungsvertrag zwischen **807** einer GmbH als Untergesellschaft und einem anderen Unternehmen in der Praxis relevant. In erster Linie ist dieser Umstand auf das **Steuerrecht** zurückzuführen, denn eine steuerbegünstigte körperschaftsteuerliche Organschaft mit dem Ziel der Verrechnung von Gewinnen und Verlusten im Organkreis setzt nach §§ 14, 17 KStG den Abschluss eines Gewinnabführungsvertrages zwischen Obergesellschaft und GmbH voraus. Daneben ermöglicht erst der Beherrschungsvertrag die Konzernleitung in praktikabler Form:

- Gem. § 308 I AktG analog besteht ein **direktes Weisungsrecht** des herrschenden **808** Unternehmens gegenüber den Geschäftsführern hinsichtlich der Leitung der GmbH, frei von Anfechtungsrisiken und ohne, dass die Formalien einer Gesellschafterversammlung eingehalten werden müssen. Zwar bleibt das Recht der Gesellschafterversammlung bestehen, im Wege der Beschlussfassung Weisungen an den Geschäftsführer zu erteilen (§ 37 I GmbHG), deren Inhalt allerdings wiederum der Mehrheitsgesellschafter (herrschendes Unternehmen) bestimmt. Jedoch geht in **Kollisionslagen** das Weisungsrecht des herrschenden Unternehmens aufgrund des Beherrschungsvertrags vor. Dieser Vorrang gilt nur dann nicht, wenn der Gesellschafterversammlung kraft Gesetz unentziehbare Aufgaben zugeordnet sind[452].

- Ferner geht eine verbreitete Ansicht davon aus, dass die dauerhaft **nachteilige** **809** **Weisungserteilung** grundsätzlich nur aufgrund eines Beherrschungsvertrages zu-

---

452 Allgemeine Meinung, vgl *E/H*, Komm. § 308 Rn 10 mwN.

lässig sei[453]. Die Zulässigkeit gesellschaftsschädlicher Weisungen kann zwar auch in der Satzung festgelegt werden[454]. Im Unterschied zum Aktienrecht gestattet die Satzungsfreiheit der GmbH (§ 45 I GmbHG) es den Gesellschaftern, durch Einführung von **Satzungsklauseln** die auf Gewinnabführung an einzelne Gesellschafter (zB den Mehrheitsgesellschafter) oder auf Übertragung der Geschäftsführungskompetenz der Gesellschafterversammlung abzielenden Regelungen eines Beherrschungs- und Gewinnabführungsvertrages entsprechend anzuwenden, ohne dass es des Abschlusses eines der vorgenannten Verträge bedarf. Allerdings ist anerkannt, dass zum Schutz der Minderheit dann dieselben Voraussetzungen an die Satzungsänderung und an die Rechtsfolgen zu stellen sind, wie sie sonst für Beherrschungsverträge gelten[455], so dass im Prinzip keine Umgehung der strengen Anforderungen für den Abschluss von Beherrschungs- und Gewinnabführungsverträgen möglich ist. Für konzentrationswillige Gesellschaftsgründer sowohl auf Seiten der Ober- als auch Untergesellschaft liegt es zudem nahe, in der Satzung den Abschluss eines späteren Unternehmensvertrages schon vorweg zu nehmen, so dass die spätere Zustimmung der Gesellschafter nicht mehr notwendig wäre. Die hM erachtet solcherart **Ermächtigungsklauseln** allerdings für unzulässig, es sei denn, dass in der Satzung konkret der spätere Vertragspartner und der geplante Vertrag mit seinen Bedingungen bezeichnet ist, so dass die Gesellschafter bei Eintritt in die Gesellschaft bereits wissen, worauf sie sich einlassen[456]. Für Ein-Mann-GmbH bedarf es hingegen keines Minderheitenschutzes vor der Implementierung fremdnütziger Satzungsklauseln, so dass dort auch ohne das Vorliegen eines Beherrschungsvertrags bzw seiner Voraussetzungen nachteilige Weisungen bis zur Stammkapitalschädigung/Existenzvernichtung zulässig sind[457].

810 c) Von dem Bedürfnis für einen Beherrschungsvertrag abgesehen ist allgemein anerkannt, dass Beherrschungsverträge auch bei GmbH-Konzernen ein zulässiges Leitungsinstrument sind[458]. Ein **kodifiziertes** GmbH-(Vertrags-)Konzernrecht existiert nicht. Für die Rechtsform des herrschenden Unternehmens ist das Fehlen gesetzlicher Regelungen aufgrund der rechtsformneutralen §§ 15 ff AktG prinzipiell unerheblich, nicht aber für den umgekehrten Fall, dass die GmbH als abhängige Gesellschaft an dem Vertrag beteiligt ist. Diesbezüglich gilt festzuhalten, dass vorrangig das GmbH-Recht mit seinen Vorschriften zur Satzungsänderung §§ 53 f GmbHG Anwendung findet und die §§ 291 ff AktG pauschal nicht auf den GmbH-Vertragskonzern übertragbar sind[459]. Einer pauschalen Übertragung stehen die strukturellen Unterschiede zwischen der Verbandsverfassung der AG und der GmbH entgegen (s.o. Rn 356–358). Wie aufzuzeigen sein wird, lassen sich jedoch einige Vorschriften des AG-Vertragskonzerns oder deren Wertungen auf die GmbH übertragen, was nicht verwundert, da

453 Vgl *E/H*, Komm. § 291 Rn 43 mwN in Fn 83.
454 So Baumbach/Hueck/*Zöllner*, SchlAnhKonzernR Rn 65 f.
455 Vgl *E/H*, Lb. § 32 II 1, S. 438 mwN.
456 Vgl *E/H*, Lb. § 32 II 4, S. 441 mwN.
457 Instruktiv *Roth/Altmeppen*, Anh. § 13 Rn 19–28.
458 *Eschenbruch*, Rn 3173 mwN.
459 Ebenso *Zeidler*, NZG 1999, 692.

die Verfasser des AktG in den aktienrechtlichen Vorschriften seinerzeit den Kern eines allgemeinen Unternehmenskonzernrechts gesehen haben[460].

Unanwendbar im GmbH-Konzernrecht sind nach hM namentlich die erst in 1994 eingeführten Prüfungs- und Berichtspflichten §§ 293a–g AktG, deren Anwendungsbereich sich offenkundig nach dem Willen des Gesetzgebers auf Unternehmensverträge mit abhängigen AG beschränken soll und für deren Geltung auch kein Bedürfnis besteht, sofern man – wie hier – daran festhält, dass der Vertragsabschluss abweichend von § 293 AktG der Zustimmung aller Gesellschafter bedarf und diese vor ihrer Zustimmung eine sorgfältige Aufklärung durch das herrschende Unternehmen verlangen werden[461]. Zudem genießen die Minderheitsgesellschafter über das GmbH-spezifische Auskunftsrecht des § 51a GmbHG ausreichende Informationsrechte, so dass schon eine Regelungslücke nicht gegeben ist[462].

d) Angesichts des gesetzlichen Defizits im GmbHG kommt dem **Richterrecht** eine   811
zentrale Bedeutung für die Herausbildung eines den Anforderungen der Rechtssicherheit und -klarheit genügenden GmbH-Vertragskonzernrechts zu. In insgesamt vier Grundsatzentscheidungen hat der BGH von seiner Rechtsfortbildungskompetenz Gebrauch gemacht und eine Reihe wesentlicher Fragen geklärt.

Von diesen Entscheidungen betreffen zwei die **Wirksamkeitsvoraussetzungen** für   812
den **Abschluss eines Beherrschungs- und Gewinnabführungsvertrages**[463]. In diesen stellte der BGH durch eine Analogie zu §§ 53, 54 GmbHG fest – analog deshalb, weil es sich formal nicht um eine Satzungsänderung handelt, jedoch materiell mit dem Vertrag in einer die Grundstruktur ändernden und damit in einer die Satzung ändernden Wirkung gleichkommender Weise eingegriffen wird –, dass die für den AG-Vertragskonzern geltenden Anforderungen im Wesentlichen auch für die GmbH als Untergesellschaft Geltung erlangen.
* Das hat zunächst zur Folge, dass der Beherrschungs- und/oder Gewinnabführungsvertrag mit einer abhängigen GmbH der Schriftform bedarf (§ 293 III AktG analog)[464]. Enthält der Vertrag ein Abfindungsangebot in Geschäftsanteilen, ist zudem gem. § 15 IV GmbHG die notarielle Beurkundung erforderlich[465].
* Aufgrund seines organisationsrechtlichen Charakters gilt der Grundsatz der Unbeschränkbarkeit der Vertretungsmacht der Geschäftsführer (vgl § 37 II GmbHG) nicht. Der Vertrag wird also nur wirksam, wenn ihm die Gesellschafter der Untergesellschaft zustimmen[466].
* Der Zustimmungsbeschluss wiederum bedarf der notariellen Beurkundung (vgl § 53 II 1 GmbHG analog) und ist zusammen mit dem Vertrag zur Eintragung ins

460   Vgl Begr Reg *Kropff*, S. 374.
461   Ebenso *E/H*, Lb. § 32 I 2, S. 437 mwN in Fn 5; aA *Lutter/Hommelhoff*, Anh. § 13 Rn 43.
462   Vgl *Roth/Altmeppen*, Anh. § 13 Rn 48.
463   BGHZ 105, 324, 342 f = NJW 1989, 295 ff – Supermarkt; BGH NJW 1992, 1452, 1452 – Siemens/NRG.
464   Vgl BGHZ 105, 324, 342 – Supermarkt.
465   Baumbach/Hueck/*Zöllner*, SchlAnhKonzernR Rn 54.
466   Vgl Baumbach/Hueck/*Zöllner*, SchlAnhKonzernR Rn 53.

Handelsregister anzumelden. Der Anmeldung zum Handelsregister sind neben dem Beschluss der Unternehmensvertrag als Anlage beizufügen (vgl § 54 I 2 GmbHG)[467].

- In das Handelsregister sind sodann dem Bedürfnis der Öffentlichkeit entsprechend nicht nur der Beschluss mit seiner Bezugnahme zum Unternehmensvertrag gem. § 54 II 1 GmbHG einzutragen, sondern in entsprechender Anwendung des § 294 I AktG auch Bestehen und Art des Unternehmensvertrags sowie Name des anderen Vertragsteils[468]. Der Vertrag wird erst mit Eintragung im Handelsregister wirksam (§ 54 III GmbHG analog)[469].

- Dies alles gilt ohne Einschränkungen auch für die **Ein-Mann-GmbH** als Vertragspartei[470].

813 In den beiden anderen Grundsatzentscheidungen[471] ging es um die **rechtliche Anerkennung fehlerhafter,** weil ohne Beachtung der Erfordernisse aus §§ 53, 54 GmbHG zustande gekommener **Unternehmensverträge** mit einer abhängigen GmbH und um das Eingreifen der der Gläubigersicherung dienenden Vorschriften §§ 302, 303 AktG (dazu s.u. Rn 836 ff).

814 e) Im Übrigen sind zahlreiche Fragen hinsichtlich des Tatbestandes und der Rechtsfolgen des GmbH-Vertragskonzerns **noch ungeklärt.** Insbesondere ist die Höhe der für den Zustimmungsbeschluss in der Untergesellschaft erforderlichen Mehrheit fraglich. Damit im Zusammenhang stehen die Fragen, ob es zum Schutz der Minderheit geboten ist, die §§ 304, 305 AktG analog auf den GmbH-Vertragskonzern anzuwenden oder ob auf die eigene Durchsetzung von Rechten und vor allem von Entschädigungsansprüchen durch die Minderheit bei Vertragsschluss vertraut werden kann. Ferner stellt sich die Frage, ob das herrschende Unternehmen bei der Abstimmung über den Vertrag ein Stimmrecht hat. Auch zu Fragen nach Umfang und Grenzen des Weisungsrechts des herrschenden Unternehmens und einer analogen Anwendung der §§ 308, 309 AktG fehlt es an höchstrichterlicher Rspr, so dass die Rechtslage teilweise weiterhin unklar ist.

815 f) Im Folgenden wird nur auf die **Probleme** zum Vertragsabschluss eines Beherrschungs- und/oder Gewinnabführungsvertrages, und zur Änderung und Beendigung im GmbH-Vertragskonzern eingegangen. Um die kurz umrissenen Probleme und Ausführungen richtig einzuordnen, sollten Sie sich zunächst einen Überblick über den gesetzlich geregelten AG-Vertragskonzern unter Rn 476–805 dieses Kapitels verschafft haben. Im Anschluss an die Problemdarstellung erfolgt ein ordentlicher Haf-

---

467   BGHZ 105, 324, 343 – Supermarkt.
468   Vgl BGHZ 105, 324, 344 ff – Supermarkt; *E/H*, Lb. § 32 II 2 c), S. 439.
469   Vgl BGH NJW 1992, 1452, 1453 – Siemens/NRG; BGHZ 116, 37, 39 = NJW 1992, 505 ff – Stromlieferung; BGHZ 105, 324, 342 ff – Supermarkt.
470   Vgl BGH NJW 1992, 1452, 1454 – Siemens/NRG; BGHZ 105, 324, 344 – Supermarkt; Baumbach/Hueck/*Zöllner*, SchlAnhKonzernR Rn 53; aA *Bitter*, ZIP 2001, 465, 476.
471   BGHZ 103, 1 ff = NJW 1988, 1326 ff – Familienheim; BGHZ 116, 37 ff = NJW 1992, 505 ff – Stromlieferung.

tungsaufbau zur Klausurbewältigung. Abgerundet wird dieses Kapitel durch einen Klausurfall zum GmbH-Vertragskonzern.

Leitsätze 816

(1) Ist mit einer **GmbH als Untergesellschaft** ein **Beherrschungsvertrag** geschlossen, so spricht man von einem **GmbH-Vertragskonzern**. Weisungserteilung an die Geschäftsführung ist in der GmbH auch ohne Abschluss eines Beherrschungsvertrages möglich, erfordert aber den lästigen Umweg einer Beschlussfassung der Gesellschafter. **Hauptursache** für den Abschluss eines Gewinnabführungsvertrags ist die Herstellung einer körperschaftsteuerlichen **Organschaft**.

(2) Ein kodifiziertes GmbH-Konzernrecht existiert nicht. Da die **§§ 291 ff AktG nicht pauschal** auf die GmbH übertragen werden können, ist jeweils im Einzelfall zu prüfen, welche aktienrechtlichen Wertungen im GmbH-Vertragskonzernrecht anwendbar sind. **Unanwendbar** sind die §§ 293a–g AktG.

(3) Im GmbH-Vertragskonzern kommt dem **Richterrecht** eine herausragende Bedeutung zu. In zwei Grundsatzentscheidungen, „Supermarkt" sowie „Siemens/NRG", stellte der BGH mittels einer **Analogie zu §§ 53, 54 GmbHG** fest, dass die für den AG-Vertragskonzern gültigen Anforderungen (Zustimmung der Gesellschafter zum Vertragsabschluss sowie Eintragung ins HR) auch für die ein- oder mehrgliedrige GmbH als Untergesellschaft zu gelten haben. Hintergrund hierfür war die Erkenntnis, dass mit dem Abschluss eines Beherrschungs- und/oder Gewinnabführungsvertrages derart massiv in die Struktur der abhängigen GmbH eingegriffen wird, dass dies **faktisch einer Satzungsänderung** gleich kommt. In zwei weiteren Leitentscheidungen, „Familienheim" und „Stromlieferung", sind der **fehlerhafte Beherrschungsvertrag** und seine Rechtsfolgen für die abhängige GmbH behandelt worden. Andererseits harren **wesentliche Fragen** höchstrichterlicher Klärung, die Gegenstand anhaltender Diskussionen in der Literatur sind.

---

2. Vertragsabschluss

a) Voraussetzungen auf Seiten der Untergesellschaft

aa) Vorbereitung, Abschluss des Beherrschungs- und/oder Gewinnabführungsvertrages sowie die **Herbeiführung der Eintragung** in das HR gehören zum Aufgabenbereich der Geschäftsführung. 817

bb) Der Abschluss von Beherrschungs- und/oder Gewinnabführungsverträgen ist jedoch von der grundsätzlich unbeschränkbaren Vertretungsmacht (§ 37 II GmbHG) der Geschäftsführer nicht gedeckt[472]. Aufgrund ihres **organisationsrechtlichen Charakters**, der insbesondere in der Überlagerung der Weisungskompetenz der Gesellschafterversammlung, in der Änderung des Gesellschaftszweckes (Ausrichtung auf das Konzerninteresse) sowie beim Gewinnabführungsvertrag durch den Eingriff in das Gewinnbezugsrecht der Gesellschafter besteht[473], bedürfen sie zu ihrer Wirksamkeit der **Zustimmung durch die Gesellschafterversammlung**[474], und zwar unabhän- 818

---

472 Vgl *E/H*, Lb. § 32 II 2 a), S. 439.
473 Vgl BGHZ 105, 324, 331 = NJW 1989, 295, 296 – Supermarkt.
474 BGHZ 105, 324, 330 ff – Supermarkt.

gig davon, ob sie mit einem Allein- oder Mehrheitsgesellschafter, einem Minderheitsgesellschafter oder gar keinem Gesellschafter der abhängigen GmbH geschlossen
worden sind[475].

819 **cc)** Problematisch und höchstrichterlich ungeklärt ist die Frage, mit **welcher Mehrheit** die Gesellschafterversammlung der abhängigen GmbH dem Vertragsabschluss
zustimmen muss. Zweifellos ist zumindest eine 3/4-Mehrheit der abgegebenen Stimmen erforderlich, weil die materiell satzungsändernde Wirkung des Organisationsvertrages auch eine satzungsändernde Mehrheit gem. § 53 II 1 GmbHG analog erforderlich macht[476].

Nach überwiegender Auffassung ist die Zustimmung **aller Gesellschafter** zum Vertragsabschluss notwendig[477]. Zur Begründung wird ausgeführt, dass die Eingriffe in die Mitverwaltungs- und Gewinnbezugsrechte der Gesellschafter so gravierend seien, dass sie ohne Einwilligung der betroffenen Gesellschafter nicht hingenommen werden könnten. Außerdem wird auf den Gleichbehandlungsgrundsatz verwiesen[478].	Demgegenüber gewinnt neuerdings die Meinung an Boden, dass analog den §§ 293 I AktG und 53 II 1 GmbHG auch bei der GmbH die Zustimmung der Gesellschafterversammlung **mit qualifizierter Mehrheit,** also 3/4-Mehrheit der abgegebenen Stimmen, ausreicht, **vorausgesetzt,** dass der Vertrag zugleich durch Abfindungs- und Ausgleichsregelungen entsprechend den §§ 304, 305 AktG auf den Minderheitenschutz Rücksicht nimmt[479]. Hervorgehoben wird, dass durch das Einstimmigkeitsprinzip die Stellung des kleinsten Gesellschafters in kaum zumutbarer Weise gestärkt würde, zumal es für das Recht der Körperschaften gerade typisch sei, sich einer qualifizierten Mehrheit unterwerfen zu müssen. Außerdem könne der Minderheitsgesellschafter gegen den Zustimmungsbeschluss klagen (§§ 243 ff AktG analog), weshalb er durch die gerichtliche Überprüfung (Inhaltskontrolle) nicht völlig schutzlos gestellt würde[480].

Bislang konnte der **BGH** die Frage des Einstimmigkeits- oder Mehrheitserfordernis-
ses **offenlassen,** weil es sich bei den entschiedenen Fällen (Supermarkt, Siemens/
NRG) jeweils um eine Einmann-GmbH gehandelt hat. Hier sollte der **überwiegenden
Meinung (Einstimmigkeitsprinzip) gefolgt** werden. Die Ansicht, die eine qualifizierte Mehrheit für ausreichend hält, um einer Lähmung in der GmbH entgegenzuwirken, berücksichtigt zum einen nicht, dass die Gesellschafter in Ausnahmefällen auf

---

475 Vgl BGH NJW 1992, 1452, 1454 – Siemens/NRG.
476 *Eschenbruch*, Rn 3180 mwN.
477 Vgl *E/H*, Lb. § 32 II 3 a), S. 440 mwN in Fn 26; Baumbach/Hueck/*Zöllner*, SchlAnhKonzernR Rn 55; *Roth/Altmeppen*, Anh. § 13 Rn 40.
478 *Eschenbruch*, Rn 3182.
479 Nw bei *E/H*, Lb. § 32 II 3 a), S. 440 in Fn 27.
480 Vgl *Eschenbruch*, Rn 3183.

Grund ihrer Treuepflicht auch zur Zustimmung verpflichtet sein können, beispielsweise wenn allein durch den Unternehmensvertrag das Überleben der abhängigen Gesellschaft sichergestellt werden kann[481]. Zum anderen verändert ein Beherrschungs- und/oder Gewinnabführungsvertrag den Zweck der Gesellschaft (Ausrichtung auf das Konzerninteresse), weshalb gem. § 33 I 2 BGB analog grundsätzlich – § 293 I AktG gilt nur für die AG/KGaA – die Zustimmung sämtlicher Gesellschafter erforderlich ist[482]. Das Einstimmigkeitsprinzip, bei dem die Beteiligten privatautonom für eine angemessene Ausgleichs- und Abfindungsregelung sorgen können, bringt ferner im Vergleich zu einer mit Mehrheit getroffenen Ausgleichs- und Abfindungsregelung und den damit verbundenen Gefahren von Anfechtungsklagen oder gerichtlichen Spruchverfahren durch die überstimmte Minderheit den Vorteil der „erkauften" Rechtssicherheit mit sich. Aber auch wegen der Tatsache, dass bis zu einer endgültigen Klärung des BGH schon aus Vorsichtsgründen eine Zustimmung aller Gesellschafter zum Vertragsabschluss geboten sein sollte, ist eine einstimmige Entscheidung vorzugswürdig.

dd) Verlangt man – wie hier – Einstimmigkeit für den Zustimmungsbeschluss, so stellt sich auch nicht die umstrittene Frage, ob das herrschende Unternehmen als Vertragspartner bei der Abstimmung sein Stimmrecht ausüben kann oder ob **das Stimmverbot des § 47 IV 2 GmbHG**[483] eingreift. In jedem Fall müssen alle anderen Gesellschafter zustimmen. _→ bei 100% - Beteiligg (der herrsch. Ges) greifen Stimmverbote dann ein_ **820**

ee) Der **Unternehmensvertrag** bedarf der **Schriftform** gem. § 293 III AktG analog. Der **Zustimmungsbeschluss** der Gesellschafterversammlung muss **notariell beurkundet** werden analog § 53 II 1 GmbHG. Der Vertrag wird erst mit **Eintragung ins Handelsregister** der **beherrschten GmbH** wirksam gem. § 54 III GmbHG analog (konstitutiv!)[484]. Entsprechend § 54 I GmbHG sind anzumelden und einzutragen Abschluss, Abschlussdatum und Vertragsart, Name des anderen Vertragsteils, Zustimmungsbeschluss und dessen Datum. Der Anmeldung durch die Geschäftsführer sind beizufügen die Zustimmungsbeschlüsse beider Gesellschaften und die als Anlage beigefügten Unternehmensverträge[485]. **821** _wie C_

b) Voraussetzungen auf Seiten des herrschenden Unternehmens

Ist der andere Vertragsteil eines GmbH-Vertragskonzerns **eine AG oder KGaA,** dann hat die Hauptversammlung dieser Gesellschaft dem Abschluss eines Beherrschungs- und/oder Gewinnabführungsvertrages mit qualifizierter Mehrheit (3/4 des bei der Beschlussfassung vertretenen Grundkapitals) zuzustimmen gem. § 293 II AktG. Mit dieser Vorschrift wird also zum Ausdruck gebracht, dass, gleichwohl die aus dem Unternehmensvertrag für das herrschende Unternehmen erwachsenen Rechte und Pflichten **822**

---

481 *E/H*, Lb. § 32 II 3 b), S. 441.
482 Vgl *E/H*, Lb. § 32 II 3 b), S. 441.
483 Dafür Baumbach/Hueck/*Zöllner*, SchlAnhKonzernR Rn 56; *Roth/Altmeppen*, Anh. § 13 Rn 40.
484 BGHZ 105, 324, 342 ff – Supermarkt.
485 Vgl *Roth/Altmeppen*, Anh. § 13 Rn 33 f.

nicht den Charakter einer Satzungsänderung haben, die Belastung des herrschenden Unternehmens mit weit über das Normalmaß hinausgehenden **wirtschaftlichen Risiken** (zB § 302 AktG) an die Zustimmung der Aktionäre gekoppelt ist und die Vertretungsmacht des Vorstandes insoweit beschränkt ist[486]. Entsprechend § 293 II AktG hält der BGH daher auch für die GmbH als Obergesellschaft eine 3/4-Mehrheit für erforderlich, die aber nach **der Mehrheit der abgegebenen Stimmen** (§§ 47 I, 53 II GmbHG) und nicht nach dem vertretenen Stammkapital zu berechnen ist[487].

823 Der **Zustimmungsbeschluss** der Gesellschafterversammlung der herrschenden GmbH bedarf keiner notariellen Beurkundung (anders: Hauptversammlungsbeschluss in der AG/KGaA gem. § 130 I AktG). Es genügt einfache Schriftform, wobei der Unternehmensvertrag der Urkunde als Anlage beizufügen ist[488].

824 Nach überwiegender Ansicht ist entsprechend der Wertung zum AG-Vertragskonzern (siehe Rn 495) die Wirksamkeit des Unternehmensvertrages **nicht von einer Eintragung** ins HR des Sitzes des herrschenden Unternehmens abhängig[489].

---

825 | **Leitsätze**

(1) Beim Abschluss sowohl eines Beherrschungs- als auch eines Gewinnabführungsvertrags ist die **Vertretungsmacht der Geschäftsführer der abhängigen GmbH beschränkt.** Erforderlich ist die **Zustimmung der Gesellschafterversammlung der GmbH als Untergesellschaft,** die nach überwiegender und hier vertretener Auffassung **einstimmig** zu erfolgen hat. Somit kommt es auch auf eine Streitentscheidung darüber, ob der andere Vertragsteil an der Stimmabgabe mitwirken darf oder ob das Stimmverbot des § 47 IV 2 GmbHG eingreift, nicht an.

(2) Gem. § 53 II 1 GmbHG analog bedarf der **Zustimmungsbeschluss der notariellen Beurkundung.** Der Unternehmensvertrag ist **schriftlich abzufassen** gem. § 293 III AktG analog. Die **Eintragung** des Beherrschungs- und Gewinnabführungsvertrages **in das HR der abhängigen GmbH** ist von elementarer Bedeutung. Sie hat konstitutive Wirkung.

(3) **Analog § 293 II AktG** ist auch die **Zustimmung der GmbH als Obergesellschaft** notwendig. Sie ist erfolgt, wenn eine **3/4-Mehrheit der abgegebenen Stimmen** für den Vertragsabschluss gestimmt hat. Eine Eintragung ins HR der Obergesellschaft ist nicht notwendig.

---

826 | **Schema: Vertragsabschluss eines Beherrschungs- und/oder Gewinnabführungsvertrages im GmbH-Vertragskonzern**

I. Einigung über den Vertrag
   1. Vertragsparteien einigen sich auf den Abschluss eines Beherrschungs- und/oder Gewinnabführungsvertrags mit entsprechendem Inhalt.
   2. Organe der Vertragsparteien handeln im fremden Namen mit Vertretungsmacht?

---

486   Vgl *E/H*, Lb. § 32 II 5 a), S. 442.
487   Vgl BGHZ 105, 324, 336 – Supermarkt.
488   Vgl BGHZ 105, 324, 336 – Supermarkt; *E/H*, Lb. § 32 II 5 b), S. 442.
489   HM, vgl Baumbach/Hueck/*Zöllner*, SchlAnhKonzernR Rn 57; *Zeidler*, NZG 1999, 692, 694 mwN.

    a) auf Seiten der abhängigen GmbH

        aa) Vertretungsmacht der Geschäftsführer ist bei Grundlagengeschäften von der Satzung/dem Gesetz nicht gedeckt.

        bb) Erforderlich ist noch die notariell beurkundete Zustimmung der Gesellschafterversammlung, und zwar nach hier vertretender Auffassung durch alle Gesellschafter.

        cc) Lediglich Innenwirkung hat ein Zustimmungsvorbehalt des Aufsichtsrats nach § 111 IV 2 AktG (iVm § 52 I GmbHG).

    b) auf Seiten des herrschenden Unternehmens

        aa) Vertretungsmacht des Organs fehlt ebenfalls (allgemeine Ansicht).

        bb) Es bedarf daher auch beim herrschenden Unternehmen der Zustimmung der Gesellschafterversammlung zum Vertragsschluss; für die AG, KGaA folgt dies aus § 293 II AktG, für GmbH (dann aber mit qualifizierter Mehrheit der abgegebenen Stimmen statt des vertretenen Kapitals, s. § 53 II GmbHG) und KG analog.

        cc) Lediglich Innenwirkung hat ein Zustimmungsvorbehalt des Aufsichtsrats nach § 111 IV 2 AktG (iVm § 52 I GmbHG)[490].

II. Wirksamkeit der Einigung

    1. Schriftform des Vertrags (§ 293 III AktG analog).

    2. Eintragung in das HR der abhängigen GmbH § 54 III GmbHG analog.

c) Rechtsfolgen

Wurde ein wirksamer Beherrschungs- und/oder Gewinnabführungsvertrag geschlossen, ist zu fragen, welche der in §§ 300 ff AktG geregelten Rechtsfolgen für den GmbH-Vertragskonzern Geltung erlangen.

aa) Begrenzung der Gewinnabführung §§ 300, 301 AktG?   In §§ 300, 301 AktG **827** findet die Pflicht der Untergesellschaft zur **Gewinnabführung ihre Obergrenze.** Für die GmbH als Untergesellschaft ist zu differenzieren:

- Da das GmbH-Recht anders als das Aktienrecht keine Pflicht zur Bildung einer gesetzlichen Rücklage kennt, besteht auch kein Anlass, sie bei Abschluss eines Gewinnabführungsvertrages einzuführen. **§ 300 AktG analog scheidet** demnach **aus**[491].

- Die Vorschrift des **§ 301 AktG**, die den abzuführenden Gewinn auf den Jahresüberschuss, vermindert um einen Verlustvortrag aus dem Vorjahr, begrenzt, **gilt auch** für Gewinnabführungsverträge mit einer **abhängigen GmbH**, so dass vorvertragliche Verluste vor der Gewinnabführung von dem Jahresgewinn abzuziehen sind. Eine ausdrückliche vertragliche Begrenzung der Gewinnabführung ist im Falle körperschaftsteuerlicher Organschaft gem. § 17 II Nr 1 KStG zusätzliche Voraussetzung für ihre Anerkennung.

---

490 Nw bei *E/H*, Lb. §32 III 1, S. 446; aA *Roth/Altmeppen*, Anh. § 13 Rn 56.

491 *Hachenburg/Ulmer*, Anh. § 77 Rn 206.

828 **bb) Verlustübernahmepflicht § 302 AktG.** Die Pflicht des herrschenden Unternehmens, den gesamten während der Vertragsdauer sonst entstehenden Jahresfehlbetrag der abhängigen GmbH auszugleichen, ergibt sich auch ohne besondere vertragliche Festsetzung – insoweit ist das steuerrechtliche Verlangen nach § 17 II Nr 2 KStG lediglich wiederholend – aus der **zwingenden Analogie zu § 302 AktG**[492]. GmbH-spezifische Besonderheiten gibt es nicht; auch nicht im Ein-Mann-GmbH-Vertragskonzern. Insbesondere umfasst die Verlustausgleichspflicht die gesamten Verluste und ist nicht auf die Deckung der Stammkapitalziffer beschränkt[493]. Dem Gesetzgeber ging es bei der Schaffung des § 302 AktG darum, das Vermögen der abhängigen AG in seiner bilanzmäßigen Substanz und damit über das zur Erhaltung des Grundkapitals erforderliche Vermögen hinausgehend zu schützen. Diese Zielvorstellung ist auf das GmbH-Recht übertragbar[494].

Unklar ist, ob damit wie beim AG-Vertragskonzern (§ 291 III AktG) die Außerkraftsetzung der Kapitalerhaltungsvorschriften in der abhängigen GmbH einher geht. In der GmbH besteht hierfür keine Notwendigkeit, da §§ 30 f GmbHG im Gegensatz zu den §§ 57 ff AktG die Auszahlung von Gesellschaftsvermögen an den (herrschenden) Gesellschafter – jedenfalls bis zur Stammkapitalschädigung – erlauben. § 291 III AktG hingegen hebt das absolute Auszahlungsverbot in der AG auf, welches bei seinem Fortbestand zur Unzulässigkeit von Vermögenstransaktionen von der Untergesellschaft an die Obergesellschaft führen und somit die Sinnhaftigkeit eines AG-Vertragskonzerns ernsthaft in Frage stellen würde.

§ 302 AktG analog und § 30 f GmbHG sind nicht notwendig deckungsgleich. Der Verlustausgleich setzt – anders als § 30 GmbHG – keine Unterbilanz voraus und erfasst jeden während der Vertragsdauer erwirtschafteten Jahresfehlbetrag, ganz gleich, ob dieser durch Auszahlung an einen Gesellschafter oder durch schlechtes Wirtschaften verursacht worden ist. Dieses unterschiedlichen Anwendungsbereichs wegen wird im Schrifttum zum Teil vertreten, dass die Kapitalerhaltungsvorschriften im GmbH-Vertragskonzern anwendbar sind[495]. Nach hM hingegen tritt der Verlustausgleich im GmbH-Vertragskonzern an die Stelle der Kapitalerhaltungsvorschriften[496]. Jedenfalls dann, wenn – wie regelmäßig – über § 302 AktG analog stammkapitalschädigende Auszahlungen bilanziell miterfasst und ausgeglichen werden, ist § 31 GmbHG unnötig. Für diesen Regelfall bedarf es keines gesonderten Kapitalschutzes und insoweit kann der hM gefolgt werden.

829 **cc) Gläubigerschutz § 303 AktG.** Einhellig anerkannt ist die **analoge Anwendung des § 303 AktG** bei Beendigung eines Beherrschungs- und/oder Gewinnabführungsvertrages[497]. Auch hier sind keine GmbH-rechtlichen Abweichungen gegeben. Der

492 HM, vgl BGH NZG 2006, 664, 664; BGHZ 103, 1, 9 f – Familienheim; Baumbach/Hueck/*Zöllner*, SchlAnhKonzernR Rn 105 mwN in Fn 163.
493 Zum Streitstand bei Ein-Mann-Gesellschaften s. die Nw bei *Roth/Altmeppen*, Anh. § 13 Rn 75 f.
494 Vgl Baumbach/Hueck/*Zöllner*, SchlAnhKonzernR Rn 105, 107.
495 So *Eschenbruch* Rn 3193; Scholz/*Emmerich* Anhang Konzernrecht Rn 184; *Bitter*, ZIP 2001, 265, 275 ff; weitere Nw bei *Hentzen*, ZGR 2005, 480, 518.
496 BGH NZG 2006, 664, 665; BGHZ 103, 1, 10 – Familienheim; Hachenburg/*Ulmer* Anh. § 77 Rn 219 mwN.
497 BGHZ 103, 1, 10 – Familienheim; *E/H*, Lb. § 32 III 2, S. 446; aA *Bitter*, ZIP 2001, 465, 477.

Anspruch auf Sicherheitsleistung wandelt sich im Fall der Insolvenz der abhängigen GmbH in einen Zahlungsanspruch um.

dd) Minderheitenschutz §§ 304, 305 AktG? Die Frage nach einem gesetzlich zu gewährleistenden Minderheitenschutz stellt sich im GmbH-Vertragskonzern nur dann, wenn, wie im AG-Vertragskonzern, für den Zustimmungsbeschluss bei der beherrschten GmbH **keine Einstimmigkeit** gefordert wird. Verlangt man, wie vorliegend, eine Zustimmung aller Gesellschafter der abhängigen GmbH zum Vertragsabschluss, erübrigt sich eine Analogie zu §§ 304, 305 AktG, weil dann die außenstehenden Gesellschafter aufgrund ihres Vetorechts selbst in der Lage sind, ihre Ausgleichs- und Abfindungsrechte angemessen im Vertrag festzuschreiben[498]. § 307 AktG findet dann ebenso wenig analoge Anwendung. **830**

ee) Weisungsrecht. (1) Kern des Beherrschungsvertrages ist nach §§ 291 I, 308 AktG das **Weisungsrecht** des herrschenden Unternehmens gegenüber der abhängigen GmbH hinsichtlich ihrer **Leitung**[499]. Insoweit gilt nichts anderes als im AG-Vertragskonzern[500]. Die dem herrschenden Unternehmen nach § 308 AktG analog zustehende Weisungsmacht[501] **831**
- ist zum einen auf die **Leitung der GmbH beschränkt** (§ 308 I 1 AktG analog). Deshalb unterliegen die zwingend der Gesellschafterversammlung zugewiesenen Grundlagengeschäfte nicht dem Weisungsrecht. **Entscheidungskompetenzen außerhalb der die Geschäftsführung** betreffenden Angelegenheiten verbleiben bei den Gesellschaftern.
- Zum anderen sind **analog § 299 AktG** Weisungen unzulässig, die sich auf den Bestand des Unternehmensvertrages beziehen[502].
- Selbstverständlich muss das herrschende Unternehmen auch die durch **Vertrag,** durch **Gesetz** und **Satzung** beider Gesellschaften **gezogenen Grenzen** beachten.
- Unter die gesetzliche Grenze fällt auch, dass **nachteilige Weisungen** durch das **Konzerninteresse** gerechtfertigt sein müssen (§ 308 I 2 AktG analog)[503]. Hiergegen verstößt das herrschende Unternehmen, wenn die Folgen seiner Weisung
  - unverhältnismäßig sind, oder
  - existenzgefährdende Ausmaße annehmen[504].

(2) Neben den inhaltlichen Grenzen des Weisungsrechts können sich auch Probleme aus einer Kollision mit Rechten der anderen Gesellschaftsorgane (**institutionelle Grenzen**) ergeben. Zum einen kann nämlich das Weisungsrecht des herrschenden Unternehmens in Geschäftsführungsangelegenheiten – im Gegensatz zur Rechtslage im AG-Vertragskonzern – **mit dem der Gesellschafter** (§ 37 I GmbHG) **kollidieren**. Al- **832**

---

498 HM, vgl *E/H,* Lb. § 32 II 6 a), S. 443; Baumbach/Hueck/*Zöllner,* SchlAnhKonzernR Rn 63.
499 *E/H,* Lb. § 32 III 1, S. 445.
500 S.o. Rn 599 ff.
501 Zum Ganzen s. *Zeidler,* NZG 1999, 692, 694 mwN.
502 Vgl *E/H,* Komm. § 299 Rn 2.
503 HM, vgl *Roth/Altmeppen,* Anh. § 13 Rn 69 ff.
504 HM, vgl *Roth/Altmeppen,* Anh. § 13 Rn 58 ff.

lerdings ist anerkannt, dass in derartigen Fällen die Weisungsmacht des herrschenden Unternehmens dem der Gesellschafter vorgeht[505].

833   Zum anderen ist auch eine Kollision mit einem **Aufsichtsrat** in der abhängigen GmbH vorstellbar. Da sich die Rechte eines fakultativen Aufsichtsrates bei der GmbH von der Gesellschafterversammlung ableiten (vgl § 52 I GmbHG) und die Gesellschafter sich mittels Zustimmung zum Beherrschungsvertrag mit der Kompetenzverlagerung auf das herrschende Unternehmen einverstanden erklärt haben, muss sich auch das Votum des Aufsichtsrats gem. § 111 IV AktG analog einer gegenteiligen Weisung der Obergesellschaft beugen[506]. Etwas anderes gilt, wenn es sich um einen obligatorischen Aufsichtsrat aufgrund des Mitbestimmungsgesetzes handelt. Denn diesem stehen nach dem Willen des Gesetzgebers originäre Kompetenzen zu (zB Bestellung des Geschäftsführers), über die sich das herrschende Unternehmen nicht einfach hinwegsetzen kann. Der mögliche Konflikt mit der Weisungsbefugnis des herrschenden Unternehmens wird nach verbreiteter Ansicht über § 308 III AktG analog entschieden[507]. Verweigert also der Aufsichtsrat seine Zustimmung zu einem angewiesenen Geschäft, so ist eine Wiederholung der Weisung durch den anderen Vertragteil notwendig.

834   **ff) Haftung nach §§ 309, 310 AktG.** Verletzt das herrschende Unternehmen durch die Erteilung von Weisungen seine Pflicht zur ordnungsgemäßen Konzerngeschäftsführung, haften seine **gesetzlichen Vertreter** nach § 309 II, I AktG analog und **es selbst** nach § 309 II, I AktG analog iVm § 31 BGB analog gegenüber der abhängigen GmbH[508]. Daneben haften auch die **Geschäftsführer der Untergesellschaft** analog § 310 AktG, wenn sie sorgfaltswidrig erteilte, für die GmbH offensichtlich nicht bindende Weisungen befolgen und dadurch pflichtwidrig an der Schädigung ihrer Gesellschaft mitwirken. § 310 AktG analog verdrängt insoweit die Haftung aus § 43 I GmbHG[509].

835 | **Leitsätze**

(1) Im GmbH-Vertragskonzern finden **keine entsprechende Anwendung**
- die Pflicht zur zügigen Auffüllung der gesetzlichen Rücklage (§ 300 AktG)
- sowie nach hier vertretener Ansicht die Minderheitsschutzvorschriften der §§ 304, 305 AktG.

Dagegen haben **analoge Geltung**
- die Verlustübernahmepflicht gemäß § 302 AktG,
- die Verpflichtung zur Sicherheitsleistung zugunsten der Gläubiger der abhängigen GmbH nach § 303 AktG
- sowie die Haftungsnormen der §§ 309, 310 AktG.

(2) Wie im AG-Vertragskonzern auch richtet sich der **Umfang des Weisungsrechts und dessen Grenzen** gegenüber der abhängigen GmbH nach Vertrag, Satzung und Gesetz (allgemeine

---

505   S.o. Rn 808.
506   Vgl *Roth/Altmeppen*, Anh. § 13 Rn 54 mwN.
507   Strittig, wie hier *E/H*, Lb. § 32 III 1, S. 446 mwN.
508   Vgl *Roth/Altmeppen*, Anh. § 13 Rn 79.
509   So *Roth/Altmeppen*, Anh. § 13 Rn 83.

Vorschriften sowie § 308 AktG analog). Insofern gibt es keine GmbH-spezifischen Besonderheiten. In **Kollisionslagen** geht das Weisungsrecht des herrschenden Unternehmens dem der Gesellschafterversammlung oder des fakultativen Aufsichtsrats der abhängigen GmbH vor. Besteht ein obligatorischer Aufsichtsrat, kann eine mögliche Weisungskollision über § 308 III AktG analog aufgelöst werden.

d) Fehlerhafter Beherrschungsvertrag

Zum fehlerhaften Beherrschungs- und/oder Gewinnabführungsvertrag in einem **836** GmbH-Vertragskonzern hat die **Rspr** ausführlich Stellung bezogen; sie wendet die **Grundsätze über die fehlerhafte Gesellschaft** an[510]. Danach ist ein Beherrschungs- und/oder Gewinnabführungsvertrag, der deswegen nicht wirksam zustande gekommen ist, weil seine Eintragung ins HR der Untergesellschaft oder die beurkundete Zustimmung durch die Gesellschafter unterblieben ist und der somit nicht den Abschlussvoraussetzungen der §§ 53, 54 GmbHG analog genügt, nach den Grundsätzen der fehlerhaften Gesellschaft als wirksam zu behandeln, solange er von den Beteiligten durchgeführt und nicht wegen des fehlerhaften Abschlusses oder aus sonstigen Gründen beendet wird[511]. Das Schrifttum folgt dieser Linie – im Ergebnis – fast durchgängig[512]. Hintergrund dieser Rspr ist der Gedanke, dass es bei einmal vollzogenen Organisationsverträgen schuldrechtlich praktisch unmöglich ist, das Rechtsverhältnis im Nachhinein auf der Grundlage isolierbarer Einzelrechtsbeziehungen rückabzuwickeln[513]. Außerdem soll auf diese Weise der Gläubigerschutz sichergestellt werden (vgl §§ 302 AktG f).

Entscheidende **Voraussetzung** für die Anwendung der Grundsätze der fehlerhaften **837** Gesellschaft ist, dass der abgeschlossene Vertrag **in Vollzug gesetzt** wurde, die Parteien ihn also als wirksam behandeln. Das ist bereits dann der Fall, wenn das herrschende Unternehmen durch Weisung in die Geschäftsführung der beherrschten GmbH eingegriffen hat. Im Fall eines isolierten Gewinnabführungsvertrages, in dem es auf Weisungsmacht nicht ankommt, wird der Vollzug angenommen, wenn das herrschende Unternehmen die Verluste des abhängigen Unternehmens erstmalig ausgeglichen hat (§ 302 AktG analog)[514].

Teilweise verlangt die **Literatur** entgegen der ausdrücklichen Stellungnahme der **838** Rspr in den Entscheidungen „Familienheim" und insbesondere „Stromlieferung"[515] neben dem Vollzug des Vertrages noch die **Zustimmung der Gesellschafterversammlung** sowie die **Eintragung ins HR** der Untergesellschaft[516]. Zum einen fehle

510 Erstmals BGHZ 103, 1, 4 f – Familienheim; bestätigt in BGHZ 116, 37, 40 – Stromlieferung und BGH ZIP 2002, 35, 36.
511 Vgl BGH ZIP 2002, 35, 36; BGHZ 103 1 ff – Familienheim.
512 Vgl Baumbach/Hueck/*Zöllner*, SchlAnhKonzernR Rn 60 mwN; *Roth/Altmeppen*, Anh. § 13 Rn 104.
513 *Eschenbruch*, Rn 3190.
514 Vgl Scholz/*Emmerich*, Anhang Konzernrecht Rn 172 mwN.
515 BGHZ 116, 37, 39 – Stromlieferung; bestätigt in BGH ZIP 2002, 35, 36.
516 Vgl *E/H*, Lb. § 32 II 7, S. 444; Baumbach/Hueck/*Zöllner*, SchlAnhKonzernR Rn 60; Scholz/*Emmerich*, Anhang Konzernrecht Rn 173; MünchKomm.AktG/*Altmeppen* § 291 Rn 198.

es ohne Zustimmung der Gesellschafter schon an der Entscheidung für den Vertrag und damit mangels organschaftlicher Vertretungsmacht an der erforderlichen Einigung der Vertragsparteien[517]. Hatten die Gesellschafter der abhängigen Gesellschaft keine Kenntnis vom Vertragsschluss und konnten somit auch keine (konkludente) Zustimmung erteilen oder haben sie der Durchführung des fehlerhaften Vertrages ausdrücklich widersprochen, müsse der Vertrag ex tunc nichtig sein[518]. Zum anderen sei allen Vertragsparteien bewusst, dass die Wirksamkeit des Vertrages grundsätzlich von der Eintragung ins HR abhänge. Folglich stehe jedwedes Handeln unter dem Vorbehalt der Nichtigkeit, sofern eine Eintragung noch nicht vorgenommen worden sei. Unterstützung findet diese, die Praxis zur Anwendung fehlerhafter Gesellschaftsverträge einengende Ansicht in einem BGH-Urteil zum Umwandlungsrecht[519]. Das Urteil weist insofern mit dem Konzernrecht vergleichbare Parallelen auf, als dass dort die für die Verschmelzung zweier GmbH konstitutiv wirkende Eintragung ins HR unterblieben ist und der BGH entschied, dass erst durch die Eintragung ein Verschmelzungsvertrag seine Wirkungen entfalte[520]. Demnach sind nach verbreiteter Ansicht in der Literatur die Grundsätze der fehlerhaften Gesellschaft lediglich in Fällen untergeordneter Erfordernisse, beispielsweise bei fehlender Beurkundung des Zustimmungsbeschlusses (nicht das Fehlen des Beschlusses an sich!), anwendbar. Unter dem Eindruck dieser Äußerungen und der zum **AG-Vertragskonzern** (s. Rn 594) vertretenen und dort herrschenden Ansicht, dass für die Anwendung der Grundsätze der fehlerhaften Gesellschaft die Eintragung ins HR notwendig sei, ist unseres Erachtens diese Voraussetzung neben dem Zustimmungsbeschluss auch auf den **GmbH-Vertragskonzern** zu übertragen.

839 Werden die Grundsätze über die fehlerhafte Gesellschaft auf den fehlerhaften Beherrschungsvertrag angewendet, so gelten die Regelungen des Vertrages für die Vergangenheit. Da er jedoch fehlerhaft bleibt, kann er aus diesem Grund jederzeit für die Zukunft von beiden Parteien durch außerordentliche Kündigung beendet werden[521].

840

Leitsätze

(1) Liegt ein
- mit Mängeln behafteter Beherrschungs- und/oder Gewinnabführungsvertrag vor,
- wussten das die Vertragsparteien aber nicht
- und ist dem Vertrag auf der Gesellschafterversammlung der abhängigen GmbH zugestimmt worden
- und ist der – nach hier vertretender Ansicht – ins HR der Untergesellschaft eingetragene Vertrag
- anschließend vollzogen worden,

wird er über die **Grundsätze der fehlerhaften Gesellschaft** wie ein wirksamer Vertrag für die Vergangenheit behandelt. In seinen beiden Grundsatzentscheidungen zum fehlerhaften Be-

---

517 MünchKomm.AktG/*Altmeppen* § 291 Rn 205; ebenso *Schürnbrand*, ZHR 169 (2005), 35, 51 f mwN.
518 Für den Beschluss der Obergesellschaft gilt diese Einschränkung nicht.
519 BGH NJW 1996, 659 f.
520 Vgl BGH NJW 1996, 659, 660.
521 Vgl *E/H*, Lb. § 32 II 7, S. 444; aA Baumbach/Hueck/*Zöllner*, SchlAnhKonzernR Rn 61, für den einfaches Berufen auf die Nichtigkeit ausreicht.

herrschungsvertrag („Familienheim", „Stromlieferung") hielt der BGH eine Eintragung ins HR der abhängigen GmbH allerdings nicht für notwendig, in der Sache „Familienheim" nicht einmal das Erfordernis der Zustimmung.

(2) Für **die Zukunft** können sich beide Vertragsparteien (bei der GmbH durch ihren Geschäftsführer) von der faktischen Fortgeltung des Vertrages durch **Kündigung aus wichtigem Grund** lösen.

3. Vertragsänderung

Die Änderung von Unternehmensverträgen wird im AG-Vertragskonzern durch die Verweisung des § 295 AktG über §§ 293, 294 AktG geregelt. Für den GmbH-Vertragskonzern ist im Einzelnen äußerst umstritten, inwieweit diese Vorschriften analog gelten. Da eine Vertiefung der zahlreichen Streitpunkte den Rahmen dieses Buches überschreiten würde, sollten Sie sich Folgendes vor Augen halten: § 295 AktG stellt prinzipiell die gleichen Anforderungen an eine Vertragsänderung wie an einen Vertragsabschluss. Die dahinter stehenden **Umgehungsgesichtspunkte** sind auch für eine Vertragsänderung im GmbH-Vertragskonzern zu beachten. **841**

Das hat zur Folge, dass die Vertragsänderung von der **Zustimmung aller Gesellschafter** der abhängigen GmbH gedeckt sein muss, der Beschluss einer notariellen Beurkundung bedarf (§ 53 II GmbHG analog) und die Vertragsänderung ins HR der Untergesellschaft einzutragen ist (§ 54 III GmbHG analog)[522]. Begnügt man sich entgegen der hier vertretenen Meinung mit einer qualifizierten Mehrheit der Gesellschafter, so ist zusätzlich ein Sonderbeschluss der außenstehenden Gesellschafter erforderlich, wenn die Bestimmungen über einen etwaigen Ausgleich oder eine etwaige Abfindung geändert werden (§ 295 II AktG analog)[523]. **842**

Umstritten ist weiter, ob entsprechend den §§ 295 I 2, 293 II AktG die Zustimmung der Gesellschafter der **Obergesellschaft** zur Vertragsänderung mit qualifizierter Mehrheit erforderlich ist[524]. Die Frage ist zu bejahen, wenn es sich bei der Obergesellschaft um eine AG/KGaA handelt (vgl § 293 II AktG), nach richtiger Ansicht aber auch, wenn beide Vertragsparteien die Rechtsform einer GmbH haben, da die Gründe, die zur Einführung eines Zustimmungserfordernisses bezüglich der Gesellschafter der Obergesellschaft zum Vertragsabschluss geführt haben, identisch sind, also letztlich rechtsformunabhängig sind. **843**

Wie schon im Abschnitt AG-Vertragskonzern unter Rn 533 ff gezeigt, zählt zu einer Vertragsänderung auch der **Beitritt** einer dritten Partei oder die **Vertragsübernahme**. **844**

---

522 Vgl Scholz/*Emmerich*, Anhang Konzernrecht Rn 193 mwN.
523 Nw bei *E/H*, Lb. § 32 IV 1, S. 447.
524 So *E/H*, Lb. § 32 IV 1, S. 448.

---

845 | **Schema: Änderung eines Beherrschungs- und/oder Gewinnabführungsvertrages im GmbH-Vertragskonzern**

I. Einigung über die Vertragsänderung
1. Vertragsparteien ändern zweiseitig den Inhalt des laufenden Unternehmensvertrages.
2. Organe der Vertragsparteien handeln im fremden Namen mit Vertretungsmacht?
   a) auf Seiten der abhängigen GmbH
      aa) Vertretungsmacht der Geschäftsführer ist bei Grundlagengeschäften von der Satzung/dem Gesetz nicht gedeckt.
      bb) Erforderlich ist noch die notariell beurkundete Zustimmung der Gesellschafterversammlung, und zwar nach hier vertretener Auffassung durch alle Gesellschafter. (Eines Sonderbeschlusses der außenstehenden Gesellschafter bedarf es nur, wenn man eine qualifizierte Mehrheit für ausreichend sein lässt und wenn die geänderte Bestimmung Ausgleichs- und Abfindungsansprüche betrifft.)
      cc) Lediglich Innenwirkung hat ein Zustimmungsvorbehalt des Aufsichtsrats nach § 111 IV 2 AktG (iVm § 52 I GmbHG).
   b) auf Seiten des herrschenden Unternehmens
      aa) Vertretungsmacht des Organs fehlt ebenfalls (allgemeine Ansicht).
      bb) Es bedarf daher auch beim herrschenden Unternehmen der Zustimmung der Gesellschafterversammlung zur Vertragsänderung; für die AG, KGaA folgt dies aus § 293 II AktG, für GmbH und KG analog.
      cc) Lediglich Innenwirkung hat ein Zustimmungsvorbehalt des Aufsichtsrats nach § 111 IV 2 AktG (iVm § 52 I GmbHG).

II. Wirksamkeit der Einigung
1. Schriftform der Vertragsänderung (§ 293 III AktG analog).
2. Eintragung in das HR der abhängigen GmbH § 54 III GmbHG analog.

---

4. Vertragsbeendigung

a) Aufhebung

846 Als Möglichkeit der vorzeitigen Beendigung eines Beherrschungs- und/oder Gewinnabführungsvertrages steht der Aufhebungsvertrag (von den Vertragsparteien einvernehmlich für die Zukunft betriebene Beendigung des Unternehmensvertrages) an sich außer Streit. Allerdings herrscht über seine **Voraussetzungen Unsicherheit.** Die einen sehen in ihm entsprechend § 296 AktG eine Maßnahme der Geschäftsführung, andere verstehen ihn als actus contrarius und verlangen deswegen die gleichen Voraussetzungen (§§ 53, 54 GmbHG analog) wie für den Vertragsabschluss[525]. Für eine Analogie zu § 296 AktG haben sich wiederholt Instanzgerichte ausgesprochen[526]. Danach kann der Aufhebungsvertrag auf beiden Seiten von den Geschäftsleitern der beteiligten Unternehmen **ohne Zustimmungsbeschluss** der Gesellschafter abgeschlossen werden, allerdings nur zum Jahresende und ohne die Möglichkeit der Rück-

---

525 Nw bei *Roth/Altmeppen*, Anh. § 13 in Rn 96.
526 OLG Frankfurt ZIP 1993, 1790 ff; OLG Karlsruhe ZIP 1994, 1022 ff.

wirkung (§ 296 I AktG analog)[527]. Eines Sonderbeschlusses der außenstehenden Gesellschafter bedarf es dann, wenn der Unternehmensvertrag Ausgleichs- und Abfindungsleistungen vorsieht (§ 296 II AktG analog). Die Eintragung ins HR hat lediglich deklaratorische Bedeutung (§ 298 II AktG analog). Eine andere, über §§ 53, 54 GmbHG analog **verstärkten Schutz** gewährende Behandlung des GmbH-Vertragskonzerns gegenüber dem AG-Vertragskonzern ist nicht plausibel, weshalb der dargestellten Ansicht gefolgt werden sollte[528].

Zu den Voraussetzungen und Rechtsfolgen vergleiche das zum AG-Vertragskonzern Gesagte unter Rn 548 ff.

847

Schema: Aufhebung eines bestehenden Beherrschungs- und/oder Gewinnabführungsvertrages im GmbH-Vertragskonzern

848

   I. Einigung über die Vertragsaufhebung
     1. Vertragsparteien äußern den Willen, den laufenden Unternehmensvertrag zu beenden.
       a) Abgrenzung zur Vertragsänderung,
       b) Zulässiger Aufhebungszeitpunkt § 296 I AktG analog.
     2. Organe der Vertragsparteien handeln im fremden Namen mit Vertretungsmacht?
       a) auf Seiten der abhängigen GmbH
         aa) Vertretungsmacht des Geschäftsführers § 37 II GmbHG (+). Allerdings ist diese beschränkt im Fall des § 296 II AktG analog (siehe bb).
         bb) Gegebenenfalls ist ein Sonderbeschluss der außenstehenden Gesellschafter gem. §§ 296 II AktG analog erforderlich.
       b) auf Seiten des herrschenden Unternehmens (+)
   II. Wirksamkeit der Einigung
     1. Schriftform der Vertragsaufhebung (§ 296 I 3 AktG analog).
     2. Nicht: Eintragung in das HR der abhängigen GmbH (§ 298 AktG analog). Eintragung hat lediglich deklaratorische Wirkung.

---

b) Kündigung

Neben der Vertragsaufhebung hat der Gesetzgeber für den AG-Vertragskonzern die in Ansätzen (§ 297 AktG) geregelte Kündigung für die vorzeitige Beendigung von Unternehmensverträgen vorgesehen. Die unter Rn 555 ff ausgeführten Einzelheiten gelten im Prinzip auch für die Kündigung im GmbH-Vertragskonzern. Demnach ist zwischen **ordentlicher Kündigung** und **außerordentlicher Kündigung** zu unterscheiden. Für die ordentliche Kündigung bedarf es nach hM einer vertraglichen Festlegung ihrer Zulässigkeit[529]. Ein wichtiger Grund zur fristlosen Kündigung ist namentlich dann anzunehmen, wenn der andere Vertragsteil voraussichtlich seiner Verlustübernahmepflicht nicht nachkommen kann (§ 297 I 2 AktG analog), er also in größeren wirtschaftlichen Schwierigkeiten steckt. Wie bei der Aufhebung (§ 296

849

---

527 Vgl *Roth/Altmeppen*, Anh. § 13 Rn 97 f.
528 AA Scholz/*Emmerich*, Anhang Konzernrecht Rn 202 mwN; *E/H*, Lb. § 32 IV 2, S. 449; Baumbach/Hueck/*Zöllner*, SchlAnhKonzernR Rn 72.
529 S.o. Rn 557.

AktG analog) auch bedarf es für die Kündigung **keiner Zustimmung seitens der Gesellschafterversammlung** der kündigenden Vertragspartei[530]. Allerdings ist die Zuständigkeit des Geschäftsführers (Vertretungsmacht) der abhängigen (!) GmbH, ordentlich zu kündigen, begrenzt, soweit ein **Sonderbeschluss** der außenstehenden Gesellschafter gem. § 297 II AktG analog erforderlich ist[531].

c) Sonstige Beendigungsgründe

850 Die weiteren Beendigungsgründe, die zu einer **automatischen Vertragsbeendigung** im GmbH-Vertragskonzern führen, unterscheiden sich bis auf § 307 AktG, der in der GmbH keine analoge Anwendung findet[532], nicht von denen des AG-Vertragskonzerns[533]. Folglich enden Beherrschungs- und/oder Gewinnabführungsverträge neben Aufhebung und Kündigung

- mit Zeitablauf,
- mit Eingliederung und Verschmelzung der einen in die andere Vertragspartei
- und mit Auflösung einer Vertragspartei (§ 60 I GmbHG), wobei nach neuerer Ansicht eine Suspendierung der vertraglichen Verpflichtungen, gekoppelt mit einem außerordentlichen Kündigungsrecht vorzuziehen ist[534].

851 | **Leitsätze**

(1) Damit die strengen Schutzmechanismen der §§ 53, 54 GmbHG analog für den Vertragsabschluss nicht durch eine nachträgliche **Vertragsänderung** umgangen werden können, sind für eine Änderung zu fordern die Zustimmung aller (stimmberechtigten) Gesellschafter der abhängigen GmbH samt notarieller Beurkundung des Beschlusses und der Eintragung ins HR der GmbH sowie die Zustimmung der Gesellschafter der Obergesellschaft mit qualifizierter Mehrheit (§ 293 II AktG analog).

(2) Nach hier vertretener Auffassung kann die einvernehmliche **Aufhebung des Vertrages** zum Jahresende nach Maßgabe des § 296 AktG analog vereinbart werden. Entsprechendes gilt für die **Kündigung** des Beherrschungs- und/oder Gewinnabführungsvertrages gem. § 297 AktG analog. Vertragsaufhebung und Kündigung stehen in der Geschäftsführungskompetenz der Geschäftsleiter. Unter Umständen ist jedoch ein Sonderbeschluss der außenstehenden Gesellschafter gem. §§ 296 II, 297 II AktG analog notwendig.

(3) Der GmbH-Vertragskonzern **endet** wegen Beendigung des Beherrschungs- und Gewinnabführungsvertrages durch Zeitablauf, Eingliederung und Verschmelzung der einen in die andere Vertragspartei sowie Auflösung einer Vertragspartei, wobei für den zuletzt genannten Beendigungsgrund nach vorzugswürdiger Sichtweise zunächst eine Suspendierung des Vertragsverhältnisses angenommen wird.

---

530 *Roth/Altmeppen*, Anh. § 13 Rn 99; aA Baumbach/Hueck/*Zöllner*, SchlAnhKonzernR Rn 71.
531 Vgl *E/H*, Lb. § 32 IV 2, S. 449.
532 S. *Roth/Altmeppen*, Anh. § 13 Rn 95, die argumentieren, dass ein Anteilserwerber die Frage des Unternehmensvertrags bei der Gestaltung seines Erwerbs berücksichtigen wird.
533 S. daher Rn 568 ff.
534 S.o. Rn 573 f; *Zeidler*, NZG 1999, 692, 697; aA *Roth/Altmeppen*, Anh. § 13 Rn 92 ff.

5. Haftung des herrschenden Unternehmens im GmbH-Vertragskonzern

Zur Verdeutlichung dient nachfolgende Übersicht: **852**

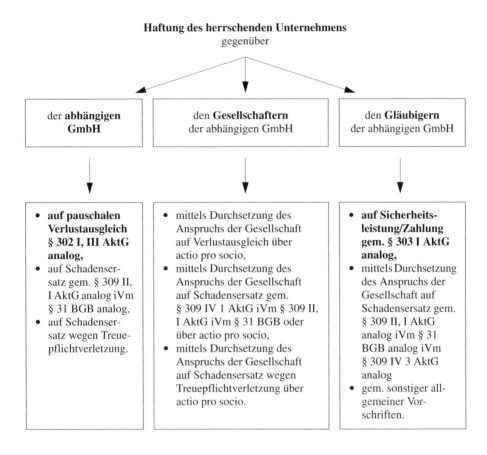

Haftung des herrschenden Unternehmens
gegenüber

der **abhängigen GmbH**	den **Gesellschaftern** der abhängigen GmbH	den **Gläubigern** der abhängigen GmbH
• **auf pauschalen Verlustausgleich § 302 I, III AktG analog,** • auf Schadensersatz gem. § 309 II, I AktG analog iVm § 31 BGB analog, • auf Schadensersatz wegen Treuepflichtverletzung.	• mittels Durchsetzung des Anspruchs der Gesellschaft auf Verlustausgleich über actio pro socio, • mittels Durchsetzung des Anspruchs der Gesellschaft auf Schadensersatz gem. § 309 IV 1 AktG iVm § 309 II, I AktG iVm § 31 BGB oder über actio pro socio, • mittels Durchsetzung des Anspruchs der Gesellschaft auf Schadensersatz wegen Treuepflichtverletzung über actio pro socio.	• **auf Sicherheitsleistung/Zahlung gem. § 303 I AktG analog,** • mittels Durchsetzung des Anspruchs der Gesellschaft auf Schadensersatz gem. § 309 II, I AktG analog iVm § 31 BGB analog iVm § 309 IV 3 AktG analog • gem. sonstiger allgemeiner Vorschriften.

a) Haftung des herrschenden Unternehmens gegenüber der Untergesellschaft

aa) Verlustausgleichsanspruch gem. § 302 I AktG analog. In Rn 888 wurde bereits **853** klargestellt, dass auch im GmbH-Vertragskonzern die Verlustausgleichspflicht des herrschenden Unternehmens gegenüber der abhängigen GmbH gem. § 302 I AktG analog besteht. Insoweit kann auf die Kommentierung und das Prüfungsschema des Verlustausgleichsanspruchs bei der AG (Rn 644 ff) verwiesen werden.

bb) Schadensersatzanspruch gem. § 309 II, I AktG analog iVm § 31 BGB analog. **854** Auch im GmbH-Vertragskonzern hat das herrschende Unternehmen die Schranken des konzernrechtlichen Weisungsrechts einzuhalten und **bei der Erteilung von** (auch rechtmäßigen) **Weisungen** die Sorgfalt eines ordentlichen und gewissenhaften Kaufmanns (§ 309 I AktG analog) anzuwenden. Dementsprechend gelten alle Ausführungen zur Haftung von Leitungsmacht im AG-Vertragskonzern analog sowohl für die ein- als auch mehrgliedrige GmbH[535].

855   Ob man die **Schadensersatzpflicht** des herrschenden Unternehmens wegen unzulässiger oder sorgfaltswidriger Weisungen aus einer Analogie zu §§ 309 II, I, 308 I AktG ableitet oder aus § 280 I BGB des Beherrschungsvertrages, ist zweitrangig[536]. Das herrschende Unternehmen haftet in jedem Fall über § 31 BGB analog bzw § 278 BGB für die Verletzung der Grundsätze ordnungsgemäßer Konzerngeschäftsführung durch ihre Geschäftsleiter. Da nach richtiger Ansicht[537] ein Recht der Gläubiger gem. § 309 IV 3 AktG analog anzunehmen ist, den Schadensersatzanspruch der abhängigen GmbH durchzusetzen, ist wie auch im AG-Vertragskonzern als **Anspruchsgrundlage** § 309 II, I AktG analog iVm § 31 BGB analog vorzuziehen. Zum Haftungsaufbau siehe das Schema in Rn 674.

856   **cc) Schadensersatzanspruch aus Treuepflichtverletzung.** Wegen der **Subsidiarität** von Schadensersatzansprüchen aus Treuepflichtverletzungen geht der Ersatzanspruch aus § 309 II, I AktG analog iVm § 31 BGB analog vor, soweit sein Anwendungsbereich eröffnet ist. Für **Schadensersatzansprüche wegen Treuepflichtverletzungen** des herrschenden Gesellschafters verbleiben daher nur schädigende Einflussnahmen **außerhalb des Weisungsrechts,** beispielsweise wenn der herrschende Gesellschafter in der Gesellschafterversammlung treuwidrig abstimmt oder die abhängige GmbH auf sonstige Weise zu riskanten, spekulativen oder nachteiligen Geschäften, zu Gewinnverlagerungen, verdeckten Gewinnausschüttungen oder der Umlenkung von Geschäftschancen veranlasst wird[538].

857   Eine analoge Anwendung des **§ 117 I 1 AktG** zugunsten der abhängigen GmbH **scheidet aus.** Insofern bietet das gesellschaftsrechtliche Treue- und Schädigungsverbot eine ausreichende Grundlage für Schadensersatzansprüche wegen Missbrauchs konzernrechtlicher Leitungsmacht. Zur Treuepflichtverletzung siehe die Darstellung in Rn 245 ff; wegen der übrigen Voraussetzungen des Schadensersatzanspruchs und des Haftungsschemas wird auf die Ausführungen zum AG-Vertragskonzern (Rn 693 ff) verwiesen.

858   **Hinweis:** Zu beachten ist, dass bei treuwidriger Stimmabgabe des Gesellschafters in der Gesellschafterversammlung eine Haftung nur bei vorsätzlichem Handeln in Betracht kommt[539]. Der für einen Schadensersatzanspruch aus Treuepflichtverletzung genügende Verschuldensgrad (§§ 276 f BGB) ist also in diesem Fall auf Vorsatz eingeschränkt.

---

535   Vgl *Eschenbruch*, Rn 3192.
536   Zum Streit über die Anspruchsgrundlage s.o. Rn 661.
537   *Scholz/Emmerich*, Anhang Konzernrecht Rn 190; *Roth/Altmeppen*, Anh. § 13 Rn 85.
538   *Eschenbruch*, Rn 3194 mwN.
539   Vgl BGHZ 129, 136 ff = ZIP 1995, 819, 828 – Girmes (zur AG).

> **Leitsätze**
>
> (1) Der abhängigen GmbH steht während der Dauer vertraglich eingeräumter Weisungsbefugnis/Ergebnisübernahme gegen das herrschende Unternehmen ein **Verlustausgleichsanspruch gem. § 302 I AktG analog** zu. Die Ausgleichsverpflichtung wird nach hier vertretener Ansicht in der **Ein-Mann-GmbH** nicht auf den Ausgleich des Stammkapitals inklusive einer etwaigen Überschuldung beschränkt.
>
> (2) **Verstößt** das herrschende Unternehmen gegen seine **Pflicht zur ordnungsgemäßen Konzerngeschäftsführung** (unzulässige oder unsorgfältige Weisungserteilung), so haftet es gegenüber der abhängigen GmbH auf Schadensersatz gem. § 280 I BGB des Beherrschungsvertrages iVm § 278 BGB oder gem. § 309 II, I AktG analog iVm § 31 BGB analog (strittig). Letztere Anspruchsgrundlage ist vorzugswürdig.
>
> (3) Für den **Schadensersatzanspruch aus Treuepflichtverletzung** im GmbH-Vertragskonzern ist dort kein Raum, wo der Sachverhalt **speziellen gesetzlichen Regelungen** zugänglich ist. Wegen der Haftung des herrschenden Unternehmens aus § 309 II, I AktG analog iVm § 31 BGB analog kommt der vertragliche Schadensersatzanspruch aus Treuepflichtverletzung nur **außerhalb von Weisungen** in Frage. § 117 I 1 AktG iVm § 31 BGB findet keine entsprechende Anwendung.

859

b) Haftung des herrschenden Unternehmens gegenüber den Gesellschaftern der Untergesellschaft

aa) Ausgleichs- und Abfindungsanspruch? Folgt man der hier vertretenen Auffassung, dass für den Abschluss eines Beherrschungs- und/oder Gewinnabführungsvertrages in der abhängigen GmbH **alle Gesellschafter zustimmen** müssen, bedarf es keines besonderen Gesellschafterschutzes, da es in der Hand jedes einzelnen Gesellschafters liegt, mit seiner Stimme den Vertragsschluss zu verhindern. Die Regelung besonderer Ausgleichs- und Abfindungsansprüche ist daher Sache der Vertragsparteien. Eine analoge Anwendung der §§ 304, 305 AktG ist **nicht erforderlich**[540].

860

bb) Durchsetzung der Verlustausgleichsverpflichtung § 302 I AktG analog. Eine Klagebefugnis der (außenstehenden) Gesellschafter[541] der abhängigen GmbH regelt § 302 AktG nicht. Beim AG-Vertragskonzern wurde aufgrund der Eingrenzung der actio pro socio auf gesetzlich vorgesehene Fälle ein Klagerecht der Aktionäre auf Durchsetzung des Verlustausgleichs abgelehnt. Den Gesellschaftern der abhängigen GmbH sollte dann erst Recht **kein** gesondertes Durchsetzungsrecht **gem. §§ 317 IV, 309 IV 1 AktG analog** eingeräumt werden. Zwar besteht dort wie in der AG die Gefahr, dass die Geschäftsleitung der Untergesellschaft aus welchen Gründen auch immer auf die Geltendmachung des Verlustausgleichsanspruchs verzichtet. Jedoch ist in der GmbH die actio pro socio als subsidiäre Klagebefugnis der Gesellschafter anerkannt (anders: §§ 147, 148 AktG), so dass unter Beachtung der besonderen Subsidiaritäten und Voraussetzungen (Stichwort: Gesellschafterbeschluss) die actio pro socio

861

---

540 Anders, wer eine 3/4-Mehrheit ausreichen lässt. Zu den dann anwendbaren Regelungen s. die Darstellung bei *Roth/Altmeppen*, Anh. § 13 Rn 87 ff.
541 Dem herrschenden Unternehmen als Mitgesellschafter kann kein Klagerecht gegen sich selbst zustehen.

einschlägig ist und sich somit ein Bedürfnis nach einer besonderen Einzelklagebefugnis schwerlich begründen lässt[542].

862 **cc) Durchsetzung des Schadensersatzanspruchs aus § 309 II, I AktG analog iVm § 31 BGB analog.** Fraglich ist, ob der Ersatzanspruch der abhängigen GmbH gegen das herrschende Unternehmen wegen sorgfaltswidriger Ausübung der Leitungsmacht auch von den (außenstehenden) Gesellschaftern durchgesetzt werden kann. Dafür könnte sprechen, dass den Gläubigern der abhängigen GmbH von der hM ein Verfolgungsrecht gem. § 309 IV 3 AktG analog als konzerntypischer, die verschiedenen Rechtsformen übergreifender Lösungsansatz zugesprochen wird[543] und es somit nahe liegt, auch den Gesellschaftern der abhängigen GmbH eine spezielle Klagebefugnis gem. § 309 IV 1, 2 AktG analog zur Verfügung zu stellen. Dagegen spricht allerdings bereits die Möglichkeit der Minderheitsgesellschafter, über die **actio pro socio** gegen das herrschende Unternehmen vorzugehen, so dass die Einräumung eines gesonderten Klagerechts nicht erforderlich ist[544].

863 **dd) Durchsetzung des Schadensersatzanspruchs aus Treuepflichtverletzung.** Soweit der abhängigen GmbH – außerhalb des § 309 AktG analog – ein Schadensersatzanspruch wegen Verletzung der Treuepflicht zusteht, können diesen Anspruch auch ihre Gesellschafter über die **actio pro socio** verfolgen[545]. Liegt die Verletzung in einer **treuwidrigen Stimmrechtsausübung,** ist zu beachten, dass zunächst die Minderheitsgesellschafter vorrangig von ihrem Anfechtungsrecht Gebrauch machen müssen, folglich eine versäumte Anfechtung den Schadensausgleich verhindert. Ausnahmsweise ist eine vorherige Anfechtung entbehrlich, wenn auch ein positives Urteil die Schädigung nicht abwenden würde[546].

864 Nur soweit die Minderheitsgesellschafter einen eigenen, über den der Gesellschaft hinausgehenden Schaden erlitten haben, können sie diesen unmittelbar gegen das herrschende Unternehmen geltend machen.

865 | **Leitsätze** |
|---|
| (1) Verlangt man für die Bildung eines GmbH-Vertragskonzerns **Einstimmigkeit** der Gesellschafter der abhängigen GmbH, bedarf es **keiner analogen Anwendung der §§ 304, 305 AktG.** Ausgleichs- und Abfindungsansprüche dürften (freiwillig) von den Vertragsparteien vereinbart werden. |
| (2) Den **außenstehenden Gesellschaftern** der abhängigen GmbH steht über die actio pro socio ein subsidiäres **Klagerecht** zu zwecks Durchsetzung des **Verlustausgleichsanspruchs** der Gesellschaft aus § 302 I AktG analog, des Ersatzanspruchs der abhängigen GmbH gegen das herrschende Unternehmen wegen **sorgfaltswidriger Konzerngeschäftsführung** aus § 309 II, I |

---

542 Vgl Baumbach/Hueck/*Zöllner*, SchlAnhKonzernR Rn 106; aA *Eschenbruch*, Rn 3201 mwN.
543 Vgl *Roth/Altmeppen*, Anh. § 13 Rn 85.
544 *Scholz/Emmerich*, Anhang Konzernrecht Rn 190, 127.
545 *Eschenbruch*, Rn 3204 mwN.
546 *Eschenbruch*, Rn 3194 mwN.

AktG analog iVm § 31 BGB analog sowie des Schadensersatzanspruchs wegen **Treuepflicht-verletzung.** Einer Ableitung der Einzelklagebefugnis über § 309 IV 1, 2 AktG analog bedarf es nicht.

c) Haftung des herrschenden Unternehmens gegenüber den Gläubigern der Untergesellschaft

aa) Anspruch auf Sicherheitsleistung/Zahlung nach § 303 I AktG analog. § 303 I AktG ist im GmbH-Vertragskonzern **analog anwendbar**[547]. Er gewährt den außenstehenden Gläubigern bei Beendigung eines Beherrschungs- und/oder Gewinnabführungsvertrages ein **Recht auf Sicherheitsleistung** hinsichtlich ihrer Forderungen gegen die Untergesellschaft. Soweit die abhängige GmbH vermögenslos ist und den Anspruch nicht mehr selbst erfüllen kann, hätte eine vorherige Sicherheitsleistung keinen Sinn mehr, weshalb der BGH in solchen Fällen einen **unmittelbaren Zahlungsanspruch** gegen das herrschende Unternehmen bejaht[548]. Zu den einzelnen Voraussetzungen dieses wichtigsten Gläubigeranspruches und dem Prüfungsschema kann auf die Darstellung im AG-Vertragskonzern unter Rn 750 ff verwiesen werden.

866

bb) Durchsetzung des Verlustausgleichsanspruchs § 302 I AktG analog? Mit Beendigung des Beherrschungs- und/oder Gewinnabführungsvertrags sind die Gläubiger der GmbH-Untergesellschaft über den Anspruch auf Sicherheitsleistung/Zahlung gem. § 303 I AktG analog ausreichend geschützt. Während der Vertragslaufzeit wird die Solvenz ihres Schuldners (Untergesellschaft) dadurch gewährleistet, dass diesem ein Verlustausgleichsanspruch gegen das herrschende Unternehmen zusteht. Entsprechend dem zum AG-Vertragskonzern Gesagten (siehe Rn 760) bedarf es aus Gläubigergesichtspunkten folglich **keines gesonderten Verfolgungsrechts** des Verlustausgleichsanspruchs in entsprechender Anwendung des § 309 IV 3 AktG[549]. Die Gläubiger können den Anspruch der Gesellschaft auf Verlustausgleich pfänden und sich überweisen lassen.

867

cc) Durchsetzung des Schadensersatzanspruchs aus § 309 II, I AktG analog iVm § 31 BGB analog. Hinsichtlich des Schadensersatzanspruchs der Gesellschaft gegen das herrschende Unternehmen wegen Überschreitung der Weisungsbefugnis oder bei sorgfaltswidriger Weisungsausübung ist es bei entsprechender Anwendung des § 309 II, I AktG nur folgerichtig, mit der hM den Gläubigern über § 309 IV 3 AktG analog eine eigenständige Einziehungsermächtigung zu gewähren, falls sie von der abhängigen GmbH keine Befriedigung erlangen können[550]. Zu den Einzelheiten wird auf den AG-Vertragskonzern (Rn 761) verwiesen.

868

---

547   Vgl BGHZ 116, 37 ff – Stromlieferung.
548   BGHZ 116, 37, 42 – Stromlieferung.
549   AA *Roth/Altmeppen*, Anh. § 13 Rn 85.
550   Vgl *Roth/Altmeppen*, Anh. § 13 Rn 85 mwN.

869 | **Leitsätze**

(1) Den Gläubigern der abhängigen GmbH steht nach Beendigung eines Beherrschungs- und/oder Gewinnabführungsvertrages ein Anspruch auf **Sicherheitsleistung** gegen das herrschende Unternehmen gem. **§ 303 I AktG analog** zu, der sich in der Krise der Untergesellschaft in einen unmittelbaren Zahlungsanspruch umwandelt. Darüber hinaus steht den Gläubigern ein **Verfolgungsrecht entsprechend § 309 IV 3 AktG** iVm § 309 II, I AktG analog iVm § 31 BGB analog zu, mit dessen Hilfe sie bei schädlichen Weisungen ihre Gesellschaftsforderungen liquidieren können.

(2) Im Übrigen bleibt eine Haftung des herrschenden Unternehmens gegenüber den Gläubigern der Untergesellschaft **nach allgemeinen Instituten und Vorschriften bestehen,** so zB nach der außervertraglichen Durchgriffshaftung (Unterkapitalisierung, Konkursverschleppung, §§ 823, 831, 826 BGB).

6. Haftung der Geschäftsleiter des herrschenden Unternehmens

a) Gegenüber der Untergesellschaft, deren Gesellschaftern und Gläubigern wegen schädigender Ausübung der Leitungsmacht gem. § 309 II, I AktG analog

870 Da – wie gezeigt – auf den GmbH-Vertragskonzern die Haftungsvorschriften des AktG für den AG-Vertragskonzern weitestgehend analog angewendet werden, findet auch für die Haftung der Geschäftsleiter des herrschenden Unternehmens, neben dem herrschenden Unternehmen selbst, wegen sorgfaltswidriger Konzerngeschäftsführung § 309 II, I AktG entsprechende Anwendung gegenüber der **abhängigen GmbH**[551]. Auf die Ausführungen zur Leitungsmacht im AG-Vertragskonzern sowie zu der hieraus resultierenden Haftung samt Prüfungsschema kann daher verwiesen werden (siehe Rn 768 ff).

871 Die **außenstehenden Gesellschafter** können den Schadensersatzanspruch der abhängigen GmbH gegen die Organmitglieder des herrschenden Unternehmens über das Rechtsinstitut der actio pro socio zugunsten der Untergesellschaft durchsetzen.

872 Den **Gläubigern** der abhängigen GmbH wird ein Verfolgungsrecht über § 309 IV 3 AktG analog zuerkannt. Insoweit ergeben sich keine erwähnenswerten Unterschiede zum AG-Vertragskonzern[552].

b) Gegenüber dem herrschenden Unternehmen selbst

873 Bei der AG richtet sich die Haftung der Geschäftsleiter des herrschenden Unternehmens gegenüber dem eigenen Unternehmen nach § 93 AktG, bei der GmbH nach § 43 GmbHG. Beide Anspruchsgrundlagen stellen vergleichbare Sorgfaltskriterien auf, bei deren Verletzung die Geschäftsleiter gesamtschuldnerisch zum Schadensersatz gegenüber ihrem eigenen Unternehmen verpflichtet sind. Verletzt beispielsweise der

---

551 *Eschenbruch*, Rn 4129.
552 *Eschenbruch*, Rn 4129; *Roth/Altmeppen*, Anh. § 13 Rn 85.

Vorstand bzw der Geschäftsführer des herrschenden Unternehmens seine Pflicht zur ordnungsgemäßen Konzerngeschäftsführung aus §§ 309 II, I, 308 I AktG, ist er regelmäßig zum Schadensersatz **auch dem herrschenden Unternehmen** gegenüber verpflichtet, da dieses aufgrund der Inanspruchnahme durch die abhängige GmbH nach § 309 II, I AktG analog iVm § 31 BGB analog einen Schaden erleidet (**Regress**). Zu den Einzelheiten wird auf die Darstellung zum AG-Vertragskonzern (siehe Rn 779 ff) verwiesen.

Leitsätze   874

(1) Neben dem herrschenden Unternehmen haften **dessen Organmitglieder für eine sorgfaltswidrige Konzerngeschäftsführung** gegenüber der abhängigen GmbH gem. § 309 II, I AktG analog. Den Gesellschaftern und Gläubigern der Untergesellschaft stehen eigene Durchsetzungsbefugnisse (actio pro socio, § 309 IV AktG analog) zu.

(2) Wird das herrschende Unternehmen wegen einer nicht ordnungsgemäßen Konzerngeschäftsführung oder wegen einer sonstigen Pflichtverletzung, die der Geschäftsleitung gegenüber dem abhängigen Unternehmen widerfahren ist, zum Schadensersatz herangezogen, kann es von seinem Vorstand über § 93 II, I AktG bzw seinem Geschäftsführer über § 43 II, I GmbHG **Regress für den ihm entstandenen Schaden** nehmen.

---

7. Haftung der Geschäftsführer der Untergesellschaft

a) Gegenüber ihrer Gesellschaft, den Gesellschaftern und Gläubigern gem. § 310 I AktG analog

Gem. § 43 GmbHG haften die Geschäftsführer der abhängigen GmbH **gegenüber ihrer Gesellschaft** für die Beachtung der Sorgfalt eines ordentlichen und gewissenhaften Geschäftsleiters. Im GmbH-Vertragskonzern **verdrängt § 310 AktG analog insoweit § 43 GmbHG**, als die Geschäftsführer durch die Entgegennahme und Ausführung rechtswidriger Weisungen (§ 308 II 1 AktG analog) pflichtwidrig an einer Schädigung der GmbH teilgenommen haben, wobei die Nachteiligkeit als Ursache der Rechtswidrigkeit nur dann zur persönlichen Verantwortlichkeit führt, wenn für die GmbH **offensichtlich** dem Konzerninteresse nicht dienende nachteilige Weisungen (§§ 308 II 2, 310 III AktG analog) umgesetzt wurden[553]. **Außerhalb** des Anwendungsbereichs des §§ 310 I, III, 309 II, 308 II AktG analog bleibt ein Schadensersatzanspruch der beherrschten GmbH gegen ihre Geschäftsführer aus § 43 II, I GmbHG noch relevant. Wegen der weiteren Einzelheiten, insbesondere zum Prüfungsaufbau des § 310 AktG kann auf die Ausführungen zum AG-Vertragskonzern verwiesen werden (s. Rn 786 ff).   875

Die **außenstehenden Gesellschafter** können Schadensersatzansprüche gegen die Geschäftsführer wegen unsorgfältiger Befolgung von Weisungen des herrschenden Unternehmens über die actio pro socio durchsetzen[554].   876

---

553   Vgl *Roth/Altmeppen*, Anh. § 13 Rn 84.
554   *Eschenbruch*, Rn 4131 mwN.

877 Den **Gläubigern** steht über § 310 I, IV iVm § 309 IV 3 AktG analog eine Einziehungsermächtigung mit Befriedigungsrecht bezüglich des Schadensersatzanspruchs der abhängigen GmbH zur Verfügung[555]. Verbleibende Ersatzansprüche aus § 43 II, I GmbHG können die Gläubiger in der Einzelzwangsvollstreckung pfänden und sich überweisen lassen.

b) Gegenüber dem herrschenden Unternehmen aus § 280 I BGB des Beherrschungsvertrages iVm § 308 II AktG analog

878 Der Beherrschungsvertrag begründet ein Schuldverhältnis zwischen dem herrschenden Unternehmen und den gesetzlichen Vertretern der abhängigen GmbH. Verletzt der Geschäftsführer die aus § 308 II AktG analog entspringende Pflicht, ordnungsgemäßen Weisungen des herrschenden Unternehmens Folge zu leisten, stehen diesem Schadensersatzansprüche gegen die Geschäftsführer der abhängigen GmbH zu gem. § 280 I BGB des Beherrschungsvertrages iVm § 308 II AktG analog[556].

879 | **Leitsätze**
|
| (1) Die Haftung der **Geschäftsführer gegenüber ihrer abhängigen Gesellschaft** für Pflichtverletzungen nach § 43 II, I GmbHG wird im GmbH-Vertragskonzern durch § 310 AktG analog insoweit modifiziert, als die Geschäftsführer für die Befolgung von rechtswidrigen (§ 308 II 1 AktG analog), die GmbH offensichtlich nicht bindenden nachteiligen Weisungen (§§ 308 II 2, 310 III AktG analog) über **§ 310 I, III AktG analog** auf Schadensersatz haften. Den außenstehenden Gesellschaftern steht über das Institut der actio pro socio, den Gläubigern über § 310 I, IV iVm § 309 IV 3 AktG analog ein **Verfolgungsrecht** zu.
|
| (2) Kommen die Geschäftsführer der Untergesellschaft ihrer **Weisungsfolgepflicht** für ordnungsgemäße Weisungen nicht nach, haften sie dem **herrschenden Unternehmen** persönlich aus § 280 I BGB des Beherrschungsvertrags iVm § 308 II AktG analog.

8. Rechtsprechung

880 ▶ **Lesen!**

BGHZ 105, 324 ff = NJW 1989, 295 ff – **Supermarkt** (Vertragsabschluss in der GmbH)

BGH NJW 1992, 1452 ff – **Siemens/NRG** (Vertragsabschluss in der GmbH)

BGHZ 103, 1 ff = NJW 1988, 1326 ff – **Familienheim** (fehlerhafter Beherrschungs- und/oder Gewinnabführungsvertrag)

BGHZ 116, 37 ff = NJW 1992, 505 ff – **Stromlieferung** (fehlerhafter Beherrschungs- und/oder Gewinnabführungsvertrag)

---

555 *Eschenbruch*, Rn 4132.
556 *Eschenbruch*, Rn 4130.

9. Fall: „Fehlerhafter Beherrschungsvertrag"

a) Sachverhalt – Ausgangsfall[557]

881

Sie sind Hausanwalt der Z-AG. Z ist Mehrheitsaktionär und einziges Vorstandsmitglied der Z-AG, die es sich zur Aufgabe gemacht hat, die finanziellen Geschicke ihrer beiden 100 %-igen Töchter, Verwaltungs-GmbH X und Verwaltungs-GmbH Y, in die Hand zu nehmen. Sowohl die X-GmbH als auch die Y-GmbH halten zahlreiche Mehrheitsbeteiligungen in der Baubranche. Eines Abends, kurz vor Weihnachten, ruft Z Sie an. Er erwähnt, dass die X-GmbH erst kürzlich die F-GmbH gekauft habe, die hervorragend in die Unternehmensgruppe passe. Leider habe die X-GmbH aber nur eine Mehrheitsbeteiligung von 80 % an der F-GmbH erwerben können, weil sich der Minderheitsgesellschafter E, ein notorischer Besserwisser, geweigert habe, seine Anteile zu verkaufen. Z beabsichtigt, die F-GmbH in seine Unternehmensgruppe zu integrieren. Er befürchtet allerdings, dass sich E als widerspenstiger Gesellschafter erweisen und Z's Geschäftspolitik torpedieren könnte. Auch habe er erfahren, dass der Geschäftsführer Heribert Klasse (K) mit E befreundet ist. Zwar habe Z den K als tüchtigen Mann schätzen gelernt, allerdings könne er nicht mit Sicherheit sagen, ob K den Weisungen der Z-AG oder der zuständigen Verwaltungs-GmbH X Folge leisten wird.

Nachdem Sie Z erklärt haben, dass er den Minderheitsgesellschafter E nicht ohne weiteres rauswerfen könne, er vielmehr eine an strenge Voraussetzungen geknüpfte Gesellschafterausschlussklage anstrengen müsse, und Z erklärt hat, dass er an dem Geschäftsführer K festhalten möchte, fragt Z nach Gestaltungsvarianten, die F-GmbH zu leiten. Er habe einmal gehört, dass es so etwas wie einen Beherrschungsvertrag gebe.

1. Nehmen Sie bitte Stellung, ob und unter welchen Voraussetzungen ein Beherrschungsvertrag zwischen der X-GmbH und der F-GmbH geschlossen werden kann!

2. Zeigen Sie auf, ob es unternehmenspolitisch geboten ist, den Beherrschungsvertrag auch mit der Z-AG abzuschließen!

3. Stellen Sie schließlich dar, welchen Mindestinhalt ein solcher Beherrschungsvertrag haben müsste!

Abwandlung: Lesen Sie zum abgewandelten Fall den Sachverhalt unter Rn 882.

b) Lösung – Ausgangsfall

A. Frage 1

Kann zwischen der X-GmbH und der F-GmbH ein Beherrschungsvertrag geschlossen werden und wenn ja, unter welchen Voraussetzungen?

881a

I. Zulässigkeit

Zunächst ist zu prüfen, ob zwischen zwei GmbH ein Beherrschungsvertrag geschlossen werden darf.

Sowohl der Abschluss als auch der Beherrschungsvertrag als solcher sind im AktG (§§ 291 I 1, 293 ff AktG) geregelt. Durch einen Beherrschungsvertrag unterstellt eine Gesellschaft (Untergesellschaft), genauer: eine AG/KGaA, die Leitung ihres Unternehmens einem anderen Unterneh-

---

557 Sachverhalt leicht abgewandelt nach *Veil*, Arbeitspapier 4 zum Kolloquium Konzern- und Umwandlungsrecht, Berlin, 1998/99.

men,. Mit Wirksamkeit des Beherrschungsvertrags entsteht somit ein AG/KGaA-Vertragskonzern (§§ 18 I 2, 291 I 1 AktG). Die Rechtsform des anderen Vertragsteils dagegen ist unbeachtlich.

Vorliegend handelt es sich bei der in Frage kommenden Untergesellschaft F-GmbH um eine GmbH. Mit §§ 291 ff AktG vergleichbare Vorschriften gibt es im GmbHG nicht. Folglich könnte man annehmen, dass die Begründung eines GmbH-Vertragskonzerns unzulässig ist. Dagegen sprechen jedoch mehrere Gründe:

1. Soweit gesetzliche Vorschriften nicht entgegenstehen, ist es gerade Ausdruck der verfassungsrechtlich geschützten Privatautonomie, Handlungen auch dann vornehmen zu können, wenn sie nicht Gegenstand einer gesetzlichen Regelung sind. Die fehlende Erwähnung des Beherrschungsvertrags im GmbHG bedeutet demnach nicht, dass einer GmbH die Möglichkeit zum Abschluss eines solchen Vertrags genommen ist. Unter welchen Voraussetzungen der Abschluss zu erfolgen hat, ist eine andere Frage. Es spricht vieles dafür, einzelne Vorschriften des AG-Vertragskonzernrechts auch auf das GmbH-Recht zu übertragen, zumal die Verfasser des AktG in den vertragskonzernrechtlichen Vorschriften seinerzeit den Kern eines allgemeinen Unternehmenskonzernrechts sahen[558].

2. Eine mit dem AktG vergleichbare Satzungsstrenge (§ 23 V AktG) existiert für die GmbH nicht. Somit bleibt es den Gesellschaftern – von zwingenden Zuständigkeiten einmal abgesehen – unbenommen, im Gesellschaftsvertrag Klauseln zu vereinbaren, die auf die Übertragung der Geschäftsführungskompetenz der Gesellschafterversammlung auf andere Gesellschafter (Mehrheitsgesellschafter) abzielen, ohne dass es des Abschlusses eines Beherrschungsvertrages bedarf. Allerdings ist anerkannt, dass zum Schutz der Minderheit dann dieselben Voraussetzungen an die Satzungsvereinbarung und an die Rechtsfolgen zu stellen sind, wie sie sonst im AktG für Beherrschungsverträge gelten[559]. Ferner geht eine verbreitete Ansicht davon aus, dass die dauerhaft nachteilige Weisungserteilung in der GmbH grundsätzlich nur aufgrund eines Beherrschungsvertrages zulässig ist[560]. Im Ergebnis ist daher allgemein anerkannt, dass Beherrschungsverträge auch bei GmbH-Konzernen ein zulässiges Leitungsinstrument sind[561].

3. Schließlich sind mit §§ 5, 1 MitbestG gesetzliche Regelungen geschaffen worden, in denen der Gesetzgeber durch den Verweis auf § 18 I AktG deutlich gemacht hat, dass eine GmbH als abhängige Gesellschaft Vertragspartei eines Beherrschungsvertrages sein kann[562].

Ein GmbH-Vertragskonzern ist folglich zulässig. Die Rspr hat dies ausdrücklich bestätigt[563].

II. Voraussetzungen

Zweitens ist zu untersuchen, welche Voraussetzungen für den Abschluss eines Beherrschungsvertrages zwischen X-GmbH und F-GmbH erforderlich sind. Als Maßstab hierfür dienen hinsichtlich der formellen Anforderungen die §§ 293, 294 AktG sowie die GmbH-rechtlichen Vorschriften zur Satzungsänderung.

1. Voraussetzungen auf Seiten der F-GmbH

a) Gem. § 293 I AktG sind die gesetzlichen Vertreter nicht dazu ermächtigt, wirksam einen Beherrschungsvertrag im Namen ihres Unternehmens abzuschließen. Erforderlich ist vielmehr die qualifizierte Zustimmung der Aktionäre der **Untergesellschaft.** Fraglich ist, ob diese Anforderung auch hinsichtlich der F-GmbH gilt. Dies ist zu bejahen, da der Charakter eines Beherrschungsvertrages und seine Auswirkungen in der F-GmbH grundlegend keine anderen sind als in

---

558 Vgl Reg Begr *Kropff*, S. 374.
559 Vgl *E/H*, Lb. § 32 II 1, S. 438 mwN.
560 Vgl *E/H*, Komm. § 291 Rn 43 mwN in Fn 83.
561 *Eschenbruch*, Rn 3173 mwN.
562 Vgl *Raiser*, MitbestG § 5 Rn 7.
563 BGHZ 105, 324 ff = NJW 1989, 295 ff – Supermarkt; BGH NJW 1992, 1452 ff – Siemens/NRG.

einer AG. Ein Beherrschungsvertrag ist mehr als nur ein schuldrechtlicher Austauschvertrag. Er wird als Organisationsvertrag verstanden, der satzungsgleich den rechtlichen Status der beherrschten Gesellschaft ändert. Diese Änderung besteht zuvorderst darin, dass die alleinige Weisungskompetenz der Gesellschafterversammlung aufgebrochen und vorrangig auf den anderen Vertragsteil übertragen wird und der Gesellschaftszweck am Konzerninteresse auszurichten ist[564].

b) Wirkt der Beherrschungsvertrag materiell wie eine Satzungsänderung, ist es nur konsequent, die Formalien der die Satzungsänderung regelnden §§ 53, 54 GmbHG entsprechend anzuwenden. Abgesehen von der Schriftform des Vertrags (§ 293 III AktG analog) ist demnach die notarielle Beurkundung des Gesellschafterbeschlusses (§ 53 II GmbHG analog) sowie die Anmeldung zur Eintragung ins HR (§ 54 I GmbHG analog) erforderlich. Erst mit Eintragung ins HR der beherrschten GmbH wird der Vertrag wirksam (§ 54 III GmbHG analog)[565].

c) Verlangt § 53 II GmbHG für den die Satzung ändernden Gesellschafterbeschluss eine 3/4-Mehrheit der abgegebenen Stimmen, so ist fraglich, ob diese Regelung für die Begründung eines GmbH-Vertragskonzerns übernommen werden kann oder ob eine höhere Stimmquote, beispielsweise Einstimmigkeit, verlangt werden sollte. Für eine qualifizierte Mehrheit spricht zum einen § 293 I AktG. Dort ist für den Vertragsabschluss mit einer beherrschten AG eine 3/4-Mehrheit des vertretenen (!) Grundkapitals erforderlich. Werden die überstimmten Gesellschafter ausreichend entschädigt, zB im Rahmen einer entsprechenden Anwendung der Ausgleichs- und Abfindungsregelungen zu §§ 304, 305 AktG, sind höhere Anforderungen an den Abschluss eines Beherrschungsvertrages in der GmbH gegenüber einer AG nicht zu stellen, zumal es für das Recht der Körperschaften kennzeichnend ist, sich einer qualifizierten Mehrheit unterwerfen zu müssen. Die Zustimmung aller Gesellschafter führt hingegen zu einer gesellschaftsrechtlich nicht zu rechtfertigenden Stärkung kleinster Gesellschafter sowie zu einer Verteuerung der Konzernierungsbemühungen, um widerwillige Gesellschafter mittels „finanzieller Argumente" zur Zustimmung zu bewegen. Erschwerte Bedingungen beim Abschluss des Beherrschungsvertrags wiederum könnten dazu führen, dass anstelle des Beherrschungsvertrages die einheitliche Leitung faktisch ausgeübt wird mit der Folge einer Zunahme qualifizierter Eingriffe im faktischen Unternehmensverbund und des dort erheblich schwierigeren Rückgriffs von Ersatzansprüchen gegen den Herrschaftsträger[566].

Die hM fordert hingegen die Zustimmung aller Gesellschafter zum Vertragsabschluss. Nur so seien die gravierenden Eingriffe in die Mitverwaltungs- und Vermögensrechte der Gesellschafter hinnehmbar[567]. Nicht ohne Grund verlange § 33 I 2 BGB beim Verein (als Ursprungsform aller Kapitalgesellschaften) für Änderungen des Vereinszwecks die Einstimmigkeit aller Mitglieder. Dass der Gesetzgeber – wohl aus pragmatischen Erwägungen heraus – in § 293 I AktG eine 3/4-Mehrheit zugelassen habe, sei einem speziellen Regelungsbedürfnis entsprungen und müsse nicht zwangsläufig für die GmbH gelten. Hinzu komme, dass bei Einstimmigkeit das Anfechtungsrisiko infolge unzufriedener Gesellschafter oder Querulanten auf Null reduziert werde, hingegen bei Zulässigkeit einer qualifizierten Mehrheit die Wirksamkeit des Vertrages von vornherein unter der Gefahr einer Anfechtung der überstimmten Minderheitsgesellschafter stehe, selbst wenn, was derzeit unklar ist, das in § 246a AktG geregelte Freigabeverfahren in der GmbH entsprechende Anwendung finde. Das aktienrechtliche Freigabeverfahren ist kein Freibrief zur Überwindung jedweder Eintragungsmängel. Gem. § 246a II AktG prüft das Prozessgericht summarisch die Anfechtungsgründe sowie die Erfolgsaussichten der Klage und wägt diese mit dem Eintragungsbedürfnis der Gesellschaft ab. Letztlich wird bei Zulassung einer Mehrheitsentscheidung das Problem unzufriedener und somit streitwilliger Gesellschafter von den Vertragsverhandlungen weg

564 Vgl BGH NJW 1989, 295, 296 – Supermarkt.
565 Vgl BGH NJW 1989, 295, 298 – Supermarkt.
566 Zum Ganzen *Eschenbruch*, Rn 3183 mwN.
567 Vgl *E/H*, Lb. § 32 II 3 a), S. 440 mwN in Fn 26; Baumbach/Hueck/*Zöllner*, SchlAnhKonzernR Rn 55; *Roth/Altmeppen*, Anh. § 13 Rn 40.

auf einen späteren Zeitpunkt verlagert[568]. Im Gegensatz dazu bringt das Einstimmigkeitsprinzip, bei dem die Beteiligten privatautonom für angemessene Ausgleichs- und Abfindungsregelungen sorgen können, den Vorteil der „erkauften" Rechtssicherheit mit sich. Im Ergebnis ist der hM zu folgen und die Zustimmung aller Gesellschafter zum Vertragsabschluss geboten. Der andere Vertragsteil muss nicht zugleich Gesellschafter der Untergesellschaft sein.

2. Voraussetzungen auf Seiten der X-GmbH

Fraglich ist, ob der Beherrschungsvertrag auch auf Seiten des anderen Vertragsteils (hier: X-GmbH) einer qualifizierten Zustimmung seiner Gesellschafter bedarf.

a) Auch wenn der Beherrschungsvertrag als Organisationsvertrag zu klassifizieren ist, sind seine strukturändernden Auswirkungen doch nur für die Untergesellschaft spürbar, so dass ein wesentliches Argument für die Bejahung besonderer Zustimmungserfordernisse wegfällt. Gleichwohl verlangt § 293 II AktG für die AG/KGaA als **Obergesellschaft** eine Zustimmung ihrer Aktionäre mit einer 3/4-Mehrheit. Durch diese Regelung soll dem Interesse der Eigentümer der Obergesellschaft, nicht ohne ihre Zustimmung mit den unternehmerischen Risiken einer ihrer unmittelbaren Kontrolle entzogenen Untergesellschaft belastet zu werden, der Vorzug vor dem Interesse des Rechtsverkehrs gegeben werden, auf die Unbeschränktheit der Vertretungsmacht (§ 82 I AktG) des Vorstands zu vertrauen. Die Risikoerhöhung für die Aktionäre der Obergesellschaft liegt in der gesetzlichen Verpflichtung ihrer Gesellschaft begründet, die eintretenden Verluste der Untergesellschaft auszugleichen (§ 302 AktG), was insbesondere bei mehrjähriger Vertragslaufzeit den jährlichen Aktionärsgewinn schmälern, bei hohen Verlusten gefährden oder bei anhaltend schlechter Ertragslage und hohen Verlusten der Untergesellschaft auch zur Existenzfrage bei der Obergesellschaft führen kann[569].

b) Diese Wertung des § 293 II AktG für die AG/KGaA als Obergesellschaft trifft aber auch für die GmbH zu, weshalb nach ganz hM der Beherrschungsvertrag zu seiner Wirksamkeit der Zustimmung der Gesellschafterversammlung der herrschenden GmbH bedarf. In entsprechender Anwendung des § 293 II AktG muss dieser Beschluss mit einer qualifizierten Mehrheit gefasst werden, die mindestens 3/4 der bei Beschlussfassung abgegebenen Stimmen (!) umfasst. Der Beschluss bedarf keiner notariellen Beurkundung[570] sowie in Anlehnung an die Rechtslage beim AG-Vertragskonzern auch keiner Eintragung ins HR des Sitzes des herrschenden Unternehmens[571].

3. Zwischenergebnis

Unter Beachtung der hier aufgezeigten Voraussetzungen kann zwischen der F-GmbH und der X-GmbH ein Beherrschungsvertrag wirksam geschlossen werden.

B. Frage 2

Ist es unternehmenspolitisch sinnvoll, den Beherrschungsvertrag auch zwischen F-GmbH und Z-AG abzuschließen?

Die Frage ist aus zwei Blickrichtungen zu beantworten.

I. Sichtweise der F-GmbH

Aus Sicht der F-GmbH überwiegen die Vorteile, die ein weiterer Abschluss eines Beherrschungsvertrages mit sich bringen würde. Zwar sieht sich der Geschäftsführer der F-GmbH, K, dann einem weiteren Weisungsberechtigten, nämlich der Konzernmutter Z-AG, ausgesetzt. Dies fällt

---

568 Vgl *Zeidler*, NZG 1999, 692, 693.
569 Vgl BGH NJW 1989, 295, 297 – Supermarkt.
570 Vgl BGH NJW 1989, 295, 297, 298 – Supermarkt.
571 *Zeidler*, NZG 1999, 692, 694 mwN.

aber nicht weiter ins Gewicht. Zum einen dürften die operativen Entscheidungen weiterhin von der X-GmbH gefällt werden und zum anderen könnte die Z-AG ohnehin mittels der Weisungsbefugnis kraft allgemeinen Gesellschaftsrechts (§§ 37 I, 45 I GmbHG) auf der Gesellschafterversammlung der X-GmbH deren Geschäftsführer anweisen, das beherrschungsvertragliche Weisungsrecht gegenüber der F-GmbH in einem bestimmten Sinne auszuüben. Auch ohne ein beherrschungsvertragliches Weisungsrecht ist die Konzernspitze also in der Lage, ihren Willen in der F-GmbH durchsetzen. Mit dem Vertragsabschluss würde der F-GmbH jedoch ein weiterer solventer Schuldner für den Verlustausgleich nach § 302 AktG analog zur Verfügung stehen, so dass F-GmbH sowohl gegen die X-GmbH als auch gegen die Z-AG vorgehen könnte, um ihren Jahresfehlbetrag auszugleichen.

II. Sichtweise der Z-AG

Aus Sicht der Z-AG gilt es, die Vor- und Nachteile abzuwägen. Vorteilhaft ist die Begründung eines unmittelbaren Weisungsrechts gegenüber dem Geschäftsführer K. Der Umweg über die Gesellschafterversammlung der X-GmbH zwecks Durchsetzung ihres Willens erübrigt sich. Will die Z-AG in finanzpolitischen Entscheidungen unmittelbaren Einfluss auf jede ihrer Beteiligungen nehmen, ist der Vertragsabschluss zu empfehlen.

Auf der anderen Seite schlagen die risikoreichen Verpflichtungen der Z-AG zu Buche, die mit dem Vertragsabschluss entstehen. Schließt sie keinen Vertrag mit der F-GmbH ab und besteht auch zwischen der Z-AG und der X-GmbH kein Beherrschungsvertrag, erfährt sie keine unmittelbaren Vermögensnachteile – von dem Wert ihrer Beteiligung einmal abgesehen – für den Fall einer Inanspruchnahme der F-GmbH bei X-GmbH auf Verlustausgleich. Mit geschickter Verschleierung kann sie sich nämlich weitgehend einer Haftung im faktischen Konzern gegenüber der X-GmbH entziehen. Folglich würde der F-GmbH lediglich X-GmbH als Schuldner des § 302 AktG analog zur Verfügung stehen, hingegen die Z-AG eine unmittelbare Haftung gegenüber F-GmbH bzw eine indirekte über die X-GmbH vermeiden. Da, wie gezeigt, die Z-AG zumindest mittelbar die Geschäftspolitik auch gegenüber der F-GmbH steuern kann, ist ihr der Abschluss eines Beherrschungsvertrages mit F-GmbH nicht zu empfehlen.

C. Frage 3

Welchen Mindestinhalt müsste ein Beherrschungsvertrag haben?

I. Weisungsrecht

Ein Vertrag, der nicht das regelt, was dem Willen der Parteien entspricht, ist wegen Dissenses kein Vertrag. Folgerichtig hat ein Beherrschungsvertrag Bestimmungen über die vertragliche Herrschaft der einen Vertragspartei über die andere Vertragspartei zu enthalten, anderenfalls verdient er seine Bezeichnung nicht. Aus §§ 291 I 1, 308 I AktG ist für den AG-Vertragskonzern zu entnehmen, dass die Herrschaft in Form der Ausübung von Leitungsmacht besteht. Weil die Untergesellschaft während ihrer Vertragsbeziehung rechtlich selbstständig bleibt und allein durch ihr eigenes Geschäftsführungs- und Vertretungsorgan handlungsfähig ist, wird die Leitungsmacht mittels eines Weisungsrechts des herrschenden Unternehmens gegenüber dem Geschäftsführungsorgan der Untergesellschaft umgesetzt. Gleiches hat auch für den GmbH-Vertragskonzern zu gelten. Somit sind die **Bestimmungen über das angestrebte Weisungsrecht,** dh dessen Umfang und seine Schranken, soweit sie sich nicht schon aus Gesetz oder Satzung ergeben, Mindestinhalt eines jeden Beherrschungsvertrages. Da eine Leitung rein tatsächlich nicht rückwirkend ausgeübt werden kann, ist der rückwirkende Beginn eines Beherrschungsvertrages unzulässig[572].

---

572 AA Baumbach/Hueck/*Zöllner*, SchlAnhKonzernR Rn 63.

II. Minderheitenrechte

Im AG-Vertragskonzern sind zusätzlich erforderlich die Bestimmungen über **Ausgleich** (zwingend) **und Abfindung** der außenstehenden Aktionäre (§§ 304, 305 AktG). Eine Analogie zu diesen Vorschriften ist jedoch im GmbH-Vertragskonzern **entbehrlich,** wenn und solange man, wie oben befürwortet, grundsätzlich die Zustimmung aller Gesellschafter der beherrschten GmbH zu dem Abschluss eines Beherrschungsvertrages verlangt, weil dann die außenstehenden Gesellschafter selbst ohne weiteres in der Lage sind, ihre Vermögensrechte zu wahren, notfalls also sich ihre Zustimmung zum Vertrag „abkaufen" zu lassen. Anders ist die Rechtslage hingegen, wenn man sich generell mit einer Mehrheitsentscheidung begnügt. Dann ist eine Analogie zu §§ 304, 305 AktG unverzichtbar, so dass das herrschende Unternehmen den außenstehenden Gesellschaftern einen angemessenen Ausgleich und eine Barabfindung, gegebenenfalls einen Umtausch ihrer Anteile gegen Anteile an dem herrschenden Unternehmen (falls dieses eine AG/KGaA ist), anbieten muss.

c)   Sachverhalt – Abwandlung

882   Das Telefonat zwischen Ihnen und dem Z fand vor mehreren Jahren statt. Auf Ihren Rat hin, dem der Z prompt ein besonders großzügiges Weihnachtsgeschenk für Sie folgen ließ, wurde zwischen X-GmbH und F-GmbH mündlich ein Beherrschungsvertrag geschlossen. Durch größere finanzielle Zuwendungen sowie die Gunst der Jahreswechsellaune ausnutzend, gelang es, die Zustimmung des zunächst ablehnend eingestellten E zum Vertragsschluss zu erhalten. Die Zustimmung der X-GmbH blieb reine Formsache, auch wurde der Vertrag anstandslos in das HR der F-GmbH eingetragen. In der Folgezeit rutschte – bedingt durch Management-Fehlentscheidungen sowie die sich ausweitende Baukrise – die ehemals ertragreiche F-GmbH in die Verlustzone. Die X GmbH hatte bereits für die vergangenen zwei Geschäftsjahre den Verlust der F-GmbH auszugleichen. Z will den Verlustbringer F-GmbH nun am liebsten loswerden. Da trifft es sich gut, dass Sie bei der alljährlichen Aktenkontrolle feststellen, dass die notarielle Beurkundung des Gesellschafterbeschlusses der F-GmbH über die Zustimmung zum Beherrschungsvertrag als auch die Schriftform des Vertrages unterblieben sind. Z fackelt nicht lange und weist den Geschäftsführer der X-GmbH an, sich gegenüber der F-GmbH auf die Nichtigkeit des Beherrschungsvertrages zu berufen. Dem kommt der Geschäftsführer der X-GmbH nach und kündigt fristlos. Minderheitsgesellschafter E ist entrüstet und verlangt, nachdem Geschäftsführer K sich weigert, den Verlustausgleich für das anteilige Geschäftsjahr von der X-GmbH einzufordern, nun seinerseits von X-GmbH Ausgleich des Jahresverlustes.

Darf E das?

d)   Lösung – Abwandlung

882a   Möglicherweise könnte dem E die Befugnis zustehen, den Verlustausgleichsanspruch gem. § 302 I AktG analog für F-GmbH klageweise gegen die X-GmbH geltend zu machen. Vor der Prüfung, ob dem E ein solches Verfolgungsrecht zusteht, ist zunächst fraglich, ob der F-GmbH gegen die X-GmbH überhaupt ein Verlustausgleichsanspruch gem. § 302 I AktG analog für dieses Geschäftsjahr zusteht.

I. Verlustausgleichsanspruch der F-GmbH

Für den auch im GmbH-Vertragskonzern analog anzuwendenden Verlustausgleichsanspruch der Untergesellschaft gegen das herrschende Unternehmen wird nach § 302 I AktG verlangt, dass zwischen beiden ein wirksamer Beherrschungsvertrag besteht, während der Vertragsdauer ein

Jahresfehlbetrag in der Untergesellschaft entstanden ist und der Jahresfehlbetrag nicht durch Gewinnrücklagen der Untergesellschaft getilgt werden kann. Während zu Letzteren beiden Voraussetzungen der Sachverhalt keine gegenteiligen Angaben macht, könnte dem Verlustausgleichsanspruch vorliegend die von der X-GmbH eingewandte Nichtigkeit des Beherrschungsvertrages dem Verlustausgleichsanspruch entgegenstehen.

1. Wirksamkeitserfordernisse

Die X-GmbH macht geltend, dass der zwischen der X-GmbH und der F-GmbH geschlossene Beherrschungsvertrag niemals wirksam geworden sei. Zwar haben die Gesellschafter beider Gesellschaften mit der erforderlichen Stimmenanzahl zugestimmt und der Vertrag wurde auch in das HR der F-GmbH eingetragen gem. § 54 I, III GmbHG analog, jedoch fehle es an zwei weiteren Wirksamkeitsvoraussetzungen, der notariellen Beurkundung des Zustimmungsbeschlusses der Gesellschafter der F-GmbH gem. § 53 II GmbHG analog und dem Schriftformerfordernis des § 293 III AktG analog.

a) Nach allgemeiner Meinung darf auf die Einhaltung des Beurkundungserfordernisses für die Gültigkeit des Vertrags nicht verzichtet werden. Zwar stellt der Abschluss eines Beherrschungsvertrages formal keine Satzungsänderung dar, jedoch kommt er materiell einer solchen gleich, weil er als organisationsrechtlicher Vertrag mit seinem externen Weisungsrecht die Struktur der abhängigen GmbH verändert. Was bisher nur den Gesellschaftern vorbehalten war, nämlich durch Beschlüsse Weisungen an die Geschäftsführer zu erteilen (§§ 37 I, 45 I GmbHG), kann nunmehr auch von Nichtgesellschaftern, also von außen, erfolgen. Demnach sind die §§ 53, 54 GmbHG und somit das Beurkundungserfordernis entsprechend anzuwenden. Fehlt die Beurkundung nach § 53 II GmbHG, wie vorliegend, wäre der Vertrag von Anfang an (ex tunc) nicht wirksam zustande gekommen. Hier ist der Beschluss jedoch ins HR eingetragen worden, so dass die fehlende Beurkundung über § 242 I AktG analog endgültig geheilt wird[573].

b) Letztlich bleibt der Beherrschungsvertrag dennoch unwirksam, da gegen das Schriftformerfordernis des § 293 III AktG analog verstoßen wurde. Dieses Versäumnis zieht die Nichtigkeit des Vertrages gem. § 125 BGB zwingend nach sich und kann auch nicht durch einen wirksamen (geheilten) Zustimmungsbeschluss geheilt werden[574].

2. Grundsätze der fehlerhaften Gesellschaft

Allerdings ist nach ganz hM ein an sich unwirksamer Beherrschungsvertrag nach den Grundsätzen über die fehlerhafte Gesellschaft als wirksam zu behandeln, wenn er vollzogen worden ist[575], dh, der fragliche Vertrag wird mit all seinen Rechten und Pflichten für die Vergangenheit als wirksam behandelt. Hintergrund für diese Wertung ist der Gedanke, dass es bei einmal vollzogenen Organisationsverträgen faktisch unmöglich ist, das Rechtsverhältnis im Nachhinein auf der Grundlage isolierbarer Einzelrechtsbeziehungen zurück abzuwickeln[576]. Dies bedeutet für den fehlerhaften Beherrschungsvertrag in erster Linie, dass es für die bereits abgelaufene Zeit grundsätzlich bei der Anwendbarkeit des § 302 AktG bleibt. Für die Zukunft kann der Vertrag von den Parteien durch eine außerordentliche Kündigung aus wichtigem Grund beendet werden.

Der Vollzug des hier geschlossenen unwirksamen Beherrschungsvertrages kann dann bejaht werden, wenn nachweislich Weisungen des herrschenden Unternehmens in der Untergesellschaft befolgt wurden, aber auch dann, wenn über Jahre hinweg die bei der abhängigen Gesellschaft entstandenen Verluste ausgeglichen und somit die Ausgleichsverpflichtung aus dem Beherrschungs-

---

573 Vgl *Lutter/Hommelhoff* § 53 Rn 16.
574 Vgl KölnKomm.AktG/*Koppensteiner* § 293 Rn 68.
575 Vgl BGHZ 116, 37, 39 – Stromlieferung.
576 *Eschenbruch*, Rn 3190.

vertrag anerkannt wurde[577]. So liegt der Fall hier. Die X-GmbH hat sich zu ihrer Verlustausgleichspflicht bekannt, als sie jeweils die Verluste der vergangenen zwei Jahre in der F-GmbH übernahm. Somit war der Vertrag von allen Beteiligten in Vollzug gesetzt und als wirksam angesehen.

3. Rechtsfolgen

Hier hat X-GmbH sich für eine sofortige Beendigung des fehlerhaften Vertrages ausgesprochen und eine außerordentliche Kündigung erklärt. Der Vertrag ist für die Zukunft beendet. Für die Vergangenheit aber hat die X-GmbH für den (fiktiven) Jahresfehlbetrag, wie er in einer Stichtagsbilanz zum Zeitpunkt der Beendigung des Beherrschungsvertrages ermittelt wird, gem. § 302 I AktG analog gegenüber der F-GmbH aufzukommen. Die X-GmbH als herrschendes Unternehmen kann gegen diesen pauschalierten Anspruch der F-GmbH nicht einwenden, die Verluste der abhängigen Gesellschaft stünden nicht bzw nicht in dieser Höhe im Zusammenhang mit der ausgeübten Konzernleitungsmacht[578].

II. Klagebefugnis

Steht der F-GmbH ein Verlustausgleichsanspruch gegen die Gesellschafterin X-GmbH zu, ist es Sache der Geschäftsführung, diesen Anspruch zu verfolgen. Problematisch daran ist im vorliegenden Fall, dass Geschäftsführer K die Geltendmachung des Verlustausgleichsanspruchs verweigert. Daher ist fraglich, ob den einzelnen (Minderheits-)Gesellschaftern nicht ein **eigenes Klagerecht** gegen ihren Mitgesellschafter eingeräumt werden sollte. Hierfür stünde zuvorderst die in der GmbH anerkannte actio pro socio auf Zahlung an die Gesellschaft zur Verfügung. Allerdings unterliegt diese Klagebefugnis bestimmten Subsidiaritäten, wie zB einem vorherigen Gesellschafterbeschluss, dessen Ausfall zunächst abzuwarten bleibt. Diese Anforderungen weglassend, fordert die Literatur teilweise ein **unmittelbares** Klagerecht aus §§ 317 IV, 309 IV 1 AktG[579]. Die analoge Anwendung der vorgenannten Vorschriften ist allerdings abzulehnen[580]. Mag es für die Heranziehung der §§ 317 IV, 309 IV 1 AktG im AG-Vertragskonzern ein Bedürfnis geben, da sich dort die actio pro socio als Rechtsinstitut – von §§ 147, 148 AktG einmal abgesehen – nicht durchgesetzt hat, gilt für den GmbH-Vertragskonzern genau das Gegenteil. Sozialansprüche gegen Gesellschafter sind hier – unter Beachtung zunächst vorrangiger Kompetenzzuweisungen der Gesellschaftsorgane – von den Mitgesellschaftern zulässigerweise verfolgbar.

Folglich kann der E als Gesellschafter der abhängigen F-GmbH den Verlustausgleichsanspruch seiner Gesellschaft gegen die X-GmbH zugunsten der F-GmbH gem. § 302 I AktG analog mittels der actio pro socio geltend machen und Zahlung an die F-GmbH verlangen.

---

577 Vgl BGHZ 116, 37, 40 – Stromlieferung.
578 S. BGHZ 116, 37, 41 – Stromlieferung.
579 Vgl *Eschenbruch*, Rn 3201 mwN.
580 Vgl Baumbach/Hueck/*Zöllner*, SchlAnhKonzernR Rn 106.

§ 6 Eingliederung, Societas Europaea, Personengesellschaften

I. Eingliederung

Literatur: *Emmerich/Habersack*, Lb. § 10, S. 131–152; *Raiser/Veil*, KapGesR § 55, S. 809–814

Hinweis: In Klausuren dürfte die Eingliederung nicht vorkommen. Kenntnisse sind hilfreich, um die ganze Breite der im AktG geregelten konzernrechtlichen Sachverhalte vor Augen zu haben.

---

1. Grundfragen

Die Eingliederung ist in den §§ 319–327 AktG geregelt. „Eingliederung" meint, dass **883** eine Gesellschaft – die eingegliederte Gesellschaft – in eine andere Gesellschaft – die Hauptgesellschaft – eingebunden wird. Sie ist ein korporationsrechtlicher Vorgang, der ein Konzernverhältnis zwischen der eingegliederten und der Hauptgesellschaft begründet, § 18 I 2 AktG. Wirtschaftlich steht die Eingliederung der Verschmelzung, also dem Erlöschen des einen Rechtsträgers durch Aufgehen in dem anderen, nahe. Bei der Eingliederung bleibt jedoch die juristische Selbstständigkeit der beteiligten Gesellschaft gewahrt[1]. Die Eingliederung ist die **engste denkbare Verbindung** zweier rechtlich selbstständiger Unternehmen.

Die Eingliederung vollzieht sich durch Eingliederungsbeschluss der Hauptversammlung der einzugliedernden Gesellschaft (§§ 319 I 1, 320 I 1 AktG) und Zustimmungsbeschluss der Hauptversammlung der Hauptgesellschaft (§§ 319 II 1, 320 I 3 AktG) sowie ihre Eintragung ins Handelsregister der eingegliederten Gesellschaft (§ 319 VII, 320 I 3 AktG). Die Eingliederung basiert nicht auf einem Vertrag, sondern ist innergesellschaftlicher, körperschaftlicher Vorgang[2].

2. Regelungsgehalt der §§ 319 ff AktG

Die §§ 319 ff AktG gestatten nur die Eingliederung einer AG in eine AG. Andere **884** Rechtsformen werden nicht erfasst[3]. Die Vorschriften sind wie folgt aufgebaut:

- **§ 319 AktG** regelt die Eingliederung einer einhundertprozentigen Tochtergesell- **885** schaft, § 319 I 1 AktG („**Einheitseingliederung**"). Auf die Feststellung der Beteiligungshöhe findet die Zurechnung gem. § 16 IV AktG keine Anwendung[4], dh die 100%-ige Beteiligung muss die Hauptgesellschaft direkt an der einzugliedernden Gesellschaft halten. Nach § 319 V AktG besteht für die Eintragung der Eingliederung eine Registersperre, wenn nicht der Vorstand der einzugliedernden Gesell-

---

1 *Hüffer* § 319 Rn 2.
2 OLG München AG 1993, 430 – Siemens/SNI; *E/H*, Lb. § 10 II 2., S. 134.
3 *Hüffer* § 319 Rn 4; aA *E/H*, Komm. § 319 Rn 6: KGaA als Hauptgesellschaft zulässig.
4 *Hüffer* § 319 Rn 4.

schaft ua erklärt, es seien keine Klagen gegen den Eingliederungsbeschluss erhoben worden (Negativerklärung). Kann er dies nicht erklären, weil geklagt wird, kann die Registersperre durch ein Unbedenklichkeitsverfahren nach § 319 VI AktG aufgehoben werden (ähnlich: § 246a AktG, § 16 II, III UmwG)[5]. Bei der Einheitseingliederung ist (nur) der Schutz der Aktionäre der Hauptgesellschaft sicherzustellen; das geschieht durch §§ 319 II-IV AktG mit dem Erfordernis eine 3/4-Mehrheit und Informationspflichten (ua: Eingliederungsbericht) der Verwaltung der Hauptgesellschaft ihnen gegenüber. Zudem müssen die Gläubiger der Hauptgesellschaft geschützt werden, geregelt in §§ 321 f AktG (s.u.).

886 • **§§ 320–320b AktG** regeln die Eingliederung durch Mehrheitsbeschluss („**Mehrheitseingliederung**"), bei der der künftigen Hauptgesellschaft 95 % der Aktien der einzugliedernden Gesellschaft gehören. Die Beteiligungshöhe ist auch hier ohne Rückgriff auf die Zurechnungsbestimmung § 16 IV AktG zu ermitteln. § 320 I 3 AktG verweist auf § 319 I 2–VII AktG und damit auch auf das Freigabeverfahren (§ 319 VI AktG). Durch die Eingliederung (Handelsregistereintragung) gehen auch die restlichen, bisher noch von außenstehenden Aktionären gehaltenen Aktien auf die Hauptgesellschaft über, § 320a AktG. Bei der Mehrheitseingliederung sind neben den Aktionären der Hauptgesellschaft auch die Minderheitsaktionäre der eingegliederten Gesellschaft schutzbedürftig. Insbesondere erhalten sie eine Abfindung, § 320b I AktG.

887 **Hinweis:** Kommt es bei der Eingliederung nach erfolgreichem Freigabeverfahren zur Eintragung der Eingliederung in das Handelsregister der eingegliederten Gesellschaft und stellt sich dann im Klageverfahren heraus, dass die Klagen gegen den Beschluss der Hauptversammlung der Hauptgesellschaft oder der eingegliederten Gesellschaft (doch) erfolgreich sind, ist die Gesellschaft, deren Beschluss erfolgreich angefochten worden ist, jedem Antragsgegner im Freigabeverfahren zum Ersatz seines aufgrund der eingetragenen Eingliederung entstandenen Schadens verpflichtet, § 319 VI 6 AktG. Im auffälligen Unterschied zu den Freigabeverfahren bei der Eintragung von Unternehmensverträgen (§ 246a I, IV 2 AktG) und von Verschmelzungen und Spaltungen (§§ 16 III 6, 125 Satz 1 UmwG) kann der Schadensersatzberechtigte bei der Eingliederung Naturalrestitution (§ 249 I BGB) auch in der Form verlangen, dass – soweit möglich – die Eingliederungsfolgen rückgängig gemacht werden. Handelt es sich um eine Mehrheitseingliederung, bei der die Minderheitsgesellschafter der eingegliederten Gesellschaft aus der eingegliederten Gesellschaft gedrängt werden (§§ 320 I, 320a AktG), kann ein hinausgedrängter Aktionär der eingegliederten Gesellschaft daher auch die Wiedereinräumung seiner Beteiligung verlangen[6].

888 • **§ 321 AktG** bestimmt, dass die **Gläubiger** der eingegliederten Gesellschaft von der eingegliederten Gesellschaft **Sicherheitsleistung** verlangen können (Absatz 1 iVm §§ 232 ff BGB). **§ 322 I AktG** ordnet an, dass die Hauptgesellschaft gesamtschuldnerisch neben der eingegliederten Gesellschaft für deren zur Zeit der Eingliederung begründete und alle künftigen Verbindlichkeiten haftet (§§ 422 ff

---

5 Zu Negativerklärung und Unbedenklichkeitsverfahren bei der Eingliederung näher *Hüffer* § 319 Rn 14–21; zu § 16 II, III UmwG s. unten Rn 1066 ff.
6 LG Mannheim AG 2002, 104; *E/H*, Komm. § 320b Rn 22 aE.

BGB), so dass auch gegenüber der Hauptgesellschaft ein Anspruch auf Sicherheitsleistung besteht. Die Ausgestaltung der Haftung der Hauptgesellschaft für die Verbindlichkeiten der eingegliederten Gesellschaft entspricht der Gesellschafterhaftung in der OHG gem. §§ 128–130 HGB.

- **§ 323 I AktG** regelt die Leitungsmacht der Hauptgesellschaft dahin, dass sie wie   **889** im Beherrschungsvertrag (§ 308 I 1 AktG) der eingegliederten Gesellschaft Weisungen erteilen darf, § 323 I 1 AktG. Anders als im Beherrschungsvertrag (§ 308 I 2 AktG) besteht gem. der eingeschränkten Verweisung in § 323 I 2 AktG **keine Begrenzung des Weisungsrechts** auf Weisungen im Konzerninteresse. Grenzen sind hier nur § 138 BGB sowie existenzgefährdende Weisungen, in diesem Rahmen muss der Vorstand der eingegliederten Gesellschaft die Weisungen auch befolgen (§ 323 I 2 AktG iVm § 308 II 1 AktG; § 323 I 2 AktG verweist dagegen gerade nicht auf die Prüfungsbefugnis des Vorstands in einem Beherrschungsvertrag nach § 308 II 2 AktG)[7]. Aufgrund des Verweises in § 323 I 2 AktG auf §§ 309, 310 AktG richtet sich die Verantwortung der Vertreter der Hauptgesellschaft nach diesen Vorschriften. Die Hauptgesellschaft selbst haftet dann unter Umständen gem. § 309 AktG iVm § 31 BGB. **§ 323 II AktG** hebt die Vermögensbindung in der eingegliederten Gesellschaft auf.

- **§ 324 III AktG** verpflichtet die Hauptgesellschaft, einen Verlust der eingegliederten Gesellschaft auszugleichen.   **890**

- **§ 326 AktG** verschafft den Aktionären der Hauptgesellschaft ein auf die eingegliederte Gesellschaft erweitertes Auskunftsrecht, das § 131 AktG ergänzt.   **891**

- **§ 327 AktG** nennt Gründe für die Beendigung der Eingliederung (Abs. 1). Die   **892** Nachhaftung der früheren Hauptgesellschaft nach Beendigung der Eingliederung richtet sich nach § 327 IV AktG.

II. Konzernrecht und Europa

Die Überschrift „Konzernrecht und Europa" zielt in drei Richtungen: Einerseits geht   **893** es um konzernrechtliche relevante Vorgaben des Gemeinschaftsrechts (unten 1.). Andererseits geht es um die Frage, wie andere Länder Probleme der Unternehmensgruppe in ihrem nationalen Recht lösen (unten 2.). Drittens ist fraglich, wie die neue Gesellschaftsform der Societas Europaea (SE) konzernrechtlich zu behandeln ist (unten 3.).

1. Gemeinschaftsrecht

Das **Gemeinschaftsrecht** enthält keine grundlegenden Vorgaben für das Konzern-   **894** recht[8]. Die jüngere Rechtsprechung des EuGH zur Niederlassungsfreiheit (Art. 43, 48

---

7 *Hüffer* § 323 Rn 3 f.
8 Überblick bei *E/H*, Komm. Einl. Rn 34 f, und *E/H*, Lb. § 1 VI 1, S. 17 ff; zu Einzelheiten s. Forum Europaeum Konzernrecht, ZGR 1998, 672, 681 ff.

EG)⁹ hat allerdings zu einem Problemkomplex im deutschen Gesellschafts- und Konzernrecht geführt, der zwar im Internationalen Gesellschaftsrecht schon bislang bekannt war, nun aber mit neuer Dringlichkeit auftritt[10]. Es geht um nach dem Recht eines EG-Mitgliedstaates gegründete, ausländische Gesellschaften, die ihren Sitz nach Deutschland verlegen – oder ihn dort von vornherein haben – und ihre Heimatrechtsordnung mitbringen.

895 Der Zuzugsstaat muss diese Gesellschaften im Grundsatz nach dem Recht ihres Gründungsstaats beurteilen. Das bedeutet für das deutsche Recht – jedenfalls für EG-ausländische Gesellschaften – eine Abkehr von der Sitztheorie zugunsten der Gründungstheorie. Nach der Sitztheorie ist auf eine Gesellschaft das Recht des Staats anzuwenden, in dem sie ihren effektiven Sitz hat, mag ihr Gesellschaftsvertrag auch einen Sitz in einem anderen Staat angeben. Nach der Gründungstheorie ist dagegen auf eine Gesellschaft das Recht des Staates anzuwenden, nach dem sie gegründet worden ist, mag sie auch in einem anderen Staat tätig sein. Das deutsche Konzernrecht dient dem Schutz von Minderheitsgesellschaftern und Gläubigern der abhängigen Gesellschaft. Es kommt nur auf solche abhängigen Gesellschaften zur Anwendung, die dem deutschen Recht unterliegen[11]. Das bedeutet, dass eine in Deutschland ansässige Gesellschaft deutschen Rechts nach deutschem Konzernrecht gegen Einflüsse einer nach ausländischem Recht gegründeten herrschenden Gesellschaft zu schützen ist, ohne dass es dafür auf deren Sitz ankäme. Andererseits ist auf eine EG-ausländische Gesellschaft mit Sitz in Deutschland das Konzernrecht anzuwenden, das sich aus ihrem Gründungsrecht ergibt[12]. Der Schutzbedarf der Gläubiger einer englischen Limited oder einer österreichischen GmbH, die in Deutschland ihren Sitz haben, richtet sich also nach englischem bzw. österreichischem Recht[13].

Die Entwicklung ist im Fluss. Insbesondere hängt die praktische Relevanz dieser Fragen davon ab, inwieweit sich ausländische Gesellschaften als vor allem gegenüber der deutschen GmbH attraktivere Gesellschaftsformen in Deutschland etablieren werden.

2. Nationale Konzernrechte

Literatur: *Lübking*, Ein einheitliches Konzernrecht für Europa (2000); *Lutter* (Hrsg.), Konzernrecht im Ausland (1994); Forum Europaeum Konzernrecht ZGR 1998, 672–772; Zentrum für Europäisches Wirtschaftsrecht (Hrsg.), Ein Konzernrecht für Europa (1999)

---

9 EuGH NJW 1999, 2027 ff – Centros; EuGH NJW 2002, 3614 ff – Überseering; EuGH NJW 2003, 3331 ff – Inspire Art; diese Rechtsprechung übernehmend BGH ZIP 2005, 805 ff, und BGH Konzern 2006, 195 ff – Gründungstheorie auch anzuwenden auf Gesellschaften in Staaten des Europäischen Wirtschaftsraumes wegen gleichgerichteter Niederlassungsfreiheit gem. Art. 31 EWR, dazu *Rehm*, Konzern 2006, 166 ff; zu den Folgen der EuGH-Rechtsprechung instruktiv *Ulmer*, NJW 2004, 1201 ff.

10 Sehr guter Überblick bei Palandt/*Heldrich*, BGB Anh zu EGBGB Art. 12.

11 *Hirte*, in: Hirte/Bücker (Hrsg.), Grenzüberschreitende Gesellschaften, § 1 Rn 80.

12 *Hirte* und *Bücker*, in: Hirte/Bücker (Hrsg.), Grenzüberschreitende Gesellschaften, § 1 Rn 81 bzw § 3 Rn 22; *Maul/Schmidt*, BB 2003, 2297, 2300.

13 Allgemein zur rechtlichen Behandlung der Limited in Deutschland *Müller*, DB 2006, 824 ff.

In den EG-Mitgliedstaaten gibt es auf nationaler Ebene in **Deutschland, Portugal,**   896
Italien, Ungarn, Tschechien und **Slowenien** ein Konzernrecht, das jeweils aber nur
eine Teilregelung ist[14]. In den anderen EG-Mitgliedstaaten werden Probleme der
„Gruppe"[15] in der Regel durch Fortentwicklung des im Ausgangspunkt auf das Indivi-
duum bezogenen Privatrechts gelöst[16].

Künftige Angleichungen der nationalen Rechtsordnungen werden sich dadurch voll-   897
ziehen, dass die nationalen Gesetzgeber individuell, aber aufeinander abgestimmt,
neue Vorschriften zur Erfassung und Lösung gruppenspezifischer Probleme erlassen
oder dass gemeinschaftsrechtlich mittels Richtlinien neue Vorschriften eingeführt
werden[17]. Das Forum Europaeum Konzernrecht, ein EG-weites Forschungsprojekt,
hat eine Reihe regelungsbedürftiger Punkte benannt und entsprechende Vorschläge
gemacht[18].

3. Konzernrecht der Societas Europaea

Literatur: *Brandi*, Die Europäische Aktiengesellschaft im deutschen und europäischen Konzernrecht, NZG 2003, 889–896; *Habersack*, Das Konzernrecht der „deutschen" SE, ZGR 2003,
724–742; *Hommelhoff*, Zum Konzernrecht in der Europäischen Aktiengesellschaft, AG 2003,
179–184; *Horn*, Die Europa-AG im Kontext des deutschen und europäischen Gesellschaftsrechts,
DB 2005, 147–153; *Maul*, in: *Lutter/Hommelhoff* (Hrsg.), Die Europäische Gesellschaft, S. 249–
260; MünchKomm.AktG/*Altmeppen*, SE-VO Art. 9 Anh.; *Veil*, in: Hdb.SE Rn 11-1 ff.

Hinweis: Das Konzernrecht der Societas Europaea wird sich möglicherweise zu einem weiteren wichtigen Bereich des Konzernrechts entwickeln, neben dem AG- und dem GmbH-Konzernrecht. Das hängt davon ab, welche praktische Relevanz die neue Rechtsform entwickeln
wird. Vorerst behandeln wir sie nur etwas ausführlicher als das Konzernrecht der Personengesellschaften.

Nach langen Vorarbeiten steht seit Ende 2004 eine neue, supranationale Gesell-   898
schaftsform zur Verfügung, die „Societas Europaea" oder – zwar nicht bei wörtlicher
Übersetzung, aber wegen des letztrangigen Verweises auf die Vorschriften der nationalen Aktienrechte inzwischen üblich: – „Europäische Aktiengesellschaft" (im Folgenden „SE"). Das deutsche „Gesetz zur Einführung der Europäischen Gesellschaft
(SEEG)"[19] ist am 29. Dezember 2004 in Kraft getreten. Es enthält neben dem „Gesetz
über die Beteiligung der Arbeitnehmer in einer Europäischen Gesellschaft" (Art. 2

---

14 *Kalss*, ZGR 2000, 819, 863 f; Forum Europaeum Konzernrecht, ZGR 1998, 672, 676; zu Italien: *Hartl*,
    NZG 2003, 667, 668 f; zu Portugal *Gause*, Europäisches Konzernrecht im Vergleich, eine Untersu-
    chung auf der Grundlage des portugiesischen Rechts (2000), passim.
15 Forum Europaeum Konzernrecht, ZGR 1998, 672, 691 f.
16 Forum Europaeum Konzernrecht, ZGR 1998, 672, 676 f, 680; Nw zu nationalen Rechten bei *E/H*, Lb.
    § 1 V, S. 15 ff.
17 Zum „Europäischen Unternehmensrecht im 21. Jahrhundert" s. *Lutter*, ZGR 2000, 1.
18 Forum Europaeum Konzernrecht, ZGR 1998, 672; umfassend *Lübking*, Ein einheitliches Konzern-
    recht für Europa (2000), passim.
19 BGBl. I 2004, S. 3675.

SEEG)[20] das gesellschaftsrechtliche Ausführungsgesetz zur SE-Verordnung[21] (im Folgenden „SEAG"). Die SE-VO und das SEAG sind bei *Hüffer* AktG im Schlussanhang V abgedruckt.

a) Grundlagen

899 Die europäischen und deutschen SE-Regelungen befassen sich mit der Gründung und der Organisationsverfassung sowie der Mitbestimmung. Konzernrechtliche Fragen behandelt die SE-VO, abgesehen von Art. 61 f SE-VO über Konzernabschlüsse, nicht. § 49 SEAG bestimmt, dass bei einer mit monistischem Verwaltungssystem versehenen SE für die Bestimmungen über Leitungsmacht und Verantwortlichkeit bei Abhängigkeit (§§ 308–318 AktG) und über die Eingliederung (§§ 319–327 AktG) an die Stelle des Vorstandes die „geschäftsführenden Direktoren" treten. § 49 SEAG spiegelt zwei grundlegende Dinge wider: Zum einen die Einführung des „**monistischen Systems**" in Deutschland. Das bedeutet, dass das die deutsche Aktiengesellschaft prägende Nebeneinander von Vorstand und Aufsichtsrat für eine SE mit Sitz in Deutschland abgewählt werden kann. Statt dieser beiden Organe besteht dann nur ein Verwaltungsrat (Art. 38 lit. b) SE-VO, § 20 SEAG), der die in § 49 SEAG genannten „geschäftsführenden Direktoren" bestellt (§ 40 I SEAG)[22]. Zum anderen spiegelt § 49 SEAG wider, dass mehrere **Regelungsebenen** bestehen: Die SE-VO schreibt vor, dass zwischen dualistischem und monistischem System zu wählen ist. Das SEAG trifft die Folgeregelungen (fünf Paragraphen für das in Deutschland bekannte dualistische System, §§ 15–19 SEAG; dreißig Paragraphen zur Einführung des bisher unbekannten monistischen Systems, §§ 20–49 SEAG, unter Wahrnehmung der Ermächtigung in Art. 43 I SE-VO, die Bestellung von geschäftsführenden Direktoren für die laufenden Geschäfte zwingend vorzusehen, in § 40 I 1 SEAG). Was nicht in SE-VO oder SEAG geregelt ist, richtet sich nach dem AktG.

900 Die Einzelheiten der **Regelungshierarchie** bestimmt **Art. 9 SE-VO**[23]: Vorrangig gilt die SE-VO selbst (Art. 9 I lit. a) SE-VO). Zweitrangig gilt die Satzung der SE, soweit in der Satzung von Regelungsbefugnissen Gebrauch gemacht wird, die die SE-VO ausdrücklich eröffnet (Art. 9 Abs. 1 lit. b) SE-VO). Drittrangig gelten die von den Mitgliedstaaten zur Einführung der SE erlassenen Bestimmungen (Art. 9 I lit. c) i) SE-VO). Viertrangig gelten die für Aktiengesellschaften des Sitzstaates geltenden Vorschriften (Art. 9 I lit. c) ii) SE-VO). Fünftrangig gelten die Satzungsbestimmungen, soweit das Recht des Sitzstaates für Aktiengesellschaften der Satzung Regelungsspielräume lässt (Art. 9 I lit. c) iii) SE-VO, s. § 23 V AktG). Gegenüber Art. 9 SE-VO vorrangig sind **Spezialverweise** auf das nationale Recht zu beachten (Art. 10, 15–17, 36 SE-VO).

---

20 Umsetzung der Richtlinie 2001/86/EG des Rates vom 8. Oktober 2001 zur Ergänzung des Statuts der Europäischen Gesellschaft hinsichtlich der Beteiligung der Arbeitnehmer, ABl.EG 2001 L 294/22.

21 Verordnung (EG) Nr 2157/2001 des Rates vom 8. Oktober 2001 über das Statut der Europäischen Gesellschaft, ABl.EG 2001 L 294/1.

22 Überblick zum monistischen System bei *Horn*, DB 2005, 147, 149 ff; *Hoffmann-Becking*, ZGR 2004, 355, 369 ff; *Maul*, ZGR 2003, 743, 745 ff; *Neye*, FS Röhricht (2005), S. 443 ff.

23 Näher *Blanquet*, ZGR 2002, 21, 46 ff.

Art. 10 SE-VO bestimmt, dass vorbehaltlich der Bestimmungen in der SE-VO die SE zu behandeln ist wie eine Aktiengesellschaft nach nationalem Recht. Das SE-spezifische Recht ergibt damit nur einen Rahmen, in dem sich die Einzelheiten nach nationalem Recht richten. Mit einer identitätswahrenden, grenzüberschreitenden Sitzverlegung wechselt das auf die SE anwendbare nationale Aktienrecht. Anders als nach nationalem Recht gegründete EG-ausländische Gesellschaften kann also die SE ihre Ursprungsrechtsordnung nicht mitnehmen (s. eben Rn 894 f)[24].

Die SE-VO sieht in Art. 2 f fünf Möglichkeiten zur **Gründung** einer SE vor[25]: Verschmelzung von AG (Art. 2 I, 17 ff SE-VO; §§ 5 ff SEAG); Gründung einer Holding-SE durch AG oder GmbH (Art. 2 II, 32 ff SE-VO; §§ 9 ff SEAG); Gründung einer Tochter-SE (Art. 2 III, 35 f SE-VO) durch Gesellschaften im Sinne von Art. 48 II EG (dh Gesellschaften des bürgerlichen und des Handelsrechts einschließlich Genossenschaften) sowie juristische Personen des öffentlichen oder privaten Rechts; Umwandlung einer AG in eine SE (Art. 2 IV, 37 ff SE-VO); Ausgründung einer Tochter-SE aus einer bereits bestehenden SE (Art. 3 II SE-VO). **901**

b) SE-Konzernrecht

SE werden häufig Teil eines Unternehmensverbunds sein. Das ergibt sich bereits aus den genannten Gründungsmöglichkeiten (etwa Gründung einer Tochter-SE). **902**

aa) Anwendbarkeit des deutschen Konzernrechts. Fraglich ist, ob das deutsche Konzernrecht auf die SE mit Sitz in Deutschland anwendbar ist. Einigkeit besteht, dass das für die herrschende SE zu bejahen ist[26]. Umstritten ist die Anwendung des Konzernrechts dagegen für die abhängige SE mit Sitz in Deutschland. **903**

Hommelhoff meint, dass Art. 5 SE-VO Kapital-„Erhaltung" fordere und daher §§ 291 III, 323 II AktG über die Aufhebung der Vermögensbindung nicht anzuwenden seien. Das gelte auch für das Nachteilszufügungs- und Nachteilsausgleichssystem des § 311 AktG. Außerdem folge aus Art. 39 I 1 SE-VO über die eigenverantwortliche Geschäftsführung in der dualistisch verwalteten SE, dass kein Einflussrecht wie das Weisungsrecht gem. §§ 308 I, 323 I AktG bestehen dürfe. Das gelte auch für eine monistisch verwaltete SE, bei der den geschäftsführenden Direktoren nur durch die SE-Hauptversammlung Weisungen erteilt werden dürften[27]. **904**

Die herrschende Meinung meint dagegen zu Recht, dass auch auf die abhängige SE mit Sitz in Deutschland das deutsche Konzernrecht anzuwenden ist[28]. Der europäische Gesetzgeber wollte mit der SE gerade ein Instrument für grenzüberschreitende Konzerne schaffen. Dazu passt die Herausnahme aller abhängigen SE nicht. Die Er- **905**

---

24 *Horn*, DB 2005, 147 ff.
25 Zu den Gestaltungsmöglichkeiten näher *Maul/Wenz*, in: Lutter/Hommelhoff (Hrsg.), Die Europäische Gesellschaft, S. 261 ff.
26 *Habersack*, ZGR 2003, 724, 741; *Hommelhoff*, AG 2003, 179, 183; *Brandi*, NZG 2003, 889, 891, 894.
27 *Hommelhoff*, AG 2003, 179, 182 ff.
28 So ua MünchKomm.AktG/*Altmeppen*, SE-VO Art. 9 Anh Rn 23 ff; *Habersack*, ZGR 2003, 724; *Veil*, WM 2003, 2169; *Veil*, in: Hdb.SE Rn 11-3 ff; *Brandi*, NZG 2003, 889, 892 f, 894.

wägungsgründe 15 und 16 der SE-VO sprechen klar dafür, dass sich der SE-VO-Geber einer Regelung der Konzernfragen gerade enthalten hat[29]. § 49 SEAG zeigt zudem, dass auch der deutsche Gesetzgeber davon ausgeht, dass das Konzernrecht anzuwenden ist: Dort ist bestimmt, dass bei Beherrschungsvertrag, faktischem Konzern und Eingliederung in einer mit monistischem Verwaltungssystem versehenen SE die geschäftsführenden Direktoren an die Stelle des Vorstandes treten. Damit ist ausgesprochen, dass sowohl bei monistisch als auch bei dualistisch verwalteter SE faktische und vertragliche Konzernierung mit der SE als abhängiger Gesellschaft möglich sein sollen.

906 **bb) Die abhängige SE mit Sitz in Deutschland.** Für den **faktischen Konzern** (§§ 311 ff AktG) ergeben sich keine Schwierigkeiten im Hinblick auf Aufstellung (§ 312 AktG) und Prüfung (§ 314 AktG: Aufsichtsrat, § 313 AktG: Abschlussprüfer) des Abhängigkeitsberichts, wenn es sich um eine SE mit **dualistischem** System (Art. 39 ff SE-VO, §§ 15 ff SEAG) handelt. Leitungsorgan (Vorstand), Aufsichtsorgan (Aufsichtsrat) und Abschlussprüfer sind wie bei der normalen AG zuständig. In der **monistisch** strukturierten SE (Art. 43 ff SE-VO, §§ 20 ff SEAG) stellen die geschäftsführenden Direktoren den Abhängigkeitsbericht auf (§ 49 I SEAG, § 312 AktG). Der Abschlussprüfer prüft auch hier gem. § 313 AktG. Die Rolle des Aufsichtsrats übernimmt der Verwaltungsrat (§ 22 VI SEAG)[30]. In **dualistischer und monistischer** SE greift das Nachteilszufügungs- und Nachteilsausgleichssystem der §§ 311, 317 AktG. Vorstand bzw geschäftsführende Direktoren haben eigenverantwortlich zu prüfen, ob sie der Veranlassung zu einer nachteiligen Maßnahme oder einem nachteiligen Rechtsgeschäft nachkommen.

907 Im **Vertragskonzern** ist bei **dualistischer** Struktur im Hinblick auf Weisungsadressat, zustimmungspflichtige Rechtsgeschäfte und Überwindung einer Ablehnung durch den Aufsichtsrat die Rechtslage klar: Weisungsadressat ist der Vorstand (§ 308 I AktG). Zustimmungsbedürftige Geschäfte (Art. 48 SE-VO) sind dem Aufsichtsrat vorzulegen. Stimmt er nicht zu, greift das Verfahren nach § 308 III AktG, dh der Vorstand ist zur Befolgung der Weisung verpflichtet, wenn die Weisung – ggf unter Zustimmung des Aufsichtsrats des herrschenden Unternehmens – wiederholt wird. In der **monistischen** SE sind Weisungsadressat die geschäftsführenden Direktoren (§ 49 I SEAG). Sie sind aber in stärkerem Maße als der AG-Vorstand im Verhältnis

---

29 Erwägungsgrund 15: „Die Rechte und Pflichten hinsichtlich des Schutzes von Minderheitsaktionären und von Dritten, die sich für ein Unternehmen aus der Kontrolle durch ein anderes Unternehmen, das einer anderen Rechtsordnung unterliegt, ergeben, bestimmen sich gemäß den Vorschriften und allgemeinen Grundsätzen des internationalen Privatrechts nach dem für das kontrollierte Unternehmen geltenden Recht, unbeschadet der sich für das herrschende Unternehmen aus den geltenden Rechtsvorschriften ergebenden Pflichten, beispielsweise bei der Aufstellung der konsolidierten Abschlüsse.", Erwägungsgrund 16: „Unbeschadet des sich möglicherweise aus einer späteren Koordinierung des Rechts der Mitgliedstaaten ergebenden Handlungsbedarfs ist eine Sonderregelung für die SE hier gegenwärtig nicht erforderlich. Es empfiehlt sich daher, sowohl für den Fall, dass die SE die Kontrolle ausübt, als auch für den Fall, dass die SE das kontrollierte Unternehmen ist, auf die allgemeinen Grundsätze und Vorschriften zurückzugreifen.".

30 Zu Zweifelsfragen s. *Maul*, ZGR 2003, 743, 754 ff – Prüfung durch einen „Verwaltungsrats-Prüfungsausschusses" statt durch den gesamten Verwaltungsrat (dagegen *Veil*, WM 2003, 2169, 2173 f), sowie MünchKomm.AktG/*Altmeppen*, SE-VO Art. 9 Anh Rn 37 ff und *Veil*, in: Hdb.SE Rn 11–13 ff.

zum Aufsichtsrat (s. §§ 76 f, 111 IV 2 AktG) der Kompetenz des Verwaltungsrats unterworfen (Oberleitung durch den Verwaltungsrat, Art. 43 I SE-VO, § 22 I SEAG; jederzeitige Abberufung möglich, § 40 V 1 SEAG; Weisungsbefugnis des Verwaltungsrats, § 44 II SEAG; umfassendere Möglichkeit zur Katalogisierung zustimmungsbedürftiger Geschäfte, Art. 48 SE-VO)[31]. Deshalb ist fraglich, ob sich das Weisungsrecht des herrschenden Unternehmens auch auf Bereiche erstreckt, die in die Zuständigkeit des Verwaltungsrats fallen. Das ist anzunehmen[32]. Zum einen meint der – ja anwendbare! – § 308 I AktG mit „Leitung" den in der AG dem Vorstand zugewiesenen Bereich. Zum anderen ist in der Rechtsprechung zum Beherrschungsvertrag mit einer GmbH geklärt, dass die übergeordnete Zuständigkeit der Gesellschafterversammlung – deren Verhältnis zum GmbH-Geschäftsführer insoweit etwa dem Verhältnis des Verwaltungsrats zum geschäftsführenden Direktor in der monistischen SE entspricht – zugunsten der Weisungsbefugnis des herrschenden Unternehmens zurückgedrängt wird[33]. Das gilt entsprechend für die monistische SE. Der Verwaltungsrat wird im Rahmen von Weisungen also auf eine Überwachungsaufgabe beschränkt, jenseits von Weisungen bleibt es bei der allgemeinen Zuständigkeitsverteilung. Im Hinblick auf Zustimmungsvorbehalte (Art. 48 SE-VO, § 308 III AktG) ist der ganze Verwaltungsrat berufen, die Zustimmung zu erklären oder zu verweigern (§ 22 VI SEAG). Die Verweigerung kann das herrschende Unternehmen durch wiederholte Weisung – ggf unter Zustimmung seines Aufsichtsrats oder seines Verwaltungsrats, wenn das herrschende Unternehmen seinerseits eine SE in Deutschland ist – überwinden. Für die **dualistische und die monistische** SE ergeben sich keine Besonderheiten im Hinblick auf Vertragsschluss (§§ 291 I, 293 ff AktG), Verlustausgleich (§ 302 AktG), Gläubigerschutz (§ 303 AktG) sowie Abfindung und Ausgleich (§§ 304 f AktG).

cc) Die herrschende SE mit Sitz in Deutschland. Im **faktischen Konzern** mit einer AG oder einer SE als abhängiger Gesellschaft treffen die herrschende SE die Pflichten zum Nachteilsausgleich (§ 311 II AktG). Die herrschende SE und ihr Vorstand (dualistische) bzw ihre geschäftsführenden Direktoren (monistische SE) haften auf Schadensersatz bei unterlassenem Nachteilsaugleich (§ 317 I, III AktG). Im faktischen Konzern mit einer abhängigen GmbH binden die Regeln des GmbH-Konzernrechts die herrschende SE, letztlich also die Treuepflicht.   **908**

Im **Vertragskonzern** gelten für die herrschende SE die Erfordernisse der Zustimmung ihrer Hauptversammlung zum Abschluss eines Beherrschungsvertrages (§ 293 II 1 AktG) oder zur Eingliederung (§§ 319 II 1, 320 I 3 AktG) sowie die Grundsätze zur Beteiligung der Hauptversammlung an Strukturmaßnahmen nach der Holzmüller/Gelatine-Rechtsprechung[34]. Der Vorstand (dualistische) bzw die geschäftsführenden Direktoren (monistische SE) erteilen die Weisungen (§ 308 I AktG)   **909**

---

31 Näher *Frodermann*, in: Hdb.SE Rn 5–138 ff.
32 *Maul*, ZGR 2003, 743, 747 f.
33 BGHZ 105, 324, 331 – Supermarkt.
34 BGHZ 159, 30 ff – Gelatine; BGHZ 83, 122 ff – Holzmüller.

an die Untergesellschaft. Der Aufsichtsrat (dualistische) bzw der Verwaltungsrat (monistische SE) müssen über die Wiederholung einer nachteiligen Weisung entscheiden (§ 308 III AktG).

III. Personengesellschaften

Literatur: Baumbach/*Hopt* § 105 Rn 100–106; *Emmerich/Habersack*, Lb. §§ 33–35, S. 451–469; *Haas*, Konzernrecht der Personengesellschaften (2000); *Leßmann/Wied*, Die abhängige Gesellschaft im Personengesellschaftskonzern, JuS 2000, S. 959–965; MünchKomm.HGB/*Mülbert*, KonzernR; *K. Schmidt*, GesR § 43 III, S. 1292–1300; *Ulmer*, Grundstrukturen eines Personengesellschaftskonzernrechts, FS Schilling (1989), S. 28–62

Hinweis: Die konzernierte Personengesellschaft (guter Überblick bei *Leßmann/Weid*, JuS 2000, 959) ist in Klausuren von untergeordneter Bedeutung. Höchstens als herrschende Gesellschaft wird sie auftauchen.

1. Anwendbare Vorschriften

910 Der Unternehmens- und der Mehrheitsbegriff (§§ 15, 16 AktG), die Definitionen der Abhängigkeit (§ 17 I AktG) und des Konzerns (§ 18 AktG), die Unterscheidung zwischen (einfacher und qualifizierter) faktischer und vertraglicher Konzernierung sowie die Einteilung nach verschiedenen Unternehmensverträgen (§§ 291 f AktG) gelten auch für die Personengesellschaft[35]. Lediglich die Abhängigkeitsvermutung des § 17 II AktG bei in Mehrheitsbesitz stehenden Unternehmen gilt nicht, denn regelmäßig gilt in Personengesellschaften Einstimmigkeit (§ 119 HGB)[36]. Folglich kann ein Gesellschafter sich nicht gegen den oder die anderen durchsetzen. Die Möglichkeit, beherrschenden Einfluss auszuüben (§ 17 I AktG) und auch tatsächlich die Gesellschaft einheitlich zu leiten (§ 18 I 1 AktG), kann ein Gesellschafter einer Personengesellschaft in der Regel nur haben, wenn der Gesellschaftsvertrag das Mehrheitsprinzip eingeführt oder ein Gesellschafter ein Sonderrecht auf die Geschäftsführung eingeräumt erhalten hat[37].

2. Abhängige oder konzernierte Personengesellschaft

Die beherrschte (abhängige oder konzernierte) Personengesellschaft ist wie die abhängige oder konzernierte GmbH oder AG **schutzbedürftig.**

a) Faktischer Konzern

911 Den herrschenden Gesellschafter trifft ein umfassendes **Schädigungsverbot** aus der Treuepflicht, die ihre Grundlage im Gesellschaftsvertrag hat. Er macht sich bei Ver-

---

35 Baumbach/*Hopt* § 105 Rn 101; *E/H*, Lb. § 33 III 1., S. 456.
36 Baumbach/*Hopt* § 105 Rn 101; *Ulmer*, FS Schilling (1989), S. 28, 34 f.
37 *E/H*, Lb. § 33 III 1., S. 456 f.

letzung der Treuepflicht nach §§ 705, 276 I, 278, 280 I BGB ggf iVm §§ 105 III, 161 II HGB (kein Verschuldensmaßstab eigenüblicher Sorgfalt nach § 708 BGB!) gegenüber der abhängigen Gesellschaft schadensersatzpflichtig[38], etwa bei ungerechtfertigter Konzernumlage[39] oder Verstoß gegen das Wettbewerbsverbot[40]. Die Mitgesellschafter können über die actio pro socio auf Leistung des Schadensersatzes an die Gesellschaft klagen[41]. Zu Lasten des herrschenden Unternehmens wird verbreitet eine Beweislastumkehr angenommen. Das bedeutet, dass bei einer Schädigung der abhängigen Gesellschaft im Interesse des herrschenden Unternehmens bis zum Beweis des Gegenteils vermutet wird, dass diese Schädigung vom herrschenden Unternehmen veranlasst und zu vertreten ist[42]. Auf Schadensersatz klagende Gesellschafter brauchen dann nur darzulegen und bei Bestreiten durch das herrschende Unternehmen zu beweisen, dass die beherrschte Personengesellschaft geschädigt ist und dass es einen herrschenden Gesellschafter gibt. Der gestreckte Nachteilsausgleich nach § 311 II AktG (Ausgleich möglich bis zum Jahresende) wie überhaupt die §§ 311 ff AktG finden keine analoge Anwendung. Neben der Treuepflicht wirken zugunsten der Mitgesellschafter minderheitenschützend Informations- (§ 242 BGB) und Mitspracherechte (§§ 666, 713, 716 BGB, §§ 118, 166 HGB)[43] sowie die Möglichkeiten aufgrund der Gestaltungsklagen nach § 117 HGB (Entziehung der Geschäftsführungsbefugnis), § 127 HGB (Entziehung der Vertretungsmacht), § 133 HGB (Auflösung der Gesellschaft), § 144 HGB (Ausschließung eines Gesellschafters).

b) Qualifizierte Eingriffe im faktischen Konzern

Wenn das herrschende Unternehmen das Eigeninteresse der abhängigen Gesellschaft **912** durch umfassenden und dauerhaften Einfluss in einer Weise schädigt, dass sich nicht mehr im Einzelnen nachvollziehen lässt, welche Maßnahme welche Schädigung der abhängigen Gesellschaft ausgelöst hat, und deswegen der Einzelausgleich des einfach faktischen Konzerns scheitert, ist fraglich, wie darauf zu reagieren ist: Während unter der Rechtsprechung zum qualifiziert faktischen Konzern anzunehmen war, dass seine Rechtsfolgen (Verpflichtung des herrschenden Unternehmens gegenüber der abhängigen Personengesellschaft zum Verlustausgleich gem. § 302 AktG analog) auch für die Personengesellschaft galten[44], wird man nun annehmen müssen, dass mit der Absage durch Bremer Vulkan[45] an eine **konzernrechtliche** Erfassung des Problems bei der GmbH auch bei den Personengesellschaften der Ansatz einer Analogie zu § 302 AktG nicht mehr geltendem Recht entspricht. Vielmehr wird auch hier der existenzvernichtende Eingriff heranzuziehen sein. Daneben bleibt es jedenfalls bei den aus dem

---

38   Baumbach/*Hopt* § 105 Rn 103; *E/H*, Lb. § 34 I 1., S. 458.
39   BGHZ 65, 15 ff – ITT.
40   BGHZ 89, 162 – Heumann/Ogilvy.
41   Baumbach/*Hopt* § 105 Rn 103; *E/H*, Lb. § 34 I 1., S. 458.
42   BGH NJW 1980, 231, 232 – Gervais-Danone; *E/H*, Lb. § 34 I 1., S. 458; Baumbach/*Hopt* § 105 Rn 103.
43   Baumbach/*Hopt* § 105 Rn 103; näher *E/H*, Lb. § 34 I 2., S. 459 f.
44   So für die Rechtsfolgen weiterhin Baumbach/*Hopt* § 105 Rn 104 mN.
45   BGHZ 149, 10, 16 – Bremer Vulkan.

einfach faktischen Konzern bekannten Schadensersatzansprüchen, wenn die schädigenden Maßnahmen (doch) individualisierbar sind, sowie bei dem übrigen Instrumentarium zum Schutz der Mitgesellschafter.

c) Vertragskonzern

913 **aa)** Die Personengesellschaft kann mit Zustimmung aller Gesellschafter („andere") Unternehmensverträge gem. § 292 AktG abschließen[46]. Hinsichtlich eines **Beherrschungsvertrages** gilt:
- Er ist jedenfalls dann möglich, wenn keine natürliche Person in der beherrschten Gesellschaft eine persönliche Haftung für die Gesellschaftsverbindlichkeiten trifft[47]. Dann sollen bei entsprechender Mehrheitsklausel im Gesellschaftsvertrag auch nicht alle Gesellschafter zustimmen müssen[48].
- Haftet dagegen eine natürliche Person für die Gesellschaftsschulden, wird wegen des Widerspruchs zwischen dem Weisungsrecht des herrschenden Gesellschafters und der persönlichen Haftung für die Folgen des Weisungsrechts durch eine an der Weisungserteilung unbeteiligte natürliche Person verbreitet von Sittenwidrigkeit (§ 138 I BGB) des Vertrages und damit seiner Nichtigkeit ausgegangen[49].

914 **Beispiel:** Schließt X als herrschendes Unternehmen einen Beherrschungsvertrag mit der von ihm beherrschten OHG, ist dieser Vertrag – trotz Zustimmung des Minderheitsgesellschafters Y – sittenwidrig gem. § 138 I BGB. Denn auf Grund des dem X nun zustehenden Weisungsrechts können bei der OHG Verbindlichkeiten entstehen, für die Y gem. § 128 HGB nach außen haften muss, obwohl er keinerlei Einfluss auf die Geschäftsführung mehr hat. Dies ist mit der Struktur einer OHG nicht vereinbar.

915 **bb)** Die herrschende Gesellschaft ist im Falle eines zulässigen Beherrschungsvertrages zum **Verlustausgleich** wie nach § 302 I AktG verpflichtet[50]. Unternehmensverträge bedürfen der Schriftform und sind zwingend (Ausnahme: GbR) in das Handelsregister einzutragen[51].

3. Herrschende Personengesellschaft

916 Hinsichtlich der Personengesellschaft als herrschender Gesellschaft stellt sich die Frage nach Einbindung der nicht geschäftsführenden Gesellschafter in die Konzerngeschäftsführung. Die vom BGH für die AG entwickelte ungeschriebene Mitwirkungsbefugnis der Aktionäre der herrschenden AG in der Hauptversammlung[52] hat für die Personengesellschaft keine entsprechende Bedeutung, weil hier auch die nicht geschäftsführenden Gesellschafter der herrschenden Gesellschaft ohnehin nach allge-

---

46 BGH NJW 1982, 1817 – Holiday Inn; Baumbach/*Hopt* § 105 Rn 105; *E/H*, Lb. § 34 IV, S. 464.
47 BayObLG NJW 1993, 1804, 1805 – BSW (obiter).
48 *E/H*, Lb. § 34 III 2, S. 463.
49 Nw bei *E/H*, Lb. § 34 III 1., S. 462 f; großzügiger Baumbach/*Hopt* § 105 Rn 105.
50 BGH NJW 1980, 231, 232 – Gervais-Danone.
51 Baumbach/*Hopt* § 105 Rn 105 aE; *E/H*, Lb. § 34 III 2., S. 463.
52 BGHZ 159, 30 ff – Gelatine; BGHZ 83, 122 ff – Holzmüller.

meinem Personengesellschaftsrecht **Mitsprache- und Mitwirkungsbefugnisse** haben. Diese ergeben sich aus §§ 116 II, 164 HGB (außergewöhnliche Geschäfte, etwa Verwaltung der Beteiligungen der herrschenden Gesellschaft einschließlich Ausübung der Beteiligungsrechte in wesentlichen Fällen), §§ 118, 166 HGB (Informationsrecht für die Gesellschafter über die Angelegenheiten der Gesellschaft einschließlich der wesentlichen Tochtergesellschaften) und §§ 666, 713, 716 BGB[53]. Die Gesellschafter der herrschenden Gesellschaft haben zudem ein Mitspracherecht bei außergewöhnlichen Geschäften der Tochtergesellschaften[54].

---

53 Baumbach/*Hopt* § 105 Rn 106; *E/H*, Lb. § 35 I, II, S. 465 ff.
54 BGH WM 1973, 170; *E/H*, Lb. § 35 I, S. 465.

Teil 2

Grundzüge des Umwandlungsrechts

§ 7 Einführung

Literatur: *Beuthien/Helios*, Die Umwandlung als transaktionslose Rechtsträgertransformation, NZG 2006, 369–374; *K. Schmidt*, GesR § 12, S. 331–358

I. Gegenstand und Ziel des Umwandlungsrechts

917 **1. Gegenstand** des Umwandlungsrechts sind Änderungen der Unternehmensstruktur, der rechtlichen Bahnen, in denen ein Unternehmen sein Geschäft betreibt. Es gibt Umwandlungen nach dem Umwandlungsgesetz von 1994 und andere Umwandlungen.

Vier Umwandlungen sind im **UmwG 1994** geregelt: Verschmelzung, Spaltung, Vermögensübertragung und Rechtsformwechsel. Bei der Verschmelzung gehen zwei oder mehr Unternehmen zusammen und werden zu einem Unternehmen. Bei der Spaltung überträgt ein Unternehmen einen Teil seines Geschäfts auf eine andere Gesellschaft. „Vermögensübertragung" bedeutet, dass ein Unternehmen sein ganzes oder einen Teil seines Vermögens an einen Übernehmer weitergibt; diese Umwandlung setzt die Beteiligung der öffentlichen Hand oder von Versicherungsunternehmen voraus. Verschmelzung, Spaltung und Vermögensübertragung führen zu einem Wechsel des Vermögensträgers, also der Person, der das Vermögen gehört. Erreicht wird das durch Gesamtrechtsnachfolge. Beim Rechtsformwechsel dagegen ändert eine Gesellschaft nur ihr „Rechtskleid", wird also zB von einer GmbH zu einer AG. Vor und nach dem Formwechsel besteht dieselbe Gesellschaft, sie hat nur ihre Verfassung geändert.

918 Obwohl § 1 II UmwG **andere Umwandlungen** als die im UmwG genannten scheinbar nur zulässt, wenn sie in einem anderen Gesetz ausdrücklich vorgesehen sind, besteht außerhalb des UmwG eine ganze Reihe von Umwandlungsmöglichkeiten[1]: Ein Einzelhandelsunternehmen wird durch Aufnahme eines Gesellschafters zur OHG, eine OHG wird nach dem Tod eines Gesellschafters und Übernahme der Stellung eines Kommanditisten durch einen Erben zur KG, eine OHG wird bei Ausscheiden des vorletzten Gesellschafters zum einzelkaufmännischen Unternehmen des verbliebenen Gesellschafters (Anwachsung gem. § 738 I 1 BGB). Die Gesellschafter einer OHG können eine neue GmbH gründen und auf diese das gesamte Vermögen im Wege der Einzelrechtsnachfolge (§§ 398 ff, 414 ff, 929 ff BGB) der OHG übertragen. OHG-Gesellschafter können eine AG zur Sachgründung errichten und ihre OHG-Beteili-

---

1 *K. Schmidt*, GesR § 12 I 4, S. 336 ff.

gungen vollständig in die AG einbringen, so dass diese im Wege der Anwachsung und damit der Gesamtrechtsnachfolge das gesamte Vermögen der OHG übernimmt.

2. Dieses Kapitel befasst sich mit den gesellschaftsrechtlichen Grundzügen des im **919** UmwG geregelten Umwandlungsrechts. **Ziel** des UmwG 1994 ist zunächst die Zusammenfassung zuvor in unterschiedlichen Gesetzen und widersprüchlich geregelter Umwandlungsfälle. Das UmwG eröffnet Unternehmen der meisten gängigen Rechtsformen den Zugang zu Umwandlungen (§§ 3 I, 124, 175, 191 UmwG) und ermöglicht die Gesamtrechtsnachfolge in Vermögensgesamtheiten, nämlich bei Verschmelzung, Spaltung und Vermögensübertragung. Das macht nicht nur die gemäß dem Bestimmtheitsgrundsatz des BGB-Sachenrechts erforderliche genaue Benennung der Vermögensgegenstände (zum Teil) entbehrlich, die auf den Gesamtrechtsnachfolger übergehen sollen. Es befreit zB auch davon, für den Übergang von Schuldverhältnissen, an denen der sein Vermögen Übertragende als Schuldner beteiligt ist, die Zustimmung des jeweiligen Gläubigers einzuholen (§§ 414 ff BGB, unklare Ausnahme allerdings in § 132 UmwG, dazu unten Rn 1022 ff). Allerdings müssen auch im UmwG die der Gesamtrechtsnachfolge unterfallenden Vermögensgegenstände in einigen Fällen bestimmt bezeichnet sein, wenn nämlich nur ein Teil des Vermögens übergehen soll, zB bei der Spaltung (partielle Gesamtrechtsnachfolge). Insgesamt dient das UmwG dazu, auf praktisch einfachem Weg Umstrukturierungen zu ermöglichen.

Durch die Gesamtrechtsnachfolge brauchen **stille Reserven** in den übergehenden Vermögensgegenständen nicht aufgedeckt zu werden. Das macht die Umwandlung insbesondere steuerlich attraktiv. Das Umwandlungssteuergesetz (UmwStG) flankiert das gesellschaftsrechtliche UmwG.

II. Aufbau des UmwG

Das UmwG hat sieben Bücher. Das Erste Buch besteht nur aus § 1 UmwG. Er nennt **920** die Umwandlungsarten und enthält Aussagen über den Anwendungsbereich (§ 1 II UmwG) und über die Auslegung und Ergänzung des UmwG (§ 1 III UmwG). Das **Zweite Buch** regelt das **Verschmelzungsrecht** (§§ 2–122 UmwG). Es enthält einen allgemeinen Teil (§§ 2–38 UmwG) und besondere Teile, die Besonderheiten je nach Rechtsform der beteiligten Unternehmen festlegen. Das Verschmelzungsrecht ist das Leitbuch des UmwG. Das UmwG regelt viele Bereiche der anderen Umwandlungsarten durch Verweis auf das Verschmelzungsrecht (zB § 125 UmwG). Das zweite Buch hat daher die Funktion eines allgemeinen Teils für das gesamte UmwG[2]. Das **Dritte Buch** enthält das **Spaltungsrecht** (§§ 123–173 UmwG). § 123 UmwG nennt die Spaltungsarten Abspaltung, Aufspaltung und Ausgliederung. Es folgen ein allgemeiner Teil und ein besonderer Teil mit Regelungen der Besonderheiten je nach Art der beteiligten Rechtsformen. Das **Vierte bis Siebte Buch** enthalten die Bestimmungen für Vermögensübertragung, Formwechsel, Straftatbestände und Zwangsgelder sowie Übergangs- und Schlussbestimmungen.

---

2 *Raiser/Veil* § 46 Rn 14.

921 Allgemeiner Begriff zur Bezeichnung der an Umwandlungen Beteiligten ist im UmwG „**Rechtsträger**". Bei der Verschmelzung und der Spaltung heißen die beteiligten Rechtsträger „übertragende", „aufnehmende" und „neue" Rechtsträger (§§ 2, 3, 36 I, 123, 124 UmwG).

III. Anwendungsbereich des UmwG

1. Europarechtskonforme Auslegung des § 1 I UmwG

922 **a)** § 1 I UmwG sagt, dass das UmwG nur für Rechtsträger im Inland gilt. Daraus folgt, dass eine Umwandlung unter **Beteiligung eines ausländischen Rechtsträgers** nach UmwG nicht möglich wäre. Der EuGH hat aber in der Rechtssache Sevic entschieden, dass § 1 I UmwG gegen die Niederlassungsfreiheit gemäß Art. 43, 48 EG verstößt, wenn eine ausländische Gesellschaft gehindert ist, ihre **Verschmelzung** auf einen deutschen Rechtsträger herbeizuführen[3]. In Sevic sollte eine luxemburgische Gesellschaft namens Security Vision Concept Société Anonyme auf eine deutsche Aktiengesellschaft namens Sevic Systems AG verschmolzen werden. Das deutsche Registergericht lehnte die Eintragung der Verschmelzung (§ 20 UmwG) ab. Das ist eine Beschränkung der Niederlassungsfreiheit, weil das Registergericht und mittelbar der deutsche Gesetzgeber die luxemburgische Gesellschaft und ihre Gesellschafter daran gehindert haben, selbst zu entscheiden, welcher Rechtsordnung innerhalb der Europäischen Gemeinschaft sie sich unterstellen wollen. Eine Rechtfertigung dieser Beschränkung durch zwingende Gründe des Allgemeinwohls besteht nicht. Deswegen ist § 1 I UmwG europarechtskonform dahin auszulegen, dass Verschmelzungen unter Beteiligung ausländischer Gesellschaften, die sich nach Deutschland hineinverschmelzen wollen, möglich und vom Handelsregister einzutragen sind.

923 **b)** Sevic betraf einen Fall, in dem das deutsche Recht eine ausländische Gesellschaft gehindert hat, zum Zwecke der Verschmelzung nach Deutschland herein zu ziehen. Zweifelhaft ist, was in **ähnlichen Fällen** wie den folgenden gilt: Luxemburg hindert Security Vision Concept SA daran, sich nach Deutschland zu verschmelzen. Deutschland hält daran fest, dass im Falle grenzüberschreitender Spaltungen nach Deutschland herein oder aus Deutschland hinaus das UmwG die Eintragung verhindert. Luxemburg behält seine entsprechenden Regelungen bei. Verstößt das gegen die Niederlassungsfreiheit?

924 Im Anschluss an die EuGH-Rechtsprechung unterscheidet man **Wegzugs-** und **Zuzugsfälle**. Jede Bewegung einer Gesellschaft zwischen Mitgliedstaaten ist Wegzugs- und Zuzugs-Fall: Aus Sicht der Rechtsordnung, von der die Gesellschaft (oder ihr ganzes oder ein Teil ihres Vermögens im Hinblick auf die Eigentümerstellung) weggeht, ist es ein Wegzugsfall, aus Sicht der Rechtsordnung, in die die Gesellschaft zieht (oder nach dessen Regeln sich die Eigentümerstellung in Bezug auf das übertragene

---

3 EuGH ZIP 2005, 2311, Tz. 20 ff – Sevic; zustimmend *Teichmann*, ZIP 2006, 355 ff; kritisch *Koppensteiner*, Konzern 2006, 40 ff.

Vermögen richtet), ist es ein Zuzugsfall. Die Rechtsprechung des EuGH hat herausgearbeitet, dass **Zuzugs**beschränkungen unzulässig sind[4]. Deswegen sind nach EG-ausländischem Recht gegründete Gesellschaften in Deutschland anzuerkennen, und auf diese Gesellschaften findet im Grundsatz das Recht ihres Heimatstaates Anwendung. In der Rechtssache Daily Mail hatte der EuGH allerdings 1988 entschieden, dass der englische Gesetzgeber eine steuerrechtliche Vorschrift erlassen durfte, die einer Gesellschaft den Wegzug ins EG-Ausland durch das Erfordernis einer Sitzverlegungsgenehmigung erschwerte[5]. Die damit angedeutete Möglichkeit für den nationalen Gesetzgeber, wegziehende Gesellschaften zu beschränken, ohne damit gegen die Niederlassungsfreiheit zu verstoßen, ist durch die Rechtssache de Lasteyrie du Saillant inzwischen zweifelhaft geworden. Dort hat der EuGH entschieden, dass die Mitgliedstaaten die Niederlassung ihrer Staatsangehörigen in einem anderen Mitgliedstaat, also den **Weg**zug, nicht beschränken dürfen[6]. De Lasteyrie du Saillant betraf zwar eine natürliche Person, aber es erscheint richtig, den Gedanken auch auf den Wegzug von Unternehmen anzuwenden[7], zumal auch schon in Daily Mail eine entsprechende Andeutung des EuGH vorhanden war[8]. Daraus folgt, dass sowohl die wegziehende als auch die zuziehende **Verschmelzung** und auch die entsprechende **Spaltung beschränkungsfrei** nach europarechtskonformer Auslegung des § 1 I UmwG zulässig sind[9].

Praktisch ergibt sich sodann eine Fülle von Rechtsfragen. Sie betreffen das auf die beteiligten Rechtsträger **anwendbare Recht**. Insoweit entscheidet das Gesellschaftsstatut, das sich im deutschen Recht grundsätzlich nach dem Sitz des an der Umwandlung beteiligten Rechtsträgers richtet (für eine deutsche GmbH oder KG gilt also deutsches (Umwandlungs-)Recht), in Bezug auf EG-ausländische Rechtsträger aber nach dem Recht des Gründungsstaats (für eine englische Limited gilt also englisches (Umwandlungs-)Recht, für eine albanische Gesellschaft mit Sitz in Deutschland aber deutsches Recht)[10]. Zudem ist die **Abstimmung** zwischen ggf mehreren nebeneinander anwendbaren Rechtsordnungen in Bezug auf Voraussetzungen, Verfahren und Wirkungen der Umwandlung erforderlich. Hier führt die Vereinigungstheorie dazu, die isolierbaren Voraussetzungen nach nationalem Recht jeweils nur auf die diesem Recht unterstehende Gesellschaft anzuwenden, während zB die Vorschriften über die Eintragung und damit des Wirksamwerdens der Umwandlung kumuliert anzuwenden sind[11].

925

---

4 EuGH ZIP 2005, 2311 ff – Sevic; EuGH NJW 2003, 3331 ff – Inspire Art; EuGH NJW 2002, 3614 ff – Überseering; EuGH NJW 1999, 2027 ff – Centros; zu den Folgen der letzten drei Entscheidungen instruktiv *Ulmer*, NJW 2004, 1201 ff.
5 EuGH DB 1989, 269 ff – Daily Mail.
6 EuGH ZIP 2004, 662, Tz. 42 – de Lasteyrie du Saillant.
7 So *Teichmann*, ZIP 2006, 355, 357 f; s.a. Kallmeyer/*Kallmeyer* § 1 Rn 14 f.
8 EuGH DB 1989, 269, Tz. 16 – Daily Mail.
9 *Kallmeyer/Kappes*, AG 2006, 224, 226, 234 ff; *Haritz/von Wolff*, GmbHR 2006, 340, 344.
10 Kallmeyer/*Kallmeyer* § 1 Rn 15 f.
11 S. dazu etwa Kallmeyer/*Kallmeyer* § 1 Rn 17; *Kallmeyer/Kappes*, AG 2006, 224, 230 f; öOGH ZIP 2003, 1086 ff – Verschmelzung einer österreichischen auf eine deutsche GmbH, dazu *Paefgen*, IPRax 2004, 132 ff.

2. Geplante Neufassung des UmwG

926 Zur Umsetzung der EG-Richtlinie über die **Verschmelzung** von **Kapitalgesellschaften** aus verschiedenen Mitgliedstaaten[12] liegt ein Regierungsentwurf vom 9. August 2006 vor, der mit diesem Entwurf im Kern übereinstimmende Referentenentwurf vom 13. Februar 2006 ist unter www.bmj.de abrufbar. Die Umsetzung der Richtlinie in deutsches Recht muss bis spätestens Dezember 2007 erfolgen. Die Richtlinie bestimmt, dass die nationalen Rechte grenzüberschreitende Verschmelzungen von Kapitalgesellschaften beschränkungsfrei zuzulassen haben. Das setzen §§ 122a, 122b UmwG-E um. Aus deutscher Sicht werden danach AG, KGaA, GmbH und SE mit Sitz in Deutschland grenzüberschreitend verschmelzungsfähig sein. Bei entsprechender Änderung des UmwG – und der Rechtslage in den anderen EG-Mitgliedstaaten – erledigt sich insoweit eine europarechtskonforme Auslegung des § 1 I UmwG. Da die Richtlinie und der Regierungsentwurf aber nicht die grenzüberschreitende Verschmelzung von **Personenhandelsgesellschaften** regeln, wird für diese Gesellschaften weiterhin anzunehmen sein, dass § 1 I UmwG erweiternd auszulegen ist[13]. Entsprechendes gilt für die Anwendung des UmwG auf grenzüberschreitende **Spaltungen**[14].

Beispiel: Die englische B-Ltd mit Sitz in Leeds, die Gartenbau betreibt, möchte ihre in Niedersachsen gelegenen Betriebsgrundstücke auf die deutsche P-GmbH übertragen. Sie schließt deshalb mit dieser einen Spaltungsvertrag. Die Gesellschafter beider Gesellschaften stimmen mit der erforderlichen Mehrheit zu, alle sonstigen Formerfordernisse sind eingehalten. Der Geschäftsführer der P-GmbH meldet die Spaltung zur Eintragung in das Handelsregister der P-GmbH an. Der Registerrichter darf die Eintragung nicht mit Argument ablehnen, die B-Ltd habe ihren Sitz nicht in Deutschland und sei somit gemäß § 1 I UmwG nicht umwandlungsfähig. Art. 43, 48 EG über die Niederlassungsfreiheit gebieten, § 1 I UmwG so auszulegen, dass auch eine Hereinspaltung durch EG-ausländische Gesellschaften zulässig ist.

---

12 Richtlinie 2005/56/EG vom 26. Oktober 2005, ABl. EU L 310 vom 25. November 2005.
13 *Haritz/von Wolff*, GmbHR 2006, 340, 341.
14 *Haritz/von Wolff*, GmbHR 2006, 340, 344.

§ 8   Verschmelzung

Literatur: *Raiser/Veil* § 48, S. 686–698; *K. Schmidt*, GesR § 13 III, S. 384–394

I. Aufbau der Verschmelzungsvorschriften

Hinweis: Der Aufbau der Verschmelzungsvorschriften ist komplex, aber beherrschbar. Lesen Sie   **927**
bitte vor, bei und/oder nach Lektüre des Folgenden die genannten Vorschriften mit!

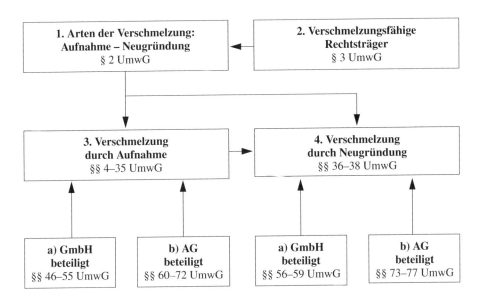

Die Arten der Verschmelzung legen fest, wie man verschmelzen darf: zur Aufnahme oder zur Neugründung. Die Definition der verschmelzungsfähigen Rechtsträger bestimmt, wer sich mit wem verschmelzen darf. Wie die Verschmelzung zur Aufnahme abläuft, regeln die §§ 4–35 UmwG. Wie die Verschmelzung zur Neugründung abläuft, regeln die §§ 36–38 UmwG, die größtenteils auf die Vorschriften über den Ablauf der Verschmelzung zur Aufnahme zurückverweisen. Besonderheiten, die sich aus der Teilnahme von GmbH an Verschmelzungen zur Aufnahme ergeben, regeln die §§ 46–55 UmwG, Besonderheiten aus der Teilnahme von AG an Verschmelzungen zur Aufnahme enthalten die §§ 60–72 UmwG. Besonderheiten aus der Beteiligung von GmbH an der Verschmelzung zur Neugründung erfassen die §§ 56–59 UmwG, für die AG gelten insoweit die §§ 73–77 UmwG.

II. Arten der Verschmelzung

1. Verschmelzung zur Aufnahme und zur Neugründung

928 Das UmwG unterscheidet zwischen der Verschmelzung zur Aufnahme und der Verschmelzung zur Neugründung. Bei der **Verschmelzung zur Aufnahme** (§ 2 Nr 1 UmwG) nimmt ein bereits bestehender Rechtsträger als übernehmender Rechtsträger den übertragenden Rechtsträger auf. Diese Art der Verschmelzung bietet sich an, wenn die beteiligten Rechtsträger aneinander beteiligt sind und keine Verschmelzung „unter Gleichen" angestrebt zu werden braucht (Tochter auf Mutter, sog. up-stream merger oder aufsteigende Verschmelzung; Mutter auf Tochter, sog. down-stream merger oder absteigende Verschmelzung). Bei der **Verschmelzung zur Neugründung** (§ 2 Nr 2 UmwG) legen zwei oder mehr Rechtsträger ihre gesamten Vermögen zusammen und übertragen sie im Wege der Gesamtrechtsnachfolge auf einen neuen Rechtsträger, den die übertragenden Rechtsträger durch ihre Verschmelzung gründen. Diese Art der Verschmelzung bietet sich an, wenn man eine Verschmelzung durch gleichberechtigte Partner durchführen will, von denen keiner in dem anderen aufgehen will.

2. Verschmelzungsbedingte Kapitalerhöhung

929 Bei der Verschmelzung zur **Aufnahme** geben wirtschaftlich die Anteilsinhaber des übertragenden Rechtsträgers ihr in dem übertragenden Rechtsträger gebündeltes Vermögen an den übernehmenden Rechtsträger. Als **Gegenleistung** dafür erhalten sie Anteile (GmbH-Geschäftsanteile, Aktien) oder Mitgliedschaften (etwa bei Verschmelzung auf eine OHG) an dem übernehmenden Rechtsträger. In diesem Sinne werden die Anteile oder Mitgliedschaften, die die Gesellschafter des übertragenden Rechtsträgers am übertragenden Rechtsträger hielten, umgetauscht in Anteile oder Mitgliedschaften an dem übernehmenden Rechtsträger. Der „Umtausch" geschieht kraft Gesetzes mit Eintragung der Verschmelzung in das Handelsregister des übernehmenden Rechtsträgers (§ 20 I Nr 3 UmwG). Das **Umtauschverhältnis** ist wesentlicher Problempunkt jeder Verschmelzung zur Aufnahme. Es ist im Verschmelzungsvertrag anzugeben (§ 5 I Nr 3 UmwG). Ein Verschmelzungsprüfer muss das Umtauschverhältnis bei Beteiligung von AG stets prüfen (§ 12 II 1 und 2 Nr 3, § 60 UmwG, Ausnahmen: § 9 II, III UmwG), bei Beteiligung von GmbH nur auf Verlangen eines Gesellschafters (§ 48 Satz 1 UmwG).

930 **a)** GmbH und AG müssen als übernehmende Gesellschaften den Anteilsinhabern des übertragenden Rechtsträgers Anteile an der übernehmenden Gesellschaft zum Umtausch anbieten können. Dazu wird die GmbH oder die AG eine Kapitalerhöhung unter Ausschluss des Bezugsrechts der bisherigen Gesellschafter beschließen und die neuen Anteile (Geschäftsanteile, Aktien) zum Umtausch nutzen[1]. Das entspricht im Kern einer Kapitalerhöhung gegen Sacheinlagen mit dem Vermögen des übertragen-

---

1 Sagasser/Bula/Brünger/*Sagasser/Ködderitzsch*, Rn J 127.

den Rechtsträgers als Sacheinlage. Für die GmbH als übernehmender Rechtsträger regeln §§ 53–55 UmwG, für die AG als übernehmender Rechtsträger §§ 66–69 UmwG die **verschmelzungsbedingte Kapitalerhöhung**.

Hinweis: Bei der Verschmelzung zur Neugründung stellen sich keine entsprechenden Fragen. **931** Denn in diesem Fall haben es die beteiligten Rechtsträger in der Hand, in dem von ihnen im Verschmelzungsvertrag (s. § 37 UmwG) zu regelnden Gesellschaftsvertrag des neu gegründeten Rechtsträgers die Beteiligungsverhältnisse festzulegen.

Die verschmelzungsbedingte Kapitalerhöhung ist unabhängig von der Rechtsform des **932** übertragenden Rechtsträgers. Da die Eintragung der Verschmelzung erst erfolgen darf, nachdem die Kapitalerhöhung eingetragen worden ist (§§ 53, 66 UmwG), muss der übernehmende Rechtsträger darauf achten, dass die Kapitalerhöhung rechtzeitig beschlossen und durchgeführt ist[2]: Der Kapitalerhöhungsbeschluss kann aber vor, gleichzeitig mit dem Verschmelzungsbeschluss oder danach gefasst werden; die Kapitalerhöhung muss nur vor der Verschmelzung eingetragen sein. Führt die übernehmende Gesellschaft eine verschmelzungsbedingte Kapitalerhöhung durch, gelten bestimmte Abweichungen von den Regeln für eine gewöhnliche Kapitalerhöhung nach GmbHG und AktG (s. §§ 55, 69 UmwG). Die neu geschaffenen Anteile sind zum Umtausch gemäß dem Umtauschverhältnis im Verschmelzungsvertrag (§ 5 I Nr 3 UmwG) zu verwenden.

b) Dem übernehmenden Rechtsträger ist einerseits **freigestellt**, ob er eine verschmel- **933** zungsbedingte Kapitalerhöhung durchführt, soweit er eigene Anteile hält oder der übertragende Rechtsträger voll eingezahlte Anteile an dem übernehmenden Rechtsträger hält (§§ 54 I 2, 68 I 2 UmwG). Diese Anteile können dann an die Anteilsinhaber des übertragenden Rechtsträgers abgegeben werden (s. § 46 III UmwG). Insoweit müssen keine neuen Anteile durch Kapitalerhöhung geschaffen werden.

Dem übernehmenden Rechtsträger ist es andererseits in bestimmten Fällen **verboten**, **934** eine verschmelzungsbedingte Kapitalerhöhung durchzuführen:

• Die verschmelzungsbedingte Kapitalerhöhung ist unzulässig, wenn und soweit die **übernehmende Gesellschaft Anteile an der übertragenden Gesellschaft** hält (wie regelmäßig im Konzern bei einer aufsteigenden Verschmelzung; §§ 54 I 1 Nr 1, 68 I 1 Nr 1 UmwG);

Beispiel: Die Muttergesellschaft M GmbH hat ein Stammkapital von € 50 000 und hält **935** 5 %, dh 10 000 Stückaktien, an der Tochter T KGaA. Jede Aktie ist € 10 wert. T soll auf M zur Aufnahme verschmolzen werden (§§ 2 Nr 1, 4 ff UmwG). Das Umtauschverhältnis (§ 5 I Nr 3 UmwG) beträgt 1 M-Geschäftsanteil : 10 T-Aktien, dh jeder neue Geschäftsanteil bei M hat einen Nennbetrag von € 100. Die Gesellschafterversammlung der M beschließt eine Kapitalerhöhung unter Einschluss eines auf die von M an T gehaltenen Aktien entfallenden Betrages von € 100 000. Gesellschafter X der M GmbH hält das für unzulässig. Hat er Recht?

---

2 Sagasser/Bula/Brünger/*Sagasser/Ködderitzsch*, Rn J 129 f.

I. Der Kapitalerhöhungsbeschluss könnte gem. § 243 I AktG analog anfechtbar sein. In der hier gegebenen Situation einer geplanten Verschmelzung der T KGaA auf die M GmbH zur Aufnahme richtet sich die Anfechtbarkeit des Beschlusses zur Durchführung einer verschmelzungsbedingten Kapitalerhöhung der M GmbH danach, ob er gegen die Bestimmungen der §§ 55 ff GmbHG, 53 ff UmwG (AG: §§ 182 ff AktG, §§ 66 ff UmwG) verstößt. Gem. § 54 I 1 Nr 1 (AG: § 68 I 1 Nr 1) UmwG darf die übernehmende Gesellschaft, hier M GmbH, ihr Stammkapital nicht erhöhen, soweit sie Anteile des übertragenden Rechtsträgers hält, hier der T KGaA. Grund dafür ist, dass aus der verschmelzungsbedingten Kapitalerhöhung den Kommanditaktionären der T KGaA Anteile an der M GmbH als Gegenleistung dafür verschafft werden sollen, dass die T-Kommanditaktionäre wirtschaftlich ihr in der T KGaA gebündeltes Vermögen in die M GmbH einbringen. Wenn aber M GmbH Aktien an T bereits erworben und bezahlt hat (anlässlich Gründung, Kapitalerhöhung oder derivativen Erwerbs), dann erhöht sich ihr Vermögen durch die Gesamtrechtsnachfolge in das Vermögen der T KGaA insoweit nicht, so dass sie dafür auch keine neuen Anteile ausgeben kann. Deshalb ist der Kapitalerhöhungsbeschluss der M GmbH anfechtbar[3]. Das Gericht wird ihn für nichtig erklären. X hat Recht.

II. Rechtstechnisch ist noch Folgendes zu bedenken: **(1)** Bestünde eine Anteilsgewährungspflicht, dh müsste M auch für die von ihr selbst gehaltenen T-Aktien neue Geschäftsanteile schaffen, wäre M verpflichtet, sich selbst als bisherigem Kommanditaktionär der T KGaA Geschäftsanteile zu verschaffen. Nach allgemeinen Regeln würde diese Verpflichtung aber wegen Konfusion erlöschen[4]. Darüber hinaus darf eine GmbH bei Kapitalerhöhungen neue Anteile nicht als eigene Anteile übernehmen[5], was geschähe, da aus den Aktien an der T infolge Rechtsnachfolge der M in die T Geschäftsanteile an der M würden. **(2)** § 20 I Nr 3 Satz 1 Hs 2 UmwG schließt aus, dass mit Eintragung der Verschmelzung Anteile an der übernehmenden Gesellschaft erworben werden können, soweit die übernehmende Gesellschaft selbst Anteilsinhaber des übertragenden Rechtsträgers war. Dann ist es zwecklos, im Wege der Kapitalerhöhung entsprechende Anteile an der übernehmenden Gesellschaft zur Verfügung zu stellen. Deshalb verbieten § 54 I 1 Nr 1 (AG: § 68 I 1 Nr 1) UmwG insoweit schon eine Kapitalerhöhung[6]. **(3)** Hält die übernehmende Gesellschaft alle Anteile an dem übertragenden Rechtsträger, findet gar keine Kapitalerhöhung bei der übernehmenden Gesellschaft statt[7]. Damit einher geht die Befreiung vom Erfordernis, dass die Gesellschafter der übernehmenden Gesellschaft der Verschmelzung zustimmen müssen (§ 13 I UmwG), aber nur, wenn die übernehmende Gesellschaft eine AG ist (§ 62 I 1 UmwG).

936 • Die verschmelzungsbedingte Kapitalerhöhung ist unzulässig, wenn und soweit der **übertragende Rechtsträger eigene Anteile** hält (§§ 54 I 1 Nr 2, 68 I 1 Nr 2 UmwG) oder

Beispiel: Hält T in Fortsetzung des vorherigen Beispiels selbst 10 000 ihrer Aktien als eigene Aktien, wäre ein entsprechender Kapitalerhöhungsbeschluss der M GmbH, der auch für diese eigenen Aktien der T die Schaffung neuer Geschäftsanteile (Aktien) vorsähe, ebenfalls anfechtbar.

3 Vgl Schmitt/Hörtnagl/Stratz/*Stratz* § 54 UmwG Rn 23.
4 Schmitt/Hörtnagl/Stratz/*Stratz* § 54 Rn 3.
5 Baumbach/Hueck/*Zöllner* § 55 Rn 19, s. § 56 I AktG.
6 Lutter/*Winter* § 54 Rn 5.
7 Lutter/*Winter* § 54 Rn 6.

Umtauschberechtigt wäre der bisherige Kommanditaktionär der T KGaA, also diese selbst. Da sie aber mit Eintragung der Verschmelzung erlöschen und die M GmbH ihr Rechtsnachfolger, auch in Bezug auf das Umtauschrecht, würde (§ 20 I Nr 1, 2 UmwG), würde der Anspruch der M GmbH (AG) gegen sie selbst auf Umtausch wegen Konfusion erlöschen. Zudem würde M GmbH (AG) wiederum eigene Anteile erwerben, was unzulässig wäre. Da außerdem § 20 I Nr 3 Satz 1 Hs 2 UmwG auch in diesem Fall den Umtausch ausschließt, wäre die entsprechende Schaffung neuer Geschäftsanteile (Aktien) zwecklos.

- Die verschmelzungsbedingte Kapitalerhöhung ist unzulässig, wenn und soweit der **937** übertragende Rechtsträger **Geschäftsanteile/Aktien der übernehmenden Gesellschaft innehat**, auf die die **Einlagen nicht voll erbracht** sind (§§ 54 I 1 Nr 3, 68 I 1 Nr 3 UmwG).

Beispiel: Hält T nun in Fortsetzung des vorherigen Beispiels ihrerseits 10 Geschäftsanteile (Aktien) an der M GmbH (AG), auf die sie aber die Stammeinlagen (Einlagen) nicht voll erbracht hat, und wollte M einen auch diesen Vermögensgegenstand der T berücksichtigenden Kapitalerhöhungsbeschluss fassen, um den Kommanditaktionären der T KGaA Geschäftsanteile (Aktien) zu verschaffen, so würde M gegen Ausgabe neuer Geschäftsanteile eigene Geschäftsanteile (Aktien) erwerben. Das wäre unzulässig. Bei der M als GmbH käme hinzu, dass ein Verstoß gegen § 33 I GmbHG vorläge. Da mit der noch nicht vollständig erbrachten Einlage verbunden ist, dass die übernehmende Gesellschaft gegen den übertragenden Rechtsträger eine Einlageforderung gehabt hat, die aber infolge der Gesamtrechtsnachfolge wegen Konfusion erlischt, sind hier Gläubigerinteressen an der realen Kapitalaufbringung berührt. Deshalb führt ein Verstoß gegen § 54 I 1 Nr 3 UmwG zur Nichtigkeit des Kapitalerhöhungsbeschlusses gem. § 241 Nr 3 AktG und des Verschmelzungsvertrages und damit der gesamten Verschmelzung[8].

III. Verschmelzungsfähige Rechtsträger

An Verschmelzungen können Rechtsträger verschiedener Rechtsformen beteiligt sein, **§ 3 IV** UmwG (sog. Mischverschmelzung). Welche Rechtsträger im Einzelnen verschmelzungsfähig sind, bestimmt **§ 3 I–III UmwG**.

1. GmbH, AG, SE und andere

Die in **§ 3 I** UmwG genannten Rechtsträger (ua OHG, KG, **GmbH**, **AG**) können sowohl als übernehmende als auch als übertragende Rechtsträger an der Verschmelzung **938** beteiligt sein. Damit ist auch die GmbH & Co. KG verschmelzungsfähig. Die Verschmelzungsfähigkeit der **SE** ergibt sich aus Art. 9 I lit. c) (ii) SE-VO (zur SE s. oben Rn 898). Danach kommt mangels vorrangiger Regelungen auf die SE mit Sitz in Deutschland das Recht der AG zur Anwendung, also auch § 3 I Nr 2 UmwG. Soll das Ergebnis der Verschmelzung eine SE sein, soll also eine SE durch Verschmelzung zur

---

8 Schmitt/Hörtnagel/Stratz/*Stratz* § 54 UmwG Rn 23.

Neugründung erstmals entstehen oder soll durch Verschmelzung auf einen bestehenden Rechtsträger eine SE erstmals entstehen (indem der bestehende übernehmende Rechtsträger durch die Verschmelzung die Rechtsform der SE annimmt), kommen aber wegen insoweit vorhandener vorrangiger Vorschriften Art. 2 I, 17 ff SE-VO, §§ 5 ff SEAG zur Anwendung, Art. 9 I (lit. a) SE-VO. Das heißt, in diesen Fällen ist eine SE kein nach UmwG verschmelzungsfähiger Rechtsträger.

Gemäß **§ 3 II** UmwG können wirtschaftliche Vereine (§ 22 BGB) nur übertragende Rechtsträger sein, und natürliche Personen können nur als Alleingesellschafter einer Kapitalgesellschaft übernehmende Rechtsträger in Bezug auf deren Vermögen sein.

2. Aufgelöste Rechtsträger

939 Aufgelöste Rechtsträger können als übertragende Rechtsträger an Verschmelzungen teilnehmen, wenn ihre Gesellschafter/Mitglieder einen Fortsetzungsbeschluss fassen könnten, **§ 3 III** UmwG[9]. Ob aufgelöste Rechtsträger auch übernehmende Rechtsträger sein können, ist umstritten. Die überwiegende Auffassung nimmt an, dass aufgelöste Rechtsträger nicht übernehmende Rechtsträger sein können. Jedenfalls bei gleichzeitigem Fortsetzungsbeschluss durch die Gesellschafter/Mitglieder des übernehmenden Rechtsträgers erscheint es dagegen zutreffend, die Verschmelzungsfähigkeit des aufgelösten, übernehmenden Rechtsträgers zu bejahen[10].

3. Vorgesellschaft, GbR, fehlerhafte Gesellschaft

940 Die **Vorgesellschaft**, also die zwischen Gründung (§ 2 I GmbHG, §§ 23, 29 AktG) und Eintragung (§§ 7 I, 11 I GmbHG, §§ 36 I, 41 I 1 AktG) bestehende Vorstufe zur GmbH oder AG ist nicht verschmelzungsfähig. Zwar ist sie ein notwendiges Durchgangsstadium zu der mit Eintragung ins Handelsregister entstehenden GmbH oder AG[11]. Aber sie ist ihrer Rechtsnatur nach eine Personenvereinigung eigener Art[12], die eben nicht in § 3 UmwG genannt ist und die wegen des Analogieverbots in § 1 III 1 UmwG nicht als verschmelzungsfähiger Rechtsträger angesehen werden kann. Wegen des Charakters als Personenvereinigung eigener Art kann man der Vorgesellschaft auch nicht dadurch zur Verschmelzungsfähigkeit verhelfen, dass man sie bei Betreiben eines Handelsgewerbes als OHG behandelt[13].

Sieht man sich den Katalog der verschmelzungsfähigen Rechtsträger an, fällt auf, dass die **GbR** nicht genannt ist. Wegen des praktischen Bedarfs, auch die GbR umwandeln zu können, und des gleitenden Übergangs zwischen GbR und OHG, die verschmelzungsfähiger Rechtsträger ist, ist diese Rechtslage unbefriedigend. Der Hinweis, die

---

9   Näher *Raiser/Veil* § 48 Rn 4; Kallmeyer/*Marsch-Barner* § 3 Rn 18 ff.
10 Übersicht bei Schmitt/Hörtnagl/Stratz/*Stratz* § 3 UmwG Rn 47 f; *Raiser/Veil* § 48 Rn 4 aE.
11 Baumbach/Hueck/*Hueck/Fastrich* § 11 Rn 6; *Hüffer* § 41 Rn 3.
12 Baumbach/Hueck/*Hueck/Fastrich* § 11 Rn 7; *Hüffer* § 41 Rn 4.
13 Kallmeyer/*Marsch-Barner* § 3 Rn 9; unentschlossen Schmitt/Hörtnagl/Stratz/*Stratz* § 3 UmwG Rn 24.

fehlende Verschmelzungsfähigkeit der GbR ergebe sich aus ihrer fehlenden Register-publizität[14], dürfte zu kurz greifen, da auch eine natürlich Person nicht registerfähig ist und dennoch im Rahmen des § 3 II Nr 2 UmwG verschmelzungsfähig ist. Dass die GbR nicht umwandlungsfähig ist, ist aber wegen des Analogieverbots in § 1 III 1 UmwG hinzunehmen[15].

Eine **fehlerhafte Gesellschaft** ist verschmelzungsfähig[16], es sei denn sie befindet sich nach Geltendmachung ihres Mangels in der Auflösung. Ausnahme davon ist wie-derum, dass sie sich als übertragender Rechtsträger an der Verschmelzung beteiligen kann, wenn sie fortgesetzt werden könnte, § 3 III UmwG.

IV. Ablauf und Wirkungen einer Verschmelzung

Eine Verschmelzung durchläuft im Groben fünf Schritte. Der erste, die Überlegungen und Verhandlungen über den Sinn und die Folgen einer etwaigen Verschmelzung, fin-det außerhalb des UmwG statt. Sodann folgen **vier Schritte nach UmwG**:   **941**

(1) **Vertrag**
(2) **Bericht, Prüfung**
(3) **Beschlüsse**
(4) **Eintragung**

1. Verschmelzungsvertrag

a) Die beteiligten Rechtsträger schließen den Verschmelzungsvertrag, ggf durch ihre organschaftlichen **Vertreter** (Geschäftsführer, Vorstand; vertretungsberechtigte Ge-sellschafter), § 4 I UmwG. Eine natürliche Person als übernehmender Rechtsträger bei einer Verschmelzung zur Aufnahme der in ihrem Alleinbesitz stehenden Kapital-gesellschaft (§ 1 II Nr 2 UmwG) unterschreibt selbst. Wollen die Beteiligten den Ver-trag erst nach den Zustimmungsbeschlüssen schließen, dürfen sie das, müssen dann aber einen **Entwurf** vorlegen, § 4 II UmwG. Die Möglichkeit, einen Entwurf vorzu-legen, dient dazu, Beurkundungskosten zu sparen, vor allem wenn ungewiss ist, ob die erforderlichen Zustimmungen der Gesellschafter erreichbar sind. Entwurf und späte-rer Verschmelzungsvertrag müssen identisch sein, höchstens redaktionelle Änderun-gen sind möglich (zB geänderte Firmen oder Geschäftsadressen der beteiligten Rechtsträger). Anderenfalls fehlen dem Vertragsinhalt als Grundlage der Strukturän-derung die Zustimmungen der Gesellschafter/Mitglieder[17]. Der Vertrag bedarf der no-tariellen **Beurkundung**, § 6 UmwG.   **942**

b) Der zwingende **Mindestinhalt** des Vertrags/entwurfs ergibt sich aus § 5 I UmwG (lesen!). Der Vertrag ist Organisationsvertrag, weil mit seinem Wirksamwerden durch   **943**

---

14   Goutier/Knopf/Tulloch/*Bermel* § 3 UmwG Rn 9.
15   Schmitt/Hörtnagl/Stratz/*Stratz* § 3 UmwG Rn 17 ff.
16   Schmitt/Hörtnagl/Stratz/*Stratz* § 3 UmwG Rn 12.
17   Schmitt/Hörtnagl/Stratz/*Stratz* § 4 UmwG Rn 24.

Eintragung der übertragende Rechtsträger erlischt. Der Vertrag ist auch schuldrechtlicher Natur, weil sich der übertragende Rechtsträger verpflichtet, sein Vermögen gegen Gewährung von Anteilen an den übernehmenden Rechtsträger zu übertragen, § 5 I Nr 2 UmwG.

944 Das **Umtauschverhältnis** (§ 5 I Nr 3 UmwG) ist wegen der erforderlichen Unternehmensbewertungen schwer zu bestimmen und fehleranfällig. Stehen die Vermögen der beteiligten Rechtsträger in einem Verhältnis, bei dem die vom übernehmenden Rechtsträger zu gewährenden Anteile in einem krummen Verhältnis zu den von den Anteilsinhabern des übertragenden Rechtsträgers aufzugebenden Anteilen stünden (zB 1 : 3,07), dient die **bare Zuzahlung** dazu, einen Umtausch in einem glatten Verhältnis (zB 1 : 3) herbeiführen zu können und den überschießenden Teil (zB 0,07) in bar auszugleichen[18]. Die bare Zuzahlung darf höchstens 10 % des Gesamtnennbetrages der zu gewährenden Anteile am übernehmenden Rechtsträger betragen (§§ 54 IV, 56, 68 III, 73 UmwG). Dass gemäß § 5 I Nr 3 UmwG alternativ zum Umtauschverhältnis **Angaben über die Mitgliedschaft** bei dem übernehmenden Rechtsträger zu machen sind, betrifft die Fälle, in denen an dem übernehmenden Rechtsträger begrifflich keine Beteiligungen bestehen, wie etwa bei Genossenschaften oder wirtschaftlichen Vereinen. Hinsichtlich des Umtauschverhältnisses muss aber der Verschmelzungsvertrag auch bei solchen Rechtsträgern Angaben zum Verhältnis der neuen Mitgliedschaften zu den alten Beteiligungen/Mitgliedschaften enthalten[19].

945 Bei Verschmelzung zur Aufnahme durch einen Rechtsträger anderer Rechtsform (zB AG auf GmbH) muss der Vertrag für jeden dem Verschmelzungsbeschluss widersprechenden Anteilsinhaber des übertragenden Rechtsträgers zudem eine angemessene **Barabfindung** vorsehen, **§ 29 I 1 UmwG**, gegen deren Zahlung der betroffene Gesellschafter dann ausscheiden kann. Das Gleiche gilt bei Verschmelzungen zur Aufnahme oder Neugründung zwischen Rechtsträgern derselben Rechtsform, wenn die Anteile des übernehmenden Rechtsträgers Verfügungsbeschränkungen (zB Vinkulierungen, § 68 II AktG, § 15 V GmbHG) unterliegen, § 29 I 2 und 3 UmwG. Bei Verschmelzungen zur Neugründung muss im Verschmelzungsvertrag auch der Gesellschaftsvertrag/die Satzung der neuen Gesellschaft enthalten sein oder festgestellt werden, § 37 UmwG[20].

2. Verschmelzungsbericht und Verschmelzungsprüfung

946 Die Vertretungsorgane aller beteiligten Rechtsträger müssen jedes für sich einen Verschmelzungsbericht erstellen, können ihn aber auch zusammen abgeben, § 8 I 1 UmwG. Der Bericht muss es den Anteilsinhabern ermöglichen, in Kenntnis aller Umstände eine Entscheidung über ihre Zustimmung zu treffen.

---

18 Schmitt/Hörtnagl/Stratz/*Stratz* § 5 UmwG Rn 55.
19 Semler/Stengel/*Stöer* § 5 Rn 21, 27.
20 Näher zu den Anforderungen bei Verschmelzung zur Neugründung *Raiser/Veil* § 48 Rn 29.

Eine Verschmelzungsprüfung gem. §§ 9 ff UmwG ist durchzuführen bei Beteiligung **947** einer GmbH auf Verlangen eines Gesellschafters (§ 48 Satz 1 UmwG) und bei Beteiligung einer AG stets (§ 60 UmwG). Die Prüfung endet mit einem schriftlichen Bericht der Verschmelzungsprüfer, der mit einer Erklärung darüber abschließen muss, ob das vorgeschlagene Umtauschverhältnis angemessen ist, § 12 I, II UmwG.

Bericht und/oder Prüfung sind entbehrlich, wenn alle Anteilsinhaber aller beteiligten Rechtsträger mit notariell beurkundeten Erklärungen darauf verzichten, §§ 8 III, 9 III UmwG.

3. Zustimmungsbeschlüsse der Anteilsinhaber

Gem. §§ 13 I, 36 UmwG wird der Verschmelzungsvertrag nur wirksam, wenn die Anteilsinhaber der beteiligten Rechtsträger ihm jeweils durch Verschmelzungsbeschluss in einer Anteilsinhaberversammlung zustimmen. **948**

a) Im **Vorfeld des Beschlusses** sind den Gesellschaftern einer beteiligten GmbH **949** gem. §§ 47, 56 UmwG der Vertrag/sentwurf und der etwaige Verschmelzungsbericht zusammen mit der Einberufung der Gesellschafterversammlung zu übersenden. In der Einberufung ist die geplante Fassung eines Verschmelzungsbeschlusses anzukündigen, §§ 49 I, 56 UmwG. Ab der Einberufung sind die Jahresabschlüsse und die Lageberichte aller an der Verschmelzung beteiligten Rechtsträger für die letzten drei Geschäftsjahre auszulegen, §§ 49 II, 56 UmwG.

Bei Beteiligung einer AG ist bereits vor der Einberufung der Hauptversammlung der **950** Verschmelzungsvertrag/sentwurf zum Handelsregister einzureichen, so dass das Gericht in den Gesellschaftsblättern bekanntmachen kann, dass der Vertrag oder der Entwurf bei ihm vorliegt, §§ 61 I, 73 UmwG. Ab Einberufung der Hauptversammlung sind sodann der Verschmelzungsvertrag/sentwurf, die Jahresabschlüsse und die Lageberichte aller an der Verschmelzung beteiligten Rechtsträger für die letzten drei Geschäftsjahre auszulegen; hinzu kommt eine Zwischenbilanz für den Fall, dass seit Abschluss des Verschmelzungsvertrages oder Aufstellung seines Entwurfs mehr als sechs Monate vergangen sind, §§ 63 I, 73 UmwG. Jedem Aktionär ist auf Verlangen eine Abschrift dieser Unterlagen zu erteilen, §§ 63 III, 73 UmwG. Die in § 63 I UmwG genannten Unterlagen sind in der Hauptversammlung auszulegen und durch den Vorstand mündlich zu erläutern, §§ 64, 73 UmwG.

b) Die Zustimmungsbeschlüsse der Gesellschafter- oder der Hauptversammlung bedürfen einer **3/4-Mehrheit**, §§ 50, 56, §§ 65 I, 73 UmwG (zu Besonderheiten bei Konzernverschmelzungen s. Rn 95 ff). Da es sich um Akte der körperschaftlichen Willensbildung handelt, bestehen keine Stimmverbote (§ 47 IV GmbHG, § 136 I AktG) für die Anteile, die ein anderer an der Verschmelzung beteiligter Rechtsträger an dem abstimmenden Rechtsträger hält. Sind bei einer übernehmenden GmbH nicht sämtliche ihrer Geschäftsanteile voll eingezahlt, müssen **alle** in der Anteilsinhaberversammlung **anwesenden** Anteilsinhaber des übertragenden Rechtsträgers der Verschmelzung zustimmen, § 51 I 1 UmwG. Ist der übertragende Rechtsträger eine **951**

OHG, eine KG, eine Partnerschaftsgesellschaft oder eine GmbH, müssen sogar alle, also **auch** die in der Versammlung, die den Verschmelzungsbeschluss fasst, **nicht anwesenden**, Anteilsinhaber der Verschmelzung mit der GmbH, bei der nicht alle Geschäftsanteile voll eingezahlt sind, zustimmen, § 51 I 2 UmwG. Grund dafür ist die Mithaftung der neuen Gesellschafter der übernehmenden GmbH für die bei der übernehmenden GmbH auf ihre nicht voll eingezahlten Anteile noch ausstehenden Einlagen, § 24 GmbHG.

4. Eintragung

952 Die Vertretungsorgane jedes beteiligten Rechtsträgers melden die Verschmelzung zur Eintragung in ihrem jeweiligen Register an, § 16 I 1 UmwG. Bei Verschmelzung einer Kapitalgesellschaft auf eine natürliche Person als Alleingesellschafter genügt die Eintragung im Register der übertragenden Gesellschaft, § 122 II UmwG. Das Vertretungsorgan des übernehmenden Rechtsträgers darf auch beim Register des übertragenden Rechtsträgers die Verschmelzung zur Eintragung anmelden, § 16 I 2 UmwG, aber nicht umgekehrt.

Der Anmeldung sind ua der Verschmelzungsvertrag und die Zustimmungsbeschlüsse beizufügen. Der Anmeldung beim Register des übertragenden Rechtsträgers ist eine Schlussbilanz dieses Rechtsträgers beizufügen, § 17 I, II UmwG.

Es schließt sich uU das Unbedenklichkeitsverfahren an, mit dem gem. § 16 II und III UmwG trotz etwaiger Klagen gegen die Verschmelzung die Eintragung erreicht werden kann (zum Unbedenklichkeitsverfahren näher unter Rn 1066 ff).

Zuerst wird die Verschmelzung bei dem übertragenden Rechtsträger, dann beim übernehmenden Rechtsträger eingetragen, § 19 I UmwG. Das Register des übernehmenden Rechtsträgers trägt die Verschmelzung nur ein, wenn eine etwaige verschmelzungsbedingte Kapitalerhöhung zuvor eingetragen worden ist, §§ 53, 66 UmwG.

5. Wirkungen der Eintragung

953 Mit der Eintragung treten gem. § 20 UmwG folgende Wirkungen ein:
- § 20 I **Nr 1** UmwG – das gesamte Vermögen, einschließlich Verbindlichkeiten gegenüber Dritten, des oder der übertragenden Rechtsträger geht auf den übernehmenden Rechtsträger über, Rechtsverhältnisse zwischen den beteiligten Rechtsträgern erlöschen durch Konfusion;
- § 20 I **Nr 2** UmwG – die übertragenden Rechtsträger erlöschen ohne Abwicklung;
- § 20 I **Nr 3** UmwG – die Anteilsinhaber der übertragenden Rechtsträger werden Anteilsinhaber des übernehmenden Rechtsträgers, es sei denn, der übernehmende Rechtsträger war selbst Anteilsinhaber des übertragenden Rechtsträgers;
- § 20 I **Nr 4** UmwG – Beurkundungsmängel werden geheilt;
- § 20 II UmwG – andere Mängel der Verschmelzung werden nicht geheilt, aber die Verschmelzung erlangt Bestandskraft (näher dazu unter Rn 1062 ff).

V. Besonderheiten bei Konzernverschmelzungen

Fraglich ist, ob Besonderheiten bei Konzernverschmelzungen bestehen. Hier sind drei **954** Fälle auseinander zu halten: Die aufsteigende Verschmelzung einer Tochter auf ihre Mutter, die absteigende Verschmelzung einer Mutter auf ihre Tochter und die Verschmelzung zwischen Schwestergesellschaften, also Gesellschaften, die über eine gemeinsame Mutter verbunden sind.

1. Aufsteigende Konzernverschmelzung

Bei der aufsteigenden Konzernverschmelzung einer 100%-igen Tochter auf die Mut- **955** ter sind bestimmte Angaben im Vertrag entbehrlich, § 5 II UmwG. U.a. brauchen keine Angaben über das Umtauschverhältnis gemacht zu werden, weil die Mutter keine Anteile an sich selbst übernehmen kann (vgl § 20 I Nr 3 Satz 1 UmwG). Bei aufsteigender Verschmelzung einer 100%-igen Tochter sind auch Verschmelzungsbericht und Verschmelzungsprüfung entbehrlich, §§ 8 III 1, 9 II UmwG. Liegen die Voraussetzungen dafür, dass der Verschmelzungsbericht entfällt, nicht vor, dh ist die nach oben zu verschmelzen geplante Tochter keine 100%-Beteiligung oder stimmen nicht alle Anteilsinhaber der beteiligten Rechtsträger zu, muss der Verschmelzungsbericht gemäß § 8 I 2 UmwG für jeden beteiligten Rechtsträger, der verbundenes Unternehmen iSd § 15 AktG ist, Angaben zu allen für die Verschmelzung wesentlichen Angelegenheiten der anderen verbundenen Unternehmen enthalten.

Bei einer aufsteigenden Konzernverschmelzung einer Kapitalgesellschaft auf eine AG braucht die Hauptversammlung der aufnehmenden Mutter nicht zuzustimmen, wenn die Mutter mindestens 90% des Grund- oder Stammkapitals der übertragenden Kapitalgesellschaft hält, § 62 I UmwG. Das gilt nicht, wenn die Aktionäre der Mutter das Zustimmungserfordernis gem. § 62 II UmwG mittels erfolgreichen Minderheitsbegehrens durchsetzen.

2. Absteigende Konzernverschmelzung

Literatur: *Bock,* Institutioneller Gläubigerschutz nach § 30 Abs. 1 GmbH beim down-stream-merger nach einem Anteilskauf?, GmbHR 2005, 1023–1030; *Enneking/Heckschen,* Gesellschafterhaftung beim down-stream-merger, DB 2006, 1099–1101; *Mertens,* Aktuelle Fragen zu Verschmelzung von Mutter- auf Tochtergesellschaften – down-stream-merger, AG 2006, 785–792

Das UmwG sieht keine Erleichterungen für eine absteigende Verschmelzung einer **956** Mutter auf ihre Tochter vor. In solch einem Fall ergibt sich aber ein interessanter Schnittpunkt zum allgemeinen Gesellschaftsrecht im Hinblick auf Verstöße gegen das Kapitalerhaltungsgebot der §§ 30 f GmbHG.

Bei Unternehmensübernahmen verwenden Erwerber als Akquisitionsvehikel häufig eine **GmbH**, die eine unmittelbare oder mittelbare 100%-ige Tochter des wirtschaftlichen Erwerbers ist (Special Purpose Vehicle („SPV") oder „Erwerbsgesellschaft", besonders bei Private-Equity-Erwerbungen). Die Tochter (SPV) ist in der Regel mit dem Mindeststammkapital von € 25 000 (nach Inkrafttreten des MoMiG wird das

Mindeststammkapital nur noch € 10 000 betragen. s.o. Rn 199a) ausgestattet, das in bar vorhanden ist.

(wirtschaftlicher) Erwerber		Aktiva	**Bilanz Erwerbsgesellschaft**		Passiva	
100% ↓		Kasse	25	Stammkapital		25
		Beteiligung	1000	Verbindlichkeit		1000
Erwerbsgesellschaft (GmbH, SPV)	Veräußerer		1025			1025

Erworbene Gesellschaft (Ziel-GmbH)

Zug um Zug gegen Zahlung des Kaufpreises erwirbt die Erwerbsgesellschaft die Anteile an der Zielgesellschaft vom Veräußerer. Zur Finanzierung des von ihr zu zahlenden Kaufpreises geht sie Schulden ein. Die Bilanz der Erwerbsgesellschaft weist dann auf der Aktivseite € 25 000 Kassenbestand auf und die Beteiligung an der Ziel-GmbH, zB € 1 000 000. Auf der Passivseite sind das Stammkapital mit € 25 000 und die Verbindlichkeiten mit € 1 000 000 ausgewiesen. Das Stammkapital ist gedeckt.

957 Angenommen, der Erwerber plant, dass die Ziel-GmbH die Schulden, die die Erwerbsgesellschaft zum Erwerb der Beteiligung aufgenommen hat, direkt an die Banken zurückzahlt. Dann kann er die Erwerbsgesellschaft auf die Ziel-GmbH verschmelzen, so dass diese dann die Schulden in ihrer Bilanz hat. Das kann bei der Ziel-GmbH dazu führen, dass das Stammkapital angegriffen ist, und zwar aus folgendem Grund: Mit der Verschmelzung gehen im Prinzip zwar sämtliche Vermögensgegenstände auf die aufnehmende Ziel-GmbH über. Die Beteiligung, die die Erwerbsgesellschaft an der Ziel-GmbH erworben hat (€ 1 000 000), geht aber nicht auf die Ziel-GmbH als eigene Anteile über. Diesen allein bedeutenden Vermögensgegenstand der Aktivseite der Bilanz der Erwerbsgesellschaft bekommt die übernommene Ziel-GmbH also nicht. Vielmehr erhält der (wirtschaftliche) Erwerber, der wegen der Verschmelzung seine Beteiligung an der Erwerbsgesellschaft verliert, deren Beteiligung an der Ziel-GmbH, also die Beteiligung im Wert von € 1 000 000 (§ 20 I Nr 3 UmwG). Die Ziel-GmbH kann im Zuge der Verschmelzung aber ohne weiteres die € 1 000 000 Verbindlichkeiten übernehmen. Das heißt, dass die Bilanz der Ziel-GmbH – abgesehen von den € 25 000 Kasse/Stammkapital der Erwerbsgesellschaft – € 1 000 000 mehr Schulden verkraften muss. „Verkraften" kann die Bilanz der Zielgesellschaft die weiteren Schulden, wenn nach Einbuchung der übernommenen Verbindlichkeiten das Stammkapital nicht angegriffen wird, zumindest aber das Stammkapital nicht vollständig verbraucht ist. Ob das der Fall ist, hängt von der Höhe des freien Eigenkapitals ab, also im Kern davon, wie hoch das Eigenkapital ist, das die erworbene Ziel-Gesellschaft aus nicht ausgeschütteten Gewinnen gespart hat und das nicht als Stammkapital gebunden ist[21]:

---

21 *Mertens*, AG 2006, 785, 787; *Bock*, GmbHR 2005, 1023.

Aktiva	Fall A: Ziel-GmbH	Passiva		Aktiva	Fall B: Ziel-GmbH	Passiva
Vermögen	5000	Stammkap. 250 Freies EK 1250 Verbindl. 3500		Vermögen	5000	Stammkap. 250 Freies EK 750 Verbindl. 4000
	5000	5000			5000	5000

Findet nun die Verschmelzung der Erwerbsgesellschaft auf die Ziel-GmbH statt, verändert sich die Bilanz in den Fällen A und B zunächst wie folgt[22]:

Aktiva	Fall A: Ziel-GmbH	Passiva		Aktiva	Fall B: Ziel-GmbH	Passiva
Vermögen Kasse	5000 25	Stammkap. 250 Stammk. 25 Freies EK 1250 Verbindl. 3500 Verbindl. 1000		Vermögen Kasse	5000 25	Stammkap. 250 Stammk. 25 Freies EK 750 Verbindl. 4000 Verbindl. 1000
	5025	6025			5025	6025

Die Aktivseite der Bilanz der Ziel-GmbH verlängert sich durch die Verschmelzung, **958** abgesehen von den € 25 000 (= 25 in den Bilanzen) Kassenbestand der Erwerbsgesellschaft, nicht. Denn die € 1 000 000 Beteiligung gelangt nicht zur Ziel-GmbH. Die Passivseite nimmt hingegen um 1000 (entspricht den Schulden zur Finanzierung des Erwerbs der Beteiligung im Wert von € 1 000 000) zu. Da die Bilanz auf beiden Seiten immer gleich lang sein muss, können die beiden Bilanzseiten nur dadurch wieder gleich lang werden, dass man auf der Passivseite der Bilanz der übernehmenden Gesellschaft soviel vom Eigenkapital „wegnimmt", dh 1000 als **Verschmelzungsverlust** bucht, bis die Bilanz wieder ausgeglichen ist. Das bedeutet im **Fall A**, dass sich das freie Eigenkapital auf 250 reduziert, das Stammkapital von jetzt 275 aber unangegriffen bleibt. Im **Fall B** fällt das freie Eigenkapital von 750 ganz weg, und auch noch 250 des neuen Stammkapitals von 275 sind verbraucht, dh das Eigenkapital beträgt noch 25 und liegt damit unter der Stammkapitalsumme von 275.

Strittig ist, ob man in einem Fall wie **Fall B** die §§ 30 f GmbHG anwendet, dh ob der Erwerber irgendwie dafür aufkommen muss, dass das Stammkapital der erworbenen Gesellschaft nach der Verschmelzung angegriffen ist (im **Fall B** fehlen 250).

---

22 S. zu einem ähnlichen Beispiel *Bock*, GmbHR 2005, 1023 f.

	Ansicht 2 Die absteigende Verschmelzung ist **zulässig**, wenn der Eingriff in das Stammkapital durch **Ausgleichsleistungen** des Erwerbers an die Ziel-Gesellschaft vermieden wird[23].	
Ansicht 1		**Ansicht 3**
Es liegt eine **unzulässige Einlagenrückgewähr** vor[24]. Folglich darf der Geschäftsführer der Ziel-GmbH an der Verschmelzung nicht mitwirken, er muss sie verhindern. Unterstützt er die Verschmelzung, macht er sich gegenüber der Ziel-GmbH schadensersatzpflichtig (§ 43 II, III 1 GmbHG) und muss der Erwerber den Verschmelzungsverlust, soweit er das Stammkapital angreift, erstatten (§ 31 I GmbHG).		§§ 30 f GmbHG sind **nicht berührt**: Die Beteiligung an der Ziel-Gesellschaft geht direkt auf die Gesellschafter der Erwerbsgesellschaft (also den wirtschaftlichen Erwerber) über, dh ohne Zwischenerwerb der Ziel-GmbH. Es findet nur ein Anteilstausch auf Gesellschafterebene statt, aber **keine „Zahlung"** aus dem Vermögen der Ziel-GmbH an die Gesellschafter, wie es § 30 I GmbHG verlange[25].

959 **Ansicht 3** will, statt die Ziel-GmbH über §§ 30 f GmbHG zu schützen, die Grundsätze zum existenzvernichtenden Eingriff (dazu Rn 355 ff) heranziehen. Die Zuweisung von Verbindlichkeiten ohne Übertragung entsprechender aktiver Vermögensgegenstände sei dem für eine Haftung wegen existenzvernichtenden Eingriffs nötigen Abzug von Gesellschaftsvermögen gleichzustellen. Deshalb hafte der wirtschaftliche Erwerber wegen existenzvernichtenden Eingriffs, wenn die Ziel-GmbH die Tilgung der übernommenen Verbindlichkeiten nicht leisten könne[26]. Warum nach dieser Ansicht zwar im Rahmen des existenzvernichtenden Eingriffs die Zuweisung von Verbindlichkeiten dem Abzug von Vermögen entsprechen soll, im Rahmen des § 30 I GmbHG die Zuweisung von Verbindlichkeiten der „Zahlung" von Gesellschaftsvermögen aber nicht gleichstehen soll, bleibt ungeklärt. Deshalb überzeugt diese Auffassung nicht.

Richtig erscheint **Ansicht 2**: Sie verhindert die Verschmelzung nicht, sorgt aber für eine Sicherung des Stammkapitals durch Ausgleichsleistungen.

Ansicht 1 hingegen führt dazu, dass die Verschmelzung gar nicht stattfinden darf; das wäre unbefriedigend.

960 Ist die Zielgesellschaft eine **AG**, löst wegen der strengeren Kapitalbindung (§§ 57, 62 AktG) jeder Verschmelzungsverlust die Frage aus, ob und ggf wie die absteigende Verschmelzung, unter Übertragung im Wesentlichen von Verbindlichkeiten auf die Ziel-AG, zulässig ist[27]. Es kommt bei ihr also nicht darauf an, ob das Grundkapital angegriffen oder genügend freies Eigenkapital vorhanden ist[28]. Ansonsten gelten aber die gleichen Überlegungen wie bei der GmbH.

---

23 Sagasser/Bula/Brünger/*Bula/Schlösser*, Rn K 61 aE.
24 hM, zB Schmitt/Hörtnagl/Stratz/*Hörtnagl* § 24 UmwG Rn 52; Lutter/*Priester* § 24 Rn 62; Semler/Stengel/*Haritz* § 24 Rn 48; Kallmeyer/*Müller* § 24 Rn 40.
25 *Enneking/Heckschen*, DB 2006, 1099, 1100; im Ergebnis auch; *Bock*, GmbHR 2005, 1023, 1028 f.
26 *Enneking/Heckschen*, DB 2006, 1099, 1101.
27 Ganz ablehnend *Mertens*, AG 2006, 785, 786.
28 S. etwa Schmitt/Hörtnagl/Stratz/*Hörtnagl* § 24 UmwG Rn 52 aE.

3. Konzernverschmelzung unter Schwestern

Literatur: *M. Winter*, Die Anteilsgewährung – zwingendes Prinzip des Verschmelzungsrechts?, FS Lutter (2000), S. 1279–1283

Schwestergesellschaften sind im vorliegenden Zusammenhang solche Gesellschaften, an denen dieselben Gesellschafter mit jeweils identischer Quote beteiligt sind, im klarsten Fall sind die Schwestern jeweils 100%ige Töchter einer Muttergesellschaft.

a) Das UmwG sieht für die Verschmelzung der einen auf die andere Schwestergesellschaft **keine Erleichterungen** vor. Das bedeutet, dass, wenn die eine Schwester auf die andere verschmolzen wird, die aufnehmende Schwester die Gesellschafter der übertragenden Schwester, also die (gemeinsamen) Mütter, genauso behandeln muss, wie wenn die Mütter nicht an ihr beteiligt wären. Das heißt insbesondere, dass die aufnehmende Schwester eine Kapitalerhöhung durchführen muss, um daraus die Mütter mit weiteren Anteilen zu bedienen. Das entspricht dem Grundsatz in § 20 I Nr 3 Satz 1 Hs 2 UmwG. Die Mütter bekommen also zu ihrer bisher schon insgesamt 100%-igen Beteiligung an der aufnehmenden Schwester weitere Anteile an dieser aufnehmenden Schwester hinzu. Das erscheint unnötig und aufwendig, weil sich die Beteiligungsverhältnisse vor und nach der Verschmelzung entsprechen[29]. **961**

Dennoch wollte der Gesetzgeber die Kapitalerhöhung auch bei Schwesterverschmelzungen, und zwar aus **Gläubigerschutzgründen**: Wenn eine Schwester mit hohem Stammkapital (zB 1000) auf eine Schwester mit geringem Stammkapital (zB 10) verschmolzen werde und die aufnehmende Schwester ihr Kapital nicht erhöhe, stünde den Gläubigern des nach der Verschmelzung bestehenden Gesamtunternehmens nur noch das geringere Garantiekapital zur Verfügung. Noch deutlicher sei der Gläubigerschutz geboten, wenn eine AG auf eine Schwester-GmbH verschmolzen werde. Denn dann verringere sich der über den reinen Grundkapitalschutz hinausgehende Kapitalschutz in der AG (§§ 57, 62 AktG) in der aufnehmenden GmbH zu einem Schutz deren Stammkapitals[30]. Dem haben sich Teile der Rechtsprechung und der Literatur angeschlossen[31]. **962**

Demgegenüber vertreten manche die Auffassung, bei der Verschmelzung unter Schwestern bestehe ein **Wahlrecht**, ob eine Kapitalerhöhung durchgeführt werden solle. Die Gesellschafter der übertragenden Gesellschaft (also die gemeinsamen Mütter) könnten darauf – in notarieller Form gemäß § 13 III UmwG analog – verzichten, Anteile an der aufnehmenden Gesellschaft zu erhalten[32]. Grund dafür ist, dass bereits das Gesetz selbst Möglichkeiten vorsieht, die vom Gesetzgeber als eigentlich unverzichtbar angesehene Kapitalerhöhung zu vermeiden: Zum einen können die Mutter-Gesellschaften ihre jeweiligen Beteiligungen an der übertragenden Schwester im **963**

---

29 Überblick bei Schmitt/Hörtnagl/Stratz/*Stratz* § 2 UmwG Rn 19 ff.
30 S. das Zitat aus der Begründung des Regierungsentwurfs zum UmwG bei Schmitt/Hörtnagl/Stratz/*Stratz* § 2 Rn 21.
31 KG GmbHR 1998, 1230; Lutter/*Lutter/Drygala* § 5 Rn 9.
32 Lutter/*Winter* § 54 Rn 18; *Winter*, FS Lutter (2000), S. 1281 ff; vorsichtig auch Schmitt/Hörtnagl/Stratz/*Stratz* § 54 Rn 13.

Wege der Abspaltung zur Aufnahme gemäß § 123 II Nr 1 UmwG auf die aufnehmende Schwester steuerneutral übertragen, ohne dass die aufnehmende Schwester ihr Kapital erhöhen müsste (§§ 125, 54 I 2 Nr 2, 68 I 2 Nr 2 UmwG). Dadurch dürfte dann die aufnehmende Schwester gemäß § 54 I 1 Nr 1 UmwG ihr Kapital wegen ihrer Beteiligung an der übertragenden Schwester auch gar nicht mehr erhöhen. Zum anderen kann die aufnehmende Schwester eigene Anteile erwerben und diese dann zum Anteilstausch an die Mütter benutzen, ohne dass sie eine Kapitalerhöhung durchführen müsste (§§ 54 I 2 Nr 2, 68 I 2 Nr 2 UmwG). Von einem Wahlrecht geht auch das LG München I aus[33].

964 **b)** Der Regierungsentwurf vom 9. August 2006 zur Umsetzung der Verschmelzungsrichtlinie (s. oben Rn 926), abrufbar unter www.bmj.de, sieht vor, dass auch für Verschmelzungen unter Schwestern Erleichterungen eingeführt werden. Dazu werden §§ 54 I, 68 I UmwG jeweils um einen dritten Satz ergänzt. Danach braucht die übernehmende Gesellschaft keine Kapitalerhöhung durchzuführen, wenn alle Anteilsinhaber (die gemeinsamen Mütter) des übertragenden Rechtsträgers darauf in notariell beurkundeter Form verzichten.

965 | **Leitsätze**

(1) Das **Verschmelzungsrecht** ist das wichtigste Buch des UmwG. Es ist in einen allgemeinen Teil und einen besonderen Teil für Besonderheiten je nach Rechtsform der beteiligten Rechtsträger unterteilt. Das Verschmelzungsrecht dient kraft häufiger Verweisungen als **allgemeiner Teil** des UmwG

(2) Es gibt Verschmelzungen zur **Aufnahme** und zur **Neugründung**.

(3) Die Zahl der **verschmelzungsfähigen Rechtsträger** ist groß. U.a. gehören dazu GmbH, AG, OHG und KG. Vorgesellschaft und GbR sind keine verschmelzungsfähigen Rechtsträger.

(4) Eine Verschmelzung durchläuft nach UmwG vier Schritte:
- **Verschmelzungsvertrag**,
- **Verschmelzungsbericht/prüfung**,
- **Zustimmungsbeschlüsse**,
- **Eintragung** (Bestandskraft gemäß § 20 II UmwG).

(5) Bei einer **Konzernverschmelzung** in Form der aufsteigenden Verschmelzung der Tochter auf die Mutter zur Aufnahme bestehen **Erleichterungen**. **Keine** Erleichterungen bestehen bei einer absteigenden Verschmelzung der Mutter auf die Tochter und bei Verschmelzungen zwischen Schwestergesellschaften. Künftig soll aber die Schwester-Verschmelzung ohne Kapitalerhöhung der aufnehmenden Schwester möglich sein. Bei absteigenden Verschmelzungen ist umstritten, wie Konflikte mit den §§ 30 f GmbHG zu behandeln sind; nach zutreffender Ansicht sind Eingriffe in das Stammkapital durch **Verschmelzungsverluste** gegen Ausgleichsleistungen zulässig.

---

33 LG München I BB 1998, 2331.

§ 9 Spaltung

Literatur: *Heidenhain*, Spaltungsvertrag und Spaltungsplan, NJW 1995, 2873–2881; *Raiser/ Veil* § 49, S. 698–711; *K. Schmidt*, GesR § 13 IV, S. 394–404

I. Aufbau der Spaltungsvorschriften

Hinweis: Auch der Aufbau der Spaltungsvorschriften ist komplex, aber beherrschbar. Lesen Sie bitte wie bei der Verschmelzung vor, bei und/oder nach Lektüre des Folgenden die genannten Vorschriften mit!

966

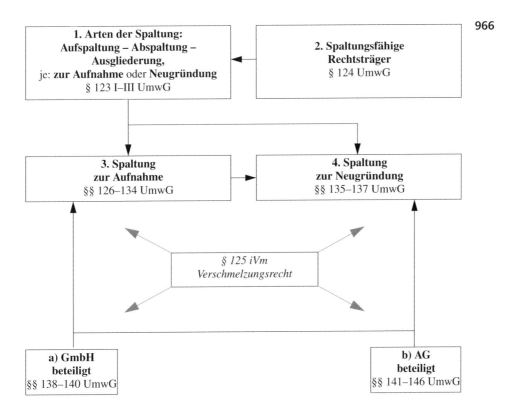

967 Die Arten der Spaltung legen fest, wie man spalten darf. Möglich sind Aufspaltung, Abspaltung und Ausgliederung. Jede Art der Spaltung ist zur Aufnahme und zur Neugründung möglich. Die Definition der spaltungsfähigen Rechtsträger legt fest, wer die Möglichkeiten der Spaltung wahrnehmen darf. Wie die Spaltung zur Aufnahme abläuft, regeln §§ 126–134 UmwG. Wie die Spaltung zur Neugründung abläuft, regeln

die §§ 135–137 UmwG, die teilweise auf die Vorschriften über die Spaltung zur Aufnahme zurückverweisen. Besonderheiten, die sich aus der Teilnahme von GmbH an Spaltungen ergeben, regeln §§ 138–140 UmwG, Besonderheiten aus der Teilnahme von AG an Spaltungen enthalten §§ 141–146 UmwG.

Das entspricht im Groben dem Aufbau der Verschmelzungsvorschriften. Eine weitere Ebene bei Spaltungen anwendbarer Vorschriften wird aber durch den (Teil-)Verweis in § 125 Satz 1 UmwG auf das Verschmelzungsrecht (Verschmelzungsrecht als allgemeiner Teil des UmwG!) eingezogen. Auch aus dem Verschmelzungsrecht ergeben sich also Anforderungen allgemeiner Art. Das ergibt ein anspruchsvolles Regelungsgeflecht, das man nur durch ständiges Lesen und Nachvollziehen der bei der konkreten Frage ineinander greifenden Vorschriften bewältigen kann.

II. Arten der Spaltung

968 Die Spaltungsarten sind **Aufspaltung** (Merke: von dem übertragenden Rechtsträger bleibt nichts übrig, „er spaltet sich ganz auf"), **Abspaltung** (Merke: von dem übertragenden Rechtsträger bleibt ein größerer oder kleinerer Rest, die Anteile am abgespaltenen Teil bekommen die Anteilsinhaber des übertragenden Rechtsträgers) und **Ausgliederung** (Merke: von dem übertragenden Rechtsträger bleibt wieder ein größerer oder kleinerer Rest, die Anteile am abgespalteten Teil bekommt aber der übertragende Rechtsträger). Jeweils kann die Spaltung „zur Aufnahme", dh unter Übertragung des Vermögens auf einen schon bestehenden Rechtsträger, oder „zur Neugründung", dh durch die Spaltung entsteht zugleich der übernehmende Rechtsträger neu, erfolgen. Alle Spaltungen führen bei dem übernehmenden Rechtsträger, wenn es sich um eine GmbH oder AG handelt, zu einer Sachkapitalerhöhung (Spaltung zur Aufnahme) oder Sachgründung (Spaltung zur Neugründung). Zwischen Aufspaltung, Abspaltung und Ausgliederung besteht für die beteiligten Rechtsträger **Wahlfreiheit** (§§ 124 II, 3 IV UmwG).

969 **Beispiel**[1]: Die AP-GmbH ist in den Geschäftsbereichen Autohandel und Pferdezucht tätig. Ihre Gesellschafter sind A und B. Wollen A und B die beiden Geschäftsbereiche trennen, können sie verschiedene Wege gehen:

Aufspaltung: A und B können die AP-GmbH durch Aufspaltung zum Erlöschen bringen und jeden Geschäftsbereich auf eine eigene GmbH oder AG oder einen Bereich auf eine GmbH und den anderen auf eine AG übertragen und die Anteile an den übernehmenden Rechtsträgern selbst übernehmen.

Abspaltung: Sie können auch den Bereich Pferde oder den Bereich Auto in der AP-GmbH lassen und nur den jeweils anderen Teil auf eine GmbH oder AG übertragen und die Anteile an dem übernehmenden Rechtsträger selbst übernehmen.

Ausgliederung: A und B können schließlich einen Bereich auf eine GmbH oder AG ausgliedern gegen Erwerb der Anteile an dem übernehmenden Rechtsträger durch die AP-GmbH

---

1 Nach *K. Schmidt*, GesR § 13 IV 1 a) und b), S. 395 f.

selbst. Wollen sie beide Bereiche auf je einen übernehmenden Rechtsträger ausgliedern, wird die AP-GmbH zur Holding.

In allen Fällen entstehen besondere Probleme, wenn die Spaltung zur **Aufnahme** durch einen bereits bestehenden Rechtsträger erfolgt, dessen Gesellschafterstruktur sich durch die Spaltung verändert. Angenommen, es besteht bereits eine GmbH, die ebenfalls Pferdezucht betreibt und an der neben A und B auch X, alle jeweils zu einem Drittel, beteiligt ist. Spaltet die AP-GmbH nun ihren Bereich Pferde auf die bestehende Pferdezucht-GmbH gegen Gewährung von Anteilen an A und B ab, verschieben sich die Beteiligungsverhältnisse in der Pferdezucht-GmbH unter Umständen so, dass A und B zusammen auf über 75 % Beteiligung kommen. Dann verliert X an Einfluss. Ihm muss geholfen werden (s. dazu unten Rn 990 ff).

Die beteiligten Rechtsträger können auch mehrere Spaltungsvorgänge unmittelbar   **970** miteinander **kombinieren**, etwa indem eine Bäcker-GmbH ihr Betriebsgrundstück auf eine AG ausgliedert und die dafür erhaltenen Aktien sogleich an ihren Gesellschafter abspaltet[2] oder die Bäcker-GmbH ihr Betriebsgrundstück auf eine bestehende Gesellschaft zur Aufnahme abspaltet und zugleich die beweglichen Gegenstände ihres Anlagevermögens auf eine neugegründete Gesellschaft zur Neugründung ausgliedert.

III. Spaltungsfähige Rechtsträger

Welche Rechtsträger in welcher Form an einer Spaltung beteiligt sein dürfen, ergibt sich aus § 124 iVm § 3 UmwG.

1. GmbH, AG, SE, aufgelöste Rechtsträger und andere

a) Aus **§ 124 I** UmwG folgt: An Aufspaltung, Abspaltung und Ausgliederung kön-   **971** nen als übertragende, übernehmende und als neue Rechtsträger die in § 3 I UmwG genannten Rechtsträger, also ua OHG, KG, **GmbH** und **AG**, beteiligt sein. Eine AG, die noch nicht zwei Jahre im Register eingetragen ist, kann allerdings nicht als übertragender Rechtsträger an einer Spaltung teilnehmen, § 141 UmwG. Grund ist, dass sonst die Nachgründungsvorschriften des AktG (§§ 52 f AktG) umgangen werden könnten. Nur als übertragende Rechtsträger können auftreten bei der Aufspaltung und Abspaltung die wirtschaftlichen Vereine und bei der Ausgliederung die wirtschaftlichen Vereine, Einzelkaufleute, Stiftungen und Gebietskörperschaften und ihre Verbände, die nicht selbst Gebietskörperschaften sind. Bei den Einzelkaufleuten muss es sich um eingetragene Kaufleute handeln (§ 152 Satz 1 UmwG, §§ 17, 19 I Nr 1 HGB). Anders als bei der Verschmelzung der zu 100 % gehaltenen Kapitalgesellschaft auf ihren Alleingesellschafter, der eine natürliche Person, auch ohne jede eigene wirtschaftliche Tätigkeit, ist, muss bei der Ausgliederung aus dem Vermögen einer Privatperson diese ein Gewerbe betreiben, das eben ausgegliedert wird.

---

2 Beispiel nach *K. Schmidt*, GesR § 13 IV 1 c), S. 404.

972 Fragt man nach der Spaltungsfähigkeit der **SE**, muss man sich Folgendes vor Augen halten: Die SE-VO bestimmt ua darüber abschließend, auf welche Weisen eine SE gegründet werden darf. Nur soweit das nationale Recht (im SEAG, im AktG und im UmwG) damit übereinstimmt, kommt es ergänzend zur Anwendung. Das Spaltungsrecht erlaubt Spaltungen zur Neugründung. Damit ergeben sich Überschneidungen mit dem vorrangigen SE-Recht. Daraus folgt: Die Teilnahme einer **bestehenden inländischen SE** an Aufspaltung und Abspaltung ist gem. Art. 9 I lit. c) ii) SE-VO mangels vorrangiger Regelungen in der SE-VO und im SEAG nach dem für die AG geltenden Recht mit folgenden Maßgaben möglich. Eine inländische SE kann sich als übertragender und übernehmender Rechtsträger an allen drei Formen der Spaltung, also Aufspaltungen, Abspaltungen und Ausgliederungen, zur Aufnahme oder Neugründung beteiligen. Soll **durch die Aufspaltung oder Abspaltung** zur Neugründung (zur Ausgliederung zur Neugründung sogleich bei Rn 973) allerdings eine **SE neugegründet** werden, ist das nicht möglich. Denn: Art. 2 I-IV, 3 II SE-VO, §§ 5 ff SEAG regeln fünf Möglichkeiten zur Gründung einer SE. Das sind Verschmelzung von AG (Art. 2 I SE-VO), Gründung einer Holding-SE durch AG oder GmbH (Art. 2 II SE-VO), Gründung einer Tochter-SE mittels Zeichnung ihrer Aktien (Art. 2 III SE-VO) durch mindestens zwei Gesellschaften im Sinne von Art. 48 II EG oder juristische Personen des öffentlichen oder privaten Rechts, (formwechselnde) Umwandlung einer AG in eine SE (Art. 2 IV SE-VO) und Ausgründung einer Tochter-SE aus einer bereits bestehenden SE (Art. 3 II SE-VO). Unter diese Möglichkeiten lässt sich die Aufspaltung oder Abspaltung zur Neugründung nicht subsumieren[3]. Deshalb kann insoweit keine Spaltung zur Neugründung einer SE erfolgen.

973 Zweifelhaft ist, ob die SE-VO auch die **Ausgliederung zur Neugründung** einer **SE** sperrt. Das hängt davon ab, ob die Ausgliederung zur Neugründung gem. § 123 III Nr 2 UmwG einem von der SE-VO zugelassenen Gründungsfall entspricht. Gem. **Art. 2 III SE-VO** ist ein zugelassener Gründungsfall, dass mindestens zwei Gesellschaften eine SE durch Zeichnung von deren Aktien gründen. Bei einer Ausgliederung würde der übertragende Rechtsträger zwar die Aktien des durch Ausgliederung zur Neugründung entstehenden neuen Rechtsträgers SE übernehmen, aber nicht rechtstechnisch „zeichnen"[4]. Zudem können an einer Ausgliederung nicht zugleich zwei übertragende Rechtsträger beteiligt sein, sondern nur einer[5]. Deshalb passt die Ausgliederung zur Neugründung nicht zu Art. 2 III SE-VO[6]. In **Art. 3 II SE-VO** steht, dass eine bestehende SE eine Tochter-SE gründen kann. Darunter lässt sich der Fall subsumieren, dass eine bestehende SE einen Teil ihres Vermögens auf eine dadurch neu zu gründende SE überträgt. Deshalb ist die Ausgliederung zur Neugründung einer SE zulässig, wenn der übertragende Rechtsträger seinerseits eine SE ist[7].

---

3 Lutter/*Teichmann* § 124 Rn 7; Schmitt/Hörtnagl/Stratz/*Hörtnagl* § 124 UmwG Rn 12 f.
4 Lutter/*Teichmann* § 124 Rn 7.
5 Schmitt/Hörtnagl/Stratz/*Hörtnagl* § 123 UmwG Rn 18.
6 Schmitt/Hörtnagl/Stratz/*Hörtnagl* § 124 UmwG Rn 33; Lutter/*Teichmann* § 124 Rn 7.
7 Schmitt/Hörtnagl/Stratz/*Hörtnagl* § 124 UmwG Rn 33, Art. 3 SE-VO Rn 7; Lutter/*Teichmann* § 124 Rn 7 aE.

b) Aus **§ 124 II** UmwG folgt: Aufgelöste Rechtsträger können als **übertragende** 974
Rechtsträger an Spaltungen teilnehmen, wenn ihre Gesellschafter/Mitglieder einen
Fortsetzungsbeschluss fassen könnten (§§ 124 II, 3 III UmwG). Bei der Verschmelzung ist es unwichtig, ob die Gesellschafter/Mitglieder tatsächlich einen Fortsetzungsbeschluss fassen, denn der aufgelöste, übertragende Rechtsträger erlischt ohnehin mit der Eintragung der Verschmelzung. Ebenso unwichtig ist das, wenn ein
aufgelöster, übertragender Rechtsträger sich aufspaltet, denn auch dann erlischt er mit
Eintragung der Spaltung (§ 131 I Nr 2 UmwG). Anders könnte es sein bei Abspaltung
und Ausgliederung, da in diesen Fällen der übertragende Rechtsträger bestehen bleibt.
Insbesondere bei der Ausgliederung, bei der dem übertragenden Rechtsträger die Anteile an dem übernehmenden Rechtsträger zufallen, könnte es erforderlich sein, dass
der übertragende Rechtsträger (wieder) eine werbende Tätigkeit ausübt. Indessen
zeigt § 3 III UmwG, dass es ausreicht, wenn der aufgelöste Rechtsträger seine Fortsetzung beschließen „könnte". Zudem wollte der Gesetzgeber mit § 3 III UmwG vor
allem Sanierungsverschmelzungen ermöglichen, Spaltungen zur Sanierung, zB die
Heraustrennung eines rentablen Geschäftsbereichs aus einer insgesamt nicht überle-
bensfähigen Gesellschaft, sind aber ebenfalls sinnvoll. Die Spaltungsfähigkeit aufgelöster, aber fortsetzungsfähiger Rechtsträger ist damit nicht erst gegeben, wenn ihre
Gesellschafter/Mitglieder einen Fortsetzungsbeschluss gefasst haben[8]. Hinsichtlich
aufgelöster, fortsetzungsfähiger Rechtsträger ist wie bei der Verschmelzung anzunehmen, dass sie auch **übernehmende** Rechtsträger sein können, wenn sie spätestens zugleich mit der Spaltung ihre Fortsetzung beschließen.

2. Vorgesellschaft, GbR, fehlerhafte Gesellschaft

Wie bei der Verschmelzung ist fraglich, ob die **Vorgesellschaft** spaltungsfähig ist. 974a
Das ist zu verneinen, da sie als Personengesellschaft eigener Art nicht im Katalog des
§ 3 UmwG enthalten ist[9]. Die **GbR** ist aus denselben Gründen, aus denen ihre Verschmelzungsfähigkeit scheitert, dh weil sie nicht in § 3 UmwG genannt ist und wegen
des Analogieverbots gem. § 1 III 1 UmwG, auch nicht spaltungsfähig. Bei der **fehlerhafte Gesellschaft** wird man wie bei der Verschmelzung grundsätzlich annehmen
müssen, dass sie spaltungsfähig ist. In Anlehnung an die Rechtslage zur Spaltungsfähigkeit aufgelöster Rechtsträger wir aber davon auszugehen sein, dass sie als übertragender Rechtsträger an Aufspaltung, Abspaltung und Ausgliederung nur teilnehmen
kann, wenn sie nach tatsächlich bereits erfolgter Geltendmachung ihres Mangels fortgesetzt werden könnte (zB wenn der Austritt des arglistig getäuschten Gesellschafters
unter Fortbestand der Restgesellschaft möglich ist), und als übernehmender Rechtsträger nur, wenn sie bei bereits geltend gemachtem Mangel spätestens mit der Spaltung ihre Fortsetzung sicherstellt.

---

8 Schmitt/Hörtnagl/Stratz/*Hörtnagl* § 124 UmwG Rn 53 f.
9 Schmitt/Hörtnagl/Stratz/*Hörtnagl* § 124 UmwG Rn 10.

IV. Ablauf einer Spaltung und ihre Wirkungen

975 Ähnlich der Verschmelzung, durchläuft eine Spaltung im Wesentlichen fünf Schritte. Die Planungen über Sinn und Folgen einer etwaigen Spaltung, als erster Schritt, finden wiederum außerhalb des UmwG statt. Sodann folgen **vier Schritte nach UmwG**:

(1) Vertrag
(2) Bericht, Prüfung
(3) Beschlüsse
(4) Eintragung

1. Spaltungsvertrag oder Spaltungsplan

976 Bei Spaltungen (Aufspaltung, Abspaltung, Ausgliederung) zur Aufnahme gibt es mehrere Rechtsträger schon, bevor die Spaltung wirksam wird, nämlich den übertragenden Rechtsträger und den oder die übernehmenden Rechtsträger. Sie müssen sich über Einzelheiten der Spaltung einigen. Dazu schließen sie, im Falle von AG oder GmbH vertreten durch ihren Vorstand bzw Geschäftsführer, gemeinsam einen **Spaltungs- und Übernahmevertrag**, § 126 UmwG. Bei der Spaltung (Aufspaltung, Abspaltung, Ausgliederung) zur Neugründung entsteht der übernehmende Rechtsträger erst, wenn die Spaltung wirksam wird. Da es ihn zuvor also noch nicht gibt, kann man mit ihm auch keinen Vertrag schließen. Deshalb stellt der übertragende Rechtsträger in diesem Fall allein einen **Verschmelzungsplan** auf, § 136 UmwG. Der Verschmelzungsplan ist eine einseitige, nicht empfangsbedürftige Willenserklärung[10].

977 **a)** Gemäß §§ 125 Satz 1, 4 II UmwG kann der Spaltungsvertrag den zustimmenden Gesellschafter- oder Hauptversammlungen auch nur im **Entwurf** zur Zustimmung vorgelegt werden. Gem. § 135 I 1 UmwG ist das im Falle des Spaltungsplans nicht möglich, weil dort § 4 UmwG insgesamt für auf die Spaltung zur Neugründung unanwendbar erklärt ist. Der Ausschluss der Verweisung auf § 4 I UmwG ist richtig, weil bei der Spaltung zur Neugründung der Spaltungsplan sich nicht an den Vorgaben des Verschmelzungsvertrages orientieren kann, da für ihn die Maßgaben des Spaltungsvertrages gem. § 126 UmwG anzuwenden sind (§ 136 Satz 2 UmwG). Der Ausschluss auch des § 4 II UmwG über die Möglichkeit, den Spaltungsplan im Entwurf zur Zustimmung vorzulegen, beruht dagegen auf einem Redaktionsversehen des Gesetzgebers. Deswegen ist die Vorlage eines Spaltungsplan-Entwurfs möglich[11]. Der dem Spaltungsbeschluss zugrunde liegende Entwurf muss in jedem Fall, dh bei Spaltungen zur Aufnahme und zur Neugründung, mit dem später beurkundeten Vertrag/Plan übereinstimmen, abgesehen von redaktionellen Aktualisierungen. Der Spaltungsvertrag/-plan bedarf der notariellen Beurkundung, §§ 125 Satz 1, 135 I 1 iVm § 6 UmwG.

978 **b)** Die **inhaltlichen Anforderungen** an den Spaltungsvertrag und Spaltungsplan ergeben sich aus §§ 126 I, II, 136 Satz 2 UmwG (lesen!). Während in § 126 I Nr 1, 2,

---

10   Schmitt/Hörtnagl/Stratz/*Hörtnagl* § 136 UmwG Rn 3.
11   Schmitt/Hörtnagl/Stratz/*Hörtnagl* § 135 UmwG Rn 8.

5–9 und 11, § 136 UmwG Aussagen über den Inhalt des Spaltungsvertrages/planes ohne Unterscheidung zwischen Aufspaltung, Abspaltung und Ausgliederung enthalten sind, betreffen § 126 I Nr 3, 4 und 10, § 136 UmwG ausweislich des Gesetzestextes nur Aufspaltung und Abspaltung. Diese drei Nummern regeln Einzelheiten der Zuweisung der Anteile/Mitgliedschaften an dem übernehmenden Rechtsträger an die Anteilsinhaber des übertragenden Rechtsträgers.

aa) **§ 126 I Nr 3**, § 136 UmwG bestimmen, dass im Spaltungsvertrag/plan bei **Aufspaltung** und **Abspaltung** Angaben über das Umtauschverhältnis der Anteile und ggf der baren Zuzahlung enthalten sein müssen sowie Angaben über die Mitgliedschaft bei dem übernehmenden Rechtsträger. Die „bare Zuzahlung" dient dem Ausgleich krummer Anteils-Umtauschverhältnisse. Die „Mitgliedschaft" deckt Fälle ab, in denen an dem übernehmenden Rechtsträger begrifflich keine Beteiligungen bestehen, wie etwa bei Genossenschaften oder wirtschaftlichen Vereinen. Hinsichtlich des Umtauschverhältnisses muss aber der Spaltungsvertrag/plan auch bei solchen Rechtsträgern Angaben zum Verhältnis der neuen Mitgliedschaften zu den alten Beteiligungen/Mitgliedschaften enthalten[12]. Rechtsformübergreifend dienen die Angaben über das Umtauschverhältnis der Wahrung der Interessen der Anteilsinhaber/Mitglieder des übertragenden Rechtsträgers, die ja die Anteile an dem übernehmenden Rechtsträger als angemessenen Ausgleich für den vollständigen (Aufspaltung) oder teilweisen (Abspaltung) Verlust ihrer Beteiligung an dem übertragenden Rechtsträger erhalten müssen. Bei der Ausgliederung erhalten zwar die Anteilsinhaber des übertragenden Rechtsträgers keine Anteile an dem übernehmenden Rechtsträger. Aber der übertragende Rechtsträger selbst erhält die aufgrund der Ausgliederung entstehenden Anteile/Mitgliedschaften an dem übernehmenden Rechtsträger. Das ist im Grunde ebenso die Gegenleistung für die Übertragung des Vermögens auf den übernehmenden Rechtsträger wie bei Auf- und Abspaltung. Deswegen muss **auch im Ausgliederungsvertrag** eine Bestimmung darüber enthalten sein, wie viele Anteile der übertragende Rechtsträger an dem übernehmenden Rechtsträger erhält[13]. Sonst fehlt einer der wesentlichen Vertragsbestandteile (essentialia negotii), und der Spaltungsvertrag ist mangels hinreichender Einigung unwirksam, entsprechendes wird man für den Spaltungsplan anzunehmen haben. Dabei genügt im Falle der Ausgliederung zur Neugründung die schlichte klarstellende Angabe, dass sämtliche Anteile an dem übernehmenden Rechtsträger dem übertragenden Rechtsträger zufallen, während bei der Ausgliederung zur Aufnahme die Angabe das Verhältnis des durch den übernehmenden Rechtsträger vom übertragenden Rechtsträger erworbenen Vermögens zu dem nach der Spaltung bestehenden Gesamtvermögen des übernehmenden Rechtsträgers abbilden muss, also das Wertverhältnis zwischen dem bisherigen Vermögen des übernehmenden Rechtsträgers und dem vom übertragenden Rechtsträger hinzukommenden Vermögen[14].

979

---

12 Schmitt/Hörtnagl/Stratz/*Hörtnagl* § 126 UmwG Rn 55.
13 Schmitt/Hörtnagl/Stratz/*Hörtnagl* § 126 UmwG Rn 36.
14 Schmitt/Hörtnagl/Stratz/*Hörtnagl* § 126 UmwG Rn 37 ff.

980 **bb) § 126 I Nr 4**, § 136 UmwG regeln, dass bei **Aufspaltung** und **Abspaltung** der Spaltungsvertrag/plan Einzelheiten über die Übertragung der Anteile/Mitgliedschaften an dem übernehmenden Rechtsträger an die Anteilsinhaber des übertragenden Rechtsträgers enthalten muss. Gemeint sind Angaben, wie die Anteilsinhaber des übertragenden Rechtsträgers konkret an die Anteile am übernehmenden Rechtsträger kommen. Bestehen zB physische Aktienurkunden über die Beteiligung an der übertragenden AG, ist zu regeln, wann und wo die Aktionäre der übertragenden AG diese Urkunden gegen entsprechende physische Aktien einer übernehmenden AG eintauschen können. Bei AG sind Treuhänder zu bestellen, die den Tausch organisieren, §§ 126 Satz 1, 71 f UmwG (§ 126 Satz 1 UmwG verweist nur für die Ausgliederung nicht auch auf § 71 UmwG!). Bei der **Ausgliederung** kann entsprechender Regelungsbedarf bestehen, auch wenn der übertragende Rechtsträger, und nicht seine Anteilsinhaber, die Anteile an dem übernehmenden Rechtsträger erhalten[15]. Da §§ 126 I, 136 UmwG nur die Mindestangaben des Spaltungsvertrages/plans regeln, können die beteiligten Rechtsträger entsprechende Regelungen aufnehmen, während bei § 126 I Nr 3 UmwG das Umtauschverhältnis in den Ausgliederungsvertrag/plan aufgenommen werden muss.

981 **cc) § 126 I Nr 10**, § 136 UmwG legen fest, dass der Spaltungsvertrag/plan Angaben über die Aufteilung der Anteile oder Mitgliedschaften an den beteiligten Rechtsträgern auf die Anteilsinhaber des übertragenden Rechtsträgers sowie die Angabe des Maßstabes für die Verteilung enthalten muss. Solche Fragen tauchen bei der Ausgliederung nicht auf, weil bei ihr sämtliche neuen Anteile an dem übernehmenden Rechtsträger dem übertragenden Rechtsträger zufallen. Deswegen braucht der Ausgliederungsvertrag/plan insoweit nichts zu enthalten[16].

2. Spaltungsbericht und Spaltungsprüfung

982 Ein Spaltungsbericht ist – wie bei der Verschmelzung – grundsätzlich von dem Vertretungsorgan jedes der beteiligten Rechtsträger aufzustellen, § 127 Satz 1 Hs 1 UmwG. Die Vertretungsorgane können aber auch einen gemeinsamen Bericht aufstellen, § 127 Satz 1 Hs 2 UmwG. Hinsichtlich der inhaltlichen Anforderungen gelten §§ 127 Satz 1 Hs 1, §§ 125, 8 I 1 UmwG. Bei Beteiligung von AG kommen die Angaben gem. § 142 II UmwG zu Sacheinlagen hinzu. Bei Ausgliederung aus dem Vermögen eines Einzelkaufmannes braucht kein Bericht aufgestellt zu werden, §§ 153, 158 UmwG.

983 Eine Spaltungsprüfung ist bei Ausgliederungen ausgeschlossen, § 125 Satz 2 UmwG[17]. Im Übrigen gelten mit Ausnahme des § 9 II UmwG die §§ 9 bis 12 UmwG bei Beteiligung einer GmbH, wenn ein Gesellschafter eine Spaltungsprüfung bei Aufspaltung und Abspaltung verlangt (§ 48 Satz 1 UmwG), und bei Beteiligung einer AG in allen Fällen einer Aufspaltung oder Abspaltung (§ 60 UmwG).

---

15 Lutter/*Priester* § 126 Rn 36.
16 Schmitt/Hörtnagl/Stratz/*Hörtnagl* § 126 UmwG Rn 101.
17 Kritisch Schmitt/Hörtnagl/Stratz/*Hörtnagl* § 125 UmwG Rn 11.

3. Zustimmungsbeschlüsse der Anteilsinhaber

Gem. §§ 125 Satz 1, 13 I, 36 UmwG wird der Spaltungsvertrag/plan nur wirksam, **984** wenn die Anteilsinhaber der bereits bestehenden beteiligten Rechtsträger ihm jeweils durch Spaltungsbeschluss in einer Anteilsinhaberversammlung zustimmen. Im Einzelnen gilt insoweit das Gleiche wie bei der Verschmelzung. Das bedeutet:

a) Im **Vorfeld des Beschlusses** sind die Gesellschafter einer beteiligten GmbH gem. **985** §§ 125 Satz 1, 47, 49, 56 UmwG zu informieren. Bei Beteiligung einer AG gelten für die Information der Aktionäre die §§ 125 Satz 1, 61, 63, 64, 73 UmwG.

b) Die Zustimmungsbeschlüsse der Gesellschafter- oder der Hauptversammlung be- **986** dürfen einer **3/4-Mehrheit**, §§ 125 Satz 1, 50, 56, 65 I, 73 UmwG. Da es sich um Akte der körperschaftlichen Willensbildung handelt, bestehen auch bei der Spaltung keine Stimmverbote (§ 47 IV GmbHG, § 136 I AktG) für die Anteile, die ein anderer an der Spaltung beteiligter Rechtsträger an dem abstimmenden Rechtsträger hält. § 51 I UmwG über Fälle der erforderlichen Zustimmung sämtlicher Gesellschafter (s. dazu Rn 951) gilt ebenfalls entsprechend.

4. Eintragung

Die Vertretungsorgane jedes beteiligten Rechtsträgers melden die Spaltung zur Ein- **987** tragung in ihrem jeweiligen Register an, §§ 125 Satz 1, 16 I 1 UmwG. Bei Ausgliederung des Vermögens eines Einzelkaufmanns zur Aufnahme oder zur Neugründung muss die Ausgliederung sowohl im Register des eingetragenen Kaufmanns als auch im Register des aufnehmenden oder neugegründeten Rechtsträgers eingetragen werden, §§ 125 Satz 1, 16 I 1, 154, 160 UmwG. Das Vertretungsorgan jedes übernehmenden Rechtsträgers darf auch beim Register des übertragenden Rechtsträgers die Spaltung zur Eintragung anmelden, §§ 125 Satz 1, 16 I 2, 129 UmwG, aber nicht umgekehrt, und das Vertretungsorgan eines übernehmenden Rechtsträgers darf die Spaltung nicht beim Register eines anderen übernehmenden Rechtsträgers anmelden[18].

Der Anmeldung zur Eintragung folgt uU das Unbedenklichkeitsverfahren gem. **988** §§ 125 Satz 1, 16 II und III UmwG (näher zum Unbedenklichkeitsverfahren unten Rn 1066 ff).

Zuerst wird die Spaltung bei dem oder den übernehmenden Rechtsträgern eingetragen, dann beim übertragenden Rechtsträger, § 130 I 1 UmwG. Das Register des oder der übernehmenden Rechtsträger trägt die Spaltung nur ein, wenn eine etwaige spaltungsbedingte Kapitalerhöhung bei der aufnehmenden GmbH oder AG zuvor eingetragen worden ist, §§ 125 Satz 1, 53, 66 UmwG. Bei Spaltungen zur Neugründung müssen erst die neugegründeten Rechtsträger eingetragen sein, bevor die Spaltung eingetragen wird, § 137 III UmwG.

---

18 Schmitt/Hörtnagl/Stratz/*Hörtnagl* § 129 UmwG Rn 1 f.

5. Wirkungen der Eintragung

989 Die Eintragung der Spaltung bewirkt den Übergang des im Spaltungsvertrag oder Spaltungsplan bestimmten Vermögens von dem übertragenden Rechtsträger auf den oder die übernehmenden Rechtsträger (partielle Gesamtrechtsnachfolge). Bei der Aufspaltung erlischt der übertragende Rechtsträger. Bei Aufspaltung und Abspaltung werden die Anteilsinhaber des übertragenden Rechtsträgers Anteilsinhaber des übernehmenden Rechtsträgers, bei Ausgliederung wird der übertragende Rechtsträger zum Anteilsinhaber des übernehmenden Rechtsträgers, jeweils gemäß den Bestimmungen im Spaltungsvertrag/plan, §§ 131 I Nr 1–3, 135 I 1, 136 Satz 2 UmwG. Mängel der Spaltung hindern die Eintragungswirkungen nicht, § 131 II UmwG (**Bestandskraft** durch Eintragung) (näher dazu unten Rn 1062 ff).

V. Probleme der Spaltung

1. Nicht verhältniswahrende Spaltung

a) Grundlagen

990 Durch Spaltungen teilen die beteiligten Rechtsträger und ihre Anteilsinhaber das in den beteiligten Rechtsträgern steckende Vermögen neu auf. Im Grundsatz bezieht sich die Aufteilung nur darauf, welcher Rechtsträger welche Vermögensteile behält oder bekommt. Es ändert sich also die **gegenständliche** Verteilung des Gesamt-Vermögens. Die **wertmäßige** Verteilung auf die Anteilsinhaber der beteiligten Rechtsträger soll sich dagegen nicht verändern. Wer mit einem Wert von € 10 Mio. an dem sich aufspaltenden Rechtsträger beteiligt ist, soll auch an den – angenommen: – zwei aufnehmenden Rechtsträgern so viele Anteile/Mitgliedschaften innehaben, dass er weiterhin mit € 10 Mio. beteiligt ist. Im einfachsten Fall verteilen sich die € 10 Mio. hälftig auf die beiden übernehmenden Rechtsträger. Bestand am übertragenden Rechtsträger eine Beteiligung von 10%, ergäben sich wiederum 10% Beteiligung an jedem der beiden übernehmenden Rechtsträger. Fraglich ist, ob auch eine Verteilung der Anteile an den übernehmenden Rechtsträgern vereinbart werden kann, wonach statt der eben genannten jeweils 10%-igen Beteiligung eine Beteiligung 5% – 15% oder 0% – 20% oder jeweils nur 5% besteht.

991 Hier muss man zwei Ebenen auseinander halten. Einerseits geht es darum, ob die **wertmäßige** Lage aus Sicht jedes beteiligten Rechtsträgers und seiner Anteilsinhaber unverändert bleibt. Andererseits geht es darum, ob die **rechnerischen Quoten** der Beteiligungen der Anteilsinhaber gleich bleiben. Es gibt also eine „materielle" Ebene, die die Aufrechterhaltung der wertmäßigen Verhältnisse betrifft, und eine „formelle" Ebene, die die Aufrechterhaltung der rechnerischen Beteiligungsquoten betrifft. Wichtiger erscheint auf den ersten Blick die materielle Ebene. Aber die gleiche Quote ist ebenfalls wichtig, weil sie zB eine Sperrminorität von 25% ergibt. Während bei der Verschmelzung keine Möglichkeit besteht, dass die quotenmäßigen Verhältnisse von den wertmäßigen Verhältnissen abweichen[19], weil das Umtauschverhältnis (§ 5 I Nr 3 UmwG) Quote und Wert parallel laufen lässt, ist es bei der Spaltung anders. Hier bestimmen **§ 126 I Nr 10**, 136 Satz 2 UmwG (lesen!) ausdrücklich, dass im Spaltungsvertrag/plan anzugeben ist, wie bei Aufspaltung und Abspaltung die Anteile an den oder dem übernehmenden Rechtsträger auf die Anteilsinhaber des übertragenden Rechtsträgers zu verteilen ist und nach welchem Maßstab das erfolgt. Zu § 126 I Nr 10 UmwG gibt es im Verschmelzungsrecht keine Parallele.

b) Sicherung der wertmäßigen Verhältnisse

Die richtige wertmäßige Verteilung des umstrukturierten Vermögens sichern bei der Spaltung §§ 125 Satz 1, 14 II, 15 UmwG[20]. **992**

Beispiel: A und B sind an der Sportstudio GmbH zu je 40% beteiligt, C mit 20%. A und B **993**
wollen, dass die Sportstudio GmbH ihren Saunabereich auf die Sauna GmbH abspaltet
(§ 123 II Nr 1 UmwG). Das Vermögen der Sauna GmbH beträgt 100. X hält ihre sämtlichen
zehn Geschäftsanteile.

Der Spaltungsvertrag bestimmt, dass die Sauna GmbH zum Tausch für die Übernahme des
Saunabereichs fünf Geschäftsanteile an A, B und C ausgibt. A und B erhalten je zwei, C einen
Geschäftsanteil.

Damit hat sich auf der formellen Ebene, dh den rechnerischen Beteiligungsquoten, für die Gesellschafter der Sportstudio GmbH nichts geändert, da sie entsprechend ihrer Quote an der
Sportstudio GmbH die ausgegebenen Anteile an der Sauna GmbH im Verhältnis 40 : 40 : 20
erhalten.

1. Neben der rechnerischen Verteilung der neuen Anteile hat sich auf der materiellen Ebene,
dh bei der wertmäßigen Beteiligung von A, B und C, die sie bisher als Gesellschafter der
Sportstudio GmbH bezogen auf deren Saunabereich hatten, nichts geändert, wenn der Wert
des Saunabereichs **50** betrug. Dann hätte sich das Vermögen der Sauna GmbH von 100 auf 150
erhöht. X müsste sich den neuen Gesamtwert seiner Sauna GmbH von 150 mit A, B und C so
teilen, dass diesen ein Drittel zusteht, und demgemäß hat er weiterhin zehn Geschäftsanteile
und A, B und C zusammen fünf.

2. Wenn der Wert des Saunabereiches der Sportstudio GmbH **100** beträgt, müssten A, B und
C zur Wahrung der wertmäßigen Beteiligung zusammen nicht fünf, sondern zehn Geschäftsanteile an der Sauna GmbH erhalten, da der von ihnen beigesteuerte Vermögenszuwachs die
Hälfte des neuen Gesamtvermögens ausmacht.

Erhalten sie dennoch nur fünf Geschäftsanteile, ändert sich auf der formellen Ebene, bei den
Quoten, weiterhin nichts. Um ihre wertmäßige Beteiligung zu sichern, dh um eine Verbesserung des Umtauschverhältnisses zu erreichen (also zehn statt fünf neuer Geschäftsanteile),
müssen sie dafür sorgen, dass der Spaltungsvertrag ihnen zehn neue Geschäftsanteile an der
Sauna GmbH zuweist.

---

19 Schmitt/Hörtnagl/Stratz/*Hörtnagl* § 126 UmwG Rn 101, § 128 UmwG Rn 4 f.
20 Kallmeyer/*Kallmeyer* § 128 Rn 3 aE.

c) Sicherung der rechnerischen Beteiligungsquoten

994 Die Aufrechterhaltung der rechnerischen Beteiligungsquoten sichert § 128 UmwG. Danach bedarf der Spaltungsvertrag der Zustimmung aller Anteilsinhaber des übertragenden Rechtsträgers, wenn bei Aufspaltung oder Abspaltung die Anteile an dem übernehmenden Rechtsträger den Anteilsinhaber des übertragenden Rechtsträgers nicht in einem Verhältnis zugeteilt werden, das ihrer Beteiligung an dem übertragenden Rechtsträger entspricht. Also: **10 % vorher heißt 10 % nachher, sonst müssen alle „ja" sagen.** Kommt etwas anderes heraus als „10% nachher wie 10% vorher", spricht man von einer „**nicht verhältniswahrenden Spaltung**".

995 **aa) Anwendbarkeit nur bei Aufspaltung und Abspaltung.** § 128 UmwG über die Anforderungen an eine zulässige nicht verhältniswahrende Spaltung gilt nur für die Aufspaltung und die Abspaltung. Bei der **Ausgliederung** erhält der übertragende Rechtsträger alle Anteile an dem aufnehmenden Rechtsträger. Bei Ausgliederung zur Neugründung sind das alle Anteile, die der neugegründete Rechtsträger überhaupt hat, bei der Ausgliederung zur Aufnahme sind es die Anteile, die im Tausch für das übernommene Vermögen ausgegeben werden. Das heißt: Bei der Ausgliederung kann es keinen Streit darüber geben, ob die neuen Anteile an dem übernehmenden Rechtsträger rechnerisch richtig unter diejenigen verteilt sind, an die sie gehen, denn sie gehen vollständig an den (stets: einzigen) übertragenden Rechtsträger. Das ist die formelle Ebene, mit der allein sich § 128 UmwG befasst.

996 Auf der materiellen Ebene wertmäßiger Gleichheit ist bei der Ausgliederung zur Aufnahme Folgendes zu bedenken: Muss der übertragende Rechtsträger nicht nur alle beispielsweise zehn, sondern vielmehr alle fünfzehn neuen Anteile an dem übernehmenden Rechtsträger erhalten, weil das übertragene Vermögen entsprechend viel wert war und sich bei nur zehn neuen Anteilen ein Wertzuwachs für die bisherigen Anteilsinhaber des übernehmenden Rechtsträgers ergibt? Diese Frage liegt außerhalb § 128 UmwG, weil sie nicht die rechnerische Quotenbeibehaltung betrifft, sondern die richtige wertmäßige Vermögensverteilung. Die genannte Frage stellt sich außerdem nur bei Ausgliederungen **zur Aufnahme**, weil nur dann Alt-Anteilsinhaber (des übernehmenden Rechtsträgers) bestehen können, zu deren Gunsten sich eine Wertverschiebung ergeben kann. Um es noch einmal zu wiederholen: Die materielle Ebene, dh die Sicherung der wertmäßigen Verteilung, behandelt § 128 UmwG weder für die Ausgliederung noch für Aufspaltung oder Abspaltung[21].

997 **bb) Maßstab für die Wahrung der Beteiligungsquote.** § 128 UmwG sichert die Quoten. Jede Abweichung der neuen Anteilsverteilung von der bisherigen erfordert die Zustimmung aller. Dabei geht es nur um die Wahrung der Quote in Bezug auf die Gesamtzahl der als Gegenleistung für die Überlassung des Vermögens an den übernehmenden Rechtsträger durch diesen zur Verfügung gestellten Anteile. Das sind bei Aufspaltung oder Abspaltung zur Neugründung immer alle Anteile an dem übernehmenden Rechtsträger. Bei Aufspaltung oder Abspaltung zur Aufnahme sind es hinge-

---

21 Schmitt/Hörtnagl/Stratz/*Hörtnagl* § 128 Rn 8 f.

gen nur die neuen, zur Bedienung der Anteilsinhaber des übertragenden Rechtsträgers ausgegebenen Anteile. Das ergibt sich aus § 128 Satz 2 UmwG. Das bedeutet, dass sich bei der Aufspaltung oder Abspaltung zur Aufnahme durchaus und typischerweise Verringerungen der Beteiligung der Anteilsinhaber des übertragenden Rechtsträgers bezogen auf den übernehmenden Rechtsträger insgesamt ergeben. Das hat aber nichts mit § 128 UmwG zu tun, der nur danach fragt, ob die neuen Anteile am übernehmenden Rechtsträger richtig verteilt sind.

> **Beispiel:** Wie im vorherigen Beispiel sind A und B an der Sportstudio GmbH zu je 40%, C **998** mit 20% beteiligt. Der die Abspaltung des Saunabereichs des Sportstudios betreffende Spaltungsvertrag mit der Sauna GmbH des X bestimmt nun, dass die fünf neuen Geschäftsanteile auf A, B und C nicht im Verhältnis 40 : 40 : 20 verteilt werden, sondern 20 : 60 : 20, dass also A einen, B drei und C ebenfalls einen neuen Geschäftsanteil an der Sauna GmbH erhält. Diese Verteilung der neuen Geschäftsanteile wahrt nicht das Verhältnis der Beteiligung von A, B und C an der Sportstudio GmbH. Deshalb genügt nicht, dass A und B den Spaltungsbeschluss der Sportstudio GmbH mit über die erforderlichen 75% (§§ 125 Satz 1, 50 UmwG) hinausgehenden 80% fassen. Vielmehr muss auch C der Spaltung gemäß § 128 Satz 1 UmwG zustimmen.
>
> **Merke:** Dass es sich hier um eine nicht verhältniswahrende Spaltung handelt, ergibt sich nur und ausschließlich aus der prozentualen Verteilung der neuen Anteile an der Sauna GmbH als übernehmendem Rechtsträger. Insoweit bedeutungslos ist es, dass A, B und C in jedem Fall, dh bei Verteilung der fünf neuen Anteile im Verhältnis 2 : 2 : 1 und bei Verteilung im Verhältnis 1 : 3 : 1, an der Sauna GmbH mit einer von ihrer Beteiligung an der Sportstudio GmbH (40%, 40%, 20%) abweichenden Quote beteiligt sind, nämlich – bei zehn alten Anteile des X und fünf hinzukommenden Anteilen – mit 2/15 (13,3%), 2/15 (13,3%), 1/15 (6,6%) bzw 1/15 (6,6%), 3/15 (20%), 1/15 (6,6%).

cc) Zustimmungserfordernis. Einer nicht verhältniswahrenden Spaltung müssen **999** alle Anteilsinhaber des übertragenden Rechtsträgers zustimmen, §§ 128 Satz 1, 136 Satz 2 UmwG. Über die Zustimmung zum Spaltungsvertrag/plan beschließt die Anteilsinhaberversammlung des übertragenden Rechtsträgers (§§ 125 Satz 1, 50, 56, 65 I, 73 UmwG). Da alle Anteilsinhaber zustimmen müssen, müssen die Anteilsinhaber den Spaltungsbeschluss **einstimmig** fassen, damit er wirksam wird. § 13 III 1 UmwG bestimmt, dass notwendige Zustimmungserklärungen der nicht in einer Beschluss fassenden Versammlung erschienenen Anteilsinhaber notariell beurkundet werden müssen. Daraus folgt, dass die Zustimmung zur nicht verhältniswahrenden Spaltung in der Anteilsinhaberversammlung des übertragenden Rechtsträgers zwar einstimmig erfolgen muss, dass die Zustimmung aber nicht ausschließlich in der Anteilsinhaberversammlung selbst erklärt werden kann, sondern auch durch notariell beurkundete Erklärungen außerhalb der Versammlung. Zustimmen müssen auch die Inhaber stimmrechtsloser Anteile und die Gläubiger von Pfand- oder Nießbrauchsrechten an Anteilen[22]. Bis alle Zustimmungserklärungen vorliegen, ist der Spaltungsvertrag/plan **schwebend unwirksam**[23]. Ein Anteilsinhaber kann aufgrund der Treuepflicht verpflichtet sein, der nicht verhältniswahrenden Spaltung zuzustimmen.

---

22 Lutter/*Priester* § 128 Rn 18.
23 Lutter/*Priester* § 128 Rn 18.

1000 dd) Gestaltungsmöglichkeiten. Die nicht verhältniswahrende Spaltung ist ein Weg, die vollständige Trennung von Gesellschafterstämmen, etwa bei Familiengesellschaften, herbeizuführen, sie kann aber auch nur zu einer geschäftsbereichbezogenen Neuverteilung der Mehrheitsverhältnisse führen. Die beteiligten Rechtsträger und Anteilsinhaber können die nicht-verhältniswahrende Spaltung in verschiedenen Gestaltungen nutzen[24]:

1001 • **Verschiebung** der Beteiligungsverhältnisse

> **Beispiel:** Die jeweils zur Hälfte beteiligten Gesellschafter A und B der Z-GmbH wollen ihre Gesellschaft aufspalten. An der übernehmenden Gesellschaft I erhält A 70% und B 30% der Anteile, an der übernehmenden Gesellschaft II erhält A 30% und B 70% der Anteile.

1002 • „Einseitige **Spaltung zu Null**"

> **Beispiel:** Die nach dem Unternehmensgründer Schmidthuber entstandenen Familienstämme Schmidt und Huber wollen sich geschäftlich voneinander trennen. Sie spalten die SH AG auf in die S AG und die H AG. An der S AG übernehmen die Mitglieder des Stammes Schmidt sämtliche Anteile, der Stamm Huber ist nicht beteiligt. An der H AG übernehmen Mitglieder des Stammes Huber sämtliche Anteile, der Stamm Schmidt erhält nichts. Jeder beteiligte Familienstamm geht zu einer Seite hin („einseitig") leer aus.

1003 Häufig werden die Werte der Unternehmensteile, die im Wege der Spaltung (Aufspaltung oder Abspaltung) zu Null aufgeteilt werden sollen, nicht genau einander entsprechen. Dann kann die Auseinandersetzung der Anteilsinhaber des übertragenden Rechtsträgers dennoch erfolgen, indem der benachteiligte Anteilsinhaber Ausgleichsleistungen von dem begünstigten erhält. Das sichert dann die wertmäßige Gleichbehandlung[25].

1004 • „Allseitige **Spaltung zu Null**"

> **Beispiel:** Die Gesellschafter X und Y der Zett GmbH beschließen die Abspaltung der Hälfte des Geschäftsbetriebes der Zett GmbH auf zwei neu zu gründende Gesellschaften. Die Anteile an den übernehmenden Rechtsträgern erhält allein X. Y erhält im Hinblick auf alle beteiligten Rechtsträger nichts hinzu, er geht „allseitig" leer aus.

1005 • Änderungen beim **übertragenden** Rechtsträger

> **Beispiel:** A und Z wollen sich nach Scheitern ihrer Ehe auch geschäftlich voneinander trennen. Sie spalten aus der bisher hälftig von ihnen gehaltenen Liebe GmbH einen Bereich auf die neue Allein GmbH ab. A erhält alle Anteile der Liebe GmbH, Z alle Anteile an der Allein GmbH.

---

24 Überblick bei Schmitt/Hörtnagl/Stratz/*Hörtnagl* § 128 UmwG Rn 10 ff; Lutter/*Priester* § 128 Rn 12 ff.
25 Schmitt/Hörtnagl/Stratz/*Hörtnagl* § 128 UmwG Rn 22 ff.

Reichen die nachwirkenden Gefühle noch aus, dass Z an der Liebe GmbH noch als Minderheitsgesellschaft beteiligt bleibt, können A und Z auch vorsehen, dass Z 20% an der Liebe GmbH verbleiben sollen.

2. Partielle Gesamtrechtsnachfolge und Übertragungsfreiheit

a) Begriff der partiellen Gesamtrechtsnachfolge

In allen Spaltungsfällen verteilt der übertragende Rechtsträger sein Vermögen ganz **1006** oder teilweise auf andere Rechtsträger. Da nicht – wie bei der Verschmelzung – das gesamte Vermögen einem einzigen übernehmenden Rechtsträger zugewiesen werden kann, muss klar sein, welche Vermögensteile welchem Rechtsträger zugewiesen sein sollen. Daher muss der übertragende Rechtsträger genau sagen, was er auf den oder die übernehmenden Rechtsträger übertragen und was er ggf zurückbehalten will. Das entspricht dem allgemeinen sachenrechtlichen Bestimmtheitsgrundsatz und steht in § 126 I Nr 9 UmwG. Ist im Spaltungsvertrag/plan ausgeführt, wer was übernehmen und ggf behalten soll, geht das so bezeichnete Vermögen mit Eintragung der Verschmelzung durch Gesamtrechtsnachfolge auf den oder die übernehmenden Rechtsträger über, § 131 I Nr 1 Satz 1, 135 I 1 UmwG. Weil in Spaltungsfällen nie das gesamte Vermögen des übertragenden Rechtsträgers auf nur einen übernehmenden Rechtsträger übergeht, sich der Übergang auf den oder die übernehmenden Rechtsträger aber durch Gesamtrechtsnachfolge vollzieht, nennt man den Wechsel der Vermögensträgerschaft bei der Spaltung „**partielle Gesamtrechtsnachfolge**"[26].

b) Übergangsfähige Gegenstände, ihre Benennung und Übertragungsfreiheit

Auf den ersten Blick betrifft § 126 I Nr 9 UmwG nur den Umstand, dass und in wel- **1007** cher Weise die zu übertragenden Gegenstände zu bezeichnen sind. § 126 I Nr 9 UmwG wirft aber auch die Frage auf, ob die beteiligten Rechtsträger jede Art von Vermögensgegenständen beliebig unter den Rechtsträger aufteilen können.

aa) Zunächst gehören zu den „**Gegenständen**" alle Positionen aus dem Aktiv- und **1008** Passivvermögen, wie § 126 I Nr 1 UmwG sagt, dh körperliche Gegenstände (Grundstücke, Pkw, Maschinen), Rechte (Aktien, GmbH-Geschäftsanteile, Mitgliedschaften in Personengesellschaften, gewerbliche Schutzrechte) und Forderungen als Teile des Aktivvermögens eines übertragenden Rechtsträgers und Verbindlichkeiten als Teile des Passivvermögens. Zu den Gegenständen gehört auch die Stellung als Vertragspartei insbesondere bei Dauerschuldverhältnissen wie Miete, Pacht, Leasing, Darlehen, Dienstverträgen[27]. Auf Bilanzierungsfähigkeit kommt es nicht an. Deswegen sind auch noch unbekannte Verbindlichkeiten etwa aufgrund Produkthaftpflichtregeln nach vor der Spaltung erfolgtem Inverkehrbringen fehlerhafter Produkte übertragungsfähig und können von All-Klauseln erfasst sein[28].

---

26 Schmitt/Hörtnagl/Stratz/*Hörtnagl* § 126 UmwG Rn 60 ff.
27 BGH NZG 2003, 1172.
28 Kallmeyer/*Kallmeyer* § 126 Rn 27.

1009 **bb)** Im Hinblick auf die sachenrechtliche **Bestimmtheit** bestätigt § 126 II UmwG einerseits, dass die allgemeinen zivilrechtlichen Anforderungen gelten (Sätze 1 und 2)[29]. Andererseits erlaubt er ausdrücklich, dass der Spaltungsvertrag/plan Bezug nimmt auf Übersichten, Tabellen oder Inventarlisten, aus denen sich die Vermögensgegenstände ergeben, die der übernehmende Rechtsträger übernehmen soll (Satz 3), während die ebenfalls in Satz 3 genannten Bilanzen in der Regel nicht zur Bestimmbarkeit der übertragenen Vermögensgegenstände führen können[30]. Die Anforderungen an die Bestimmtheit gehen nicht über die Anforderungen gemäß BGB hinaus. Es bleibt daher auch Raum für eine Auslegung unklarer Bezeichnungen oder der Reichweite von All-Klauseln[31]. Obwohl die zu übertragenden Gegenstände wie bei der Einzelrechtsübertragung gemäß BGB genau zu bezeichnen sind, ist die partielle Gesamtrechtsnachfolge bei der Spaltung eine Erleichterung gegenüber dem allgemeinen Zivilrecht, weil insbesondere Gläubiger von Verbindlichkeiten des übertragenden Rechtsträgers der Überleitung auf einen übernehmenden Rechtsträger nicht gemäß §§ 415 ff BGB zustimmen müssen.

1010 **cc)** Was die beliebige **Teilbarkeit** oder Übertragungsfreiheit der zu übertragenden Gegenstände betrifft, gilt[32]: Grundsätzlich besteht freie Teilbarkeit. Der übertragende Rechtsträger kann also zB eine **Kaufpreisforderung** gegen seinen Verkäufer über € 100 000 in Höhe von jeweils € 50 000 aufspalten, in Höhe von € 30 000 abspalten oder ausgliedern und in den letzten beiden Fällen die Differenz zurückbehalten. Grenzen ergeben sich für die Teilbarkeit und Übertragbarkeit von Forderungen besonders in Bezug auf **Dienstleistungen**, die ihren Charakter verändern, wenn sie einem anderen Gläubiger zu erbringen sind (§§ 399 Alt. 1, 613 Satz 2 BGB). Auch Rechte, die zueinander **akzessorisch** sind, kann der übertragende Rechtsträger nicht aufteilen. Das betrifft zB Bürgschaft und Hypothek, die mit der gesicherten Forderung untrennbar verbunden sind (§§ 767 I, 770, 401 bzw 1153 BGB)[33]. Auch Anfechtungs-, Rücktritts- oder Kündigungsrechte können nicht ohne den Anspruch oder das Schuldverhältnis, zu dem sie gehören, übertragen werden[34]. **Geldverbindlichkeiten** (Finanzverbindlichkeiten) kann der übertragende Rechtsträger unter Beachtung der Regeln zur Kapitalaufbringung (Spaltung zur Neugründung) und Kapitalerhaltung (Spaltung zur Aufnahme) frei aufteilen[35], dh die Belastung der übernehmenden Rechtsträger mit Verbindlichkeiten ist zulässig, soweit dadurch nicht die Bilanz des übernehmenden Rechtsträgers in eine Schieflage gerät[36]. Ist der übertragende Rechtsträger **unterlassungspflichtig**, kann er sich der Verpflichtung nicht dadurch entziehen, dass er sie ab-

---

29 Zu den allgemeinen Anforderungen an die Bestimmtheit/Bestimmbarkeit bei Übereignungen nach BGB s. Palandt/*Bassenge* § 929 Rn 4 iVm § 930 Rn 2 ff, Palandt/*Heinrichs* § 398 Rn 15 und Schmitt/Hörtnagl/Stratz/*Hörtnagl* § 126 UmwG Rn 78 ff.
30 Schmitt/Hörtnagl/Stratz/*Hörtnagl* § 126 UmwG Rn 77.
31 BGH NJW-RR 2004, 123, 124: Übertragung einer Anwartschaft auf Grundstückserwerb „mit allen Rechten und Pflichten" im Rahmen eines Ausgliederungsvertrages umfasst auch den zum Grundstück gehörenden Mietvertrag; zustimmend BAG DB 2005, 954.
32 Ausführlich Schmitt/Hörtnagl/Stratz/*Hörtnagl* § 131 Rn 13 ff; *Raiser/Veil*, KapGesR § 49 Rn 26.
33 Kallmeyer/*Kallmeyer* § 126 Rn 24; Schmitt/Hörtnagl/Stratz/*Hörtnagl* § 131 UmwG 21 ff, 28, 78.
34 Kallmeyer/*Kallmeyer* § 126 Rn 24.
35 Kallmeyer/*Kallmeyer* § 126 Rn 28 ff.
36 *Raiser/Veil*, KapGesR § 49 Rn 26.

spaltet oder ausgliedert. Vielmehr geht die Verpflichtung bei der Aufspaltung auf alle übernehmenden Rechtsträger über, und bei Abspaltung und Ausgliederung trifft sie nach der Spaltung alle beteiligten Rechtsträger[37].

(1) Wichtig ist, ob und, wenn ja, inwieweit die beteiligten Rechtsträger auch ohne Zustimmung des außerhalb der Spaltung stehenden Vertragspartners **Dauerschuldverhältnisse** trennen und die Teile verschiedenen von ihnen zuweisen können.   **1011**

Beispiel: (1) Eine Autowerkstatt-GmbH hat mehrere Werkstätten, eine ist ihre eigene, zwei   **1012**
sind gemietet. Die GmbH will sich auf Holding-Aufgaben beschränken und ihre Werkstätten
jeweils auf eigene Gesellschaften ausgliedern. Die Verpflichtungen zur Mietzahlung für die
beiden gemieteten Werkstätten sollen auf diejenige neue Werkstatt-AG übergehen, die die bisher eigene Werkstatt der Autowerkstatt-GmbH betreiben soll. Diejenigen beiden neuen
GmbH, die die gemieteten Werkstätten betreiben sollen, sollen Mieter der Mietverträge werden, allerdings ohne Verpflichtung, die Miete zu zahlen.

(2) Die Gesellschafter eines VW-Vertragshändlers mit zwei, in verschiedenen Orten gelegenen Autohäusern wollen, dass der Vertragshändler sich aufspaltet, und dabei sichergehen, dass
jede der übernehmenden Gesellschaften den Vertragshändlerstatus übernimmt.

(3) Die Gebäudereinigung AG reinigt für die Stadt S deren Gerichtspalast. Die Aktionäre der
Gebäudereinigung AG wollen, dass die AG die Hälfte ihres Geschäftsbetriebes auf die Putzlink GmbH abspaltet, und verlangen von S, dass sie die Gebäudereinigung AG als Vertragspartner für die linke Hälfte des Gerichtspalastes behandelt und die Putzlink GmbH als Vertragspartner für die rechte Hälfte.

Bei dieser Frage muss man drei Fallgruppen unterscheiden[38]:

Einzelne Forderungen und Verbindlichkeiten kann man grundsätzlich aus dem   **1013**
Vertrag herauslösen. Bei einer Zuweisung der Primärverpflichtungen, zB Überlassung
einer vermieteten Sache, zusammen mit dem eigentlichen Vertrag an den einen
Rechtsträger und der aus demselben Vertrag hervorgegangenen Sekundärverpflich-
tungen, zB wegen verzögerter Mangelbeseitigung Verzugsschäden oder Vertragsstra-
fen zu zahlen, auf einen anderen Rechtsträger wird man die Interessen des anderen
Vertragsteils besonders zu berücksichtigen haben[39]: Zwar können die an der Spaltung
beteiligten Rechtsträger dem Vertragspartner nicht die Haftungsmasse entziehen, weil
alle übernehmenden Rechtsträger gesamtschuldnerisch für die Verbindlichkeiten des
übertragenden Rechtsträgers haften (§ 133 I UmwG). Aber es kann für den Vertragspartner besonders beschwerlich sein, sich wegen seiner Ansprüche an zwei Parteien
wenden zu müssen statt wie bisher nur an eine. Ist dem Vertragspartner die Aufteilung
nicht zuzumuten, kommt ein Recht zur Kündigung aus wichtigem Grund gemäß § 314
BGB oder eine Anpassung gemäß § 313 BGB wegen Wegfalls der Geschäftsgrundlage in Betracht.

---

37 OLG Frankfurt/M. BB 2000, 1000; Schmitt/Hörtnagl/Stratz/*Hörtnagl* § 131 UmwG Rn 74.
38 Näher Schmitt/Hörtnagl/Stratz/*Hörtnagl* § 131 Rn 45; s. auch Kallmeyer/*Kallmeyer* § 126 Rn 25; Lut-
    ter/*Teichmann* § 132 Rn 38 ff.
39 Insgesamt ablehnend Lutter/*Teichmann* § 132 Rn 39 wegen Inhaltsänderung aus Sicht des außenste-
    henden Vertragspartners.

1014   Zum zweiten kann man eine sich aus einem bisher **einheitlichen Schuldverhältnis** ergebende Position so auf mehrere Rechtsträger **aufteilen**, dass das Schuldverhältnis **einheitlich bleibt** und die mehreren Rechtsträger für die einzelnen Verbindlichkeiten aus der einheitlich gebliebenen Vertragsposition als Gesamtschuldner haften und im Hinblick auf die einzelnen Ansprüche aus dem einheitlich bleibenden Rechtsverhältnis als Gesamtgläubiger auftreten.

1015   Schließlich kommt in Betracht, dass aus dem bisherigen einheitlichen Schuldverhältnis mehrere werden („**Realteilung**"). Das bedeutete für den außerhalb der Spaltung stehenden Vertragspartner eine Inhaltsänderung des Ausgangsvertrages, weil er sich nun zwei Verträgen gegenübersähe, mit zwei Vertragspartnern isoliert verhandeln müsste, so dass sich entgegen der Ausgangserwartung die Verträge auch isoliert weiterentwickeln können. Deshalb ist eine solche Realteilung nicht möglich.

1016   **Beispiel (Fortsetzung von Beispiel Rn 1012):** (1) Die Autowerkstatt-GmbH kann die Mieterposition auf die beiden durch Ausgliederung zur Neugründung zu bildenden Werkstatt-GmbH übertragen und die Mietzinsverpflichtung auf die neue Werkstatt-AG. Das Heraustrennen einer einzelnen Verbindlichkeit aus dem Mietvertrag und ihre Übertragung auf die Werkstatt-AG ist ohne Beachtung der §§ 415 ff BGB möglich.

(2) Die Gesellschaften, die die in verschiedenen Orten gelegenen Autohäuser betreiben sollen, können die Vertragshändlerposition ohne Zustimmung des außerhalb der Spaltung stehenden Vertragspartners VW übernehmen, allerdings nur gemeinschaftlich, so dass sie als Gesamtschuldner und -gläubiger verpflichtet und berechtigt bleiben. Die Belastungen, die sich daraus für VW ergeben, muss VW wegen des Ziels des UmwG, Umwandlungen zu ermöglichen und zu erleichtern, hinnehmen.

(3) Die Stadt S braucht sich nicht auf die Forderung nach Aufteilung des einheitlichen Vertrages (Realteilung) für die Reinigung des Gerichtspalastes einzulassen. Zwei unterschiedliche Verträge mit zwei Vertragspartnern hatte sie nicht gewollt und braucht sie sich jetzt nicht aufdrängen zu lassen.

(2) Zu den Dauerschuldverhältnissen gehören auch die Unternehmensverträge im Sinne des § 291 AktG, also **Beherrschungsvertrag** und **Gewinnabführungsvertrag**. Hier sind mehrere Fälle zu unterscheiden[40]:

1017   Das **herrschende Unternehmen** kann seine Stellung als weisungsberechtigter/gewinnabführungsberechtigter Vertragteil durch Spaltung (Abspaltung, Aufspaltung, Ausgliederung) auf einen übernehmenden Rechtsträger übertragen[41]. Wenn dabei die Literatur wie selbstverständlich annimmt, gleichzeitig gehe die Beteiligung an der Untergesellschaft über, verkennt sie, dass die genannten Unternehmensverträge auch ohne Beteiligung an der Untergesellschaft geschlossen werden können. Umstritten ist, ob gemäß § 295 I AktG iVm § 132 UmwG die Hauptversammlung der Untergesellschaft der Übertragung auf den übernehmenden Rechtsträger zustimmen muss, weil der Austausch des anderen Vertragsteils zu einer Vertragsänderung führt. Die hM

---

40   Näher Schmitt/Hörtnagl/Stratz/*Hörtnagl* § 131 UmwG Rn 69 ff.
41   Schmitt/Hörtnagl/Stratz/*Hörtnagl* § 131 UmwG Rn 69.

nimmt an, dass die Hauptversammlung der Untergesellschaft nicht zustimmen muss, weil es sich nicht um eine Vertragsänderung handele[42].

Das **abhängige Unternehmen** kann Teile seines Vermögens durch Spaltung unab- **1018** hängig davon übertragen, ob es zugleich seine Stellung als beherrschtes Unternehmen überträgt.

Das **abhängige Unternehmen** kann bei Spaltungen zur **Neugründung** seine Stellung **1019** aus dem Unternehmensvertrag auf den neuen Rechtsträger übertragen. Umstritten ist, ob das nur dann gilt, wenn eine entsprechende Regelung im Spaltungsplan besteht, oder sich der Unternehmensvertrag ohne eine solche Regelung automatisch auf den neuen Rechtsträger erstreckt. Bei Spaltungen zur **Aufnahme** soll hingegen die Stellung der Untergesellschaft nicht auf den übernehmenden Rechtsträger übergehen.

dd) Vorrang gegenüber der grundsätzlich freien Teilbarkeit des Vermögens des über- **1020** tragenden Rechtsträgers hat **§ 613a BGB**, s. § 324 UmwG. Nach § 613a I BGB tritt bei Übergang eines Betriebs oder Betriebsteils der neue Inhaber in die zu diesem Betrieb oder Betriebsteil gehörenden Arbeitsverhältnisse ein. Das können die an der Spaltung Beteiligten nicht durch abweichende Bestimmung im Spaltungsvertrag/plan ändern. Erhält also ein übernehmender Rechtsträger einen Betrieb oder Betriebsteil im Spaltungsvertrag/plan zugewiesen, übernimmt er die dazugehörigen Arbeitsverhältnisse, auch wenn etwas anderes im Vertrag/Plan steht[43].

3.   Grenzen der Gesamtrechtsnachfolge gemäß § 132 UmwG

Literatur: *Heidenhain*, Partielle Gesamtrechtsnachfolge bei der Spaltung. Bemerkungen zu § 132 Umwandlungsgesetz, ZHR 168 (2004), 468–482; *Klaus J. Müller*, Neues zur Spaltung: die geplante Streichung von §§ 131 I Nr 1 S. 2, 132 UmwG, NZG 2006, 491–493; *Raiser/Veil*, KapGesR § 49 Rn 27–29

Unter Rn 1007 ff ging es eben bereits um Grenzen der Übertragungsfreiheit bei der **1021** Verteilung der der Spaltung unterfallenden Vermögensgegenstände. Dabei ergaben sich die Grenzen aus der Natur der fraglichen Gegenstände (Aufteilung von Dauerschuldverhältnissen) oder aus besonderen Vorschriften (Kapitalaufbringung, -erhaltung, § 613a BGB). In diesen Zusammenhang gehört auch § 132 UmwG. Gemäß dieser Vorschrift werden allgemeine Vorschriften, die die Übertragung eines Gegenstandes ausschließen oder beschränken oder von einer staatlichen Genehmigung abhängig machen, durch die partielle Gesamtrechtsnachfolge nicht überlagert. Das bedeutet, dass diese die Einzelrechtsnachfolge in bestimmte Gegenstände betreffenden Vorschriften trotz grundsätzlich bestehender Gesamtrechtsnachfolge zu beachten sind. Weil das nicht zur Gesamtrechtsnachfolge passt, bereitet § 132 UmwG Schwierigkeiten.

---

42   Schmitt/Hörtnagl/Stratz/*Hörtnagl* § 131 UmwG Rn 69; *Hüffer* § 295 Rn 6; anders Kallmeyer/*Kallmeyer* § 126 Rn 26.
43   Schmitt/Hörtnagl/Stratz/*Hörtnagl* § 131 UmwG Rn 53.

a) „Spaltungsbremse" § 132 UmwG

1022 **aa)** Zur **Normstruktur** des § 132 UmwG: **Satz 1** ordnet an, dass in **allen Fällen der Spaltung** (Aufspaltung, Abspaltung, Ausgliederung) die Einzelrechtsnachfolge beschränkende allgemeine Vorschriften trotz der in § 131 Nr 1 Satz 1 UmwG geregelten Gesamtrechtsnachfolge anwendbar bleiben. Danach muss ein Gläubiger, dessen Schuldner durch Ausgliederung der Forderung wechseln soll, diesem Schuldnerwechsel gemäß §§ 415 ff BGB zustimmen, damit der Schuldnerwechsel wirksam wird. Tut er das nicht, bleibt der alte Schuldner (übertragender Rechtsträger) weiterhin Schuldner, und der geplante neue Schuldner (übernehmender Rechtsträger) ist im Zweifel zur Erfüllungsübernahme verpflichtet (§ 415 III BGB), dh er muss den alten Schuldner bei dessen Inanspruchnahme durch den Gläubiger freistellen. Entsprechendes gilt, wenn dem übertragenden Rechtsträger eine Forderung zusteht, die einem Abtretungshindernis gemäß § 399 BGB wegen Höchstpersönlichkeit (Inhaltsänderung) oder vertraglichen Abtretungsverbots unterliegt. Sieht der Spaltungsvertrag/plan vor, dass diese Forderung auf einen übernehmenden Rechtsträger übergehen soll, scheitert der Übergang, und der übertragende Rechtsträger bleibt der Gläubiger.

1023 **Satz 2** des § 132 UmwG trifft eine **Sonderregelung** für die **Aufspaltung**. Bei der Aufspaltung wird der übertragende Rechtsträger – anders als bei Abspaltung und Ausgliederung – ohne Abwicklung aufgelöst (§ 123 I am Anfang UmwG). Das heißt, er erlischt, ohne dass (wie im Normalfall einer Auflösung) verbleibende Rechte und Pflichten noch geltend gemacht bzw erfüllt werden, bevor das Restvermögen unter die Gesellschafter verteilt wird. Was soll gelten, wenn der übertragende Rechtsträger eine wegen § 399 BGB nicht übertragbare Forderung hatte? Entweder verneint man in diesem Fall die Auflösung ohne Abwicklung und wickelt den übertragenden Rechtsträger im Hinblick auf die zurückbleibende Forderung doch ab („Nachtragsabwicklung"). Oder man verneint, dass § 399 BGB auf die Aufspaltung anwendbar ist, so dass die Forderung trotz Abtretungshindernisses auf einen übernehmenden Rechtsträger übergeht. Für die zweite Lösung entscheidet sich § 399 Satz 2 UmwG: Bei der Aufspaltung gilt § 399 BGB nicht. Die eigentlich nicht abtretbare Forderung geht auf den übernehmenden Rechtsträger über.

1024 **bb)** § 132 UmwG insgesamt passt nicht ins UmwG, ist in sich widersprüchlich und bringt daher **Probleme** mit sich.

§ 132 UmwG insgesamt passt nicht ins UmwG, weil die Anordnung, die Einzelrechtsnachfolge beschränkenden allgemeinen Vorschriften seien anwendbar, dem die Verschmelzung und die Spaltung gleichermaßen prägenden Merkmal widerspricht, dass es eben nicht zu einer Einzelrechtsnachfolge kommt, sondern zur Gesamtrechtsnachfolge: § 132 UmwG läuft darauf hinaus, dass zwar grundsätzlich Gesamtrechtsnachfolge gilt, wenn die Einzelrechtsnachfolge besonders schwierig ist, die besonderen Schwierigkeiten aber zu beachten sind. Das passt nicht nur nicht zur Gesamtrechtsnachfolge, sondern auch nicht dazu, dass eine § 132 UmwG entsprechende Regelung bei der Verschmelzung fehlt.

§ 132 UmwG ist in sich widersprüchlich, weil bei der Aufspaltung nicht nur im Falle **1025** von Forderungen, die wegen § 399 BGB nicht abtretbar sind, klärungsbedürftig ist, wie Übertragungsbeschränkungen mit dem Erlöschen des übertragenden Rechtsträgers ohne Abwicklung abzustimmen sind. Auch ein Grundstück, das mangels Grundstücksverkehrsgenehmigung nicht übertragbar ist[44], kann nicht beim übertragenden Rechtsträger bleiben, wenn es diesen nicht mehr gibt.

cc) Bliebe es bei einer wortlautgetreuen Anwendung des § 132 Satz 1 UmwG, würde **1026** die Spaltung weitgehend ihre Vorteile aus der Gesamtrechtsnachfolge verlieren. Bliebe es bei einer wortlautgetreuen Anwendung des § 132 Satz 2 UmwG, wäre eine Aufspaltung unmöglich, wenn der übertragende Rechtsträger Gegenstände mit beschränkter Übertragbarkeit hat und die besonderen Übertragungsvoraussetzungen nicht erfüllt sind. In der Literatur sind intensiv **Lösungsmöglichkeiten** diskutiert worden[45].

(1) Um sinnvoll aufspalten zu können, kann man § 132 **Satz 2** UmwG **erweiternd** **1027** dahin auslegen, dass bei Aufspaltungen nicht nur § 399 BGB unanwendbar ist, sondern auch alle sonstigen von § 132 Satz 1 UmwG erfassten Beschränkungen, also zum Beispiel die Grundstücksverkehrsbeschränkungen oder die §§ 415 ff BGB über den Schuldnerwechsel[46]. Andere wollen allerdings eine Nachtragsabwicklung zulassen, also annehmen, dass nicht übertragbare und nicht unter § 399 BGB fallende Gegenstände bei dem dann doch nicht ohne Abwicklung erlöschenden übertragenden Rechtsträger abgewickelt werden können[47].

(2) Im Hinblick auf § 132 **Satz 1** UmwG setzt eine Ansicht bei den „**allgemeinen** **1028** **Vorschriften**" an und versteht darunter nur solche, die die Übertragbarkeit selbst unmittelbar ausschließen oder beschränken[48]. Das bedeutet, dass § 132 Satz 1 UmwG nur solche Vorschriften meint, die die grundsätzliche Unübertragbarkeit eines Gegenstandes anordnen und ggf unter bestimmten Voraussetzungen die Übertragbarkeit zulassen (zB § 38 BGB: Die Vereinsmitgliedschaft ist nicht übertragbar und nicht vererblich, § 473 BGB: Das Vorkaufsrecht ist nicht übertragbar und nicht vererblich, sofern nicht etwas anderes bestimmt ist). Dagegen soll § 132 Satz 1 UmwG nicht solche Beschränkungen der Übertragbarkeit eines grundsätzlich frei übertragbaren Gegenstandes erfassen, die sich erst aus vertraglichen Vereinbarungen ergeben (zB § 399 Alt. 2 BGB: vereinbarter Abtretungsausschluss)[49].

Nach überwiegender Ansicht fallen **Verbindlichkeiten** nicht unter die „**Gegen-** **1029** **stände**" iSv § 132 Satz 1 UmwG, so dass die die Einzelrechtsnachfolge begrenzenden Vorschriften über den Schuldnerwechsel (§§ 415 ff BGB) nicht anzuwenden

---

44 Zur Grundstücksverkehrsgenehmigung und den Folgen, wenn sie fehlt, Palandt/*Bassenge*, vor § 873 Rn 23–27.
45 Überblick bei *Heidenhain*, ZHR 168 (2004), 468, 472 ff; *Klaus J. Müller*, NZG 2006, 491, 492 f.
46 Kallmeyer/*Kallmeyer* § 132 Rn 15.
47 Lutter/*Teichmann* § 132 Rn 21.
48 Schmitt/Hörtnagl/Stratz/*Hörtnagl* § 132 UmwG Rn 13 ff.
49 Dagegen Kallmeyer/*Kallmeyer* § 132 Rn 2; *Heidenhain*, ZHR 168 (2004), 468, 474.

sind[50]. Auch die Übertragung von **Vertragsverhältnissen** soll nach teilweiser Ansicht in der Literatur nicht unter § 132 Satz 1 UmwG fallen[51]. Der BGH hat offen gelassen, ob er § 132 Satz 1 UmwG beim Übergang eines Mietvertrages unter Wechsel des Mieters anwenden würde, scheint dem aber zuzuneigen[52].

Manche wollen schließlich bei jedem fraglichen Vermögensgegenstand eine **Interessenabwägung** vornehmen, um zu entscheiden, ob eine Übertragung versperrt ist[53].

1030 **Beispiel:** Die Druckerei AG will mit zwei anderen Unternehmen der Druckerei-Branche ein Gemeinschaftsunternehmen gründen. Alle drei beteiligten Unternehmen haben einen Teil ihres Betriebes durch Einzelrechtsnachfolge auf eine GmbH & Co. KG übertragen. Einziger Kommanditist der KG ist zunächst die Druckerei AG. Komplementär ist eine 100%-ige Tochter der Druckerei AG. Die Druckerei AG soll die Kommanditistenstellung zugunsten der anderen beteiligten Unternehmen räumen, also aus der GmbH & Co. KG ausscheiden. Die Druckerei AG hat Rückstellungen für Pensionsverpflichtungen in Höhe von € 5 Mio. für diejenigen Arbeitnehmer gebildet, deren Arbeitsverhältnisse im Zuge der Einzelrechtsübertragung des Druckerei-Betriebes gemäß § 613a BGB auf die GmbH & Co. KG übergegangen sind. Nun schließen die Druckerei AG und die GmbH & Co. KG einen Ausgliederungsvertrag, wonach die GmbH & Co. KG die Pensionsverpflichtungen der Druckerei AG übernimmt. Zusätzlich erhält die GmbH &Co. KG ein Bankkonto mit einem Guthaben von € 1000. Das Guthaben dient zur Gewährung von Anteilen an der GmbH & Co. KG an die Druckerei AG, nachdem die Druckerei AG inzwischen als Kommanditistin aus der GmbH & Co. KG ausgeschieden ist, eine Ausgliederung gemäß § 123 III AktG aber nur gegen Gewährung von Anteilen möglich ist. Das Registergericht der GmbH & Co. KG lehnt die Eintragung der Ausgliederung ab. Zu Recht?

Das Handelsregister trägt die Ausgliederung gemäß §§ 125, 16 UmwG in das Handelsregister ein und führt damit die Gesamtrechtsnachfolge des übernehmenden Rechtsträgers in die ausgegliederten Vermögensgegenstände herbei (§ 131 I Nr 1 Satz 1 UmwG), wenn das Eintragungsbegehren formell und materiell wirksam gestellt ist. Insbesondere kann es die Eintragung unwirksamer Umwandlungsverträge ablehnen. Es ist davon auszugehen, dass die GmbH & Co. KG den Eintragungsantrag formell ordnungsgemäß gestellt hat. Fraglich ist, ob und ggf inwieweit der Ausgliederungsvertrag unwirksam ist.

Der Ausgliederungsvertrag könnte hinsichtlich der Pensionsverbindlichkeiten unwirksam sein, weil die Zustimmung der Pensionäre und des Pensionssicherungsvereins gemäß § 4 I BetrAVG fehlt. Bei Einzelrechtsnachfolge in Pensionsverbindlichkeiten ist der Schuldnerwechsel ohne Zustimmung des Pensionärs unwirksam. Etwas anderes könnte bei Spaltungen gelten, weil dort eine partielle Gesamtrechtsnachfolge in die zu übertragenden Vermögensgegenstände vorgesehen ist, also gerade keine Mitwirkung der Parteien jeder zu übertragenden Rechtsbeziehung erforderlich ist.

1. Allerdings ordnet **§ 132 Satz 1 UmwG** an, dass die Vorschriften über besondere Anforderungen an die Einzelrechtsnachfolge auch in Spaltungsfällen gelten sollen. Aus diesem Grund

---

50   BAG DB 2005, 954, 955; Semler/Stengel/*Schröer* § 132 Rn 4, 40; Schmitt/Hörtnagl/Stratz/*Hörtnagl* § 132 UmwG Rn 17; im Ergebnis auch Kallmeyer/*Kallmeyer* § 132 Rn 3, 11, und Lutter/*Teichmann* § 132 Rn 4, 36; aA AG Hamburg DB 2005, 1562, 1563; offen gelassen von LG Hamburg DB 2006, 941, 942.

51   Semler/Stengel/*Schröer* § 132 Rn 41; Lutter/*Teichmann* § 132 Rn 38, 40.

52   BGH NJW-RR 2004, 123.

53   Lutter/*Teichmann* § 132 Rn 10 ff; *Raiser/Veil*, KapGesR § 49 Rn 28 f; dagegen wegen der mit einer Abwägung verbundenen Ungewissheit *Heidenhain*, ZHR 168 (2004), 468, 477.

ist das AG Hamburg[54] der Ansicht, dass die Zustimmung der Pensionäre erforderlich war. Da der Ausgliederungsvertrag letztlich allein der Übertragung der Pensionsverpflichtungen gedient habe, sei er insgesamt unwirksam und die Eintragung der Umwandlung daher abzulehnen.

2. Das LG Hamburg[55] hätte die Eintragung nur verfügt, wenn die Druckerei AG zugleich mit den Pensionsverbindlichkeiten auch ein diese **Verpflichtungen deckendes Vermögen** auf die GmbH & Co. KG übertragen hätte. Nur so sei zu verhindern, dass eine **Rentner-GmbH** entstünde, die nach kurzer Zeit insolvent werden könnte und deren Verpflichtungen dann über den Pensionssicherungsverein vom Staat oder anderen Unternehmen zu tragen wären. Die Druckerei AG habe neben den € 5 Mio. Pensionsverpflichtungen nur ein Bankguthaben von € 1000 ausgegliedert. Die Übertragung des Guthabens habe zum einen nur dazu gedient, die technische Abwicklung der Ausgliederung sicherzustellen, zum anderen sei es offensichtlich zu gering, um die Verbindlichkeiten abzudecken.

3. Das BAG[56] verneint, dass Pensionäre und Pensionssicherungsverein der Ausgliederung zustimmen müssten. Zum einen verweist das BAG darauf, dass § 4 BetrAVG die Überragung von Pensionsverbindlichkeiten nicht im Sinne des § 132 Satz 1 UmwG „ausschließe" oder „an bestimmte Voraussetzungen" knüpfe. Vielmehr sei die Übertragung **nur** an die **Zustimmung** des Pensionssicherungsvereins und des Pensionärs gebunden. Zudem enthielten die §§ 133 I, 134 UmwG über die gesamtschuldnerische Haftung der beteiligten Rechtsträger und § 22 UmwG über das Recht der Gläubiger, Sicherheitsleistung zu verlangen, ein **geschlossenes Haftungssystem**, das § 4 BetrAVG vorgehe. Das Problem der Rentner-GmbH bestehe zwar, aber der Gesetzgeber habe dennoch die gegenwärtige Regelung des UmwG eingeführt.

4. Dass das UmwG ein geschlossenes Haftungssystem enthalte, das die Zustimmung der Pensionäre und des Pensionssicherungsvereins entbehrlich mache, erscheint wenig überzeugend. Denn § 132 Satz 1 UmwG ordnet nun einmal an, dass genau diese Zustimmung nötig ist, also ein Vorrang des UmwG nicht besteht. Zudem wirkt die Unterscheidung zwischen „Anknüpfen an bestimmte Voraussetzungen" und bloßen „Zustimmungen" bemüht. Sich nur auf den Wortlaut zu berufen, würde aber den Charakter des § 132 UmwG als „Spaltungsbremse" verkennen. Im Grunde gibt es angesichts des klaren Wortlauts des § 132 Satz 1 UmwG keine dogmatisch überzeugende Lösung gegen das Erfordernis der Zustimmung der Pensionäre und des Pensionssicherungsvereins. Allein weil § 132 Satz 1 UmwG systemfremd ist und mit dem Anliegen, durch Gesamtrechtsnachfolge erleichtert Umwandlungen zuzulassen, nicht zu vereinbaren ist, muss man hier grundsätzlich den Vorrang des UmwG annehmen.

b) Geplante Neufassung des UmwG

Der Regierungsentwurf 9. August 2006 zur Umsetzung der Verschmelzungsrichtlinie **1031** (s. oben Rn 926) sieht vor, § 132 UmwG wegen der oben dargestellten Anwendungsschwierigkeiten ersatzlos aufzuheben. Die Entwurfsbegründung verweist denjenigen, der durch eine Spaltung von einem Schuldnerwechsel betroffen ist, auf die allgemeinen Vorschriften über Kündigung, Rücktritt und Wegfall der Geschäftsgrundlage. Nur daraus soll sich künftig ergeben, ob der Betroffene den Schuldnerwechsel hinzunehmen hat oder sich lösen kann.

---

54   AG Hamburg DB 2005, 1562 ff.
55   LG Hamburg DB 2006, 941 f.
56   BAG DB 2005, 954, 955 f.

4. Schicksal vergessener Vermögensteile

1032 Bei Abspaltung und Ausgliederung bleibt der abspaltende bzw ausgliedernde Rechtsträger bestehen. Was im Abspaltungs- oder Ausgliederungsvertrag nicht dem übernehmenden Rechtsträger zugewiesen ist, auch nach Auslegung nicht, bleibt bei dem übertragenden Rechtsträger[57]. Das gilt auch, wenn die beteiligten Rechtsträger vergessen haben, einen Vermögensgegenstand(einschließlich Verbindlichkeiten) der eigentlich dem übernehmenden Rechtsträger zugewiesen werden sollte, in den Vertrag aufzunehmen.

Bei der Aufspaltung bleibt aber der übertragende Rechtsträger nicht bestehen, sondern erlischt. Was die beteiligten Rechtsträger vergessen haben, kann nicht bei dem übertragenden Rechtsträger zurückgeblieben sein. Deswegen muss man sich überlegen, was bei der **Aufspaltung** mit vergessenen Gegenständen des Aktiv- und des Passivvermögens geschehen soll.

a) Vergessene Gegenstände des Aktivvermögens

1033 Für vergessene Gegenstände des Aktivvermögens (Grundstücke, Forderungen, Lkw) trifft § 131 III UmwG eine Regelung. Zunächst ist der **Aufspaltungsvertrag** darauf auszulegen, ob er den vergessenen Gegenstand doch erfasst (gehört der fragliche Gegenstand zu einem Teilbetrieb?, welchem der übernehmenden Rechtsträger ist die Forderung zugewiesen, deren zugehöriges Sicherungseigentum vergessen worden ist?). Führt die Auslegung nicht zu klaren Ergebnissen, geht der vergessene Gegenstand (Forderung, zB Bankguthaben; vier vergessene Kühe eines Viehbestandes) auf alle übernehmenden Rechtsträger zur Gesamtberechtigung über. Das gilt auch, wenn der vergessene Gegenstand aus mehreren vertretbaren Sachen besteht (vier Kühe)[58]. Sodann müssen sich die übernehmenden Rechtsträger auseinandersetzen und sich dabei an dem Verhältnis orientieren, zu dem sie schon das nicht vergessene Reinvermögen des übertragenden Rechtsträger übernommen hatten, also etwa 50 : 50 oder 30 : 70. Ist das nicht möglich, etwa weil die vier Kühe nicht im Verhältnis 30 : 70 aufgeteilt werden können, ist ein anderweitiger Ausgleich herbeizuführen, der sich wertmäßig an dem Verhältnis zu orientieren hat, in dem das nicht vergessene Reinvermögen übergegangen ist. Das wird durch Ausgleich in Geld geschehen, etwa indem ein übernehmender Rechtsträger den anderen entsprechend auszahlt oder beide den fraglichen Gegenstand verkaufen und den Erlös entsprechend teilen.

b) Vergessene Gegenstände des Passivvermögens

1034 Vergessen die an einer **Aufspaltung** beteiligten Rechtsträger, den übernehmenden Rechtsträgern eine Verbindlichkeit zuzuweisen, haften die übernehmenden Rechtsträger nur für binnen fünf Jahren ab Eintragung der Aufspaltung fällig werdende und förmlich geltend gemachte Verbindlichkeiten als Gesamtschuldner, § 133 III UmwG.

---

57 Schmitt/Hörtnagl/Stratz/*Hörtnagl* § 131 UmwG Rn 115.
58 Schmitt/Hörtnagl/Stratz/*Hörtnagl* § 131 UmwG Rn 111.

Danach kann der Gläubiger einer vergessenen Verbindlichkeit des übertragenden Rechtsträgers seine Forderung nicht mehr durchsetzen. Das ist unbillig. Als Lösung bieten sich zwei Möglichkeiten an: Entweder man wendet § 131 III UmwG über die Behandlung vergessener Gegenstände des Aktivvermögens analog an und teilt die vergessene Verbindlichkeit auf die übernehmenden Rechtsträger auf[59]. Dann müsste sich aber der Gläubiger uU mit zwei Schuldnern auseinandersetzen, obwohl ihm die Spaltung grundsätzlich keine Nachteile bringen soll. Oder man wendet – überzeugender Weise – § 133 I UmwG über die gesamtschuldnerische Haftung der übernehmenden Rechtsträger ohne die Nachhaftungsbegrenzung gemäß § 133 III UmwG an[60]. Dann kann der Gläubiger jeden der übernehmenden Rechtsträger auf die volle Leistung in Anspruch nehmen. Die Schuldner müssen sich untereinander ausgleichen (§ 426 BGB).

Leitsätze   1035

(1) Das **Recht der Spaltung** ergibt sich aus einem weitreichenden Verweis auf die Verschmelzungsvorschriften (§ 125 UmwG) und besonderen Spaltungsvorschriften.

(2) Es gibt **drei Arten** der Spaltung:
- **Aufspaltung:** der übertragende Rechtsträger spaltet sich ganz auf und erlischt, § 123 I UmwG
- **Abspaltung:** der übertragende Rechtsträger spaltet einen Teil seines Vermögens, die neuen Anteile am übernehmenden Rechtsträger bekommen die Anteilsinhaber des übertragenden Rechtsträgers, § 123 II UmwG, und
- **Ausgliederung:** der übertragende Rechtsträger spaltet einen Teil seines Vermögens ab, die Anteile am übernehmenden Rechtsträger bekommt der übertragende Rechtsträger.

(3) Alle Spaltungsarten können zur **Aufnahme** und zur **Neugründung** erfolgen.

(4) Spaltungsfähige **Rechtsträger** sind ua GmbH, AG, OHG und KG. Vorgesellschaft und GbR sind keine verschmelzungsfähigen Rechtsträger. Bei der SE ist die Rechtslage ungewiss.

(5) Eine Spaltung durchläuft nach UmwG grundsätzlich **vier Schritte**:
- Spaltungsvertrag,
- Spaltungsbericht/prüfung,
- Zustimmungsbeschlüsse,
- Eintragung (Bestandskraft gemäß § 131 II UmwG).

(6) **Probleme** der Spaltung sind:
- die **nicht-verhältniswahrende Spaltung**, bei der rechnerischen Beteiligungsquoten nachher abweichen von denen vorher, die Sicherung der Wertverhältnisse ist eine andere Frage
- ob und wie einzelne Rechtsverhältnisse auf mehrere Rechtsträger **aufgeteilt** werden können
- die **Spaltungsbremse** 132 UmwG
- das Schicksal **vergessener Vermögensbestandteile**.

---

59 So Schmitt/Hörtnagl/Stratz/*Hörtnagl* § 131 UmwG Rn 118.
60 So *Raiser/Veil*, KapGesR § 49 Rn 23.

§ 10 Übergreifendes Problem Rechtsschutz

1036 Gesellschafterschutz in Umwandlungsfällen ist in der Regel Vermögensschutz. Diejenigen Gesellschafter der beteiligten Rechtsträger, die gegen die Umwandlung sind, sind dagegen, weil sie ihr in den jeweiligen beteiligten Rechtsträger investiertes Vermögen falsch verwendet finden. Deshalb gehen sie gegen die Umwandlungsbeschlüsse vor. Dafür bestehen Grenzen, die sich bereits aus dem **allgemeinen Beschlussmängelrecht** ergeben oder aus dem UmwG, vor allem durch Verweis auf ein **Spruchverfahren.** Häufig klagen Gesellschafter gegen die Umwandlungsbeschlüsse aber nicht, um eine andere Art der Verwendung des von ihnen in den jeweiligen beteiligten Rechtsträger investierten Vermögens zu erreichen, sondern um ihr Vermögen mit einem Aufschlag wieder abzuziehen. Dazu wollen sie sich den Lästigkeitswert ihrer Klagen abkaufen lassen. Je lästiger dem betroffenen Rechtsträger die Klage gegen die Wirksamkeit des Umwandlungsbeschlusses ist, vor allem weil die Eintragung und dadurch die Umsetzung der mit der Umwandlung angestrebten neuen Struktur verzögert wird, desto höher wird der Aufschlag auf das investierte Vermögens ausfallen. Um den Gesellschaften hier Linderung zu verschaffen und solche Klagen einzudämmen, gibt es das **Unbedenklichkeits- oder Freigabeverfahren.** Das Freigabeverfahren ermöglicht es, trotz anhängiger Klagen gegen den Umwandlungsbeschluss die Umwandlung eintragen zu lassen und sie so wirksam werden zu lassen.

I. Spruchverfahren

1037 Neben den aktienrechtlichen Verweisen auf das Spruchverfahren, insbesondere bei Ausgleich und Abfindung im Vertragskonzern (§§ 304 III 3, 305 V 2 AktG), enthält das Verschmelzungs- und Spaltungsrecht Verweise auf das Spruchverfahren für die Anpassung des Umtauschverhältnisses durch erhöhte bare Zuzahlungen und für die Anpassung des Angebots auf Abfindung bei Ausscheiden in §§ 15 I 2, 34, 125 Satz 1 UmwG. Werden Gesellschafter auf das Spruchverfahren verwiesen, geht das damit einher, dass sie gegen den Beschluss (Zustimmung zu einem Beherrschungs- und Gewinnabführungsvertrag, Verschmelzung, Spaltung), aufgrund dessen ihnen eine Kompensation zusteht, nicht mit dem Argument vorgehen können, er enthalte Bewertungsfehler. Die möglicherweise dennoch begründete Behauptung, die Kompensation sei falsch berechnet, können die Gesellschafter im Spruchverfahren gerichtlich kontrollieren lassen. Das Spruchverfahren hat damit einerseits den **Zweck** zu sichern, dass nicht wegen Bewertungsfehlern und darauf gestützter Klagen gegen die Wirksamkeit des Umwandlungsbeschlusses die Umsetzung der Umwandlung verzögert oder verhindert wird; Spruchverfahren dauern oft mehrere Jahre. Andererseits dient es dem effektiven Rechtsschutz gegen Vermögenseinbußen wegen Strukturmaßnahmen wie Umwandlungen.

Das Spruchverfahren ist seit Mitte 2003 geregelt im **Spruchverfahrensgesetz**   **1038**
(SpruchG)[1]. Das Spruchverfahren ist im Grundsatz ein Verfahren der freiwilligen Gerichtsbarkeit (§ 17 I SpruchG). Der damit anwendbare Amtsermittlungsgrundsatz
(§ 12 FGG) ist aber durch zivilprozessuale Elemente gelockert, um zu einer Verfah-
rensbeschleunigung zu gelangen. Der **Anwendungsbereich** des Gesetzes ergibt sich
vor allem aus dem fast vollständigen Katalog in § 1 SpruchG. **Zuständig** ist das Landgericht, in dessen Bezirk der Rechtsträger seinen Sitz hat, dessen Anteilsinhaber antragsberechtigt sind, § 2 I 1 SpruchG. Wer **antragsberechtigt** ist, dh den Antrag auf
Durchführung eines Spruchverfahrens stellen darf, steht in § 3 Satz 1 SpruchG. Seit
Inkrafttreten des SpruchG muss der Antragsteller von sich aus seine Stellung als Aktionär durch Urkunden nachweisen, § 3 Satz 2 SpruchG. Er darf also nicht mehr abwarten, ob seine Stellung als Aktionär von der gegnerischen Gesellschaft bestritten
wird. Weist der Antragsteller seine Aktionärsstellung nicht unaufgefordert nach, versäumt er die dreimonatige **Antragsfrist** gemäß § 4 I 1 SpruchG, im Falle der §§ 14 f;
29, 34; 125 Satz 1 UmwG berechnet vom Tag der Eintragung der Verschmelzung oder
Spaltung im Register des letzten Rechtsträgers, § 4 I 1 Nr 4 iVm § 1 Nr 4 SpruchG.
Der Antrag ist seit 2003 konkret zu **begründen**, § 4 II SpruchG. Bei leerformelhaften
Begründungen läuft der Antragsteller Gefahr, dass das Gericht seinen Antrag als unzulässig zurückweist[2]. Das Gericht hat die in der Regel stattfindende **mündliche Verhandlung** vorzubereiten und durchzuführen, §§ 7, 8 SpruchG. Die Beteiligten sind
zur **Verfahrensförderung** verpflichtet und riskieren bei Verstößen die Zurückwei-
sung verspäteten Vorbringens, §§ 9, 10 SpruchG. Die Entscheidung des Gerichts
wirkt mit ihrer **Rechtskraft** für und gegen alle, einschließlich derer, die bereits gegen
Erhalt der von den Antragstellern im Spruchverahren angegriffenen Zuzahlung oder
Abfindung aus dem Rechtsträger ausgeschieden sind, §§ 11, 13 SpruchG. Für Klagen
gegen den unterlegenen Rechtsträger als Antragsgegner auf Zahlung der nach der Entscheidung des Gerichts erhöhten Kompensationsleistungen sind das Gericht und der
Spruchkörper zuständig, die bereits die Entscheidung im Spruchverfahren gefasst hatten, § 16 SpruchG.

II. Vorgehen gegen Umwandlungsbeschlüsse

Verschmelzungen und Spaltungen bedürfen zu ihrer Wirksamkeit jeweils zustimmen-   **1039**
der Beschlüsse der Anteilsinhaberversammlungen der beteiligten Rechtsträger
(§§ 13 I, 36, 125 Satz 1 UmwG, GmbH: §§ 50 f, 56, 125 Satz 1 UmwG, AG: §§ 65 I,
73, 125 Satz 1 UmwG). Einige der Gesellschafter/Aktionäre des übertragenden oder
des übernehmenden (bei Verschmelzung oder Spaltung zur Aufnahme) Rechtsträgers
können gegen die Umwandlung sein. Grund dafür kann sein, dass sie mit ihrer Beteiligungsquote am neuen Unternehmen nicht einverstanden sind, sie die zugrundelie-
genden Unternehmensbewertungen für falsch halten oder einfach eine andere unter-

---

1   Abgedruckt und kurz kommentiert bei *Hüffer*, Anh. § 305.
2   *Hüffer*, Anh. § 305 § 4 SpruchG Rn 6, 9.

nehmerische Strategie für richtig halten und deshalb geeignete Anfechtungsgründe suchen, um den Mehrheitswillen zu behindern[3].

1040   Diese Gesellschafter/Aktionäre können gegen die Verschmelzungs- oder Spaltungsbeschlüsse vorgehen. Dafür stehen die Anfechtungsklage und die Nichtigkeitsklage gemäß §§ 241 ff AktG zur Verfügung. Beide Klagearten sind auf die GmbH entsprechend anwendbar. Grundsätzlich kann ein Gesellschafter/Aktionär mit der Anfechtungsklage jeglichen Verstoß des Beschlusses gegen Gesetz und Satzung geltend machen und seine gerichtliche Nichtigkeitserklärung verlangen, § 243 I AktG. Mit der Nichtigkeitsklage kann ein Gesellschafter/Aktionär besonders schwere Verstöße gegen das Gesetz geltend machen und die gerichtliche Nichtigkeitsfeststellung beantragen, § 241 AktG. Neben Anfechtungs- oder Nichtigkeitsklage besteht in beschränktem Umfang die Möglichkeit, mit der allgemeinen Feststellungsklage gemäß § 256 ZPO die Nichtigkeit von Beschlüssen gerichtlich feststellen zu lassen[4]. Damit nicht wegen jedes geringfügigen Verstoßes gegen Gesetz oder Satzung ein Beschluss zu Fall gebracht werden kann, bedarf insbesondere § 243 I AktG über die Anfechtbarkeit der Begrenzung[5]. Solche Begrenzungen der Anfechtbarkeit ergeben sich aus dem AktG und aus dem UmwG.

1.   Anfechtungsgrenzen aus dem AktG

a)   Keine Anfechtung bei irrelevanten Informationspflichtverletzungen

1041   § 243 IV **1** AktG beschränkt die Anfechtbarkeit wegen fehlerhafter Informationserteilung an einen Aktionär auf Fälle, in denen die Erteilung der fehlerhaft oder gar nicht erteilten Information aus Sicht eines objektiv urteilenden Aktionärs wesentlich für die sachgerechte Wahrnehmung seiner Mitgliedschafts- und Teilnahmerechte gewesen wäre. Damit greift die Vorschrift die schon seit Längerem vorherrschende Literaturauffassung, der sich die jüngere Rechtsprechung angeschlossen hatte, auf, wonach zu prüfen ist, ob der fragliche Gesetzes- oder Satzungsverstoß bei wertender Betrachtung die Aufhebung des angegriffenen Beschlusses rechtfertigt (**Relevanztheorie**)[6].

1042   Die **Abgrenzung zu § 131 AktG** ist nicht ganz klar. Nach dieser Vorschrift braucht der Vorstand eine mündliche Auskunft über Angelegenheiten der Gesellschaft auf eine entsprechende Frage eines Aktionärs in der Hauptversammlung nur zu erteilen, soweit das zur sachgemäßen Beurteilung des fraglichen Tagesordnungspunktes erforderlich ist. Trotz Erforderlichkeit der Auskunft kann der Vorstand die Auskunft gemäß § 131 II 1 AktG verweigern, zB weil die Erteilung der Auskunft geeignet wäre, der Gesellschaft oder einem mit ihm verbundenen Unternehmen erheblichen Nachteil zuzufügen (§ 131 III 1 Nr 1 AktG), oder die begehrte Information während sieben Tagen vor und zudem während der Hauptversammlung durchgängig zugänglich gewe-

---

3   *Raiser/Veil* § 46 Rn 36 ff.
4   *Hüffer* § 243 Rn 41; Baumbach/Hueck/*Zöllner*, Anh § 47 Rn 19, 124, 181.
5   *Hüffer* § 243 Rn 12.
6   BGHZ 160, 385, 391 f; BGHZ 160, 253, 255 f; BGHZ 149, 158, 163 ff; *Hüffer* § 243 Rn 13; Baumbach/Hueck/*Zöllner*, Anh § 47 Rn 126.

sen ist (§ 131 III 1 Nr 7 AktG). Hat der Vorstand die Auskunft zu Unrecht verweigert, liegt darin auch ein relevanter Verstoß gegen das Teilnahme- und Stimmrecht des Aktionärs. Seine Anfechtung scheitert daher nicht an § 243 IV 1 AktG[7].

Der Fall einer Informations-Verweigerung ist in § 243 IV 1 AktG ausdrücklich genannt. Betrachtet man die in § 243 IV 1 AktG außerdem genannten Fälle der unvollständigen und unrichtigen Informationserteilung als Unterfälle der Verweigerung, geht die Prüfung des § 243 IV 1 AktG in Bezug auf mündliche Auskünfte in der Prüfung des § 131 AktG auf. § 243 IV 1 AktG behält dann einen eigenständigen Anwendungsbereich für andere Informationsmängel, etwa wegen Verstoßes gegen § 175 II 1 AktG über die Auslegung des Gewinnverwendungsbeschlusses oder gegen § 8 UmwG über den Verschmelzungsbericht oder § 293 AktG über den Bericht über Unternehmensverträge, soweit die Berichtsmängel sich nicht auf Bewertungsfragen beziehen (dafür gilt § 243 IV 2 AktG, s. sogleich).
1043

Jeder Verstoß gegen die Informationspflicht ist darauf zu prüfen, ob er **hinreichend schwerwiegt**, um die Aufhebung des Beschlusses **zu rechtfertigen**.
1044

§ 243 IV 1 AktG wird man auf die GmbH übertragen können.

b) Keine Anfechtung bei bewertungsbezogenen Rügen

Gemäß § 243 IV **2** AktG sind Anfechtungsklagen bei allen Beschlüssen ausgeschlossen, die eine Kompensationsleistung betreffen, bei denen bestimmte Informationsmängel aufgetreten sind und für die in Bezug auf Bewertungsrügen (dh wegen behaupteter unangemessener Höhe der Kompensationsleistung) ein Spruchverfahren vorgesehen ist. Beschlüsse in diesem Sinne sind Beschlüsse über die Verschmelzung (bare Zuzahlung, §§ 14 II, 15 UmwG; Abfindung, §§ 29 ff UmwG), die Aufspaltung und Abspaltung (bare Zuzahlung, Abfindung, §§ 14 II, 15, §§ 29 ff jeweils iVm § 125 Satz 1 UmwG), die Zustimmung zu einem Beherrschungs- und/oder Gewinnabführungsvertrag (Ausgleich, Abfindung, §§ 304 f AktG) und zur Eingliederung (Abfindung, § 320b AktG).
1045

Die Informationsmängel, die an sich gemäß § 243 I AktG zur Anfechtung berechtigen, wegen § 243 IV 2 AktG aber als Anfechtungsgründe ausgeschlossen sind, müssen sich ergeben aus **unrichtiger**, **unvollständiger** oder **unzureichender** Information **in** der Hauptversammlung über die Ermittlung, Höhe oder Angemessenheit von Ausgleich, Abfindung oder Zuzahlung. Daraus folgt, dass zwei Arten von Informationsmängeln nicht von der Beschränkung des § 243 IV 2 AktG betroffen sind: Fälle von Informations**verweigerung** sind nur dann als Anfechtungsgrund ausgeschlossen, wenn sie nicht im Sinne von §§ 243 IV 1, 131 I 1 AktG relevant sind. Fehlerhafte Informationen über die Kompensationsleistung **außerhalb** der Hauptversammlung (s. Wortlaut des § 243 IV 2 AktG: „in" der Hauptversammlung) bleiben bei Relevanz anfechtungsbegründend.
1046

---

7 *Hüffer* § 243 Rn 47; BGHZ 160, 385, 391 f.

c) Keine Anfechtung bei anderen irrelevanten Mängeln

1047 Über § 243 IV AktG hinaus gilt auch für alle anderen formellen Mängel des angegriffenen Beschlusses das Relevanzkriterium, dh es ist zB bei Einberufungsmängeln oder Fehlern der Versammlungsleitung (Saalverweis uä) zu prüfen, ob dieser Verstoß bei wertender Betrachtung die Aufhebung des Beschlusses rechtfertigt[8].

2. Anfechtungsgrenzen aus dem UmwG

a) Einheitliche Klagefrist von einem Monat

1048 Gemäß **§§ 14 I, 125 Satz 1 UmwG** müssen alle Klagen gegen die Wirksamkeit von Verschmelzungs- und Spaltungsbeschlüssen binnen eines Monats nach der Beschlussfassung erhoben werden. Da die aktienrechtliche Anfechtungsfrist gemäß § 246 I AktG auch einen Monat beträgt, ergibt sich aus § 14 I UmwG insoweit nichts Neues. Aber auch die aktienrechtliche Nichtigkeitsklage, für die nach AktG keine Klagefrist gilt, unterfällt § 14 I UmwG[9]. Bei der GmbH, bei der nur in aller Regel, aber nicht zwingend die Frist des § 246 I AktG analog für die Anfechtungsklage gilt[10], bedeutet § 14 I UmwG Klarheit. Auch bei der GmbH gilt § 14 I UmwG außer für die für Anfechtungs- auch für die Nichtigkeitsklage[11].

1049 Allgemeine Feststellungsklagen, die auf die Feststellung der Nichtigkeit des fraglichen Beschlusses gerichtet sind, muss der Kläger auch in der Monats-Frist des § 14 I UmwG erheben[12]. Das gilt allerdings nur, wenn der Kläger Organmitglied oder Anteilsinhaber eines der beteiligten Rechtsträger ist. Feststellungsklagen außenstehender Dritter (zB Gläubiger) unterliegen nicht der Frist des § 14 I UmwG[13].

b) Keine Anfechtung bei Mängeln des Umtauschverhältnisses

1050 Bei Verschmelzungen, Aufspaltungen und Abspaltungen kommt es zu einem Anteilstausch. Die Anteilsinhaber des in der Verschmelzung untergehenden, übertragenden Rechtsträgers, die Anteilsinhaber des bei der Aufspaltung untergehenden, übertragenden Rechtsträgers und die Anteilsinhaber des bei der Abspaltung bestehen bleibenden, übertragenden Rechtsträgers erhalten definitionsgemäß neue Anteile an dem jeweils übernehmenden Rechtsträger (§ 2; § 123 I, II UmwG). Das rechnerische Umtauschverhältnis kann zu krummen Beträgen führen (zB 10 Anteile am übertragenden Rechtsträger werden zu 4,03 Anteilen am übernehmenden Rechtsträger). Zur Glättung eines solchen krummen Umtauschverhältnisses sind bei Verschmelzung, Aufspaltung und Abspaltung bare Zuzahlungen vorzusehen (§ 5 I Nr 3; § 126 I Nr 3 UmwG). Außerdem bildet die Mitgliedschaft in dem übernehmenden Rechtsträger

---

8 *Hüffer* § 243 Rn 14 ff; Baumbach/Hueck/*Zöllner*, Anh § 47 Rn 125 ff.
9 Kallmeyer/*Marsch-Barner* § 14 Rn 9.
10 BGH NZG 2005, 551, 553.
11 Kallmeyer/*Marsch-Barner* § 14 Rn 10.
12 Kallmeyer/*Marsch-Barner* § 14 Rn 6.
13 Kallmeyer/*Marsch-Barner* § 14 Rn 6 aE.

unter Umständen keinen ausreichenden Gegenwert für die Mitgliedschaft oder den Anteil an dem übertragenden Rechtsträger, etwa wenn ein Aktionär des übertragenden Rechtsträgers eine Kommanditbeteiligung an dem übernehmenden Rechtsträger erhalten soll. Bei der Ausgliederung hingegen kommt es nicht zu einem Anteilstausch auf Ebene der Anteilseigner, weil alle Anteile an dem übernehmenden Rechtsträger der übertragende Rechtsträger, nicht dessen Anteilsinhaber, erhält. Deshalb ist hier auch keine Zuzahlung vorgesehen (s. § 126 I Nr 3 UmwG: bare Zuzahlungen nur bei Aufspaltung und Abspaltung möglich und ggf erforderlich).

§ 14 II UmwG bestimmt, dass die Anteilsinhaber des **übertragenden** Rechtsträgers, also die Gesellschafter/Aktionäre der Obergesellschaft, **nicht** gegen den Verschmelzungsbeschluss klagen können mit der Begründung, das Umtauschverhältnis sei zu niedrig und deshalb müsse eine (höhere) Zuzahlung erfolgen. Die Anteilsinhaber der Obergesellschaft können also nicht den Verschmelzungsbeschluss zu Fall bringen, sondern nur eine Festsetzung einer (erhöhten) baren Zuzahlung im Spruchverfahren erreichen, § 15 UmwG. Die Geltendmachung des Anspruchs auf erhöhte Zuzahlung setzt im Spruchverfahren **nicht** voraus, dass ein Antragsteller **Widerspruch** gegen den Verschmelzungsbeschluss erklärt hat. **1051**

Grund für den Anfechtungsausschluss und den **Verweis auf das Spruchverfahren** ist, dass die Wirksamkeit der Verschmelzung nicht durch langwierige Verfahren über die Begründetheit solcher Rügen ungewiss bleiben soll. Dieselben Beschränkungen treffen die Anteilsinhaber der übertragenden Rechtsträger bei der Aufspaltung und der Abspaltung, § 125 Satz 1 UmwG. Weil es bei der Ausgliederung kein Umtauschverhältnis gibt, gilt für die Anteilsinhaber des übertragenden Rechtsträgers auch der Anfechtungsausschluss gemäß § 14 II UmwG nicht. Aus § 125 Satz 1 UmwG folgt vielmehr, dass die Anteilsinhaber des übertragenden Rechtsträgers bei der Ausgliederung umwandlungsrechtlich nicht gehindert sind, den Ausgliederungsbeschluss anzufechten. **1052**

Die Anteilsinhaber der **übernehmenden** Rechtsträger bei Verschmelzung, Aufspaltung und Abspaltung hingegen können den Verschmelzungsbeschluss selbst angreifen mit dem Argument, das Umtauschverhältnis sei falsch, dh aus Sicht der Anteilsinhaber des übernehmenden Rechtsträgers in der Regel zu hoch, oder die bare Zuzahlung sei zu hoch. Sie können umgekehrt nicht ein Spruchverfahren einleiten, um eine geänderte bare Zuzahlung zu erreichen[14]. **1053**

Wollen die beteiligten Rechtsträger Klagen gegen die Wirksamkeit des Verschmelzungs-, Aufspaltungs- oder Abspaltungsbeschlusses des übernehmenden Rechtsträgers verhindern, müssen sie mit Blick auf § 14 II UmwG verhindern, dass es Anteilsinhaber des übernehmenden Rechtsträgers gibt. Dazu werden sie den Weg über eine Verschmelzung, Aufspaltung oder Abspaltung zur Neugründung wählen. Denn dann entsteht der übernehmende Rechtsträger als neuer Rechtsträger ja erst mit der Eintragung der Umwandlung in die Handelsregister. **1054**

---

14 Kritisch zu § 14 II UmwG Schmitt/Hörtnagl/Stratz/*Stratz* § 14 UmwG Rn 20 ff.

c) Keine Anfechtung bei Mängeln des Angebots auf Ausscheiden gegen Abfindung

1055 Gemäß **§ 32 UmwG** kann eine Klage gegen die Wirksamkeit des **Verschmelzungs**beschlusses des übertragenden Rechtsträgers nicht darauf gestützt werden, dass ein Angebot gemäß § 29 UmwG auf Ausscheiden aus der Gesellschaft gegen Barabfindung unzureichend sei. Ein solches Abfindungsangebot ist zu unterbreiten, wenn übertragender und übernehmender Rechtsträger unterschiedlicher Rechtsform sind oder wenn bei identischer Rechtsform die Anteile an dem übernehmenden Rechtsträger Verfügungsbeschränkungen unterworfen sind. Entsprechendes gilt für **Aufspaltung** und **Abspaltung**, § 125 Satz 1 UmwG. Bei der **Ausgliederung** ist schon § 29 UmwG unanwendbar, weil dort nicht den Anteilsinhabern der übertragenden Gesellschaft neue Anteile zufallen, sondern dem übertragenden Rechtsträger selbst. Deshalb kann der ausgliedernde Rechtsträger kein Abfindungsangebot gemäß § 29 UmwG machen. Folglich findet bei der Ausgliederung dann auch kein Anfechtungsausschluss gemäß § 32 UmwG statt, § 125 Satz 1 UmwG.

1056 Der von der Anfechtungsklage oder Nichtigkeitsklage Ausgeschlossene kann gemäß § 34 UmwG ein **Spruchverfahren** auf (erhöhte) Festsetzung der Abfindung einleiten. Anders als bei der baren Zuzahlung gemäß § 15 UmwG **muss** ein Antragsteller im Spruchverfahren wegen der Abfindung gemäß § 29 UmwG **Widerspruch** gegen den Umwandlungsbeschluss erklärt haben, § 29 I 1 UmwG, Ausnahme: § 29 II UmwG.

1057 Wie bei § 14 II UmwG sind die Anteilsinhaber des **übernehmenden** Rechtsträger nicht gehindert, gegen die Wirksamkeit des Beschlusses des übernehmenden Rechtsträgers mit der Begründung vorzugehen, dass das Angebot gemäß § 29 UmwG fehlerhaft sei. Andererseits können sie kein Spruchverfahren einleiten.

3. Umwandlungsbeschlüsse und materielle Beschlusskontrolle

1058 Beschlüsse können **formelle** Fehler haben, zB aufgrund von Mängeln der Versammlungsleitung oder der Auskunftserteilung. Einen Beschluss mit formellen Fehlern können die Aktionäre/Gesellschafter erfolgreich anfechten, wenn der dem Beschluss anhaftende Fehler relevant ist, dh er schwer genug wiegt, um die Aufhebung des Beschlusses zu rechtfertigen. Beschlüsse können aber auch **inhaltlich** (materiell) fehlerhaft sein. Ist ein Beschluss inhaltlich fehlerhaft, ist er erfolgreich anfechtbar; auf eine Relevanz des Fehlers im eben genannten Sinne kommt es nicht an. Die wesentlichen Gründe, aus denen ein Beschluss inhaltlich rechtswidrig sein kann, werden unter dem Begriff „**materielle Beschlusskontrolle**"[15] diskutiert. Die materielle Beschlusskontrolle befasst sich mit der Überprüfung von Beschlüssen auf Verstöße gegen das Gleichbehandlungsgebot, das Willkürverbot und die Treupflicht, wobei die Übergänge zwischen den einzelnen Ansatzpunkten fließend sind. Die der materiellen Be-

---

15 S. insbesondere BGHZ, 71, 40, 44 ff – Kali+Salz zum Bezugsrechtsausschluss gemäß § 186 III AktG, dazu instruktiv *Lutter*, ZGR 1979, 401 ff; sowie BGHZ 103, 184, 189 ff – Linotype; BGHZ 83, 319, 321 ff – Holzmann, BGHZ 80, 69, 73 ff – Süssen.

schlusskontrolle unterliegenden Beschlüsse sind einer Art Verhältnismäßigkeitsprüfung, wie sie aus dem Verfassungs- und Verwaltungsrecht bekannt ist, zu unterziehen: Gemessen an dem mit dem Beschluss verfolgten Zweck muss der Beschluss geeignet, erforderlich und angemessen sein, insbesondere mit Blick auf die Rechte und Interessen der (Minderheits-)Aktionäre/Gesellschafter.

Nicht jeder Beschluss ist der materiellen Beschlusskontrolle unterworfen. Für Beschlüsse, die der materiellen Beschlusskontrolle nicht unterliegen, erübrigt sich also von vornherein die Prüfung der Verhältnismäßigkeit. Vor allem bei Beschlüssen, die in die Rechte und Interessen der dissentierenden Aktionäre/Gesellschafter eingreifen, bei denen aber der Gesetzgeber bereits ein flankierendes Instrumentatrium zu ihrem Schutz, etwa durch erhöhte Mehrheitserfordernisse, formalisierte Informationspflichten und erweiterte Auskunftsrechte geschaffen hat, ist eher zu verneinen, dass eine materielle Beschlusskontrolle durchzuführen ist. Denn in diesen Fällen hat der Gesetzgeber bereits selbst detailliert geregelt, dass und wann ein solcher Beschluss rechtmäßig ist, und damit eine abschließende Abwägung zwischen den Interessen der Mehrheit und der Minderheit getroffen. Eine außergesetzliche richterliche Kontrolle ist dann nicht zulässig[16]. **1059**

Vor diesem Hintergrund ist **umstritten**, ob **Verschmelzungs**- und **Spaltungsbeschlüsse** der materiellen Beschlusskontrolle unterliegen. Manche meinen, dass sämtliche strukturändernden Maßnahmen, also einschließlich Verschmelzung und Spaltung, einer Prüfung auf ihre sachliche Rechtfertigung unterliegen[17]. Dagegen geht die herrschende Ansicht davon aus, dass Verschmelzungs- und Spaltungsbeschlüsse keiner besonderen sachlichen Rechtfertigung bedürfen. Die Mehrheitserfordernisse von grundsätzlich 3/4 der anwesenden Stimmen oder des vertretenen Grundkapitals (§§ 13, 50, 51, 56, 65, 73, 125 Satz 1 UmwG), die Pflicht zur Aufstellung von Verschmelzungs- und Spaltungsbericht (§§ 8, 125 Satz 1 UmwG), die Verschmelzungs- und Spaltungsprüfung (§§ 9, 125 Satz1 UmwG), der Verweis von Bewertungsrügen ins Spruchverfahren (§§ 14 II, 34, 125 Satz 1 UmwG) zeigen, dass der Gesetzgeber bereits ein geschlossenes System geschaffen hat, in dem die Interessen aller berücksichtigt sind. Nur bei missbräuchlichen Beschlüssen kann im Einzelfall etwas anderes gelten[18]. Dass bei der Ausgliederung keine Ausgliederungsprüfung stattfindet (§ 125 Satz 2 UmwG), hindert auch für die Ausgliederung nicht die Einschätzung, dass bei ihr keine sachliche Rechtfertigung erforderlich ist. **1060**

---

16 *Hüffer* § 243 Rn 27 mwN, § 293 Rn 7: keine außergesetzliche Nachbesserung eines in sich geschlossenen Regelungssystems; Lutter/*Lutter/Drygala* § 13 Rn 33; s.a. BGHZ 138, 71, 76 ff – Sachsenmilch, keine sachliche Rechtfertigung von Beschlüssen zur vereinfachten Kapitalherabsetzung; BGHZ 103, 184, 189 ff – Linotype, keine sachliche Rechtfertigung von Auflösungsbeschlüssen.

17 Insbesondere *Wiedemann*, ZGR 1999, 857, 868 ff; *Wiedemann*, GesR I § 8 III 2 a), S. 445 f, 705 f.

18 öOGH AG 1999, 142; Lutter/*Lutter/Drygala* § 13 Rn 33 ff – sachliche Rechtfertigung nur bei abhängigkeitsbegründender Verschmelzung; *Hüffer* § 243 Rn 27; Schmitt/Hörtnagl/Stratz/*Stratz* § 13 UmwG Rn 23; Kallmeyer/*Zimmermann* § 13 Rn 12; *Raiser/Veil* § 46 Rn 73; *K. Schmidt*, GesR § 13 III 5 b), S. 389 f.

1061   **Beispiel:** Die Mehrheitsgesellschafter der Stahlbau Meier GmbH wollen, dass die Gesellschaft auf die Eisen- und Stahlhandlung Schulze OHG verschmolzen wird. Da die übernehmende Gesellschaft eine andere Rechtsform als die übertragende Gesellschaft hat, bietet die
OHG im Verschmelzungsvertrag den Gesellschaftern der GmbH gemäß § 29 I 1 UmwG an,
dass diese gegen eine Abfindung von € 275 000 aus der GmbH ausscheiden. Die beiden Gesellschafter der OHG sind auch im Innenverhältnis allein geschäftsführungsbefugt. Alle Beschlüsse der Gesellschafterversammlung der OHG sind einstimmig zu fassen. Der Geschäftsführer der GmbH stellt als Vertretungsorgan der GmbH einen Verschmelzungsbericht auf;
seitens der OHG wirkt niemand mit. Eine Verschmelzungsprüfung wird nicht durchgeführt.

A und B sind Minderheitsgesellschafter der Stahlbau Meier GmbH. Sie sind gegen die Verschmelzung. Der an A gesendeten Einberufung der Gesellschafterversammlung der GmbH,
die über den erforderlichen Verschmelzungsbeschluss beschließen soll, fügt der Geschäftsführer bewusst den Verschmelzungsbericht nicht bei. In der Gesellschafterversammlung verlangt
B Erläuterungen zu Einzelheiten der Unternehmensbewertung, die dem Abfindungsangebot
von € 275 000 zugrunde liegt. Der Geschäftsführer gibt nur allgemeine Auskünfte und verweist auf den Verschmelzungsbericht. B erklärt daraufhin gegen den durch die Mehrheitsgesellschafter gefassten Verschmelzungsbeschluss Widerspruch zur Niederschrift. Innerhalb der Monatsfrist des § 14 I UmwG erheben A und B Anfechtungsklagen gegen den
Verschmelzungsbeschluss. Haben sie Erfolg?

I. Keine der Klagen kann Erfolg haben, soweit sie sich gemäß § 243 I AktG analog darauf
stützen, dass seitens der OHG niemand an dem **Verschmelzungsbericht** mitgewirkt habe.
Denn § 41 UmwG regelt, dass bei Beteiligung einer Personenhandelsgesellschaft an einer Verschmelzung für diese Gesellschaft kein Verschmelzungsbericht erforderlich ist, wenn alle Gesellschafter geschäftsführungsbefugt sind. Das ist bei der Eisen- und Stahlhandlung Schulze
der Fall. Auch soweit die Klagen sich auf eine fehlende **Verschmelzungsprüfung** gemäß
§§ 9 ff UmwG stützen, können die Kläger nicht erfolgreich sein. Denn eine Verschmelzungsprüfung seitens der OHG wäre nur nötig gewesen, wenn ihr Verschmelzungsbeschluss mit einer 3/4-Mehrheit statt einstimmig gefasst werden könnte (§§ 44 Satz 1, 43 II 1 UmwG), was
nicht zutrifft.

II. Minderheitsgesellschafter **A** kann zu Recht geltend machen, dass ihm die Gesellschaft den
Verschmelzungsbericht nicht mit der Einberufung **gesendet** hat. Weil das Gesetz selbst die-
ses formelle Erfordernis in § 47 UmwG aufstellt, ist davon auszugehen, dass dieser formelle
Mangel auch relevant im Sinne des § 243 I, IV 1 AktG analog ist.

III. Auf das seiner Ansicht nach **zu geringe Abfindungsangebot** kann **B** seine Klage nicht
mit Erfolg stützen. Denn §§ 32, 34 UmwG schließen Klagen gegen ein zu geringes Abfindungsangebot aus und verweisen den dissentierenden Anteilsinhaber, der Widerspruch zur
Niederschrift erklärt hat (§ 29 I 1 UmwG) auf das Spruchverfahren. Wegen der **unzureichenden Information** in der Gesellschafterversammlung durch den Geschäftsführer kann sich B
ebenfalls nicht berufen. Denn da das Spruchverfahren eröffnet ist, ist seine Rüge gemäß
§ 243 IV 2 AktG analog ausgeschlossen. (Anders aber eben bei A: Da ihm **außerhalb** der Gesellschafterversammlung Informationen vorenthalten worden sind, ist seine Rüge nicht durch
§ 243 IV 2 AktG ausgeschlossen!).

III. Bestandsschutz und Freigabeverfahren

1. Bestandsschutz

§ 20 II UmwG und § 131 II UmwG bestimmen für die Verschmelzung bzw die Spaltung, dass **Mängel** der Verschmelzung bzw Spaltung die Wirkungen der Eintragung, dh die Gesamtrechtsnachfolge und ggf das Erlöschen des übertragenden Rechtsträgers und Neuentstehen des übernehmenden Rechtsträgers gemäß §§ 20 I, 131 I UmwG, **unberührt** lassen. Was das genau bedeutet, ist umstritten. **1062**

Zunächst besteht Einigkeit, dass die Eintragung zu **keiner** umfassenden **Heilung** aller der eingetragenen Umwandlung in weiterem Sinne anhaftenden Fehler führt. Das folgt bereits aus §§ 25, 125 Satz 1 UmwG, wonach Schadensersatzansprüche gegen Verwaltungsmitglieder auch nach Eintragung der Verschmelzung/Spaltung bestehen, so dass die diesen Ansprüchen zugrunde liegenden Pflichtverletzungen im Zusammenhang mit der Vorbereitung und Durchführung der Verschmelzung/Spaltung nicht durch die Eintragung geheilt sein können. Zudem regeln §§ 16 III 6, 125 Satz 1 UmwG, dass nach erfolgreicher Anfechtung eines Verschmelzungs/Spaltungsbeschlusses die unterlegene Gesellschaft dem erfolgreichen Kläger seinen Schaden zu ersetzen hat. (Allerdings kann der Kläger nicht mehr die Rückgängigmachung der Eintragung der Verschmelzung/Spaltung, also keine Naturalrestituiton gemäß § 249 I BGB, verlangen.) Würde aber die Eintragung zur Heilung aller Mängel führen, könnte die Anfechtungsklage keinen Erfolg mehr haben. **1063**

Umstritten ist, ob eine **Entschmelzung/Entspaltung** nach Eintragung möglich ist. Entschmolzen/entspalten würden die beteiligten Rechtsträger, wenn die Vermögen, die durch Gesamtrechtsnachfolge ihren Inhaber gewechselt haben, dinglich wieder an ihren vorherigen Inhaber zurückfielen, wenn also etwa nach Verschmelzung zweier Friseur-GmbHs zu einer neugegründeten Friseur-GmbH die der neuen Gesellschaft gehörenden zwei Friseur-Ladengeschäfte wieder auf die erloschenen, übertragenden Rechtsträger zurückübertragen werden können oder das ausgegliederte Grundstück wieder an die übertragende Gesellschaft zurückübereignet würde. Nach einer Mindermeinung sind Ansprüche auf Entschmelzung nicht grundsätzlich ausgeschlossen, sondern im Einzelfall möglich[19]. Die hM nimmt an, dass keine Verpflichtung zur Entschmelzung/Entspaltung besteht (eine freiwillige „Rückabwicklung" durch entsprechende neue Umwandlungsvorgänge bleibt aber möglich). Grund sind die Abwicklungsschwierigkeiten vor allem, wenn die Fehler erst nach einer gewissen Zeit bemerkt werden, die zusammengeführten Unternehmen sich fortentwickelt haben und einzelne Teile der zusammengeführten Vermögen inzwischen nicht mehr vorhanden sind und neue Vermögensgegenstände noch nicht zu den zusammengeführten Unternehmen gehört hatten. Die eingetragene Verschmelzung/Spaltung genießt danach **1064**

---

19 *K. Schmidt*, ZIP 1998, 181, 187 – bei fortdauernder Beeinträchtigung subjektiver Rechte; *Veil*, ZIP 1998, 361, 365 – für Ausgliederung zur Neugründung; *Raiser/Veil* § 46 Rn 70 – für Ausgliederung zur Neugründung.

absoluten Bestandsschutz[20]. Für die hM spricht § 16 III 6 UmwG, wonach bei erfolgreicher Anfechtung der zum Schadensersatz berechtigte Kläger nicht die Rückgängigmachung der Eintragung verlangen kann.

1065 Ist die dingliche Rückabwicklung der Verschmelzung/Spaltung ausgeschlossen, bleibt doch ein **schuldrechtlicher Ausgleich** des der Umwandlung anhaftenden Fehlers möglich. Hat zB ein Anteilsinhaber eines übertragenden Rechtsträgers gar keinen Anteil an dem übernehmenden Rechtsträger zugewiesen erhalten, kommt ein Anspruch des Betroffenen auf Teilhabe an dem neuen Unternehmen in Betracht, wie wenn ihm eine ordnungsgemäße Beteiligung zugeteilt worden wäre[21], dh durch Einräumung von Aktien oder Geschäftsanteilen im Zuge einer Kapitalerhöhung oder aus eigenen Anteilen des betroffenen übernehmenden Rechtsträgers.

2. Unbedenklichkeitsverfahren, Freigabeverfahren

a) Das Unbedenklichkeitsverfahren gemäß UmwG

1066 Der absolute Bestandsschutz, der nach hM aus der Eintragung einer Verschmelzung oder einer Spaltung aus den §§ 20 II, 131 II UmwG folgt, ist für die beteiligten Rechtsträger und diejenigen ihrer Gesellschafter, die die Umwandlung wollten, attraktiv. Gesellschafter, die sich gegen die Umwandlung wehren, klagen gegen die Umwandlungsbeschlüsse. Sie wollen die Eintragung gerade verhindern oder zumindest verzögern. Welches Interesse den Vorzug verdient, ist an sich nicht auszumachen. Da aber Kläger häufig gegen Umwandlungsbeschlüsse vorgehen, um sich den Lästigkeitswert ihrer Klagen abkaufen zu lassen, hat der Gesetzgeber eine Möglichkeit geschaffen, dass die beteiligten Rechtsträger die Eintragung der Umwandlung erreichen können, auch wenn Klagen gegen die Umwandlungsbeschlüsse anhängig sind. Hier wird also dem Interesse der Rechtsträger und ihrer der Umwandlung zustimmenden Anteilsinhaber ein gewisser Vorrang vor den Interessen der Kläger eingeräumt, denen aber im Hinblick auf ihre gesetzlich anerkannten Vermögensinteressen das Spruchverfahren offen steht.

Das Mittel, mit dem die Rechtsträger die – angesichts der anhängigen Klagen: – „vorzeitige" Eintragung gemäß **UmwG** erreichen können, ist das sog. **Unbedenklichkeitsverfahren** gemäß §§ **16 II, III**, 125 Satz 1 **UmwG**.

1067 **aa)** Das Handelsregister darf die Verschmelzung/Spaltung danach nur eintragen, wenn der Vorstand/die Geschäftsführer jedes der eintragungspflichtigen beteiligten Rechtsträger bei der Anmeldung der Umwandlung zur Eintragung in das Handelsregister eine sog. **Negativerklärung** abgeben. Darin müssen die Vertreter der beteiligten Rechtsträger wahrheitsgemäß erklären, dass Klagen gegen die Wirksamkeit eines Verschmelzungs- oder Spaltungsbeschlusses nicht oder nicht fristgemäß (§ 14 I

---

20 BayObLG AG 2000, 130, 131; Kallmeyer/*Marsch-Barner* § 20 Rn 47; Kallmeyer/*Kallmeyer* § 131 Rn 16; Schmitt/Hörtnagl/Stratz/*Stratz* § 20 UmwG Rn 126, 127; Schmitt/Hörtnagl/Stratz/*Hörtnagl* § 131 UmwG Rn 105; Lutter/*Grunewald* § 20 Rn 71; Lutter/*Teichmann* § 131 Rn 16.

21 Schmitt/Hörtnagl/Stratz/*Stratz* § 20 UmwG Rn 126 f; *Hommelhoff/Schubel*, ZIP 1998, 537, 546.

UmwG) erhoben worden sind oder eine solche Klage rechtskräftig abgewiesen oder zurückgenommen ist, § 16 II 1 Hs 1 UmwG. Fehlt eine solche Erklärung, darf das Handelsregister nicht eintragen, § 16 II 2 Hs 1 UmwG. Das nennt man „**Register-sperre**".

bb) Das Register muss aber, wenn eine solche Negativerklärung fehlt, dennoch eintragen, sofern entweder die klageberechtigten Anteilsinhaber auf die Klage gegen die Wirksamkeit des Umwandlungsbeschlusses **verzichten** (§ 16 II 2 Hs 2 UmwG) oder ein rechtskräftiger Freigabebeschluss gemäß § 16 III UmwG vorliegt. **1068**

Den **Freigabebeschluss** erlässt das Gericht, vor dem die Klagen gegen die Wirksamkeit der Verschmelzungsbeschlüsse verhandelt werden (deshalb „Prozessgericht"), auf Antrag des beklagten Rechtsträgers. Das Prozessgericht erlässt den Beschluss, wenn die Klagen unzulässig oder offensichtlich unbegründet sind oder wenn eine Verzögerung der Eintragung für die beteiligten Rechtsträger und ihre Anteilsinhaber nach freier Überzeugung des Prozessgerichts schwerer wiegt als die mit den Klagen geltend gemachten Rechtsverletzungen, wenn also das Vollzugsinteresse überwiegt, § 16 III 1 und 2 UmwG. **1069**

cc) Erweist sich die Klage gegen den Umwandlungsbeschluss am Ende als begründet, muss der Rechtsträger, der den Freigabebeschluss und damit die vorzeitige Eintragung des Beschlusses erwirkt hat, dem erfolgreichen Kläger die **Schäden ersetzen**, die dieser wegen der Eintragung der Umwandlung erlitten hat, § 16 III 6 Hs 1 UmwG. Die Beseitigung der Eintragung als Naturalrestitution (§ 249 I BGB) kann der erfolgreiche Kläger allerdings nicht verlangen, § 16 III 6 Hs 2 UmwG. **1070**

b) Das Freigabeverfahren gemäß AktG

Im AktG gibt es dem Verfahren nach **§ 16 II, III UmwG ähnliche Verfahren**: Bei **Eingliederung** (§ 319 V, VI AktG; zum gegenüber § 16 III 6 UmwG erweiterten Schadensersatzanspruch des letztlich erfolgreichen Klägers gegen einen Eingliederungsbeschluss s. oben Rn 887) und Ausschluss von Minderheitsaktionären (**Squeeze out**, §§ 327e II, 319 V, VI AktG) kann die beklagte Gesellschaft, wenn sie keine Negativerklärung abgeben kann, weil Klagen anhängig sind, ebenfalls durch einen entsprechenden Freigabebeschluss die Registersperre überwinden. **1071**

Seit kurzem enthält das AktG in **§ 246a AktG** auch eine allgemeine Vorschrift für ein bei § 246a AktG nicht „Unbedenklichkeitsverfahren", sondern „Freigabeverfahren" genanntes Verfahren zur Sicherung der Eintragung. § 246a AktG gilt bei Anfechtungen von Beschlüssen über die Kapitalbeschaffung oder -herabsetzung und bei Beschlüssen über Unternehmensverträge (Beherrschungs-, Gewinnabführungs- und andere Unternehmensverträge, §§ 291 f AktG). § 246a AktG kommt analog auch auf entsprechende Beschlüsse in der GmbH zur Anwendung[22].

---

22 *Harbarth*, GmbHR 2005, 966, 969 ff.

1072 Wie bei § 16 III 1 UmwG prüft das Prozessgericht auf Antrag der beklagten Gesellschaft die Schwere der von dem Kläger geltend gemachten Rechtsverletzungen und das **Vollzugsinteresse** der beklagten Gesellschaft, § 246a II AktG.

1073 Mit der Eintragung des angegriffenen Beschlusses erlangt er mit Wirkung für und gegen jedermann **Bestandskraft**, § 246a III 4 Hs 2, IV 2 AktG (s.a. § 249 II 5 Hs 1 AktG: keine Eintragung eines Nichtigkeitsurteils gegen den eingetragenen Beschluss, wenn ein Freigabebeschluss ergangen war).

1074 Erweist sich die Klage gegen den Beschluss als begründet, muss die beklagte Gesellschaft dem erfolgreichen Kläger den **Schaden ersetzen**, den er durch die aufgrund des Freigabebeschlusses erfolgte Eintragung des Beschlusses erlitten hat, § 246a IV 1 AktG. Der erfolgreiche Kläger kann nicht als Schadensersatz im Wege der Naturalrestitution (§ 249 I BGB) die Beseitigung der Wirkung der Eintragung verlangen, die darin besteht, dass der eingetragene Beschluss trotz seiner Mängel Bestand hat und die Mängel seine Durchführung unberührt lassen, § 246a IV 2 Hs 2 AktG. Bei der Eingliederung und dem Squeeze out gibt es diese Beschränkung des Schadensersatzanspruches nicht, s. §§ 319 V 6, 327e II AktG.

1075 In auffälligem Unterschied zum Unbedenklichkeitsverfahren gemäß § 16 II, III UmwG und den Verfahren bei Eingliederung und und Squeeze out besteht für die von **§ 246a AktG** erfassten Beschlüsse **keine Registersperre**. Das bedeutet, dass das Handelsregister nicht erst dann eintragen darf, wenn ihm eine Negativerklärung vorliegt, die klageberechtigten Aktionäre auf die Klage verzichtet haben oder ein Freigabebeschluss vorliegt. Vielmehr kann das Register sofort eintragen. Allerdings muss das Registergericht selbstständig prüfen, ob die Eintragungsvoraussetzungen vorliegen. In diesem Zusammenhang hat es auch zu prüfen, ob Klagen gegen den einzutragen beantragten Beschluss anhängig sind und ob wahrscheinlich ist, dass der Ausgang des Klageverfahrens bedeuten wird, dass der Beschluss rechtswidrig ist, ob also die Kläger obsiegen werden. Nimmt das Registergericht das an, kann es das Eintragungsverfahren aussetzen, § 127 FGG.

1076 **Setzt** der Registerrichter die Eintragung des angegriffenen Beschlusses **aus**, weil er den Ausgang des Klageverfahrens abwarten will, wird er durch einen rechtskräftigen Freigabebeschluss verpflichtet, die Eintragung schon vor dem Ende des Klageverfahrens vorzunehmen, § 246a III 4 AktG. **Trägt** der Registerrichter trotz der anhängigen Klagen **ein**, kann die beklagte Gesellschaft dennoch beim Prozessgericht die Freigabe beantragen. Zwar kann die beklagte Gesellschaft das eigentliche Ziel, die Eintragung des Beschlusses, nun nicht mehr erreichen, weil ihn der Registerrichter ja schon eingetragen hat. Dennoch verschafft ihr nur ein Freigabebeschluss die an eben einen solchen Beschluss anknüpfende Bestandskraft der Eintragung, § 246a III 4 Hs 2, IV 2 Hs 1 AktG[23].

---

23 *Ihrig/Erwin*, DB 2006, 1973, 1975 ff; *Hüffer* § 246a Rn 2; *Harbarth*, GmbHR 2005, 966, 968.

Beispiel: 1077

I. Gesellschafter B der Tennis GmbH möchte gegen deren Beschluss zur Verschmelzung mit der Court GmbH vorgehen. Er erhebt Anfechtungsklage. Der Geschäftsführer G der Tennis GmbH hat die Verschmelzung unter Einreichung aller Unterlagen bereits zur Eintragung beim Handelsregister angemeldet. Wegen der Klage des B **darf** das **Registergericht nicht eintragen**. Deswegen beantragt G für die Tennis GmbH beim Prozessgericht einen Freigabebeschluss (**§ 16 III 1 UmwG**).

Die Klage des B ging zwar innerhalb eines Monats beim zuständigen Landgericht ein. Aber der Prozessvertreter des B hatte keine ausreichende Zahl von Abschriften beigefügt (§ 253 V 1 ZPO). Deshalb verzögerte sich die Zustellung der Klage (erst mit der Zustellung an den Beklagten ist die Klage „erhoben"!, s. § 253 I ZPO) um sechs Wochen. Zwar ist eine Klage auch dann noch rechtzeitig erhoben, wenn sie nur innerhalb der Klagefrist bei Gericht eingeht, dann aber „demnächst" zugestellt wird (§ 167 ZPO). Eine Klage ist aber nicht mehr demnächst zugestellt, wenn die Verzögerungen mehr als ungefähr zwei Wochen betragen. Das sieht auch das Prozessgericht, das über die Klage des B zu entscheiden hat, so. Es erlässt daher wegen offensichtlicher Unbegründetheit der Anfechtungsklage, dh wegen Versäumens der Anfechtungsfrist, den Freigabebeschluss, § 16 III 2 Var. 2 UmwG.

Da **nunmehr** die Eintragungsvoraussetzungen der Verschmelzung vorliegen, kann das Registergericht die Verschmelzung eintragen.

II. B ist auch Gesellschafter der Segel AG. Die Hauptversammlung der Segel AG hat eine Kapitalherabsetzung beschlossen, gegen die B ebenfalls Anfechtungsklage erhebt. Die Segel AG meldet die Kapitalherabsetzung zur Eintragung in das Handelsregister an. Der **Registerrichter** hat von der anhängigen Klage des B erfahren und **überlegt**, **ob** er **eintragen** oder das Eintragungsverfahren gemäß § 127 Satz 1 FGG **aussetzen** soll, bis über die Klage entschieden ist.

B stützt seine Klage darauf, dass der die Hauptversammlung der Segel AG, die über die Kapitalherabsetzung beschlossen hatte, leitende Aufsichtsratsvorsitzende Anfang der 1990er Jahre in ein Ermittlungsverfahren wegen Schwarzfahrens in der U-Bahn verwickelt war und er deswegen als Versammlungsleiter vollkommen ungeeignet sei.

Der Registerrichter räumt dieser Klage keine Erfolgschancen ein und trägt die Kapitalherabsetzung ein. Auf eine Freigabe des Prozessgerichts gemäß § 246a AktG braucht er nicht zu warten. Anders als § 16 II, III UmwG besteht keine Registersperre.

Sachverzeichnis

Die Angaben beziehen sich auf die Randnummern.